■2025年度高等学校受験用

国立高等専門学校

収録内容一覧

★この問題集は以下の収録内容となっています。また、編集の都合上、解説、解答用紙を省略させていただいている場合もございますのでご了承ください。

（○印は収録、一印は未収録）

入試問題と解説・解答の収録内容		解答用紙
2024年度	英語・数学・社会・理科・国語	○
2023年度	英語・数学・社会・理科・国語	○
2022年度	英語・数学・社会・理科・国語	○
2021年度	英語・数学・社会・理科・国語	○
2020年度	英語・数学・社会・理科・国語	○
2019年度	英語・数学・社会・理科・国語	○

★当問題集のバックナンバーは在庫がございません。あらかじめご了承ください。

●凡例●

【英語】

≪解答≫

〔　〕　①別解
　②置き換え可能な語句（なお下線は置き換える箇所が2語以上の場合）
　(例) <u>I am</u>〔I'm〕glad〔happy〕to ~

(　)　省略可能な言葉

≪解説≫

1, **2**…　本文の段落（ただし本文が会話文の場合は話者の1つの発言）

〔　〕　置き換え可能な語句（なお〔　〕の前の下線は置き換える箇所が 2 語以上の場合）

(　)　①省略が可能な言葉
　(例)「(数が) いくつかの」
　②単語・代名詞の意味
　(例)「彼（＝警察官）が叫んだ」
　③言い換え可能な言葉
　(例)「いやなにおいがするなべにはふたをするべきだ（＝くさいものにはふたをしろ)」

//　訳文と解説の区切り

cf.　比較・参照

≒　ほぼ同じ意味

【数学】

≪解答≫

〔　〕　別解

≪解説≫

(　)　補足的指示
　(例)（右図1参照）など

〔　〕　①公式の文字部分
　(例)〔長方形の面積〕=〔縦〕×〔横〕
　②面積・体積を表す場合
　(例)〔立方体 ABCDEFGH〕

∴　ゆえに

≒　約、およそ

【社会】

≪解答≫

〔　〕　別解

(　)　省略可能な語

＿＿＿　使用を指示された語句

≪解説≫

〔　〕　別称・略称
　(例) 政府開発援助〔ODA〕

(　)　①年号
　(例) 壬申の乱が起きた（672年)。
　②意味・補足的説明
　(例) 資本収支（海外への投資など）

【理科】

≪解答≫

〔　〕　別解

(　)　省略可能な語

＿＿＿　使用を指示された語句

≪解説≫

〔　〕　公式の文字部分

(　)　①単位
　②補足的説明
　③同義・言い換え可能な言葉
　(例) カエルの子（オタマジャクシ）

≒　約、およそ

【国語】

≪解答≫

〔　〕　別解

(　)　省略してもよい言葉

＿＿＿　使用を指示された語句

≪解説≫

〈　〉　課題文中の空所部分（現代語訳・通釈・書き下し文）

(　)　①引用文の指示語の内容
　(例)「それ（＝過去の経験）が ～」
　②選択肢の正誤を示す場合
　(例)（ア，ウ…×）
　③現代語訳で主語などを補った部分
　(例)（女は）出てきた。

／　漢詩の書き下し文・現代語訳の改行部分

国立高等専門学校

くわしい情報は
ホームページへ

ホームページ　https://www.kosen-k.go.jp/

2024年度入試はどう行われたか

◎はじめに

国立高等専門学校は，全国に51校設置されている。ここでは，全国共通の問題によって行われるその入試の実際を，2024年度の場合を参考に以下追ってみる。

◎受験までの手続き

①Web出願　12月中旬から１月下旬。
②願書提出期間　１月下旬から２月上旬(土・日曜日を除く)。
※①，②の期間は学校により異なる。
③願書提出先　志願する国立高等専門学校
④出願に必要な書類等　内容は学校により多少異なるが，原則として以下のとおり。
(1)入学願書　(2)調査書　(3)成績一覧表(各学校の指示による)
(4)検定料　16,500円(銀行振込など)

◎試験の実際

①学力検査　(1)検査日　本試験：２月11日(日)　※2025年度入試は２月９日(日)実施予定。
追試験：２月25日(日)　※2025年度入試は２月23日(日･祝)実施予定。
(2)検査科目　国語・社会・数学・理科・英語の５科(マークシート方式)。
ただし，学校によって，社会が省かれる。
②面接ほか　一部の学校で面接が行われた。
③合格発表　学校により異なるが，ほぼ２月中旬から３月上旬にかけて行われた。

◎備考

①推薦による選抜

各学校において，中学校長の推薦によって，学力検査を課さずに，調査書，面接等による入学者選抜を実施している。推薦で不合格になった場合でも学力検査による受験は認められる。
※推薦制度による募集人員は志願する国立高専に問い合わせること。

②複数校受験制度等

以下の５グループにおいて，グループ内の複数の学校を併願できる複数校受験制度を導入している。

1．北海道：函館，苫小牧，釧路，旭川
2．東北：八戸，一関，仙台，秋田
3．商船学科：広島商船，大島商船，弓削商船
4．工学系：広島商船，弓削商船
5．近畿：舞鶴，和歌山(提携高専による追選考制度)

③最寄り地等受験制度

学力検査において，志願高専と別の学校が設置する試験会場で受験することができる。

◎入試科目

2024年度入試は，次の教科数で実施された。
①４教科(英語，数学，国語，理科)　秋田，鶴岡，東京，石川，岐阜，和歌山，都城，鹿児島
(ただし，秋田での複数校受験志望者には社会も実施)
②５教科(英語，数学，国語，理科，社会)　①以外の43校
〔注意〕上記はあくまでも2024年度入試の例であって，2025年度入試では科目数が変更になる学校があるかもしれません。受験に際しては，各自，志願先学校に入試科目数を問い合わせて，確認することが大切です。

編集部注―本書の内容は2024年6月現在のものであり，変更されている場合があります。正確な情報は，学校のホームページ等で必ずご確認ください。

出題傾向と今後への対策 英語

出題内容

	2024	2023	2022
大問数	6	6	6
小問数	35	35	35
リスニング	×	×	×

◎近年は大問数６題，小問数35問である。出題構成は，書き換え，対話文完成，整序結合がそれぞれ１題，長文読解３題である。

2024年度の出題状況

1 書き換え―適語(句)選択

2 対話文完成―適文選択

3 整序結合―対話文完成

4 長文読解総合―説明文

5 長文読解総合―図表を見て答える問題

6 長文読解総合―スピーチ

解答形式

2024年度	記　述／マーク／併　用

出題傾向

長文の題材は，物語や説明文などが多く，設問は内容理解を問うものが中心だが，計算を必要とする問題なども見られる。英文の内容を理解できていれば正答はたやすいだろう。適語補充，整序結合，対話文完成の問題は，基本的なものに限られており，中学校で学習する構文や文法の知識が身についていれば心配ないだろう。

今後への対策

出題内容は基本的なものが多いが，制限時間のわりに英文の量が多いので，相応の速読力が要求される。まずはひと通り教科書で基本を確認し，長文問題集を１冊決めて，繰り返し解こう。また，過去問題集を解き，類似した問題に慣れておくことも重要である。過去問は必ず時間を計ってやり，間違えた問題は見直しておくこと。

英語出題分野一覧表

分野		年度	2022	2023	2024	2025 予想※
音声	放送問題					
	単語の発音・アクセント					
	文の区切り・強勢・抑揚					
語彙・文法	単語の意味・綴り・関連知識		●	●	●	◎
	適語(句)選択・補充					
	書き換え・同意文完成		●	●	●	◎
	語形変化					
	用法選択					
	正誤問題・誤文訂正					
	その他					
作文	整序結合		●	●	●	◎
	日本語英訳	適語(句)・適文選択				
		部分・完全記述				
	条件作文					
	テーマ作文					
会話文	適文選択		●	●	●	◎
	適語(句)選択・補充					
	その他					
長文読解	内容把握	主題・表題				
		内容真偽			●	△
		内容一致・要約文完成	●	●	●	◎
		文脈・要旨把握	●	●	●	◎
		英問英答				
	適語(句)選択・補充		■	■	■	◎
	適文選択・補充		●	●	●	◎
	文(章)整序					
	英文・語句解釈(指示語など)		●	●		◎
	その他					

●印：１～５問出題，■印：６～10問出題，★印：11問以上出題。
※予想欄　◎印：出題されると思われるもの。　△印：出題されるかもしれないもの。

出題傾向と今後への対策 数学

出題内容

2024年度 証

大問４題，18問の出題。①は小問集合で，各分野から計８問。②は関数で，放物線と直線に関するもの。座標が文字で表され，その文字を使って直線の式を求めるなど，文字式を処理する力が問われる問題がある。また，２つの線分の長さの和が最小となるときなど，図形の知識を要するものもある。③は平面図形で，円を利用した問題。穴埋め形式の証明問題も出題されている。④は数と式に関する問題。

2023年度

大問４題，18問の出題。①は小問集合で，８問。数と式，関数，データの活用，図形などの各分野から出題されている。②は関数で，放物線と直線に関するもの。２つの角が等しくなるときなど，図形の知識を要する問題もある。③は方程式の応用問題。割合を利用するもの。④は空間図形で，立方体について問うもの。立方体を平面で切断したときの図形などについて問われている。

作…作図問題　証…証明問題　グ…グラフ作成問題

解答形式

2024年度	記　述／マーク／併　用

出題傾向

大問４題，総設問数17～21問。①は小問集合で，９問前後の出題。②以降は関数，図形，方程式の応用などからさまざまな問題が出題されている。規則性に関するものも見られる。図形からは穴埋め形式の証明問題が出題されることもある。レベルは標準～発展レベル。かなりの計算力を要するものもあるが決して難問ではない。

今後への対策

まずは教科書で基礎を確認し，そのうえで標準レベルの問題集で演習を多く積み，いろいろな考え方や解法を身につけていこう。できなかった問題はそのままにせずに時間をおいて改めて解き直すこと。試験時間が決められているので，問題を見きわめることも大事になる。実践的演習で合格点をとる練習も忘れずに。

◆◆◆◆◆ 数学出題分野一覧表 ◆◆◆◆◆

分野	年度	2022	2023	2024	2025 予想※
数と式	計算，因数分解	●	●	★	◎
	数の性質，数の表し方				
	文字式の利用，等式変形				
	方程式の解法，解の利用	●	●	●	◎
	方程式の応用		■		△
関　数	比例・反比例，一次関数		●	●	△
	関数 $y=ax^2$ とその他の関数	■	★	★	◎
	関数の利用，図形の移動と関数	★			△
図　形	(平面) 計　量	★	■	★	◎
	(平面) 証明，作図			●	△
	(平面) その他				
	(空間) 計　量	●	★	●	◎
	(空間) 頂点・辺・面，展開図				
	(空間) その他				
データの活用	場合の数，確率	●	●	●	◎
	データの分析・活用，標本調査	●	●	●	◎
その他	不 等 式				
	特殊・新傾向問題など	★			
	融合問題				

●印：１問出題，■印：２問出題，★印：３問以上出題。
※予想欄　◎印：出題されると思われるもの。　△印：出題されるかもしれないもの。

出題傾向と今後への対策 社会

出題内容

2024年度

地理・世界の気候や産業，環境等に関する問題。
・日本の人口や産業等に関する問題。
・地形図に関する問題。

歴史・古代～現代までの日本と世界の政治，社会，文化等に関する地図や写真，史料を用いた問題。

総合・人権と憲法から自由権や社会権に関する問題。
・経済を中心とする問題。

2023年度

地理・世界地理から気候，人口，産業等に関する問題。
・日本地理から気候，農業，交通機関等に関する問題。
・世界地図の緯度・経度，図法に関する問題。

歴史・古代～中世までの政治や社会に関する問題。
・現代の年表を用いた国連や外交等に関する問題。

公民・地方自治の課題や政治の仕組みに関する問題。

2022年度

地理・ヨーロッパの自然，農業，言語等に関する問題。
・日本の農業，工業，資料の読み取り問題。
・地形図とハザードマップに関する問題。

歴史・古代～近代までの日本の外交，政治，社会に関する略年表や史料等を用いた問題。

公民・政治，人権，インフレ，金融政策に関する問題。

解答形式

2024年度	記　述／マーク／併　用

出題傾向

例年の問題数は25問から35問程度で，公民に比べて地理と歴史の出題数が多い。

地理，歴史，公民ともに統計表やグラフ，資料を読み取る問題が頻出である。基本的な知識を土台とした分析力や思考力が必要とされる問題が多い。初めて見るような資料等へ対応する必要から，時間配分には注意が必要である。

今後への対策

地理では各地域の気候や産業等を，グラフや表に関連づけて整理しておこう。日頃から地図帳や統計表を活用した学習をしておきたい。

歴史では各時代の特色をまとめ，日本史と世界史をまとめた年表を作成しよう。

公民では政治，経済分野を重点的に学習し，教科書のグラフや表をよく見ておこう。

◆◆◆◆◆ 社会出題分野一覧表 ◆◆◆◆◆

分野	年度	2022	2023	2024	2025 予想※
地理的分野	地形図	●		●	△
	アジア		地		△
	アフリカ				△
	オセアニア				△
	ヨーロッパ・ロシア	地 産 人			△
	北アメリカ				△
	中・南アメリカ				△
	世界全般		地 産 人 総	地 産 総	◎
	九州・四国		産 総		△
	中国・近畿				△
	中部・関東	産			△
	東北・北海道				△
	日本全般	産 総		産 人	◎
歴史的分野	旧石器～平安	●	●	●	◎
	鎌倉	●	●		◎
	室町～安土桃山	●	●	●	◎
	江戸	●		●	◎
	明治	●		●	◎
	大正～第二次世界大戦終結	●		●	◎
	第二次世界大戦後		●		◎
公民的分野	生活と文化				△
	人権と憲法	●	●	●	◎
	政治	●	●		◎
	経済	●	●	●	◎
	労働と福祉	●	●		◎
	国際社会と環境問題				△
	時事問題				

※予想欄　◎印：出題されると思われるもの。　△印：出題されるかもしれないもの。
地理的分野については，各地域ごとに出題内容を以下の記号で分類しました。
地…地形・気候・時差，　産…産業・貿易・交通，　人…人口・文化・歴史・環境，　総…総合

出題傾向と今後への対策 理科

出題内容

2024年度

1小問集合。小問数８問で，天気図記号，火成岩，平均の速さ，物体の運動，細胞のつくり，コケ植物，酸化，中和に関する問題。　2動物の体のつくりとはたらきに関する問題。消化や細胞呼吸，血液の成分について問われた。　3太陽系の天体や太陽に関する問題。太陽の動きや黒点などについて問われた。　4物質の性質に関する問題。濃度や溶解度などについて問われた。　5電流と回路に関する問題。　6二酸化炭素に関する問題。

	2024	2023	2022
大問数	6	6	6
作図問題	0	0	0

2023年度

1小問集合。小問数８問で，音の性質，光の屈折，電気分解，化学変化，植物の分類，体細胞分裂，日本の気象，地震に関する問題。　2植物の蒸散に関する問題。蒸散のはたらきや蒸散と光合成の関係について問われた。　3物体の運動に関する問題。斜面上や水平面上を運動する物体について問われた。　4月と金星の動きや見え方について問われた。　5溶解度について問われた。　6二酸化炭素濃度に関する分野融合問題。

作…作図・グラフ作成問題　記…文章記述問題

解答形式

2024年度	記　述／マーク／併　用

出題傾向

大問数は6～8題，各大問に小問が3～7問で，枝問を含めた総小問数は40～50問程度。物理・化学・生物・地学の各分野から均等に出題。

問題は教科書に載っている実験・観察や図・表を題材に，基礎的な内容で，正確な知識を試すものが中心であるが，応用力・考察力を試すものも数問見られる。

今後への対策

教科書の重要用語や実験・観察の手順・結果・考察をまとめよう。その後，基礎的な問題集を１冊解き，正確な知識が身についているかを確認。特に，間違えた問題は，教科書やノートを見直すこと。

さらに，過去の入試問題を解き，表やグラフを読み取る力や考察力を身につけよう。解答形式や時間配分などにも慣れたい。

◆◆◆◆◆ 理科出題分野一覧表 ◆◆◆◆◆

分野	年度	2022	2023	2024	2025 予想※
身近な物理現象	光　と　音		●		◎
	力のはたらき（力のつり合い）	●			◎
物質のすがた	気体の発生と性質			●	△
	物質の性質と状態変化	●		●	◎
	水　溶　液		●	●	◎
電流とその利用	電流と回路	●	●	●	◎
	電流と磁界（電流の正体）				◎
化学変化と原子・分子	いろいろな化学変化（化学反応式）	●	●	●	◎
	化学変化と物質の質量	●		●	◎
運動とエネルギー	力の合成と分解（浮力・水圧）		●		◎
	物体の運動	●	●	●	◎
	仕事とエネルギー		●		◎
化学変化とイオン	水溶液とイオン（電池）	●	●	●	◎
	酸・アルカリとイオン	●		●	◎
生物の世界	植物のなかま		●	●	◎
	動物のなかま	●			◎
大地の変化	火山・地震	●	●	●	◎
	地層・大地の変動（自然の恵み）	●			◎
生物の体のつくりとはたらき	生物をつくる細胞			●	△
	植物の体のつくりとはたらき	●	●		◎
	動物の体のつくりとはたらき	●	●	●	◎
気象と天気の変化	気象観察・気圧と風（圧力）			●	△
	天気の変化・日本の気象	●	●		◎
生命・自然界のつながり	生物の成長とふえ方		●		◎
	遺伝の規則性と遺伝子（進化）	●			◎
	生物どうしのつながり			●	△
地球と宇宙	天体の動き	●	●	●	◎
	宇宙の中の地球				△
自然環境・科学技術と人間				●	△
総　　合	実験の操作と実験器具の使い方	●			◎

※予想欄　◎印：出題されると思われるもの。　△印：出題されるかもしれないもの。
分野のカッコ内は主な小項目

出題傾向と今後への対策　国語

出題内容

2024年度

論説文　論説文　小説

課題文

一高柳克弘『究極の俳句』
二川村秀憲・大塚凱『ＡＩ研究者と俳人』／高柳克弘『究極の俳句』
三伊与原新『海へ還る日』

2023年度

論説文　説明文　小説

課題文

一藤本成男『徒然草のつれづれと無為』
二中塚　武『気候適応の日本史』
三瀧羽麻子『博士の長靴』

2022年度

論説文　論説文　小説

課題文

一竹内整一『日本思想の言葉』
二佐倉　統『科学とはなにか』
三青山美智子『お探し物は図書室まで』

解答形式

2024年度　記　述／マーク／併　用

出題傾向

設問は，読解問題にそれぞれ７～９問ずつ付されている。近年，漢字は，読解問題の一部として出されている。課題文は，標準的な分量で，２題の論理的文章は，１題が文学・言語・哲学に関わるもので，もう１題が自然科学・社会科学に関わるものになっていることが多い。前者には，韻文や古文が含まれることがある。

今後への対策

基本的なものであるとはいえ，あらゆる文章を読みこなす読解力が必要である。現代文については，基礎学力養成用の問題集で勉強するのがよい。韻文・古文・漢文についても，過去には問われたことがあるので，基本的な表現技法や文法事項は復習しておくとよい。漢字は，常用漢字は完全に読み書きできるように。

◆◆◆◆◆ 国語出題分野一覧表 ◆◆◆◆◆

分野 ＼ 年度			2022	2023	2024	2025 予想※
現代文	論説文 説明文	主題・要旨				
		文脈・接続語・指示語・段落関係	●	●	●	◎
		文章内容	●	●	●	◎
		表現			●	△
	随筆 日記 手紙	主題・要旨				
		文脈・接続語・指示語・段落関係				
		文章内容				
		表現				
		心情				
	小説	主題・要旨				
		文脈・接続語・指示語・段落関係				
		文章内容	●	●	●	◎
		表現	●	●	●	◎
		心情		●		△
		状況・情景				
韻文	詩	内容理解	●			△
		形式・技法				
	俳句 和歌 短歌	内容理解				
		技法				
古典	古文	古語・内容理解・現代語訳				
		古典の知識・古典文法				
	漢文	（漢詩を含む）				
国語の知識	漢字 語句	漢字	●	●	●	◎
		語句・四字熟語			●	△
		慣用句・ことわざ・故事成語		●	●	◎
		熟語の構成・漢字の知識				
	文法	品詞	●	●	●	◎
		ことばの単位・文の組み立て				
		敬語・表現技法				
	文学史					
作文・文章の構成・資料			●			△
その他						

※予想欄　◎印：出題されると思われるもの。　△印：出題されるかもしれないもの。

学校別志願者状況

学校名	2022年度			2023年度			2024年度			所在地
	入学定員	志願者数	倍率	入学定員	志願者数	倍率	入学定員	志願者数	倍率	
函館	200	310	1.6	200	273	1.4	200	307	1.5	函館市戸倉町14-1 〒042-8501　TEL 0138-59-6300
苫小牧	200	365	1.8	200	348	1.7	200	363	1.8	苫小牧市字錦岡443 〒059-1275　TEL 0144-67-0213
釧路	160	269	1.7	160	325	2.0	160	307	1.9	釧路市大楽毛西2-32-1 〒084-0916　TEL 0154-57-8041
旭川	160	286	1.8	160	230	1.4	160	215	1.3	旭川市春光台2条2丁目1番6号 〒071-8142　TEL 0166-55-8000
八戸	160	272	1.7	160	235	1.5	160	251	1.6	八戸市大字田面木字上野平16-1 〒039-1192　TEL 0178-27-7223
一関	160	217	1.4	160	162	1.0	160	186	1.2	一関市萩荘字高梨 〒021-8511　TEL 0191-24-4700
仙台	280	363	1.3	280	390	1.4	280	383	1.4	名取市愛島塩手字野田山48(名取キャンパス) 〒981-1239　TEL 022-381-0265 仙台市青葉区愛子中央4-16-1(広瀬キャンパス) 〒989-3128　TEL 022-391-5542
秋田	160	189	1.2	160	182	1.1	160	155	1.0	秋田市飯島文京町1-1 〒011-8511　TEL 018-847-6005
鶴岡	160	163	1.0	160	182	1.1	160	179	1.1	鶴岡市井岡字沢田104 〒997-8511　TEL 0235-25-9014
福島	200	225	1.1	200	245	1.2	200	258	1.3	いわき市平上荒川字長尾30 〒970-8034　TEL 0246-46-0700
茨城	200	281	1.4	200	329	1.6	200	311	1.6	ひたちなか市中根866 〒312-8508　TEL 029-271-2828
小山	200	331	1.7	200	317	1.6	200	325	1.6	小山市大字中久喜771 〒323-0806　TEL 0285-20-2100
群馬	200	283	1.4	200	275	1.4	200	277	1.4	前橋市鳥羽町580 〒371-8530　TEL 027-254-9000
木更津	200	312	1.6	200	321	1.6	200	297	1.5	木更津市清見台東2-11-1 〒292-0041　TEL 0438-30-4000
東京	200	316	1.6	200	339	1.7	200	373	1.9	八王子市椚田町1220-2 〒193-0997　TEL 042-668-5111
長岡	200	266	1.3	200	261	1.3	200	304	1.5	長岡市西片貝町888 〒940-8532　TEL 0258-32-6435
富山	240	411	1.7	240	362	1.5	240	381	1.6	富山市本郷町13(本郷キャンパス) 〒939-8630　TEL 076-493-5402 射水市海老江練合1-2(射水キャンパス) 〒933-0293　TEL 0766-86-5100
石川	200	336	1.7	200	336	1.7	200	328	1.6	石川県河北郡津幡町北中条タ1 〒929-0392　TEL 076-288-8000
福井	200	264	1.3	200	236	1.2	200	221	1.1	鯖江市下司町 〒916-8507　TEL 0778-62-1111
長野	200	279	1.4	200	239	1.2	200	236	1.2	長野市徳間716 〒381-8550　TEL 026-295-7003
岐阜	200	275	1.4	200	276	1.4	200	332	1.7	本巣市上真桑2236-2 〒501-0495　TEL 058-320-1211
沼津	200	266	1.3	200	268	1.3	200	254	1.3	沼津市大岡3600 〒410-8501　TEL 055-921-2700
豊田	200	481	2.4	200	422	2.1	200	415	2.1	豊田市栄生町2-1 〒471-8525　TEL 0565-32-8811
鳥羽商船	120	186	1.6	120	190	1.6	120	184	1.5	鳥羽市池上町1-1 〒517-8501　TEL 0599-25-8000
鈴鹿	200	459	2.3	200	431	2.2	200	417	2.1	鈴鹿市白子町 〒510-0294　TEL 059-386-1031
舞鶴	160	199	1.2	160	179	1.1	160	180	1.1	舞鶴市字白屋234 〒625-8511　TEL 0773-62-5600

学校名	2022年度			2023年度			2024年度			所在地
	入学定員	志願者数	倍率	入学定員	志願者数	倍率	入学定員	志願者数	倍率	
明石	160	249	1.6	160	255	1.6	160	210	1.3	明石市魚住町西岡679-3 〒674-8501 TEL 078-946-6017
奈良	200	261	1.3	200	242	1.2	200	237	1.2	大和郡山市矢田町22 〒639-1080 TEL 0743-55-6000
和歌山	160	246	1.5	160	186	1.2	160	200	1.3	御坊市名田町野島77 〒644-0023 TEL 0738-29-2301
米子	200	472	2.4	200	395	2.0	200	385	1.9	米子市彦名町4448 〒683-8502 TEL 0859-24-5000
松江	200	355	1.8	200	341	1.7	200	307	1.5	松江市西生馬町14-4 〒690-8518 TEL 0852-36-5111
津山	160	280	1.8	160	256	1.6	160	256	1.6	津山市沼624-1 〒708-8509 TEL 0868-24-8200
広島商船	120	186	1.6	120	163	1.4	120	181	1.5	広島県豊田郡大崎上島町東野4272-1 〒725-0231 TEL 0846-67-3177
呉	160	242	1.5	160	220	1.4	160	233	1.5	呉市阿賀南2-2-11 〒737-8506 TEL 0823-73-8400
徳山	120	277	2.3	120	288	2.4	120	307	2.6	周南市学園台 〒745-8585 TEL 0834-29-6200
宇部	200	386	1.9	200	376	1.9	200	301	1.5	宇部市常盤台2-14-1 〒755-8555 TEL 0836-31-6111
大島商船	120	197	1.6	120	192	1.6	120	216	1.8	山口県大島郡周防大島町大字小松1091-1 〒742-2193 TEL 0820-74-5451
阿南	160	230	1.4	160	178	1.1	160	205	1.3	阿南市見能林町青木265 〒774-0017 TEL 0884-23-7133
香川	280	321	1.1	280	318	1.1	280	325	1.2	高松市勅使町355(高松キャンパス) 〒761-8058 TEL 087-869-3811 三豊市詫間町香田551(詫間キャンパス) 〒769-1192 TEL 0875-83-8506
新居浜	200	234	1.2	200	304	1.5	200	290	1.5	新居浜市八雲町7-1 〒792-8580 TEL 0897-37-7700
弓削商船	120	178	1.5	120	189	1.6	120	196	1.6	愛媛県越智郡上島町弓削下弓削1000 〒794-2593 TEL 0897-77-4606
高知	160	197	1.2	160	202	1.3	160	212	1.3	南国市物部乙200-1 〒783-8508 TEL 088-864-5500
久留米	200	375	1.9	200	377	1.9	200	364	1.8	久留米市小森野1-1-1 〒830-8555 TEL 0942-35-9300
有明	200	308	1.5	200	286	1.4	200	299	1.5	大牟田市東萩尾町150 〒836-8585 TEL 0944-53-8611
北九州	200	307	1.5	200	289	1.4	200	281	1.4	北九州市小倉南区志井5丁目20-1 〒802-0985 TEL 093-964-7200
佐世保	160	200	1.3	160	236	1.5	160	246	1.5	佐世保市沖新町1-1 〒857-1193 TEL 0956-34-8428
熊本	240	398	1.7	240	385	1.6	240	402	1.7	合志市須屋2659-2(熊本キャンパス) 〒861-1102 TEL 096-242-2121 八代市平山新町2627(八代キャンパス) 〒866-8501 TEL 0965-53-1211
大分	160	294	1.8	160	266	1.7	160	230	1.4	大分市大字牧1666 〒870-0152 TEL 097-552-6075
都城	160	267	1.7	160	188	1.2	160	202	1.3	都城市吉尾町473-1 〒885-8567 TEL 0986-47-1133
鹿児島	200	255	1.3	200	305	1.5	200	281	1.4	霧島市隼人町真孝1460-1 〒899-5193 TEL 0995-42-9000
沖縄	160	223	1.4	160	238	1.5	160	222	1.4	名護市字辺野古905 〒905-2192 TEL 0980-55-4003

合格を勝ち取るための

本書の使い方

本書に掲載されている過去問をご覧になって，「難しそう」と感じたかもしれません。でも，大丈夫。ほとんどの受験生が同じように感じるのです。高校入試の出題範囲は中学校の定期テストに比べて広いですし，残りの中学校生活で学ぶはずの，まだ習っていない内容からも出題されているかもしれません。

ですから，初めて本書に取り組む際には，点数を気にする必要はありません。点数は本番で取れればいいのです。

過去問で重要なのは「間違えること」です。自分の弱点を知るために，過去問に取り組むのです。当然，間違った問題をそのままにしておいては意味がありません。

本書には，長年にわたって高校受験に関わってきたベテランスタッフによる詳細な解説がついています。間違えた問題は重点的に解説を読み，何度も解きなおしてください。時にはもう一度，教科書で復習するのもよいでしょう。

別冊として，抜き取って使える解答用紙を収録しました。表示してあるように拡大コピーをとれば，実際の入試と同じ条件で，何度でも過去問に取り組むことができます。特に記述問題では解答欄の大きさがヒントになる場合があります。そうした，本番で使える受験テクニックの練習ができるのも，本書の強みです。

前のページにある「出題傾向と今後への対策」もよく読んで，本校の出題傾向に慣れておきましょう。

2024年度 国立高等専門学校

【英　語】（50分）〈満点：100点〉

1　次の各組の英文の意味がほぼ同じ内容となるような（A）と（B）に入るものの最も適した組み合わせを，それぞれア～エの中から一つずつ選びなさい。

1．Ms. Yoneda was born (　A　) February 21.
February 21 (　B　) Ms. Yoneda's birthday.

	ア	イ	ウ	エ
（A）	in	on	in	on
（B）	gets	gets	is	is

2．We are (　A　) to go fishing tomorrow.
We (　B　) to go fishing tomorrow.

	ア	イ	ウ	エ
（A）	going	doing	playing	taking
（B）	plan	take	go	play

3．John likes (　A　) math and science.
John likes (　B　) math but also science.

	ア	イ	ウ	エ
（A）	between	both	between	both
（B）	not only	not only	only	only

4．I (　A　) wake up at seven in the morning.
I get up at seven almost (　B　) day.

	ア	イ	ウ	エ
（A）	always	never	usually	sometimes
（B）	some	any	every	one

5．Ken can carry that heavy box because he is (　A　) strong.
Ken is (　B　) strong that he can carry that heavy box.

	ア	イ	ウ	エ
（A）	very	few	little	many
（B）	so	too	too	so

2　次の各会話文について，場面や状況を考え，（　）に入る最も適したものを，それぞれア～エの中から一つずつ選びなさい。

1．A：What sports do you play, Ann？
B：I play tennis and soccer.　I also go jogging twice a month.
A：Which is your favorite？
B：(　　　　　)　I play it with my father every Sunday.

ア　I sometimes go fishing with my friend.
イ　No, I never play soccer.
ウ　I go jogging near my house.
エ　I like tennis the best.

2．A：Thanks for dinner, Atsushi.　I really like this curry.　What kind of meat is in it？
B：Oh, did you like it？　Actually, I didn't use any beef or pork.　(　　　　　)
A：Really？　I thought you used meat.

ア　I will pay you some money.　　イ　The pork is delicious.

ウ　I used beans for the curry.　　　エ　It is expensive beef.

3．A：I will go shopping for Amy's birthday present today.
　B：Oh！ I forgot about it！（　　　）
　A：Yes. How about this afternoon？
　B：Sure. I'll meet you at two o'clock.
ア　What will you get for her？　　　イ　When is her birthday？
ウ　How will we go？　　　エ　Can I go with you？

4．A：Have you ever been to a foreign country？
　B：No. Actually, I have never been abroad.
　A：I see.（　　　）
　B：I'd like to go to Italy.
ア　How many times have you been abroad？
イ　What country do you want to visit in the future？
ウ　Where did you go last summer？
エ　When did you get back to Japan？

5．A：Did you hear that Mr. Jones will go back to Australia next month？
　B：No, I didn't. Why does he leave so suddenly？
　A：His mother has been sick in hospital. He will take care of her.
　B：I'm sorry to hear that.（　　　）
ア　Is there anything we can do for him？
イ　I didn't know that he had a sister.
ウ　You are welcome.
エ　She's fine, thank you.

3　次の各会話文につき，場面や状況を考え（　）内の語（句）を最も適した順に並べ替え，（　）内において**3番目**と**5番目**にくるものの記号を選びなさい。なお，文頭にくるべき語の最初の文字も小文字で書かれています。

1．A：I found a key on my desk. Is this yours？
　B：No, it's not mine.
　A：Then,（ア find　イ it　ウ key　エ let's　オ out　カ whose）is.
　B：Can you see the letter K on it？ It must be Ken's.

2．A：Did you finish your homework？
　B：No. I was very busy, but I'll finish it by tomorrow.
　A：I think it's hard for you to finish it. You need more time.
　B：Oh, really？ Please help me（ア are　イ homework　ウ if　エ the　オ with　カ you）free tonight！

3．A：Have you seen the price of meat at the supermarket？ I can't believe it.
　B：Yes, I know. Meat prices（ア been　イ for　ウ have　エ increasing　オ more　カ than）a year.
　A：Oh, no. I hope it will end very soon.

4．A：Have you been to the new restaurant that opened last week？ It has a lot of vegetable dishes.

B： No, not yet. It (ア the イ I ウ is エ place オ that カ want to) visit the most.

A： You should. I've already been there twice. You'll love it.

5．A： Why will you go to the U.K. during your spring vacation ?

B：(ア for イ going ウ is エ my オ reason カ there) to improve my English skills.

A： You can do it !

4 スマートフォンなどで読み取って使用するQRコード(QR code)について書かれた次の英文を読み，後の問題に答えなさい。

QR codes are special barcodes that can hold アdifferent types of (1) such as websites. QR codes were created in 1994 because traditional barcodes were not good enough. Traditional barcodes can only hold 20 characters and they can only be scanned from one direction. But QR codes can hold イmore characters and can also be scanned from (2) direction. They are more useful because they can be scanned faster. They were first used by companies in the automotive industry when they were making cars. After that, QR codes became ウpopular in advertising, and companies (3) to use them on billboards and in magazines as a way to connect with customers and guide them to their website.

At first, many people didn't know QR codes or how to use them. Also, scanners were not very good at that time, so it was エdifficult to scan the codes. (4) then, QR codes have improved in many ways, and now it is very (5) to scan them by using a smartphone. QR codes are now used in various ways. They are often used for mobile payment services. A customer just scans the code in the shop to (6) for goods and services.

QR codes started in the automotive industry but now we use them for things such as tickets and mobile payments. They have become an オimportant part of our daily lives. They will probably continue to change in the future, and we will use them in カvarious new ways.

(注) barcode バーコード　enough 十分に　character 文字
scan スキャンする　automotive industry 自動車産業　advertising 広告
billboard 看板　scanner 読取器，スキャナー
mobile payment service モバイル決済サービス(スマートフォン等のモバイル機器による支払い)

問1 本文中の(1)～(6)に入る最も適したものを，ア～エの中から一つずつ選びなさい。

	ア	イ	ウ	エ
(1)	books	computers	goods	information
(2)	any	one	no	little
(3)	ended	found	started	watched
(4)	During	Since	Through	While
(5)	difficult	easy	poor	slow
(6)	get	make	pay	take

問2 次の(1)と(2)と同じような意味で使われている語を本文中の下線部ア～カの中からそれぞれ一つずつ選びなさい。

(1) not easy to do or to understand

(2) valuable, useful or necessary

5 次のAとBの英文を読み，各設問に答えなさい。なお，計算等は，それぞれの問題のページの余白で行うこと。

A 次の英文は，OECD(経済協力開発機構)が2021年に調査した国民一人当たりの年間平均労働時間(average annual working hours per person)の国別ランキングについて述べたものです。英文と表を読み，後の問題に答えなさい。

Many people often say that Japanese people work much longer than the people in other countries. However, according to the results of a survey in 2021, the situation has changed. The survey was done in OECD member countries. Table 1 shows the results of the survey.

Mexico had the longest average annual working hours among OECD member countries. In Asian countries, South Korea had the longest working hours. Working hours in Japan were about 84 percent of the working hours in South Korea. The U.S.A. was ranked higher than New Zealand. People in Canada worked about 100 hours shorter than people in the U.S.A., and Italy was ranked below them. The shortest annual working hours were in Germany. The average annual working hours among OECD countries were between the values of Australia and New Zealand. In Table 1, we can see that the average annual working hours in Japan were lower than those of the world average.

Table 1

Average Annual Working Hours in 2021	
Countries	Working Hours
Mexico	2,128
South Korea	1,915
(A)	1,791
New Zealand	1,730
Australia	1,694
(B)	1,685
(C)	1,669
Japan	(D)
Germany	1,349

(注) table 表　Mexico メキシコ　South Korea 韓国
be ranked 位置を占める　below ～ ～の下に　value 値

問1 Table 1の(A)，(B)，(C)に対応する国の組み合わせとして正しいものを，ア～エの中から一つ選びなさい。

	ア	イ	ウ	エ
(A)	U.S.A.	U.S.A.	Italy	Canada
(B)	Canada	Italy	U.S.A.	U.S.A.
(C)	Italy	Canada	Canada	Italy

問2 本文と表から考えて，次の(1)と(2)の英文の(　)に入る適切なものを，ア～エの中からそれぞれ一つずつ選びなさい。

(1) The value in (D) is (　　).

ア 1,594　イ 1,601　ウ 1,609　エ 1,615

(2) The value of the average annual working hours among OECD countries was (　　).

ア 1,694　　イ 1,716　　ウ 1,730　　エ 1,746

B　次の英文は，2010年から2021年までの日本の有給休暇取得率(percentage of employees taking paid leave)について調べたJohnとKateの会話です。英文を読み，後の問題に答えなさい。

John : What were the results of the survey on paid leave ?

Kate : According to the results, 56 percent of people took paid leave in 2010, but the value was 17 points lower in 2013. In the case of 2016, the value recovered. The value was the same in 2016 and 2019. The value of 2021 was ten points higher than that in 2019.

John : I can't see much change in the results over the years. Why don't many people take paid leave ?

Kate : The survey says that they can't take paid leave because there is not enough staff.

John : That's interesting. I think I'll write my report about the results of this survey. When do we have to finish it ?

Kate : By next Friday.

John : Then, can you check the manuscript next Tuesday ?

Kate : Do you mean September 19 ? O.K.

(注) paid leave 有給休暇　manuscript 原稿

問1　Kateの説明と一致する折れ線グラフをア～エの中から一つ選びなさい。

ア

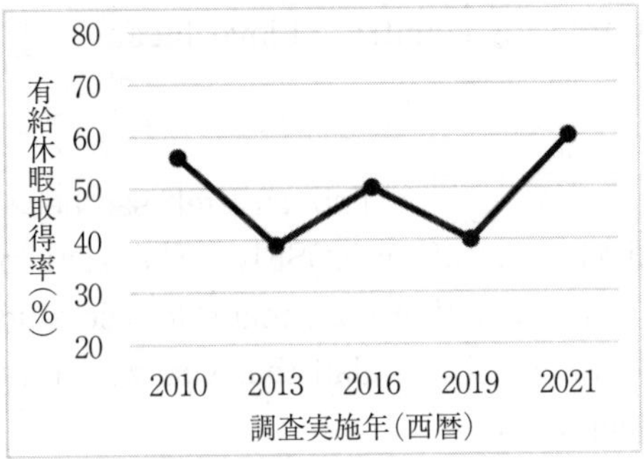

イ

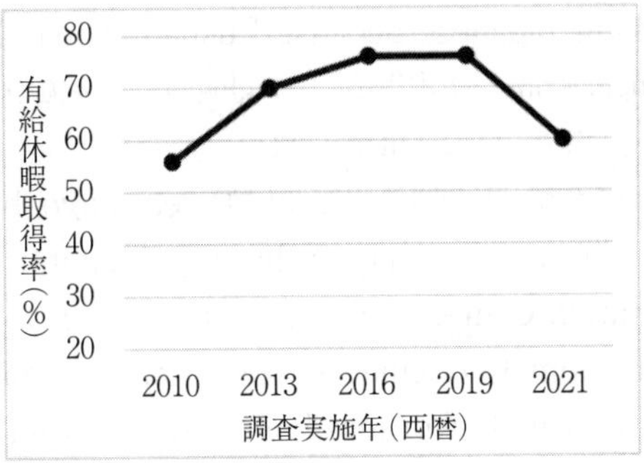

ウ

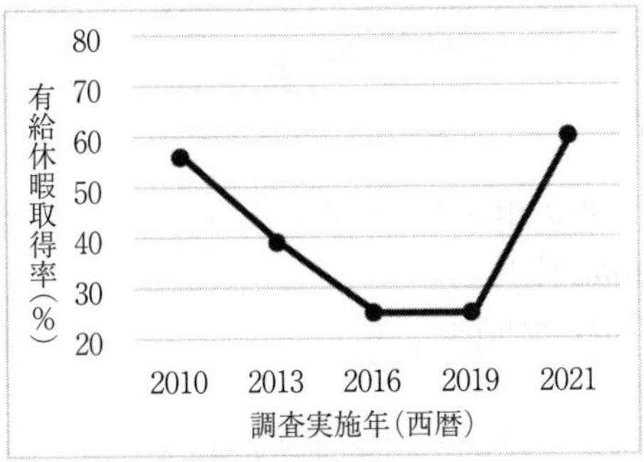

エ

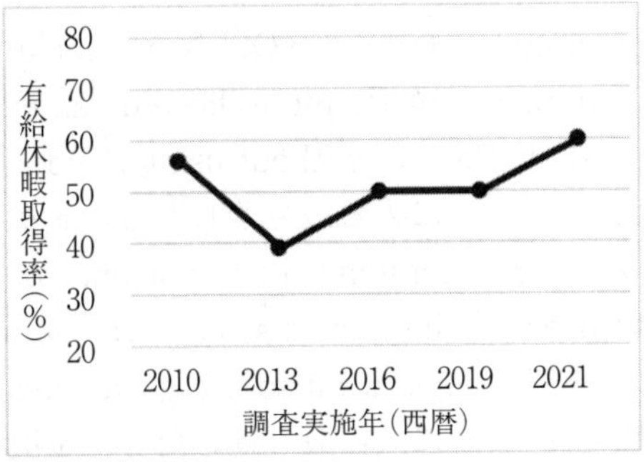

問2　報告書の提出締切日をア～エの中から一つ選びなさい。

ア September 20　　イ September 21

ウ September 22　　エ September 23

6 高等専門学校(高専 KOSEN)に所属する学生および卒業生が自分自身について語った次の各英文を読み，後の問題に答えなさい。なお，これらの人物が実在するとは限りません。

A : I wanted to go to KOSEN since I was in elementary school. I decided to study mechanical engineering there, because my grandfather was an engineer and I respect him very much. I am a member of the robot contest team at KOSEN, and I often remember the things that he told me about machines. I should study more about mechanical engineering to become an engineer like my grandfather. [1].

(注) mechanical engineering 機械工学

B : I started to become interested in science in my third year of junior high school, and then studied very hard to enter KOSEN. Now I'm a fourth-year student at KOSEN in the department of chemistry, and I enjoy using cosmetics and putting on makeup. I am interested in the materials used to make the cosmetics I usually use. [2], so I want to develop new cosmetics that will make people happy after I graduate.

(注) department 学科 chemistry 化学 cosmetic 化粧品
put on makeup 化粧をする material 原料

C : It has been two years since I came to KOSEN. I came here from a foreign country to study civil engineering. [3], so I hope that I will become an engineer and join big projects like building highways and railways in my country. At KOSEN, I live in a dormitory with a lot of students who are now good friends of mine. They teach me about Japanese culture and help me practice speaking Japanese because I usually speak English in my country. I love Japan!

(注) civil engineering 土木工学 highway 主要道路
railway 鉄道 dormitory 寮

D : I graduated from KOSEN about 20 years ago, but [4]. Though I felt sad because I had to stop my job, now I'm happy that my daughter is enjoying her life at KOSEN. She participated in the Presentation Contest held in winter in Tokyo. These days, there are many female students at KOSEN, and female engineers are becoming more common. I am glad that she will have the same chances that male workers have now. I wish her happy life.

(注) participate in 参加する female 女性の male 男性の

問1 本文中の空所 [1] に入る最も適したものを次のア～ウの中から一つ選びなさい。
ア Everything that I study at KOSEN will make my life better in the future
イ It is not so important for me to become an engineer
ウ I want to fly in the sky without using any machines

問2 本文中の空所 [2] に入る最も適したものを次のア～ウの中から一つ選びなさい。
ア I don't want to understand the importance of the materials
イ I haven't used any cosmetics since I was in junior high school
ウ I believe many people want to use good products

問3 本文中の空所 [3] に入る最も適したものを次のア～ウの中から一つ選びなさい。
ア I will never go back to my home country
イ We can't move between our cities easily in my country
ウ I'm not interested in studying and working at all

問4 本文中の空所 [4] に入る最も適したものを次のア～ウの中から一つ選びなさい。
ア I have kept working as an engineer at this company since then

イ　I had to leave my company when my first child was born

ウ　all my children started working after they graduated from junior high school

問5　AさんからDさんの4人の発言の中で触れられていない情報（4人の発言と異なるもの）を次のア～ウの中から一つ選びなさい。

ア　As an engineer, one of the speakers' grandfathers talked about machines.

イ　One of the speakers wants to study new cosmetics in the future.

ウ　One of the speakers visited the dormitory during the winter vacation.

問6　AさんとBさんは毎年1月の第4週末に東京で開催される英語でのプレゼンテーションコンテストに出場し，その際Cさんが英語の指導をしてくれました。AさんからCさんの3人でない人物の発言を次のア～ウの中から一つ選びなさい。

ア　I once was a KOSEN student, but the Presentation Contest was not yet held then.

イ　I was very glad to teach my friends how to speak English well.

ウ　Putting on makeup made me feel better at the Presentation Contest because I usually enjoy using cosmetics.

問7　Dさんの発言として正しいものを次のア～ウの中から一つ選びなさい。なお，問6で説明されているプレゼンテーションコンテストに関する内容も前提にすること。

ア　My daughter joined the Presentation Contest held in winter in Tokyo.

イ　I was surprised at my daughter's presentation at the Presentation Contest held this February.

ウ　I'm very good at English presentations because I've been working abroad as an engineer for about 20 years.

【数　学】（50分）〈満点：100点〉

（注意）　1　定規，コンパス，ものさし，分度器及び計算機は用いないこと。

2　問題の文中の $\boxed{\text{アイ}}$，$\boxed{\text{ウ}}$ などには，特に指示がないかぎり，負の符号（－）または数字（０～９）が入り，ア，イ，ウの一つ一つは，これらのいずれか一つに対応する。それらを解答用紙のア，イ，ウで示された解答欄に，マーク部分を塗りつぶして解答すること。

3　解答は解答欄の形で解答すること。例えば，解答が $\frac{2}{5}$ のとき，解答欄が $\boxed{\text{エ}}.\boxed{\text{オ}}$ ならば0.4として解答すること。

4　分数の形の解答は，それ以上約分できない形で解答すること。例えば，$\frac{2}{3}$ を $\frac{4}{6}$ と解答しても正解にはならない。また，解答に負の符号がつく場合は，負の符号は，分子につけ，分母にはつけないこと。例えば，$\frac{\boxed{\text{カキ}}}{\boxed{\text{ク}}}$ に $-\frac{3}{4}$ と解答したいときは，$\frac{-3}{4}$ として解答すること。

5　根号を含む形で解答する場合，根号の中に現れる自然数が最小となる形で解答すること。例えば，$4\sqrt{2}$ を $2\sqrt{8}$ と解答しても正解にはならない。

1　次の各問いに答えなさい。

(1)　$-2^2-\frac{5}{3}\div\left(\frac{1}{2}+\frac{1}{3}\right)+(-3)^2$ を計算すると $\boxed{\text{ア}}$ となる。

(2)　2次方程式 $x^2-4x+1=0$ を解くと $x=\boxed{\text{イ}}\pm\sqrt{\boxed{\text{ウ}}}$ となる。

(3)　y は x に反比例し，$x=4$ のとき $y=3$ である。この関数において x の変域を $3\leqq x\leqq 6$ とするとき，y の変域は $\boxed{\text{エ}}\leqq y\leqq\boxed{\text{オ}}$ となる。

(4)　2つの関数 $y=ax^2$，$y=2x+3$ について，x の値が2から6まで増加するときの変化の割合が等しいとき，$a=\frac{\boxed{\text{カ}}}{\boxed{\text{キ}}}$ である。

(5)　2個のさいころを同時に投げるとき，出る目の数の和が3の倍数になる確率は $\frac{\boxed{\text{ク}}}{\boxed{\text{ケ}}}$ である。ただし，2個のさいころはそれぞれ1から6までの目が出るとし，どの目が出ることも同様に確からしいものとする。

(6)　右の図は，あるクラスの1ヶ月の読書時間の記録を箱ひげ図にしたものである。単位は時間である。

このとき，四分位範囲は $\boxed{\text{コサ}}$（時間）である。

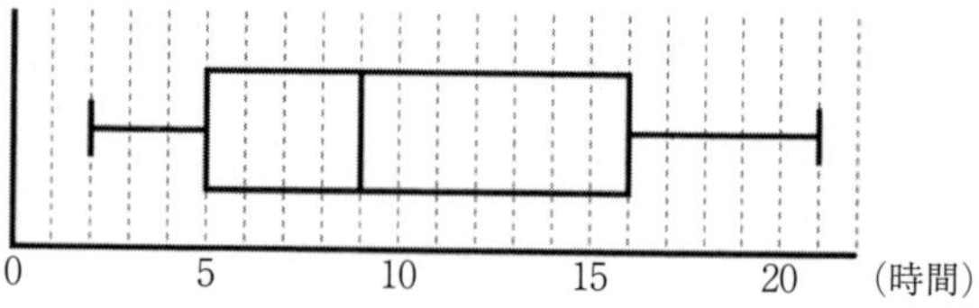

(7)　下の図の△ABCにおいて，∠A＝36°であり，点Dは∠Bと∠Cの二等分線の交点である。このとき，∠x＝$\boxed{\text{シスセ}}$°である。

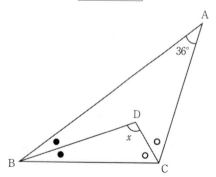

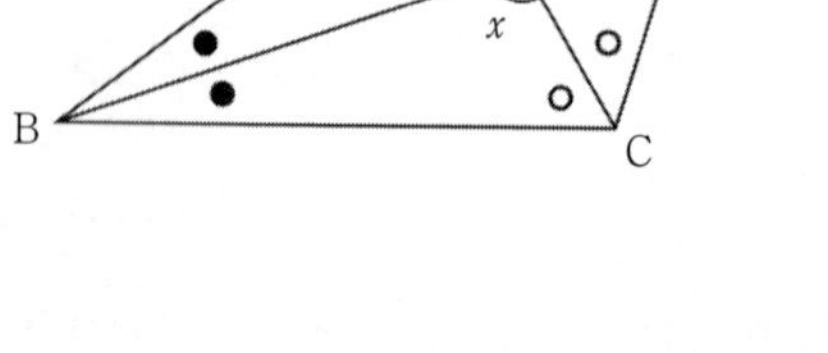

(8)　下の図のように，底面の半径が2cm，高さ$4\sqrt{2}$ cmの円錐があり，底面の円周上の1点から側面にそって1周するように糸をかける。この糸が最も短くなるときの糸の長さは $\boxed{\text{ソ}}\sqrt{\boxed{\text{タ}}}$ cmである。

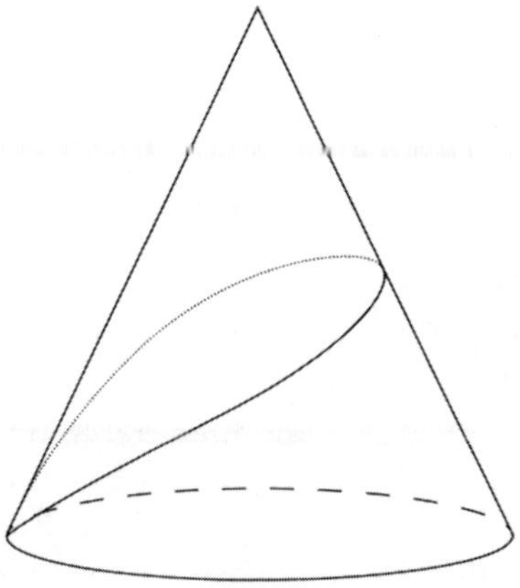

2　tは正の定数とする。図1のように，関数$y=6x^2$のグラフ上に点A$(t,\ 6t^2)$をとり，関数$y=x^2$のグラフ上に点B$(3t,\ 9t^2)$をとる。また，y軸に関して点Bと対称な点をB′とする。

このとき，次の各問いに答えなさい。

(1)　$t=2$のとき，直線AB′の傾きは $\dfrac{\boxed{\text{アイ}}}{\boxed{\text{ウ}}}$ である。

(2)　直線AB′の方程式をtを用いて表すと，

$y=\dfrac{\boxed{\text{エオ}}}{\boxed{\text{カ}}}tx+\dfrac{\boxed{\text{キク}}}{\boxed{\text{ケ}}}t^2$ である。

図1

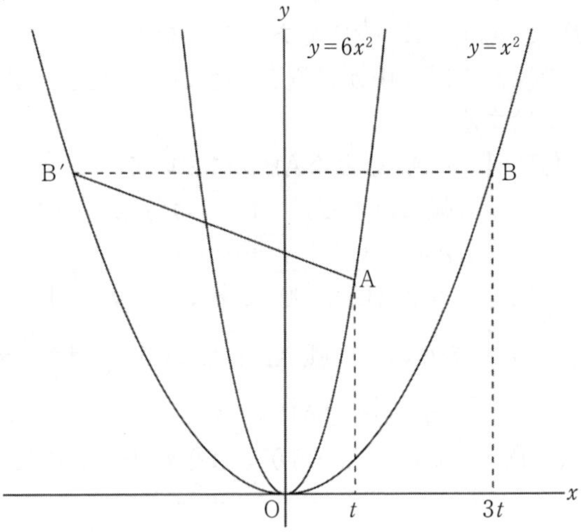

(3)　図2のように，y軸上を動く点Pを考える。

線分APと線分BPの長さの和が最小となる点Pの座標が$(0,\ 3)$であるとき，$t=\dfrac{\boxed{\text{コ}}}{\boxed{\text{サ}}}$ である。

図2

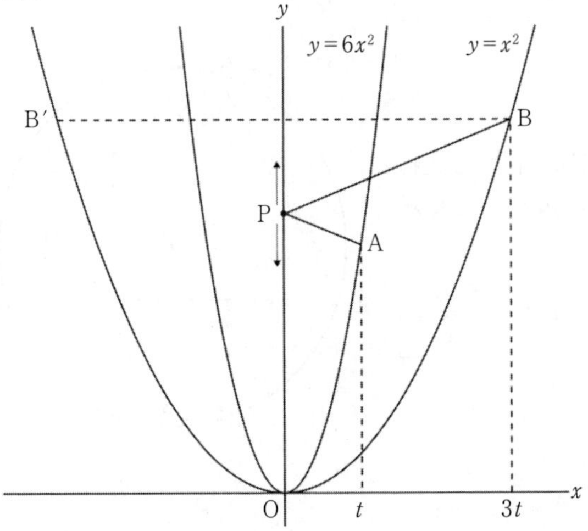

3　図1のように，円Oの円周上に3点A，B，Cがある。△ABCにおいて $AB=\sqrt{13}$，$BC=6$，$CA=5$ である。図2は，図1において点Aから辺BCに垂線を引き，BCとの交点をDとしたものである。また，点Aを通る直径AEを引き，2点C，Eを線分で結ぶ。

図1

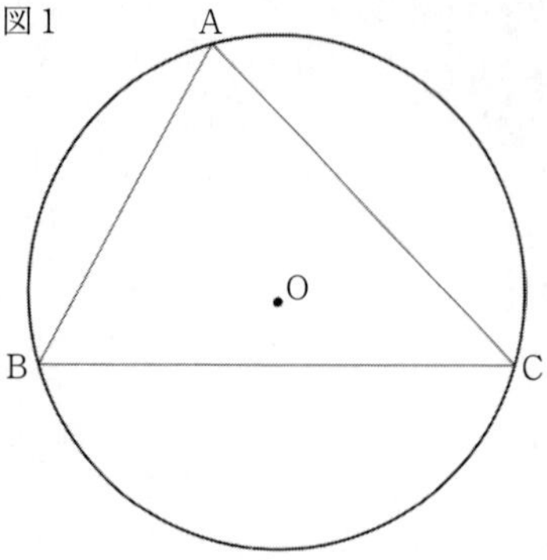

図2

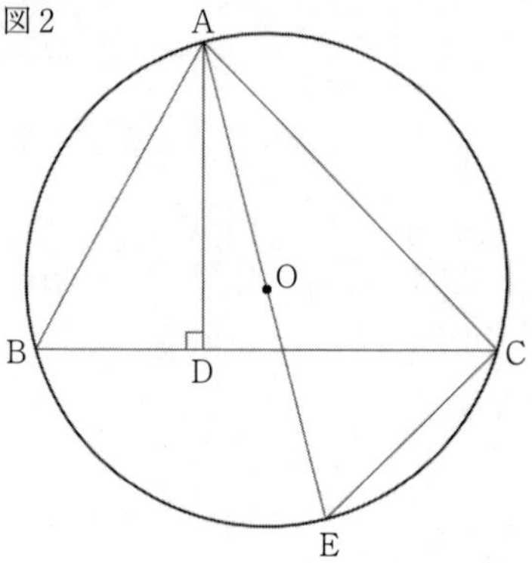

このとき，次の各問いに答えなさい。

(1)　AD＝[ア]である。

(2)　△AEC∽△ABDであることを次のように証明した。[イ]から[オ]に当てはまるものを，下記のⓐからⓚの中から選びなさい。ただし，2つある空欄[イ]，[オ]には，それぞれ同じものが当てはまる。

【証明】　△AECと△ABDにおいて

1つの弧に対する[イ]は等しいので，弧ACにおいて

∠AEC＝[ウ]……①

仮定より∠ADB＝90°である。また，1つの弧に対する[イ]の大きさは[エ]の大きさの $\frac{1}{2}$ 倍なので，弧AEにおいて[オ]＝90°である。よって，

[オ]＝∠ADB……②

①，②より2組の角がそれぞれ等しいので，△AEC∽△ABDである。　【証明終わり】

ⓐ　対頂角	ⓑ　円周角	ⓒ　同位角	ⓓ　中心角
ⓔ　錯角	ⓕ　∠DAB	ⓖ　∠ABD	ⓗ　∠CAD
ⓘ　∠ACE	ⓙ　∠DCA	ⓚ　∠BAC	

(3)　円Oの半径は $\dfrac{[カ]\sqrt{[キク]}}{[ケ]}$ である。

(4)　図3のように，図1において点Bを通り直線ACに平行な直線を引き，円Oとの交点をFとする。また，点Fから辺ACに垂線を引き，ACとの交点をGとする。

このとき，△AFCの面積は[コ]であり，AG＝$\dfrac{[サシ]}{[ス]}$ である。

図3

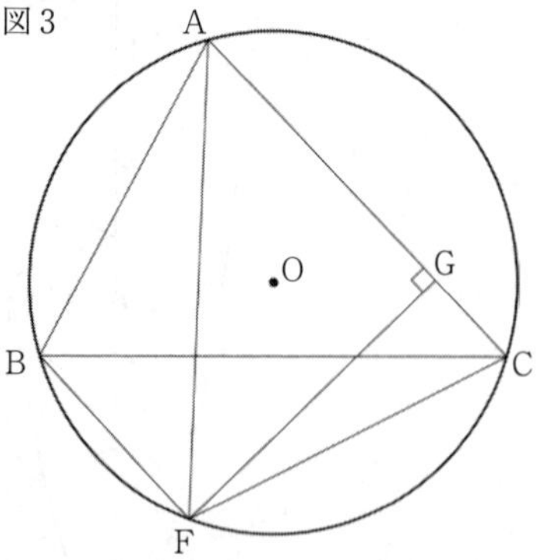

4 次の会話文における空欄 アイ から ス に当てはまる数を求めなさい。ただし，同じ文字の空欄には同一の数が入る。

(1) はじめさんとふみこさんが会話をしている。

はじめ：$1\times2=2$，$2\times3=6$，$3\times4=12$ のように，連続する2個の自然数の積は必ず偶数だね。

ふみこ：連続する2個の自然数の積は，文字を使って $n\times(n+1)$ と書けるね。n にはいろいろな自然数の可能性があるけど，n か $n+1$ のどちらかは必ず偶数なんだね。

はじめ：だから積 $n(n+1)$ は偶数になるんだ！

ふみこ：$\dfrac{n(n+1)}{2}$ はどんな自然数になるのかな？

はじめ：実際に調べてみると，下の表1のようになったよ。

表1

n	$\dfrac{n(n+1)}{2}$
1	1
2	3
3	6
4	10
5	アイ
⋮	⋮

ふみこ：例えば $n=5$ のときは $\dfrac{n(n+1)}{2}=$ アイ だね。

(2) ふみこさんとみつおさんが会話をしている。

ふみこ：連続する3個の自然数 n，$n+1$，$n+2$ があったら，どれか1つは3の倍数だね。だから積 $n(n+1)(n+2)$ は必ず3の倍数なんだね。

みつお：$\dfrac{n(n+1)(n+2)}{3}$ はどんな自然数になるのかな？　実際に調べてみると，下の表2のようになったよ。

表2

n	$\dfrac{n(n+1)(n+2)}{3}$
1	2
2	8
3	20
4	40
5	ウエ
⋮	⋮

ふみこ：例えば $n=5$ のときは $\dfrac{n(n+1)(n+2)}{3}=$ ウエ だね。

(3) $\dfrac{n(n+1)}{2}$ や $\dfrac{n(n+1)(n+2)}{3}$ の規則性に興味をもったふみこさんは，お姉さんのけいこさんに聞いてみることにした。けいこさんは高専生で，数学が得意である。

けいこ：はじめさんとみつおさんの表から次のページの表3を作ってみたらどうかな。

表3

n	$\dfrac{n(n+1)}{2}$	$n(n+1)$	$\dfrac{n(n+1)(n+2)}{3}$
1	1	2	2
2	3	6	8
3	6	12	20
4	10	20	40
5	アイ	[オカ]	ウエ
⋮	⋮	⋮	⋮
（1列目）	（2列目）	（3列目）	（4列目）

$n(n+1)$も考えるのがポイントだよ。$n=5$のときは$n(n+1)=$ [オカ] だね。表3の中には $\begin{array}{|c|c|}\hline * & b \\ \hline a & a+b \\ \hline\end{array}$ というパターンがたくさん出てくるね。

ふみこ：1列目と2列目を見てみると… $\begin{array}{|c|c|}\hline * & 1 \\ \hline 2 & 3 \\ \hline\end{array}$ や $\begin{array}{|c|c|}\hline * & 3 \\ \hline 3 & 6 \\ \hline\end{array}$ や $\begin{array}{|c|c|}\hline * & 6 \\ \hline 4 & 10 \\ \hline\end{array}$ というパターンがあるね。

あっ，[アイ] というのは [キ] $+10$と同じだね！　もしかして，[アイ] のすぐ下の欄は [ク] $+$ [アイ] かな？

けいこ：そうだね。例えば [アイ] について，ふみこさんが気づいた等式

[アイ] $=$ [キ] $+10$，$10=4+6$，$6=3+3$，$3=2+1$

を組み合わせると，どんなことがわかるかな？

[アイ] というのは1から [ケ] までの自然数の合計になるんだよ。例えば，表にはないけど1から7までの自然数の合計なら…

ふみこ：つまり$1+2+3+4+5+6+7$でしょ？　このまま足し算すれば28とわかるね。

けいこ：その28とは，$\dfrac{n(n+1)}{2}$において$n=$ [コ] を代入した値でしょ？

ふみこ：なるほど！　文字式$\dfrac{n(n+1)}{2}$を使うといちいち足し算しなくても合計が求められるね！

けいこ：表の3列目と4列目を見ると，連続する2個の自然数の積の合計がわかるね。

ふみこ：例えば$1\times2+2\times3+3\times4$なら20だね…。あっ，これは$\dfrac{n(n+1)(n+2)}{3}$において$n=3$を代入した値だね！

けいこ：表には書いていないけど

$1\times2+2\times3+3\times4+4\times5+5\times6+6\times7+7\times8$

という連続する2個の自然数の積の合計は，$\dfrac{n(n+1)(n+2)}{3}$において$n=$ [サ] を代入した値だよ。

ふみこ：連続する2個の自然数の積の合計を求めるときに，連続する3個の自然数の積を3で割った値が使えるなんて，おもしろいね。

けいこ：連続するk個の自然数の積の合計を求めるときにも，連続する$k+1$個の自然数の積を$k+1$で割った値が使えるよ。まあ，一般的なk個の話なんてまだ難しいかもしれないけどね。

ふみこ：う～ん…チンプンカンプンだけど，いつか理解できるようになってみたいな。

けいこ：実は表の4列目と2列目の差についても規則性があるよ。

ふみこさん，差 $\dfrac{n(n+1)(n+2)}{3}-\dfrac{n(n+1)}{2}$ を計算して $\dfrac{n(n+1)X}{6}$ という形に整理してみて。X はどんな式になるかな？

ふみこ：え～っ!?　難しい…

けいこ：正解は $X=$ [シ] $n+$ [ス] だよ。この数式や4列目と2列目の差の規則性には，高専に入ったら再会するよ。勉強がんばってね！

【社　会】（50分）〈満点：100点〉

1　次の図１のＡからＤの国について，**問１**から**問４**までの各問いに答えよ。

図１

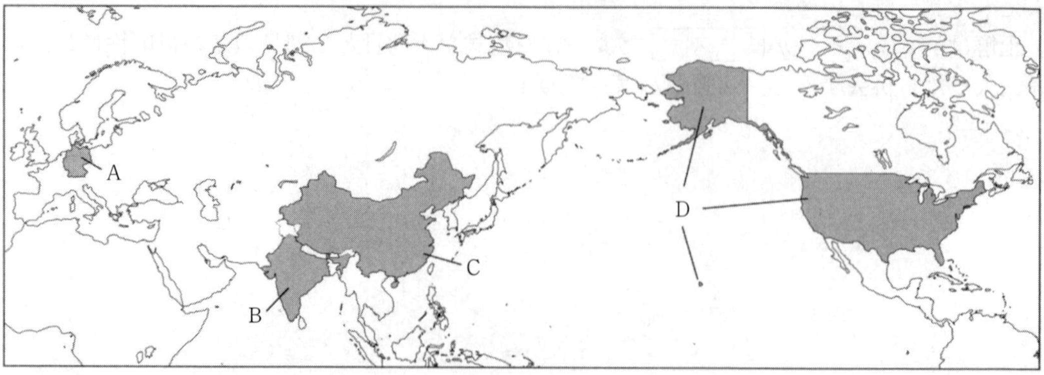

※国境線が未確定な部分には着色していない。

問１　次の表１は，図１中のＡからＤの国の首都で観測された月平均気温と月降水量をまとめたものである。表１中のアからエには，それぞれ図１中のＡからＤのいずれかの国の首都が当てはまる。図１中のＢの国の首都に当てはまるものを，表１中のアからエのうちから一つ選べ。

表１　月平均気温と月降水量

	月平均気温(℃)		月降水量(mm)	
	1月	7月	1月	7月
ア	-2.8	27.2	2.1	170.6
イ	13.9	31.5	20.0	197.2
ウ	2.8	27.0	73.4	109.8
エ	1.0	19.5	54.4	83.9

（気象庁ホームページより作成）

問２　次の表２は，図１中のＡからＤの国と日本における自動車(四輪車)の生産台数，輸出台数，100人あたり保有台数を示したものである。表２中のアからエには，それぞれ図１中のＡからＤのいずれかの国が当てはまる。図１中のＣに当てはまるものを，表２中のアからエのうちから一つ選べ。

表２　自動車(四輪車)の生産台数，輸出台数，100人あたり保有台数

	生産台数(千台)		輸出台数(千台)		100人あたり保有台数(台)	
	2004年	2017年	2004年	2017年	2004年	2017年
ア	1511	4783	196	844	1.2	3.5
イ	5071	29015	136	891	2.1	14.7
ウ	5570	5920	3924	4589	59.3	60.6
エ	11988	11190	1794	2839	79.6	84.9
日本	10512	9691	4958	4706	58.5	61.2

※自動車(四輪車)には，乗用車・トラック・バスも含む。

（『世界国勢図会 2006/07年版』，『世界国勢図会 2020/21年版』，『世界自動車統計年報 第18集(2019)』より作成）

問3　次の図2中のXからZのグラフは，綿花，原油，鉄鉱石のいずれかの輸入額上位5か国とその割合を示したものである。図2中のAからDは，図1中のAからDと同じ国を示している。XからZの組み合わせとして正しいものを，下のアからカのうちから一つ選べ。

図2　品目別輸入額上位5か国とその割合(2021年)

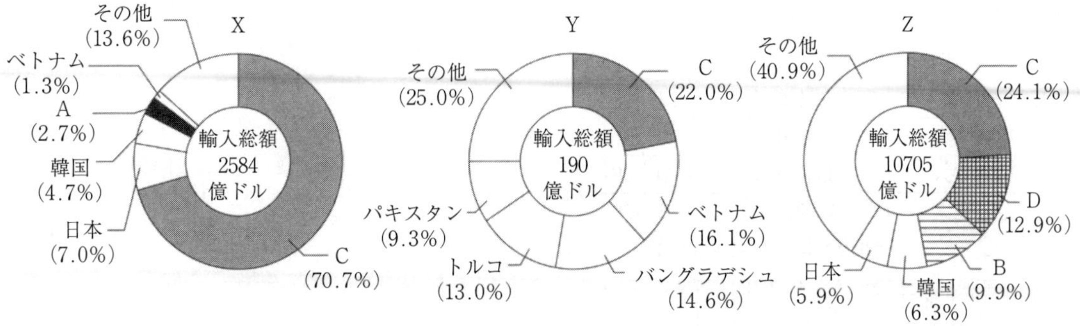

※その他は，輸入額6位以下の国の総計を示している。

(『国際連合貿易統計年鑑70集(2021)』より作成)

	ア	イ	ウ	エ	オ	カ
X	綿花	綿花	原油	原油	鉄鉱石	鉄鉱石
Y	原油	鉄鉱石	綿花	鉄鉱石	綿花	原油
Z	鉄鉱石	原油	鉄鉱石	綿花	原油	綿花

問4　次の表3は，図1中のAからDの国と日本における経済成長率，CO_2(二酸化炭素)総排出量，CO_2一人あたり排出量をまとめたものである。表3中のアからエには，それぞれ図1中のAからDのいずれかの国が当てはまる。図1中のAに当てはまるものを，表3中のアからエのうちから一つ選べ。

表3　各国の経済成長率，CO_2(二酸化炭素)総排出量，CO_2一人あたり排出量

	経済成長率(%)		CO_2総排出量(百万t)		CO_2一人あたり排出量(t)	
	1995年	2018年	1995年	2018年	1995年	2018年
ア	11.0	6.7	2900	9823	2.4	7.0
イ	7.6	6.5	703	2372	0.7	1.7
ウ	2.7	2.9	5074	4987	19.0	15.0
エ	1.5	1.1	857	704	10.5	8.4
日本	2.6	0.6	1118	1100	8.9	8.6

(『国際連合世界統計年鑑63集(2020)』，『国際連合世界統計年鑑65集(2022)』より作成)

2　日本の地理について，**問1**から**問3**までの各問いに答えよ。

問1　次の表1は，青森県，千葉県，滋賀県における2020年の15歳未満の人口と65歳以上の人口，2015年から2020年までの５年間の人口増加率を示したものである。表１中のＡからＣは，青森県，千葉県，滋賀県のいずれかに当てはまる。組み合わせとして正しいものを下のアからカのうちから一つ選べ。

表1

県	15歳未満の人口	65歳以上の人口	人口増加率
A	734496人	1699991人	0.99%
B	191369人	365311人	0.05%
C	129112人	412943人	-5.37%

（「令和２年国勢調査結果」より作成）

	ア	イ	ウ	エ	オ	カ
青森県	A	A	B	B	C	C
千葉県	B	C	A	C	A	B
滋賀県	C	B	C	A	B	A

問2　次の図は，都道府県別の就業者数に占める第一次産業，第二次産業，第三次産業それぞれの就業者の割合が全国で上位10位以内の都道府県を塗りつぶして示した地図である。図のＡからＣは，それぞれ第一次産業，第二次産業，第三次産業のいずれかに当てはまる。組み合わせとして正しいものを，下のアからカのうちから一つ選べ。

図

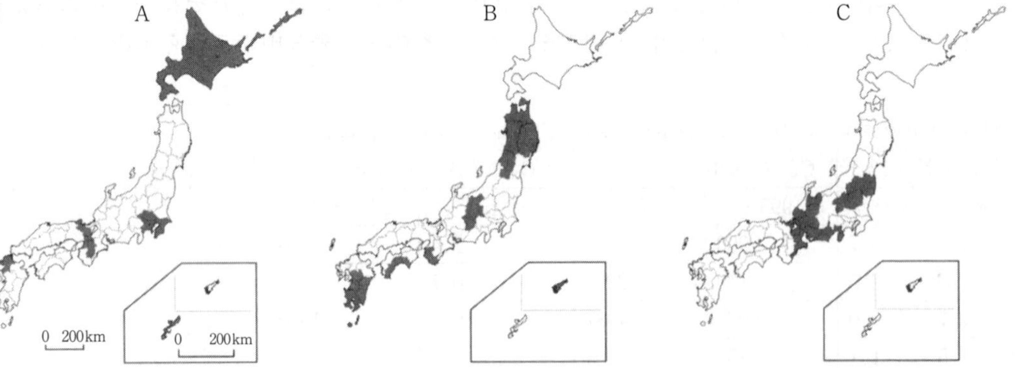

（「令和２年国勢調査結果」より作成）

	ア	イ	ウ	エ	オ	カ
第一次産業	A	A	B	B	C	C
第二次産業	B	C	A	C	A	B
第三次産業	C	B	C	A	B	A

問3　次のページの表２，表３は，２種類の統計資料について，北海道，埼玉県，山梨県，京都府の四つの道府県に関する数値を抜粋したものである。表２は，宿泊施設への外国人の延べ宿泊者数（２月，８月，１年間），日本人も含めた１年間の延べ宿泊者数に占める外国人の割合を示したものである。表３は，日本に居住する人で四つの道府県を主な目的地として訪れた国内旅行者について，宿泊旅行者と日帰り旅行者に分けて延べ人数を示したものである。なお，延べ人数とは人数×回数（泊数）を示す。

表中のアからエは，表2，表3ともに同じ道府県を示している。下に示す各道府県の状況も参考にして，北海道に当てはまるものを，表中のアからエのうちから一つ選べ。

表2　外国人宿泊者数に関する統計(2019年)

道府県	外国人の延べ宿泊者数			1年間の延べ宿泊者数に占める外国人の割合
	2月	8月	1年間	
ア	743770人	1036180人	12025050人	39.11%
イ	1236540人	646280人	8805160人	23.81%
ウ	167950人	177970人	2054960人	22.65%
エ	12430人	16100人	219520人	4.04%

(「宿泊旅行統計調査」より作成)

表3　日本に居住する人の国内旅行に関する統計(2019年)

道府県	訪れた宿泊旅行者の延べ人数	訪れた日帰り旅行者の延べ人数	訪れた旅行者の延べ人数(宿泊と日帰りの合計)
ア	837万人	1027万人	1864万人
イ	1847万人	849万人	2696万人
ウ	512万人	618万人	1130万人
エ	405万人	878万人	1283万人

(「旅行・観光消費動向調査」より作成)

各道府県の状況

北海道　豊かな自然が観光客を呼び寄せており，良質の雪を求め海外からのスキー客も多い。

埼玉県　首都圏に位置し，仕事での宿泊客は多いが，県の人口に対して観光客は少ない。

山梨県　東京から近く，高原や湖，温泉などの観光資源がある。夏には富士山への登山客も多い。

京都府　古くからの都市があり，有名な寺社なども多く，外国人にも知られた観光地である。

3　右のAからCの３枚の地図は，ある地域の約50年前，約25年前，最近の２万５千分１地形図の同じ範囲を拡大して加工したものである。これらを見て，**問１**，**問２**に答えよ。

問１　３枚の地図を年代の古いものから新しいものの順に並べたものとして正しいものを，次のアからカのうちから一つ選べ。

ア　A→B→C
イ　A→C→B
ウ　B→A→C
エ　B→C→A
オ　C→A→B
カ　C→B→A

問２　これらの地図から読み取れることとして正しいものを，次のアからカのうちから一つ選べ。

ア　Aでは，「たろう」駅の東側から海までの間に畑と針葉樹林がある。
イ　Aでは，「たろう」駅の南に町役場がある。
ウ　Bでは，「たろう」駅の南西の河川沿いに果樹園が広がっている。
エ　Bの「たろう」駅の南東には，標高130m以上の山がある。
オ　Cでは，「新田老駅」の西に図書館がある。
カ　Cでは，海岸線から100m以内に神社がある。

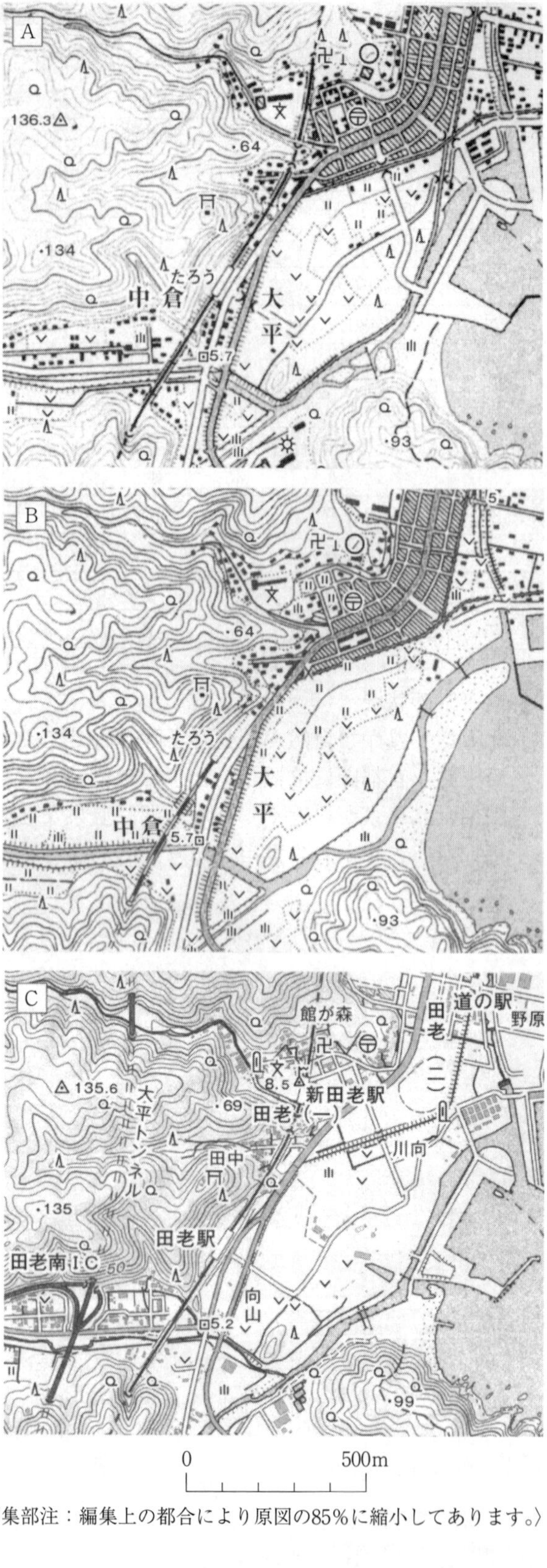

〈編集部注：編集上の都合により原図の85％に縮小してあります。〉

4　次の地図中のAからFは，古代の文明が栄えた地域の河川である。これを見て，問1，問2に答えよ。

地図

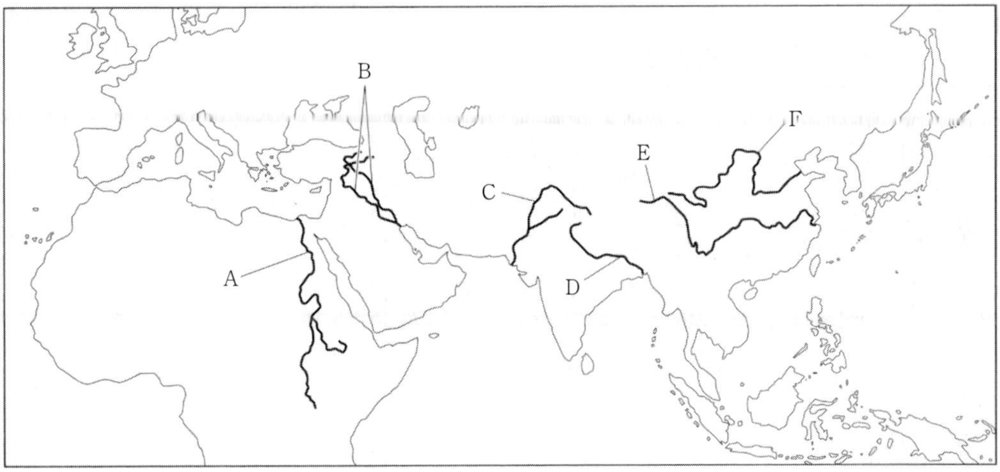

問1　右の写真の中の文字は，古代の文明で使用されていたもので，いまだに解読されていない。この文字が使用されていた文明が栄えた地域の河川を，次のアからカのうちから一つ選べ。

ア　A　　イ　B　　ウ　C
エ　D　　オ　E　　カ　F

写真

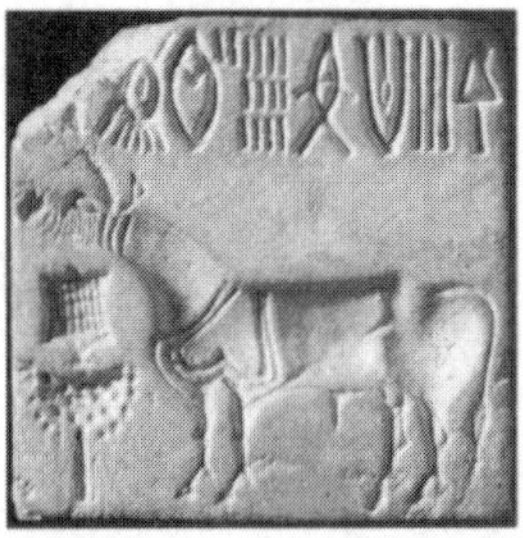

問2　次のaからeの文について，地図中の河川Aの中・下流域に栄えた文明に関する説明として正しいものの組み合わせを，下のアからコのうちから一つ選べ。

a　都市国家の一つであるアテネでは，成年男性からなる市民が参加する民会を中心に民主政がおこなわれた。

b　モヘンジョ・ダロなどの都市では，整然とした道路や下水路などが整備された。

c　紀元前3000年ごろに統一王国ができ，神殿やピラミッドがつくられた。

d　月の満ち欠けに基づく太陰暦《たいいんれき》や，時間を60進法で測ること，1週間を7日とすることが考え出された。

e　川のはんらんの時期を知るために天文学が発達し，1年を365日とする太陽暦がつくられた。

ア	イ	ウ	エ	オ	カ	キ	ク	ケ	コ
a・b	a・c	a・d	a・e	b・c	b・d	b・e	c・d	c・e	d・e

5　ケンタさんは税制の歴史について授業で発表することになった。異なる時代の税について調べてノートにまとめ，税の徴収に使われた帳簿を書き写して資料１，資料２を作成したが，調べた内容と資料との関係がわからなくなってしまった。資料１，資料２を見て，**問１**から**問３**までの各問いに答えよ。

資料１

（略）
中田　七畝《せ》十五歩《ぶ》　九斗《と》　源左衛門尉《げんざえもんのじょう》
下田　五畝十五歩　六斗五合《ごう》　同人
中田　二畝　二斗四升《しょう》　同人
下田　四畝　四斗四升　同人
中田　二反《たん》五畝　三石《こく》　市兵衛《いちべえ》
（略）

資料２

（略）
戸主大神部荒人《こしゅおおみわべのあらひと》　年五十七歳　正丁《せいてい》　課戸《かこ》
妻中臣部与利売《なかとみべのよりめ》　年六十七歳　耆妻《きさい》
男《むすこ》大神部伊止甫《いしほ》　年二十六歳　兵士　嫡子《ちゃくし》
女《むすめ》大神部妹津売《いもつめ》　年十六歳　小女　嫡女《ちゃくじょ》
（略）

※いずれの資料も文字を読みやすく書き改め，一部に読みがなをつけたが，人名の読みは推定である。
※反・畝・歩は面積の単位，石・斗・升・合は容積の単位，正丁＝21～60歳の男性，課戸＝税を負担する男性がいる戸，耆妻＝66歳以上の妻，小女＝４～16歳の女児，嫡子・嫡女＝長男・長女。

問１　次のＡからＣは，ケンタさんが異なる時代の税について調べてまとめたノートの一部である。資料１，資料２は，それぞれＡからＣのうちのいずれかに関連している。ＡからＣと資料の組み合わせとして正しいものを，下のアからカのうちから一つ選べ。

Ａ　戸籍に登録された６歳以上の人々には，性別や身分に応じて口分田が与えられ，人々は，男女ともに，口分田の面積に応じて収穫した稲の約３％を納めることになった。

Ｂ　田畑の善《よ》し悪《あ》しや面積，実際に耕作している百姓を検地帳に登録し，石高に応じて年貢を納めることが義務づけられた。

Ｃ　地券を発行して土地の個人所有を認め，土地所有者には地価の３％を納めさせるとともに，土地の売買も可能になった。

	ア	イ	ウ	エ	オ	カ
資料１	Ａ	Ａ	Ｂ	Ｂ	Ｃ	Ｃ
資料２	Ｂ	Ｃ	Ａ	Ｃ	Ａ	Ｂ

問２　ケンタさんは，特に興味をもった資料１についてさらに調べてみることにした。資料１のような帳簿が使われた時代の幕府に関する説明として誤っているものを，次のアからエのうちから一つ選べ。

ア　幕府はキリスト教の禁止を徹底するため，ポルトガル船の来航を禁止し，次いで平戸のオランダ商館を長崎の出島に移した。

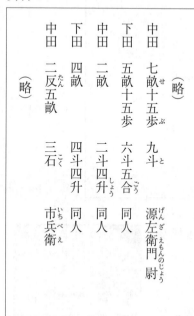

イ　8代目の将軍は，質素・倹約を命じて幕府の財政立て直しに取り組んだほか，民衆の意見を取り入れるために江戸に目安箱を設置した。

ウ　幕府の政策を批判する人々をきびしく弾圧した大老井伊《いい》直弼《なおすけ》が，江戸城に向かう途中で水戸藩の元藩士らによって暗殺された。

エ　幕府には将軍の補佐役として管領が置かれ，細川氏や畠山《はたけやま》氏などの有力な守護大名が任命された。

問3　発表を終えたケンタさんは，事後学習として，気になったことがらを調べてメモを作成した。次のメモ中の［①］と［②］に入る語句の組み合わせとして正しいものを，下のアからエのうちから一つ選べ。

メモ

地方は国・郡・［　①　］に分けられ，国ごとに都から派遣されてきた国司が，地方の豪族から任命される郡司らを指揮して人々を治めた。しかし，10世紀後半になると，国司の役割は［　②　］から徴収した税を朝廷に納めることが中心になっていった。国司のなかには，自分では任命された国に行かないで代理人を送る者や，税をきびしく取り立てて自分の収入を増やす者などが増えていき，地方の政治はしだいに乱れていった。

ア　①―里　②―公領　　イ　①―惣村　②―公領

ウ　①―里　②―荘園　　エ　①―惣村　②―荘園

6　次の資料1から次のページの資料3は，第一次世界大戦から第二次世界大戦の間におこった社会運動に関連する資料である。資料1から資料3を見て，**問1**から**問4**までの各問いに答えよ。

資料1

資料2

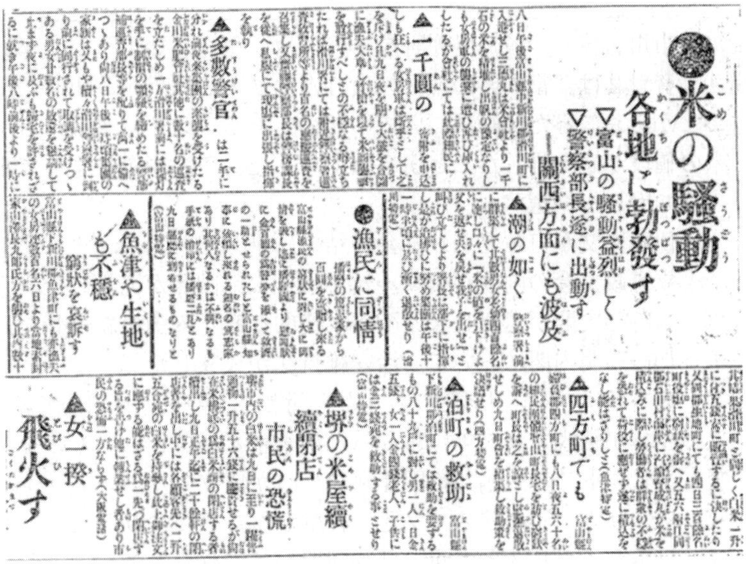
●米《こめ》の騷動《さうどう》 各地《かくち》に勃發《ぼつぱつ》す

▽富山の騷動益烈しく

▽警察部長遂に出動す

―關西方面にも波及

▲潮の如く

▲一千圓の

▲多数警官

●漁民に同情

▲魚津や生地も不穏

▲四方町でも

▲泊町の救助

▲堺の米屋續續閉店 市民の恐慌

▲女一揆飛火す

資料3

※資料中の演台に立つ人物は，大会で演説する山田孝野次郎少年である。

問1　資料1は，女性を社会的な差別から解放し，その地位を高めようとして明治末期に発刊された雑誌の創刊号の表紙である。この創刊号に次の文章を寄せた人物を，下のアからエのうちから一人選べ。なお，文章は現代語に訳し，わかりやすくするために一部を補足したり省略したりしてある。

> 元始，女性は実に太陽であった。真正の人であった。今，女性は月である。他によって生き，他の光によってかがやく，病人のような青白い顔の月である。私たちはかくされてしまった我が太陽を今や取りもどさなくてはならない。

ア　市川房枝　　イ　与謝野晶子　　ウ　平塚らいてう　　エ　津田梅子

問2　資料2は，富山県の漁村の女性たちが米の県外積み出しに反対し，安売りすることを要求したことからおこった騒動《そうどう》についての記事である。この騒動は，日本のシベリア出兵をきっかけとして米の値段が急上昇したことが原因であった。この騒動によって生じた政治的変化を，次のアからエのうちから一つ選べ。

ア　伊藤博文が自ら立憲政友会の結成に乗り出した。

イ　立憲政友会の内閣が倒れ，新たに桂太郎内閣が発足した。

ウ　当時の内閣が退陣し，原敬《たかし》が本格的な政党内閣を組織した。

エ　加藤高明《たかあき》内閣において，治安維持法が成立した。

問3　資料3は，被差別部落の人々が人間としての平等を求めて結成したある団体の大会の写真である。この団体が結成された年におこった出来事として正しいものを，次のアからエのうちから一つ選べ。

ア　ソビエト社会主義共和国連邦（ソ連）が成立した。

イ　アメリカ，イギリス，ソ連の首脳がヤルタで会談した。

ウ　日本とイギリスとの間で日英同盟が結ばれた。

エ　ドイツでは，ナチス（ナチ党，ナチス党）を率いるヒトラーが首相になった。

問4　資料1から資料3の社会運動について，資料1の創刊された年，資料2の騒動がおこった年，資料3の団体が結成された年を年代の古い順に並べ直したとき正しいものを，次のアからカのうちから一つ選べ。

ア　資料1→資料2→資料3　　イ　資料1→資料3→資料2　　ウ　資料2→資料1→資料3

エ　資料2→資料3→資料1　　オ　資料3→資料1→資料2　　カ　資料3→資料2→資料1

7　次の資料１は，ハルカさんが授業で調べた，人権に関する裁判の判決の内容である。資料１を読み，問１から問４までの各問いに答えよ。

資料１

> ※憲法第19条の規定は，同じ※※憲法第３章のその他の(1)自由権の保障についての規定と同じく，国または地方公共団体の政治に対して個人の基本的な自由と(2)平等を保障する目的をもっており，特に国または地方公共団体の関係を規律するものであり，個人と個人の相互の関係を直接規律することを想定しているのではない。このことは，(3)基本的人権という観念の成立および発展の歴史が示していることであるし，また，憲法の人権保障の規定の形式や内容をみても明らかである。

※　日本国憲法の条文「思想及び良心の自由は，これを侵してはならない」。

※※日本国憲法のうち，第10条から第40条までの，国民の権利と義務が書かれた箇所。

問１　下線部(1)に関して，自由権のうち「経済活動の自由」が争点となった裁判の説明として正しいものを，次のアからエのうちから一つ選べ。

ア　学校で使用する教科書を文部省（現在の文部科学省）が検定する制度は，憲法の禁じる検閲《けんえつ》にあたるとして訴えた裁判。

イ　建築工事の安全祈願のための儀式をおこなうにあたり，市が神社に公費を支出したことが政教分離の原則に反するとして，市が訴えられた裁判。

ウ　小説のモデルが特定の人物だとわかってしまうことはプライバシーの侵害だとして，その小説の出版の取り消しを求めて訴えた裁判。

エ　薬局の開設にあたって，別の薬局からの距離が一定以上でなければならないという制約があるのは職業選択の自由に反すると訴えた裁判。

問２　下線部(2)に関して，現在の日本における，さまざまな人々の平等を実現するための対策や現状の説明として正しいものを，次のアからエのうちから一つ選べ。

ア　育児・介護休業法が制定され，男性の育児休暇取得率は大幅に上昇し，現在では男女間で取得率の差は見られなくなっている。

イ　日本における外国人居住者は増加傾向にあり，外国人が不当な差別や不利益を受けないようにする対策が求められている。

ウ　アイヌ文化振興法などが制定され，同化政策を進めることによってアイヌ民族の差別解消が目指されるようになった。

エ　男女共同参画社会基本法によってはじめて，性別を理由として募集や採用の機会を制限することが禁じられるようになった。

問３　下線部(3)に関して，次の資料２は，基本的人権の歴史において重要な役割を果たしたワイマール（ヴァイマル）憲法の一部である。資料２についての下の説明文ａ，ｂの正誤の組み合わせとして正しいものを，後のアからエのうちから一つ選べ。

資料２

> 第151条　経済生活の秩序は，すべての者に人間たるに値する生活を保障する目的をもつ正義の原則に適合しなければならない。この限界内で，個人の経済的自由は確保されなければならない。
>
> 第159条　労働条件および経済条件を維持し，かつ，改善するための団結の自由は，各人およびすべての職業について，保障される。

説明文

a　第151条では経済活動の自由の考え方が示されている。これは日本国憲法では，「すべて国民は，健康で文化的な最低限度の生活を営む権利を有する」という条文で保障されている。

b　第159条では労働者の団結の権利が示されている。これは日本国憲法では，団体交渉権，団体行動権とならぶ労働三権の一つとして保障されている。

ア　a―正　b―正　　イ　a―正　b―誤

ウ　a―誤　b―正　　エ　a―誤　b―誤

問4　資料1には，立憲主義の考え方が反映されていると考えられる。資料1から読み取ることのできる，立憲主義における憲法の意義として最も適当なものを，次のアからエのうちから一つ選べ。

ア　憲法とは，国または地方公共団体が政治をおこなうあり方を定め，権力の濫用《らんよう》から国民の人権を守るという意義をもつ。

イ　憲法とは，国家権力に反する行動をとる人間を取り締まり，犯罪に対する処罰を明確化するという意義をもつ。

ウ　憲法とは，家族関係や雇用関係など，個人と個人の関係を規制し，人々の日常生活の秩序を保つという意義をもつ。

エ　憲法とは，国または地方公共団体の統治者が国民を統治しやすくするための手段としての意義をもつ。

8　次に示すのは，中学生A，B，Cが市内の若者シンポジウムに参加したときの一場面である。これを読み，**問1**から**問3**までの各問いに答えよ。

司会：では次のテーマです。現在わが国では，政府の財政赤字が長年の課題となっています。この課題をどのように解決すればよいでしょうか。まずは参加者のみなさんのご意見をお聞かせ下さい。

A　：財政赤字は，政府の収入よりも支出が大きくなることでおこります。だから，政府の支出を減らせば財政赤字は解決できると思います。具体的には，国がおこなう仕事を減らせば，政府の支出も減ります。支出は税金などの収入に見合うようにすべきです。

B　：国の仕事を減らすことには反対です。私たちの生活を支えるために，国がするべきことはたくさんあります。政府の支出に合うように，税金など収入を増やすことで財政赤字を解決するべきです。特に国が企業の努力を促《うなが》して，国全体の経済状況をよくすれば，多くの人から幅広く集められる消費税による収入が増えると思います。

C　：国の仕事を減らさず，税収を増やすことには賛成ですが，原則としてみんなが同じ税率である消費税を増やすと，所得が低い人の負担が大きくなると思います。税金は所得が高い人がなるべく多く負担するべきです。また，(1)企業などが納める法人税を，特に経営状況がよい企業を中心に増やすことも考えられます。

B　：法人税を増やせば，企業の経営が悪化してしまうかもしれません。国としても(2)景気が悪くなるのは避けたいので，国が企業を支える積極的な手立てを考えた方がいいと思います。

A　：そうするとやはり，税金を増やす方法自体に問題があります。国の仕事を減らして政府の支出を減らすことが最もよいと思います。

C　：政府でなければ解決できない社会的な課題も多くあり，その仕事まで減らしてしまっては財政赤字以外の課題を解決できません。所得の高い人から税金を多く集め，所得の低い人の生活を支えることも，政府の大切な役割です。

司会：それぞれの立場から発言してもらいました。ではこのあとは，専門家の先生のご意見を聞いて，よりよい解決策をともに考えていくことにしましょう。

問１　下線部(1)に関して，法人税と同様に，納める人と負担する人が同じである税を，次のアからエのうちから一つ選べ。

ア　関税　　イ　ガソリン(揮発油)税　　ウ　消費税　　エ　所得税

問２　下線部(2)に関して，左下の図１は，景気の変動と時間との関係を模式的に表したものである。右下の事例の状況がおこっている時期として最も適当なものを，図１中のアからエのうちから一つ選べ。

図１

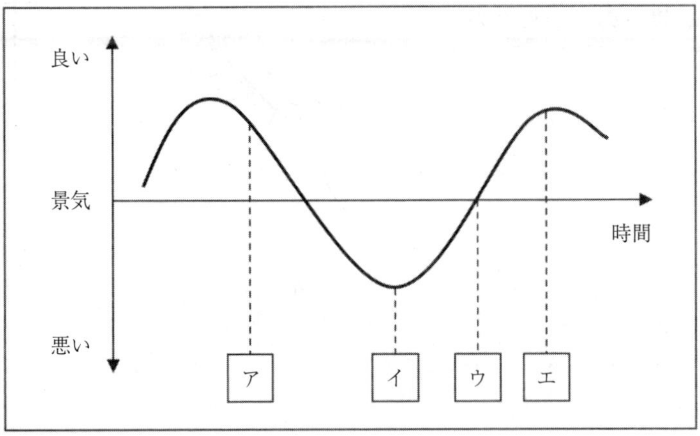

事例
売れ行きが悪くなる商品が出はじめ，商品の在庫が増えはじめる。人々の賃金が徐々に下がりつつあり，企業の倒産や失業者も目立ちはじめる。

問３　次の図２は，前の場面中でＡ，Ｂ，Ｃのそれぞれが述べたことを，「国民の経済的格差の改善」，「国の経済成長の進展」，「大きな政府」，「小さな政府」の４つの観点から整理しようとしたものである。Ａ，Ｂ，Ｃのそれぞれが述べたことを，図２中のⅠ，Ⅱ，Ⅲのいずれかに当てはめたときの組み合わせとして最も適当なものを，下のアからカのうちから一つ選べ。

図２

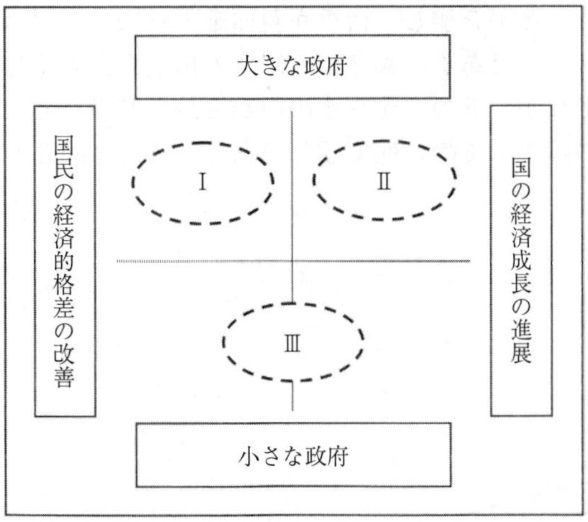

ア　Ⅰ－Ａ　Ⅱ－Ｂ　Ⅲ－Ｃ　　イ　Ⅰ－Ａ　Ⅱ－Ｃ　Ⅲ－Ｂ
ウ　Ⅰ－Ｂ　Ⅱ－Ａ　Ⅲ－Ｃ　　エ　Ⅰ－Ｂ　Ⅱ－Ｃ　Ⅲ－Ａ
オ　Ⅰ－Ｃ　Ⅱ－Ａ　Ⅲ－Ｂ　　カ　Ⅰ－Ｃ　Ⅱ－Ｂ　Ⅲ－Ａ

【理　科】（50分）〈満点：100点〉

（注意）　1　定規，コンパス，ものさし，分度器及び計算機は用いないこと。

2　問題の文中の［アイ］，［ウ］などには，特に指示がないかぎり，数字（0～9）が入り，ア，イ，ウの一つ一つは，これらのいずれか一つに対応する。それらを解答用紙のア，イ，ウで示された解答欄に，マーク部分を塗りつぶして解答すること。

3　解答は指定された形で解答すること。例えば，解答が0.415となったとき，［エ］.［オカ］ならば，小数第3位を四捨五入して0.42として解答すること。

1　以下の問1から問8に答えよ。

問1　図1は，ある地点での天気の様子を表した天気記号である。この天気記号が示す天気，風向，風力の組み合わせとして最も適当なものはどれか。以下のアからクの中から選べ。

	天気	風向	風力
ア	晴れ	北東	3
イ	晴れ	北東	4
ウ	晴れ	南西	3
エ	晴れ	南西	4
オ	くもり	北東	3
カ	くもり	北東	4
キ	くもり	南西	3
ク	くもり	南西	4

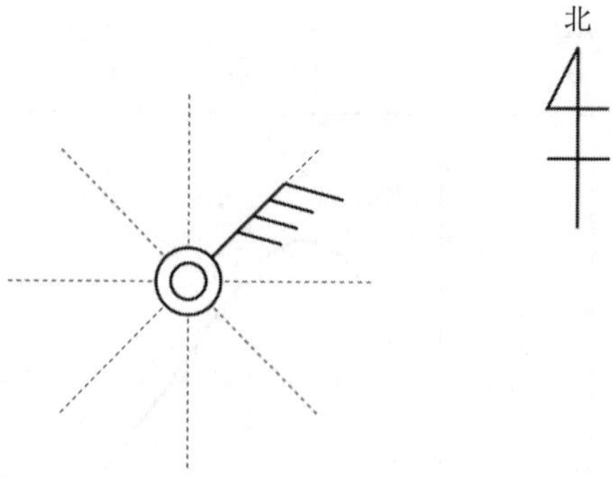

図1

問2　マグマが冷えて固まったことによってできた以下の四つの岩石のうち，深成岩はどれか。以下のアからエの中から二つ選べ。

ア　玄武岩　　イ　はんれい岩　　ウ　せん緑岩　　エ　安山岩

問3　A地点からB地点まで20kmの距離がある。往路は時速8kmで移動し，すぐに折り返して復路は時速4kmで移動した。往復の平均の速さはいくらか。　　時速［ア］.［イ］km

問4　図2のようになめらかな斜面に台車を置き，そっと手を離して台車が斜面を下る様子を記録タイマーで記録した。図3はこのとき得られた記録テープである。図2より斜面の角度を大きくして同様の実験を行ったときに得られる記録テープはどれか。下のアからオの中から最も適当なものを選べ。ただし，選択肢には，台車に記録テープをつけたままの状態で示してある。また，図3のテープの長さと選択肢のテープの長さは同じである。

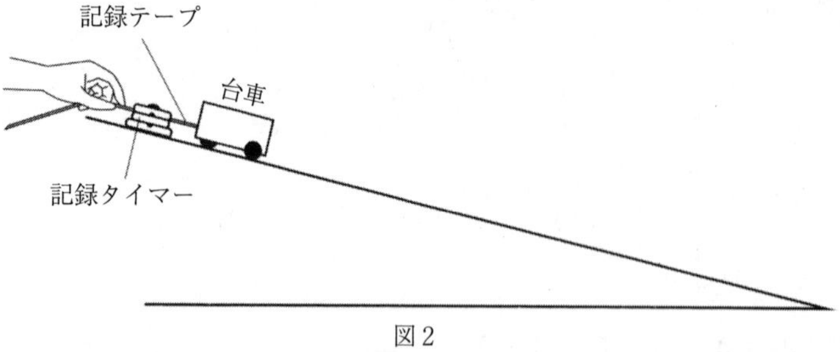

図2

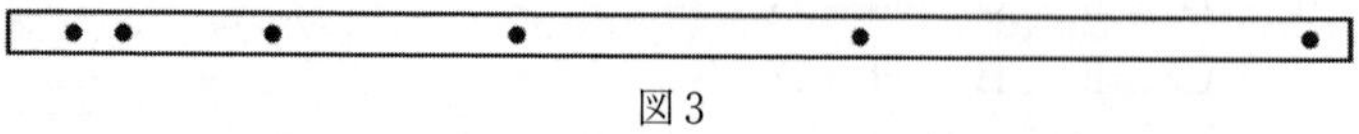
図3

ア 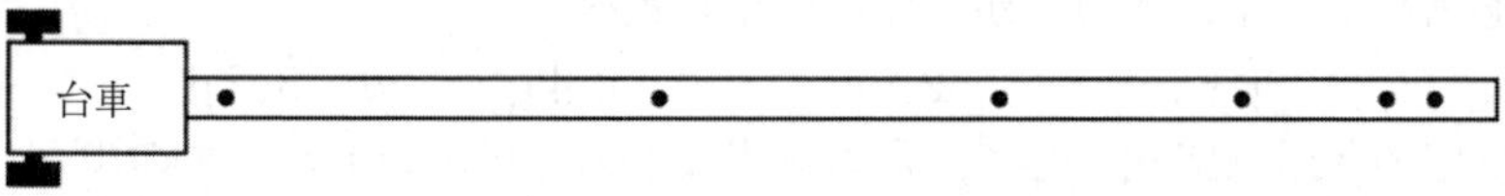

イ 

ウ 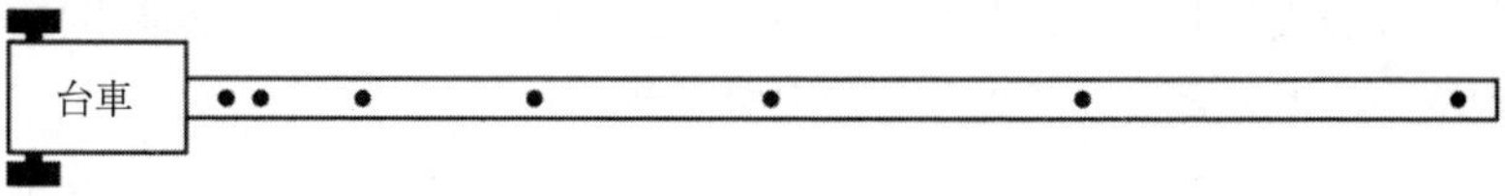

エ 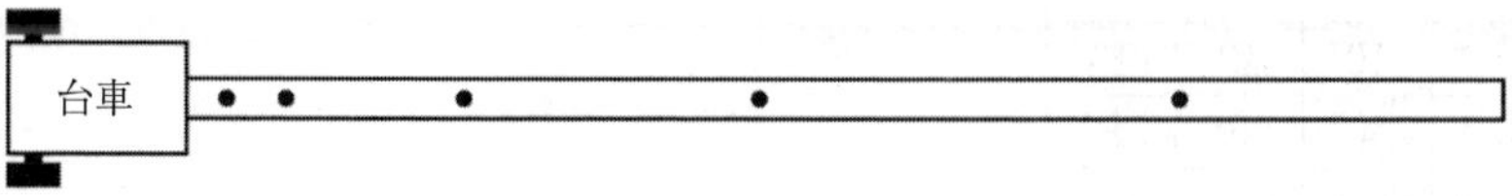

オ 

問5　図4はある植物の葉の細胞を模式的に示したものである。動物の細胞と比べたとき，植物の細胞に特徴的なつくりを図4のアからカの中から**三つ**選べ。

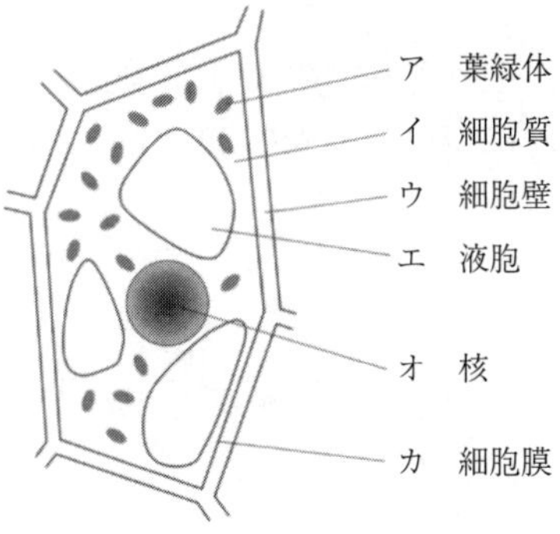

図4

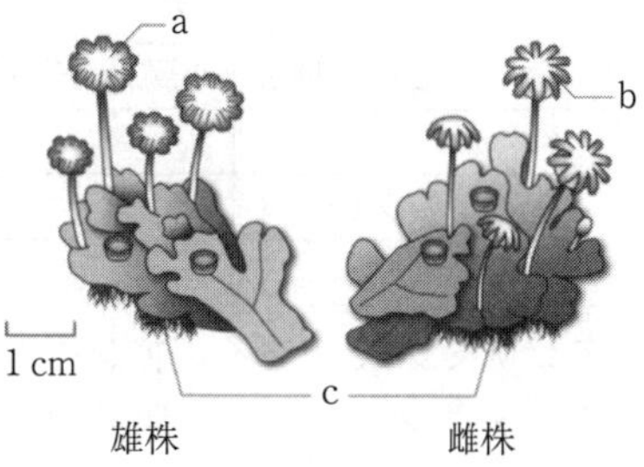

図5

問6　図5はゼニゴケのスケッチである。ゼニゴケについて説明したものとして適当なものを以下のアからカの中から**二つ**選べ。

ア　aの部分に種子ができて，仲間をふやす
イ　aの部分に胞子ができて，仲間をふやす
ウ　bの部分に種子ができて，仲間をふやす
エ　bの部分に胞子ができて，仲間をふやす
オ　cの部分は地下茎といい，主に水分を吸収する
カ　cの部分は仮根といい，からだを支える

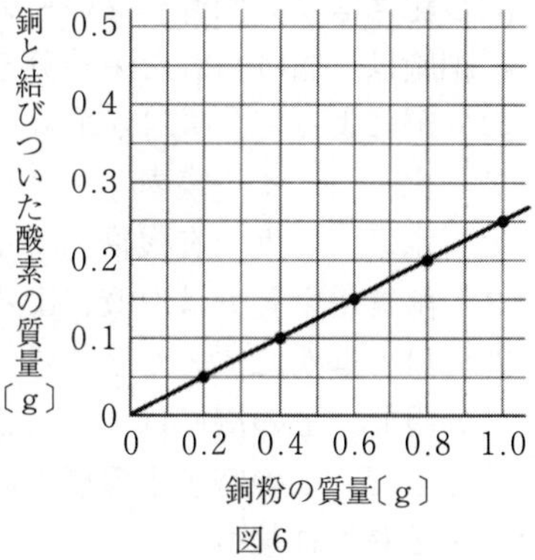

図6

問7　ステンレス皿に銅粉をのせ，十分に加熱してすべての銅粉を空気中の酸素と反応させた。図6は銅粉の質量と，銅と結びついた酸素の質量の関係を表したものである。以下の1と2に答えよ。

1　銅粉1.6 gをすべて酸素と反応させたときに得られる酸化

銅の質量として，最も適当なものを以下のアからカの中から選べ。

ア　0.4g　　イ　0.8g　　ウ　1.6g　　エ　2.0g　　オ　2.4g　　カ　3.2g

2　銅と酸素が結びつく反応の化学反応式として，最も適当なものを以下のアからエの中から選べ。

ア　$Cu+O \rightarrow CuO$　　イ　$Cu+O_2 \rightarrow CuO_2$

ウ　$Cu_2+O \rightarrow Cu_2O$　　エ　$2Cu+O_2 \rightarrow 2CuO$

問8　ビーカーA，B，Cに，ある濃度のうすい塩酸10cm^{3}とBTB溶液2滴を入れた。これらのビーカーに，ある濃度の水酸化ナトリウム水溶液を異なる体積でそれぞれ加えてよく混ぜたところ，表のような結果が得られた。水酸化ナトリウム水溶液を加えた後のビーカーCの水溶液中に含まれるイオンのうち，最も数の多いイオンを下のアからエの中から選べ。

表

ビーカー	A	B	C
うすい塩酸〔cm^3〕	10	10	10
水酸化ナトリウム水溶液〔cm^3〕	4	6	8
混ぜた後の水溶液の色	黄色	緑色	青色

ア　水素イオン　　イ　水酸化物イオン

ウ　ナトリウムイオン　　エ　塩化物イオン

2　動物は，デンプンなどの炭水化物，タンパク質，脂肪を食物として取り入れ，消化してもっと小さい栄養分にして吸収する。吸収された栄養分や酸素は，全身を循環する血液によって細胞に届けられる。以下の**問1**から**問4**に答えよ。

問1　ヒトの場合，食物に含まれるデンプン，タンパク質，脂肪は，それぞれどのような栄養分として小腸から吸収されるか。デンプン，タンパク質，脂肪のそれぞれについて，表の①，②，③にあてはまる最も適当なものを下のアからキの中から選べ。

表

食物に含まれる物質	小腸から吸収される栄養分
デンプン	①
タンパク質	②
脂肪	③

ア　アミノ酸　　イ　アンモニア　　ウ　二酸化炭素　　エ　ブドウ糖

オ　メタン　　カ　脂肪酸　　キ　酸素

問2　細胞は，届けられた栄養分を用いて細胞呼吸を行う。これについて記した以下の文の(①)，(②)，(③)にあてはまる語句として最も適当なものを下のアからキの中からそれぞれ選べ。ただし，**同じ記号は複数回選べないものとする**。

細胞は，届けられた栄養分を，酸素を用いて(①)と(②)に分解する。この分解によって(③)が取り出される。

ア　水　　イ　塩素　　ウ　二酸化炭素　　エ　尿素

オ　水素　　カ　有機物　　キ　エネルギー

問3　酸素や栄養分は血液によって運ばれる。ヒトの血液を試験管に採取して，30分ほど静かに置いたところ，試験管の血液は図1のように上と下の2つの層に分離し，上の層には「血しょう」だけが含まれ，それ以外の成分は下の層に存在した。この時の**下の層**の成分とヘモグロビンの量について，最も適当なものをそれぞれ選べ。

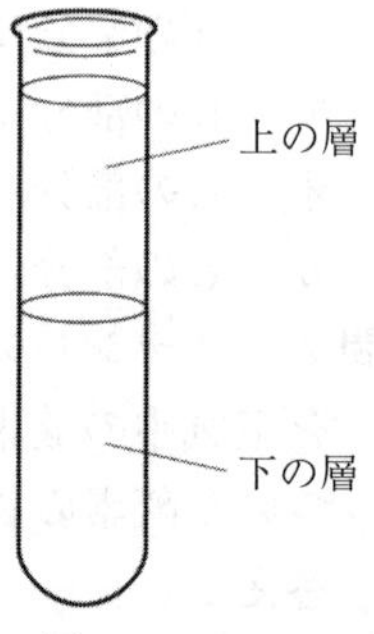

図1

［成分］
ア　上の層と比べて，赤血球を多く含むが白血球は少ない
イ　上の層と比べて，白血球を多く含むが赤血球は少ない
ウ　上の層と比べて，赤血球も白血球も多く含む
［ヘモグロビンの量］
エ　上の層と比べて，ヘモグロビンを大量に含む
オ　上の層と比べて，ヘモグロビンをほとんど含まない

問4　次の１と２に答えよ。

１　図２のグラフは，血液中の全ヘモグロビンのうち酸素と結びついたヘモグロビンの割合を示している。このグラフから，ヘモグロビンは酸素濃度が高いと酸素と結びつきやすく，酸素濃度が低いと酸素をはなしやすいことがわかる。この性質のため，ヘモグロビンは肺胞で酸素と結びつき，それを運んで様々な組織に渡すことができる。今，肺胞での酸素濃度が70，筋肉組織での酸素濃度が30だったとする。ヘモグロビンが肺胞から筋肉組織に到達したとき，肺胞で酸素と結びついていたヘモグロビンのうち，酸素をはなしたヘモグロビンは何％か。

［アイ］.［ウ］％

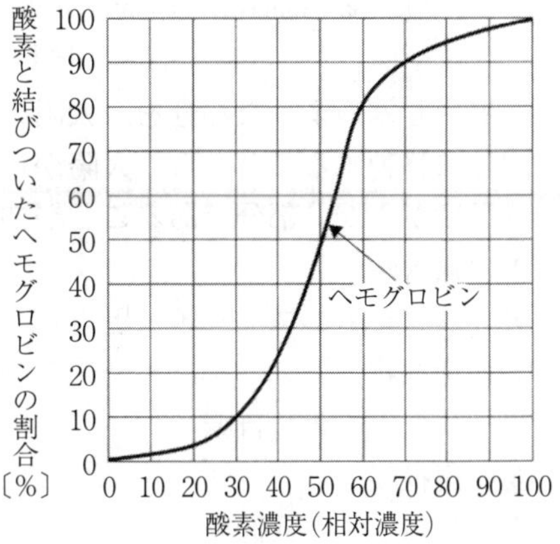

図２

２　筋肉組織にはミオグロビンと呼ばれる物質があり，これは図３のグラフの破線に示すように酸素と結びつく能力を持つ。ミオグロビンと酸素の結びつきについて言えることとして，最も適当なものを以下のアからエの中から選べ。

ア　酸素濃度が20の場合にはヘモグロビンより酸素をはなしにくい
イ　酸素濃度が80の場合にはヘモグロビンより酸素をはなしやすい
ウ　酸素濃度が低いほど酸素と結びつきやすい
エ　酸素濃度を０から30まで増加させたとき，酸素と結びついたものの割合はヘモグロビンより緩やかに増加する

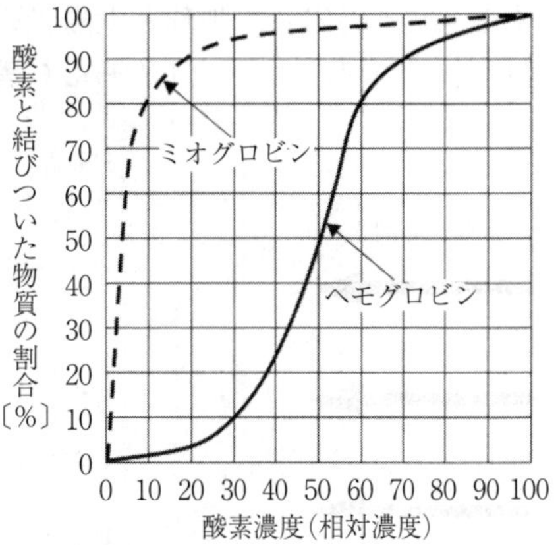

図３

３　地球から観測される天体について，以下の**問１**から**問３**に答えよ。

問１　太陽系内の天体のうち，(ⅰ)衛星，(ⅱ)小惑星，(ⅲ)太陽系外縁天体の運動について，最も適当なものを，アまたはイからそれぞれ選べ。

ア　太陽の周りを公転する　　　イ　惑星の周りを公転する

問２　16世紀ごろに天体望遠鏡が発明されると，夜空の星だけでなく太陽の観測も盛んに行われるようになった。次のページの図１は，17世紀のイタリアの天文学者ガリレオ・ガリレイが，望遠鏡を用いて３日間にわたり観測した太陽のスケッチである。図中の円は太陽の輪郭を表している。下の文章は，太陽の黒いしみのような部分についての説明文である。文章の(①)，(②)，(③)に当てはまる語句をそれぞれ選べ。

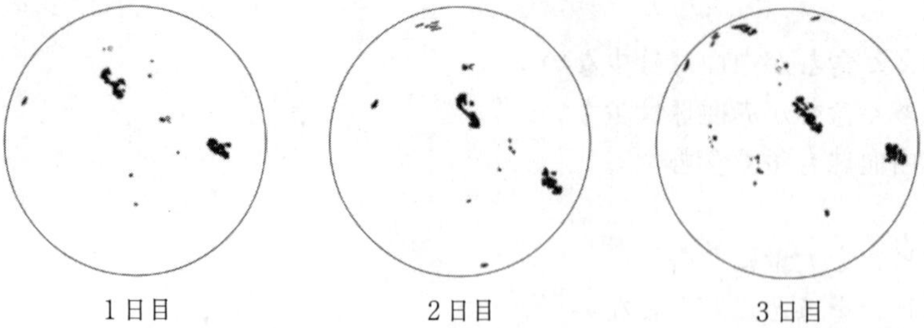

引用：Istoria e dimostrazioni intorno alle macchie solari e loro accidenti(1612)

図1

黒いしみのような部分を，太陽の(①)という。(①)は時間が経過するとその位置が決まった向きに移動することから，太陽が(②)していることが分かった。また現在では，(①)は周囲より温度が(③)部分であることが知られている。

①の選択肢

ア　プロミネンス　　イ　黒点　　ウ　コロナ

②の選択肢

エ　公転　　オ　自転

③の選択肢

カ　高い　　キ　低い

問3　地球の地軸は，公転面に立てた垂線に対して23.4°傾いていることが知られている。図2は，ある年の6月21日の地球と太陽光の関係を模式的に表した図である。地点Aは北緯40°で，地点Bは南緯40°である。下の1から3に答えよ。

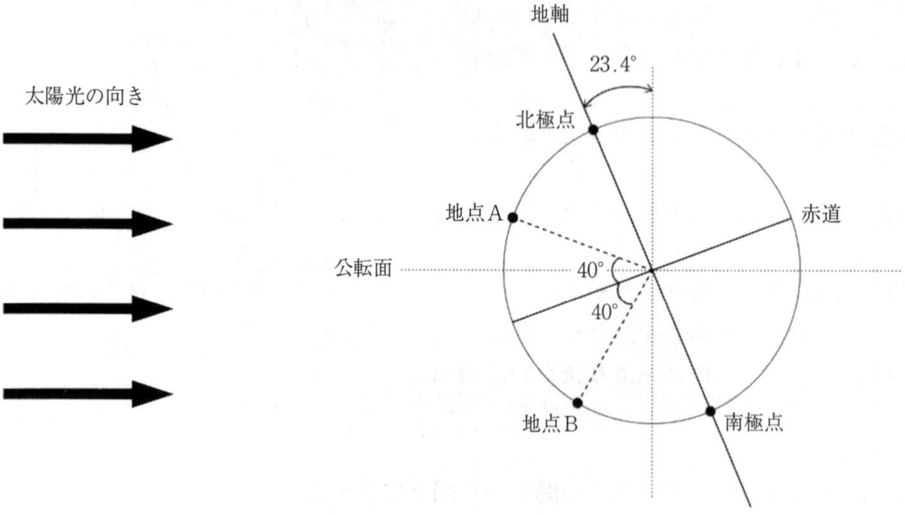

図2

1　次のページの図3は，地点Aに地平線を描き加えたものである。地点Aにおける南中高度を表しているものとして正しいものを，図中のアからウの中から選べ。

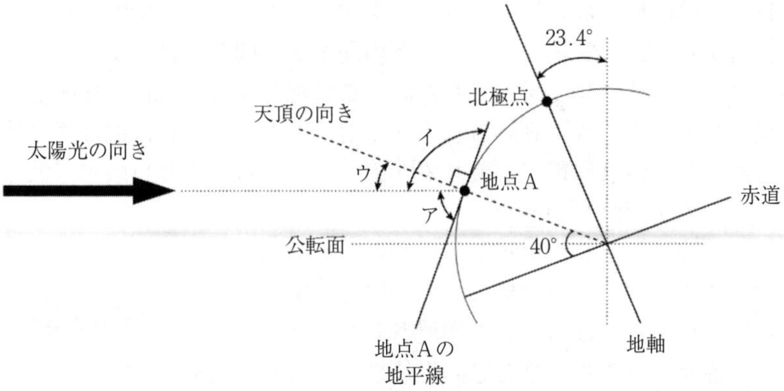

図3

2　地点Aにおける，この日の太陽の南中高度はいくらか。　アイ . ウ °

3　図4は，図2の地点Bに透明半球を置いたものである。この日の太陽の動きを，日の出から日の入りまで記録した図として，最も適当なものを下のアからクの中から選べ。ただし，選択肢中の矢印は太陽が移動する向きを示すものとする。

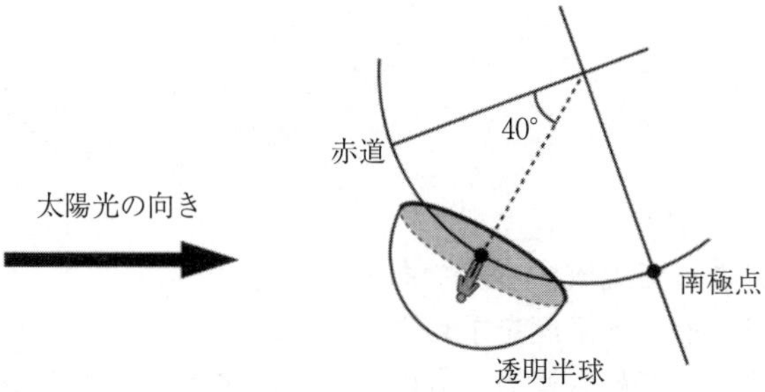

図4

ア

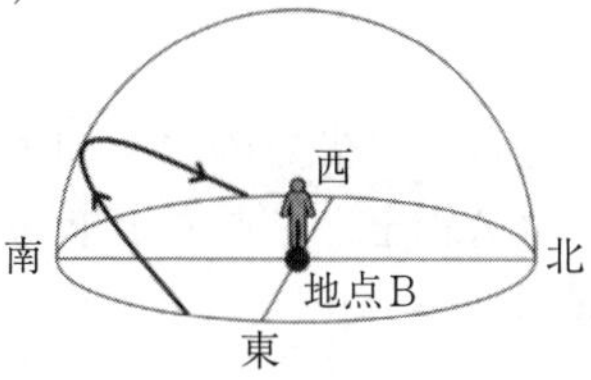

イ

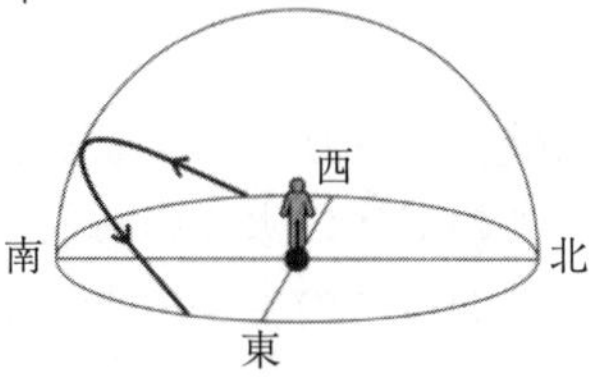

ウ

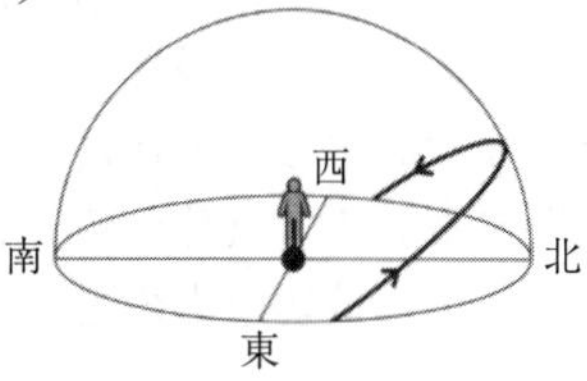

エ

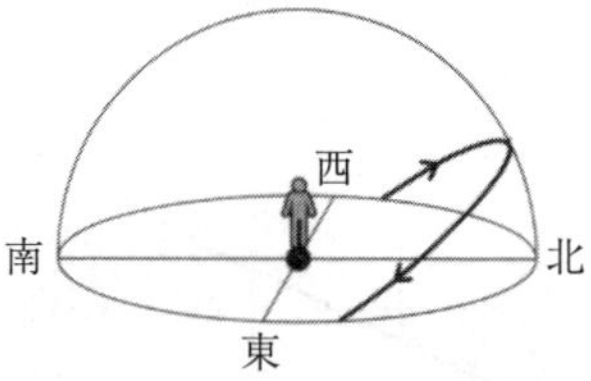

オ

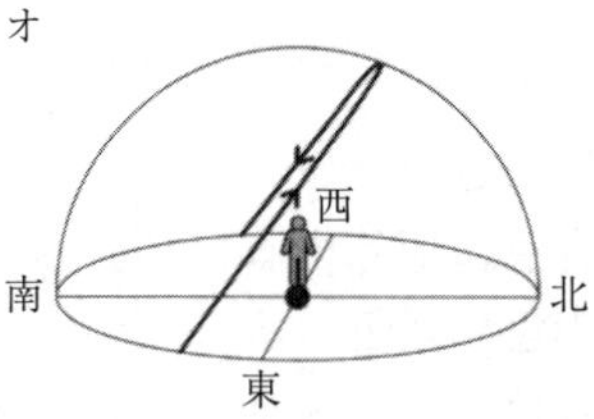

カ

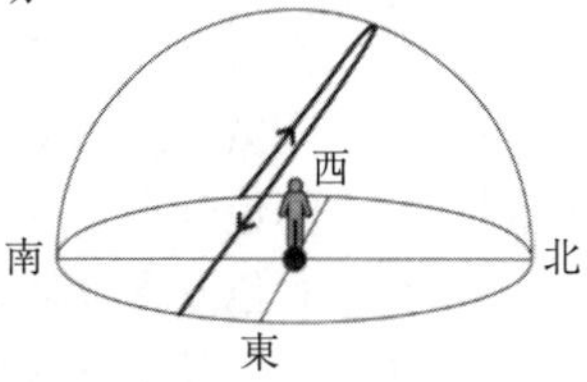

キ

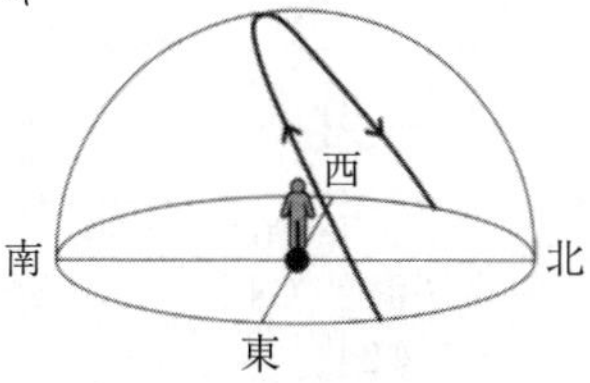

ク

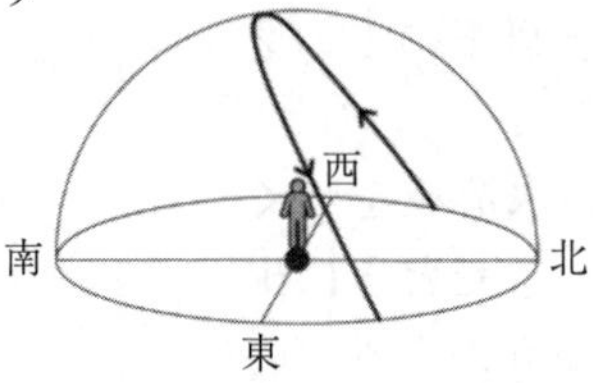

4　白色固体A，B，C，D，Eは砂糖，塩化ナトリウム，塩化アンモニウム，硫酸バリウム，デンプンのいずれかである。[Ⅰ]から[Ⅲ]の実験について，下の**問1**から**問5**に答えよ。

[Ⅰ]　異なるビーカーにAからEをそれぞれ10ｇずつ入れた。そこに純粋な水(蒸留水)を60ｇずつ加えてガラス棒でよくかき混ぜたところ，A，B，Dはすべて溶けたが，CとEは溶けずに残った。つづいて，A，B，Dを溶かした水溶液に電流が流れるか調べたところ，AとDの水溶液は電流が流れたが，Bの水溶液は $_{a}$ 電流が流れなかった。

[Ⅱ]　アルミニウムはくを巻いた燃焼さじを５つ用意し，AからEをそれぞれ異なる燃焼さじに少量ずつのせてガスバーナーの炎の中で加熱し，図１のように石灰水の入った集気びんに入れた。しばらくして燃焼さじを取り出し，集気びんにふたをしてよく振り混ぜたところ，BとCの燃焼さじを入れた集気びんの石灰水だけ白くにごり，二酸化炭素の存在が確認された。

[Ⅲ]　異なる試験管に少量のAとDをそれぞれ入れ，少量の水酸化カルシウムを加えて混合し，加熱すると，Dの試験管からのみ $_{b}$ 刺激臭のある気体が発生した。

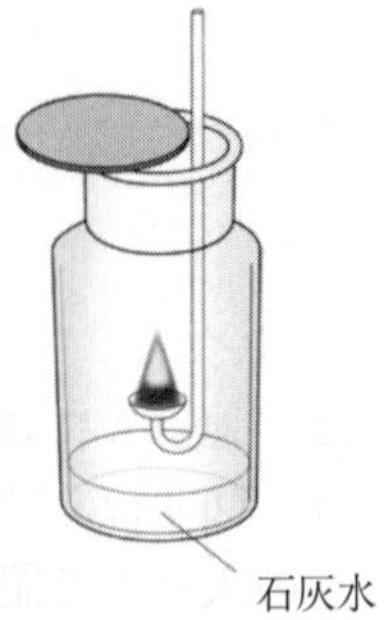

図１

問1　AからEに関する記述のうち，**誤っているもの**を以下のアからオの中から選べ。
ア　Aは分子をつくらない化合物である
イ　Bは非電解質である
ウ　Cにヨウ素液を加えると青紫色になる
エ　Dは有機物である
オ　Eは硫酸と水酸化バリウム水溶液の中和によって生成する塩である

問2　[Ⅰ]でA，B，Dが溶けた水溶液の質量パーセント濃度を求めよ。　　アイ ％

問3　下線部ａのように，電流が流れにくいものとして最も適当なものを以下のアからエの中から選べ。
ア　塩酸　　イ　エタノール水溶液
ウ　食酢　　エ　レモン果汁

問4　下線部ｂで発生した気体は，Dと水酸化ナトリウムを試験管中で混合し，少量の水を加えた場合にも発生する。この気体の色，密度，この気体に水でぬらしたリトマス紙をかざしたときのリトマス紙の色として適切なものを，以下のアからキの中からそれぞれ選べ。

[気体の色]　ア　無色
　　　　　　イ　黄緑色
[密度]　　　ウ　空気と比べて密度は大きい
　　　　　　エ　空気と比べて密度は小さい
[リトマス紙]　オ　赤色リトマス紙が青色に変色する
　　　　　　カ　青色リトマス紙が赤色に変色する
　　　　　　キ　赤色リトマス紙も青色リトマス紙も変色しない

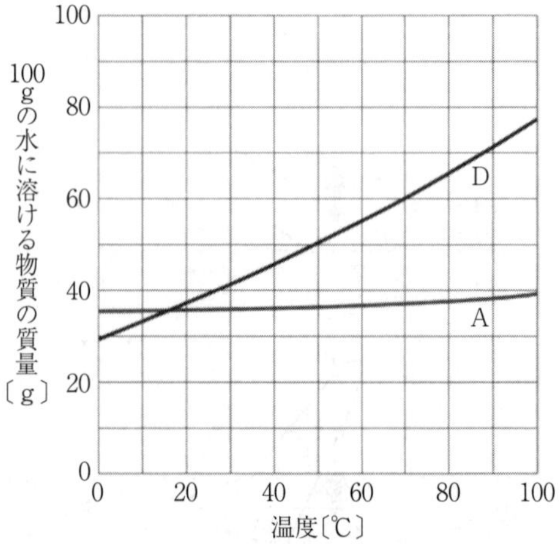

図２

問5　図２はAとDの溶解度曲線である。以下の１と２に答えよ。
１　Dを70℃の水150ｇに溶かして飽和水溶液をつくった。この飽和水溶液を50℃まで冷やしたときに出てくる結晶の質量として，最も適当なものを以下のアからオの中から選べ。

ア　5g　　イ　10g　　ウ　15g　　エ　20g　　オ　25g

2　図2の溶解度曲線に関する記述のうち，**誤っているもの**を以下のアからエの中から選べ。

ア　0℃における溶解度はDよりもAの方が大きい

イ　70℃におけるAの飽和水溶液100gとDの飽和水溶液100gを20℃までゆっくり冷やしたとき，より多くの結晶が出てくるのはDの水溶液である

ウ　50℃におけるAの飽和水溶液100gとDの飽和水溶液100gをそれぞれ加熱して水を10gずつ蒸発させ，再び50℃にすると，どちらの水溶液からも結晶が出てくる

エ　異なるビーカーにAとDをそれぞれ30gずつはかりとり，水50gを加えて50℃まで加熱すると，AもDもすべて溶ける

5　以下の問1から問3に答えよ。

問1　抵抗に電流を流したときの(i)から(iii)の説明文において，正しいものは○を，誤っているものは×をそれぞれ選べ。

(i)　$\frac{[電流の大きさ]}{[電圧の大きさ]}$ で示される値が大きいほど，電流が流れやすいことを示す

(ii)　電圧が一定の時，一定時間の発熱量は，電流の大きさに比例して大きくなる

(iii)　並列につながれた二つの各抵抗に流れる電流の大きさは，抵抗の大きさに比例する

問2　100V－1200Wと表示されている電気ケトルを100Vのコンセントで2分間使用したときに発生する熱量はいくらか。　［アイウ］kJ

問3　それぞれ R_1，R_2，R_3 の大きさの抵抗をもつ電熱線A，B，Cを用いて図1のような回路を作った。次に，各電熱線を次のページの図2のように同じ量・同じ温度の水が入った別々の容器に入れた。次のページの図3はスイッチを入れてから水温が何度上昇したかを表したグラフである。ただし，水はゆっくりかき混ぜられているとし，電熱線で発生した熱量はすべて水の温度上昇に使われたものとする。下の1から4に答えよ。

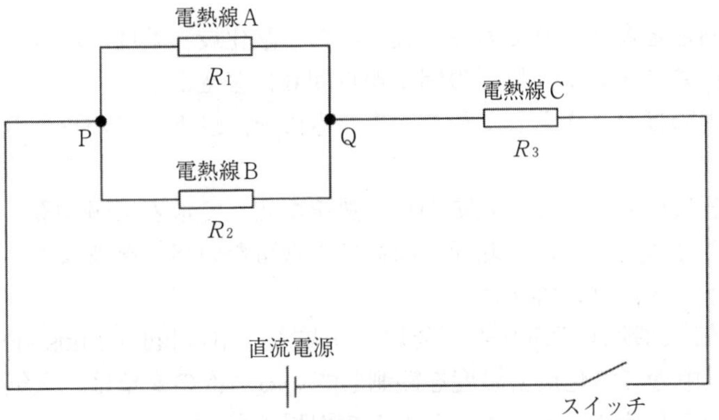

図1

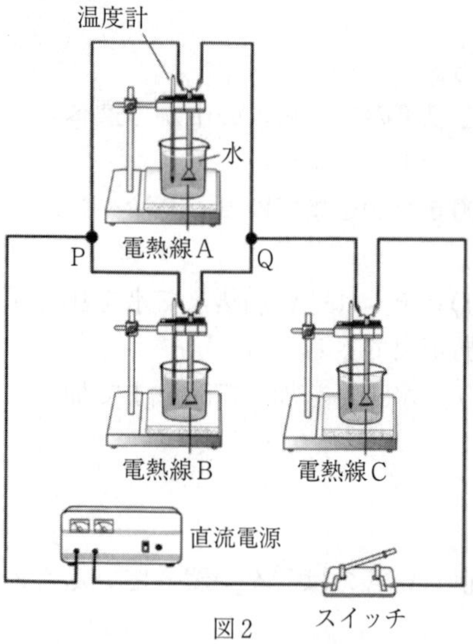

図2

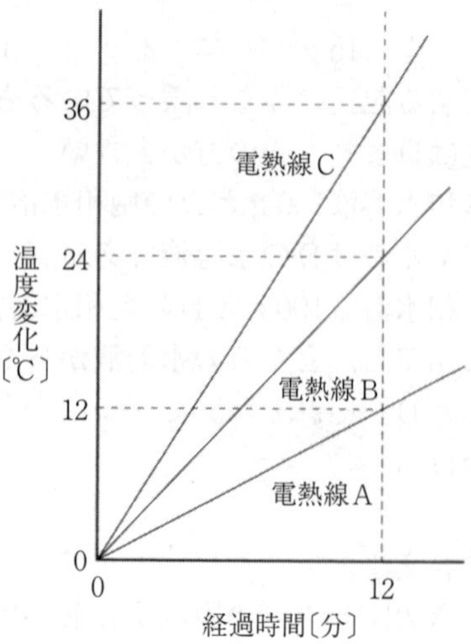

図3

1　PQ間の抵抗の大きさはいくらか。以下のアからキの中から適切なものを選べ。

ア　R_1+R_2　　イ　$\dfrac{1}{R_1+R_2}$　　ウ　$\dfrac{R_1-R_2}{R_1+R_2}$　　エ　$\dfrac{R_1+R_2}{R_1R_2}$

オ　$\dfrac{R_1+R_2}{R_1-R_2}$　　カ　$\dfrac{R_1+R_2}{R_2-R_1}$　　キ　$\dfrac{R_1R_2}{R_1+R_2}$

2　電熱線Aと電熱線Bに流れる電流の大きさをそれぞれI_1，I_2としたとき，これらの比を最も簡単な整数比で表せ。

$I_1：I_2=$ [ア]：[イ]

3　電熱線A，B，Cで消費される電力量をそれぞれW_1，W_2，W_3としたとき，これらの比を最も簡単な整数比で表せ。

$W_1：W_2：W_3=$ [ア]：[イ]：[ウ]

4　電熱線A，B，Cの抵抗の大きさR_1，R_2，R_3の比を最も簡単な整数比で表せ。

$R_1：R_2：R_3=$ [ア]：[イ]：[ウ]

6　二酸化炭素は地球温暖化の要因であると考えられており，大気中の二酸化炭素濃度の増減は人間の活動にも結びついている。二酸化炭素について，以下の**問1**から**問6**に答えよ。

問1　地球環境に影響を与える二酸化炭素のはたらきとして最も適当なものを，以下のアからエの中から選べ。

ア　地表から放出される熱の一部を地表に戻す　　イ　太陽からの熱を増幅して地表に届ける

ウ　海水に溶け込んで，海水面を上昇させる　　エ　北極や南極にある冷たい空気を吸収する

問2　大気中の二酸化炭素濃度に関する下の1，2に答えよ。

気象庁大気環境観測所では，世界気象機関(WMO)の「全球大気監視」(Global Atmosphere Watch：GAW)計画の一環として，大気中の二酸化炭素濃度を観測している。次の文章は，大気中の二酸化炭素濃度の変化について述べた気象庁のホームページからの引用である。

濃度の変化を見ると，2つの大きな特徴があります。

・1年間の平均値を比較すると，濃度は経年増加している

・1年の中で周期的な季節変動をする

大気中二酸化炭素濃度の長期的な濃度増加の要因には，人間活動に伴う化石燃料の消費，セメント生産，森林破壊などの土地利用の変化などが挙げられます。(中略)

大気中二酸化炭素濃度の季節変動は，主に陸上生物圏の活動によるものであり，夏季に植物

の光合成が活発化することにより，二酸化炭素が吸収され大気中濃度が減少し，冬季に植物の呼吸や土壌有機物の分解が優勢となり，二酸化炭素が放出され大気中の濃度が上昇します。

1　日本のある観測地点で観測された二酸化炭素濃度の変化を表したものはどれか。以下のアからエの中から，最も適当なものを選べ。ただし，横軸は2019年の６月から2022年の12月までの各月を表し，縦軸の単位の〔ppm〕とは parts per million の頭文字で100万分の１を表す。

ア

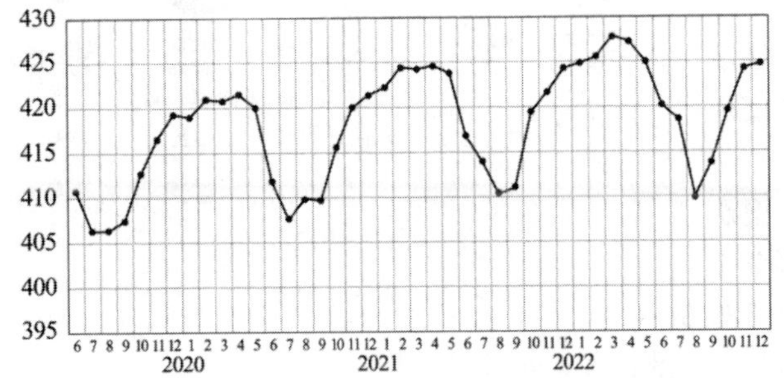

イ

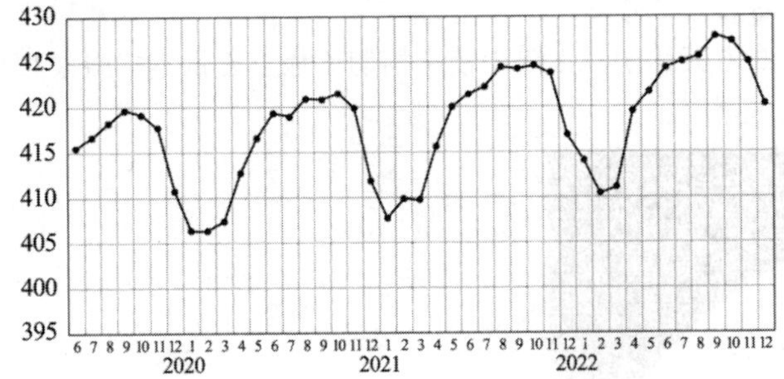

ウ

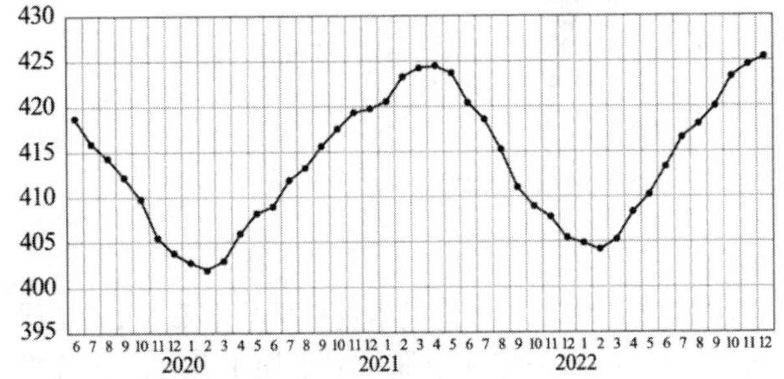

エ

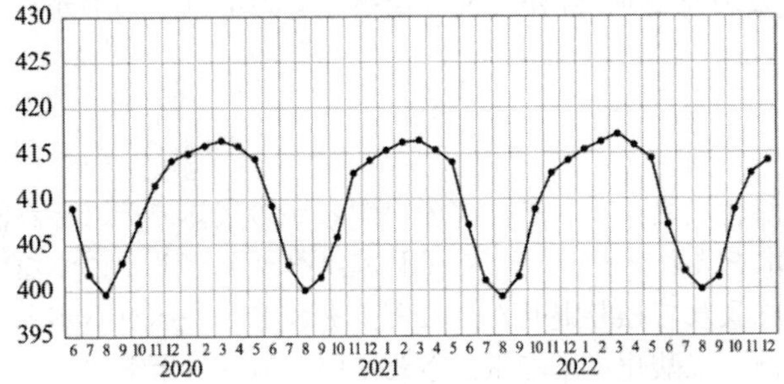

2　現在の大気中の二酸化炭素濃度として最も適当なものを，以下のアからエの中から選べ。

ア　約４％　　　イ　約0.4％

ウ　約0.04％　　エ　約0.004％

問３　図１は，地球上の二酸化炭素の循環を表したものである。これより，土壌からの二酸化炭素の排出量が最も多いことがわかる。これに関係する説明文のうち**誤りを含むもの**を，以下のアからエの中から選べ。

ア　土壌中の小動物や菌類，細菌類は，生態系の中で消費者であるとともに分解者と呼ばれ，生物の死がいなどを分解している

イ　菌類，細菌類は呼吸をしないため，土壌から排出される二酸化炭素の多くはミミズやモグラなどの土壌小動物の呼吸によるものである

ウ　土壌中の植物の根の細胞も呼吸しており，二酸化炭素が排出される

エ　化石燃料は，過去に生息していた生物の死がいが地中に堆積し変化したものであるため，炭素の一部は循環せずに土壌に蓄積されていることになる

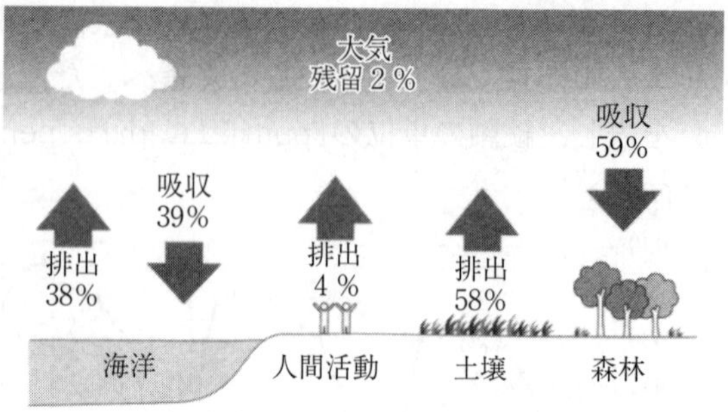

※IPCC第５次評価報告書を基に作成

図１

問４　図２は，大気の主成分が二酸化炭素である天体が，太陽の前を横切る様子を日本で観察した記録である。この天体を下のアからエの中から選べ。

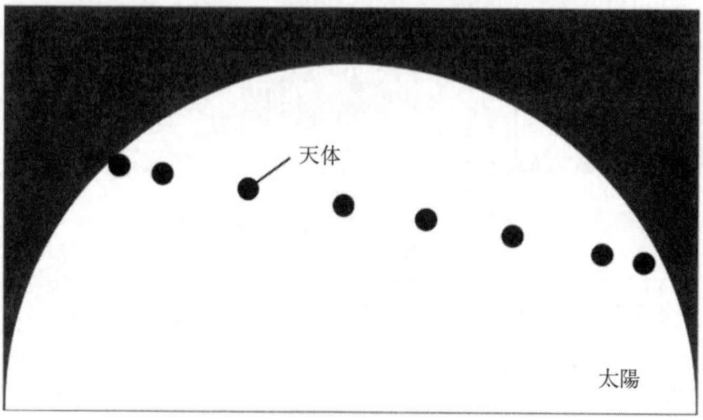

図２

ア　月　　イ　水星　　ウ　火星　　エ　金星

問５　日本において１kWh の電気を発電する際に排出される二酸化炭素量を平均すると450ｇ程度である。また，１ha の杉林が吸収する二酸化炭素の量は，一年間を通じて平均すると，一日当たり約25kg である。ある家庭の一年間の電気使用量が5500kWh のとき，この家庭が一年間で排出する二酸化炭素を一年かけて吸収するのに必要な杉林は何 ha か。最も適当なものを以下のアからカの中から選べ。

ア　0.03ha　　イ　0.06ha　　ウ　0.1ha

エ　0.3ha　　オ　0.6ha　　カ　0.9ha

問６　乾いた空のペットボトルを，酸素，二酸化炭素，アンモニアのいずれかの気体でそれぞれ満たした。ゴム管をつないだ注射器に50mL の水を入れ，クリップで閉じて，ペットボトルにつないだ。次にクリップをはずし，水をペットボトルに入れて振り混ぜたところ，それぞれのペットボトルは次のページの図のアからウのように変形した。二酸化炭素で満たされていたペットボトルとして最

も適当なものを以下のアからウの中から選べ。

ア　　イ　　ウ

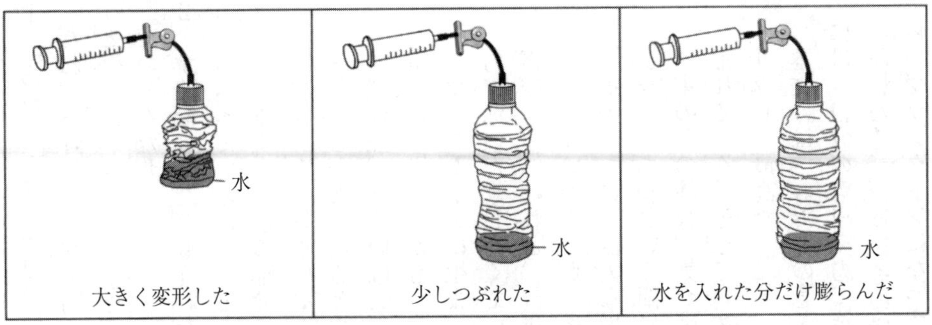

からエまでの中から一つ選べ。

生徒1　「わたし」は、空想の世界に入り込むことが多いみたいだね。網野先生の話を聞きながら「わたしの意識は、海へと潜っていった。」とあるから、ここは海へ潜る空想をしているんだね。

生徒2　すぐ後で「だがもうわたしは、プランクトンではない。」とも言っているけど、どういうことだろう。

生徒3　この本文より前の部分に、こんな記述があったよ。

　プランクトンもいいな、とふと思った。
　わたしが海に還るとすれば、の話だ。
　深海魚、あるいは貝もいいと思っていたが、プランクトンが一番いいかもしれない。
　プランクトンに生まれて、海中を漂う。自分の意思や力で泳いだりしなくていい。ただ潮の流れに任せるだけ。喜びもないけれど、苦痛もない。生きていると実感することもないだろうが、それは今も同じだ。
　そのうちに、巨大な影が近づいてくる。シロナガスクジラだ。あっという間に飲み込まれる。
　束《つか》の間の静寂。気づけばまた、プランクトンとして生まれている。そして、クジラの餌になる。永遠にその繰り返し。最高だ。

本文には「わたしの息苦しい日常」とあるし、この文章には「自分の意思や力で泳いだりしなくていい。」「クジラの餌になる。永遠にその繰り返し。最高だ。」ともあるから、プランクトンになって「海に還る」というのは、日常からの現実逃避なんじゃないかな。

生徒2　じゃあ、「だがもうわたしは、プランクトンではない。」っていうのは、「わたし」の心境に何か変化があったってことだね。

生徒1　網野先生からクジラの歌や、人間には想像できないようなクジラの知性や精神の話を聞いた後では、空想の「わたし」はプランクトンじゃなく、自分の姿でクジラと泳いでいるよ。

生徒3　クジラが暗く、冷たい海で一人静かに深く考えごとをしていると知って、自分と似たものを感じたのかもしれないね。この場面では、そのままクジラと別れて、「わたし」は最後には人間の姿で海面に上がってきているから、［　Ｉ　］と感じられるようになったんじゃないかな。

生徒2　そうか、だからもう「還る海をさがす」必要はない、っていうことなんだね。

ア　空想に頼ってばかりいなくても、いつか誰かが自分を助けてくれると信じて生きていける
イ　現実に傷ついてばかりいなくても、嫌なことを全て忘れることで心地よく生きていける
ウ　空想に逃げ込んでばかりいなくても、自分なりに現実と向き合いながら生きていける
エ　現実にこだわってばかりいなくても、自分が本当に望むことを空想しながら生きていける

こと。

エ　単に生物の形を正確に写し取るだけではなく、生物が自然のなかでその形態にたどり着くまでの時間さえも、宮下さんはその絵で表現しようとしており、それが博物館の絵にも表れていたこと。

問3　本文中に、(2)夢のある話、というか、夢みたいな話ねえ。とあるが、宮下さんがこう言ったのはなぜか。その理由として最も適当なものを、次のアからエまでの中から一つ選べ。

ア　とても実現するはずのない下らない話ではあるものの、想像だけなら楽しいだろうと感じたから。

イ　よく知られた有名な話ではあるものの、現実にあるとは信じ難い内容に行き着いてしまったから。

ウ　現実にあったら面白い話ではあるものの、実現する可能性はそれほどなさそうに思われたから。

エ　子どもの視点では希望にあふれた話ではあるものの、大人の立場では興味を持てない話だから。

問4　本文中に、(3)ただのクジラ好きのオヤジとしてなら　とあるが、網野先生がこのようにことわったのはなぜか。その理由として最も適当なものを、次のアからエまでの中から一つ選べ。

ア　自分はまだ研究者として勉強が足りておらず、クジラの考えていることを十分に研究し理解できているという自信がないから。

イ　クジラやイルカの知性については十分に解明できていないため、研究者としては明言できず、想像力を働かせるしかないから。

ウ　クジラの知性に関する科学的なデータは得られているものの、発掘調査の仕事が忙しく、まだ十分に研究を進めていないから。

エ　研究者のキャリアよりクジラ愛好家として過ごした時間の方が長く、その立場からなら自信を持って説明できると感じたから。

問5　本文中に、(4)わたしは、何だかとてもうれしくなった　とあるが、それはなぜか。その理由として最も適当なものを、次のアからエまでの中から一つ選べ。

ア　ヒトが発達させてきた外向きの知性では思いもよらないことを、クジラが内向きの知性で考え続けてくれている、と感じられたから。

イ　クジラとともに海へ潜る想像をすることで、ヒトとはまったく違うクジラの思考に触れ、その印象を深く心に刻むことができたから。

ウ　海で泳ぐクジラたちの音の世界に包まれることで、謎だった歌の意味を理解することができ、全身が震えるほどの感動を覚えたから。

エ　妄想の世界とはいえ、自分の息が続くかぎり静かな深い海のなかをクジラと自由に泳ぎまわって、この上ない満足感を得られたから。

問6　本文中に、(5)この子には、世界をありのままに見つめる人間に育ってほしい。とあるが、「わたし」は娘の将来にどんなことを期待しているか。その説明として最も適当なものを、次のアからエまでの中から一つ選べ。

ア　世間からの様々な評価にとらわれず、信念を持って自分の道を進んでいくこと。

イ　自分の好きなことに打ち込み、綿密な調査を重ねて自然の真理を発見すること。

ウ　自分の目に映った世界の姿を、作品として正確に写し取る芸術家になること。

エ　目の前の世界で自分にできることにめぐりあい、それを生かして生きていくこと。

問7　本文中の、(6)還る海をさがすことは、もうないだろう。という表現について、それがどういうことを表しているか、生徒たちが話し合っている。会話文の [I] に当てはまるものを、後のアで一人静かに考え続けているのだ。

　そして、もしかしたら、すでにその片鱗《へんりん》を知っているのかもしれない。

生命について。神について。宇宙について。

(4)わたしは、何だかとてもうれしくなった――。

「さて、私はそろそろ。」

　網野先生の声で、(b)我に返った。

　現場に戻る先生を、宮下さんと見送った。作業はあと二、三時間で終わるそうだ。

　果穂はまだ眠っていた。風が強くなってきたので、薄手のブランケットを掛けてやる。

「この子、さっき言ってました。」わたしは宮下さんに言った。「いつか、生きてるクジラに会いに行きたいって。一緒に泳ぐそうです。」

「そう。」宮下さんは優しく微笑《ほほえ》む。「そんなこと、きっと簡単に叶えちゃうわよ。わたしもお付き合いしたいわ。水泳教室に通おうかしら。」

「じゃあ、わたしも。」頬が緩んだ。「実はわたしも、泳げないんです。」

　手をのばし、風で乱れた果穂の前髪を分けてやる。

　(5)この子には、世界をありのままに見つめる人間に育ってほしい。わたしのように、虚《むな》しい空想に逃げたりせずに。

　そうしたらきっと、宮下さんのように、何かを見つけるだろう。そしていつか、必ず何かが実るだろう。

　わたしは――。

　顔を上げて海に向け、ぼやけた水平線のまだ先を望む。何が見えるというわけではない。それでも、(6)還る海をさがすことは、もうないだろう。

　いつの間にか、波の音がここまで響いてくるようになっていた。

　心地よく繰り返されるその音の向こうに、ザトウクジラの歌声をさがした。

（伊与原《いよはら》　新《しん》「海へ還る日」新潮社　による）

（注1）対峙＝向き合って立つこと。

（注2）東屋＝庭園や公園内に休憩、眺望のために設けられる小さな建物。

（注3）悟性＝物事を判断・理解する思考力。

（注4）ニューロン＝神経細胞。

問1　本文中の、(a)かぶりを振る、(b)我に返った　について、ここでの意味として最も適当なものを、それぞれ下のアからエまでの中から一つ選べ。

(a)　ア　両肩を上下に振っておどけてみせる

イ　頭を左右に振って否定する

ウ　手を左右に振って慌てたそぶりをする

エ　帽子を上下に振って合図する

(b)　ア　普段の意識に戻った　　イ　初心を思い出した

ウ　息を吹き返した　　エ　自我に目覚めた

問2　本文中に、(1)これこそ博物館にふさわしい絵だと感じた理由とあるが、宮下さんの絵を博物館にふさわしいと感じた理由とはどんなことか。その説明として最も適当なものを、次のアからエまでの中から一つ選べ。

ア　対象をじっくりと観察し、細かな部分も見逃さないで正確に写し取ろうとする宮下さんの真剣な態度から、博物館で展示される生物の絵を描く専門家としてのプライドを強く感じられたこと。

イ　とても難しいクジラの骨の絵を淡々と描く宮下さんの仕事ぶりを見て、発掘の現場をリアルに再現している博物館の絵に、世界中の注目を集めるほど、学術的な価値があると確信できたこと。

ウ　一瞬のリズムで美しい曲線を引く宮下さんのスケッチには圧倒的な技術の高さが表れていて、博物館に展示されていた絵にも、多くの人の鑑賞にたえうる芸術性がはっきりと見て取れたレコードを聴いてもらって、地球はこんなところですよ、とね。」

「やっぱり、ほんとにそうなんですね。」頭がいいのか無邪気なだけか、研究者という人種はよくわからない。

「ですからね。」先生はにやりとした。「その異星人が我々より高度な文明を持っていたり、我々とはまったく違った知性や思考パターンを持っていたりすれば、クジラの歌も読み解いてくれるかもしれませんよ。」

「(2)夢のある話、というか、夢みたいな話ねえ。」宮下さんが言う。

笑って缶コーヒーを飲み干した先生に、わたしは訊いた。

「わたし、あれからよく考えるんです。クジラやイルカの知性とか、頭の中について。先生は本当のところ、どう思ってらっしゃるんですか。」

「そうですねえ。」先生は腕組みをした。「こないだお話ししたように、わからない、わかりようがない、というのが研究者としての答えです。ですが、(3)ただのクジラ好きのオヤジとしてなら、なるほどなと思う考え方はあります。クジラやイルカを長年追い続けた、ある動物写真家が言ってることなんですがね。」

先生は、正面に広がる海に視線を向け、続ける。

「この地球で進化してきた(注3)悟性《ごせい》や意識には、二つの高い山がある。〝ヒト山〟と〝クジラ山〟です。ヒト山ってのはもちろん、人間を頂点とする陸の世界の山。クジラ山は、クジラやイルカが形作る、海の世界の山です。どんな山か、その高ささえわかりません。でもたぶん、その頂上には、ヒト山とはまったく違う景色が広がっている。」

「まったく違う、景色――」わたしも海を見つめてつぶやいた。

「人間は、五感を駆使してインプットした情報を発達した脳で統合して、即座にアウトプットする。言葉や文字、道具、技術を使って、外の世界に働きかける。ヒトが発達させてきたのは、言わば、外向きの知性です。

一方、光に乏しい海で生きるクジラたちは、おもに音で世界を構築し、理解している可能性がある。文字や技術を持たないので、外に向かって何かを生み出すこともほとんどありません。だったら彼らはその立派な脳を、膨大な数の(注4)ニューロンを、いったい何に使っているのか。もしかしたら彼らは、我々とは違って、もっと内向きの知性や精神世界を発達させているのかもしれない――ということなんです。私なりの言葉で言うと、クジラたちは、我々人間よりもずっと長く、深く、考えごとをしている。」

クジラの、考えごと――。

わたしの意識は、海へと潜っていった。暗く、冷たく、静かな深い海に。

だがもうわたしは、プランクトンではない。この身長一五六センチの体のまま、その十倍はあるザトウクジラと並んで潜っている。その姿を見てすぐにわかった。これは、さっき骨として掘り出されたあのクジラだ。わたしと一緒に海に還《かえ》って、また泳ぎ出したのだ。

突然、全身が震えた。低く太い音が体の奥までしみ込んでくる。横でクジラが歌い始めたのだ。わたしもそれを真似てみるが、何を歌っているのかはまるでわからない。

クジラの頭のところまで泳ぎ、その目をのぞき込んでみる。感情の読めない澄んだ瞳は、わたしのことなど視界に入っていないかのように、微動だにしない。確かに、考えごとに集中しているようにも見える。

どんなことを考えているか想像しようとするのだが、何も浮かばない。人の頭の中をいつも妄想しているわたしなのに、まるで見当がつかない。

息が苦しくなってきた。クジラから離れ、海面に上がっていく。光が見え、空が見えた。

胸いっぱい空気を吸い込みながら、ああ、と思う。

わたしは、わたしたちは、何も知らない。

クジラは、わたしたちには思いもよらないようなことを、海の中思い出していた。あのクジラたちを見て、(1)これこそ博物館にふさわしい絵だと感じた理由が、今やっとわかった。

作業の人たちのお昼休憩に合わせて、わたしたちも宮下さんと一緒にお弁当を食べた。

掘り出し現場から百メートルほど離れたところに、テーブルとベンチが置かれた(注2)東屋《あずまや》があったので、そこに陣取っている。護岸の上で見晴らしがいい。

小さなおにぎりを二つと卵焼きを一切れ食べたところで、果穂が「ねんねする。」と言い出した。初めてだらけの半日を過ごし、疲れてしまったのだろう。ベビーカーに乗せて背もたれを倒してやると、すぐに眠ってしまった。

食事を終え、隣りで水筒のお茶を飲んでいる宮下さんに、訊《たず》ねてみる。

「宮下さんはやっぱり、クジラを何度もご覧になってるんですか。生きて泳いでるところを。」

「何度もはないわよ。小笠原でマッコウクジラを一回、沖縄でザトウクジラを一回、かな。」

「へえ、ザトウクジラも。じゃあ、歌も聴いたんですか。潜ったりして。」

宮下さんは、「まさか。」と笑って(a)かぶりを振る。

「わたし、カナヅチなのよ。ダイビングなんて、とてもとても。あ――」掘り出し現場のほうにあごを突き出した。「何回も歌を聴いてる人が来たわよ。」

見れば、缶コーヒーを手にした網野先生だ。東屋まで来るとまずベビーカーをのぞき、「かわいいモデルさんはお昼寝か。」と言いながら、宮下さんの横に座った。

「何？　私の話？」先生が訊《き》く。

「ザトウクジラの歌の話ですよ。先生は直《じか》に何回も聴いてるって。ダイビングをして調査もなさるから。」

「録音されたものはイベントで聴かせていただきましたけど――」わたしが付け加える。「実際はどんなふうに聞こえるのかなと思って。」

「聞こえるというかね。」先生はひげを撫《な》でた。「音に包まれるっていうのかな。間近で潜ってると、全身に響いてくるんですよ。」

それから先生は、自身の経験談をいくつか披露してくれた。どれもわたしの息苦しい日常とはかけ離れた、別世界のような遠い海での話だった。その最後に、わたしは訊いた。

「クジラの歌を何度も聴いているうちに、彼らがどんなことを歌っているのか、感じるようになったりはしないんでしょうか。」

「なれたらいいですねえ。私はまだ修行が足りんようですが。」眉尻を下げた先生が、「そういえば。」とこちらに顔を向ける。

「こないだのトークイベントで、私、クイズを出したでしょ。ザトウクジラの声はどのぐらい先まで届くか、と。あのとき、『宇宙まで！』と答えた男の子がいたの、覚えてます？」

「ああ、いましたね。」

「実はあれ、いいとこ突いてるんですよ。ＮＡＳＡが一九七〇年代に打ち上げた惑星探査機に、『ボイジャー』というのがありましてね。ミッションはもうとっくに終えて、太陽系の外に出て行きました。この先はずっと、あてもなく宇宙をさまようわけなんですが。」

「はあ。」意識を宇宙に飛ばすのが得意なわたしにも、かなり急な話の展開だった。

「ボイジャーは、『ゴールデン・レコード』ってのを積んでることでも有名でしてね。世界中の言葉や音楽、自然の音なんかが録音されたレコードなんですが、その中に、ザトウクジラの歌も入ってるんですよ。」

「へえ、それはわたしも初耳。」宮下さんが目を瞬《またた》かせる。

「でも、なんでそんなものを探査機に――」わたしは、まさかと思いながら言った。

「もちろん、ボイジャーがいつか異星人と遭遇したときのためです。

高い。

ウ　俳句やことばは解釈に幅があるのでアナログ的だと思われがちだが、それは解釈上の問題であって、元の情報が変化することはない。

エ　俳句やことばには誤解が生じるのでアナログ的だと思われがちだが、それは互いの知識が異なるためで、対話する上では支障がない。

問8　本文中に、Aデコード時に齟齬が発生したような一例　とあるが、これを文章【Ⅱ】で述べられている内容に当てはめる場合、「デコード時に齟齬が発生したような一例」に**該当しないもの**はどれか。破線部aからdまでの中から一つ選べ。

a　蕪村の句の根幹に「郷愁」「母性思慕」を読み取り、その抒情性が強調されている

b　この句に恋の主題を認めた

c　「誰むかしより」とぼかしたことのムードを評価する

d　一句に物語性を与え、より親しみやすい句になった

問9　文章【Ⅰ】と【Ⅱ】は、ともに蕪村の「しら梅や」の句に対する萩原朔太郎の解釈は「誤読」だと述べているが、そのように判断する根拠については、【Ⅰ】と【Ⅱ】で少し違いがある。その違いについて述べた次の説明文の□に当てはまる表現として最も適当なものを、アからエまでの中から一つ選べ。

〈説明文〉　文章【Ⅱ】(高柳克弘の『究極の俳句』)では従来の一般的な解釈をもとに朔太郎の解釈を誤読としているが、文章【Ⅰ】の対談では、これに加えて、□ことを根拠として誤読としている。

ア　人の息づかいや香りを感じるという点では情報を共有できている

イ　西欧から「愛」の概念が入ってくる以前に詠まれた句である

ウ　エンコードからデコードという一連の流れに齟齬がない

エ　俳句は一万回書き写しても、書き損じがなければ情報が劣化しない

三

次の文章を読んで、後の問いに答えよ。

シングルマザーとして二歳の果穂《かほ》を育てている「わたし」は、電車内で知り合った宮下《みやした》さんが働く国立自然史博物館を訪れ、クジラの研究者網野《あみの》先生のトークイベントに参加した。その際、生物画を描く仕事をしている宮下さんに頼まれ、果穂とともに「人間の親子」の絵のモデルを引き受けた。後日、宮下さんに誘われて「わたし」と果穂は砂浜に埋められたクジラの骨の掘り出し作業を見学に来ている。

宮下さんが護岸の斜面に腰を下ろした。リュックからスケッチブックを取り出すと、開いて膝にのせる。頭の骨をスケッチするらしい。わたしは果穂と一緒に隣りに座った。

宮下さんはしばらく骨をじっと見た。初めて見るような真剣な表情。わたしたちを描いてくれたときとは違う。これも生物画の一種だからだろうか。

鉛筆を軽く握り、ひと息に美しい曲線を引く。たぶん、上顎の部分だ。一瞬のリズムで描くと言っていた意味が、わかった気がした。

宮下さんが、視線を骨に戻す。一本線を足す。そしてまた、骨を見つめる。

単にその形を目に焼き付けているだけではないと思った。よりリアルに再現したいというだけでもないだろう。

宮下さんはきっと、骨そのものではなく、それを超えて広がる自然と(注1)対峙《たいじ》している。

一つ一つの曲線に自然が込めた意味を、漏らすことなく写し取ろうとしているのだ。進化によってその形が生まれるまでの悠久の時を、鉛筆の先で刻もうとしているのだ。

わたしは、博物館で初めて宮下さんの絵を目にしたときのことを

エ　漱石の逸話のような例を背景知識として知らなければ、比喩表現や抽象的な言語表現を読み取ることはできないということ。

問4　本文中の、(2)情報のエンコード(符号化)とデコード(復元)という問題に関わってきますね。という一文は、この対話の中でどんな働きをしているか。その説明として最も適当なものを、次のアからエまでの中から一つ選べ。

ア　相手の意見に同意しながらも、異分野の専門用語を用いた新たな問題を提示し、質の異なる二つの議論を並行して進めようとしている。

イ　それまでの話題を総括しながらも、新たな学術用語を用いて話題を転換し、それまでと全く違う内容の議論を新たに始めようとしている。

ウ　斬新な意見を提示しながらも、その時点での互いの意見を改めて確認することによって、議論全体の最終的な結論をまとめようとしている。

エ　前の話題を受け継ぎながらも、異分野の専門用語を用いることで新たな角度からその問題にアプローチし、議論を発展させようとしている。

問5　本文中の、(3)音源データのＭＰ３や画像データのＪＰＥＧの性質を、語り手はどうとらえているか。その説明として最も適当なものを、次のアからエまでの中から一つ選べ。

ア　データを圧縮した側と解凍する側が異なるため、再生する際に情報の変質が起きて、それがかえって創造的な結果をもたらすことがある。

イ　実際は元のデータと異なるものが再生されているが、おおむね正しい上に利便性が高まるので、むしろより有益な伝達形式だと言ってよい。

ウ　元のデータをそのまま完全に再生することはできないため、個々人の解釈によって、受け取る情報の精度が変わってしまう危険性がある。

エ　厳密には元のデータと異なるものが再生されるが、人間の感覚ではその違いが区別できないので、情報を正しく伝える形式と見なしてよい。

問6　本文中の、(4)蕪村の最初の意図と、朔太郎の読み　の説明として最も適当なものを、次のアからエまでの中から一つ選べ。

ア　蕪村は垣根の外の白梅にそれを植えた人の存在を感じ、朔太郎は白梅の植えられた垣根の外に詠み手の恋人がいると解釈しているが、両者ともに人の存在と懐かしさを感じているという点で共通している。

イ　蕪村は垣根の外の白梅にそれを植えた誰かの存在を感じたが、朔太郎は垣根の外の白梅を少年時代・青年時代の思い出をたどるきっかけと見ており、両者にとって白梅の持つ意味は大きく異なっている。

ウ　蕪村は垣根の外の白梅に親しかった人々の息づかいを感じ、朔太郎も白梅に詠み手のかつての恋人の姿を見ており、両者ともに故郷への郷愁と懐かしい人々への思いを抱いているという点では同様である。

エ　蕪村は垣根と白梅からかつてそこにいた人々に思いを巡らせたが、朔太郎は白梅を少年期から今に至るまでの詠み手の感情の象徴と考えており、他者への関心という点で両者は相反する解釈をしている。

問7　本文中に、(5)俳句やことばは「アナログ」的と思われているかもしれませんが、けっしてアナログではありません。とあるが、どういうことか。その説明として最も適当なものを、次のアからエまでの中から一つ選べ。

ア　俳句やことばの意味は曖昧なのでアナログ的だと思われがちだが、細部に違いはあっても基本情報が誤って伝わることは少ない。

イ　俳句やことばによる表現には古さが伴うのでアナログ的だと思われがちだが、現代社会でも有益な表現形式となる可能性は

過去に、俳句を知らない人間による俳句のすぐれた読みが、なかったわけではない。たとえば萩原朔太郎の『(注7)郷愁の詩人　与謝蕪村』は、(注8)子規派によって写生的とされた蕪村像を更新した、画期的な俳論だ。ａ蕪村の句の根幹に「郷愁」「母性思慕」を読み取り、その抒情《じょじょう》性が強調されている。すぐれた鑑賞として評価されるとともに、そこにはいくつもの誤読も指摘されている。たとえば、

しら梅や誰むかしより垣の外　蕪村(『蕪村句集』)

の句について、朔太郎は、

昔、恋多き少年の日に、白梅の咲く垣根の外で、誰《だ》れかが自分を待っているような感じがした。そして今でもなお、その同じ垣根の外で、昔ながらに自分を待っている恋人があり、誰れかがいるような気がするという意味である。

(『郷愁の詩人　与謝蕪村』岩波文庫、一九八八年)

と解している。

しかしこの句は「この梅の木はいったい誰が、いつの頃に植えたものであろうか」(栗山《くりやま》理一《りいち》評釈『与謝蕪村集　小林一茶集』筑摩書房、一九六〇年)というように解するのが一般的であり、おそらくは蕪村の意図もこのとおりであっただろう。ｂこの句に恋の主題を認めたのは、朔太郎の誤読であるといえる。

③、ここに恋人の存在を感じ取るのは、けっして無理すじではない。専門家の解釈はｃ「誰むかしより」とぼかしたことのムードを評価するが、朔太郎の解釈はｄ一句に物語性を与え、より親しみやすい句になったともいえる。山下一海《やましたかずみ》が「創造的誤解」(岩波文庫、巻末解説)という言葉で評したように、朔太郎の解釈のほうが専門的な解釈よりその句を豊かにみせている、ともいえるのだ。これを鑑賞の側からではなく、作品の側からいえば、「創造的誤解」を生むような多義性を持った蕪村の句に力があったというべきだろう。

(髙柳克弘『究極の俳句』中央公論社　による)

(注1)　人口に膾炙(する)＝多くの人が口にし、広く知られる。
(注2)　教師データ＝ＡＩに学習させるために必要なデータ(情報)。
(注3)　背景知識＝ある状況や問題を理解するために必要な情報。
(注4)　与謝蕪村＝江戸時代の俳人。
(注5)　萩原朔太郎＝大正から昭和にかけて活躍した詩人。
(注6)　齟齬＝食い違うこと。
(注7)　郷愁＝昔のことを懐かしむ気持ち。
(注8)　子規派＝正岡子規を中心とする俳句の一流派。

問1　空欄①、②、③に入る語として適当なものを、それぞれアからエまでの中から選べ。**ただし、同じ記号は二回使わない。**

ア　だが　イ　すると　ウ　例えば　エ　つまり

問2　本文中の、(a)機微、(b)担保の意味として適当なものを、それぞれ下のアからエまでの中から一つ選べ。

(a)　ア　内部でひそかに進行する事態や状況。
イ　表面からはわかりにくい趣や事情。
ウ　状況に応じて変化する感覚や感受性。
エ　好意と反感の間で抱く葛藤や苦悩。

(b)　ア　負担となるもの　イ　保存するもの
ウ　保証となるもの　エ　促進するもの

問3　本文中に、(1)夏目漱石が「I love you」を「月がきれいですね」と和訳したという逸話があります。とあるが、語り手はこの逸話を紹介することでどんなことを説明しようとしているか。最も適当なものを、次のアからエまでの中から一つ選べ。

ア　ことばの周辺にある意味を理解することは、ＡＩにはもちろん普通の人にとっても決して容易ではないということ。
イ　比喩表現や抽象的な言語表現で表された意味を読み取ることは、人間には可能だがＡＩには極めて困難だということ。
ウ　月を恋人に見立てるなどの比喩を一つ一つ教えれば、ことばの周辺にある意味をＡＩに学ばせることが可能だということ。

て、(注5)萩原《はぎわら》朔《さく》太郎《たろう》がその句を読んで、「恋の句」と解釈しているんです。

萩原朔太郎は、〈しら梅や〉で切れると解釈しました。白梅が咲いている。ここで文脈が切れる。〈誰むかしより垣の外〉の部分は、私(作者)が昔、つまり少年期・青年期に、だれかがその垣根越しにいたことを思い出し、今もその人の気配がずっと残っているような気がする、というわけです。〈垣の外〉には、白梅ではなく人がいると読んだ。これだと、恋慕の句、恋情の句、恋を叙情的に詠んだ句ということになります。

蕪村の時代、江戸時代中期を考えれば、あきらかに誤読ですが、朔太郎が生きた近代では、そういう読みもありえないわけではない。一種、魅力的な解釈ではあります。

同じ作品でも、読み手によって解釈の幅があって、そこには時代が反映する。その時代その時代のコモンセンスは変わっていくものであるからには、作品の解釈が大きく変わっていくこともある。そのあたりは、文芸、より広くいえば、ことばに特有の問題だろうと思います。

川村 (2)情報のエンコード(符号化)とデコード(復元)という問題に関わってきますね。

コンピューターで情報を伝えるとき、ミスが起こってはいけません。エンコードされた情報は、元の情報に正しくデコードされます。 ① 、MP3というファイル形式にエンコードされた音楽が、デコードされて私たちの耳に届く。元の音源とちがうものになっては意味がありません。

(3)音源データのMP3や画像データのJPEGは「不可逆圧縮」といって、元のデータとそっくり同じものには解凍できないのですが、それにしても、おおむね正しく復元されます。人間が耳で聴いたり目で見たりするぶんには、元の音源などと区別がつきません。

デコードによって同じ情報に戻るということが重要。 ② 、エンコードからデコードという一連の流れに(注6)齟齬《そご》がないことが、情報伝達の条件です。

大塚 とすると朔太郎の読みは、A デコード時に齟齬が発生したような一例かもしれませんが、さらに広い脈絡で考えると、(4)蕪村の最初の意図と、朔太郎の読みは、恋慕という意味、何かを慕わしく思うという心の(a)機微という点では同等です。恋慕の情は、お互いに共有できているようにも思えます。

西欧から「愛」の概念が入ってくる以前の蕪村と、それ以後の朔太郎で、意図と読みがくいちがってしまいましたが、異性愛に限定せず、人をしのぶ、人の手触りを感じる、人の息づかいや香りを感じるという点では情報を共有できています。

川村 俳句は、ことばを使って何かを表現します。(5)俳句やことばは「アナログ」的と思われているかもしれませんが、けっしてアナログではありません。デジタルな情報です。「あ」と「い」のあいだは連続でなく不連続。「離散的」と呼ばれる情報です。

俳句は何度書き写しても、情報として劣化しません。一万回書き写しても、書き損じがなければ同じ情報です。アナログな情報は、昔のレコードや録音テープがわかりやすい例です。テープに音楽をコピーするたびに劣化します。元の情報をそのままで保存できないのがアナログです。

コンピューターで扱うデジタル情報は、「必ず元に戻る」ということが、情報を正しく伝えることの(b)担保になります。ところが、俳句という情報は、もともとのテクストはデジタルで劣化したり変化したりしなくても、人間が「読む」という部分で、コンピューターで言うところのデコードとはちょっとちがったことが起こっています。

(川村秀憲、大塚　凱『AI研究者と俳人　人はなぜ俳句を詠むのか』dZERO　による)

【Ⅱ】

俳句は本当に、門外漢には理解されないのだろうか。

二　次の文章【Ⅰ】は、人工知能（ＡＩ）の研究者川村秀憲《かわむらひでのり》と俳人大《おお》塚凱《つかがい》の対談で、文章【Ⅱ】は、文章【Ⅰ】で触れられている髙柳克弘の『究極の俳句』の本文である。この二つの文章を読んで、後の問いに答えよ。

【Ⅰ】

川村　実際に人間が恋の句をつくるときは、キーワードだけが材料ではありません。恋にまつわることばが入っていなくても、二人の関係性が伝わる句、恋を匂わせる句というのがあります。

大塚　そうですね。例を挙げてみます。

寂しいと言い私を蔦《つた》にせよ　神野紗希《こうのさき》

踊子《おどりこ》の妻が流れて行きにけり　西村麒麟《にしむらきりん》

神野の句は俳句界ではかなり（注1）人口に膾炙《かいしゃ》した句ですが、蔦という異形になり、離れることのないような関係たることを念じる、あるいは情念に近い祈りのような主体の趣《おもむき》があります。

西村の句は、むしろかなり即物的な組み立てです。盆踊りの輪に混じり、遠ざかっていく妻の姿を見送る。湿気を帯びた盆の夜、やがて二人にも訪れる死に別れのイメージを匂わせながら、恋慕《れんぼ》の句としても解釈できます。

川村　その句が、恋の句かそうでないか。現状のＡＩは、キーワードを含むか含まないかで判断することはできます。一方、人間は、恋のキーワードを含まずに、恋を詠むことができ、読者も、それが恋の句だとわかる。

人間ができることなら、（注2）教師データをつくれるはずで、それをもとにＡＩにディープラーニング（深層学習。脳を模したニューラルネットワークを用いた機械学習）をさせることもできます。けれども、それでＡＩの作句精度が上がっていくかというと、たぶん上がらない。課題ははっきりしているし、教師データもつくれる。ディープラーニングでも扱える。けれども、やってみると、精度が上がらない。

ここが人間とＡＩの現時点での大きなちがいです。人間は、俳句なり一文なりを見て、それが比喩的で、抽象度の高い表現によって二人の関係性を伝えていると理解できます。人の心の動き、愛とか恋とかを、経験的に知っているからです。自分の体験もそうだし、例えば、「映画にこの句とよく似たシーンがあった」などの記憶もそうです。それが「（注3）背景知識」です。

(1)夏目漱石《なつめそうせき》が「I love you」を「月がきれいですね」と和訳したという逸話があります。これ、実話ではないともいわれていますが、それはともかくとして、「月がきれいですね」の原文が「I love you」であることを理解するのは、ＡＩにとってきわめて難易度が高い。「月がきれいですね」を告白と受け取るのは、人間にはできてもＡＩには難しいのです。

ＡＩが、ことばそのものの意味だけではなく、ことばの周辺にある意味、言語学でいうコノテーション（言外の意味）を知識として吸収し、理解するという課題は、まだ手つかずです。これだけ発展の著しい人工知能の研究にも、それを解決するための決定打はまだありません。

大塚　恋や愛が物理的なものではない以上、その俳句に恋情が含まれるのか含まれないのかという判断基準は、時代によって変わったりもします。コモンセンス（常識・良識）もそうです。「背景知識」は、人間の行動様式によっても変動します。行動様式は時代とともに変わっていくので、当然のことながら、恋の捉え方も時代によってちがってきます。

髙柳克弘の『究極の俳句』（中公選書、二〇二一年）に、

しら梅や誰《たが》むかしより垣の外　（注4）与謝蕪村《よさぶそん》

という句の解釈をめぐる話が出てきます。

この句、意味としては、「白梅が咲いている。この木はいつだれがその垣の外に植えたのだろう」ということ。もうすこしいえば、そこに住んでいた人、過去にそこに生活していた人の痕跡を見つけて、先人や過去に思いを寄せるということなんですが、後世になっ

しく思う気持ちを述べている。

問6　本文中に、(4)二人の人生観の相違とあるが、どういうことか。その説明として最も適当なものを、次のアからエまでの中から一つ選べ。

ア　芭蕉は、刻々と変化する時間や空間に身を任せていくことで、自らも「古人」になりきって創作をしていこうと考えたが、西鶴は、変化する時間と空間に流されないよう生きていくために、変わらない価値を持つお金をためようと考えた。

イ　芭蕉は、多くの時代を経てもなくなることのない船頭や馬方などの現実的な職業のなかに人生の意味を見いだしたが、西鶴は、永遠に価値が変化しないお金を子孫に残していくことだけが人生にとって意味のあることだと考えた。

ウ　芭蕉は、刻々と変化する時間と空間のなかで身分や時代を超えて現実の世の中を眺めるのが重要であると考えたが、西鶴は、移ろいゆくはかない世の中であっても、子孫のためになるのでお金をためることには意義があると考えた。

エ　芭蕉は、変化する世の中にあっても価値の変わらない「古人」を理解することこそが自らの人生にとって最も意味のあるものだと考えたが、西鶴は、世の中を不変と捉え、価値が変化しないお金を子孫に残すことに意味があると考えた。

問7　本文中に、(5)芭蕉の旅そのものが、当時としては異質であった。とあるが、どういうことか。その説明として最も適当なものを、次のアからエまでの中から一つ選べ。

ア　芭蕉の旅は、名声や収入を得る目的もあったが、それ以上に、かつて和歌に詠まれた場所を訪れ思索を深めるというものであり、娯楽のための旅を基本とする江戸時代の人々には理解しがたいものであった。

イ　芭蕉の旅は、現実的な側面が全くなく、自分だけの俳句の世界を作り出すために思索にふけるという哲学的なものなので、実用的な旅がほとんどであった江戸時代の人々には受け入れられないものであった。

ウ　芭蕉の旅は、名声や金銭を得るのが主要な目的であったが、そのやり方があまりにさりげなく、諜報活動と疑われるほどであったため、のんびり旅を楽しんだ江戸時代の人々には理解されないものであった。

エ　芭蕉の旅は、金銭を得るためという側面もあったが、蕉風を伝え俳諧師としての名声を得ることが主な目的であり、それに向かう真剣さは、旅を娯楽とする江戸時代の人々には受け入れがたいものであった。

問8　本文中に、(6)芭蕉は、この複雑さを受け入れて、苦しみながらも名句を生み出した。とあるが、どういうことか。その説明として最も適当なものを、次のアからエまでの中から一つ選べ。

ア　世俗の生活を詠んだ過去の作品を題材としつつ新しい表現を得るという俳句の複雑さを受け入れて、芭蕉は試行錯誤しながら優れた俳句を生み出したということ。

イ　世俗の言葉で詠みつつ皮肉に満ちた態度を示さなくてはならないという俳句の複雑さを受け入れて、芭蕉は自問自答しながら俳句を詠んだということ。

ウ　世俗を超えた視点を持ちつつ世俗の心を詠むものであるという俳句の複雑さを受け入れて、芭蕉は悪戦苦闘しながら優れた俳句を生み出したということ。

エ　世俗の生活を詠むものでありつつ定住する人間には作れないという俳句の複雑さを受け入れて、芭蕉は東奔西走しながら優れた俳句を生み出したということ。

（注13） 垂訓＝教えを示すこと。教訓を後世の人に残すこと。

問1 本文中の、①安全ケン、②ヘン境、③観コウ、④超ゼン の カタカナ部分の漢字表記として適当なものを、それぞれアからエまでの中から一つ選べ。

① 安全ケン
ア 間　イ 件　ウ 権　エ 圏

② ヘン境
ア 片　イ 辺　ウ 変　エ 返

③ 観コウ
ア 行　イ 港　ウ 光　エ 好

④ 超ゼン
ア 全　イ 然　ウ 漸　エ 禅

問2 本文中の、かなわ(A)ない と同じ品詞の「ない」を、本文中のaからdまでの中から一つ選べ。

a わけではない　b 頼りない
c いいようのない　d できない

問3 本文中に、(1)飄々として霞を食らいながら茅屋で句をしたためている とあるが、どういうことか。その説明として最も適当なものを、次のアからエまでの中から一つ選べ。

ア 世間と離れたところに身を置いて、人や金銭にとらわれず質素な生活を送りながら俳句を作り続けている。

イ 人並みの暮らしはどうにか保ちながら、定住することなく旅のなかに身を置いて俳句を生み出し続けている。

ウ 俳諧師として高い評価を得ることだけを心の支えとして、日々世間の人に向けて俳句を発信し続けている。

エ 人々の好奇の目にさらされないよう郊外に住み、人間の愚かさを皮肉に眺めながら俳句を詠み続けている。

問4 本文中に、(2)「夏炉冬扇」のごとき俳諧 とあるが、どういうことか。その説明として最も適当なものを、次のアからエまでの中から一つ選べ。

ア 火鉢であぶられるような真夏の暑さ、扇であおがれるような真冬の寒さといった極限の環境に着想を得て作られるのが俳諧だということ。

イ 暑い夏に火鉢を取り出し、寒い冬に扇を持ち出すのが時季外れで意味のないことであるように、俳諧も現実では役に立たないということ。

ウ 夏に火鉢を使って暖まり冬に扇を用いて涼むといった、常識に縛られない自由な発想によってこそ俳諧は生み出されるものだということ。

エ 真夏に火鉢で体を熱したり、真冬に扇で体を冷やしたりするように、あえて苦境に身を置いて耐え忍ぶことで俳諧は磨かれるということ。

問5 本文中に、(3)俗塵を遠ざけたみずからの境遇を驕る とあるが、どういうことか。その説明として最も適当なものを、次のアからエまでのなかから一つ選べ。

ア 現実生活では役に立たない「無能無才」の自分だが、世俗を離れ自然のなかに身を置いたからこそ、地中からたっぷりと養分を吸い上げ葉を茂らせる「椎の木」の生命力に癒されて名句を生み出せたのだと自負している。

イ 世俗の汚れに染まらないために人との関わりを避けねばならず、清貧を保ち続けるために物欲を断たねばならなかった自分の身の上を恨めしく思い、「椎の木」を相手に俳句を詠むことで不満を解消しようとしている。

ウ これまでは世俗を離れるしかなく人や金に縁がないまま俳句の道を極める日々を過ごしてきたが、そのおかげで「椎の木」の名句が生まれ、この句をきっかけに世俗での名声を得られるのではないかと野心に燃えている。

エ 自分が頼りとしたのは、現実に生活を営むうえで助けとなる人や金ではなく、堂々と立つ「椎の木」の存在であったと示すことを通じて、世俗に染まらず俳句に生涯を捧げた自らを誇らこれに先んじて、ある作家が、李白の詩を踏まえた文章を書いている。その名は、(注7)井原西鶴《いはらさいかく》。

されば天地は万物の逆旅。光陰は百代の過客、浮世《ふせい》は夢幻《ゆめまぼろし》といふ。時の間《ま》の煙、死すれば何ぞ、金銀、瓦石《がせき》には劣れり。黄《こう》泉《せん》の用には立ち難し。然《しか》りといへども、残して子孫の為《ため》とはなりぬ。

(『日本永代蔵《にっぽんえいたいぐら》』貞享《じょうきょう》五年〔一六八八〕刊)

芭蕉と西鶴。ともに李白をパロディしながらも、(4)二人の人生観の相違がよく表れている。

芭蕉は、天地も時間もすべて刻々と変化していく旅人であるというのならば、自分もその中の一部として従おうとする。船頭や馬方に目をやるのは、俳諧の現実主義的な一面を表すとしても、芭蕉の心の中にあるのはあくまで「古人」であり、今昔や貴賤《きせん》を超越して現世を眺めていることがわかる。

西鶴は、すべてが刻々変化するこの世は夢のようであり、いくら金をためても死んでしまえば何の役にも立たないといいながら、子孫のためになるという理由で、それを肯定する。「金銀を溜《た》むべし。是《これ》、二親《ふたおや》の外に命の親なり」(『日本永代蔵』)という言葉を吐く西鶴は、したたかな現実主義者だ。

そもそも、(5)芭蕉の旅そのものが、当時としては異質であった。交通網の発達した江戸時代には庶民も旅をしやすくなり、多くの人々が五街道を行き来した。なんといっても伊勢への関心は高かったが、それは「伊勢参宮大神宮へもちよつと寄り」という川柳《せんりゅう》に詠《よ》まれているとおり、目的は(注8)物見遊山《ものみゆさん》であり、日々の憂《う》さを晴らして明日への活力を得るためのものだ。

しかし、芭蕉の旅は違った。もちろん、蕉風を伝え、俳諧師としての名声を得、生計の安定を図るためという現実的側面があったことは確かだ。だが、そこには古人の足跡に触れたい、(注9)歌枕の現状を知りたい、みずからの思索を深めたいという、(注10)形而上《けいじじょう》的な理由が大きいのであり、一般の人からみれば「無駄骨」としかいいようのcない旅であった。

芭蕉は忍者であったという説が生まれるのも、この旅が、いかに一般の人に理解されづらいものであったかを、証明しているだろう。諜報《ちょうほう》活動という現実的な目的もなく、なぜあえて②ヘン境の地をめぐる旅に出るのか。説明ができdないのだ。

芭蕉の旅が生んだ『おくのほそ道』という紀行文もまた、板坂耀《いたさかよう》子《こ》によれば「江戸時代の紀行としては異色作である」という(『江戸の紀行文』中公新書、二〇一一年)。それは③観コウガイドでもなければ、個人的な日記でもない。世の真理を、時間を超えて後世の人々にも示そうとした。

俳句は、複雑である。(注11)キメラ的である。短さゆえに作りやすく、大衆の詩であることも確かだ。(注12)市井《しせい》に生きる無名の人々の述懐でもある。一方で、④超ゼンと高みから見下ろしての(注13)垂訓でもある。「高く心を悟りて俗に帰るべし」(『三冊子《さんぞうし》』)と語った(6)芭蕉は、この複雑さを受け入れて、苦しみながらも名句を生み出した。複雑さが、俳句という文芸を今に残してきたのだ。

(高柳克弘《たかやなぎかつひろ》『究極の俳句』中央公論新社 による)

(注1) 茅屋=みすぼらしい家。あばら家。
(注2) 芭蕉=江戸時代の俳人で、『おくのほそ道』『幻住庵記』『三冊子』の作者。「蕉風」は芭蕉とその一門の作風をいう。
(注3) 知己=自分のことをよくわかっていてくれる人。
(注4) 俗塵=俗世間のわずらわしい事柄。
(注5) 屹立=高くそびえたっていること。
(注6) 李白=中国の詩人で、『春夜宴桃李園序』の作者。
(注7) 井原西鶴=江戸時代の浮世草子作者、俳人。『日本永代蔵』の作者。
(注8) 物見遊山=気晴らしにあちこち見物すること。
(注9) 歌枕=和歌の題材とされた名所、旧跡。
(注10) 形而上的=形がなく、感覚でその存在を認識できないこと。精神的。
(注11) キメラ的=同じもののなかに異なるものが同時に存在すること。
(注12) 市井=人が多く住んでいるところ、まち。

二〇二四年度 国立高等専門学校

【国　語】（五〇分）〈満点：一〇〇点〉

一　次の文章を読んで、後の問いに答えよ。

俳句は和歌に比べて、現実に重みを置く。現実とは、生きていくこと。働き、食べて、次代へ命をつなぐ営みだ。

ところが、俳句そのものは、現実に寄与しない。一片のパンによってもはふくれるが、一つの句では何も救えない。

この矛盾の中に生きるのが俳人だ。俳人といえば、(1)飄々《ひょうひょう》として霞を食《く》らいながら（注1）茅屋《ぼうおく》で句をしたためているイメージがあるが、その茅屋に至るまでにはさまざまな現実との確執がある。そして、茅屋に座してもなお、心中の確執は続いている。

つらつら年月の移り来し拙《つたな》き身の科《とが》を思ふに、ある時は仕官懸命の地をうらやみ、一たびは仏籬祖室《ぶつりそしつ》の扉《とぼそ》に入らむとせしも、たどりなき風雲に身をせめ、花鳥に情を労して、しばらく生涯のはかりごととさへなれば、つひに無能無才にしてこの一筋につながる。

（「幻住庵記《げんじゅうあんのき》」）

（つくづく、今までの愚かな自分の過ちを振り返ってみると、ある時は主君に仕え領地を得る身分をうらやましく思い、また一度は仏門に入り僧侶になろうかともしてみたけれど、行き先を定めない旅の風雲に我が身を苦しめ、花鳥風月を愛《め》でることに心を費やして、ひとまずそれが自分の生活するための仕事にまでなったので、無能無才の身でただこの俳諧という一筋の道につながれることとなった。）

（注2）芭蕉が大津の小庵「幻住庵」でしたためた一文である。若き頃には、武家に仕官して働こうとしたり、仏道修行をしようと心づいたりしたこともあった。それもかなわAないで、(2)「夏炉冬扇《かろとうせん》」（「許六離別《きょりくりべつ》の詞《ことば》」）のごとき俳諧に一生をかけることになったというのだ。

俳人とは高みの見物をきめこむ者、あるいは、みずからは①安全ケンにいて世の中を斜めに見る者の総称というわけではaないことが、この言葉からわかるだろう。

「幻住庵記」の末尾に、次の一句が掲げられている。

まづ頼む椎《しい》の木もあり夏木立《なつこだち》　芭蕉

頼るべきものといえば、人。そして、金。そのどちらも自分は持つことができなかった。そのかわりとして、夏木立の中の、ふとぶととした椎の木がある。

たとえば、別荘を買って、近くの木が気に入り、朝夕の眺めを楽しみ、ハンモックを吊《つ》ってみる……。そうした感覚ではないのだ。頼むものとして、樹木をまず挙げることになるという境遇は、現代人には理解しがたいものになっている。

では、そうした身の上に対する自虐なのかといえば、そう単純ではない。たとえばこの句の「夏木立」がもっと頼りbないもの――草花であったり、冬の枯れ木であったりすれば、これは「無能無才」を羞《は》じている句であるというだけだ。あおあおと葉を茂らせ、どくどくと大地から養分を吸い上げている、夏の椎の木を（注3）知己としているということは、(3)（注4）俗塵《ぞくじん》を遠ざけたみずからの境遇を驕《おご》る気配さえある。「椎の木」には、（注5）屹立《きつりつ》する十七音の文芸が託されているとみるのは、深読みにすぎるだろうか。

『おくのほそ道』（元禄《げんろく》十五年〔一七〇二刊〕）の冒頭部が、（注6）李《り》白《はく》の「夫《そ》れ天地は万物の逆旅《げきりょ》にして、光陰は百代《はくたい》の過客《かかく》なり。而《しこう》して浮生《ふせい》は夢のごとし、歓を為《な》すこと幾何《いくばく》ぞ」（「春夜宴桃李園序《しゅんやとうりえんにえんするのじょ》」）を意識していることは、あきらかである。

月日は百代の過客にして、行《ゆき》かふ年も又旅人也《なり》。舟の上に生涯をうかべ、馬の口とらへて老《おい》をむかふる物は、日々旅にして旅を栖《すみか》とす。古人も多く旅に死せるあり。

2024年度／国立高等専門学校

英語解答

1 1 エ　2 ア　3 イ　4 ウ
5 ア

2 1 エ　2 ウ　3 エ　4 イ
5 ア

3 1 3番目…オ　5番目…ウ
2 3番目…イ　5番目…カ
3 3番目…エ　5番目…オ
4 3番目…エ　5番目…イ
5 3番目…ア　5番目…カ

4 問1 (1)…エ　(2)…ア　(3)…ウ　(4)…イ
(5)…イ　(6)…ウ
問2 (1)…エ　(2)…オ

5 A 問1…ア　問2 (1)…ウ　(2)…イ
B 問1…エ　問2…ウ

6 問1 ア　問2 ウ　問3 イ
問4 イ　問5 ウ　問6 ア
問7 ア

1〔書き換え―適語(句)選択〕

1.「ヨネダさんは2月21日に生まれた」≒「2月21日はヨネダさんの誕生日だ」　Aには‘日付’を表す前置詞onが入る。BはFebruary 21とMs. Yoneda's birthdayがイコールの関係である。

2.「私たちは明日魚釣りに行くつもりだ」　be going to ～「～するつもりだ」はplan to ～でほぼ同じ内容を表せる。

3.「ジョンは数学も科学も両方とも好きだ」≒「ジョンは数学だけでなく科学も好きだ」　‘both *A* and *B*’「*A*も*B*も両方とも」　‘not only *A* but also *B*’「*A*だけでなく*B*も」

4.「私はたいてい午前7時に目覚める」≒「私はほとんど毎日7時に起きる」　usually「普通は，たいてい」とalmost every day「ほとんど毎日」でほぼ同じ内容が表せる。

5.「ケンはあの重い箱を運ぶことができる，なぜなら彼はとても力持ちだからだ」≒「ケンはとても力持ちなので，あの重い箱を運ぶことができる」　Aを含む文はbecauseを使って理由を表している。これをBでは‘so ～ that …’「とても～なので…」の形にする。

2〔対話文完成―適文選択〕

1．A：アン，君はどんなスポーツをするの？／B：テニスとサッカーをするわ。月に2回，ジョギングもするわよ。／A：どれが一番好き？／B：テニスが一番好きよ。毎週日曜日に父とするの。／／your favorite (sport)「一番好きな(スポーツ)」がどれかという質問に対する返答である。

2．A：アツシ，夕食をありがとう。このカレーすごく好き。どんな種類の肉が入っているの？／B：ああ，気に入ってくれた？　実は牛肉も豚肉も使わなかったんだ。そのカレーには豆を使ったんだよ。／A：本当？　肉を使ったと思ったよ。／／何の肉が入っているのかと尋ねられ，牛肉も豚肉も使っていないと答えているので，それ以外に使った材料を述べたと判断できる。

3．A：今日はエイミーの誕生日プレゼントを買いに行くつもりだよ。／B：しまった！　そのことを忘れていたよ！　一緒に行ってもいい？／A：いいよ。今日の午後はどう？／B：大丈夫だよ。2時に会おう。／／この後，AがYesと答え，2人は午後に会う約束をしていることから判断できる。Can I ～?は「～してもよいか」と‘許可’を求める表現。

4．A：今までに外国に行ったことはある？／B：ないよ。実は，海外には一度も行ったことがないんだ。／A：そうなんだ。将来，どんな国に行ってみたい？／B：イタリアに行きたいな。∥直後でBは行きたい国を答えている。

5．A：ジョーンズ先生が来月オーストラリアに帰るって聞いた？／B：聞いてない。どうして先生はそんなに急に去ってしまうの？／A：先生のお母さんが病気で入院しているんだ。先生がお母さんの看病をするんだよ。／B：それはお気の毒だね。私たちが先生にしてあげられることはあるかな？∥Aから先生の話を聞いたBの発言。先生に同情していることから判断できる。

3〔整序結合―対話文完成〕

1．A：私の机の上で鍵を見つけたんだけど。これはあなたの？／B：違う，僕のじゃないよ。／A：それなら誰の鍵か調べましょう。／B：鍵にKという文字は見える？　きっとケンのだよ。∥find outで「～を見つける，調べる」という意味を表すので，‘let's＋動詞の原形’「～しよう」の形でlet's find outとする。この後は鍵の持ち主を調べると考え，‘疑問詞＋主語＋動詞...’の間接疑問の形にまとめる。‘疑問詞’は‘whose＋名詞’「誰の～」の形でwhose key「誰の鍵」となる。　Then, let's find out whose key it is.

2．A：宿題終わった？／B：ううん。すごく忙しかったの，でも，明日までに終わらせるつもり。／A：宿題を終えるのは大変だと思うよ。もっと時間が必要だよ。／B：えっ，本当？　今夜暇だったら，宿題を手伝って！∥‘help＋人＋with＋物事’で「〈人〉の〈物事〉を手伝う」という意味を表すので，with the homeworkとする。残りの語句から，この後には「あなたがもし今夜暇なら」という意味のif節をつくる。　Please help me with the homework if you are free tonight!

3．A：スーパーで肉の値段を見た？　信じられない。／B：うん，そうだね。肉の値段は1年以上，上がり続けているんだ。／A：なんてことなの。値上がりがすぐに終わるといいけど。∥have/has been ～ingの現在完了進行形をつくり，‘期間’を表すforを続ける。　Meat prices have been increasing for more than a year.

4．A：先週オープンしたレストランには行った？　野菜料理がたくさんあるよ。／B：まだ行ってない。そこは私が一番行ってみたい所なの。／A：行くべきだよ。僕はもう2回行ったよ。きっと気に入るよ。∥(It) is the placeとI want to (visit ～)という2つのまとまりができる。残ったthatを目的格の関係代名詞として用いて，この2つをつなぐ。　It is the place that I want to visit the most.

5．A：どうして春休みにイギリスへ行くの？／B：そこへ行く理由は，英語力の向上のためだよ。／A：君ならできるよ！∥イギリスに行く理由を答えた部分。語群からMy reason is to ～.「理由は～するためだ」という形になると考える。reason for ～で「～の理由」という意味になるので，My reason for going thereとし，この名詞句を主語として述語動詞isを続ける。　My reason for going there is to improve my English skills.

4〔長文読解総合―説明文〕

≪全訳≫❶QRコードはウェブサイトなどのさまざまな情報を保持できる特殊なバーコードである。QRコードは，従来のバーコードでは不十分だったため，1994年につくられた。従来のバーコードは20文字しか保持できず，一方向からしかスキャンできなかった。しかしQRコードは，より多くの文字を保持することができ，どの方向からでもスキャンできる。QRコードはより速くスキャンできるため，より便利である。QRコードが最初に使われたのは，自動車産業の企業が自動車を製造しているときであった。その後，QRコードは広告業界で普及し，企業は顧客とつながって自社のウェブサイトに誘導する方法として，看板や雑誌でQRコードを使い始めた。❷当初，多くの人はQRコードやその使い方を知らなかった。また，当時はスキャナーの性能もあまりよくなかったため，コードをスキャンするのも難しかった。それ以来，QRコードはさまざまな面で改良され，今ではスマートフォンを使ってとても簡単にスキャンできる。QRコードは現在，さまざまな用途で使われている。QRコードはモバイル決済サービスによく使われている。顧客は店頭でコードをスキャンするだけで，商品やサービスの代金を支払うことができるのだ。❸QRコードは自動車産業から始まったが，今ではチケットやモバイル決済などに使われている。QRコードは私たちの日常生活の重要な一部となっている。今後もQRコードはおそらく変化し続け，私たちはさまざまな新しい方法で利用するだろう。

問１＜適語選択＞(1)空所を含む文のthat以下はspecial barcodesを修飾する関係代名詞節。特殊なバーコード(QRコード)が保持できるものを選ぶ。また，後ろにあるwebsitesはinformation「情報」の例である。such as ～は「～のような」という意味で，具体例を示すときの表現。　(2)文頭のBut「しかし」に着目。直前の文で述べられた，従来のバーコードは一方向からしかスキャンできなかったという内容とは対照的に，QRコードはany「どんな」方向からでもスキャンできるのである。　(3)空所後のthemはQR codesを指す。自動車産業から始まったQRコードが広告業界にも普及したという文脈を読み取り，一般企業もそれらを「使い<u>始めた</u>」とする。　(4)since thenで「そのとき以来」という意味。「～以来」の意味のsinceは，原則として完了形とともに使われる。　(5)前文からの流れを読み取る。当初QRコードのスキャンは難しかったが，改良を重ねて「簡単」になったのである。　(6)pay for ～「～の代金を払う」

問２＜単語の定義＞(1)「行うのも理解するのも簡単ではない」―difficult「難しい」　(2)「貴重な，役に立つ，または必要な」―important「重要な」

5〔長文読解総合―図表を見て答える問題〕

Ａ＜説明文＞≪全訳≫❶日本人は諸外国の人々に比べてはるかに長時間働いているとよく多くの人が言う。しかし，2021年の調査結果によると，状況は変わっている。調査はOECD加盟国を対象に行われた。表１はその調査結果である。❷OECD加盟国の中で年間平均労働時間が最も長かったのはメキシコだった。アジア諸国では韓国の労働時間が最も長かった。日本の労働時間は韓国の労働時間の約84パーセントだった。アメリカはニュージーランドより上位を占めた。カナダ人の労働時間はアメリカ人より約100時間短く，イタリアはそれらよりも下位であった。年間労働時間が最も短いのはドイツだった。OECD加盟国の年間平均労働時間はオーストラリアとニュージーランドの値の間であった。表１では，日本の年間平均労働時間が世界平均よりも少なかったことがわかる。

問１＜要旨把握＞第２段落第４文に「アメリカはニュージーランドより上位」とあるので，Ａはアメリカ。また，続く第５文に，カナダはアメリカより労働時間が約100時間短く，イタリアはアメリカやカナダよりも下位だとあるので，Ｂがカナダ，Ｃがイタリアに決まる。

問２＜内容一致＞(1)「(D)の値は(　　)である」―ウ.「1,609」　第２段落第３文に日本の労働時間は韓国の約84パーセントとある。表より，韓国の労働時間は1915時間なので，$1915 \times 0.84 = 1608.6 \fallingdotseq 1609$となる。　(2)「OECD加盟国での年間平均労働時間の値は(　　)であった」―

イ．「1,716」　第２段落最後から２文目および表参照。OECD 加盟国の年間平均労働時間はオーストラリアとニュージーランドの間なので，1,694～1,730の間の数値を選ぶ。

Ｂ＜要旨把握―対話文＞≪全訳≫❶ジョン（Ｊ）：有給休暇に関する調査結果はどうだった？❷ケイト（Ｋ）：その結果によると，2010年には56パーセントの人が有給休暇を取得したけれど，2013年にはその値が17ポイント低かったの。2016年には値が回復したわ。2016年と2019年は同じ値だった。2021年の値は2019年よりも10ポイント高かったの。❸Ｊ：何年にもわたって結果にあまり変化は見られないね。多くの人が有給休暇を取らないのはなぜかな？❹Ｋ：調査によると，人手が十分でないから有給休暇が取れないそうよ。❺Ｊ：それは興味深いな。僕はこの調査結果についてレポートを書こうと思う。いつまでに仕上げないといけないのかな？❻Ｋ：来週の金曜日までよ。❼Ｊ：それじゃ，来週の火曜日に原稿をチェックしてくれる？❽Ｋ：９月19日ってこと？　いいわよ。

＜解説＞問１．第２段落のケイトの発言参照。2010年～2013年は下落，2013年～2016年は上昇，2016年～2019年は横ばい，2019年～2021年は上昇という動きを示すグラフを選ぶ。　問２．最後の３段落参照。原稿をチェックする火曜日は９月19日で，締め切り日はその週の金曜日である。

6〔長文読解総合―スピーチ〕

≪全訳≫ Ａさん 私は小学生の頃から高専に行きたかったです。高専で機械工学を勉強しようと決心したのは，私の祖父がエンジニアで，彼をとても尊敬しているからです。私は高専でロボットコンテストのチームに所属していて，祖父が機械について教えてくれたことをよく思い出します。祖父のようなエンジニアになるために，機械工学についてもっと勉強しなければなりません。$_1$高専で勉強することは全て，将来私の人生をより良いものにしてくれるでしょう。

Ｂさん 私は中学３年生から理科に興味を持ち始め，それから高専に入るために一生懸命勉強しました。今は高専の化学科の４年生で，化粧品を使って化粧をするのを楽しんでいます。私は自分がふだん使っている化粧品をつくるのに使われる原料に興味があります。$_2$多くの人が良い製品を使いたいと思うので，卒業後は人々に喜んでもらえるような新しい化粧品を開発したいです。

Ｃさん 私は高専に来て２年になります。土木工学を学ぶために外国から高専にやってきました。$_3$私の国では都市間を簡単に移動することができないので，エンジニアになって，自分の国で主要道路や鉄道を建設するような大きなプロジェクトに参加したいと思っています。高専では，今では仲の良い友達となっているたくさんの生徒と一緒に寮生活を送っています。彼らは日本の文化を教えてくれたり，私が母国ではいつも英語を話しているので，日本語を話す練習を手伝ってくれたりします。私は日本が大好きです！

Ｄさん 私は20年ほど前に高専を卒業しましたが，$_4$第１子を出産したとき，会社を退職しなくてはなりませんでした。仕事を辞めねばならず悲しかったのですが，今は娘が高専での生活を楽しんでいることをうれしく思います。娘は冬に東京で開催されたプレゼンテーションコンテストに参加しました。近頃は，高専に女子学生が多く，女性エンジニアも増えてきています。娘に今，男性の社会人と同じチャンスがあることをうれしく思います。娘の幸せな人生を願っています。

問１＜適文選択＞直前の文で，祖父のようなエンジニアになるために，もっと勉強しなければならないと述べていることから，勉強をすることに前向きな内容が入ると考えられる。「エンジニアになることは重要ではない」というイ，「機械を使わずに空を飛びたい」というウは，どちらも内容的に不適である。

問２＜適文選択＞直後にあるso「だから」に着目。このsoの前後には‘理由’→‘結果’の関係が成り立つので，多くの人が喜ぶ化粧品を開発したいと思う理由となる文を選ぶ。

問３＜適文選択＞問２同様，直後にあるso「だから」に着目し，soの後の道路や鉄道を母国に建設したいという内容の理由となる文を選ぶ。

問４＜適文選択＞直後に，仕事を辞めなくてはならず悲しかったとあることから判断できる。イにあるleave my companyは「会社を辞める」という意味。

問５＜要旨把握＞ア.「エンジニアとして，発言者の祖父の１人は機械について話した」はＡさん，イ.「発言者の１人は，将来新しい化粧品の研究をしたい」はＢさんの発言で触れられている。ウ.「発言者の１人は，冬休み中に寮を尋ねた」については，外国人留学生のＣさんが寮生活を送っているとは話しているが，冬休みに訪問したという内容はない。

問６＜要旨把握＞ア.「私は以前高専の生徒だったが，当時，プレゼンテーションコンテストはまだ開かれていなかった」は卒業生であるＤさんの発言と考えられる。イ.「私は友達に英語を上手に話す方法を教えることができてとてもうれしかった」は英語を教えたＣさん，ウ.「私はふだんお化粧を楽しんでいるので，プレゼンテーションコンテストでお化粧をすることで私の気分は良くなった」は化粧を楽しんでいるＢさんの発言である。

問７＜内容真偽＞ア.「私の娘は冬に東京で開催されたプレゼンテーションコンテストに参加した」…○　Ｄさんのスピーチの第３文に一致する。　イ.「今年２月に開催されたプレゼンテーションコンテストで娘の発表を見て私は驚いた」…×　問６の説明より，コンテストは１月の開催である。　ウ.「私はエンジニアとして約20年間海外で働いているので，英語のプレゼンテーションは大変得意だ」…×　そのような記述はない。

数学解答

1 (1) 3　(2) イ…2　ウ…3

(3) エ…2　オ…4

(4) カ…1　キ…4

(5) ク…1　ケ…3

(6) コ…1　サ…1

(7) シ…1　ス…0　セ…8

(8) ソ…6　タ…3

2 (1) ア…－　イ…3　ウ…2

(2) エ…－　オ…3　カ…4　キ…2　ク…7　ケ…4

(3) コ…2　サ…3

3 (1) 3

(2) イ…ⓑ　ウ…ⓖ　エ…ⓓ　オ…ⓘ

(3) カ…5　キ…1　ク…3　ケ…6

(4) コ…9　サ…2　シ…4　ス…5

4 (1) ア…1　イ…5

(2) ウ…7　エ…0

(3) オ…3　カ…0　キ…5　ク…6　ケ…5　コ…7　サ…7　シ…2　ス…1

1〔独立小問集合題〕

(1)＜数の計算＞与式$=-4-\frac{5}{3}\div\left(\frac{3}{6}+\frac{2}{6}\right)+9=-4-\frac{5}{3}\div\frac{5}{6}+9=-4-\frac{5}{3}\times\frac{6}{5}+9=-4-2+9=3$

(2)＜二次方程式＞解の公式より，$x=\frac{-(-4)\pm\sqrt{(-4)^2-4\times1\times1}}{2\times1}=\frac{4\pm\sqrt{12}}{2}=\frac{4\pm2\sqrt{3}}{2}=2\pm\sqrt{3}$ となる。

(3)＜関数—変域＞yがxに反比例するので，比例定数をaとして，$y=\frac{a}{x}$と表せる。$x=4$のとき$y=3$だから，$y=\frac{a}{x}$に$x=4$，$y=3$を代入すると，$3=\frac{a}{4}$より，$a=12$となり，反比例の式は$y=\frac{12}{x}$となる。関数$y=\frac{12}{x}$は，$x>0$においては，xの値が大きくなるとyの値は小さくなるので，xの変域$3\leqq x\leqq6$では，$x=3$のときyの値は最大で$y=\frac{12}{3}=4$，$x=6$のときyの値は最小で$y=\frac{12}{6}=2$となる。よって，yの変域は$2\leqq y\leqq4$となる。

(4)＜関数—比例定数＞関数$y=ax^2$で，$x=2$のとき$y=a\times2^2=4a$，$x=6$のとき$y=a\times6^2=36a$となるので，xの値が2から6まで増加するときの変化の割合は，$\frac{36a-4a}{6-2}=8a$と表せる。また，関数$y=2x+3$は一次関数なので，変化の割合は常に一定で2となる。よって，変化の割合が等しいことより，$8a=2$が成り立ち，$a=\frac{1}{4}$となる。

(5)＜確率—さいころ＞2個のさいころをA，Bとする。2個のさいころA，Bを投げるとき，それぞれ6通りの目の出方があるから，目の出方は全部で$6\times6=36$(通り)ある。出る目の数の和は，最小で$1+1=2$，最大で$6+6=12$だから，和が3の倍数になるのは，和が3，6，9，12になるときである。和が3になるとき(A，B)＝(1，2)，(2，1)の2通り，和が6になるとき(1，5)，(2，4)，(3，3)，(4，2)，(5，1)の5通り，和が9になるとき(3，6)，(4，5)，(5，4)，(6，3)の4通り，和が12になるとき(6，6)の1通りある。よって，出る目の数の和が3の倍数になるのは，$2+5+4+1=12$(通り)あるから，求める確率は$\frac{12}{36}=\frac{1}{3}$となる。

(6)＜データの活用—四分位範囲＞四分位範囲は，第3四分位数から第1四分位数をひいた差である。また，箱ひげ図において，第3四分位数は箱の部分の右端の値，第1四分位数は箱の部分の左端の値である。よって，第3四分位数は16時間，第1四分位数は5時間より，四分位範囲は，$16-5=11$(時間)である。

(7)＜平面図形─角度＞右図1のように，$\angle ABD=\angle CBD=a$，$\angle ACD=\angle BCD=b$とすると，$\angle ABC=2a$，$\angle ACB=2b$と表される。△ABCで，$\angle A+\angle ABC+\angle ACB=180°$だから，$36°+2a+2b=180°$より，$2a+2b=144°$，$a+b=72°$となる。よって，△DBCで，$\angle x=180°-(\angle CBD+\angle BCD)=180°-(a+b)=180°-72°=108°$となる。

図1

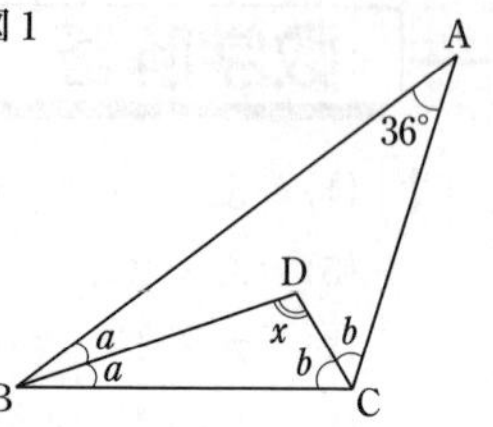

(8)＜空間図形─長さ＞右下図2のように，円錐の頂点をP，底面の円の中心をO，糸をかけ始める円Oの周上の点をAとする。糸の長さが最も短くなるとき，円錐を右下図3のように展開すると，その糸は線分AA′と重なる。図2で，点Oと2点A，Pをそれぞれ結ぶと，△PAOは$\angle AOP=90°$の直角三角形となるから，三平方の定理より，$PA=\sqrt{OP^2+OA^2}=\sqrt{(4\sqrt{2})^2+2^2}=\sqrt{36}=6$となる。また，図3で，おうぎ形PAA′の$\overset{\frown}{AA'}$の長さと円Oの周の長さは等しいから，$\angle APA'=a$とすると，$2\pi\times6\times\dfrac{a}{360°}=2\pi\times2$が成り立ち，$\dfrac{a}{360°}=\dfrac{1}{3}$より，$a=120°$である。よって，$\angle APA'=120°$である。△PAA′は$PA=PA'$の二等辺三角形だから，点PからAA′に垂線PQを引くと，$\angle APQ=\angle A'PQ=\dfrac{1}{2}\angle APA'=\dfrac{1}{2}\times120°=60°$となり，△PAQは3辺の比が$1:2:\sqrt{3}$の直角三角形となる。これより，$AQ=\dfrac{\sqrt{3}}{2}PA=\dfrac{\sqrt{3}}{2}\times6=3\sqrt{3}$である。点Qは線分AA′の中点となるから，$AA'=2AQ=2\times3\sqrt{3}=6\sqrt{3}$となり，最も短くなるときの糸の長さは$6\sqrt{3}$ cmである。

図2

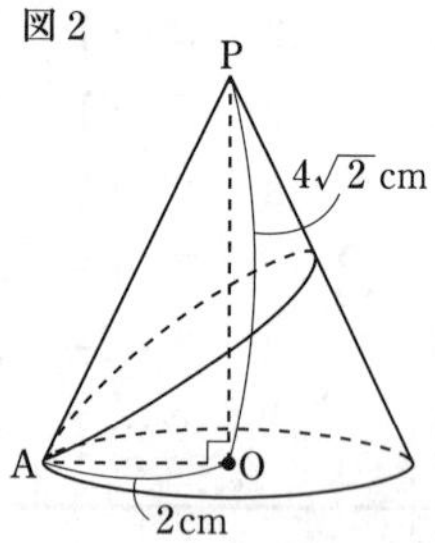

図3

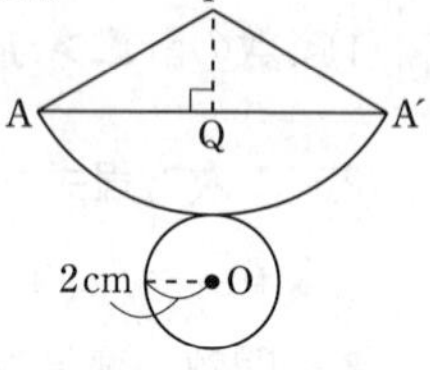

2 〔関数─関数 $y=ax^2$ と一次関数のグラフ〕

(1)＜傾き＞右図で，$t=2$のとき，$6t^2=6\times2^2=24$より，A(2, 24)となる。また，$3t=3\times2=6$，$9t^2=9\times2^2=36$より，B(6, 36)となる。2点B，B′はy軸について対称だから，B′(−6, 36)となる。よって，直線AB′の傾きは，$\dfrac{24-36}{2-(-6)}=-\dfrac{3}{2}$となる。$\left(\dfrac{-3}{2}\text{と解答する}\right)$

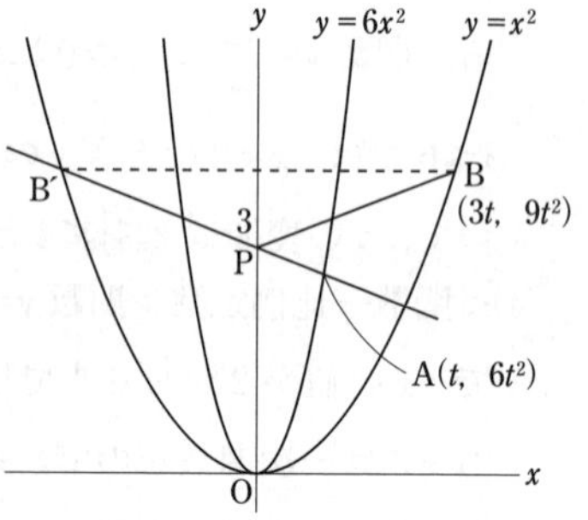

(2)＜直線の式＞右図で，$A(t, 6t^2)$であり，$B(3t, 9t^2)$より，$B'(-3t, 9t^2)$だから，直線AB′の傾きは，$\dfrac{6t^2-9t^2}{t-(-3t)}=-\dfrac{3}{4}t$となる。直線AB′の式を$y=-\dfrac{3}{4}tx+b$とおくと，点Aを通るから，$6t^2=-\dfrac{3}{4}t\times t+b$より，$b=\dfrac{27}{4}t^2$となる。よって，直線AB′の式は，$y=-\dfrac{3}{4}tx+\dfrac{27}{4}t^2$である。$\left(y=\dfrac{-3}{4}tx+\dfrac{27}{4}t^2\text{と解答する}\right)$

(3)＜tの値＞右上図で，点Pはy軸上にあり，2点B，B′はy軸について対称なので，$BP=B'P$である。これより，$AP+BP=AP+B'P$となるので，$AP+BP$の値が最小になるとき，$AP+B'P$の値が最小となり，このとき，3点A，P，B′は一直線上の点となる。よって，点Pは，直線AB′とy軸の交点となる。(2)より，直線AB′の式は$y=-\dfrac{3}{4}tx+\dfrac{27}{4}t^2$であり，P(0, 3)より，その切片は3となるから，$\dfrac{27}{4}t^2=3$が成り立つ。これを解くと，$t^2=\dfrac{4}{9}$より，$t=\pm\dfrac{2}{3}$となり，$t>0$だから，$t=\dfrac{2}{3}$である。

3 〔平面図形─円と三角形〕

(1)＜長さ＞次ページの図1で，$BD=x$とすると，△ABDで三平方の定理より，$AD^2=AB^2-BD^2=(\sqrt{13})^2-x^2=13-x^2$となる。また，$CD=BC-BD=6-x$だから，△ACDで三平方の定理より，$AD^2$

$=AC^2-CD^2=5^2-(6-x)^2=25-(36-12x+x^2)=-x^2+12x-11$ となる。よって，$13-x^2=-x^2+12x-11$ が成り立ち，これを解くと，$-12x=-24$ より，$x=2$ となるので，$AD=\sqrt{13-x^2}=\sqrt{13-2^2}=\sqrt{9}=3$ である。

図1

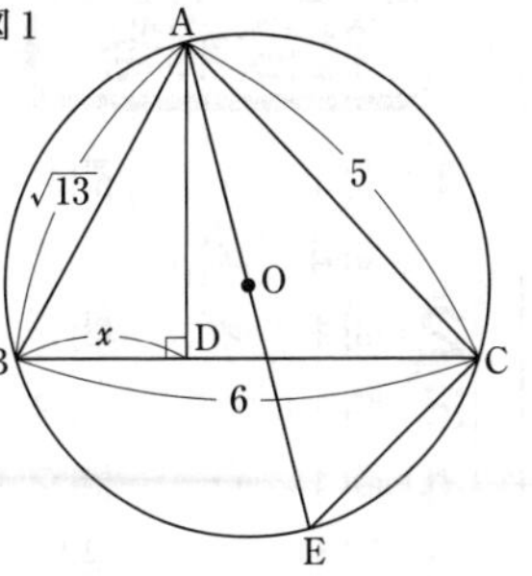

(2)＜証明＞右図1の △AEC と △ABD において，1つの弧に対する円周角は等しいので，①は，$\overset{\frown}{AC}$ に対する円周角より，∠AEC＝∠ABD となる。また，1つの弧に対する円周角の大きさは中心角の大きさの$\frac{1}{2}$倍なので，$\overset{\frown}{AE}$ に対する中心角が 180°であることより，$\angle ACE=\frac{1}{2}\times 180^\circ=90^\circ$ となる。②は，∠ACE＝∠ADB となる。

(3)＜長さ＞右上図1で，(2)より，△AEC∽△ABD だから，AE：AB＝AC：AD である。(1)より，AD＝3 なので，AE：$\sqrt{13}$＝5：3 が成り立ち，$AE\times 3=\sqrt{13}\times 5$，$AE=\frac{5\sqrt{13}}{3}$ となる。よって，円Oの半径は $OA=\frac{1}{2}AE=\frac{1}{2}\times\frac{5\sqrt{13}}{3}=\frac{5\sqrt{13}}{6}$ である。

(4)＜面積，長さ＞右図2で，△AFC と △ABC は，底辺を AC と見ると，AC∥BF より，高さが等しい。よって，△AFC＝△ABC である。$\triangle ABC=\frac{1}{2}\times BC\times AD=\frac{1}{2}\times 6\times 3=9$ だから，△AFC＝9 である。次に，$\overset{\frown}{CF}$ に対する円周角より，∠FAG＝∠CBF であり，AC∥BF より，∠ACD＝∠CBF だから，∠FAG＝∠ACD である。また，∠FGA＝∠ADC＝90°だから，△AFG∽△CAD となる。よって，AG：CD＝FG：AD である。(1)より，$CD=6-x=6-2=4$ である。さらに，△AFC の面積について，$\frac{1}{2}\times AC\times FG=9$ より，$\frac{1}{2}\times 5\times FG=9$ だから，$FG=\frac{18}{5}$ となる。したがって，AG：4＝$\frac{18}{5}$：3 が成り立ち，$AG\times 3=4\times\frac{18}{5}$，$AG=\frac{24}{5}$ である。

図2

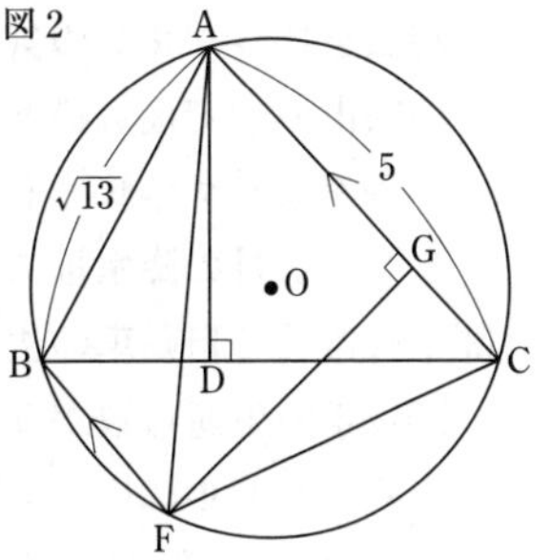

4〔数と式〕

(1)＜数の計算＞$n=5$ のとき，$\frac{n(n+1)}{2}=\frac{5\times(5+1)}{2}=\frac{5\times 6}{2}=15$ である。

(2)＜数の計算＞$n=5$ のとき，$\frac{n(n+1)(n+2)}{3}=\frac{5\times(5+1)\times(5+2)}{3}=\frac{5\times 6\times 7}{3}=70$ である。

(3)＜数の計算，***n*** の値，***X*** の式＞$n=5$ のとき，$n(n+1)=5\times(5+1)=5\times 6=30$ となる。(1)より，［アイ］＝15 であり，これは，左の値5と上の値10の和 5＋10 となる。［アイ］のすぐ下の欄の値は，その左の値6と上の値［アイ］＝15 の和 6＋15 となる。15＝5＋10，10＝4＋6，6＝3＋3，3＝2＋1 より，15＝5＋(4＋6)＝5＋4＋(3＋3)＝5＋4＋3＋(2＋1)＝1＋2＋3＋4＋5 となることから，［アイ］＝15 は，1から5までの自然数の合計である。このことから，1から7までの自然数の合計 28 は，$\frac{n(n+1)}{2}$ に $n=7$ を代入した値である。次に，$1\times 2+2\times 3+3\times 4=20$ は，$\frac{n(n+1)(n+2)}{3}$ に $n=3$ を代入した値だから，$1\times 2+2\times 3+3\times 4+4\times 5+5\times 6+6\times 7+7\times 8$ の値は，$\frac{n(n+1)(n+2)}{3}$ に $n=7$ を代入した値となる。$\frac{n(n+1)(n+2)}{3}-\frac{n(n+1)}{2}$ において，$n(n+1)=A$ とおくと，$\frac{A(n+2)}{3}-\frac{A}{2}=\frac{2A(n+2)-3A}{6}=\frac{A\{2(n+2)-3\}}{6}=\frac{A(2n+4-3)}{6}=\frac{A(2n+1)}{6}=\frac{n(n+1)(2n+1)}{6}$ となる。これは，$\frac{n(n+1)X}{6}$ において，$X=2n+1$ とした式である。

2024年度／国立高等専門学校

社会解答

1	問1	イ	問2	イ	問3	オ	問4	エ
2	問1	オ	問2	エ	問3	イ		
3	問1	ウ	問2	ア				
4	問1	ウ	問2	ケ				
5	問1	ウ	問2	エ	問3	ア		
6	問1	ウ	問2	ウ	問3	ア	問4	ア
7	問1	エ	問2	イ	問3	ウ	問4	ア
8	問1	エ	問2	ア	問3	カ		

1〔世界地理―世界の諸地域〕

問１＜世界の気候＞図１中のＡはドイツ，Ｂはインド，Ｃは中国，Ｄはアメリカである。これらの国のうち，ドイツの首都ベルリンとアメリカの首都ワシントンD.C.は温帯に属し，インドの首都デリーは乾燥帯と温帯の境目付近，中国の首都ペキンは冷帯〔亜寒帯〕と乾燥帯の境目付近に位置する。表１中のアは，１月(冬)と７月(夏)の気温差が大きく，１月の寒さが厳しいことから，冷帯に近い特徴を持つペキンの気候である。イは，７月の気温が特に高く，１月も温暖であることから，４つの都市の中で最も緯度の低いデリーの気候である。残るウとエのうち，１月と７月の気温や降水量の差がより大きいウは，温暖湿潤気候に属するワシントンD.C.であり，７月の気温がやや冷涼で１月と７月の降水量に大きな差がないエは，西岸海洋性気候に属するベルリンである。

問２＜各国の自動車の生産・輸出・保有＞2004年の生産台数が５か国中で最も多いエはアメリカ(D)，2017年の生産台数が５か国中で最も多いイは中国(C)である。中国は，近年急速に工業化が進んだため，2004年に比べて2017年の生産台数や輸出台数が大きく増加している。一方，人口が多いため，100人あたり保有台数はアメリカや日本などに比べて少ない。残るアとウのうち，中国と同様に2004年から2017年にかけて生産台数や輸出台数が大きく増加し，100人あたり保有台数が少ないアはインド(B)である。また，アメリカや日本と同様に2004年と2017年の生産台数に大きな差がなく，100人あたり保有台数が多いウはドイツ(A)である。

問３＜綿花・原油・鉄鉱石の主な輸入国＞Ｙは，中国(C)のほかにベトナム，バングラデシュ，トルコ，パキスタンという繊維産業が盛んな国々が上位に見られることから，繊維産業の原料となる綿花である。残るＸとＺのうち，中国が70.7％と高い割合を占めているＸは鉄鉱石である。「世界の工場」と呼ばれるほど工業が発達した中国は，重工業の原料となる鉄鉱石を大量に輸入している。Ｚは原油であり，中国やアメリカ(D)，インド(B)，韓国，日本などが上位の輸入国となっている。

問４＜各国の経済成長率とCO_2排出量＞1995年と2018年の経済成長率が高く，1995年から2018年にかけてCO_2総排出量が大きく増加しているアとイは，近年急速に工業化が進んだインド(B)と中国(C)のいずれかである。このうち，2018年のCO_2総排出量がより多いアが中国であり，イがインドである。一方，1995年と2018年の経済成長率が低く，1995年から2018年にかけてのCO_2総排出量とCO_2一人あたり排出量がやや減少しているウとエは，早くから工業が発達し，近年は環境対策が進んでいるドイツ(A)とアメリカ(D)のいずれかである。このうち，CO_2総排出量とCO_2一人あたり排出量がより多いウがアメリカであり，エがドイツである。CO_2総排出量は，1995年にはアメリカが世界最大であったが，2018年には中国が世界最大となっている。

2〔日本地理―日本の諸地域〕

問１＜都道府県の人口＞Ａは15歳未満の人口と65歳以上の人口の合計が３県中で最も多く，人口増加率も高いことから，東京大都市圏に位置する千葉県である。残るＢとＣについて，15歳未満の人口と65歳以上の人口を比べると，Ｂの65歳以上の人口は15歳未満の人口の約２倍，Ｃの65歳以上の人口は15歳未満の人口の約３倍となっており，Ｃの方が少子高齢化が進んでいる。また，Ｃは人口増加率がマイナスであり，人口が減少している。したがって，Ｃは過疎化が進む地域が広がる青森県であり，Ｂは滋賀県となる。

問２＜都道府県の産業別就業者割合＞第一次産業は農林水産業，第二次産業は鉱工業や建設業，第三次産業は商業や運輸業，サービス業などを指す。Ａは，東京都や大阪府などの大都市圏や観光業が盛んな沖縄県や北海道が含まれることから，第三次産業である。Ｂは，東北地方や九州地方など農林水産業が盛んな県が多いことから，第一次産業である。Ｃは，日本最大の工業地帯である中京工業地帯や機械・食品加工などの工場が多い北関東工業地域が含まれることから，第二次産業である。

問３＜都道府県の旅行者数＞アは，外国人の１年間の延べ宿泊者数が４道府県中で最も多く（表２），１年間の延べ宿泊者数に占める外国人の割合も最も高い（表２）ことから，外国からの観光客が多く訪れる京都府である。イは，外国人の延べ宿泊者数が８月よりも２月に多く（表２），国内旅行では日帰り旅行者の延べ人数よりも宿泊旅行者の延べ人数の方が多い（表３）ことから，冬のスキー客が多く，また国内の他地域からの距離が遠い北海道である。なお，残るウとエのうち，エは外国人の延べ宿泊者数がウと比べて10分の１程度だが（表２），一方で訪れた旅行者の延べ人数はウより多い（表３）ことから，県の人口に対して観光客は少ないが，仕事での宿泊客は多い埼玉県がエに当てはまり，ウが山梨県となる。

3〔日本地理―地形図〕

問１＜地形図の読み取り＞特にことわりのないかぎり，地形図上では上が北となる。まず，Ｂでは「たろう」駅の北側に線路が延びておらず，「たろう」駅が終着駅となっているが，ＡとＣでは「たろう（田老）」駅の先にも線路が敷設されている。次にＡとＣを比べると，Ｃでは西側の山地にトンネルがつくられて高速道路が通り，インターチェンジ（田老南IC）も整備されている。以上から，年代の古い順に，Ｂ，Ａ，Ｃとなる。

問２＜地形図の読み取り＞Ａでは，「たろう」駅の東側に畑（∨）や針葉樹林（Λ）が見られる（ア…○）。Ａでは，町役場（○）は「たろう」駅のおよそ北東にある（イ…×）。Ｂでは，「たろう」駅の南西の河川沿いに果樹園（ȯ）は見られず，主に田（‖）が見られる（ウ…×）。Ｂでは，「たろう」駅の南東にある山の山頂付近に「93」ｍの標高点がある（エ…×）。Ｃでは，「新田老駅」の西に図書館（🕮）は見られない（オ…×）。Ｃに見られる神社（⛩）は，地形図の下のスケールバー（距離を表す目盛り）をもとにすると，海岸線から500ｍ以上離れている（カ…×）。

4〔歴史―古代の世界〕

問１＜インダス文明＞写真の文字は，インダス文明で使用されていたインダス文字で，現在も解読されていない。インダス文明は，紀元前2500年頃，インドの西側を流れるインダス川（Ｃ）の流域で栄えた文明である。

問２＜エジプト文明＞河川Ａはナイル川である。ナイル川の流域では，紀元前3000年頃に統一王国ができてエジプト文明が栄え，神殿やピラミッドがつくられた（ｃ）。また，毎年夏にはんらんするナイル川によって運ばれる肥沃な土を利用して農耕が行われたため，はんらんの時期を知る必要から天文学が発達し，１年を365日とする太陽暦がつくられた（ｅ）。なお，ａは地中海沿岸で栄えたギリシャ文明，ｂはインダス文明，ｄはチグリス川・ユーフラテス川（Ｂ）の流域で栄えたメソポタミア文明に関する説明である。また，河川Ｄはガンジス川，河川Ｅは長江，河川Ｆは黄河である。

5〔歴史―古代～近世の日本〕

問１＜古代の税制と太閤検地＞資料１は，安土桃山時代に豊臣秀吉が行った太閤検地によってつくられた検地帳である。太閤検地では，全国の田畑の面積や土地の良し悪しなどを調査し，予想される収穫量を米の体積である石高で表した。検地の結果は検地帳に登録され，耕作者である百姓は石高に応じて年貢を納めることを義務づけられた。また，資料２は，律令制度のもとでつくられた古代の戸籍である。この戸籍に基づき，６歳以上の人々には性別や身分に応じて口分田が与えられ，死後は国に返させる班田収授法が行われた。人々は，収穫した稲の３％を租として納めた。租のほか，調（地方の特産物を納める）や庸（労役の代わりに麻布などを納める），雑徭（労役），兵役などの負担があり，主に成年男子が担った。なお，Ｃは，明治時代に行われた地租改正についての内容である。

問２＜江戸幕府の政治＞太閤検地によって確立した土地支配や税の仕組みは，江戸幕府によってほぼそのまま継承され，江戸幕府でも資料１のような帳簿が使われた。エは室町幕府に関する説明なので誤っている。なお，他は江戸幕府の政治についての説明であり，アは17世紀半ば，イは18世紀前半，ウは19世紀半ばの出来事である。

問３＜律令制度と地方支配＞①律令制度のもとでは，全国は国・郡・里に区分され，国には国司，郡には郡司，里には里長が置かれた。国司は，都の貴族の中から任命されて地方に派遣され，国を治めた。なお，惣村〔惣〕は，室町時代に農村で成立した自治的な組織である。　②平安時代になると，班田収授法はしだいに行われなくなり，10世紀には朝廷が租・調・庸などの税を取り立てることが困難になった。このような中で，朝廷は国司の権限を強化し，公領（国司が支配する土地）からの税の取り立てを国司に任せるようになった。国司の中には，任命された国に代理人を送って自らは収入だけを得る者や，取り立てた税の一部を自分の収入にする者などが増え，地方の政治は乱れた。なお，荘園は，11世紀頃から増えた貴族や寺社などを領主とする私有地である。

6〔歴史―近代の日本と世界〕

問１＜平塚らいてう＞資料１は，雑誌『青鞜』の創刊号である。1911年，女性差別からの解放を目指した平塚らいてうが中心となり，女性だけの文学団体である青鞜社を結成し，『青鞜』を発行した。創刊号には，らいてうが「元始，女性は実に太陽であった。」で始まる宣言を寄せた。なお，市川房枝は大正時代に平塚らいてうとともに新婦人協会を設立した人物，与謝野晶子は日露戦争中に「君死にたまふことなかれ」という詩を発表した歌人，津田梅子は明治時代に留学生として岩倉使節団に同行し，帰国後に女子教育に尽力した人物である。

問２＜米騒動後の政治＞第一次世界大戦中の1918年，日本や欧米諸国は，前年に起こったロシア革命に干渉するためシベリア出兵を行った。日本国内では，出兵を見越して米の買い占めや売りおしみが行われたため，米の価格が急激に上昇した。このような中，富山県の漁村の女性が米の安売りを要求する運動を起こすと，これをきっかけに全国各地で民衆が米屋などを襲う米騒動に発展した。当時の寺内正毅内閣は軍隊を出動させて米騒動を鎮圧したが，世論の批判を受けて退陣し，代わって原敬内閣が成立した。原内閣は，陸軍・海軍・外務の３大臣以外は全て立憲政友会の党員で構成される，本格的な政党内閣であった。なお，アの立憲政友会の結成は1900年，イの桂太郎内閣の発足は1912年，エの治安維持法の成立は1925年の出来事である。

問３＜1922年の出来事＞1922年，被差別部落（江戸時代にえた・ひにんの身分とされた人々が住む地域）の人々により，差別からの解放を目指す運動（部落解放運動）の中心となる全国水平社が結成された。同じ年には，世界初の社会主義国家であるソビエト社会主義共和国連邦〔ソ連〕が成立した。なお，イのヤルタ会談は1945年，ウの日英同盟の締結は1902年，エのナチス政権の成立は1933年の出来事である。

問４＜年代整序＞年代の古い順に，資料１（『青踏』の創刊―1911年），資料２（米騒動―1918年），資料３（全国水平社の結成―1922年）となる。

7 〔公民―人権と憲法〕

問１＜経済活動の自由＞かつての薬事法には，新たに薬局を開設する場合，既存の薬局から一定以上の距離をとらなければならないという規定があった。これは，職業選択の自由に反するという判断から，1970年代に最高裁判所による違憲判決が出された。職業選択の自由は，自由権のうち経済活動の自由に含まれる。なお，アは自由権の精神の自由に含まれる表現の自由，イは自由権の精神の自由に含まれる信教の自由，ウはプライバシーの権利を争点とする裁判である。

問２＜平等を実現するための対策・現状＞2022年度の育児休暇取得率は男性が約17.1％，女性が約80.2％であり，男女間で取得率に大きな差がある（ア…×）。明治時代以降進められてきた同化政策に代わり，1997年に制定されたアイヌ文化振興法ではアイヌの伝統を尊重することが目指された（ウ…×）。募集や採用など雇用の場における女性差別を禁じた法律は男女雇用機会均等法（1985年）であり，男女共同参画社会基本法（1999年）は男女が対等な立場で活躍できる社会を目指すための法律である（エ…×）。

問３＜ワイマール憲法＞ワイマール憲法第151条の「人間たるに値する生活」とは，日本国憲法第25条の「健康で文化的な最低限度の生活」と同様の意味であり，このように人間らしい豊かな生活を送ることを保障される権利は社会権（生存権）である（ａ…誤）。労働者が団結して労働組合をつくる権利を団結権といい，日本国憲法では団結権，団体交渉権（労働組合が使用者と交渉する権利），団体行動権（要求を通すためにストライキなどを行う権利）の３つを労働三権〔労働基本権〕として保障している（ｂ…正）。

問４＜立憲主義＞立憲主義は，政府が行使する政治権力を憲法によって制限し，権力の濫用から国民の人権を守るという考え方である。資料１中には，憲法の規定が「国または地方公共団体の政治に対して個人の基本的な自由と平等を保障する目的をもって」いること，「特に国または地方公共団体の関係を規律するものであり，個人と個人の相互の関係を直接規律することを想定しているのではない」ことが書かれており，これらの内容からアが憲法の意義として正しく，他は誤りとなる。

8 〔公民―経済〕

問１＜直接税＞税を納める人と税を負担する人が同じである税を直接税，税を納める人と税を負担する人が異なる税を間接税という。直接税には，法人税や所得税，相続税などがある。間接税には，関税やガソリン（揮発油）税，消費税などがある。

問２＜景気変動＞図１中のアは好景気から不景気へと向かう景気後退期，イは不景気，ウは不景気から好景気へと向かう景気回復期，エは好景気である。これらのうち，「事例」のような状況が起こるのは景気後退期である。好景気のときに増やされた商品の生産量（供給）が消費者の需要を上回ると，商品の売れ行きが悪くなり，在庫が増えて企業の利益も減るため，賃金が下がって家計の所得も減り，企業の倒産や失業者が増えて，不景気に向かっていく。

問３＜大きな政府と小さな政府＞一般に，「大きな政府」とは，人々の生活を安定させるための多くの仕事を政府が積極的に担うべきとする考え方であり，「小さな政府」とは，政府の関与をできるだけ減らして民間の自由な経済活動に任せるべきとする考え方を指す。Ａは，国の仕事を減らして政府の支出を減らすことを主張しており，これは「小さな政府」に当てはまる。一方，ＢとＣは，国の仕事を減らすことに反対し，税収を増やすことを主張しており，これは「大きな政府」に当てはまる。このうち，Ｂは国の経済状況をよくすることを重視し，企業の経営悪化や景気悪化を避けることを主張しているのに対し，Ｃは所得が低い人の負担が増えることを懸念し，経営状態の良い企業や所得の高い人から税金を多く集めることを主張している。以上から，図２中でＡの主張はⅢ，Ｂの主張はⅡ，Ｃの主張はⅠの位置に当てはまる。

理科解答

1 問1 カ　問2 イ，ウ
問3 ア…5　イ…3　問4 エ
問5 ア，ウ，エ　問6 エ，カ
問7 1…エ　2…エ　問8 ウ

2 問1 ①…エ　②…ア　③…カ
問2 ①…ア　②…ウ　③…キ
問3 成分…ウ　ヘモグロビンの量…エ
問4 1　ア…8　イ…8　ウ…9
2…ア

3 問1 (i)…イ　(ii)…ア　(iii)…ア
問2 ①…イ　②…オ　③…キ
問3 1…ア
2　ア…7　イ…3　ウ…4
3…ウ

4 問1 エ　問2 ア…1　イ…4
問3 イ
問4 気体の色…ア　密度…エ
リトマス紙…オ
問5 1…ウ　2…エ

5 問1 (i)…○　(ii)…○　(iii)…×
問2 ア…1　イ…4　ウ…4
問3 1…キ　2　ア…1　イ…2
3　ア…1　イ…2　ウ…3
4　ア…6　イ…3　ウ…2

6 問1 ア　問2 1…ア　2…ウ
問3 イ　問4 エ　問5 エ
問6 イ

1〔小問集合〕

問1＜天気記号＞◎の天気記号はくもりを表す。また，風向は矢の向きで表すので北東，風力は矢羽根の数で表すので4である。なお，晴れの天気を表す記号は⦶である。

問2＜深成岩＞マグマが冷えて固まったことによってできたア～エの火成岩のうち，深成岩は，はんれい岩とせん緑岩で，玄武岩と安山岩は火山岩である。

問3＜速さ＞往路にかかる時間は，20÷8＝2.5(時間)，復路にかかる時間は，20÷4＝5(時間)より，往復40kmの距離を移動するのにかかった時間は，2.5＋5＝7.5(時間)である。よって，平均の速さは，40÷7.5＝5.33…より，時速5.3kmとなる。

問4＜台車の運動＞斜面を下る台車の速さはだんだん速くなるので，台車から離れるほど打点の間隔は大きくなっていく。また，斜面の角度を大きくすると，重力の斜面に平行な分力が大きくなるので，速さの増え方が大きくなる。よって，求める紙テープは，打点の間隔が図3より大きいエである。

問5＜細胞のつくり＞図4で，植物の細胞に特徴的なつくりは，葉緑体と細胞壁，液胞である。

問6＜ゼニゴケ＞図5のゼニゴケは，雌株のbの胞子のうに胞子ができて，仲間をふやす。また，cの部分は仮根で，体を支えるはたらきをしている。なお，ゼニゴケには根・茎・葉の区別はなく，水分の吸収は体の表面全体で行っている。

問7＜銅の酸化＞1．図6より，銅粉0.8gは酸素0.2gと結びつくので，2倍の1.6gの銅粉は2倍の0.4gの酸素と結びつく。よって，銅と酸素が結びついて酸化銅ができるので，このとき得られる酸化銅の質量は，1.6＋0.4＝2.0(g)である。　2．銅(Cu)と酸素(O_2)が結びついて酸化銅(CuO)ができる。化学反応式は，矢印の左側に反応前の物質の化学式，右側に反応後の物質の化学式を書き，矢印の左右で原子の種類と数が等しくなるように化学式の前に係数をつける。

問8＜中和とイオン＞BTB溶液は，酸性で黄色，中性で緑色，アルカリ性で青色を示す。よって，表より，ビーカーBの水溶液が中性だから，うすい塩酸10cm^{3}と水酸化ナトリウム水溶液6cm^{3}が過不足なく中和することがわかる。これより，うすい塩酸10cm^{3}中の水素イオン(H^+)と塩化物イオン(Cl^-)，水酸化ナトリウム水溶液6cm^{3}中のナトリウムイオン(Na^+)と水酸化物イオン(OH^-)の数は全て等しい。つまり，ビーカーBでは，H^+とOH^-が過不足なく反応して水(H_2O)ができたため，水溶液中にH^+とOH^-は含まれず，Cl^-とNa^+が同じ数含まれている。この水溶液に，さらに水酸化ナトリウム水溶液を加えたビーカーCでは，Na^+とOH^-が加えられるから，Na^+の数は水酸化ナトリウム水溶液8 cm^3中のNa^+の数に等しく，Cl^-の数より多くなる。また，OH^-の数は，ビーカーBで中和した後に増えた数なので，水酸化ナトリウム水溶液$8-6=2(cm^3)$中の数に等しい。したがって，ビーカーCの水溶液に含まれるイオンのうち，最も数の多いイオンはNa^+である。

2〔生物の体のつくりとはたらき〕

問１<養分の吸収>デンプンはブドウ糖として，タンパク質はアミノ酸として，脂肪は脂肪酸とモノグリセリドとして小腸の柔毛から吸収される。なお，その後，ブドウ糖とアミノ酸は毛細血管に入り，脂肪酸とモノグリセリドは再び脂肪になってリンパ管に入る。

問２<細胞呼吸>細胞は，届けられた栄養分を，酸素を用いて水と二酸化炭素に分解し，ヒトが生きていくために必要なエネルギーを取り出している。

問３<血液の成分>図１で，上の層の血しょうは血液の液体成分である。下の層は，ほとんどが血液の固形成分である赤血球や白血球，血小板である。また，ヘモグロビンは赤血球に含まれるので，下の層は上の層と比べて，ヘモグロビンを大量に含む。

問４<ヘモグロビン>１．図２より，酸素と結びついたヘモグロビンの割合は，酸素濃度が70の肺胞では90％，酸素濃度が30の筋肉組織では10％である。これより，酸素をはなしたヘモグロビンは，血液中の全ヘモグロビンの，$90-10=80$(％)である。よって，肺胞で酸素と結びついていたヘモグロビンのうち，筋肉組織で酸素をはなしたヘモグロビンの割合は，$\frac{80}{90}\times100=88.88\cdots$より，約88.9％となる。　２．図３より，酸素濃度が20のときも，80のときも，酸素と結びついた物質の割合はミオグロビンの方が大きいので，どちらの場合もミオグロビンはヘモグロビンより酸素をはなしにくいといえる。よって，最も適当なものはアである。なお，ミオグロビンは酸素濃度が10以下では酸素と結びつく割合が急激に増加するが，酸素濃度が10より大きくなると増え方が緩やかになる。また，酸素濃度を０から30まで増加させたとき，酸素と結びついたミオグロビンの割合は，ヘモグロビンより急激に増加する。

3〔地球と宇宙〕

問１<太陽系>衛星は惑星の周りを公転する天体である。また，小惑星は主に火星と木星の軌道の間にある多数の天体であり，太陽系外縁天体は海王星より外側を公転する天体で，どちらも太陽の周りを公転する。

問２<黒点>図１で，黒いしみのような部分を，太陽の黒点という。黒点の位置が変化することから，太陽が自転していることがわかる。また，黒点の温度は約4000℃で，周囲の温度が約6000℃なので，黒点は周囲より温度が低い。

問３<南中高度，太陽の動き>１．南中高度は，観測者から見た南中した太陽の地平線に対する角度である。よって，図３で，南中高度を表しているものは，アである。　２．右図で，地球の地軸は，公転面に立てた垂線に対して23.4°傾いているので，公転面と赤道がつくる角度も23.4°となる。また，太陽光と公転面は平行なので，ウと，天頂の向きと公転面がつくる角(ウ′)は同位角で等しく，$40°-23.4°=16.6°$となる。よって，地点Aにおける南中高度アは，$90°-16.6°=73.4°$である。　３．北半球では太陽が南の空を通るのに対して，南半球では太陽は北の空を通る。また，６月21日は夏至の頃で，南半球では北半球と季節が逆になるので，

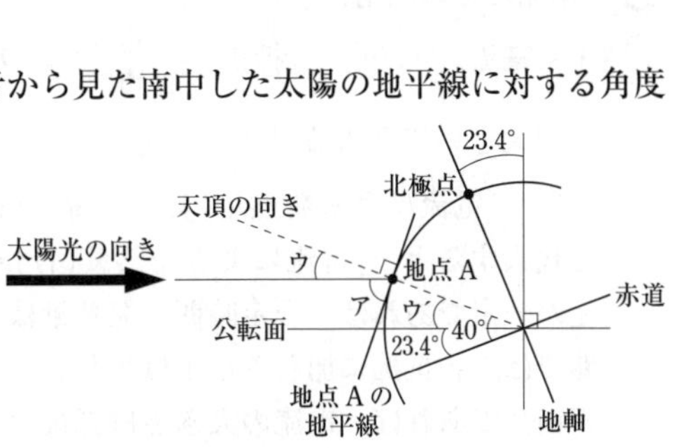

地点Bでは北半球の冬と同じように，太陽は真東より北寄りから昇り，真西より北寄りに沈む。

4〔物質のすがた，化学変化とイオン〕

問１＜物質の性質＞［Ⅰ］より，水に溶けて，その水溶液に電流が流れたＡとＤは塩化ナトリウムか塩化アンモニウムであり，水に溶けて，その水溶液に電流が流れなかったＢは砂糖，水に溶けずに残ったＣとＥは硫酸バリウムかデンプンである。次に，［Ⅱ］より，加熱して二酸化炭素を発生したＢとＣは有機物で，［Ⅰ］より，Ｂが砂糖だから，Ｃはデンプン，Ｅは硫酸バリウムである。さらに，［Ⅲ］より，ＡとＤに少量の水酸化カルシウムを加えて加熱したとき，Ｄの試験管からのみ刺激臭のある気体が発生したので，Ｄは塩化アンモニウムで，発生した気体はアンモニアであり，Ａは塩化ナトリウムである。よって，Ｄの塩化アンモニウムは無機物だから，誤っているものはエである。

問２＜質量パーセント濃度＞A，B，Dは，それぞれ60gの水に10g溶けている。よって，求める質量パーセント濃度は，$〔\text{質量パーセント濃度}(\%)〕=\frac{〔\text{溶質の質量}(\text{g})〕}{〔\text{溶媒の質量}(\text{g})〕+〔\text{溶質の質量}(\text{g})〕}\times100$より，$\frac{10}{60+10}\times100=14.2\cdots$となるから，14％である。

問３＜非電解質＞エタノールは非電解質なので，エタノール水溶液には電流が流れにくい。なお，塩化水素の水溶液である塩酸，酢酸の水溶液である食酢，クエン酸などが含まれるレモン果汁にはイオンが存在するので，電流が流れる。

問４＜アンモニア＞［Ⅲ］で発生した刺激臭のある気体はアンモニアである。アンモニアは無色で，空気と比べて密度が小さい(軽い)。また，水溶液はアルカリ性を示すので，水でぬらした赤色リトマス紙が青色に変色する。

問５＜溶解度＞１．図２より，Ｄは水100gに，70℃では60gまで溶け，50℃では50gまで溶けるから，水150gには，70℃では，$60\times\frac{150}{100}=90$(g)まで溶け，50℃では，$50\times\frac{150}{100}=75$(g)まで溶ける。よって，Ｄを70℃の水150gに溶かしてつくった飽和水溶液を50℃まで冷やしたときに出てくる結晶の質量は，$90-75=15$(g)である。　２．図２より，50℃の水100ｇに，Ａは約36g，Ｄは50gまで溶けるから，50℃の水50gに，Ａは，$36\times\frac{50}{100}=18$(g)，Ｄは，$50\times\frac{50}{100}=25$(g)まで溶ける。よって，50℃の水50gには，ＡもＤも30gは全て溶けないので，誤っているものはエである。なお，０℃における溶解度は，ＤよりＡの方が大きい。70℃と20℃の溶解度の差は，ＡよりＤの方が大きいので，70℃の飽和水溶液を20℃まで冷やすとＤの方がより多くの結晶が出てくる。また，飽和水溶液は物質が限度の量まで溶けた水溶液だから，水の質量が減ると，結晶が出てくる。

5〔電流とその利用〕

問１＜電流＞(i)…○　$〔\text{抵抗}〕=\frac{〔\text{電圧}〕}{〔\text{電流}〕}$より，$\frac{〔\text{電流の大きさ}〕}{〔\text{電圧の大きさ}〕}=\frac{1}{〔\text{抵抗の大きさ}〕}$である。よって，抵抗が大きいほど電流は流れにくいので，$\frac{1}{〔\text{抵抗の大きさ}〕}$が大きいほど電流が流れやすい。　(ii)…○　〔電流による発熱量(J)〕=〔電力(W)〕×〔時間(s)〕に，〔電力(W)〕=〔電圧(V)〕×〔電流(A)〕を代入すると，〔電流による発熱量(J)〕=〔電圧(V)〕×〔電流(A)〕×〔時間(s)〕となる。よって，電圧が一定であれば，一定時間の発熱量は電流の大きさに比例して大きくなる。　(iii)…×　並列回路では，各抵抗に加わる電圧は等しい。よって，オームの法則〔電圧〕=〔抵抗〕×〔電流〕より，電圧が同じであれば，電流の大きさは抵抗の大きさに反比例する。

問２＜熱量＞発生する熱量は，〔発熱量(J)〕=〔電力(W)〕×〔時間(s)〕で求められる。よって，２分は，$60\times2=120$(s)だから，求める熱量は，$1200\times120=144000$(J)より，144kJである。

問３＜回路＞１．図１で，PQ間には抵抗R_1の電熱線Ａと抵抗R_2の電熱線Ｂが並列につながれているから，この部分の抵抗をRとすると，$\frac{1}{R}=\frac{1}{R_1}+\frac{1}{R_2}=\frac{R_1+R_2}{R_1R_2}$となる。よって，求める抵抗は，$R=\frac{R_1R_2}{R_1+R_2}$である。　２．図１で，電熱線Ａと電熱線Ｂは並列につながれているから，これらの電熱線に加わる電圧は同じで，問１(ⅱ)より，電圧が一定のとき，一定時間の発熱量は電流の大きさに比例する。また，図３で，電熱線Ａ，Ｂを入れた容器の同じ量の水の12分間での温度変化の比は，電熱線Ａ，Ｂの発熱量の比に等しい。よって，電熱線Ａ，Ｂに流れる電流の大きさの比は，電熱線Ａ，Ｂを入れた容器の水の12分間での温度変化の比に等しいから，$I_1:I_2=12:24=1:2$である。
３．〔発熱量(J)〕＝〔電力(W)〕×〔時間(s)〕，〔電力量(J)〕＝〔電力(W)〕×〔時間(s)〕より，発熱量と電力量を求める式は同じなので，電熱線の発熱量は電熱線で消費される電力量と等しい。また，２より，電熱線の発熱量の比は，同じ量の水の同じ時間での温度変化の比に等しい。よって，図３より，それぞれの電熱線を入れた容器の同じ量の水の12分間での温度変化の比は，Ａ：Ｂ：Ｃ＝12：24：36＝１：２：３だから，$W_1:W_2:W_3=1:2:3$である。　４．電熱線Ａ，Ｂ，Ｃで消費される電力をそれぞれP_1，P_2，P_3とすると，３より，それぞれの電熱線で，同じ時間に消費される電力量の比は，$W_1:W_2:W_3=1:2:3$だから，$P_1:P_2:P_3=1:2:3$である。これより，$P_2=2P_1$，$P_3=3P_1$と表せる。また，電熱線Ｃに流れる電流の大きさをI_3とすると，$I_3=I_1+I_2$となり，２より，$I_1:I_2=1:2$だから，$I_1:I_2:I_3=1:2:(1+2)=1:2:3$である。これより，$I_2=2I_1$，$I_3=3I_1$と表せる。〔電力(W)〕＝〔電圧(V)〕×〔電流(A)〕より，$〔電圧(V)〕=\frac{〔電力(W)〕}{〔電流(A)〕}$となり，これを，$〔抵抗〕=\frac{〔電圧〕}{〔電流〕}$に代入すると，$〔抵抗〕=\frac{〔電力〕}{〔電流〕\times〔電流〕}=\frac{〔電力〕}{〔電流〕^2}$になる。よって，$R_1:R_2:R_3=\frac{P_1}{I_1^2}:\frac{P_2}{I_2^2}:\frac{P_3}{I_3^2}=\frac{P_1}{I_1^2}:\frac{2P_1}{(2I_1)^2}:\frac{3P_1}{(3I_1)^2}=\frac{P_1}{I_1^2}:\frac{P_1}{2I_1^2}:\frac{P_1}{3I_1^2}=\frac{1}{1}:\frac{1}{2}:\frac{1}{3}=6:3:2$となる。

6〔科学技術と人間，地球と宇宙〕

問１＜二酸化炭素＞二酸化炭素は温室効果ガスの１つで，地表から放出される熱を吸収し，その一部を地表に戻すはたらきがある。

問２＜二酸化炭素濃度＞１．気象庁の情報より，二酸化炭素濃度は，経年増加(年ごとに増加)し，夏季(６月～８月)に減少し，冬季(12～２月)に上昇している。よって，最も適当なグラフはアである。
２．１のアのグラフより，現在の大気中の二酸化炭素濃度は約400ppmである。１ppmは100万分の１を表し，１％は100分の１を表しているから，１ppmは，$\frac{1}{1000000}\div\frac{1}{100}=\frac{1}{10000}$(％)である。よって，400ppmは，$400\times\frac{1}{10000}=0.04$(％)となる。

問３＜二酸化炭素の循環＞菌類も細菌類も呼吸を行って二酸化炭素を放出しているので，誤りを含むものはイである。なお，化石燃料は，炭素の一部が循環せずに土壌に蓄積されているものである。

問４＜内惑星＞二酸化炭素の厚い大気におおわれている天体は金星である。金星は地球より内側を公転しているので，太陽の前を横切って見えることがある。なお，地球から見て月や水星が太陽の前にくることはあるが，月は太陽と大きさがほぼ同じに見え，水星には大気はほとんどない。また，火星は地球よりも外側を公転しているので，太陽の前を横切って見えることはない。

問５＜二酸化炭素の排出・吸収＞家庭が一年間で排出する二酸化炭素の量は，450×5500÷1000＝2475(kg)である。また，１haの杉林が一年間(365日)で吸収する二酸化炭素の量は，25×365＝9125(kg)である。よって，家庭で排出した2475kgの二酸化炭素を吸収するのに必要な杉林の面積は，2475÷9125＝0.27…より，約0.3haである。

問６＜二酸化炭素＞水に，二酸化炭素は少し溶け，アンモニアは非常によく溶け，酸素はほとんど溶けない。気体が水に溶けるほどペットボトル内の気圧は低くなり，大きく変形する。よって，それぞれのペットボトルを満たしていた気体は，アはアンモニア，イは二酸化炭素，ウは酸素である。

国語解答

一　問1　①…エ　②…イ　③…ウ　④…イ
問2　d　問3　ア　問4　イ
問5　エ　問6　ウ　問7　ア
問8　ウ

二　問1　①…ウ　②…エ　③…ア
問2　(a)…イ　(b)…ウ　問3　イ
問4　エ　問5　エ　問6　ア
問7　ウ　問8　c　問9　イ

三　問1　(a)…イ　(b)…ア　問2　エ
問3　ウ　問4　イ　問5　ア
問6　エ　問7　ウ

一〔論説文の読解―芸術・文学・言語学的分野―文学〕出典：髙柳克弘『究極の俳句』。

≪本文の概要≫俳句は現実をよむ営みだが，俳句そのものは現実に寄与しないという矛盾があり，俳人にとっても現実との確執がある。芭蕉も，『幻住庵記』に，仕官や仏道修行を志したこともあったが，世俗を離れ俳諧に一生をかけることになった心の確執を書いている。一方で，芭蕉の「まづ頼む」の俳句からは，自分の境遇を誇らしく思う気持ちもうかがわれる。芭蕉と西鶴は，李白の詩を意識した文章を書いている。全てが刻々と変化していく世の中で，芭蕉は，自分も旅人となり，今昔や貴賤を超越して現世を眺めているのに対し，西鶴は，子孫のためにお金の意義を認め，現実主義に基づいており，二人の人生観には相違がある。芭蕉にとっての旅は，現実的な理由もあったが，古人の足跡にふれて思索を深めたいという理由が大きく，当時の人々には理解されづらいものであった。芭蕉の旅が生んだ『おくのほそ道』も，世の真理を後世の人々にも示そうとした。俳句は，つくりやすく，俗世間で生きる無名の人々が思いをよむものである一方，世俗を超えた視点を持ち，世の真理を示すものでもあり，複雑である。芭蕉は，この複雑さを受け入れ，名句を生み出したのである。

問1＜漢字＞①「安全圏」は，危険のない場所のこと。　②「辺境」は，中央から遠く離れた地帯のこと。　③「観光」は，他国や他地域の風景，史跡，風物などを見て回ること。　④「超然」は，物事にこだわらず平然としているさま。

問2＜品詞＞「かなわない」と「できない」の「ない」は，打ち消しの助動詞「ない」。「わけではない」の「ない」は，補助形容詞。「頼りない」の「ない」は，形容詞の一部。「いいようのない」の「ない」は，形容詞。

問3＜表現＞「飄々」は，風が吹くさまから転じて，考えや行動が世間離れしていてつかみどころがないさま。「霞《かすみ》を食う」は，浮世離れして収入もなく暮らすことを表す。俳人には，世間から離れたみすぼらしい家で，質素な生活をしながら俳句をつくっているイメージがあるが，そのような生活をしていても，「心中の確執は続いて」いる。

問4＜四字熟語＞「夏炉冬扇」は，夏の囲炉裏と冬の扇という意味から，時期外れの無用なもののこと。芭蕉は，「夏炉冬扇」のように役に立たず，「現実に寄与しない」俳諧を，一生の仕事にすることになった。

問5＜文章内容＞「まづ頼む」の句は，頼りにするものがはかない草花や枯れ木ならば，自分の境遇を恥じる気持ちをよんだと考えられるが，生命力にあふれ立派にそびえる「夏の椎の木を知己として」自分を支えてくれるとよむことで，俳句に一生をかける道を選んだ自分を誇りに思う気持ちを，表現している。

問6＜文章内容＞「すべて刻々と変化していく」世の中において，芭蕉は，自分も旅人として変化に身を任せようとする人生観を持っていて，「今昔や貴賤を超越して」現実の世界を眺めていた。それに対し，西鶴は，死んでしまえば役に立たないお金でも，「子孫のためになるという理由」で，お金をためることを肯定し，現実的な人生観を持っていた。

問7＜文章内容＞芭蕉にとっての旅は，俳諧師としての名声を得て生計を安定させるという「現実的側面」もあったが，「古人の足跡に触れたい」「みずからの思索を深めたい」など「形而上的な理由」が大きかった。そのため，旅の目的を「物見遊山」や「日々の憂さを晴らして明日への活力を得るため」と考えていた江戸時代の人々には，芭蕉の旅は理解しづらいものだった。

問8＜文章内容＞俳句は，誰でもつくることができ，「市井に生きる無名の人々の述懐」である一方で，「超然と高みから見下ろしての垂訓」でもあるという，複雑な性質を持つ。芭蕉は，その複雑さを理解したうえで，世俗を超越した視点に立ち，高い志を持ちながらも日常生活から生まれる心を俳句にしようと苦心し，すばらしい俳句を生み出したのである。

二〔論説文の読解―芸術・文学・言語学的分野―文学〕出典：川村秀憲・大塚凱『AI研究者と俳人 人はなぜ俳句を詠むのか』／髙柳克弘『究極の俳句』。

問1＜接続語＞①「エンコードされた情報は，元の情報に正しくデコードされ」ることの例として，「MP3というファイル形式にエンコードされた音楽が，デコードされて私たちの耳に届く」ことを挙げる。　②「デコードによって同じ情報に戻るということが重要」だということを言い換えると，「エンコードからデコードという一連の流れに齟齬がないことが，情報伝達の条件」ということである。　③「この句に恋の主題を認めたのは，朔太郎の誤読であるといえる」けれども，「恋人の存在を感じ取るのは，けっして無理すじでは」ない。

問2＜語句＞(a)「機微」は，表面には表れない，心の微妙な動きや物事の移り変わりのこと。　(b)「担保」は，保証すること，または，保証するもののこと。

問3＜文章内容＞「月がきれいですね」を「告白」ととらえることは，「人間にはできてもAIには難しい」のである。川村氏は，人間は「比喩的で，抽象度の高い表現」の言外の意味を理解できるが，AIには「ことばそのものの意味」を理解することしかできず，「ことばの周辺にある意味」の理解はまだ難しいということを述べるために，夏目漱石の和訳の逸話を紹介したのである。

問4＜表現＞大塚氏が，同じ作品でも読み手によって解釈が異なることがあるという「ことばに特有の問題」について説明したのを受けて，川村氏は，情報分野の用語を用いて，大塚氏が提示した話題について，情報分野の視点から議論を展開させている。

問5＜文章内容＞MP3やJPEGの形式にエンコードされたデータは，デコードされると「元のデータとそっくり同じものには解凍できない」が，「おおむね正しく復元」される。人間の聴覚や視覚では，それらは「元の音源など」と区別がつかないのである。

問6＜文章内容＞垣の外の白梅を見て，蕪村は「いつだれがその垣の外に植えたのだろう」と，白梅を植えた人の存在に思いを寄せているのに対し，朔太郎は，句の作者が白梅の垣の外にいた誰かのことを思い出し，今でも「その人の気配」を感じていると解釈した。両者に違いはあるが，広く「何かを慕わしく思うという心の機微」という点では，二人の意図と解釈は，共通している。

問7＜文章内容＞「元の情報をそのままで保存できない」のがアナログである。俳句や言葉は，エンコードされた情報を「読む」ときに，人間によって解釈が異なることが起こるため，アナログ的だと思われがちだが，「書き損じがなければ同じ情報」で劣化しないので，「デジタル情報」である。

問８＜文章内容＞「デコード時に齟齬が発生した」とは，俳句の場合，作者の意図と読み手の解釈に食い違いがあることを表す。蕪村の意図と違う朔太郎の解釈は，「デコード時に齟齬が発生した」例に相当する。蕪村の句に「郷愁」「母性思慕」を読み取るのは，蕪村自身の意図と異なる解釈である（ａ…○）。蕪村は，「恋の主題」を意図していない（ｂ…○）。蕪村の意図は，おそらく「『誰むかしより』とぼかしたことのムードを評価する」専門家の解釈と同じだったと考えられている（ｃ…×）。「物語性を与え」たのは，朔太郎の解釈であって，蕪村の意図ではない（ｄ…○）。

問９＜文章内容＞【Ⅰ】では，「西欧から『愛』の概念が入ってくる以前の蕪村と，それ以後の朔太郎で，意図と読みがくいちがって」しまったと，「背景知識」をもとに，朔太郎の解釈が誤読だと判断している。

三 〔小説の読解〕出典：伊与原新『海へ還る日』（『八月の銀の雪』所収）。

問１＜慣用句＞⒜「かぶりを振る」は，頭を左右に振って不承諾，否定の意思を表す，という意味。⒝「我に返る」は，他のことに気を取られていたのが，正気に戻る，という意味。

問２＜文章内容＞宮下さんは，クジラの骨の形を「リアルに再現したい」だけでなく，自然界の中で進化によってクジラの形が形成されるまでの「悠久の時」を描き出そうとしていた。「わたし」は，宮下さんのその姿勢が博物館の宮下さんの絵を「これこそ博物館にふさわしい絵」だと，自分に感じさせたことに気づいた。

問３＜文章内容＞「夢のある」は，実現したらすばらしいと思えるさま。「夢みたい」は，現実とは思えないはかないさまを表す。ボイジャーが「我々より高度な文明」を持つ異星人と遭遇し，彼らが「クジラの歌も読み解いてくれる」としたらすばらしいが，実現しそうもないことだと，宮下さんは思ったのである。

問４＜文章内容＞クジラやイルカの知性についてどう思っているかときかれても，その実態はまだ「わからない，わかりようがない」ので，「研究者として」先生は，はっきりしたことが何も言えない。しかし，研究者の立場を離れてみたところでは，クジラが「我々とは違って，もっと内向きの知性や精神世界を発達させているのかもしれない」と空想することはできるのである。

問５＜文章内容＞想像の中で，クジラと一緒に海に潜って泳いだ「わたし」は，生命，神，宇宙について，人間が知らないことや思いもよらないことを，クジラが「海の中で一人静かに考え続けている」ように感じて，うれしくなった。

問６＜文章内容＞「わたし」は，娘が目の前の世界をありのままに受けとめることができずに「虚しい空想に逃げたり」する自分のようにならず，宮下さんのように自分の才能を見つけ，それを生かして生きていくことを願っているのである。

問７＜表現＞これまで「わたし」は，自分の意思がないプランクトンになって海に還ることを空想していたが，クジラが「深く，考えごとをしている」かもしれないという話を聞き，その後の空想の中では自分の姿でクジラと泳いでいた。人間の姿で海面に上がってきたことには，プランクトンになるというような現実逃避をやめ，ありのままの自分と向き合って生きることができるようになった「わたし」の姿が表現されている。

2023年度 国立高等専門学校

【英　語】（50分）〈満点：100点〉

1　次の各組の英文がほぼ同じ内容となるような（A）と（B）に入る語（句）の最も適切な組み合わせを，それぞれア～エの中から一つずつ選びなさい。

1．This is a very difficult question.　（　A　）can answer it.
We don't know（　B　）can answer this very difficult question.

ア （A） We　（B） who
イ （A） Everyone　（B） which
ウ （A） Nobody　（B） who
エ （A） Who　（B） how

2．My brother is（　A　）in playing the guitar.
My brother's（　B　）is playing the guitar.

ア （A） interesting　（B） hobby
イ （A） interested　（B） liked
ウ （A） interest　（B） like
エ （A） interested　（B） hobby

3．I have（　A　）been to New York before.
This is my（　B　）visit to New York.

ア （A） not　（B） next
イ （A） never　（B） first
ウ （A） never　（B） last
エ （A） not　（B） best

4．Hiromi（　　A　　）me how to use the new computer.
It is（　B　）for Hiromi to teach me how to use the new computer.

ア （A） can't show　（B） impossible
イ （A） won't call　（B） expensive
ウ （A） speaks to　（B） cheap
エ （A） talks to　（B） impossible

5．I can't talk with Mary because I（　A　）speak Spanish.
I want to talk with Mary.　I wish I（　B　）speak Spanish.

ア （A） could not　（B） can
イ （A） could not　（B） could
ウ （A） cannot　（B） can
エ （A） cannot　（B） could

2　次の1～5の会話文について，場面や状況を考え，（　）に入る最も適切なものを，それぞれア～エの中から一つずつ選びなさい。

1．A：John, I couldn't go to school yesterday.　Do we have any homework ?
B：Yes, I think that we have some English homework.
A：OK.　What is it ?
B：（　　　　　）

ア　Let me check my notebook.　　イ　Of course, I have no problem.
ウ　It was until last week.　　エ　You haven't finished it yet.

2．A： Hmm. You look different today, Satoshi. Are those new shoes ?
B： Yes. I just bought them yesterday. They are still clean. What do you think ?
A：（　　　　） I really like the color.
ア I like my new ones very much.　　イ They are really old.
ウ They look really nice on you.　　エ They are very tired.

3．A： Do you have any plans this weekend ?
B： No. I'll just stay at home.
A： Do you often spend your weekends at home ?
B：（　　　　） I don't like to go outside.
ア Yes, I can find the bus to take.　　イ I'll go to play tennis.
ウ You're often sick in bed.　　エ I usually do so.

4．A： What did you do during the winter vacation ?
B： I went to Sydney. It was beautiful. Have you ever been to Australia ?
A： No, but（　　　　） I want to see koalas in nature.
ア I was in the country for three years.　　イ I hope I can go there.
ウ I have been to the country twice.　　エ I will not go there again.

5．A： How did you like the zoo, Tomoko ?
B： It was great. I love pandas. Thanks for taking me today.
A： You're welcome.（　　　　）
B： That's a good idea. There's too much to see in just one day.
ア How about going again next month ?　　イ Is the zoo crowded on weekends ?
ウ How about going to the zoo today ?　　エ Why do we visit the zoo today ?

3 次の英文を良く読み，後の問題に答えなさい。

Video games are played by people of all ages. Most people use games consoles when they play video games now. These consoles can be（ 1 ）in many houses around the アworld and are used almost every day.

In the（ 2 ）, consoles were very イsimple machines. They could only be used to play games. However, the games industry has changed, and consoles are now like home entertainment centers. You can use them（ 3 ）watch ウmovies, use the Internet, and look at photos.

There are several companies making consoles now. Some companies focus on power and performance when they make a games console. Players love the fast action and high quality of the games for these consoles. The games look very real. Recently, more and more people like to play their エfavorite games on the Internet（ 4 ）other players. For that reason, we can play most new games online, and some new types of games have become very popular.

Other companies focus on creating new consoles and fun games to encourage players to exercise or move to play. These consoles are not so powerful. They are also オdifferent because they can be taken outside when you go to your friend's house or on the カtrain. Players can（ 5 ）games anywhere because of the design.

Millions of consoles are sold every year, and many interesting games are made. Online games have become an important way to connect with friends. New games get better and better, and have（ 6 ）features and ideas.

（注） games consoles, consoles ゲーム機　games industry ゲーム業界
entertainment centers 娯楽の中心機器　focus on 焦点を合わせる
performance 性能　quality 品質　online オンラインで，オンラインの
exercise 運動する　design デザイン　millions of 非常にたくさんの

問１　本文中の（１）～（６）に入る最も適切な語（句）を，ア～エの中から一つずつ選びなさい。

（１）　ア heard　イ found　ウ said　エ told
（２）　ア future　イ little　ウ past　エ while
（３）　ア at　イ for　ウ in　エ to
（４）　ア against　イ across　ウ along　エ until
（５）　ア enjoy　イ enjoyed　ウ enjoying　エ to enjoy
（６）　ア low　イ poor　ウ original　エ weak

問２　次の⑴と⑵につき，それぞれと同じような意味で使われている語を本文中の下線部ア～カから一つずつ選びなさい。

⑴ moving pictures and sound that tell a story
⑵ not the same

4　次の１～５の会話について，場面や状況を考えて（　）内の語（句）を最も適切な順に並べ替え，（　）内において**３番目と５番目**にくるものの記号を選びなさい。なお，文頭にくるべき語の最初の文字も小文字で書かれています。

１．A： Where were you this afternoon？
B： Oh, I forgot to tell you. I was at Paul's Cafeteria.
A： Do（ア mean　イ new restaurant　ウ opened　エ the　オ you　カ which） last weekend？ I heard it's good.
B： It sure is.

２．A： What are you reading？
B： It's a book about kindness and friendship.
A： Is it interesting？ You've（ア been　イ finished　ウ it　エ reading　オ since　カ we） lunch.
B： Actually, it has a lot of useful information.

３．A： What are you going to do this evening？
B： I am going to do my homework. Why do you ask？
A： Well, I washed the clothes and hung them in the garden. Will you（ア before　イ house　ウ into　エ take　オ the　カ them） it gets dark？
B： No problem.

４．A： What time are we going to meet at the station today？
B： How about three o'clock in the afternoon？
A： OK, but I have something to do after lunch.（ア don't　イ for　ウ if　エ I'm　オ me　カ wait） late.
B： Sure. I understand.

５．A： Did you understand the story that he told us now？
B： No, I didn't. What should we do？
A： I think（ア him　イ have　ウ to　エ to ask　オ tell us　カ we） again.

5 次の英文は，家族の夜の外食行動(eating out behavior)に関する調査について述べたものである。英文と表を良く読み，後の問題に答えなさい。なお，計算等を行う場合は，この問題のページの余白で行うこと。

Kakeru and his friend Judy go to a university in Japan. They decided to work together to do some research about people's eating out behavior at night. They sent several questions to 300 families with children in elementary or junior high school. They asked what day of the week the families eat out at night the most and what their primary reason for eating out is. The results are shown in the tables below.

Table 1 shows the days of eating out at night. According to the results of the survey, Monday is the lowest percent of all. Only one percent of the families eat out on Monday. The percent of families who eat out on Thursday is half of the percent of Wednesday. On Sunday, ten percent of families eat out.

The rate of families choosing Friday or Saturday night for eating out is more than 70 percent, and Friday is higher than Saturday. Why do more families choose Friday and not Saturday for eating out? Many adults and children are on a five-day week, and Saturdays and Sundays are their days off. So, they eat out on Friday night as a reward for finishing the week's work or school.

In Table 2, we can see various reasons for eating out at night, but more than 60 percent of the answers are related only to parents. Parents usually make meals for the family, and other members sometimes help to cook. As a result, when parents cannot make dinner, the family eats out. The percent of "For a change" is about half of "All family members come home too late."

The research also shows that most children want to eat out more often, but about 50 percent of parents think they eat out too much. They worry about the cost of eating at restaurants.

Table 1 Days of eating out

Day	Percent(%)
Monday	1
Tuesday	2
Wednesday	8
Thursday	(A)
Friday	(B)
Saturday	(C)
Sunday	10
Total amount	100

Table 2 Reasons to eat out

Reason	Percent(%)
Parents come home too late	36
(P)	27
(Q)	15
(R)	11
For a change	7
Others	4
Total amount	100

（注） primary 第一位の　table 表　rate 割合　on a five-day week 週５日勤務の
day off 休暇　reward ごほうび　be related to ～ ～と関係がある
for a change 気分転換に　late 遅くに　cost 経費　total amount 合計

問１ 本文と表等から考えて，次の(1)～(3)の英文の(　)に入る最も適切なものをア～エの中からそれぞれ一つずつ選びなさい。

(1) The number in (A) is (　　).
ア 2　イ 3　ウ 4　エ 5

(2) The percent of Friday (B) must be (　　).
ア 15　イ 25　ウ 35　エ 45

(3) (　　　) is the percent for Saturday (C).

ア　25　　イ　30　　ウ　35　　エ　40

問２　表２の(P)，(Q)，(R)に対応する組み合わせとして正しい配列のものをア～エの中から一つ選びなさい。

	ア	イ	ウ	エ
(P)	Parents are too tired	Parents are too tired	Children's birthdays	Children's birthdays
(Q)	Children's birthdays	All family members come home too late	All family members come home too late	Parents are too tired
(R)	All family members come home too late	Children's birthdays	Parents are too tired	All family members come home too late

問３　次の英文は，この調査を行ったJudyによるまとめと感想です。(　)に入る最も適切なものをア～エの中から一つ選びなさい。

> The research says that more than 60 percent of the families who answered the questions eat out when parents come home too late or are too tired. The result also shows that parents worry about the cost of eating at restaurants. If that is true, (　　　　).

ア　other members of the family should cook dinner more often

イ　only children should be in good health

ウ　families should eat out more often

エ　families should be in good health

6　次の文章は，英語を母国語としない海外の中学生が英語学習と自分の将来について書いたものです。この英文を読んで，後の問題に答えなさい。

Today, English is used in many fields all over the world. To communicate with people in various countries, for example in business, learning English has become more and more important. However, some of my friends are good at listening and reading English but are not good at speaking or writing. For my future, I want to speak and write it correctly.

I think an effective way of improving my English is to use it everywhere. In school, [1] and I don't think that is enough. For that reason, after school I always try to use English to communicate with my teachers and speak with my friends.

Reading is another way of improving my English. [2]. It's fun to learn new ideas and new expressions. It is valuable to read published materials because I believe they have no mistakes. Through reading, I also have learned how to use English correctly in [3].

Television, the radio, websites, and social media are other good ways to improve my English. I want to speak English as naturally as they speak it on TV and on the radio. [4]. Through these media, we can also link with many new people, and learn about their cultures and their countries.

[5], my mother and grandmother came to this country about 30 years ago. My mother met my father in this town. I want to support my family by buying and selling a lot of things overseas in the future. I study English hard because by using it correctly, I will not make mistakes

in business.

My teacher says, "English is a gate to the life, culture, and history of foreign countries." I think that the things I'm learning now will be useful in business, too. So, I will try to do my best to improve my English to be successful in business and to help my family.

I learn English by taking lessons at school, talking to my friends, reading books, and so on. My teacher also says the joy of learning English is everywhere. As for me, I enjoy using "correct" English. I hope we all have fun when we use English.

（注） correctly　正確に　published materials　出版物
social media　ネットで交流できる通信サービス　naturally　自然に
media　情報を送受信する媒体　link　つながる　～ and so on　～など
as for me　私に関しては　correct　正確な

問１　本文中の空所 1 に入る最も適切なものを次のア～ウの中から一つ選びなさい。
ア　English is used only when we have English lessons
イ　I cannot speak it faster than other students in English lessons
ウ　we don't know how to use a computer in English lessons

問２　本文中の空所 2 に入る最も適切なものを次のア～ウの中から一つ選びなさい。
ア　I don't want to go to the library after school
イ　I have read many English books at home and in the library
ウ　The book shop near my school is usually closed at eight o'clock

問３　本文中の空所 3 に入る最も適切なものを次のア～ウの中から一つ選びなさい。
ア　listening and watching　イ　watching and writing
ウ　speaking and writing

問４　本文中の空所 4 に入る最も適切なものを次のア～ウの中から一つ選びなさい。
ア　The Internet is not a good way to research new words
イ　The Internet is not a way to make friends or communicate in "natural" English
ウ　Websites and social media are really good ways to learn "natural" written English

問５　本文中の空所 5 に入る最も適切なものを次のア～ウの中から一つ選びなさい。
ア　By the way　イ　In a few years　ウ　These days

問６　本文中の下線部 they の内容を次のア～ウの中から一つ選びなさい。
ア　the writer's teachers and friends
イ　people speaking English on TV and radio programs
ウ　the writer's mother and grandmother

問７　次のア～ウは本文を読んだ生徒たちが述べた意見ですが，最も適切に内容を理解して述べられたものを一つ選びなさい。
ア　I don't agree with the writer. You should use correct English when you are in business with foreign countries.
イ　According to the writer's opinion, learning English is not only for understanding foreign cultures but also for doing business with foreign countries. I think so, too.
ウ　That's interesting. The writer says that TV and radio are not as important as websites and social media when you learn English.

【数　学】（50分）〈満点：100点〉

（注意）1　定規，コンパス，ものさし，分度器及び計算機は用いないこと。

2　問題の文中の [アイ]，[ウ] などには，特に指示がないかぎり，負の符号（−）または数字（0〜9）が入り，ア，イ，ウの一つ一つは，これらのいずれか一つに対応する。それらを解答用紙のア，イ，ウで示された解答欄に，マーク部分を塗りつぶして解答すること。

3　解答は解答欄の形で解答すること。例えば，解答が $\frac{2}{5}$ のとき，解答欄が [エ].[オ] ならば0.4として解答すること。

4　分数の形の解答は，それ以上約分できない形で解答すること。例えば，$\frac{2}{3}$ を $\frac{4}{6}$ と解答しても正解にはならない。また，解答に負の符号がつく場合は，負の符号は，分子につけ，分母にはつけないこと。例えば，$\frac{[カキ]}{[ク]}$ に $-\frac{3}{4}$ と解答したいときは，$\frac{-3}{4}$ として解答すること。

5　根号を含む形で解答する場合，根号の中に現れる自然数が最小となる形で解答すること。例えば，$4\sqrt{2}$ を $2\sqrt{8}$ と解答しても正解にはならない。

1　次の各問いに答えなさい。

(1)　$-3+2\times\left\{\left(3-\frac{1}{2}\right)^2-\frac{1}{4}\right\}$ を計算すると [ア] である。

(2)　2次方程式 $x^2-6x+2=0$ を解くと $x=$ [イ] $\pm\sqrt{[ウ]}$ である。

(3)　$a<0$ とする。関数 $y=ax+b$ について，x の変域が $-4\leqq x\leqq 2$ のとき，y の変域は $4\leqq y\leqq 7$ である。このとき，$a=-\frac{[エ]}{[オ]}$，$b=$ [カ] である。

(4)　2つの関数 $y=ax^2$，$y=-\frac{3}{x}$ について，x の値が1から3まで増加するときの変化の割合が等しいとき，$a=\frac{[キ]}{[ク]}$ である。

(5)　袋の中に赤玉2個と白玉3個が入っている。いま，袋の中から玉を1個取り出して色を調べてから戻し，また玉を1個取り出すとき，2回とも同じ色である確率は $\frac{[ケコ]}{[サシ]}$ である。ただし，どの玉が取り出されることも同様に確からしいものとする。

(6)　下の資料は，中学生10人の握力を測定した記録である。このデータの中央値（メジアン）は [スセ] kgであり，範囲は [ソタ] kgである。

25，12，30，24，16，40，29，33，17，35　(kg)

(7)　下の図で，点Aと点Bは円Oの周上にあり，直線BCは円Oに接している。∠OAC＝37°，∠BCA＝15°のとき，∠OAB＝ [チツ] °である。

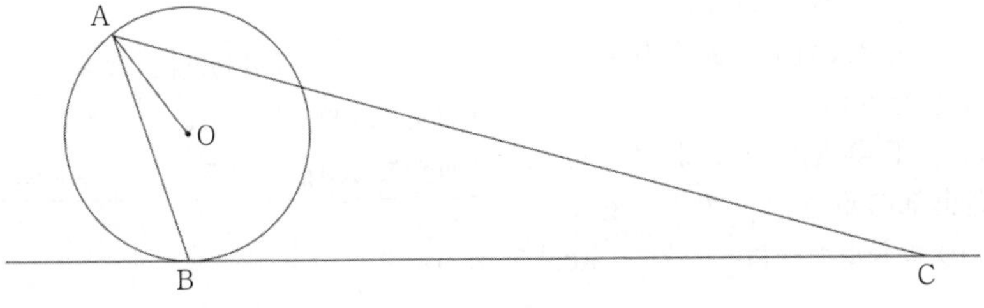

(8)　右の図で，∠ABC＝∠ACD＝90°，AB＝3，BC＝$\sqrt{3}$，CD＝2である。このとき，AD＝ [テ]，BD＝$\sqrt{[トナ]}$ である。

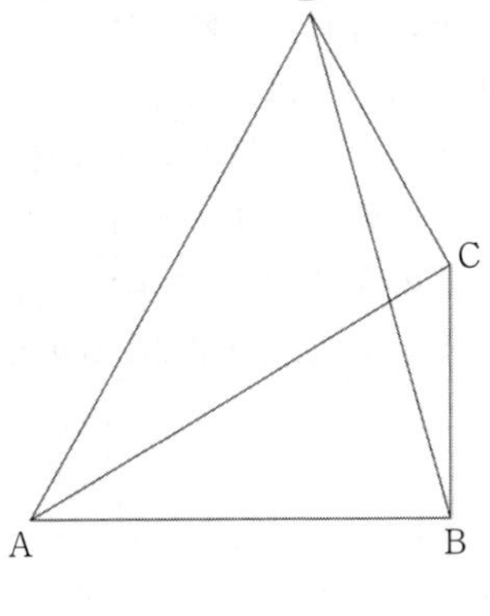

2　図1のように，関数 $y=ax^2$ のグラフ上に2点A，Bがある。点Aの座標は$(-5,\ 10)$，点Bの x 座標は $\dfrac{5}{2}$ である。

図1

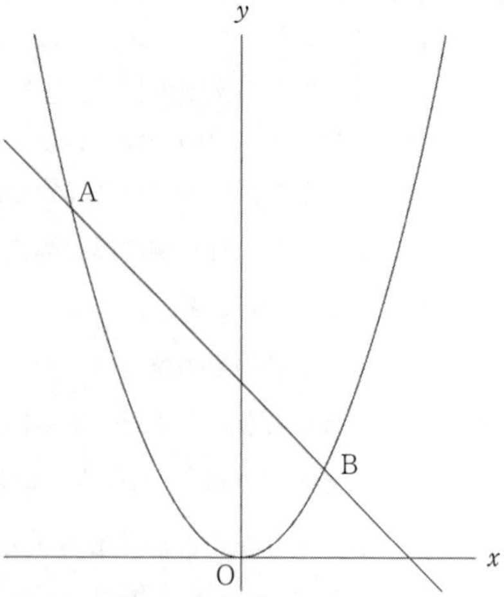

このとき，次の各問いに答えなさい。

(1)　a の値は $\dfrac{\boxed{\text{ア}}}{\boxed{\text{イ}}}$ であり，点Bの y 座標は $\dfrac{\boxed{\text{ウ}}}{\boxed{\text{エ}}}$ である。

(2)　直線ABの傾きは $\boxed{\text{オカ}}$，切片は $\boxed{\text{キ}}$ である。

(3)　図2のように，y 軸上を動く点P$(0,\ t)$ $(t>0)$がある。

図2

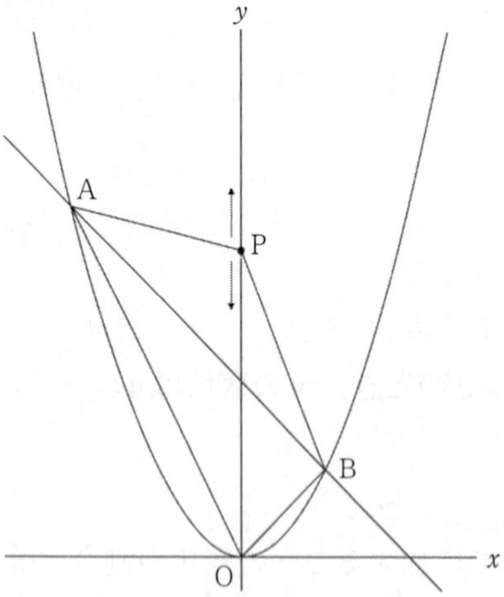

このとき，次の(i)，(ii)に答えなさい。

(i)　四角形OAPBの面積が45となるとき，$t=\boxed{\text{クケ}}$ である。

(ii)　$\angle\mathrm{PAB}=\angle\mathrm{OAB}$ となるとき，$t=\dfrac{\boxed{\text{コサ}}}{\boxed{\text{シ}}}$ である。

3　野菜や果物の皮などの捨てる部分を廃棄部といい，廃棄部を除いた食べられる部分を可食部という。廃棄部に含まれる食物繊維の割合は高く，エネルギーの割合は低い。そのため，可食部に含まれる食物繊維の割合は低く，エネルギーの割合は高い。

ある野菜Aの廃棄部と可食部それぞれの食物繊維の含有量とエネルギーを調べる。このとき，次の各問いに答えなさい。

(1)　廃棄部40gあたりの食物繊維の含有量を調べたところ，3.08gであった。廃棄部における食物繊維の含有量の割合は $\boxed{\text{ア}}.\boxed{\text{イ}}$ %である。

(2)　右の表は，野菜Aと可食部それぞれの100gあたりの食物繊維の含有量とエネルギーを示したものである。

	食物繊維	エネルギー
野菜A　100g	3.6g	45kcal
可食部　100g	2.7g	54kcal

この表と(1)の結果を用いると，野菜A200gにおける可食部の重さは $\boxed{\text{ウエオ}}$ g，廃棄部の重さは $\boxed{\text{カキ}}$ gである。また，廃棄部100gあたりのエネルギーは $\boxed{\text{ク}}$ kcalである。

4 図1のように，1辺の長さが2cmの立方体ABCD-EFGHがある。辺AD，AB上にそれぞれ点I，Jがあり，AI＝AJ＝1cmである。3点G，I，Jを通る平面でこの立体を切ると，切り口は五角形IJKGLになる。

このとき，次の各問いに答えなさい。

図1

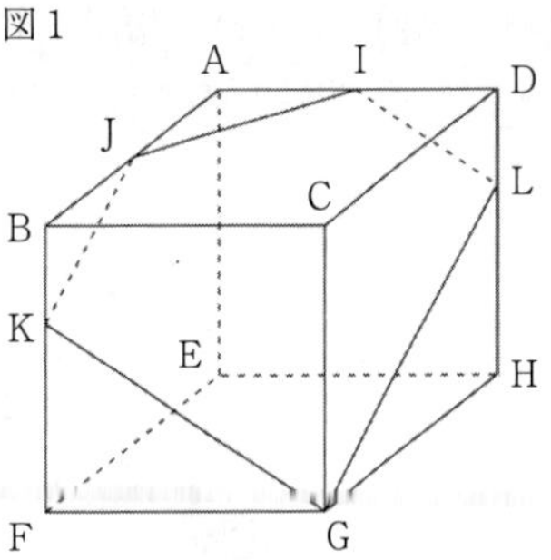

(1) 図2はこの立方体の展開図の一部である。図2において，3点J，K，Gは一直線上にあるため，BK＝$\dfrac{\boxed{ア}}{\boxed{イ}}$ cmである。

図2

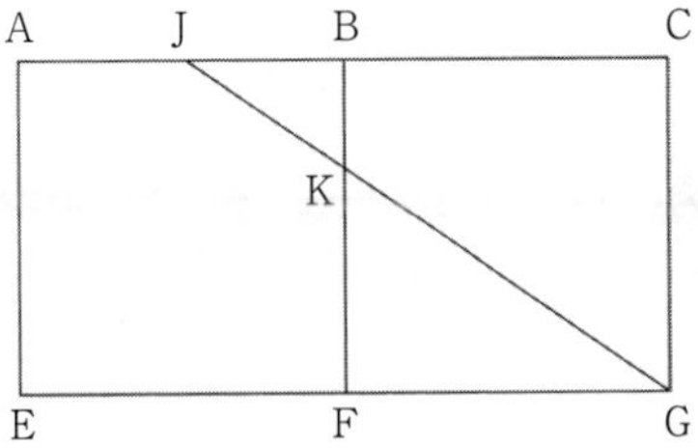

(2) 図3のように，図1の立方体の面ABFEと面AEHDをそれぞれ共有している2つの直方体を考える。ただし，4点M，J，I，Nは一直線上にあるとする。

このとき，三角錐G-CMNの体積は $\boxed{ウ}$ cm^{3}であり，三角錐C-BJKの体積は$\dfrac{\boxed{エ}}{\boxed{オ}}$ cm^{3}である。

図3

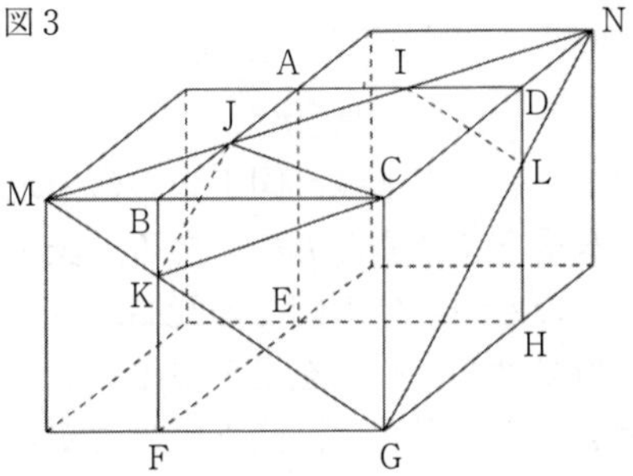

(3) 図4のように，図1の五角形IJKGLを底面とする五角錐C-IJKGLを考える。五角錐C-IJKGLの体積は$\dfrac{\boxed{カ}}{\boxed{キ}}$ cm^{3}である。

図4

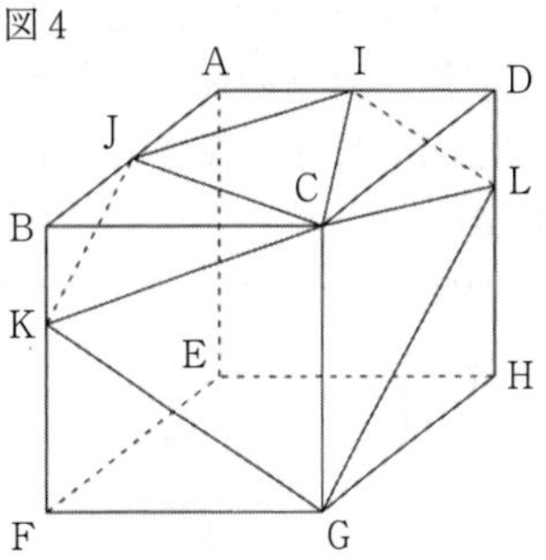

(4) 五角形IJKGLの面積は$\dfrac{\boxed{ク}\sqrt{\boxed{ケコ}}}{\boxed{サ}}$ cm^{2}である。

【社　会】（50分）〈満点：100点〉

1　次の図１のＡからＤの国について，問１から問４までの各問いに答えよ。

図１

問１　右の表１は，図１中の○の地点で観測された月平均気温と年降水量をまとめたものである。表１中のアからエには，それぞれ図１中のＡからＤの国での観測地点が当てはまる。Ｂの国の観測地点に当てはまるものを表１中のアからエのうちから一つ選べ。

表１　月平均気温と年降水量

	月平均気温(℃)		年降水量(mm)
	1月	7月	
ア	23.5	13.1	973.0
イ	14.0	36.2	175.5
ウ	-1.9	25.3	1417.8
エ	27.8	26.2	1216.1

（気象庁ホームページより作成）

問２　次の図２は，図１中のＡからＤのいずれかの国における人口ピラミッド(2020年)を示したものである。表２にまとめた各国の人口推移，平均寿命，乳児死亡率を参考にして，図２の人口ピラミッドに当てはまる国を，下のアからエのうちから一つ選べ。

図２

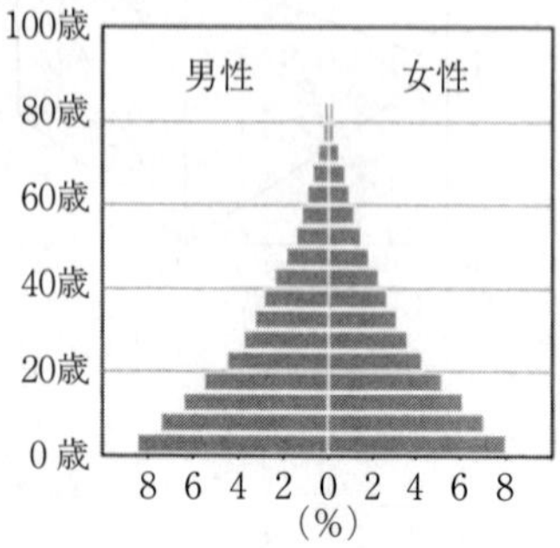

表２　人口推移・平均寿命・乳児死亡率

	人口推移(千人)			平均寿命(年)	※乳児死亡率
	1980年	2000年	2020年	2018年	2018年
A	80556	122284	206140	54.3	76.0
B	9372	20664	34814	75.0	6.0
C	38124	47379	51269	82.6	2.7
D	14695	18991	25500	82.7	3.1

※乳児死亡率とは出生児1000人のうち満１歳未満で死亡する人数を指す。

（『世界国勢図会 1990/1991年版』，『世界国勢図会 2021/22年版』，『データブック オブ・ザ・ワールド 2021』より作成）

ア　A　　イ　B　　ウ　C　　エ　D

問３　次のページの表３は，図１中のＡ，Ｃ，Ｄの国における輸出品上位４品目をまとめたものである。表３中のＸからＺには，それぞれ原油，鉄鉱石，自動車のいずれかが当てはまる。ＸからＺの組み合わせとして正しいものを，下のアからカのうちから一つ選べ。

表3　輸出品上位4品目

A（2018年）

輸出品目	輸出額（百万ドル）
X	51371
液化天然ガス	6151
船舶	1493
石油ガス	490

C（2019年）

輸出品目	輸出額（百万ドル）
機械類	221343
Y	62246
石油製品	41726
プラスチック	28602

D（2019年）

輸出品目	輸出額（百万ドル）
Z	66496
石炭	44237
金	16245
肉類	11456

（『世界国勢図会 2021/22年版』より作成）

	ア	イ	ウ	エ	オ	カ
X	原油	原油	鉄鉱石	鉄鉱石	自動車	自動車
Y	鉄鉱石	自動車	原油	自動車	原油	鉄鉱石
Z	自動車	鉄鉱石	自動車	原油	鉄鉱石	原油

問4　次の表4は，図1中のAからDの国における1人あたりの国民総所得(GNI)，1人1日あたりの食料供給栄養量，1人1日あたりの食料供給量をまとめたものである。表4中のアからエには，それぞれ図1中のAからDのいずれかの国が当てはまる。図1中のCに当てはまる国を表4中のアからエのうちから一つ選べ。

表4　1人あたりの国民総所得・1人1日あたりの食料供給栄養量・1人1日あたりの食料供給量(2018年)

	1人あたりの国民総所得（ドル）	1人1日あたりの※食料供給栄養量（kcal）	1人1日あたりの食料供給量（g）				
			穀物	いも類	肉類	牛乳・乳製品	魚介類
ア	1965	2572	374	756	22	3	24
イ	33841	3420	512	41	208	30	248
ウ	56728	3391	262	134	332	619	72
エ	23555	3307	521	45	128	112	30

※食料供給栄養量とは，供給される食料の量から栄養成分量(kcal)を算出した値を指す。

（『世界国勢図会 2021/22年版』より作成）

2　福井，長野，香川，鹿児島の四つの県の特徴について，**問1**から**問3**までの各問いに答えよ。

問1　次の図のAからDは，四つの県(福井，長野，香川，鹿児島)の県庁がある都市のいずれかにおける気温と降水量の平年値を表したものである。また，下のアからエの文は，四つの県いずれかの発電所の立地に関して述べたものである。このうちCの都市がある県について述べた文として正しいものを，下のアからエのうちから一つ選べ。

図

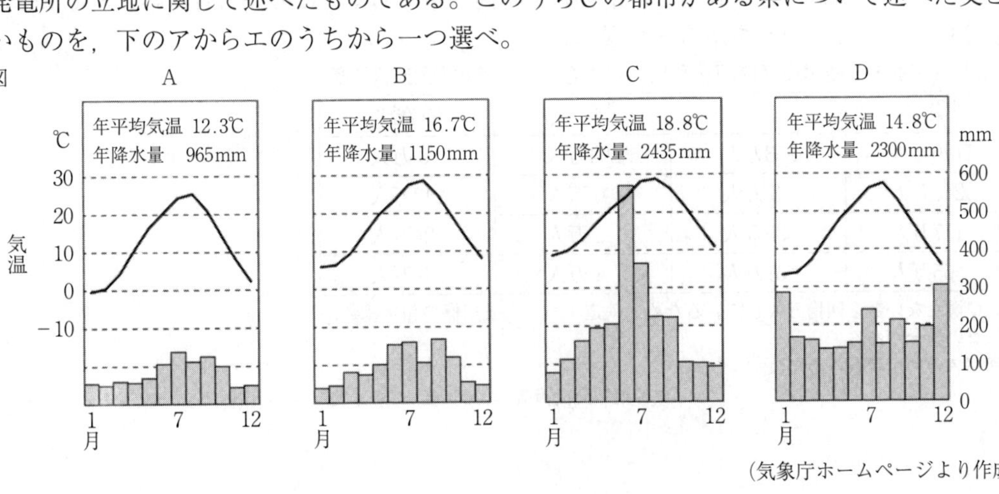

（気象庁ホームページより作成）

ア　山がちな地形を生かして水力発電所が多く立地している一方，火力発電所は小規模なものを除いて立地しておらず，原子力発電所も立地していない。

イ　山間部にダムを利用した水力発電所が複数あるほか，海沿いの複数の市や町に原子力発電所が立地している。

ウ　火力発電所が立地している一方，地形や気候の条件から水力発電所は小規模なものを除いて立地しておらず，原子力発電所も立地していない。

エ　水力・火力・原子力の発電所があるほか，県内には有名な火山や温泉もあるように地熱エネルギーに恵まれており，複数の地熱発電所も立地している。

問2　次の表1のEからHは，四つの県(福井，長野，香川，鹿児島)のいずれかの面積，県内で最も高い地点の標高，県庁から海までの最短距離を示したものである。また，下の表2のアからエは，四つの県のいずれかの農業産出額(全品目の合計およびいくつかの品目)について，全国での順位を示したものである。このうちHの県に当てはまるものを，表2中のアからエのうちから一つ選べ。

表1　各県の面積，県内で最も高い地点の標高，県庁から海までの最短距離

	※面積	※最も高い地点の標高	県庁から※※海までの最短距離
E	1877km²	1060m	1km
F	4191km²	2095m	15km
G	9186km²	1936m	1km未満
H	13562km²	3190m	51km

※面積，最も高い地点の標高は国土地理院ウェブサイトによる。
※※海までの距離は地理院地図により計測。

表2　各県の農業産出額の全国での順位(2020年)

	合計	米	野菜	果実	※工芸作物	畜産
ア	2位	26位	15位	21位	2位	2位
イ	11位	14位	7位	2位	36位	30位
ウ	35位	38位	31位	30位	24位	28位
エ	44位	20位	46位	46位	45位	44位

※工芸作物には，さとうきび，茶，てんさいなどが含まれる。

(生産農業所得統計(2020年)より作成)

問3　次の表3のアからエは，四つの県(福井，長野，香川，鹿児島)のいずれかと東京都とを結ぶ交通機関(鉄道・バス・航空機)を利用した乗客の1年間の数である。このうち香川県に当てはまるものを，表3中のアからエのうちから一つ選べ。

表3　各県と東京都とを結ぶ交通機関を利用した乗客の1年間の数(2019年度)

	※総数	鉄道	※※バス	航空機
ア	1146万人	853万人	294万人	0万人
イ	245万人	3万人	0万人	243万人
ウ	157万人	30万人	3万人	124万人
エ	65万人	61万人	4万人	0万人

※1万人に満たない数を四捨五入しているため，鉄道・バス・航空機の和と総数が一致しない場合がある。
※※貸切バスの利用者も含めた数。

(旅客地域流動調査(2019年度)より作成)

3　図１は，国際連合のシンボルマークである。このシンボルマークのデザインには世界地図が取り入れられている。図２は，その地図と同じように描いた，北極点からの距離と方位が正しい世界地図である。なお，国際連合のシンボルマークにあわせて南緯60度より南は緯線・経線も含めて描いていない。この地図について，**問１**，**問２**に答えよ。

図１

図２

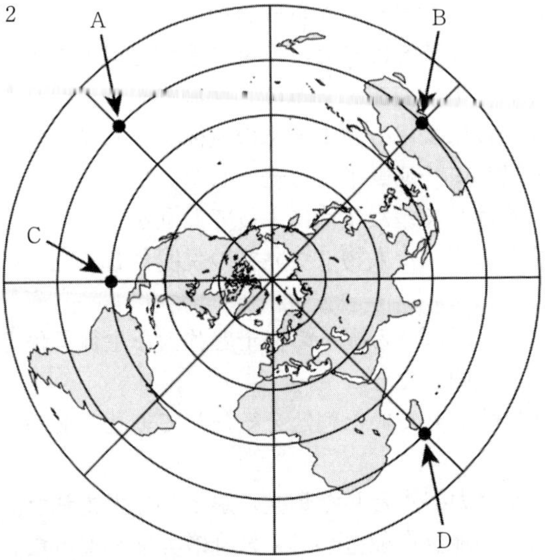

問１　図２の地図には緯線と経線がそれぞれ等間隔で描かれている。図２中のＡ地点の緯度と経度の組み合わせとして最も適当なものを，次のアからクのうちから一つ選べ。

ア　緯度０度，西経45度　　イ　緯度０度，西経135度
ウ　北緯18度，西経45度　　エ　北緯18度，西経135度
オ　南緯30度，西経45度　　カ　南緯30度，西経135度
キ　南緯48度，西経45度　　ク　南緯48度，西経135度

問２　図２の地図から読み取れることとして正しいものを，次のアからエのうちから一つ選べ。

ア　Ａ地点から見てＢ地点はほぼ東の方角にある。
イ　Ａ地点とＣ地点では６時間の時差がある。
ウ　Ｂ地点からＤ地点までの最短距離は，Ｂ地点から北極点までの最短距離より長い。
エ　北極点からＢ地点までの最短距離は，北極点からＤ地点までの最短距離と等しい。

4　次の史料１，史料２を読み，**問１**，**問２**に答えよ。なお，史料１，史料２は現代語に訳し，省略したり改めたりしたところがある。

史料１
八月。空海，年三十五歳，唐から日本に帰るために船に乗った。……(中略)……
十月二十二日。日本に到着した。空海は，唐から持ち帰った書物の目録を，大宰府の役人に託《たく》して朝廷に提出した。

(扶桑略記《ふそうりゃくき》)

史料２
このごろ都で流行しているものは，夜討ち，強盗，天皇の偽《にせ》の命令。囚人《しゅうじん》，急ぎの使者の馬，たいした理由もないのにおこる騒動。生首が転がり，僧が俗人に戻り，俗人が勝手に僧になる。

急に成り上がった大名，路頭《ろとう》に迷う者。

（二条河原落書）

問１　史料１で述べられている出来事の時期と史料２が書かれた時期の間におこった出来事として誤っているものを，次のアからエのうちから一つ選べ。

ア　ドイツでルターが宗教改革をはじめ，聖書に基づく信仰の大切さを唱えた。

イ　マルコ＝ポーロのアジアでの旅をもとにした旅行記が書かれた。

ウ　ローマ教皇の呼びかけによって，十字軍の遠征がはじまった。

エ　高麗《こうらい》《コリョ》が新羅《しらぎ》《シルラ》をほろぼして，朝鮮半島を統一した。

問２　史料２は当時新しくはじまった政治によって混乱が生じている様子を批判している。史料２で批判されている政治をおこなった人物についての説明として正しいものを，次のアからエのうちから一つ選べ。

ア　この人物は，御家人と呼ばれる配下の武士と強力な主従関係を結んで本格的な武士による政治をはじめ，鎌倉に幕府を開いた。

イ　この人物は，南北に分裂していた朝廷を統一して動乱を終わらせ，京都の室町で政治をおこなった。

ウ　この人物は，伊豆《いず》を勢力拠点とした豪族の娘として生まれた。夫である将軍の死後は，この人物の実家が代々の執権の地位を独占して，幕府の実権を握った。

エ　この人物は，幕府が倒れた後に，武士の政治や慣習を否定して天皇を中心とする政治をはじめたが，武士らの反対にあって吉野に逃れた。

5　次の生徒と先生の会話文を読み，問１から問３までの各問いに答えよ。

生徒：戦国時代に関する漫画や映画，テレビドラマをよく見るのですが，戦国時代とはいつからいつまでなのでしょうか。

先生：戦国時代というのは，奈良時代や鎌倉時代のように，政治の中心地があった地名から名づけられたのではなく，「戦争がつづいた時代」という社会の状況にもとづく時代区分です。そのため，いつからいつまでが戦国時代か明確に決まっているわけではありません。

生徒：室町幕府がほろびて戦国時代がはじまるわけではないのですね。

先生：京都で(1)応仁の乱がおきたころから幕府の力は衰えていきます。16世紀になると(2)戦国大名があらわれ，競い合う時代になります。この時期にも室町幕府はありますが，社会の様子は大きく変わっているので，戦国時代とよぶのです。

生徒：15世紀から16世紀にかけて戦国時代がはじまるとみればいいのでしょうか。

先生：そうですね。

生徒：そうした状況のなかから(3)織田信長が登場するのですね。

先生：信長は京都に入り，やがて将軍を京都から追い出して，統一をすすめました。

生徒：家臣の明智光秀に討《う》たれてしまうんですよね。テレビドラマで見ました。

先生：光秀は(4)豊臣秀吉に倒されます。そして秀吉は，大名たちを従えたり，攻めほろぼしたりしながら統一をはたしました。(5)秀吉が全国統一をはたしたことで，やっと戦国時代が終わるといえます。16世紀の100年間は，社会が大きく動いた時代の転換点だったのです。

問1　次のAからDの文のうち，下線部(1)と下線部(5)の間の時期の出来事として正しいものの組み合わせを，下のアからエのうちから一つ選べ。

A　加賀で浄土真宗(一向宗)の信徒たちが守護を倒し，自治をはじめた。

B　近江《おうみ》の馬借を中心に，徳政令による借金の帳消しを要求する正長の土一揆がおこった。

C　百姓が刀や脇差《わきざし》，その他武具を所持することを禁じる法令が秀吉によって出された。

D　中山王の尚巴志《しょうはし》が三山を統一し，首里《しゅり》を都とする琉球王国を建てた。

ア　AとB　　イ　AとC　　ウ　BとD　　エ　CとD

問2　下線部(2)について，戦国大名の分国法の事例として最も適当なものを，次のアからエのうちから一つ選べ。

ア　外国の船が入港するのを見たら，すぐさま攻撃し追い払いなさい。

イ　広ク会議ヲ興《おこ》シ，万機《ばんき》公論ニ決スベシ。

ウ　国の交戦権は，これを認めない。

エ　喧嘩《けんか》をしたものは，いかなる理由によるものでも，処罰する。

問3　次の地図中のaからdは，下線部(3)と(4)に関連する城の位置を示している。下のXとYの文が示している城の位置の組み合わせとして正しいものを，後のアからエのうちから一つ選べ。

地図

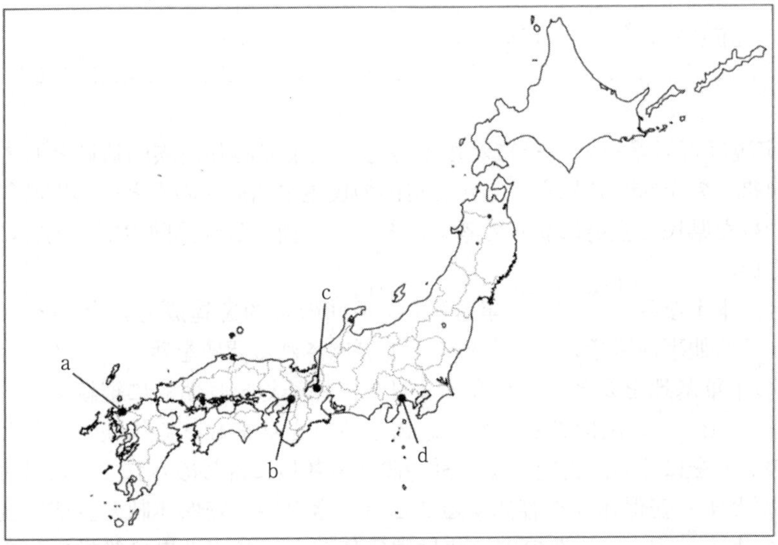

X　織田信長が築いた城で，城下町には楽市令を出して商工業の活発化をはかった。

Y　豊臣秀吉が，朝鮮への出兵のために築いた城である。

ア　X－d　Y－a　　イ　X－d　Y－b

ウ　X－c　Y－a　　エ　X－c　Y－b

6　次の年表と史料を見て，**問1**から**問4**までの各問いに答えよ。なお，史料には省略したり改めたりしたところがある。

年表

1945年　(1)国際連合が設立された。

①

1951年　サンフランシスコ平和条約が結ばれた。

②

1975年　第1回サミット（主要国首脳会議，先進国首脳会議）が開催された。

③

1989年　マルタ会談で，(2)冷戦の終結が宣言された。

史料

一、[A]年の復帰実現は百万県民の多年にわたる努力の成果であり民族的遺産として後世に語り伝えることが出来るのを誇りに思う。しかし祖国の民主平和憲法のもとへの即時無条件全面返還を要求しつづけた県民の立場に立って考えるとき，今回の日米共同声明の内容には満足しているものではない。

一、その第一は「核ぬき，本土なみ，[A]年返還」で所期《しょき》の目的を達成したというが核基地撤去，B52の扱い，その他事前協議の運用をめぐって憂慮《ゆうりょ》される問題を残していることである。第二は[B]の米軍基地を要とした現在の(3)日米安保条約を長期的に継続する方針がとられたことである。[B]県民はさる大戦で悲惨な戦争を身をもって体験し戦争とこれにつながるいっさいのものをにくみ，否定する。長い間米軍基地に苦しめられてきた県民は，その[B]基地を要とする安保体制を容認することはできない。安保体制の長期継続は憲法改悪の恐れすら抱かせ，[B]基地の固定化は戦争体験を通じて世界の絶対平和を希求しひたすら平和の島を建設したいという県民の願いと相いれない。（後略）

（琉球政府主席声明）

問1　年表中の下線部(1)国際連合の説明として正しいものを，次のアからエのうちから一つ選べ。

ア　世界の平和と安全の維持を目的とし，現在，世界のすべての国が加盟している。

イ　イギリス，アメリカ，ソ連などが提唱して設立され，総会はスイスにある本部で開催される。

ウ　全加盟国で構成される総会の決議では，すべての国が平等に一票を持つ。

エ　日本を含む安全保障理事会の常任理事国には，重要な議題で拒否権が認められている。

問2　年表中の下線部(2)冷戦の終結後の世界情勢として誤っているものを，次のアからエのうちから一つ選べ。

ア　東ヨーロッパで共産党政権が次々と崩壊したことに続いてソ連も解体し，ロシア連邦などが誕生した。

イ　朝鮮半島で戦争がおこり，アメリカ軍を中心とする国連軍が韓国を，中国義勇軍が北朝鮮を支援して参戦した。
ウ　国家の枠組みをこえて地域統合を進めるなかで，ヨーロッパ連合(EU)は共通の通貨としてユーロの流通をはじめた。
エ　アメリカで同時多発テロがおこり，その後，テロとの戦いを宣言したアメリカはアフガニスタンやイラクを攻撃した。

問3　史料はアメリカ統治下にあった［B］県の日本への返還を求める運動を主導してきた人物が発表した声明である。史料中の［A］年を含む期間を年表中の①から③のうちから選び，その選んだ期間におきた出来事を次の出来事aとbのうちから選んで，その組み合わせを下のアからカのうちから一つ選べ。

出来事
a　ベトナム戦争が激しくなり，アメリカ軍による北ベトナムへの爆撃がはじまった。
b　湾岸戦争がはじまり，アメリカ軍を中心とする多国籍軍が派遣された。

ア　①―a　　イ　①―b　　ウ　②―a
エ　②―b　　オ　③―a　　カ　③―b

問4　史料中の下線部(3)日米安保条約(日米安全保障条約)について述べた次の文aとbが正しいか誤っているかを判断し，正誤の組み合わせとして正しいものを下のアからエのうちから一つ選べ。
a　日米安保条約は，日本の国際連合加盟と同じ年に結ばれた。
b　新安保条約に日本政府が調印した際には，市民や学生による大規模な反対運動がおこった。

ア　a―正　b―正　　イ　a―正　b―誤
ウ　a―誤　b―正　　エ　a―誤　b―誤

7　次のⅠからⅢは，中学生のAさんが住んでいるX市が発行している広報紙の記事の見出しの一部である。Aさんはこれらの見出しと記事をもとに調べたり考えたりした。問1から問3までの各問いに答えよ。

Ⅰ　直接請求に向けての署名活動，市内各地ではじまる

Ⅱ　近隣の市町村との合併協議スタート，合意に向けてのメリットとデメリットとは？

Ⅲ　ストップ「少子化」！　市民のみなさんからのアイデアを募集します！

問1　Ⅰに関連して，AさんはX市における直接請求について調べた。次の資料中のこのことに当てはまることがらとして正しいものを，下のアからエのうちから一つ選べ。

資料
X市の人口は25000人で，有権者は18000人です。有権者から360人の署名を集めると，このことを市長に対して請求することができます。

ア　市議会議員の解職　　イ　市議会の解散
ウ　条例の制定　　エ　市長の解職

問2　Ⅱに関連して，今回の合併協議よりも前に，かつて三つの町が合併して現在のX市となったことを知ったAさんは，そのころのことについてX市の職員であるBさんにインタビューをした。次のインタビュー中の［a］から［c］のそれぞれに当てはまる内容の組み合わせとして正しいものを，下のアからカのうちから一つ選べ。

インタビュー

Aさん：三つの町が合併したのはいつごろなのですか？

Bさん：［　a　］です。阪神・淡路大震災がおこって５年がたち，新たな世紀を翌年に迎えるにあたり，災害に強いまちづくりを進めようと考えたのです。

Aさん：合併して地域がよくなったことや，合併後も残された課題はなんでしょうか？

Bさん：合併によって効率的な事務がおこなわれるようになったとされる一方，近年の全国的な傾向と同じくＸ市も地方公共団体の借金である地方債の額が［　b　］という課題が残されました。これは市の範囲が大きくなった分，市役所の事務の量が増えたことが原因の一つだと考えられます。しかし，住民のみなさんが自発的に課題の解決に取り組んでいただいている［　c　］の活動も広がっていて，私たち市役所職員はとても心強く感じています。

	a	b	c
ア	当時の新潟県巻町で住民投票がおこなわれた年	減少する傾向が続く	マスメディア
イ	当時の新潟県巻町で住民投票がおこなわれた年	増加する傾向が続く	マスメディア
ウ	当時の新潟県巻町で住民投票がおこなわれた年	減少する傾向が続く	NPO（非営利組織）
エ	地方分権一括法が施行された年	増加する傾向が続く	マスメディア
オ	地方分権一括法が施行された年	減少する傾向が続く	NPO（非営利組織）
カ	地方分権一括法が施行された年	増加する傾向が続く	NPO（非営利組織）

問３　Ⅲに関連して，次の図は，Ｘ市における，０歳から14歳，15歳から64歳，65歳以上に分けたときの人口の割合の推移である。図中のＰからＲは，それぞれ０歳から14歳，15歳から64歳，65歳以上のいずれかが当てはまる。Ｘ市は2000年以降，少子高齢化が特に進んでいることを踏まえて，ＰからＲに当てはまるものの組み合わせとして正しいものを，下のアからカのうちから一つ選べ。

図

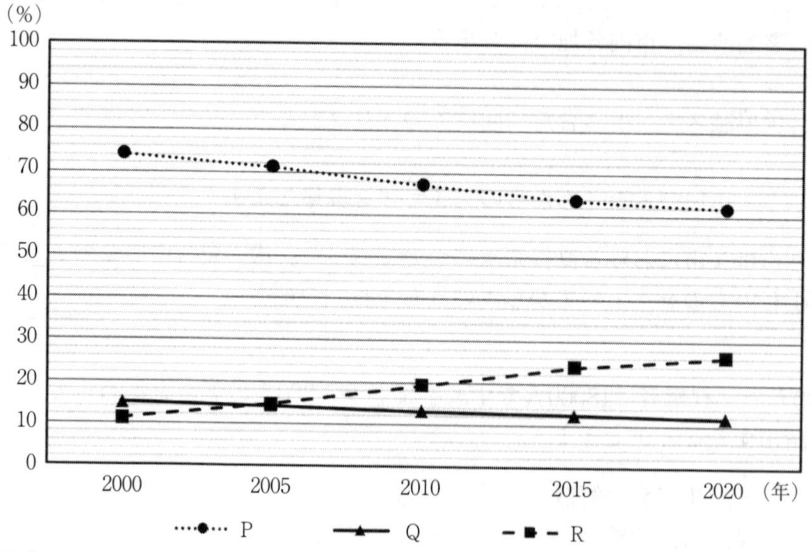

	ア	イ	ウ	エ	オ	カ
P	０～14歳	０～14歳	15～64歳	15～64歳	65歳以上	65歳以上
Q	15～64歳	65歳以上	０～14歳	65歳以上	０～14歳	15～64歳
R	65歳以上	15～64歳	65歳以上	０～14歳	15～64歳	０～14歳

8　次の生徒と先生の会話文を読み，**問1**から**問4**までの各問いに答えよ。

生徒：世界の自動車生産量を調べてみました。2018年では生産台数1位は中国，2位はアメリカ，3位は日本です。中国は今世紀に入り急速に生産台数を増やして1位になりました。
先生：前世紀はどのようでしたか。
生徒：1970年ごろまでは，アメリカが1位でした。1980年ごろから日本がアメリカを上回り1位になります。その後，1990年代の初めごろに再びアメリカが1位になります。
先生：どうしてそうなったのでしょうね。
生徒：調べたところ，1970年代に(1)石油危機(オイルショック)などの影響により，日本車が低燃費で比較的性能もよくなってきたことから，アメリカで日本車が注目され輸出が増えたそうです。また，当時のドルに対する円の価値が今よりも低い(2)円安であったことも影響したそうです。
先生：そうですね。日本はアメリカに対して大幅な貿易黒字となり，日米貿易摩擦問題になりました。
生徒：それは知りませんでした。その問題はどうなったのですか。
先生：アメリカは自国の貿易赤字を解消するため，日本に対し農産物への(3)関税を引き下げることを要求しました。関税とは，輸出入される商品にかかる税ですね。また，日本の自動車会社はアメリカへの輸出量を制限する自主規制を実行し，その後，組立工場をアメリカに作り，アメリカでの現地生産を増やすことで利益を確保しようとしました。それもあって，再びアメリカの生産台数が増加したのです。
生徒：でもそうなると，日本の国内の自動車生産台数は減りますね。
先生：それだけでは終わらず，日本の自動車会社は，その後，発展途上国等での生産工場を増やし，いわゆる(4)産業の空洞化がおきました。
生徒：企業活動が国際化することで，メリットもあればデメリットもあるのですね。

問1　下線部(1)についての説明として正しいものを，次のアからエのうちから一つ選べ。
ア　中東戦争などの影響で原油価格が高騰し，原油輸入国が不景気になった。
イ　中東戦争などの影響で原油価格が暴落し，原油輸入国が好景気になった。
ウ　当時のソ連がアメリカに対して輸出制限をし，世界的に原油価格が高騰し，原油輸入国が不景気になった。
エ　当時のソ連がアメリカに対して輸出拡大をし，世界的に原油価格が暴落し，原油輸入国が好景気になった。

問2　下線部(2)について，円安を説明した文AとB，円安と輸出の関係を説明した文XとYのうち，正しいものの組み合わせを，下のアからエのうちから一つ選べ。
A　1ドルに対する円の価値が120円であるときと比べて，1ドルに対する円の価値が140円であるのは，ドル高・円安である。
B　1ドルに対する円の価値が120円であるときと比べて，1ドルに対する円の価値が100円であるのは，ドル高・円安である。
X　それまでより円安になると，日本の輸出産業が外国へ売る製品価格は，輸出先の国では高くなる。
Y　それまでより円安になると，日本の輸出産業が外国へ売る製品価格は，輸出先の国では安くなる。

ア　A－X　　イ　A－Y　　ウ　B－X　　エ　B－Y

問３　下線部(3)に関する説明として最も適当なものを，次のアからエのうちから一つ選べ。

ア　各国が関税を引き下げると貿易の自由化が進み，輸出産業は安く輸出できる。

イ　各国が関税を引き下げると貿易の自由化が妨げられ，輸入品が国内で安価に販売される。

ウ　各国が関税を引き上げると貿易の自由化が進み，輸入品が国内で安価に販売される。

エ　各国が関税を引き上げると貿易の自由化が妨げられ，輸出産業は安く輸出できる。

問４　下線部(4)についての説明として正しいものを，次のアからエのうちから一つ選べ。

ア　後継者の減少により職人技術の継承が難しくなり，国内での伝統産業や地場産業が衰退してしまうこと。

イ　国内の大都市などで地価や人件費が高騰したことにより，企業が地価や人件費の安い地方に工場などを移転すること。

ウ　国内における農業・水産業などの第１次産業が衰退し，外国から安価な食料品が大量に輸入されるようになること。

エ　国内企業が，安い労働力を求めるなどして，工場などを海外に移転し，国内での雇用が減少すること。

【理　科】（50分）〈満点：100点〉

（注意）1　定規，コンパス，ものさし，分度器及び計算機は用いないこと。

2　問題の文中の[アイ]，[ウ]などには，特に指示がないかぎり，数字（0～9）が入り，ア，イ，ウの一つ一つは，これらのいずれか一つに対応する。それらを解答用紙のア，イ，ウで示された解答欄に，マーク部分を塗りつぶして解答すること。

3　解答は指定された形で解答すること。例えば，解答が0.415となったとき，[エ].[オカ]ならば，小数第3位を四捨五入して0.42として解答すること。

1　次の問1から問8に答えよ。

問1　観測者が雷の光を見てから音を聞くまで6秒かかったとき，雷の光が発生した場所は観測者から何km離れていると考えられるか。ただし，音が空気中を伝わる速さは340m/sとする。

[ア].[イ]km

問2　直方体の水槽に水を入れ，図のように，ストローを手前の面Aとの平行を保ったまま，水面の中央部分に斜めに差し入れた。水槽の面Aを，面Aに対して垂直に見るとき，水の中のストローの見え方として，最も適当なものを以下のアからエの中から選べ。

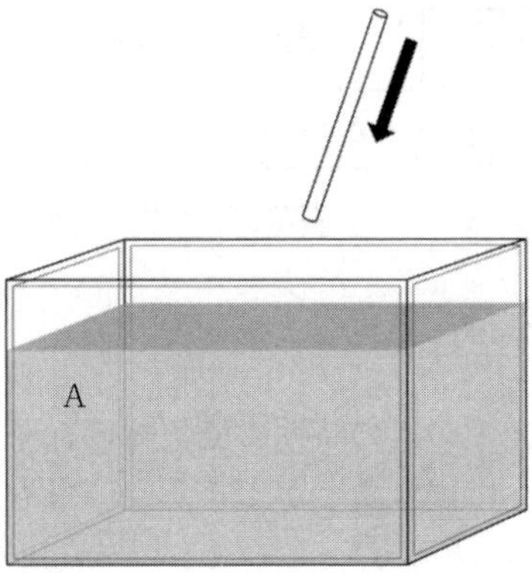

図

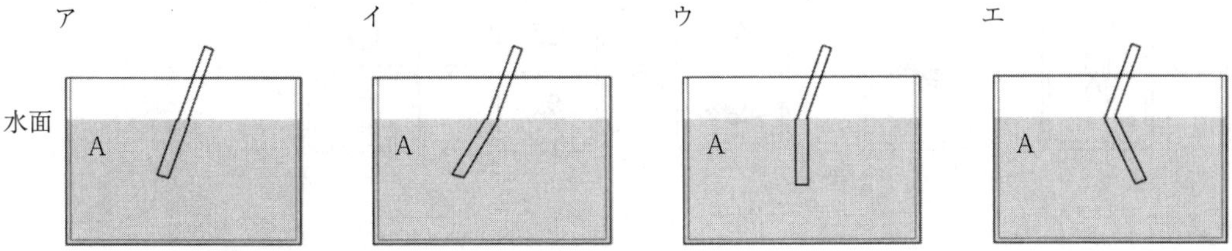

問3　うすい塩酸を電気分解したとき，陽極側に発生する気体の性質について書かれた記述で正しいものを次のアからエの中から**二つ**選べ。

ア　水にとけにくい

イ　水にとけやすい

ウ　無色で空気より軽い

エ　刺激臭がある

問4　次のアからエに示した現象はいずれも，ひらがなで書くと「とけた」という言葉を使用している。化学変化であるものを次のアからエの中から選べ。

ア　春になると氷がとけた

イ　酸性の水溶液がかかり，金属の一部がとけた

ウ　砂糖を水に入れると，よくとけた

エ　金属を高温にするととけた

問5　ユリ，ツツジ，イヌワラビ，マツを植物の特徴にもとづいて分類した。分類結果を示したものとして最も適当なものを，次のアからエの中から選べ。

ア
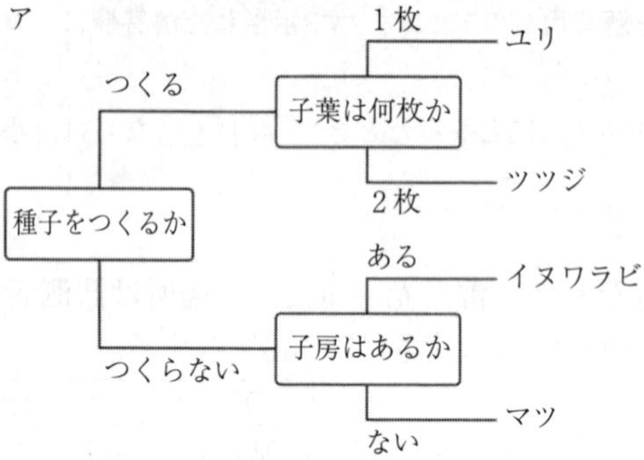

イ
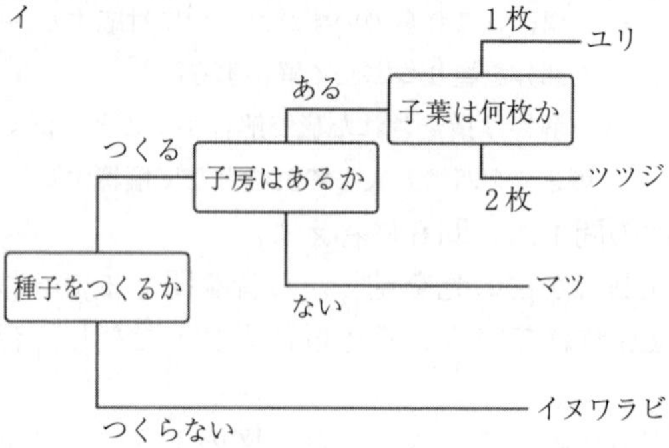

ウ
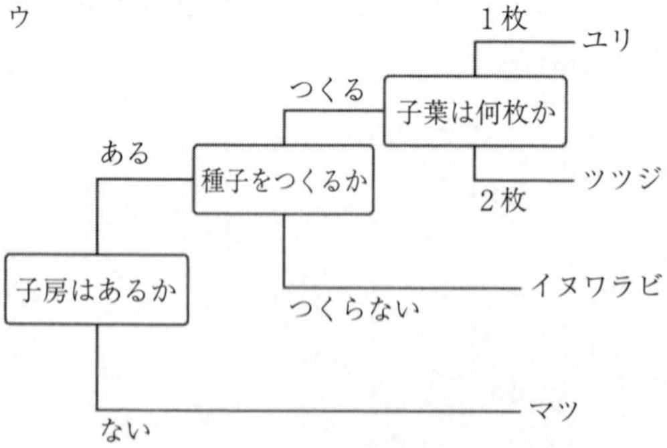

エ
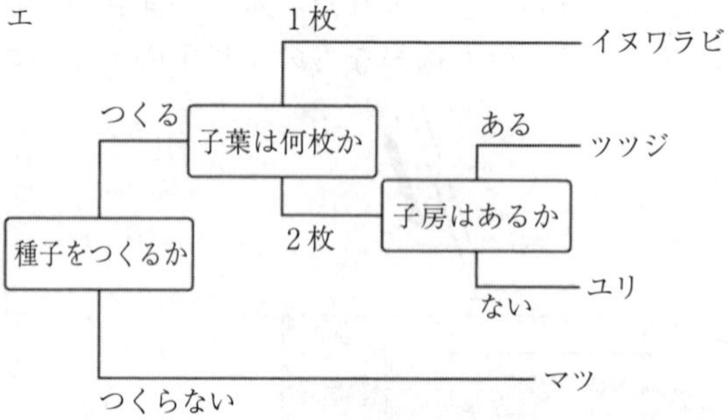

問6　図1は植物の体細胞分裂の様子をスケッチしたものである。図1のAの時期の染色体の様子を図2のように表すとき，図1のBの時期の染色体の様子はどのように表すことができるか。最も適当なものを以下のアからエの中から選べ。

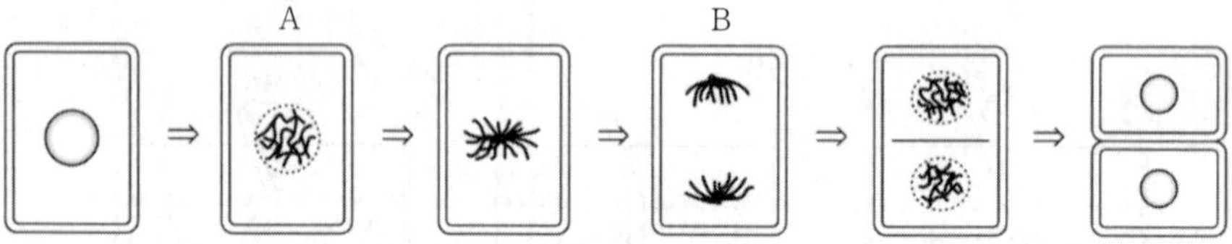

図1

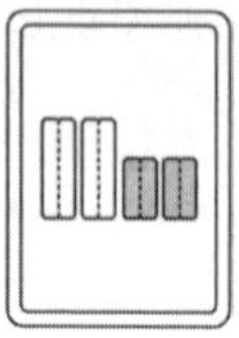
図2

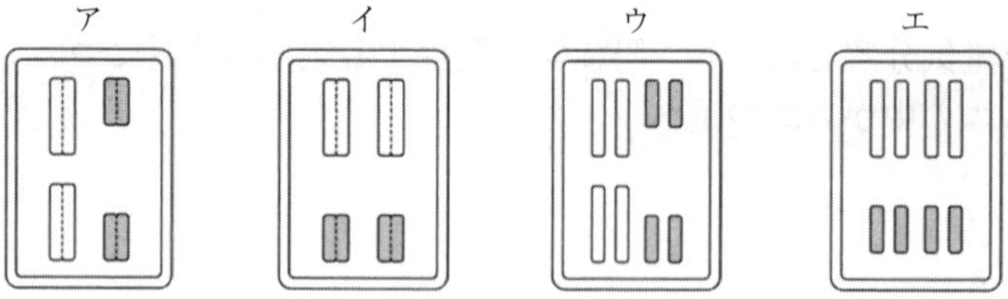

問7　気象庁が「冬型の気圧配置が続き，西～北日本で雪」と発表した日の気圧配置を示しているものはどれか。最も適当なものを，次のアからエの中から選べ。ただし，天気図中の白抜き文字「H」は高気圧を，「L」は低気圧を示している。

ア

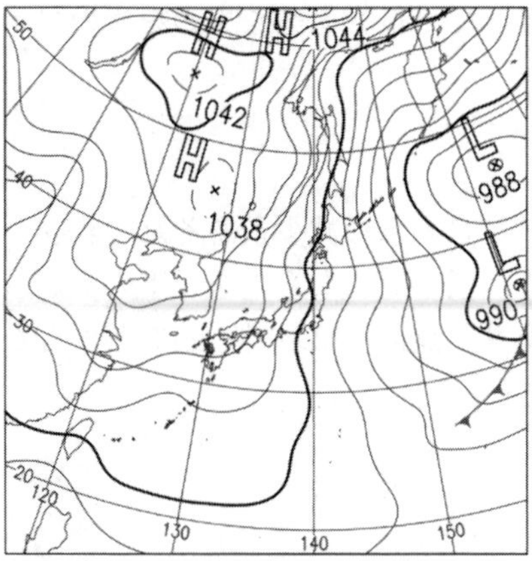

イ

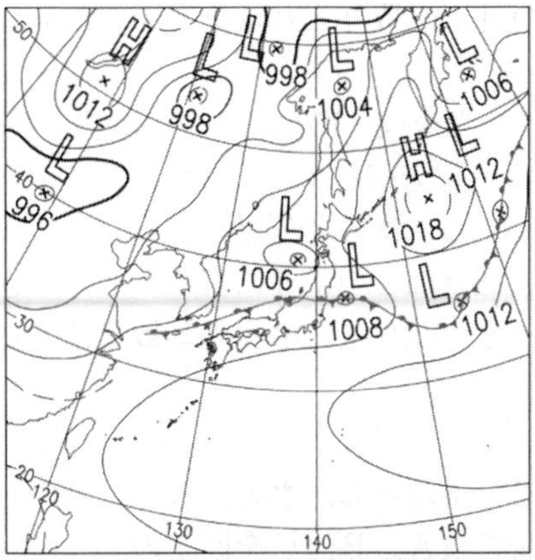

ウ

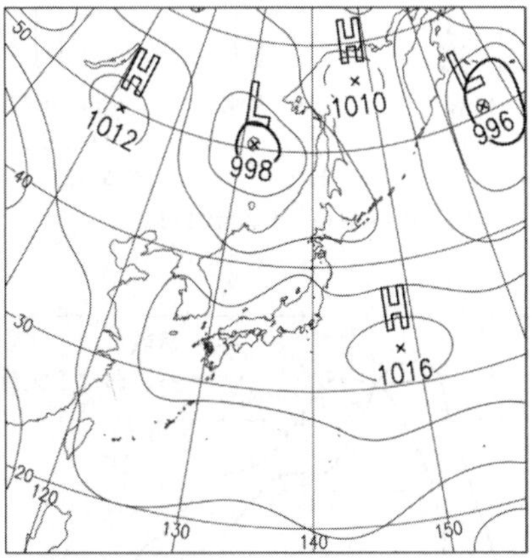

エ

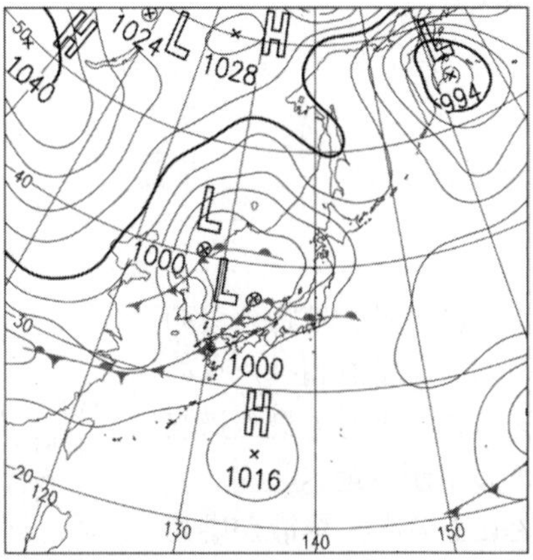

（気象庁ホームページ「日々の天気図」より作成）
https://www.data.jma.go.jp/fcd/yoho/hibiten/index.html

問 8　次の文章は，地震についての説明文である。文章中の空欄①，②に当てはまるものを，以下のアからクの中からそれぞれ選べ。

（　①　）を震源という。また，地震の規模を表すものは（ ② ）である。

①の選択肢

ア　地震の発生場所

イ　最も揺れの大きかった地上の地点

ウ　地震の発生した場所の真上の場所

エ　地震波が最も早く到達した地上の地点

②の選択肢

オ　震度　　　　　　　カ　主要動

キ　マグニチュード　　ク　震源からの距離

2 植物のはたらきについて，次の問１から問４に答えよ。

問１ 葉のはたらきと，気孔から取り入れる物質の組み合わせとして，最も適当なものを次のアからカの中から**二つ**選べ。

ア 光合成・CO_2 イ 光合成・H_2O ウ 呼吸・O_2
エ 呼吸・CO_2 オ 蒸散・H_2O カ 蒸散・O_2

問２ 蒸散について調べるために次の[実験]を行った。枝Ａ，Ｂ，Ｃの水の減少量をそれぞれa，b，cとすると，葉からの蒸散量はどのように表すことができるか。最も適当なものを以下のアからカの中から選べ。ただし，水の減少量と植物の蒸散量は同じであり，蒸散は葉以外の茎などからも行われるものとする。

[実験]

同じ大きさの試験管を３本用意し，水を入れた。葉の大きさや数がほぼ等しい植物の枝Ａ，Ｂ，Ｃを図１のようにし，明るく風通しのよいところに置いた。数時間後，それぞれの試験管の水の減少量を調べた。

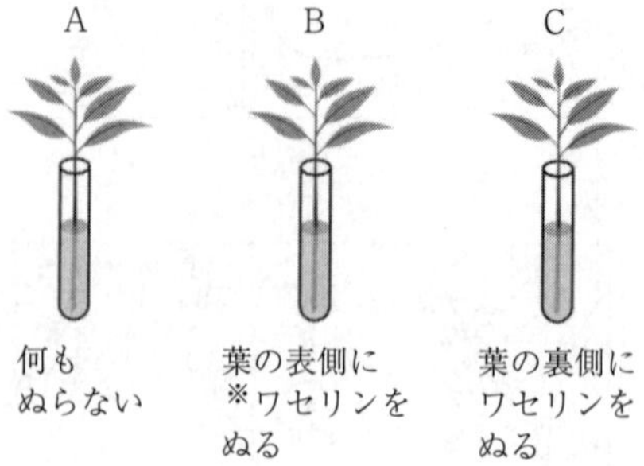

※ワセリンは油の一種で蒸散を防ぐ

図１

ア a イ $b+c$
ウ $(b+c)-a$
エ $a-(b+c)$
オ $2a-(b+c)$
カ $2(b+c)-a$

問３ 図２は，ある晴れた日に野外の植物の葉の蒸散量とその茎を流れる水の流量を調べたものである。グラフからいえることとして最も適当なものを，次のアからエの中から選べ。

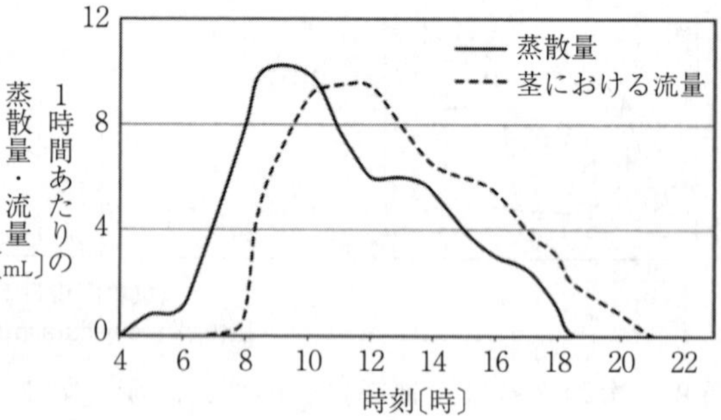

図２

ア 根からの吸水が盛んになると，蒸散が盛んになる

イ 蒸散が盛んになると，根からの吸水が盛んになる

ウ 茎における水の流量が減少すると，蒸散が抑えられる

エ 蒸散量が減少すると，茎における水の流量が増加する

問４ 植物をビニルハウス内で栽培するときには，植物がきちんと光合成や蒸散ができるようにビニルハウス内の環境を調節している。ある植物をビニルハウス内で栽培しているときに，換気と水やりを忘れてしまった日があった。次のページの図３はこの日のビニルハウス内の環境を記録したものである。この記録からいえることを以下の文章にまとめた。文中の空欄①から③に当てはまる最も適当な組み合わせを，以下のアからクの中から選べ。

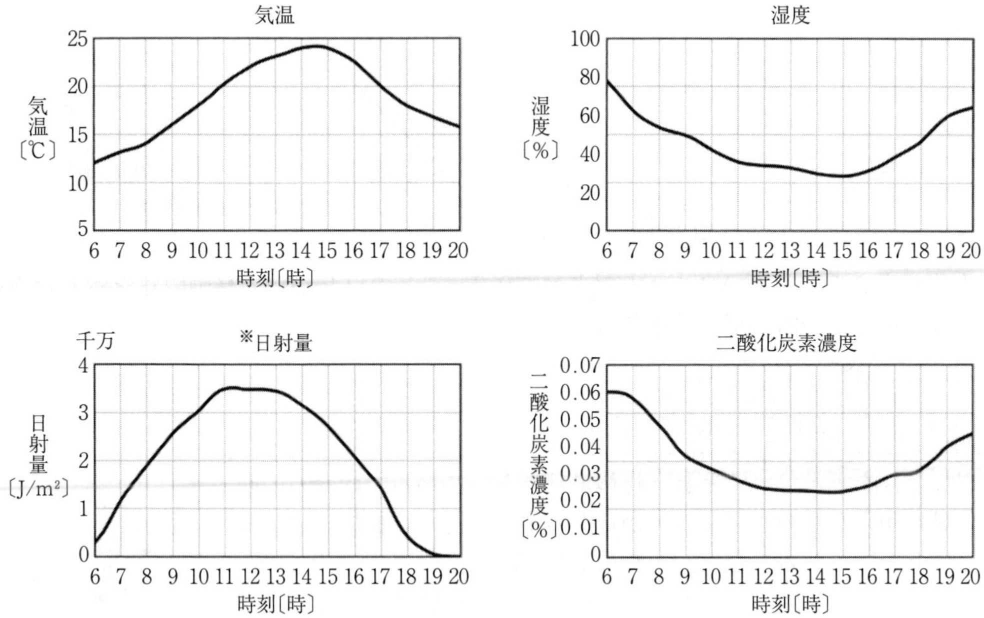

※日射量は1 m^2あたりに太陽から降り注ぐ光のエネルギーの量

図3

図3より，8時から12時頃までは光合成が(　①　)ことがわかる。また，12時頃に葉の表面の様子を調べると，ほとんどの気孔が閉じていた。これは気温の上昇とともに(　②　)ためと考えられる。これによって，12時以降は蒸散も光合成も(　③　)ことがわかる。

このことから，ビニルハウス内の換気と水やりを適切に調節することで，蒸散や光合成を調節することができる。

	①	②	③
ア	行われなくなった	日射量が増えた	盛んに行われた
イ	行われなくなった	日射量が増えた	ほとんど行われなくなった
ウ	行われなくなった	湿度が下がった	盛んに行われた
エ	行われなくなった	湿度が下がった	ほとんど行われなくなった
オ	盛んに行われた	日射量が増えた	盛んに行われた
カ	盛んに行われた	日射量が増えた	ほとんど行われなくなった
キ	盛んに行われた	湿度が下がった	盛んに行われた
ク	盛んに行われた	湿度が下がった	ほとんど行われなくなった

3　次のページの図1のように斜面AB上の点Pから，小さな物体を斜面にそって力をあたえずに静かにすべらせた。この物体は水平面BCを移動して斜面CDをある高さまで上がった後，斜面CDを下りはじめた。いずれの斜面も十分に長く，斜面ABは水平面と30°，斜面CDは45°の角度をなしている。以下の**問1**から**問6**に答えよ。ただし，物体の大きさや摩擦，抵抗は考えないこととし，斜面と水平面との接続点BとCにおいても物体はなめらかに運動したものとする。また，計算結果において平方根がでた場合は，$\sqrt{2}=1.41$，$\sqrt{3}=1.73$として答えること。

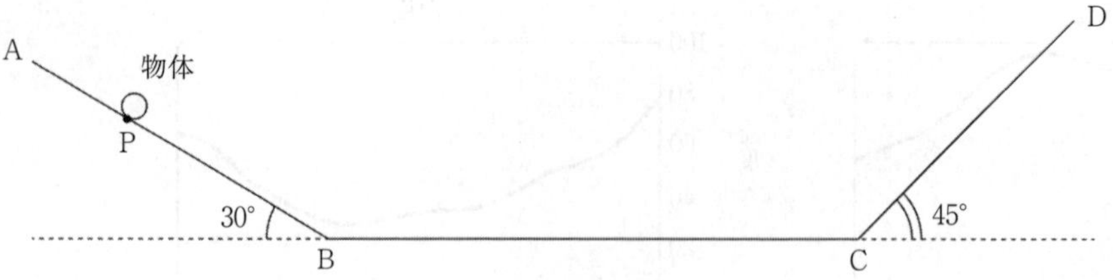

図1

問1　表は，物体が点Pから斜面ABを下りはじめて0.2 sごとの点Pからの移動距離を示したものである。0.2 sから0.6 sの間の平均の速さはいくらか。

[アイウ] cm/s

表

時間〔s〕	0	0.2	0.4	0.6	0.8
移動距離〔cm〕	0	10	40	90	160

問2　物体が斜面ABを下っているとき，物体にはたらいている力の合力の向きはどれか。最も適当なものを図2のアからクの中から選べ。物体にはたらいている力がつり合っている場合は，ケを選ぶこと。

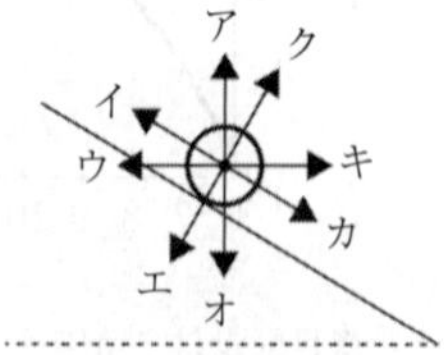

図2

問3　物体が水平面BCを移動しているとき，物体にはたらいている力の合力の向きはどれか。最も適当なものを図3のアからクの中から選べ。物体にはたらいている力がつり合っている場合は，ケを選ぶこと。

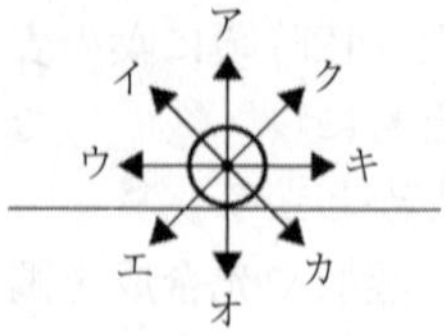

図3

問4　物体が斜面CDを上がっているとき，物体にはたらいている力の合力の向きはどれか。最も適当なものを図4のアからクの中から選べ。物体にはたらいている力がつり合っている場合は，ケを選ぶこと。

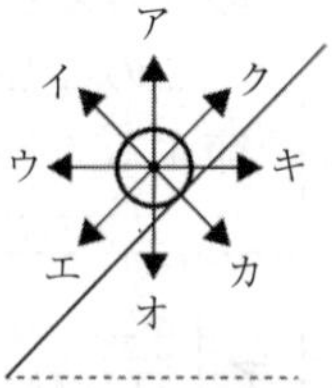

図4

問5　斜面CDを上がっている物体は，その斜面上のある位置(点Q)で運動の向きを変え，斜面を下りはじめる。点Cから点Qまでの距離は，点Pから点Bまでの距離の何倍か。

[ア].[イウ] 倍

問6　物体が点Qから斜面CDを下りはじめて0.2 sおきに点Qから移動した距離を調べた。最も適当な距離の変化を表したものを次のアからエの中から選べ。

ア	6 cm	23 cm	60 cm	126 cm
イ	10 cm	40 cm	90 cm	160 cm
ウ	14 cm	57 cm	127 cm	226 cm
エ	14 cm	74 cm	134 cm	194 cm

4　月と金星について，次の問1から問3に答えよ。

問1　次の文章は，月について説明したものである。文中の空欄①，②に当てはまる語句を，以下のアからキの中からそれぞれ選べ。

月は地球の周りを公転する（ ① ）で，満ち欠けの周期は約29.5日である。また，月食は（　②　）の順番で一直線に並んだときに起きる。

ア　地球型惑星　　イ　木星型惑星　　ウ　衛星　　エ　小惑星
オ　地球・太陽・月　　カ　太陽・地球・月　　キ　太陽・月・地球

問2　図1は，ある年の1月1日の地球と月の位置を，地球の北極の上空から見たものである。次の1と2に答えよ。

1　1月1日から1ヶ月以内に，日食が起きるとすると，いつ起きると考えられるか。最も適当なものを，次のアからエの中から選べ。

ア　6日後　　イ　13日後
ウ　20日後　　エ　27日後

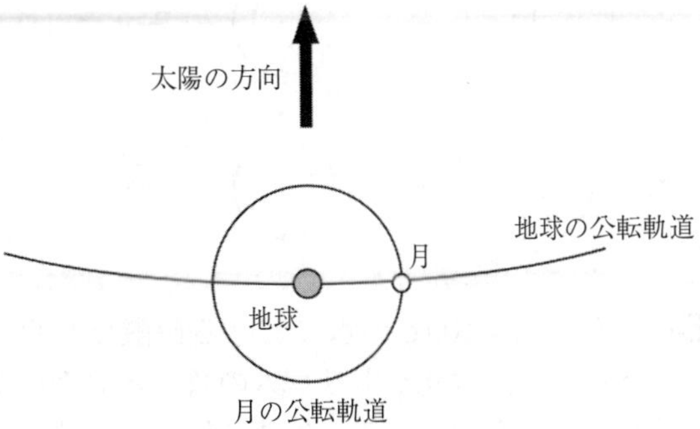

図1

2　1月1日の月を肉眼で観測したとき，月は南に見えた。このとき，「観測される時間帯」，「月の形」について，最も適当なものを，次のアからカの中からそれぞれ選べ。

「観測される時間帯」
ア　午前0時ごろ　　イ　午前6時ごろ　　ウ　午後6時ごろ

「月の形」
エ　満月　　オ　向かって右側が明るい半月（上弦の月）
カ　向かって左側が明るい半月（下弦の月）

問3　図2は，地球・金星・太陽の位置関係を，地球の北極の上空から見たものである。ある年の1月1日には，地球と金星はそれぞれXの位置にあり，30日後の1月31日にはYの位置まで移動した。以下の問いに答えよ。

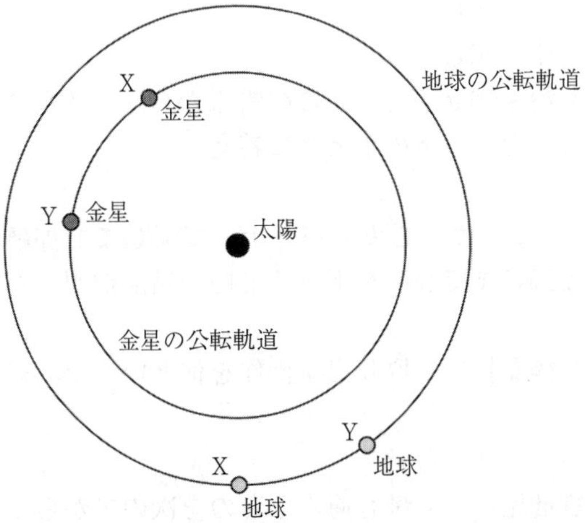

図2

1月1日から1月31日まで，望遠鏡を使って金星を毎日観測した。この間の金星の満ち欠けの変化の様子を表す図と文として，最も適当なものを次のアからエの中から選べ。ただし，金星の明るい部分は，実線で表すものとする。

ア  地球から金星が観測できない日がある

イ 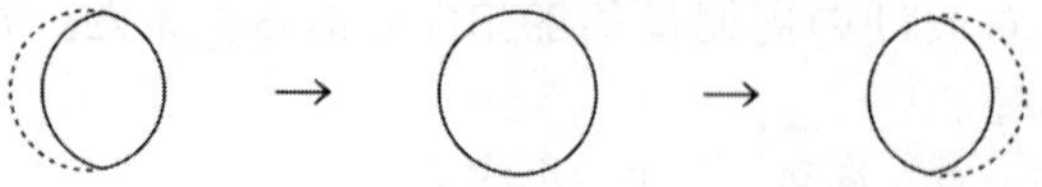 満月のように，満ちた姿の金星が観測できる日がある

ウ 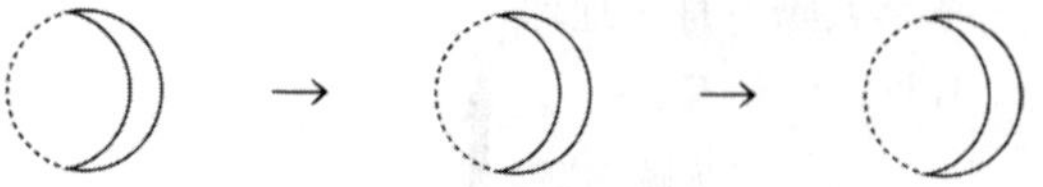 三日月のような細長い金星が観測でき，満ち欠けの変化はほとんどない

エ 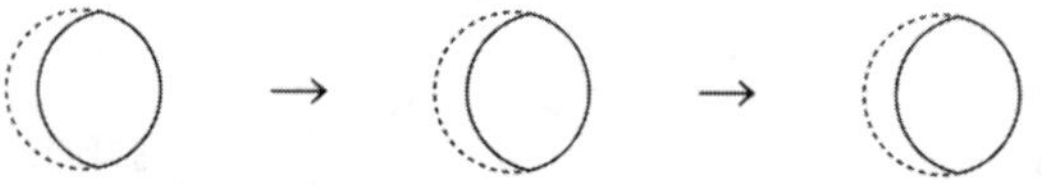 端だけが少し欠けた金星が観測でき，満ち欠けの変化はほとんどない

5　右の図は100 gの水にとける硝酸カリウム，ミョウバン，塩化ナトリウムの質量と温度の関係を表したものである。加熱に伴う水の蒸発は考えないものとする。次の**問1**から**問4**に答えよ。

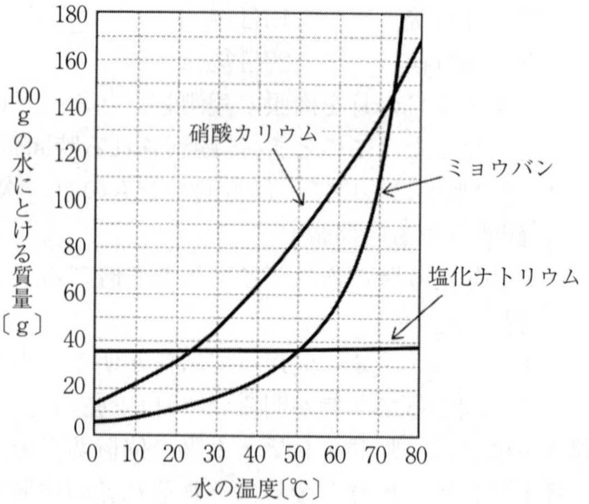

図

問1　60℃の硝酸カリウムの飽和水溶液の質量パーセント濃度はいくらか。最も適当なものを次のアからオの中から選べ。

ア　25%　　イ　37%　　ウ　47%

エ　52%　　オ　100%

問2　硝酸カリウム26 gを60℃の水80 gにとかした溶液がある。この溶液をおよそ何℃まで冷やせば，とけきれなくなった硝酸カリウムが結晶として現れ始めるか。最も適当なものを次のアからオの中から選べ。

ア　10℃　　イ　20℃　　ウ　30℃　　エ　40℃　　オ　50℃

問3　ミョウバン49 gと塩化ナトリウム１ gが混ざった粉末50 gがある。この粉末から，純粋なミョウバンの結晶を取り出そうと，次のような[実験]を行った。以下の１と２に答えよ。

[実験]

ビーカーに水100 gを入れ，この粉末50 gを加えた。ビーカーをガスバーナーで60℃まで加熱し，粉末試料がすべて水にとけたことを確認した。その後20℃まで温度を下げると白い結晶が現れたので，ろ過によって結晶とろ液に分けた。

1　このように温度による溶解度の差を利用して，純粋な物質を取り出す操作を何というか。適切なものを次のアからオの中から選べ。

ア　ろ過　　イ　再結晶　　ウ　蒸留　　エ　中和　　オ　還元

2　ろ液に含まれるミョウバンと塩化ナトリウムの質量比として最も適当なものを次のアからオの中から選べ。

ア　1：0　　イ　1：4　　ウ　4：1　　エ　11：1　　オ　49：1

問4　ミョウバン40 gを20℃の水100 gに加え80℃まで加熱した。ミョウバン水溶液の濃度変化を模式的に表したグラフとして最も適当なものを次のアからオの中から選べ。

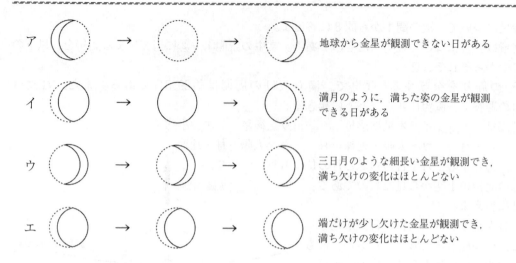

ア

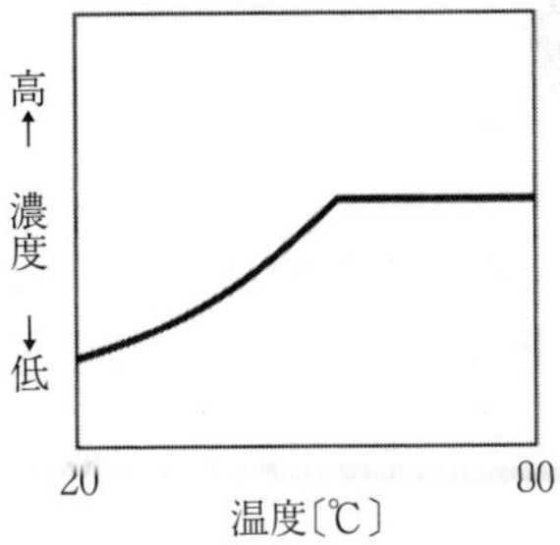

イ

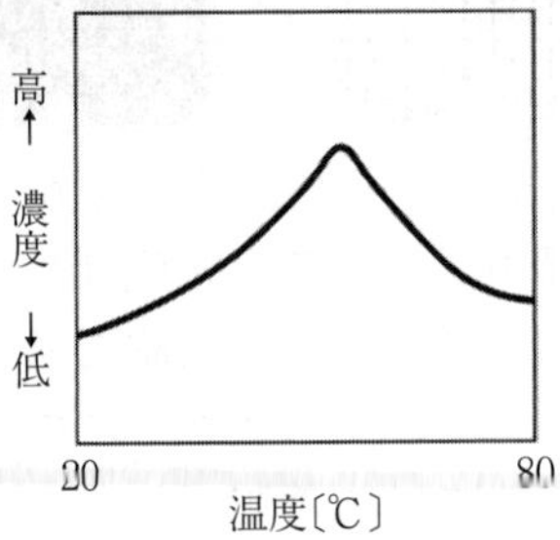

ウ

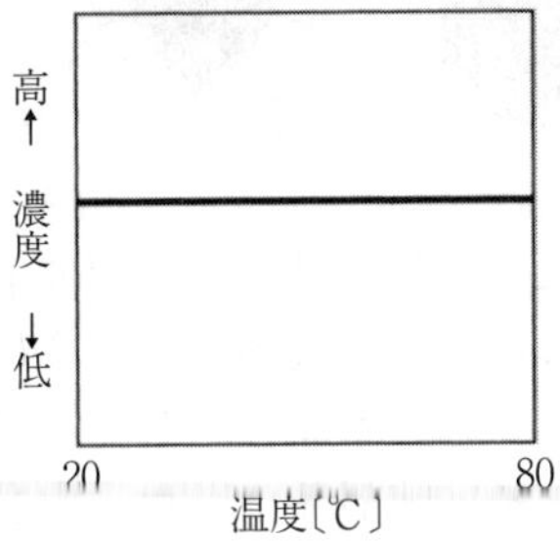

エ

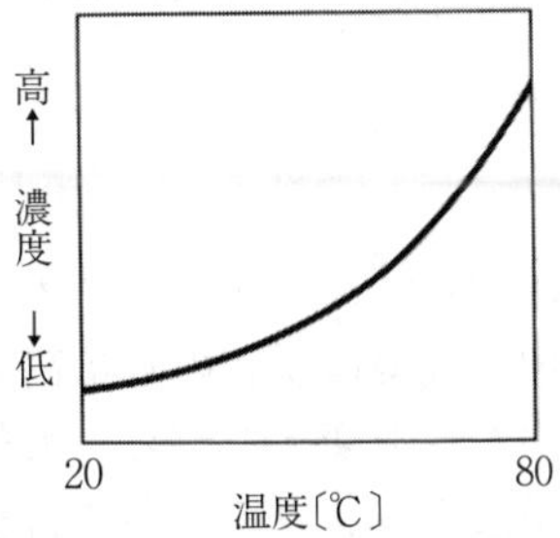

オ

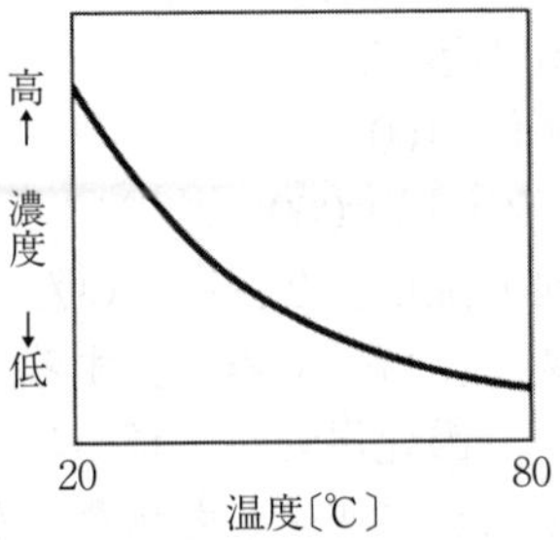

6　花子さんは自分のクラスの教室に，図１のような「二酸化炭素濃度測定器」という装置が置いてあることに気づいた。どのような装置なのか，興味を持った花子さんは先生に質問をした。次の文は，そのときの会話の一部である。会話を読んで，以下の**問１**から**問６**に答えよ。

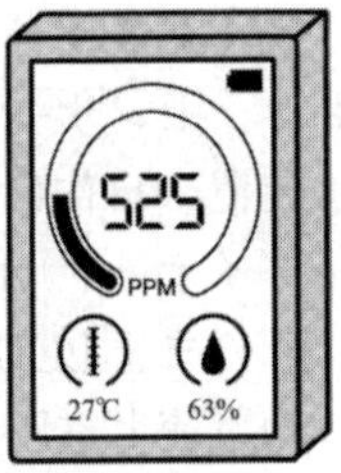

図１

花子「先生，教室に二酸化炭素濃度測定器という装置が置いてありますね。どんな装置なんですか？」

先生「まずは，花子さんは二酸化炭素という物質は知っていますよね。」

花子「はい。分子のモデルについても，理科で学びました。」

先生「人間の呼気にも含まれていますよね。この装置の置いてある空間の空気に二酸化炭素がどれくらい含まれているか，内部にある二酸化炭素濃度センサーを用いて調べる道具なんです。」

花子「表示されている525ppm というのはどういう意味なんですか。」

先生「例えば，$1.0\mathrm{m}^3$ の空気のうち，ある気体が $0.2\mathrm{m}^3$ 分占めているとすれば，占めている分の体積比として，その気体は20％含まれているといえますよね。ppm というのはもっと少ない割合の気体が占められているときによく使う単位で，$1.0\mathrm{m}^3$ の空気のうち，ある気体が $1.0\mathrm{cm}^3$ 分だけ占めているとき，1 ppm というのです。」

花子「普段の空気での二酸化炭素は何 ppm なんですか。」

先生「普段の空気というのは，大気ということですね。現在はおよそ400ppm とされています。」

花子「においもなく目にも見えない気体の存在がほんの少しであってもわかるなんて，センサーってすごいですね。センサーを勉強して，自分で装置を作ってみたくなりました！」

先生「それはいいですね。他にもいろいろなセンサーがありますから，いろいろ作ってみてください。」

問１　次のアからエはヒトの呼気に含まれるおもな成分を分子のモデルで表したものである。ヒトの呼気に最も多く含まれるものはどれか。適切なものをアからエの中から選べ。なお，同じ模様であれば，それらは同じ種類の原子を表している。

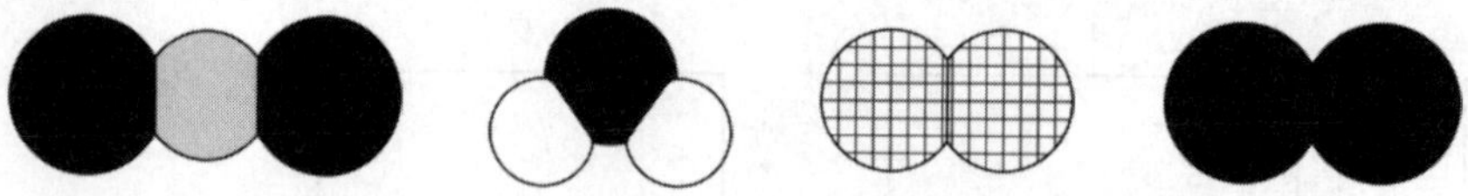

ア　　　　イ　　　　ウ　　　　エ

問２　ヒトの吸気中の酸素は，肺胞で血液に取り込まれる。細胞は血液中から酸素を取り込み，細胞呼吸により生じた二酸化炭素は血液中にとけ込み，やはり肺胞を通して排出される。二酸化炭素を多く含んだ血液が流れる血管として適当なものを，次のアからエの中から**二つ**選べ。

ア　肺動脈　　イ　肺静脈　　ウ　大動脈　　エ　大静脈

問３　ヒトの呼気１Ｌに含まれる二酸化炭素は，占められている分の体積でいうとおよそ40mL であることが知られている。これは，大気中の二酸化炭素の体積の割合と比べて，およそ何倍だといえるか。最も適当なものを次のアからクの中から選べ。

ア　0.1　　イ　1　　ウ　10　　エ　100

オ　1000　　カ　10000　　キ　100000　　ク　1000000

問４　花子さんは，先生が「“現在は”およそ400ppm」と言っていたことが少し気にかかり，昔の大気がどれくらいの二酸化炭素濃度であったのか，調べてみた。すると，中生代では現在の数倍高い数値であったらしいと記されていた。また，二酸化炭素が，長い時間の中で形を変えながら，大気，海，陸などを移動していることもわかった。これに関連した物質である炭酸カルシウムを多く含む岩石として適切なものを，次のアからエの中から選べ。

ア　花こう岩　　イ　玄武《げんぶ》岩　　ウ　石灰岩　　エ　チャート

問５　センサーに興味を持った花子さんは，マイコン（制御装置）と二酸化炭素濃度センサーを用いて，装置の自作に挑戦した。センサーの値が1000ppm を超えた場合，警告灯として赤色のLED（発光ダイオード）が光るようにしたいと考えた。このマイコンから出力される電圧は3.3Ｖであるため，そのままLED だけを接続すると，LED に加わる電圧値が適正な値を超えてしまう。そこで，LED の電流と電圧の関係のグラフ（図２）を参考にしながら，図３のように抵抗をつないで，LED に加わる電圧が2.1Ｖとなるようにした。つないだ抵抗の抵抗値を答えよ。　アイ Ω

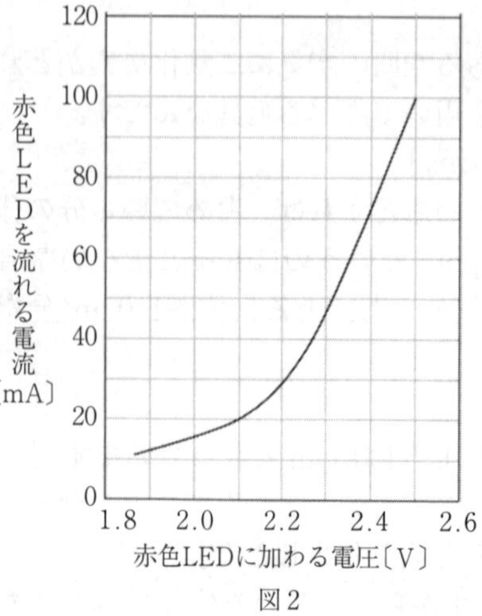

図２

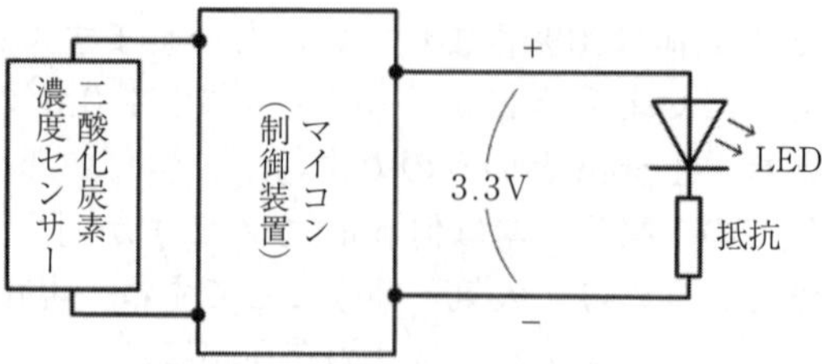

図３

問６　花子さんは，自作した**問５**の装置を用いて，午前８時15分から一定時間，自分の教室の二酸化炭素濃度がどのように変化するか，測定した。次のページの図４は，そのときのデータをグラフにしたものである。この時間における抵抗で発生するおよその熱量を表したい。最も近い値と，適当な単位はそれぞれどれか。数値はアからキの中から，単位はクからシの中から，それぞれ選べ。

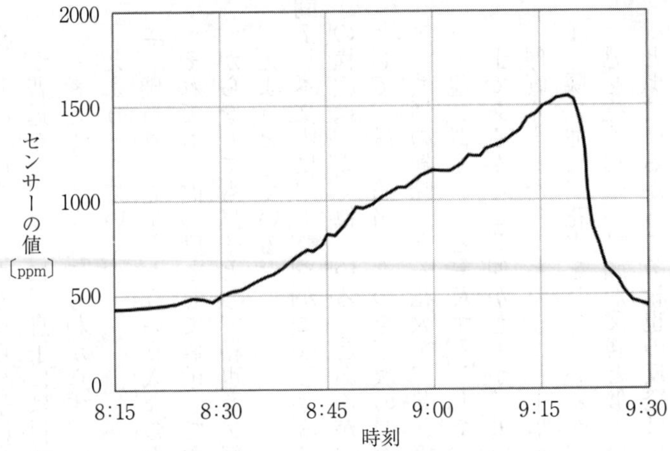

図 4

数値

ア　0.01　　イ　0.03　　ウ　0.7　　エ　2

オ　40　　カ　100　　キ　300

単位

ク　J　　ケ　W　　コ　N　　サ　Hz　　シ　℃

ウ　熱心な研究者であるなら息子にも学問をさせたいと考えるのが普通なはずなのに、息子には得意なことを好きにやらせたいと考える先生が僕にもわからず、自分も和也と同感であると伝えようとしている。

エ　僕自身も先生がどういう人なのか今でもよくわからないが、それでも学問の師として尊敬しており、たとえ父親のことがわからなくても息子として和也も父親を敬うべきではないかと伝えようとしている。

問7　本文中に、(5)軽やかにはじける光を神妙に見つめる父と息子の横顔は、よく似ている。とあるが、この一文の表現効果の説明として、最も適当なものを、次のアからエまでの中から一つ選べ。

ア　共通の趣味である花火を、父と協力して楽しむ和也の横顔が父親と似ていると言及することで、今の先生と和也は似た者同士であるからこそ仲が悪いが、近いうちに何らかのきっかけで仲直りするだろうということを暗示する効果。

イ　隣に並んで花火をしてはいるが、場を取り仕切る父親に嫌悪感を抱く和也の横顔が父親と似ていると言及することで、先生と似ているからこそ和也の反発は根深く、簡単に打ち解けることなどできないということを暗示する効果。

ウ　父親と一緒に花火に夢中になって、日頃の対立を解消した和也の横顔が父親と似ていると言及することで、和也は父親に反抗するあまり勉強から逃げていたが、将来父親と同じく学問に夢中になるはずだということを暗示する効果。

エ　父に火をもらい、一緒に花火をしている和也の横顔が父親と似ていると言及することで、先生と和也の親子関係が現状では必ずしもうまくいってはいないとしても、親子としてのきずなで結ばれているということを暗示する効果。

生徒1　でも、「先生がはっとしたように口をつぐんだ。」とあるから、さすがの先生もすぐに事態に気づいたようだね。

生徒2　そうだね。周りもほっとしただろうね。「僕は胸をなでおろした。たぶん奥さんも、それに和也も。」とも書かれているよ。

生徒3　ちょっと待って。先生は「ああ、スミ。悪いが、紙と鉛筆を持ってきてくれるかい。」って言っているんだから、先生がはっとしたように口をつぐんだのは、［Ⅰ］

生徒1　そうか。それで和也は「踵を返し、無言で部屋を出ていった。」わけか。この親子の関係は、あまりうまくいっていないみたいだね。

ア　僕のために雲の絵を解説してあげたいという気持ちがあって、それには紙と鉛筆が必要だと思ったからじゃないかな。

イ　奥さんの声を聞いて、今自分がいるのは大学の研究室じゃなくて自宅の和室だってことに気づいたからじゃないかな。

ウ　学問についてふと頭に思い浮かんだことがあって、忘れないうちにそれをメモしておこうと思ったからじゃないかな。

エ　和也の絵に雲の名前を書いていないところがあって、書き足そうと思っていたのを急に思い出したからじゃないかな。

問4　本文中に、(2)腕組みして壁にもたれ、暗い目つきで僕を見据えた。とあるが、このときの和也の気持ちの説明として最も適当なものを、次のアからエまでの中から一つ選べ。

ア　父親の求めで絵を探しに行ったのに結局は無視されて、いつも周囲を振り回す父親の身勝手さを改めて思い知らされ、嫌気がさしている。

イ　せっかく父親が自分の絵に関心を向けてくれたのにわざと学問の話を始め、父親の関心を奪っていった僕に対し、強い反感を抱いている。

ウ　息子の絵のことなど忘れ、僕を相手に夢中で学問の話をする父親の姿に、やはり父親は自分に関心を向けてくれないと感じ落胆している。

エ　家庭教師の僕がもう少し熱心に教えてくれれば成績が上がり、父親の関心が自分に向くようになるはずなのにと思い、僕を非難している。

問5　本文中に、(3)妙に落ち着かない気分になっていた。とあるが、なぜか。その理由として最も適当なものを、次のアからエまでの中から一つ選べ。

ア　父親との親子関係をなかなかうまく築けない不満と焦りでいらだつ和也を見て、その原因の一端が自分の存在にあるのではないかと疑い始めているから。

イ　今まで見たこともないほど楽しそうにしている父親の姿に傷つく和也を見て、自分がかつて親に対して抱いた思いが呼び覚まされそうになっているから。

ウ　学校の成績に劣等感を抱いて落ち込む和也を見て、家庭教師の自分が勉強を十分に見てはこなかった結果だと思って打ちのめされそうになっているから。

エ　楽しそうな父親の姿に驚いている和也を見て、学問の話題がふたりを隔てていることに気づき、先生と和也の仲を取り持たなくてはと思い始めているから。

問6　本文中の、「(4)わからないひとだよ、きみのお父さんは。」という僕の発言の意図として最も適当なものを、次のアからエまでの中から一つ選べ。

ア　先生は不器用ながらも先生なりに息子のことを考えていると、和也にそれとなく気づかせようとすると同時に、物事も人もわからないからこそおもしろく、向き合う価値もあるのだと伝えようとしている。

イ　わからないからこそ世界はおもしろいのだと考え、役に立ちそうもない気象の研究に一心に打ち込む父親を見習って、役には立たないかもしれないが和也には絵の道に進んでほしいと伝えようとしている。

僕は手をとめた。開いたページには、今の季節におなじみのもくもくと不穏にふくらんだ（注4）積雲が、繊細な陰翳《いんえい》までつけて描かれている。

「(4)わからないひとだよ、きみのお父さんは。」

わからないことだらけだよ、この世界は――まさに先ほど先生自身が口にした言葉を、僕は思い返していた。

だからこそ、おもしろい。

僕と和也が和室に戻ると、先生は庭に下りていた。どこからかホースをひっぱってきて、足もとのバケツに水をためている。

奥さんが玄関から靴を持ってきてくれて、僕たち三人も庭に出た。縁側に、手持ち花火が数十本も、ずらりと横一列に並べてある。長いものから短いものへときれいに背の順になっていて、誰がやったか一目瞭然だ。色とりどりの花火に、目移りしてしまう。

どれにしようか迷っていたら、先生が横からすいと腕を伸ばした。向かって左端の、最も長い四本をすばやくつかみ、皆に一本ずつ手渡す。

「花火奉行《ぶぎょう》なんだ。」

和也が僕に耳打ちした。

花火を配り終えた先生はいそいそと庭の真ん中まで歩いていって、手もとに残った一本に火をつけた。先端から、青い炎が勢いよく噴き出す。和也も父親を追って隣に並んだ。ぱちぱちと燃えさかる花火の先に、慎重な手つきで自分の花火を近づける。火が移り、光と音が倍になる。

僕と奥さんも火をもらった。四本の花火で、真っ暗だった庭がほのかに明るんでいる。昼間はあんなに暑かったのに、夜風はめっきり涼しい。虫がさかんに鳴いている。

ゆるやかな放物線を描いて、火花が地面に降り注ぐ。(5)軽やかにはじける光を神妙に見つめる父と息子の横顔は、よく似ている。

（瀧羽麻子《たきわあさこ》『博士の長靴』による）

（注1）納戸＝普段使わない家具や食器などをしまっておく物置用の部屋。

（注2）スミ＝藤巻先生の奥さんの名前。

（注3）巻積雲＝うろこ状、またはさざ波のように広がる雲。いわし雲。

（注4）積雲＝晴れた日によく見られる、白いわたのような雲。綿雲。

問1 本文中の、(a)話の腰を折る、(b)腑に落ちない の意味として最も適当なものを、下のアからエまでの中から一つずつ選べ。

(a)
ア 話の途中でその場から離れる
イ 話の途中を省略して結論を急ぐ
ウ 話の途中で急に口を閉ざす
エ 話の途中で言葉を挟んで妨げる

(b)
ア 想像できない　イ 納得いかない
ウ 信じられない　エ 気に留めない

問2 本文中に、(1)先生は目を輝かせた。とあるが、それはなぜか。その理由として最も適当なものを、次のアからエまでの中から一つ選べ。

ア 貸していた本を返してもらえるのがうれしかったから。
イ 今関心を寄せている学問の話ができると期待したから。
ウ ふたりになったところで急に話しかけられ驚いたから。
エ 退屈だったのが自分だけでないとわかり安心したから。

問3 本文中の破線部の場面について話し合っている次の会話文の I に当てはまるものを、後のアからエまでの中から一つ選べ。

生徒1 「先生はおざなりな生返事をしたきり、見向きもしない。」とあるけれど、どうしてだろう。先生は和也の絵をひさしぶりに見たい、と言っていたのに。

生徒2 僕と本の話をしているうちに、和也の絵の話は忘れてしまったんじゃないかな。超音波風速温度計の話を続けようとしているもの。

生徒3 こんなふうに自分の世界に入り込んでしまうと周りはついていけないよね。「奥さんも困惑顔で呼びかけた。」とあるよ。

おろおろしている奥さんにかわって、自室にひっこんでしまった和也を呼びにいく役目を僕が引き受けたのは、少なからず責任を感じたからだ。

　父親に絵をほめられたときに和也が浮かべた表情を、僕は見逃していなかった。雲間から一条の光が差すような、笑顔だった。いつだって陽気で快活で、いっそ軽薄な感じさえする子だけれど、あんな笑みははじめて見た。

「花火をしよう。」

　ドアを開けた和也に、僕は言った。

「おれはいい。先生がつきあってあげれば？　そのほうが親父も喜ぶんじゃない？」

　和也はけだるげに首を振った。険しい目つきも、ふてくされたような皮肉っぽい口ぶりも、ふだんの和也らしくない。僕は部屋に入り、後ろ手にドアを閉めた。

「まあ、そうかっかするなよ。」

　藤巻先生に悪気はない。話に夢中になって、他のことをつかのま忘れてしまっていただけで、息子を傷つけるつもりはさらさらなかったに違いない。

「様子を見てきます。」と僕が席を立ったときも、なにが起きたのか(b)腑《ふ》に落ちない様子できょとんとしていた。

「別にしてない。」

　和也はなげやりに言い捨てる。

「昔から知ってるもの。あのひとは、おれのことなんか興味がない。」

　(2)腕組みして壁にもたれ、暗い目つきで僕を見据えた。

「でも、おれも先生みたいに頭がよかったら、違ったのかな。」

「え？」

「親父があんなに楽しそうにしてるの、はじめて見たよ。いつも家ではたいくつなんだろうね。おれたちじゃ話し相手になれないもんね。」

うつむいた和也を、僕はまじまじと見た。(3)妙に落ち着かない気分になっていた。胸の内側をひっかかれたような。むずがゆいような、ちりちりと痛むような。

　唐突に、思い出す。

　状況はまったく違うが、僕もかつて打ちのめされたのだった。自分の親が、これまで見せたこともない顔をしているのを目のあたりにして。母に恋人を紹介されたとき、僕は和也と同じ十五歳だった。こんなに幸せそうな母をはじめて見た、と思った。

「どうせ、おれはばかだから。親父にはついていけないよ。さっきの話じゃないけど、なにを考えてるんだか、おれにはちっともわかんない。」

　僕は小さく息を吸って、口を開いた。

「僕にもわからないよ。きみのお父さんが、なにを考えているのか。」

　和也が探るように目をすがめた。僕は机に放り出されたスケッチブックを手にとった。

「僕が家庭教師を頼まれたとき、なんて言われたと思う？」

　和也は答えない。身じろぎもしない。

「学校の成績をそう気にすることもないんじゃないか、ってお父さんはおっしゃった。得意なことを好きにやらせるほうが、本人のためになるだろうってね。」

　色あせた表紙をめくってみる。ページ全体が青いクレヨンで丹念に塗りつぶされている。白いさざ波のような模様は、(注3)巻積雲《けんせきうん》だろう。

「よく覚えてるよ。意外だったから。」

　次のページも、そのまた次も、空の絵だった。一枚ごとに、空の色も雲のかたちも違う。確かに力作ぞろいだ。

「藤巻先生はとても熱心な研究者だ。もしも僕だったら、息子も自分と同じように、学問の道に進ませようとするだろうね。本人が望もうが、望むまいが。」

「やっぱり、おれにはよくわかんないや。」
「わからないことだらけだよ、この世界は。」
先生がひとりごとのように言った。
「だからこそ、おもしろい。」

一時はどうなることかとはらはらしたけれど、それ以降は和也が父親につっかかることもなく、食事は和やかに進んだ。鰻《うなぎ》をたいらげた後、デザートには西瓜《すいか》が出た。

話していたのは主に、奥さんと和也だった。僕の学生生活についていくつか質問を受け、和也が幼かった時分の思い出話も聞いた。

中でも印象的だったのは、絵の話である。

朝起きたらまず空を観察するというのが、藤巻先生の長年の日課だという。晴れていれば庭に出て、雨の日には窓越しに、とっくりと眺める。そんな父親の姿に、幼い和也はおおいに好奇心をくすぐられたらしい。よちよち歩きで追いかけていっては、並んで空を見上げていたそうだ。熱視線の先に、なにかとてつもなくおもしろいものが浮かんでいるはずだと思ったのだろう。

「お父さんのまねをして、こう腰に手をあてて、あごをそらしてね。今にも後ろにひっくり返りそうで、見ているわたしはひやひやしちゃって。」

奥さんは身ぶりをまじえて説明した。本人は覚えていないようで、首をかしげている。

「それで、後で空の絵を描くんですよ。お父さんに見せるんだ、って言って。親ばかかもしれないですけど、けっこうな力作で……そうだ、先生にも見ていただいたら？」

「親ばかだって。子どもの落書きだもん。」

照れくさげに首を振った和也の横から、藤巻先生も口添えした。

「いや、わたしもひさしぶりに見たいね。あれはなかなかたいしたものだよ。」

「へえ、お父さんがほめてくれるなんて、珍しいこともあるもんだね。」

冗談めかしてまぜ返しつつ、和也はまんざらでもなさそうに立ちあがった。

「あれ、どこにしまったっけ？」

「あなたの部屋じゃない？ (注1)納戸《なんど》か、書斎の押し入れかもね。」

奥さんも後ろからついていき、僕は先生とふたりで和室に残された。

「先週貸していただいた本、もうじき読み終わりそうです。週明けにでもお返しします。」

なにげなく切り出したところ、(1)先生は目を輝かせた。

「あの超音波風速温度計は、実に画期的な発明だね。」

超音波風速温度計のもたらした貢献について、活用事例について、今後検討すべき改良点について、堰《せき》を切ったように語り出す。

お絵描き帳が見あたらなかったのか、和也たちはなかなか帰ってこなかった。その間に、先生の話は加速度をつけて盛りあがった。ようやく戻ってきたふたりが和室の入口で顔を見あわせているのを、僕は視界の端にとらえた。自分から水を向けた手前、(a)話の腰を折るのもためらわれ、どうしたものかと弱っていると、スケッチブックを小脇に抱えた和也がこちらへずんずん近づいてきた。

「お父さん。」

うん、と先生はおざなりな生返事をしたきり、見向きもしない。

「例の、南西諸島の海上観測でも役に立ったらしい。船体の揺れによる影響をどこまで補正できるかが課題だな。」

「ねえ、あなた。」

奥さんも困惑顔で呼びかけた。

と、先生がはっとしたように口をつぐんだ。僕は胸をなでおろした。たぶん奥さんも、それに和也も。

「ああ、(注2)スミ。悪いが、紙と鉛筆を持ってきてくれるかい。」

先生は言った。和也が踵《きびす》を返し、無言で部屋を出ていった。

明として最も適当なものを、次のアからエまでの中から一つ選べ。

ア　農業生産力が高い時期と、縮小に転じた時期とでは必要な対処が異なるため、それぞれの時期に応じた適切な対応が必要だということ。

イ　他国と闘う中世と、市場での競争が求められる近世とでは必要な対策が異なるため、それぞれの時期に応じた政策が必要だということ。

ウ　気候変動と人間社会との間には、長年続いた複雑な関係があるため、気候変動への適切な対応には歴史的知識が必要であるということ。

エ　社会の為政者と構成員とでは、状況に応じて取るべき対処がそれぞれ異なるため、日頃から両者の密接な連携が必要であるということ。

問8　本文中に、(5)平時における環境悪化・災害発生への備え・適応力が問われている　とあるが、それはなぜか。その理由として最も適当なものを、次のアからエまでの中から一つ選べ。

ア　日常生活の中で人々がどんな心理に陥りやすいか想定しておくことで、緊急時に取るべき対策を決める手がかりを得ることができ、社会の復元力を高めることができるから。

イ　災害が起きた後に社会はどう対応したかではなく、災害が起きる前に社会は災害にどう備えていたかを問題点とすることが、気候適応史研究を特徴づけている視点であるから。

ウ　日頃から自然災害や気候の変動を正確に観測し、大規模な被害につながるすべての可能性を想定しておくことで、被害が起きた後早急に復興をはかることが可能となるから。

エ　気候の悪化や自然災害に伴って起きる大規模な社会の混乱を防ぐには、自然災害や環境変動が起きた後の対策だけでは十分でないことが、これまでの歴史で明らかであるから。

三　次の文章を読んで、後の問いに答えよ。

　母子家庭に育った大学生の「僕」は、気象学が専門の藤巻《ふじまき》先生の研究室に入った。先生の依頼で先生の息子和也《かずや》の家庭教師になったが、和也は研究熱心な父には似ず、勉強が嫌いで集中できない。ある日藤巻家の夕食会に招かれた僕は、和也の勉強を見た後和也と和室に向かうが、縁側に座り一心に空を見上げる先生は、和也の呼びかけに応えない。先生は食事中も時折外へ目をやるなどして、あまり熱心には会話に加わろうとしなかった。

「ねえ、お父さんたちは天気の研究をしてるんでしょ。」

　和也が箸をおき、父親と僕を見比べた。

「被害が出ないように防げないわけ？」

「それは難しい。」

　藤巻先生は即座に答えた。

「気象は人間の力ではコントロールできない。雨や風を弱めることはできないし、雷も竜巻もとめられない。」

「じゃあ、なんのために研究してるの？」

　和也がいぶかしげに眉根を寄せた。

「知りたいからだよ。気象のしくみを。」

「知っても、どうにもできないのに？」

「どうにもできなくても、知りたい。」

「もちろん、まったく役に立たないわけじゃないですしね。」

　僕は見かねて口を挟んだ。

「天気を正確に予測できれば、前もって手を打てるから。家の窓や屋根を補強するように呼びかけたり、住民を避難させたり。」

「だけど、家は流されちゃうんだよね？」

「まあでも、命が助かるのが一番じゃないの。」

　奥さんもとりなしてくれたが、和也はまだ釈然としない様子で首をすくめている。

(b) ア　重視した　　　イ　付け加えた
ウ　兼ね備えた　　エ　仲立ちとした

問3　本文中に、(1)その地域の農業生産量などが許容する範囲　とあるが、どういうことか。その説明として最も適当なものを、次のアからエまでの中から一つ選べ。

ア　その地域で生産される農作物の総量などが、その地域の人口や生活水準をどの程度満たせるかという範囲。

イ　その地域の人々が、農作物などを最大限生産し続ける状態をどれくらいの期間継続できるかという範囲。

ウ　その地域で生産される農作物の量などが、その地域の人口や生活水準を持続的に維持できる範囲。

エ　その地域の人々が、自然環境に悪影響を与えずに農作物などを持続的に生産できる農地面積の範囲。

問4　本文中の破線部A・B・Cの内容に対応する矢印を、それぞれ図1のアからエまでの中から選べ。**ただし、同じ記号は二回使わない。**

A　あるとき数十年周期の気候変動が起きて農業生産力が増大した

B　数十年周期の変動の場合は豊作の期間は一〇年や二〇年も続くので、その間に人々は豊作に慣れて、人口を増やしたり（出生率をあげたり）、生活水準を向上させたりした

C　飢饉の発生や難民の流出によって半強制的に人口が減らざるを得なかった

問5　本文中に、(2)数十年周期の変動は、予測も対応も難しい時間スケールなのである。とあるが、なぜか。「対応が難しい」理由の説明として最も適当なものを、次のアからエまでの中から一つ選べ。

ア　住民の人口が増加を始めたときには、既に気候変動で生産力が減少しているが、その時点から計画的に農業の技術革新を進めて生産力を高めようとしても、計画の実現には人間の寿命と同じ数十年単位の時間が必要となり、対応が間に合わないから。

イ　生産力の減少期には、それまでに増大した全人口が生存可能なだけの食糧を確保できなくなるが、生まれる子供の数をその時点で減らし始めたとしても、人口が十分減るまでには人間の寿命と同じ数十年の時間がかかり、対応が間に合わないから。

ウ　住民の人口が増加を始めると人々の生活水準も上がっていくが、その時点で住民は既にぜいたくに慣れてしまってより多くの食糧を求めるようになり、その人々の寿命である数十年の間は同じ状況が続いてしまい、結果的に対応が間に合わないから。

エ　生産力の減少期を迎えたときには、気候は再び増産可能な方向で安定し始めているが、その時点で既に人間の寿命である数十年単位の人口減少が続いているため、農産物の増産を可能にするだけの労働力を確保できなくなり、対応が間に合わないから。

問6　本文中に、(3)その状態に過適応してしまっていた　とあるが、どういうことか。その説明として最も適当なものを、次のアからエまでの中から一つ選べ。

ア　災害がなく気候もよい状態を当然のように受け入れて、人口を増やしますます豊かな生活をおくる一方で、生産力が減少するかもしれない事態への備えを怠っていた。

イ　災害がなく気候もよい状態を普通だと考えて、従来通りの方法だけで農業生産力を維持できると思い込み、豊作を継続させるための技術革新や農地拡大を怠っていた。

ウ　災害がなく気候もよい状態が続くことを当然であると信じて、農業技術の革新により、市場での競争に打ち勝っていく一方で、穀物を備蓄する量も増やし続けていた。

エ　災害がなく気候もよい状態が生存には最適だと判断して、生産力の拡大を続ける一方で、他国との闘いを繰り返し、より温暖で災害の少ない地域に進出し続けていた。

問7　本文中に、(4)そのこと　とあるが、どういうことか。その説

このような話を歴史研究者の皆さんを相手にしていると、「数十年周期の変動が重要なのは何となくわかったけど、具体的に何に着目したらよいかわからない。」という感想を頂くことが多い。それは、気候・環境変動や自然災害に対する社会の復元力（レジリアンス）を研究しておられる方々から特に多く聞かれる。そういう方々の多くは、気候災害などが起きた「後」の社会の対応に注目しておられる場合が多い。もちろん、災害復興過程の研究では、災害後の社会の状況を観察することは不可欠だが、実際には、「気候がよい時代や災害がない時代に、いかに(3)その状態に過適応してしまっていたか」が重要である。過適応がなければ、つまり人口や生活水準を（注3）野放図《のほうず》に拡大しなければ、次に起きる気候の悪化や災害に対処できた可能性がある。[③]人々は「気候変動や自然災害に適応するため」だけに生きている訳ではないので、農業生産力の高い時代には、それを最大限生かした（注4）生業や政策を展開することが、（注5）中世であれば他国との闘いに、（注6）近世であれば市場での競争に打ち勝っていくために、必要不可欠なことだったと思われる。しかし生産力の拡大期の論理に適応し過ぎれば、生産力が縮小に転じた時期にブレーキが利かなくなる。切り替えがうまい（注7）為政者《いせいしゃ》がいれば、両時期に的確に対応できる可能性もあるが、通常はその両者に適応できる人間は少ないし、もとより為政者だけが(4)そのことを理解していても社会の構成員の多くが理解していなければ、対応が難しいことは同じであろう。歴史上の気候変動と人間社会の関係の背後には、そのような構図があるものと思われる。

つまり気候のよい時期・豊作の時期における社会のあり方や人々の考えを知ることが、気候適応史研究の一つの焦点になるべきである、と私は考えている。このことは、気候変動だけでなく、地震・津波・火山噴火などの地殻災害、あるいは新型コロナをはじめとする感染症の（注8）蔓延《まんえん》、さらに経済循環などの人間社会に内在する変動にまで、あらゆることにも当てはまるものと思われる。昨今の例でいえば、感染症のパンデミックがなかった時代にパンデミックが起きたときのことを何も想定せず、保健所の機能を単に合理化縮小してしまったこと、津波が来ない時期が何十年も続くうちに沿岸域の危険な場所に住居を広げてしまったことなどなど、あらゆることが図1の構図に当てはまる。すべて、気候・環境が悪化して災害が起きてからではなく、その前の(5)平時における環境悪化・災害発生への備え・適応力が問われているのである。そのことを、まさに研究の対象にしなければならない。考えてみればあたり前のことが、歴史の研究はもとより、日常生活一般、さらにいえば国会の審議のなかでも、必ずしも意識されていないことが問題であるといえよう。

（中塚《なかつか》 武《たけし》『気候適応の日本史 人新世をのりこえる視点』による）

（注1） 前近代＝明治維新より前の、科学や技術の進歩による資本主義経済がまだ発達していない時代。
（注2） 環境収容力＝ある環境下において、持続的に維持できる生物の最大個体数、または生物群集の大きさ。
（注3） 野放図＝際限がないこと。しまりがないこと。
（注4） 生業＝生活していくための仕事。
（注5） 中世＝鎌倉時代および室町時代。
（注6） 近世＝安土桃山時代および江戸時代。
（注7） 為政者＝政治を行う者。
（注8） 蔓延＝はびこりひろがること。

問1 空欄[①]、[②]、[③]に入る語として適当なものを、それぞれ次のアからエまでの中から選べ。**ただし、同じ記号は二回使わない。**

ア もちろん　イ つまり
ウ しかし　エ やがて

問2 本文中の、(a)束の間の、(b)介した の意味として適当なものを、それぞれ下のアからエまでの中から選べ。

(a) ア 継続的な　イ 少しの間の
ウ 定期的な　エ 久しぶりの

二 次の文章を読んで、後の問いに答えよ。

数十年周期での大きな気候変動が起きたときに、しばしば大きな飢饉《ききん》や社会の騒乱が起きるが、その背景にはどのようなメカニズムがあるのであろうか。ここでは簡単な概念図を示して一つの思考実験をしてみたい。

図1は、(注1)前近代の農業社会を念頭に置いて、農業生産に影響を与えるような数十年周期の大きな気候変動が起きたときに社会に何が起こるかを想像したものである。どのような社会もそうであるが、その社会を構成する人々の人口や平均的な生活水準は、その社会を取り巻く環境の収容力、具体的には(1)その地域の農業生産量などが許容する範囲内に収まっている必要がある。現在の地球環境問題では、地球の人々の総人口や平均的な生活水準が地球の(注2)環境収容力の限界を超えていること、［①］、このままの生活を続けていたら持続可能性がないことが問題なのだが、過去の世界であれば、その空間スケールは人間の行動や流通の範囲を反映してもっと狭く、弥生時代であれば一つのムラ、江戸時代であれば一つの藩といったスケールで起きている現象をこの図は想定している。

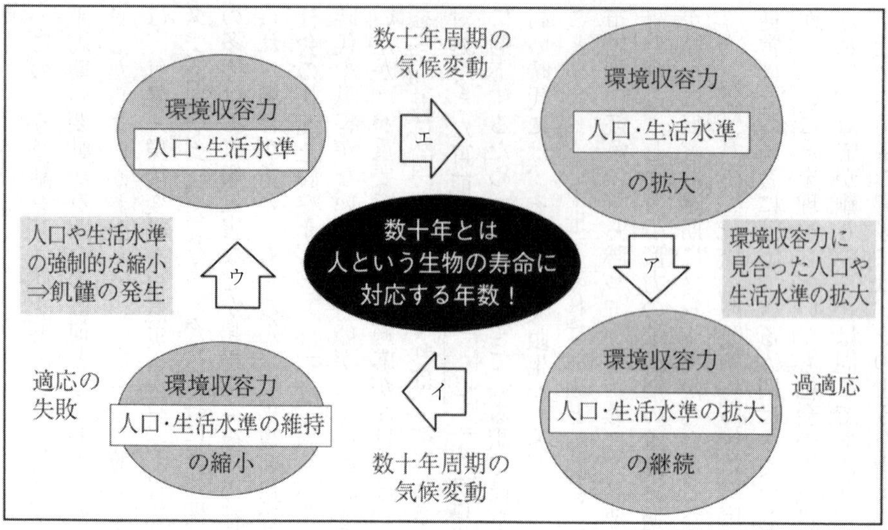

図1

A あるとき数十年周期の気候変動が起きて農業生産力が増大したとする。この豊作が一年か二年で直《す》ぐに元に戻るのであれば、人々は(a)束《つか》の間の豊作を神様に感謝して穀物の備蓄に励むだけだろうが、B 数十年周期の変動の場合は豊作の期間は一〇年や二〇年も続くので、その間に人々は豊作に慣れて、人口を増やしたり(出生率をあげたり)、生活水準を向上させたりしたものと思われる。しかし、これは数十年周期の変動なので、やがて農業生産力は元に戻ってしまう。そのときには、豊作期の豊かな時代に育った若者をはじめとして、人々には自主的に生活水準を下げたり人口を減らしたりすることは難しく、結果的にC 飢饉の発生や難民の流出によって半強制的に人口が減らざるを得なかった、と考えられる。

数年周期の変動であれば、凶作年にはあらかじめ備蓄しておいた穀物で食いつなげるし、何より豊作の年に人口が急に増えたりはしない。逆に数百年周期の変動であれば徐々に生産力が変化するので、人々には対応の時間的余裕があり、農業技術を革新したり農地面積を拡大したりすることもできただろうし、生産力の上昇期には出生率の増大、低下期には出生率の減少を通じて、大きな痛みを伴うことなく、ゆっくりと気候変動に適応できた可能性もある。［②］、数十年周期の変動の場合は、短期間での技術や農地の変革は難しく、穀物備蓄もすぐに底を尽き、出生率の調整では時間的に間に合わず、多くの人々が飢饉に直面したことが想像できる。つまり(2)数十年周期の変動は、予測も対応も難しい時間スケールなのである。出生率を(b)介した人口調整との関係でいえば、数十年とはちょうど人間の寿命に相当する時間スケールであり、それゆえにこそ効果的な対応ができなかったことが予想できる。

り」の言動は、屋外では予想外の出来事が起きるという当たり前のことを当たり前のこととして受けとめ、それが自然に行動に移されたもので、聖人の教えをよく理解したものである。

イ　油断しそうな弟子の性格を見抜き適切に声をかけた「高名の木のぼり」の言動は、才能のないものは失敗するという当たり前のことを当たり前のこととして受けとめ、それが自然に行動に移されたもので、聖人の教えと異なるものである。

ウ　安全な高さまで弟子が降りてきたところで声をかけた「高名の木のぼり」の言動は、失敗は油断から生まれるという当たり前のことを当たり前のこととして受けとめ、それが自然に行動に移されたもので、聖人の教えに通じるものである。

エ　弟子が安全な高さまで降りたときに声をかけた「高名の木のぼり」の言動は、常に細心の注意を払って行動するという当たり前のことを当たり前のこととして受けとめ、それが自然に行動に移されたもので、聖人の教えを踏まえたものである。

問6　本文中に、(5)あえてしないということのうちに積極性があるとあるが、どういうことか。その説明として最も適当なものを、次のアからエまでの中から一つ選べ。

ア　あえて慎重に振る舞い、一見行動していないように見えても、実際は適切な折をとらえてうまくことを運べる機会が来るのを待っている。

イ　あえて勝ち負けを無視し、一見勝敗を気にしないように見えても、実際は自然の法則を分析しつつ勝負に出る機会が来るのを待っている。

ウ　あえて大胆な行動を控え、一見我慢しているように見えても、実際は成功に強くこだわり競争相手に打ち勝つ機会が来るのを待っている。

エ　あえて合理的に考え、一見冷徹に計算しているように見えても、実際は心の余裕を保つことで最後に成功する機会が来るのを待っている。

問7　本文中に、(6)「一道に携はる人」の心得とあるが、どのようなものか。その説明として最も適当なものを、次のアからエまでの中から一つ選べ。

ア　自分が他人より優れていると思うことがかえって自分の弱点を見抜かれたり他人に陥れられたりする要因になることを重く受けとめ、どんなときも自分が冷静でいられる道を追究すること。

イ　自分が他人より優れていると思うことが他人から攻撃されたり嫉妬されたりする原因になることをよく知っていて、他人の言動をよく見極め、他人と争うことを避けつつ道を追究すること。

ウ　自分が他人より優れていると思うことがわざわいを招くもとなることをよく知っていて、どのようなときも慎み深く振舞うとともに、今の自分に満足することなく道を追究すること。

エ　自分が他人より優れていると思うことがわざわいを招くもととなることを経験的に理解しており、どのようなときも他人を尊重するよう心がけて、すべての人と調和する道を追究すること。

ではなく、道の追究において身につくものであり、それは、現世にいながら現世を超える自在さとなるだろう。兼好はそこに人間観としての無為の積極性を見いだしているように思われる。

（藤本《ふじもと》成男《しげお》『徒然草のつれづれと無為』による）

（注1）兼好＝鎌倉末期の歌人、随筆家で『徒然草』の著者。

（注2）閾＝門の内外を区切る境の木。敷居。

（注3）鞍＝人が乗りやすいように馬などの背につける道具。

（注4）轡＝手綱をつけるために、馬の口にかませる金具。

（注5）双六＝盤と二個のサイコロ、黒白の駒を使って二人で行う遊戯。賭け事にも用いた。

（注6）通暁する＝あることについて詳しく知っている。

（注7）博打（を打つ）＝賭け事（をする）。「博打打ち」は博打で生計を立てる人。

問1 本文中の、①ゴウ情、②カン髪を入れず、③世ゾク、④攻セイのカタカナ部分の漢字表記として適当なものを、それぞれアからエまでの中から一つ選べ。

① ゴウ情
ア 業　イ 豪　ウ 合　エ 強

② カン髪を入れず
ア 巻　イ 感　ウ 間　エ 完

③ 世ゾク
ア 族　イ 俗　ウ 続　エ 属

④ 攻セイ
ア 制　イ 成　ウ 正　エ 勢

問2 本文中の、並ぶ者(1)のない と同じ意味用法の「の」を、本文中のaからdまでの中から一つ選べ。

a またぐのを見る
b 気の立っている
c 他の馬に
d 用心するのだ

問3 本文中に、(2)「馬乗り」の馬乗りたるところ とあるが、「吉田と申す馬乗り」が述べている馬乗りの心得の説明として最も適当なものを、次のアからエまでの中から一つ選べ。

ア 自分が乗ろうとしている馬をよく見てその気性を把握したり、馬具などで気にかかる点があれば馬を走らせないようにしたりするなど、当然のことをよく理解し自然に行動できる。

イ 人の力は馬の力には到底及ばないと知ったうえで、自分が乗ることになっている馬を観察しながらよい部分を見極め、その馬の能力のすべてを引き出せるよう自然に行動できる。

ウ 轡や鞍などを装着したときの反応によってそれぞれの馬の気性を知ることができるので、馬具の状態をよく確認することを通じて、馬のよしあしを自然に見抜けるようになる。

エ 人は馬の真の力に勝つことができないということをよく知り、自分が乗る馬の強いところ弱いところの両面を十分見極めることによって、馬のよしあしを自然に見抜けるようになる。

問4 本文中に、(3)きわめて合理的な判断 とあるが、どういうことか。その説明として最も適当なものを、次のアからエまでの中から一つ選べ。

ア 馬の体格に自分の性格を合わせられない人は落馬するということを、体験的に知ったうえで下す判断。

イ 人の体つきと馬の気性の組み合わせが悪いと落馬するということを、体験的に知ったうえで下す判断。

ウ その日の馬の状態を正確に把握できない人は落馬するということを、体験的に知ったうえで下す判断。

エ どんなに有能な人でも気性が荒い馬に乗ると落馬するということを、体験的に知ったうえで下す判断。

問5 本文中に、(4)聖人の戒めに適っている とあるが、どういうことか。その説明として最も適当なものを、次のアからエまでの中から一つ選べ。

ア 低いところまで降りてきた弟子に声をかけた「高名の木のぼ

ねると、「その事に候《そうろ》ふ。目くるめき、枝危ふきほどは、己《おの》れが恐れ侍れば、申さず。過ちは、安き所になりて、必ず仕《つかまつ》る事に候ふ。」と答えた。眼《め》が回るような高い所、枝が今にも折れそうな所は本人が自《おの》ずと恐れ注意を払っているからいう必要がない。しかし過ちは安全と思われるところになって必ずしでかしてしまうものであるという。兼好は、こういう名人、達人とされる人のことばは、その身分は低くとも(4)聖人の戒めに適《かな》っていると共感している。道の名人は何を見ているのか、そこに見える真実とは、失敗は油断から生まれるという当たり前のことを、まさに当たり前のこととして受けとめ、自然とそれが行動となってあらわれる、無理のないあり方であるともいえる。

いずれにせよ、道の真実を知っているがゆえに敬われる人たちのことばは、計り知れぬ深さがその背後には感じられる。専門家は、その道の本質をつかんでいるが故に、かえってダイナミックなものの見方ができる。そこに合理性もあり、力動性もある。それはどの道においてもいえる。第一一〇段では、(注5)双六《すごろく》の上手といわれる人に、その方法を聞いたところ、その答えは、「勝たんと打つべからず。負けじと打つべきなり。いづれの手か疾《と》く負けぬべきと案じて、その手を使はずして、一目なりとも、おそく負くべき手につくべし。」勝とうと思って打ってはいけない。負けまいと思って打つのがよい。どの手がきっと早く負けるだろうかと考えて、その手を使わないで、たとい一目でも遅く負けると推測される手に従うべきだという。勝とう勝とうと気持ちが前へ出るときすでに欲に捕らわれている。負けまいと思えるのは余裕があるからである。むしろ、勝ち負けに強くこだわるために自らを失うということがない冷静さを身につけよといっているように思われる。このように慎重にことを運ぶことは、生き方としては消極的に見えるかもしれない。しかし、ここで兼好が考えようとしているのは、この(5)あえてしないということのうちに積極性があるということである。

無為とは何もしないということではない。仮に何もしないようなかたちを取ることがあったとしても、必ずそこに積極性が生まれている。道の人はそのことを知っている。天地自然のはたらきに②カン髪を入れずぴったり即して生きることは、③世ゾク世界に「無用」であり続けることが、同時にそのはたらきのきまり、すじみちに(注6)通暁《つうぎょう》することに通じる。第一二六段では、

(注7)博打《ばくち》の負け極まりて、残りなく打ち入れんとせんにあひては、打つべからず。立ち返り、続けて勝つべき時の至れるとしるべし。その時を知るを、よき博打といふなり。

ということばを挙げている。博打打ちもまた道を知れる者であって、多年の経験から運命の定めるところを知っている。無為のところに引き絞られた力は必ず④攻セイへと転ずる時を待っている。そのことがわかるかどうかは、外形に捕らわれないで本質を見抜く目を持っているかどうかで決まる。それに気づくためには、謙虚さがなければならない。

その(6)「一道に携はる人」の心得を説いたのが第一六七段である。

我が智《ち》を取り出《い》でて、人に争ふは、角ある物の角を傾け、牙《きば》あるものの牙をかみ出だす類《たぐい》なり。人としては善に誇らず、物と争はざるを徳とす。他にまさることのあるは大いなる失なり。

という。自分の智恵を持ち出して自分がすぐれていることを自慢する気持ちで争うのはよくない。家柄の高さにせよ才芸の優秀さにせよ、自分が勝っていると思って相手を見下すその内心のありようが、すでに「とが」つまり欠点となっている。

をこにも見え、人にもいひ消《け》たれ、禍《わざわい》を招くは、ただこの慢心なり。一道にもまことに長じぬる人は、みづから明らかにその非を知る故に、志常に満たずして、終《つい》に物に誇る事なし。

本人がどんなにすぐれていると思っていても他人から見ると馬鹿らしく見え、わざわいを招くのはまさにこの慢心であるという。道の人はそれを知っており、けっして自分が完全であるなどとは思わない。むしろ、自らを持たざる者として位置づけ、その人なりのあえて何もしない「無為」を貫くのである。それは意識してできること

二〇二三年度 国立高等専門学校

【国　語】（五〇分）〈満点：一〇〇点〉

一　次の文章を読んで、後の問いに答えよ。

ふつうは見逃されてしまうようなことでも、そこにある良さも悪さも見抜いてしまうのが道の人である。『徒然草』第一八五段には（注1）兼好《けんこう》が興味を持っていたもののひとつが馬乗りである。『徒然草』第一八五段には「城陸奥守泰盛《じょうのむつのかみやすもり》は、双《そう》なき馬乗りなりけり。馬を引き出《いだ》させけるに、足を揃《そろ》へて、（注2）閾《しきみ》をゆらりと越ゆるを見ては『これは勇める馬なり。』とて、（注3）鞍《くら》を置き換へさせけり。」という。執権北《ほう》条貞時《じょうさだとき》の外祖父（母方の祖父）であった安達泰盛《あだちやすもり》は、並ぶ者(1)のない馬乗りといわれ、馬が敷居《しきい》をまたぐ a のを見るだけで「これは気 b の立っている馬だ。」と他 c の馬に替えさせた。逆に、足を伸ばしたまま敷居にぶつけるような馬は鈍い馬だとして乗らなかったという。「道を知らざらん人、かばかり恐れなんや（道を知らないような人は、これほど用心するだろうか）。」とあり、道について深く知っているからこそ、これほどまでに用心する d のだということである。第一八六段には「吉田《よしだ》と申す馬乗り」がその道の秘訣《ひけつ》を述べる。

吉田と申す馬乗りの申し侍《はべ》りしは「馬毎《ごと》にこはきものなり。人の力、争ふべからずと知るべし。乗るべき馬をば、先《ま》づよく見て、強き所弱き所を知るべし。次に、（注4）轡《くつわ》・鞍の具に、危ふき事やあると見て、心にかかる事あらば、その馬を馳《は》すべからず。この用意を忘れざるを馬乗りとは申すなり。これ秘蔵の事なり。」と申しき。

馬はどれでも①ゴウ情なものであり、人の力はこれと争うことができないと知らねばならない。乗ることになっている馬を、何よりもよく観察して強いところ弱いところを知るのがよい。次に、轡・鞍など道具に危ない所はないか点検し、気になるところがあればその馬を走らせてはならないという。けっして難しいことをいっているのではなく、ごく当たり前のこと、誰にでもできることを弁《わきま》え、自然に行動に移せるかどうかというのが、(2)「馬乗り」の馬乗りたるところであり、それがほんとうの道を知ることなのである。

このようにして馬をよく見、その特徴をとらえるということができないで、不用意に馬に乗る者は落馬する。本人はわかっていなくとも、その道に心得のある人は予《あらかじ》めその不運を見抜いてしまう。

第一四五段では、

御随身秦重躬《みずいじんはたのしげみ》、北面の下野入道信願《しもつけのにゅうどうしんがん》を、「落馬の相《そう》ある人なり。よくよく慎み給《たま》へ。」といひけるを、いと真《まこと》しからず思ひけるに、信願馬より落ちて死ににけり。道に長じぬる一言、神の如《ごと》しと人思へり。さて、「いかなる相ぞ。」と人の問ひければ、「極めて桃尻にして、沛艾《はいがい》の馬を好みしかば、此《この》相を負《お》ほせ侍りき。いつかは申し誤りたる。」とぞ言ひける。

道に長じた者の的確な見極めを人々は不思議だ「神の如し」だと思ったが、「落馬の相」を読み取ったのは単なる見込みでもなければ当て推量でもない。(3)きわめて合理的な判断に基づいている。それは、「桃尻」、馬の鞍に尻の据わりの悪い人と、「沛艾の馬」、気の荒い馬という両者のもともとの不適合が、落馬という当然の成り行きになることを体験的に知っていたからである。どういうときに人間は過《あやま》ちを犯すかということを、道の名人といわれる人は見抜く目をもっている。

第一〇九段では「高名の木のぼり」と世間でいわれていた男が、人に指図して高い木にのぼらせて木の枝を切らせたときに、非常に危なそうに見える間は何もいわないで、家の軒先の高さまで降りてきたときになってやっと、「過ちすな。心して降りよ。」とことばをかけた。そういわれた人が「かばかりになりては、飛び降るとも降りなん。如何《いか》にかく言ふぞ。」、これくらいになったからには、飛び降りても降りられるだろう、どうしてそんなことをいうのか、と尋

2023年度／国立高等専門学校

英語解答

1 1 ウ　2 エ　3 イ　4 ア
5 エ

2 1 ア　2 ウ　3 エ　4 イ
5 ア

3 問1 (1)…イ　(2)…ウ　(3)…エ　(4)…ア
(5)…ア　(6)…ウ
問2 (1)…ウ　(2)…オ

4 1 3番目…エ　5番目…カ
2 3番目…ウ　5番目…カ
3 3番目…ウ　5番目…イ
4 3番目…イ　5番目…ウ
5 3番目…エ　5番目…ウ

5 問1 (1)…ウ　(2)…エ　(3)…イ
問2 イ　問3 ア

6 問1 ア　問2 イ　問3 ウ
問4 ウ　問5 ア　問6 イ
問7 イ

1〔書き換え―適語(句)選択〕

1．「これはとても難しい問題だ。誰も答えられない」≒「このとても難しい問題に誰が答えられるかわからない」　Aを含む文は「難しいから答えられない」と考えられるが，cannot ではなく can なので，否定の意味を含む nobody「誰も～ない」を用いる。Bは can answer ... の主語に相当する語として who「誰が」が適する。

2．「私の兄〔弟〕はギターを弾くことに興味がある」≒「私の兄〔弟〕の趣味はギターを弾くことだ」　be interested in ～で「～に興味がある」。興味があることは hobby「趣味」といえる。

3．「私はこれまで一度もニューヨークに行ったことがない」≒「これが私にとって初めてのニューヨーク訪問だ」　‘have/has never been to＋場所’は現在完了の‘経験’用法で「〈場所〉に一度も行ったことがない」という意味。‘～'s first visit to＋場所’は「～にとって初めての〈場所〉への訪問」という意味。

4．「ヒロミは新しいコンピューターの使い方を私に教えることができない」≒「ヒロミが私に新しいコンピューターの使い方を教えるのは不可能だ」　can't「～することができない」と impossible「不可能な」は，ほぼ同じ意味を表せる。なお，Aを含む文は‘show＋人＋物事’「〈人〉に〈物事〉を教える」の形で，Bを含む文は‘It is ～ for … to ―’「…が〔…にとって〕―することは～だ」の形式主語構文。　how to ～「～の仕方」

5．「私はスペイン語が話せないので，メアリーと話すことはできない」≒「私はメアリーと話したい。私がスペイン語を話せればいいのに」　Aを含む文は「スペイン語が話せない」という‘現在の事実’を表しているので現在形にする。Bを含む文は‘I wish＋主語＋(助)動詞の過去形...’の形で「～であればいいのに」という‘現在の事実と反対の願望’を表す仮定法過去の文である。

2〔対話文完成―適文選択〕

1．A：ジョン，僕は昨日学校に行けなかったんだ。何か宿題はある？／B：うん，英語の宿題があると思う。／A：わかった。どんな宿題？／B：ノートを確認してみるね。//宿題の内容を尋ねられたときの返答として適切なものを選ぶ。‘let＋人＋動詞の原形’で「〈人〉に～させる〔～することを許す〕」という‘許可’を表すので，‘Let me＋動詞の原形’は「私に～させてください」という意味になる。

2．A：うーん。今日はいつもと違うね，サトシ。それは新しい靴？／B：そうだよ。昨日買ったばかりなんだ。まだきれいでしょう。どう思う？／A：その靴は君によく似合ってるよ。色がすごくいいね。∥新しい靴の感想を求められて，色が気に入ったと答えているので，靴に対する良い評価が入る。‘look nice〔good〕 on＋人’で「〈人〉に似合う」という意味。

3．A：今週末は何か予定がある？／B：いや。家にいるだけだよ。／A：週末は家で過ごすことが多いの？／B：だいたいそうだよ。外出するのは好きじゃないんだ。∥この直後でBは外出するのが好きではないと答えているので，家で過ごすことが多いとわかる。I usually do so. の do so「そのようにする」は，Aの質問の「週末を家で過ごす」という内容を指す。

4．A：冬休みは何をしたの？／B：シドニーに行ったんだ。きれいだったよ。オーストラリアに行ったことある？／A：ないけど，行けたらいいなと思う。自然の中でコアラが見たいんだ。∥この後に続く発言から，Aはオーストラリアに行ってみたいと思っていることがわかる。

5．A：トモコ，動物園はどうだった？／B：すごくよかった。私はパンダが大好きなの。今日は私を連れていってくれてありがとう。／A：どういたしまして。来月また行くのはどう？／B：それはいい案ね。1日だけでは見られないほどたくさんあるもんね。∥直後でBは同意を示し，1日では見きれないと述べていることから，動物園にもう一度行く提案をしたと考えられる。How about ～ing？は「～するのはどうですか」という‘提案’を表す定型表現。

3〔長文読解総合―説明文〕

≪全訳≫❶あらゆる年齢層の人がテレビゲームをしている。現在テレビゲームをするときは，ほとんどの人がゲーム機を使う。これらのゲーム機は世界中の多くの家庭に見られ，ほとんど毎日使用されている。❷昔，ゲーム機はとてもシンプルな機械だった。それらはゲームをするためにしか使えなかった。しかしゲーム業界は変化を遂げ，現在ゲーム機は家庭用娯楽施設のような存在だ。映画を見たり，インターネットをしたり，写真を見たりするのに利用できる。❸ゲーム機を製作する会社は現在いくつかある。ゲーム機をつくるとき，一部の会社はパワーと性能に重点を置く。プレイヤーはこれらのゲーム機用ゲームの速いアクションと高いクオリティが大好きだ。ゲームはとてもリアルに見える。最近では，ますます多くの人がお気に入りのゲームでインターネット上の他のプレイヤーと対戦して遊ぶのを好んでいる。そのためほとんどの新しいゲームはオンラインで行うことができ，いくつかの新しいタイプのゲームが非常に人気となっている。❹運動したり体を動かして遊んだりすることを促すために，新しいゲーム機や楽しいゲームの製作に注力している企業もある。これらのゲーム機はそれほどパワーがあるわけではない。それらは友人の家に行くときや電車の中など，外に持ち出すことができる点でも異なる。そのデザインのおかげで，プレイヤーはどこでもゲームが楽しめるのだ。❺毎年非常にたくさんのゲーム機が販売され，おもしろいゲームが大量につくられる。オンラインゲームは友人とつながるための重要な手段となった。新しいゲームはどんどん良くなり，独創的な機能やアイデアを備えている。

問1＜適語(句)選択＞(1)ゲーム機が世界中の多くの家庭に見られるという意味になると考えられるので，found を選び can be found「見つけられる」とする。　find－found－found　(2)過去時制の文であることに着目する。in the past で「過去に，昔は」という意味を表す。　(3)この後に watch，use，look と動詞の原形が並ぶことに注目する。to を入れると to不定詞の副詞的用法となり，ゲーム機を使う‘目的’を表せる。　(4) other players「他のプレイヤー」はゲームでの対戦相手である。against は「～に対抗して」という意味の前置詞。　(5)助動詞 can の直後なので，動詞の原形を選ぶ。　(6)新しいゲームはどんどん良くなっているとあるので，肯定的な修飾語が入る。original には形容詞で「独創的な」という意味がある。

問２＜単語の定義＞(1)「物語を伝える動画と音」　movie「映画」　(2)「同じでない」　different「違った」

4〔整序結合─対話文完成〕

1．A：今日の午後はどこにいたの？／B：ああ，言うの忘れてた。ポールズカフェにいたんだ。／A：先週末にオープンした新しいレストランのこと？　おいしいって聞いたわ。／B：本当においしいよ。∥Do で始まる疑問文なので Do you mean で始め，mean の目的語に the new restaurant を置く。残りは，which を主格の関係代名詞として使って restaurant を修飾する関係代名詞節とする。　Do you mean the new restaurant which opened last weekend?

2．A：何を読んでるの？／B：優しさと友情についての本だよ。／A：それはおもしろいの？　お昼を食べ終わってからずっと読んでるよね。／B：本当に役に立つ情報がたくさん書いてあるんだ。∥語群から，have/has been ～ing の形で「ずっと～している」という‘過去のある時から現在まで続く動作’を表す現在完了進行形の文をつくる。You've been reading it とした後，残りは‘過去のある時点’を表す語句として，since「～以来」を用いて since we finished とまとめる。You've been reading it since we finished lunch.

3．A：今晩は何をするの？／B：宿題をするつもりだよ。どうして？／A：服を洗濯して庭に干したんだけど。暗くなる前に洗濯物を家に取り込んでくれる？／B：いいよ。∥Will you に続くのは動詞の原形 take。前文より，them は the clothes「洗濯物」だと判断できるので，洗濯物を家に取り込むよう依頼している文と考え，take them into house とする。最後に before を置くと，before 以下が‘時’を表す副詞節になる。　Will you take them into the house before it gets dark?

4．A：今日は何時に駅に集合する？／B：午後３時はどう？／A：それでいいけど，昼食後に用事があるんだ。私が遅くなっても待たないで。／B：うん。わかった。∥don't に合う主語がないので，‘Don't＋動詞の原形’で「～してはいけない」という意味を表す否定命令文と考え，Don't wait で始める。wait for ～ で「～を待つ」という意味を表せるので，for me と続ける。前文より，遅刻する可能性に言及していると考え，if I'm (late) とする。　Don't wait for me if I'm late.

5．A：今彼が私たちにしてくれた話を理解できた？／B：いや，わからなかった。どうすればいいかな？／A：彼にもう一度話してくれるよう頼まなければいけないと思う。∥think の目的語となる節をつくる。どうすべきかという質問に対する返答なので，we have to で始め，この後は‘ask＋人＋to ～’「〈人〉に～するよう頼む」の形で，ask him to tell us とまとめる。　I think we have to ask him to tell us again.

5〔長文読解総合─説明文〕

≪全訳≫❶カケルと友人のジュディは日本の大学に通っている。彼らは人々の夜の外食行動について，共同で調査することにした。彼らは小中学生の子どもがいる300世帯にいくつか質問を送った。夜に外食するのは何曜日が最も多いか，外食する主な理由は何かを家族に尋ねた。その結果が以下の表である。❷表１は夜の外食の曜日を示している。調査結果によると，月曜日が最も低い割合となっている。月曜日に外食する家庭はわずか１％だ。木曜日に外食する家庭の割合は水曜日の割合の半分である。日曜日は10％の家庭が外食する。❸金曜日か土曜日の夜を外食に選ぶ家庭の割合は70％を超え，金曜日は土曜日よりも高い。なぜ外食に土曜日ではなく，金曜日を選ぶ家庭の方が多いのか。大人も子どもも週５日仕事や学校があり，土日が休みの人が多い。そのため１週間の仕事や学校を終えたごほうびとして金曜日の夜に外食する。❹表２では，夜に外食する理由がさまざまであることがわかるが，親だけに関係がある回答が60％を超える。ふだんは親が家族のために食事をつくり，家族の他の人たちが料理を手伝うこともある。その結果，親が夕食をつくれないときは，家族で外食をする。「気分転換に」の割合は，「家族みんなの帰りが遅すぎる」の約半分だ。❺また，この調査ではほとんどの子どもたちがもっと外食したいと思っていることを示しているが，約50％の親は外食が多すぎると考えている。彼らはレストランで外食する経費を心配しているのだ。

問１＜内容一致―適語選択＞⑴「（ A ）に入る数字は（　　）である」―ウ．「４」　第２段落の後ろから２文目参照。木曜日に外食する家庭の割合は，水曜日の半分である。　⑵「金曜日（ B ）の割合は（　　）に違いない」―エ．「45」　第３段落第１文参照。金曜日と土曜日を合算すると70％を超え，金曜日の方が土曜日より多い。選択肢の中でこの条件に当てはまるのは45だけ。　⑶「（　　）は土曜日（ C ）の割合である」―イ．「30」　⑴と⑵より，木曜日が４％，金曜日が45％とわかったので，100％から日曜日～金曜日の合計をひけばよい。

問２＜適語句選択＞第４段落第１文より，外食をする理由として親だけに関連するものは60％を超えるとある。表２と問２の選択肢の中にある理由の中で，親だけに関するものは「親の帰りが遅すぎる」(36％)と「親が疲れすぎている」だけなので，27％のＰが「親が疲れすぎている」に決まる。また，第４段落最終文に「気分転換に」の割合は「家族みんなの帰りが遅すぎる」の約半分とあるので，表２で７％の「気分転換に」に対し，そのほぼ２倍になっているＱが「家族みんなの帰りが遅すぎる」で，残ったＲが「子どもの誕生日」になる。

問３＜内容一致―適文選択＞「調査によれば，回答した家族の60％超は親の帰宅が遅すぎたり，疲れすぎていたりすると外食をする。また，親がレストランでの外食の経費を心配しているという結果も出ている。もしそれが本当なら，家族の他の人たちがもっと頻繁に夕食をつくるべきだ」　親が夕食をつくれないと外食になってしまうという事情と親がレストランの外食でかかる経費を心配しているという記述から導かれる結論として適当なものを選ぶ。

6〔長文読解総合―エッセー〕

≪全訳≫❶現在，英語は世界中のいろいろな分野で使用されている。例えばビジネスなど，さまざまな国の人とコミュニケーションするために，英語を学ぶことはますます重要になっている。しかし私の友人の中には英語を聞いたり読んだりするのは得意でも，話したり書いたりするのは苦手な人がいる。自分の将来のために，私は英語を正確に話したり書いたりしたい。❷英語を上達させる効果的な方法は，英語をあらゆるところで使うことだと思う。学校では，1英語を使うのは英語の授業があるときだけだが，それでは不十分だと思う。だから私は放課後に先生とコミュニケーションしたり，友人と話したりするのに英語を使うようにいつも心がけている。❸読書は私が英語を上達させるもう１つの方法だ。

2私は家や図書館で英語の本をたくさん読んでいる。新しい考えや表現を学ぶのは楽しい。出版物は間違いがないと思うので，それらを読むのは貴重である。私は読書を通して，3スピーキングやライティングで正確に英語を使う方法も学んでいる。❹テレビやラジオ，ウェブサイト，ソーシャルメディアは私の英語力を上げるその他の良い方法だ。私はテレビやラジオで話している人のように自然な英語を話したい。4ウェブサイトやソーシャルメディアは，「自然な」英語の書き言葉を学ぶのにとても適した方法だ。これらの媒体を通して多くの新しい人々とつながり，彼らの文化や国について学ぶこともできる。❺5ところで，私の母と祖母は約30年前にこの国にやってきた。母はこの町で父と出会った。将来私は海外でたくさんの物を売買して家族を支えたい。英語を正しく使えばビジネスで失敗することがないので，私は英語を一生懸命勉強している。❻先生は「英語は外国の生活や文化，歴史への入り口だ」と言う。私は，今学んでいることはビジネスでも役立つと思っている。だからビジネスで成功して家族を助けるために，自分の英語を上達させるようがんばるつもりだ。❼私は学校で授業を受けたり，友人と話したり，本を読んだりするなどして英語を学んでいる。先生も英語を学ぶ喜びはどこにでもあると言う。私に関しては，「正確な」英語を使うことを楽しんでいる。英語を使うときにみんなが楽しめるといいなと思う。

問１＜適文選択＞空所の後に続くI don't think that is enoughのthatが何を指しているかを考える。このthatはアの内容を受けていると考えられる。

問２＜適文選択＞前文で筆者は読書も英語力を上げる方法の１つだと述べており，次の文からは実際にたくさんの英語の本を読んでいることが読み取れる。

問３＜適語句選択＞how to use English correctly「正しい英語の使い方」を学べるのだから，英語を「使う」状況を選ぶ。listeningとwatchingは自分で英語を使うわけではない。

問４＜適文選択＞段落冒頭で挙げた，テレビ，ラジオ，ウェブサイト，ソーシャルメディアのうち，テレビやラジオについて前文で述べ，空所４でウェブサイトとソーシャルメディアについて述べているのである。ここではインターネットは関係ない。

問５＜適語句選択＞この段落から，家族についての話題に変わっている。by the way「ところで」は，このように話題を転換するときに用いる表現。

問６＜指示語＞この後にくるitがEnglishを指すので，主語のtheyはテレビやラジオにおける英語の話し手を指すと判断できる。これに一致するのはイ．「テレビやラジオ番組で英語を話す人々」。

問７＜要旨把握＞本文は英語を学ぶ大切さや英語の学習方法，将来の夢について語った文章である。イ．「筆者の意見によると，英語を学ぶのは外国の文化を理解するためだけでなく，外国とビジネスをするためでもある。私もそう思う」の内容が，筆者が英語を学習する目的をまとめている第６段落の内容に一致する。　'not only ～ but also …'「～だけでなく…も」

2023年度／国立高等専門学校

数学解答

1 (1) 9　(2) イ…3　ウ…7
(3) エ…1　オ…2　カ…5
(4) キ…1　ク…4
(5) ケ…1　コ…3　サ…2　シ…5
(6) ス…2　セ…7　ソ…2　タ…8
(7) チ…1　ツ…9
(8) テ…4　ト…1　ナ…3

2 (1) ア…2　イ…5　ウ…5　エ…2
(2) オ…－　カ…1　キ…5
(3) (i) ク…1　ケ…2
(ii) コ…1　サ…5　シ…2

3 (1) ア…7　イ…7
(2) ウ…1　エ…6　オ…4　カ…3
キ…6　ク…4

4 (1) ア…2　イ…3
(2) ウ…3　エ…2　オ…9
(3) カ…7　キ…3
(4) ク…7　ケ…1　コ…7　サ…6

1〔独立小問集合題〕

(1)<数の計算>与式$=-3+2\times\left\{\left(\frac{6}{2}-\frac{1}{2}\right)^2-\frac{1}{4}\right\}=-3+2\times\left\{\left(\frac{5}{2}\right)^2-\frac{1}{4}\right\}=-3+2\times\left(\frac{25}{4}-\frac{1}{4}\right)=-3+2\times\frac{24}{4}=-3+2\times6=-3+12=9$

(2)<二次方程式>解の公式より，$x=\frac{-(-6)\pm\sqrt{(-6)^2-4\times1\times2}}{2\times1}=\frac{6\pm\sqrt{28}}{2}=\frac{6\pm2\sqrt{7}}{2}=3\pm\sqrt{7}$である。

(3)<関数—傾き，切片>関数$y=ax+b$は，$a<0$より，xの値が増加するとyの値は減少する。よって，xの変域が$-4\leqq x\leqq2$のときのyの変域が$4\leqq y\leqq7$より，$x=-4$のときyの値は最大の$y=7$となり，$x=2$のときyの値は最小の$y=4$となる。$y=ax+b$に，$x=-4$，$y=7$を代入すると，$7=a\times(-4)+b$，$-4a+b=7$……①となり，$x=2$，$y=4$を代入すると，$4=a\times2+b$，$2a+b=4$……②となる。①，②を連立方程式として解くと，①－②より，$-4a-2a=7-4$，$-6a=3$，$a=-\frac{1}{2}$となり，これを②に代入して，$2\times\left(-\frac{1}{2}\right)+b=4$，$-1+b=4$，$b=5$となる。

(4)<関数—比例定数>関数$y=ax^2$において，$x=1$のとき$y=a\times1^2=a$，$x=3$のとき$y=a\times3^2=9a$だから，xの値が1から3まで増加するときの変化の割合は$\frac{9a-a}{3-1}=4a$と表せる。また，関数$y=-\frac{3}{x}$において，$x=1$のとき$y=-\frac{3}{1}=-3$，$x=3$のとき$y=-\frac{3}{3}=-1$だから，xの値が1から3まで増加するときの変化の割合は$\frac{-1-(-3)}{3-1}=1$となる。よって，2つの関数の変化の割合が等しいとき，$4a=1$が成り立つので，$a=\frac{1}{4}$である。

(5)<確率—色玉>2個の赤玉を赤$_1$，赤$_2$，3個の白玉を白$_1$，白$_2$，白$_3$とする。この5個の玉の中から1個取り出すとき，1回目の取り出し方は5通りあり，取り出した玉はもとに戻すので，2回目の取り出し方も5通りある。よって，取り出し方は全部で$5\times5=25$(通り)ある。このうち，2回とも同じ色であるのは，2回とも赤玉の場合か，2回とも白玉の場合である。2回とも赤玉の場合，1回目，2回目の取り出し方はともに赤$_1$，赤$_2$の2通りあるから，$2\times2=4$(通り)ある。2回とも白玉の場合，1回目，2回目の取り出し方はともに白$_1$，白$_2$，白$_3$の3通りあるから，$3\times3=9$(通り)ある。したがって，2回とも同じ色であるのは$4+9=13$(通り)だから，求める確率は$\frac{13}{25}$である。

(6)<データの活用—中央値，範囲>10人の握力の記録なので，中央値は，記録を小さい順に並べたときの5番目と6番目の平均値となる。10人の記録は，小さい順に，12，16，17，24，25，29，30，33，35，40となり，5番目は25kg，6番目は29kgだから，中央値は$\dfrac{25+29}{2}=27$(kg)である。また，最小値は12kg，最大値は40kgだから，範囲は，$40-12=28$(kg)である。

(7)＜平面図形—角度＞右図1で，2点O，Bを結ぶ。$\angle OAB=a$とすると，$\angle BAC=\angle OAB+\angle OAC=a+37^\circ$となる。また，直線BCは点Bで円Oと接するので，$\angle OBC=90^\circ$となる。△OABはOA＝OBの二等辺三角形だから，

図1

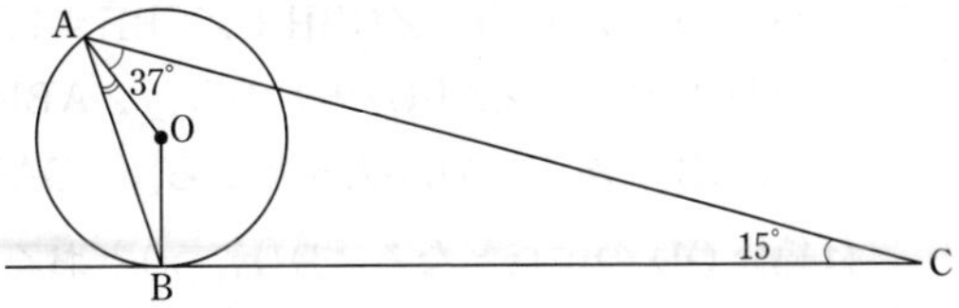

$\angle OBA=\angle OAB=a$となり，$\angle ABC=\angle OBA+\angle OBC=a+90^\circ$となる。よって，△ABCで，$\angle BAC+\angle ABC+\angle BCA=180^\circ$だから，$(a+37^\circ)+(a+90^\circ)+15^\circ=180^\circ$が成り立ち，$2a=38^\circ$，$a=19^\circ$となるので，$\angle OAB=a=19^\circ$である。

(8)＜平面図形—長さ＞右図2で，$\angle ABC=\angle ACD=90^\circ$だから，△ABCで三平方の定理より，$AC=\sqrt{AB^2+BC^2}=\sqrt{3^2+(\sqrt{3})^2}=\sqrt{12}=2\sqrt{3}$となり，△ACDで三平方の定理より，$AD=\sqrt{AC^2+CD^2}=\sqrt{(2\sqrt{3})^2+2^2}=\sqrt{16}=4$となる。また，△ABCの3辺の比は$BC:AC:AB=\sqrt{3}:2\sqrt{3}:3=1:2:\sqrt{3}$だから，$\angle CAB=30^\circ$となる。△ACDの3辺の比は$CD:AD:AC=2:4:2\sqrt{3}=1:2:\sqrt{3}$だから，$\angle DAC=30^\circ$となる。よって，$\angle DAB=\angle CAB+\angle DAC=30^\circ+30^\circ=60^\circ$となるから，点Dから辺ABに垂線

図2

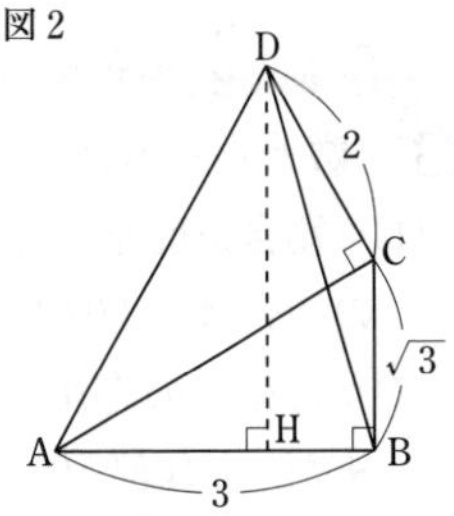

DHを引くと，△DAHは3辺の比が$1:2:\sqrt{3}$の直角三角形となる。これより，$AH=\dfrac{1}{2}AD=\dfrac{1}{2}\times4=2$，$DH=\sqrt{3}AH=\sqrt{3}\times2=2\sqrt{3}$となり，$BH=AB-AH=3-2=1$である。したがって，△DHBで三平方の定理より，$BD=\sqrt{DH^2+BH^2}=\sqrt{(2\sqrt{3})^2+1^2}=\sqrt{13}$である。

2 〔関数—関数$y=ax^2$と一次関数のグラフ〕

≪基本方針の決定≫(3)(ii)　$\angle ABO=90^\circ$であることに気づきたい。

(1)＜比例定数，y座標＞右図1で，A(−5，10)は関数$y=ax^2$のグラフ上にあるから，$10=a\times(-5)^2$より，$a=\dfrac{2}{5}$である。これより，点Bは関数$y=\dfrac{2}{5}x^2$のグラフ上の点となる。x座標は$\dfrac{5}{2}$だから，y座標は$y=\dfrac{2}{5}\times\left(\dfrac{5}{2}\right)^2=\dfrac{5}{2}$である。

図1

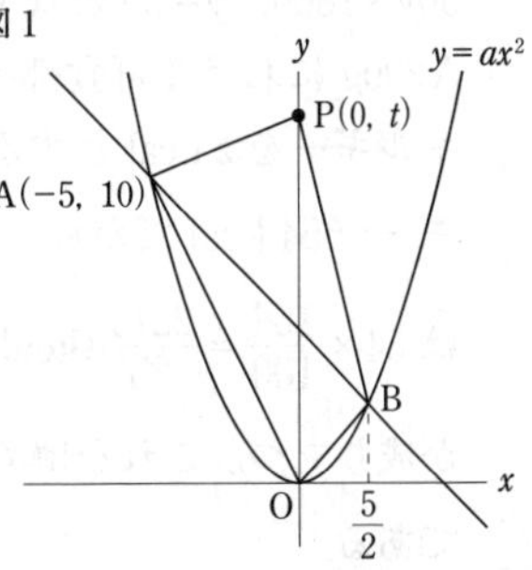

(2)＜傾き，切片＞右図1で，A(−5，10)であり，(1)より，$B\left(\dfrac{5}{2},\ \dfrac{5}{2}\right)$だから，直線ABの傾きは$\left(\dfrac{5}{2}-10\right)\div\left\{\dfrac{5}{2}-(-5)\right\}=-1$となる。また，切片を$b$とすると，直線ABの式は$y=-x+b$とおける。これが点Aを通るので，$10=-(-5)+b$，$b=5$となり，切片は5である。

(3)＜y座標＞(i)右上図1で，〔四角形OAPB〕＝△OAP＋△OBPである。△OAPと△OBPの底辺をOPと見ると，P(0，t)だから，OP＝tとなる。また，2点A，Bのx座標より，△OAPの高さは5，△OBPの高さは$\dfrac{5}{2}$となるから，〔四角形OAPB〕$=\dfrac{1}{2}\times t\times5+\dfrac{1}{2}\times t\times\dfrac{5}{2}=\dfrac{15}{4}t$と表せる。よって，四角形OAPBの面積が45より，$\dfrac{15}{4}t=45$が成り立つので，これを解いて，$t=12$である。　(ii)右図2

図2

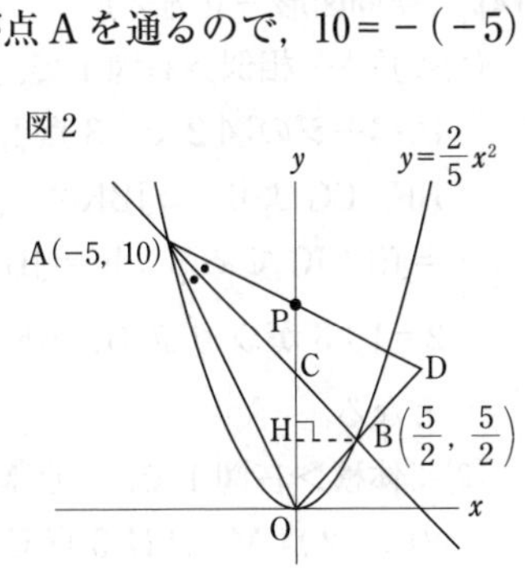

で，直線ABとy軸の交点をCとし，点Bからy軸に垂線BHを引く。B$\left(\frac{5}{2},\ \frac{5}{2}\right)$であり，(2)より直線ABの切片は5だから，C(0, 5)である。これより，OH=$\frac{5}{2}$，BH=$\frac{5}{2}$，CH=$5-\frac{5}{2}=\frac{5}{2}$となり，OH=BH=CHだから，△OBH，△CBHは直角二等辺三角形である。よって，∠OBH=∠CBH=45°より，∠ABO=∠OBH+∠CBH=45°+45°=90°となる。次に，OBの延長とAPの延長の交点をDとする。∠ABO=90°より，∠ABD=∠ABO=90°であり，∠PAB=∠OABより，∠DAB=∠OABである。AB=ABだから，△DAB≡△OABとなる。よって，BD=BOとなるから，点Bは線分ODの中点となる。D(m, n)とおくと，点Bのx座標，y座標について，$\frac{0+m}{2}=\frac{5}{2}$，$\frac{0+n}{2}=\frac{5}{2}$が成り立ち，$m=5$，$n=5$となるから，D(5, 5)となる。A(−5, 10)だから，直線ADの傾きは$\frac{5-10}{5-(-5)}=-\frac{1}{2}$となり，その式は$y=-\frac{1}{2}x+c$とおける。これが点Dを通るので，$5=-\frac{1}{2}\times5+c$，$c=\frac{15}{2}$となる。したがって，直線ADの切片が$\frac{15}{2}$だから，P$\left(0,\ \frac{15}{2}\right)$であり，$t=\frac{15}{2}$である。

3 〔数と式―方程式の応用〕

(1)＜割合＞廃棄部40g当たりの食物繊維の含有量は3.08gなので，廃棄部における食物繊維の含有量の割合は，3.08÷40×100=7.7(%)である。

(2)＜方程式の応用＞野菜A200gの可食部をxg，廃棄部をygとすると，$x+y=200$……①が成り立つ。また，可食部100g当たりの食物繊維の含有量は2.7gだから，可食部xgの食物繊維の含有量は，$2.7\times\frac{x}{100}=\frac{27}{1000}x$(g)となる。(1)より，廃棄部における食物繊維の含有量の割合は7.7%だから，廃棄部ygの食物繊維の含有量は，$y\times\frac{77}{1000}=\frac{77}{1000}y$(g)となる。野菜A100g当たりの食物繊維の含有量は3.6gだから，200gの含有量は$3.6\times\frac{200}{100}=7.2$(g)であり，$\frac{27}{1000}x+\frac{77}{1000}y=7.2$が成り立ち，$27x+77y=7200$……②となる。①，②の連立方程式を解くと，②−①×27より，$77y-27y=7200-5400$，$50y=1800$，$y=36$となり，これを①に代入して，$x+36=200$より，$x=164$となる。よって，野菜A200gにおける可食部の重さは164g，廃棄部の重さは36gである。次に，廃棄部100g当たりのエネルギーを$z$kcalとする。野菜A100g当たりのエネルギーが45kcal，可食部100g当たりのエネルギーが54kcalだから，野菜A200gのエネルギーは$45\times\frac{200}{100}=90$(kcal)，可食部164gのエネルギーは$54\times\frac{164}{100}=\frac{2214}{25}$(kcal)，廃棄部36gのエネルギーは$z\times\frac{36}{100}=\frac{9}{25}z$(kcal)であり，$\frac{2214}{25}+\frac{9}{25}z=90$が成り立つ。これを解くと，$\frac{9}{25}z=\frac{36}{25}$，$z=4$となるから，廃棄部100g当たりのエネルギーは4kcalである。

4 〔空間図形―立方体〕

(1)＜長さ―相似＞右図1で，JB=AB−AJ=2−1=1である。次ページの図2で，3点J，K，Gは一直線上にあるので，BF∥CGより，△JBK∽△JCGとなる。よって，BK：CG=JB：JCである。JC=JB+BC=1+2=3だから，BK：2=1：3が成り立ち，BK×3=2×1より，BK=$\frac{2}{3}$(cm)となる。

図1

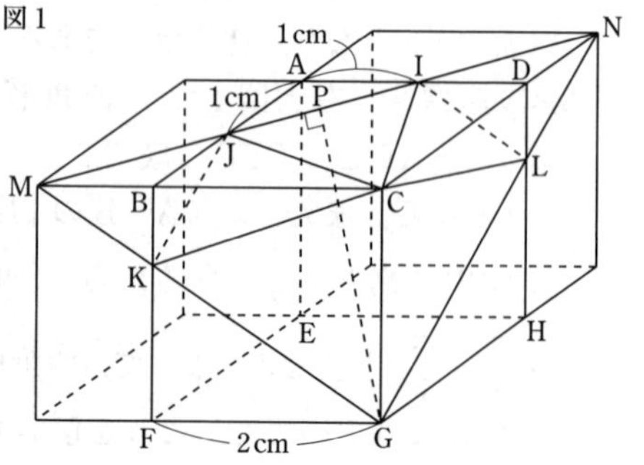

(2)＜体積＞右図1で，4点M，J，I，Nは一直線上にあるので，2点M，Nは3点G，I，Jを通る平面上にある。こ

のことから，3点G，K，Mは一直線上にあるので，線分MBの長さは右図2の線分JBの長さと等しく，MB＝JB＝1となる。よって，図1で，MC＝MB＋BC＝1＋2＝3である。同様にして，NC＝3となる。CG⊥〔面CMN〕だから，〔三角錐G-CMN〕＝$\frac{1}{3}\times$△CMN×CG＝$\frac{1}{3}\times\frac{1}{2}\times3\times3\times2=3(\mathrm{cm}^3)$となる。また，BC⊥〔面BJK〕であり，(1)よりBK＝$\frac{2}{3}$だから，〔三角錐C-BJK〕＝$\frac{1}{3}\times$△BJK×BC＝$\frac{1}{3}\times\frac{1}{2}\times1\times\frac{2}{3}\times2=\frac{2}{9}(\mathrm{cm}^3)$である。

図2

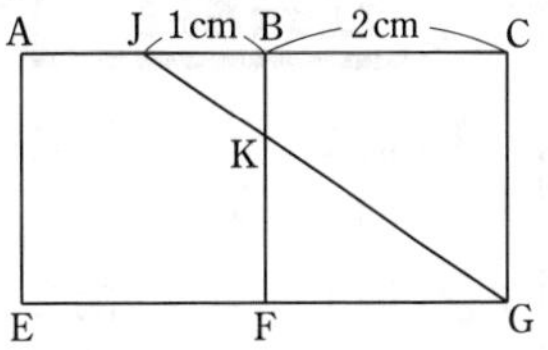

(3)＜体積＞前ページの図1で，五角錐C-IJKGLは，三角錐G-CMNから，2つの三角錐K-CMJ，L-CNIを除いた立体である。〔三角錐K-CMJ〕＝$\frac{1}{3}\times$△CMJ×BK＝$\frac{1}{3}\times\frac{1}{2}\times3\times1\times\frac{2}{3}=\frac{1}{3}$となり，同様にして，〔三角錐L-CNI〕＝$\frac{1}{3}$となる。(2)より，〔三角錐G-CMN〕＝3だから，〔五角錐C-IJKGL〕＝〔三角錐G-CMN〕－〔三角錐K-CMJ〕－〔三角錐L-CNI〕＝$3-\frac{1}{3}-\frac{1}{3}=\frac{7}{3}(\mathrm{cm}^3)$である。

(4)＜面積＞前ページの図1で，点Gから線分MNに垂線GPを引く。(2)より，MC＝NC＝3となり，△CMNは直角二等辺三角形だから，MN＝$\sqrt{2}$MC＝$\sqrt{2}\times3=3\sqrt{2}$となる。また，△CMGで三平方の定理より，MG＝$\sqrt{\mathrm{MC}^2+\mathrm{CG}^2}=\sqrt{3^2+2^2}=\sqrt{13}$となり，同様にして，NG＝$\sqrt{13}$となる。MG＝NGより，△GMNは二等辺三角形だから，点Pは辺MNの中点となり，MP＝$\frac{1}{2}$MN＝$\frac{1}{2}\times3\sqrt{2}=\frac{3\sqrt{2}}{2}$となる。△GMPで三平方の定理より，GP＝$\sqrt{\mathrm{MG}^2-\mathrm{MP}^2}=\sqrt{(\sqrt{13})^2-\left(\frac{3\sqrt{2}}{2}\right)^2}=\sqrt{\frac{34}{4}}=\frac{\sqrt{34}}{2}$となるので，△GMN＝$\frac{1}{2}\times$MN×GP＝$\frac{1}{2}\times3\sqrt{2}\times\frac{\sqrt{34}}{2}=\frac{3\sqrt{17}}{2}$である。五角錐C-IJKGLと三角錐G-CMNの底面をそれぞれ五角形IJKGL，△GMNと見ると，この2つの立体は，高さが等しい五角錐，三角錐であるから，体積の比と底面積の比は等しい。よって，〔五角錐C-IJKGL〕：〔三角錐G-CMN〕＝$\frac{7}{3}$：3＝7：9より，〔五角形IJKGL〕：△GMN＝7：9であり，〔五角形IJKGL〕＝$\frac{7}{9}$△GMN＝$\frac{7}{9}\times\frac{3\sqrt{17}}{2}=\frac{7\sqrt{17}}{6}(\mathrm{cm}^2)$となる。

═読者へのメッセージ═

4では，立方体を平面で切ったときの切り口は五角形でした。立方体を平面で切ったとき，切り口は，三角形，四角形，五角形，六角形のいずれかであり，七角形以上になることはありません。その理由はわかりますか。立方体の面の数は6個ですので，切り口の辺の数は，最大でも6本になります。

社会解答

1 問1 イ　問2 ア　問3 イ　問4 イ
2 問1 エ　問2 イ　問3 ウ
3 問1 カ　問2 エ
4 問1 ア　問2 エ
5 問1 イ　問2 エ　問3 ウ
6 問1 ウ　問2 イ　問3 ウ　問4 ウ
7 問1 ウ　問2 カ　問3 ウ
8 問1 ア　問2 イ　問3 ア　問4 エ

1〔世界地理―世界の諸地域〕

問1＜世界の気候＞アラビア半島に位置するBの国の観測地点は，乾燥帯の砂漠気候に属する。したがって，年降水量が非常に少ないイが当てはまる。なお，赤道に近いAの国の観測地点は熱帯に属することから，1月と7月の平均気温がともに高いエが当てはまる。また，CとDの国の観測地点はどちらも温帯に属するが，Dの国の観測地点は南半球に位置することから，7月よりも1月の平均気温が高いアが当てはまり，Cの国の観測地点はウが当てはまる。

問2＜人口ピラミッドと人口の特徴＞図2の人口ピラミッドは，年齢が低いほど割合が高い「富士山型」であり，発展途上国で多く見られるものである。生まれる子どもの数が多いため人口は大きく増加するが，一方で高齢の人が少なく若いうちに死亡する人も多いことを示している。表2のA～Dのうち，人口が特に大きく増加しているのはAとBであり，さらにAはBに比べて平均寿命が短く乳児死亡率が高いことから，図2の人口ピラミッドに当てはまる国はAとなる。

問3＜各国の輸出品目＞Aのナイジェリアは，アフリカ最大の原油産出国であり，輸出総額の8割近くを原油が占めるモノカルチャー経済となっている。したがって，Xは原油である。Cの韓国は，アジアで早くから工業化が進んだアジアNIES〔新興工業経済地域〕の一員であり，自動車の生産台数は世界有数である。したがって，Yは自動車である。Dのオーストラリアは，鉄鉱石や石炭などの鉱産資源が豊富で，鉄鉱石の産出量は世界第1位である。したがって，Zは鉄鉱石である。

問4＜各国の統計＞1人あたりの国民総所得と1人1日あたりの食料供給栄養量が最も少ないアは，Aのナイジェリアである。1人あたりの国民総所得が最も多く，また，肉類や牛乳・乳製品の1人1日あたりの供給量が多いウは，牧羊・牧牛や酪農が盛んなオーストラリアである。残るイとエのうち，魚介類の1人1日あたりの供給量が多いイは海に面したCの韓国である。なお，牛乳・乳製品の1人1日あたりの供給量が比較的多いエは，遊牧が盛んなBのサウジアラビアである。

2〔日本地理―日本の諸地域〕

問1＜都道府県の気候と発電所＞A～Dのうち，夏の降水量が多いCは太平洋側の気候に属する鹿児島市に当てはまる。また，右表のような発電所の立地の特徴をふまえると，鹿児島県は霧島山や桜島などの火山があり地熱発電所が立地するのでエが当てはまる。なお，冬の降水量が多いDは日本海側の気候に属する福井市，年間の降水量が少ないAとBのうち，冬の気温が低いAは中央高地の気候に属する長野市，年間を通して温暖なBは瀬戸内の気候に属する高松市(香川県)に当てはまる。次に，長野県は中央高地の山間部に水力発電所が多く立地するのでア，福井県は若狭湾沿岸に原子力発電所が集まるのでイ，香川県は瀬戸内工業地域に火力発電所が立地するのでウが当てはまる。

発電所の種類と立地

水力発電所	中央高地などの山間部に多い
原子力発電所	人口密集地から離れた臨海部に多い
火力発電所	工業地帯や大都市に近い臨海部に多い
地熱発電所	活動の活発な火山が集まる九州や東北に多い

問２＜都道府県の統計＞表１のうち，Ｈは，最も高い地点の標高が４県中で最も高く，県庁から海までの最短距離が最も長いので，中央高地に位置する内陸県である長野県である。長野県は，りんごの生産量が全国第２位でレタスなどの高原野菜の生産が盛んなので，表２より，果実と野菜の順位が高いイが当てはまる(2020年)。なお，面積が最も小さいＥは，47都道府県の中で面積が最小の香川県である。残るＦとＧのうち，県庁から海までの最短距離が１km 未満であるＧは，鹿児島湾岸に鹿児島市が位置する鹿児島県であり，残るＦが福井県である。表２のうち，農業産出額の合計が全国２位と高く，工芸作物と畜産の産出額も２位であるアは，茶の生産量や豚，肉牛などの飼育頭数が全国有数である鹿児島県である。また，エは，表２の農業産出額の中で米の順位が最も高いことから，米の単作が盛んな北陸に位置する福井県であり，残るウが香川県である。

問３＜各県と東京都を結ぶ交通＞まず，アとエで航空機を利用した人の数が０万人となっていることに着目する。東京都と香川県，鹿児島県との間には航空機が就航していると考えられることから，アとエは長野県と福井県のいずれか，イとウは鹿児島県と香川県のいずれかとなる。イとウのうち，バスを利用した人の数が０万人であるイは，東京都との距離がより遠い鹿児島県であり，ウが香川県となる。なお，アとエのうち，総数が多く，鉄道，バスを利用した人の数も多いアは，東京都との間に新幹線や高速道路が通っている長野県であり，エは福井県である。

3〔世界地理―世界地図〕

問１＜緯度と経度＞０度の緯線である赤道はアフリカ大陸のギニア湾や南アメリカ大陸の北部などを通ることから，図２の中心である北極点(北緯90度)から数えて３つ目の円が赤道となる。したがって，図２の緯線は30度ごとに引かれている。ここで，Ａ地点の緯度を考える。赤道から円の中心へ向かえば北緯，円の外側へ向かえば南緯となり，Ａ地点は赤道から円の外側へ向かって１本目の緯線にあるので，南緯30度となる。次に，０度の経線である本初子午線はイギリスのロンドンを通ることから，図２の中心から真下にのびる線が本初子午線となり，真上にのびる経線が180度の経線となる。したがって，図２の経線は45度ごとに引かれている。ここで，Ａ地点の経度を考える。本初子午線から反時計回りに180度の経線までが東経，本初子午線から時計回りに180度の経線までが西経となり，Ａ地点は本初子午線から時計回りに３本目の経線にあるので，西経135度となる。

問２＜地図の見方＞図２では，中心である北極点からの距離と方位が正しく表されている。北極点とＢ地点，Ｄ地点をそれぞれ結んだ直線は同じ長さであるため，北極点から両地点までの最短距離は等しい(エ…○)。図２の図法(正距方位図法)では，中心以外の地点からの距離や方位を正しく表すことはできないため，Ａ地点やＢ地点から見た距離や方位を読み取ることはできない(ア…×，ウ…×)。経度15度につき１時間の時差が生じ，Ａ地点とＣ地点の経度差は45度であるので，45÷15＝３より，Ａ地点とＣ地点の時差は３時間となる(イ…×)。

4〔歴史―古代～中世の日本と世界〕

問１＜９世紀～14世紀の世界の出来事＞史料１は，平安時代の９世紀初めに唐にわたった空海について述べたものである。史料２は，14世紀に後醍醐天皇が行った建武の新政を批判した「二条河原落書」の一部である。ドイツのルターがカトリック教会のあり方を批判して宗教改革を行ったのは，史料２より後の16世紀のことである。なお，マルコ＝ポーロが中国(元)などを訪れ『世界の記述〔東方見聞録〕』を著したのは13世紀，十字軍の遠征が初めて行われたのは11世紀，高麗が新羅をほろぼして朝鮮半島を統一したのは10世紀のことである。

問２＜後醍醐天皇＞後醍醐天皇は，足利尊氏らの協力を得て1333年に鎌倉幕府を滅ぼし，天皇を中心とする建武の新政を行ったが，武士の政治や慣習を否定して貴族を重視する方針に武士の不満が高まった。史料２の「二条河原落書」では，建武の新政によって政治や社会が混乱している様子を批判している。こうした中，尊氏が武家政治の復活を目指して挙兵すると，新政は２年ほどで崩壊し，後醍醐天皇は吉野(奈良県)に逃れた。なお，アは鎌倉幕府を開いた源頼朝，イは室町幕府第３代将軍の足利義満，ウは頼朝の妻である北条政子の説明である。

5〔歴史―戦国時代～安土桃山時代〕

問１＜戦国時代の出来事＞戦国時代の始まりとなる応仁の乱が起こったのは1467年，豊臣秀吉が全国統一をはたして戦国時代が終わったのは1590年である。加賀国(石川県)では，15世紀末に浄土真宗〔一向宗〕の信者が守護大名を倒し，約100年にわたり自治を行った(加賀の一向一揆)。また，織田信長の後継者争いに勝利し統一事業を進めた豊臣秀吉は，1588年に刀狩令を出して百姓が武具を持つことを禁じた。なお，正長の土一揆が起こったのは1428年，琉球王国の建国は1429年である。

問２＜分国法＞戦国時代に各地を支配した戦国大名は，領内の家臣や民衆を統制するため，分国法と呼ばれる独自の決まりを定めた。エは，武田氏の分国法である「甲州法度之次第」の「けんか両成敗」の規定である。なお，アは江戸幕府が1825年に定めた異国船打払令，イは明治政府が1868年に定めた五箇条の御誓文，ウは1946年に制定された日本国憲法(第９条)の内容である。

問３＜安土城と名護屋城＞X．織田信長は，琵琶湖畔に安土城を築き，全国統一を目指すための拠点とした。城下町には楽市令を出して市場の税や座を廃止し(楽市・楽座)，商工業の活発化をはかった。　Y．豊臣秀吉は，明の征服を目指し，２度にわたって朝鮮へ大軍を送った(文禄の役・慶長の役)。出兵の際の拠点とするため，肥前国(佐賀県，長崎県)の名護屋に城(名護屋城)を築いた。

6〔歴史―現代の日本と世界〕

問１＜国際連合＞現在も，バチカン市国など，いくつかの国は国際連合に加盟していない(ア…×)。国際連合の本部は，アメリカのニューヨークにある(イ…×)。安全保障理事会の常任理事国は，アメリカ，イギリス，フランス，ロシア，中国の５か国であり，日本は含まれていない(エ…×)。

問２＜冷戦終結後の出来事＞アメリカを中心とする資本主義国(西側陣営)とソ連を中心とする社会主義国(東側陣営)の対立である冷戦は，1989年に地中海のマルタで行われた米ソ首脳会談(マルタ会談)で終結が宣言された。朝鮮戦争は，冷戦が深刻化する中で1950年に始まり，アメリカを中心とする国連軍が韓国を，中国の義勇軍が北朝鮮を支援して戦った。なお，ソ連が解体したのは1991年，ヨーロッパ連合〔EU〕の共通通貨であるユーロの流通が開始されたのは2002年，アメリカで同時多発テロが発生したのは2001年のことである。

問３＜沖縄返還と1951～75年の出来事＞史料は，アメリカ統治下にあった沖縄が1972年に日本に返還されたことに関して述べたものである。したがって，Aに当てはまるのは「1972」，Bに当てはまるのは「沖縄」であり，1972年を含む年表中の期間は②(1951～75年)となる。ベトナム戦争は，冷戦下で南北に分断された北ベトナムと南ベトナムの戦争にアメリカが介入したもので，1965年にアメリカ軍が北ベトナムへの爆撃を開始した。なお，湾岸戦争が起こったのは1991年のことである。

問４＜日米安全保障条約＞日米安全保障〔日米安保〕条約は，サンフランシスコ平和条約が結ばれたのと同じ1951年に結ばれた条約であり，日本が国際連合に加盟したのは1956年である(ａ…誤)。1960年に日米安保条約を改定した新安保条約が結ばれ，この条約の承認が衆議院で強行採決されると，市民や学生による大規模な反対運動(安保闘争)が起こった(ｂ…正)。

7〔公民―総合〕

問１＜直接請求権＞住民は，一定数以上の署名を集めることによって地方公共団体に政治上の請求を行うことができる直接請求権を持っている。必要な署名数は請求の内容によって異なり，例えば条例の制定・改廃請求を行う場合は有権者の50分の１以上，首長・議員の解職請求や議会の解散請求を行う場合は有権者の３分の１以上(有権者数が40万人を超える場合は追加の規定あり)の署名が必要となる。資料では，有権者数が18000人，署名数が360人で請求が可能とあり，この場合の署名数は有権者数の50分の１にあたることから，当てはまる請求内容はウの「条例の制定」となる。

問２＜地方自治，NPO＞ａ．「阪神・淡路大震災がおこって５年がたち」とあり，阪神・淡路大震災が起こったのは1995年であることから，ａに当てはまる年は2000年となる。地方分権一括法は，1999年に制定されて翌年施行された法律であり，「地方分権一括法が施行された年」が2000年に一致する。なお，新潟県巻町（当時）で原子力発電所の建設に関する住民投票が行われたのは1996年である。　　ｂ．地方債は，地方税収入の不足を補うために地方公共団体が行う借金である。近年，少子高齢化による社会福祉関連の費用の増大などから，財政が悪化して地方債の額が増加する傾向にある地方公共団体が多く見られる。　　ｃ．NPO〔非営利組織〕は，利益を目的とせず，社会に貢献する活動を行う市民の団体である。福祉，環境，文化，人権など，さまざまな分野のNPOがある。なお，マスメディアは，大量の情報を伝達する新聞やテレビなどの媒体を指す。

問３＜少子高齢化と人口割合＞人口を０歳から14歳，15歳から64歳，65歳以上に分類した場合，最も割合が高いのは人数が多い15歳から64歳であるため，Ｐは15歳から64歳となる。次に，Ｘ市は少子高齢化が特に進んでいるとあることから，2000年から2020年にかけて割合が増加しているＲが65歳以上，反対に割合が減少傾向にあるＱが０歳から14歳となる。

8 〔公民・歴史総合―グローバル経済〕

問１＜石油危機＞1973年，イスラエルとアラブ諸国との間で第四次中東戦争が起こると，原油を産出するアラブ諸国は原油価格を引き上げる戦略をとったため，原油とそれを原料とする製品の価格が大きく上昇し，原油輸入国を中心に世界的な不景気となった。これを石油危機〔オイル・ショック〕と呼ぶ。日本経済も大きな打撃を受け，1950年代後半から続いてきた高度経済成長が終結した。

問２＜円安＞１ドル＝120円であったものが１ドル＝140円になったということは，それまでは１ドルの外国商品を購入するのに120円の支払いで済んでいたのが，140円の支払いが必要になったということである。つまり，外国の通貨（ドル）に対して円の価値が低くなった（安くなった）ので，これはドル高・円安である。一方，１ドル＝120円であったものが１ドル＝100円になった場合は，ドルに対して円の価値が高くなったので，これはドル安・円高である（Ａ…○，Ｂ…×）。円安になると，日本からの輸出品の価格は外国にとって安くなり，外国からの輸入品の価格は日本にとって高くなるため，日本からの輸出は有利に，外国からの輸入は不利になる。反対に円高になると，日本からの輸出品の価格は外国にとって高くなり，外国からの輸入品の価格は日本にとって安くなるため，日本からの輸出は不利に，外国からの輸入は有利になる（Ｘ…×，Ｙ…○）。

問３＜関税と貿易＞関税は，原則として外国からの輸入品に課される税金である。例えば，関税率が20％の場合，外国から100円の商品を輸入すると関税は20円となる。関税分は商品の価格に上乗せされるのが一般的であり，関税が引き上げられると輸入品の価格が高くなって売れにくくなるため，貿易が抑制される（ウ…×，エ…×）。反対に，関税が引き下げられると輸出産業は安く輸出でき，輸入品は国内で安価に販売されるため，貿易の自由化が進む（ア…○，イ…×）。

問４＜産業の空洞化＞産業の空洞化は，海外に工場を移す企業が増えたことにより，国内で工場が閉鎖されるなどして産業が衰退する現象である。日本では，1980年代から産業の空洞化が見られるようになり，雇用の減少や経済の停滞などが問題となっている。

2023年度／国立高等専門学校

理科解答

1 問1　ア…2　イ…0　　問2　ア
問3　イ，エ　　問4　イ　　問5　イ
問6　ウ　　問7　ア
問8　①…ア　②…キ

2 問1　ア，ウ　　問2　オ　　問3　イ
問4　ク

3 問1　ア…2　イ…0　ウ…0
問2　カ　　問3　ケ　　問4　エ
問5　ア…0　イ…7　ウ…1
問6　ウ

4 問1　①…ウ　②…カ
問2　1…ア
2　観測される時間帯…イ
月の形…カ
問3　エ

5 問1　エ　　問2　イ
問3　1…イ　2…エ　　問4　ア

6 問1　ウ　　問2　ア，エ　　問3　エ
問4　ウ　　問5　ア…6　イ…0
問6　数値…オ　単位…ク

1〔小問集合〕

問１＜音＞光の速さは非常に速く一瞬で伝わるため，音が雷の光が発生した場所から観測者まで届く時間は，観測者が雷の光を見てから音を聞くまでの時間と考えてよい。よって，音が空気中を伝わる速さが340m/s，観測者が雷の光を見てから音を聞くまでの時間が６秒なので，雷の光が発生した場所と観測者の距離は，〔速さ(m/s)〕×〔時間(s)〕＝〔距離(m)〕より，340×6＝2040(m)である。つまり，雷の光が発生した場所は観測者から約2.0km 離れている。

問２＜光の屈折＞図で，水槽の面Ａを，面Ａに対して垂直に見るとき，水中のストローからの光は，面Ａで屈折して目に届く。このとき，面Ａで水中から空気中に出る光は，面Ａに近づくように屈折するため，ストローはアのように太く見える。

問３＜塩酸の電気分解＞うすい塩酸を電気分解すると，陽極側から塩素，陰極側から水素が発生する。塩素は水に溶けやすく，黄緑色で刺激臭があり，空気より重く，漂白作用がある気体である。なお，水素は水に溶けにくく，無色・無臭で空気より軽い気体である。

問４＜化学変化＞例えば，塩酸とマグネシウムが反応すると，水素が発生し塩化マグネシウムができる。このように，酸性の水溶液と金属が反応すると，もとの物質とは異なる物質ができるので，このような反応は化学変化である。なお，アとエは状態変化であり，ウは砂糖の粒子が水の粒子の中に一様に広がっているだけで，砂糖は変化していない。

問５＜植物の分類＞４種類の植物のうち，種子をつくるのは，種子植物であるユリとツツジ，マツであり，種子をつくらないのは，シダ植物で胞子をつくるイヌワラビである。また，種子植物のうち，子房があるのは，被子植物であるユリとツツジで，子房がないのは，裸子植物であるマツである。さらに，被子植物のうち，子葉が１枚なのは，単子葉類のユリであり，子葉が２枚なのは，双子葉類のツツジである。よって，ア～エのうち，最も適当なのはイとなる。

問６＜体細胞分裂＞図１のＢの時期には，図２で，同じものが２本くっついていた染色体が，１本ずつに分かれ，それぞれが細胞の両端に移動する。このとき，両端に分かれた染色体は，それぞれの種類と数が等しい。よって，最も適当なのはウである。

問７＜冬の天気＞冬型の気圧配置は西高東低で，日本列島の西側の大陸上に高気圧があり，東側の太平洋上に低気圧がある。ア～エのうち，このような気圧配置を示しているのはアである。冬型の気圧配置が続くと，北西の季節風が強くなり，日本海側を中心に大量の雪が降りやすくなる。

問８＜地震＞震源は地震の発生場所①で，地震の規模はマグニチュード②で表す。なお，地震の発生した場所の真上の場所を震央，観測地点での地震のゆれの大きさを示す階級を震度という。また，地震によるゆれのうち，最初に起こる小さなゆれを初期微動，初期微動の後に起こる大きなゆれを主要動という。

2〔生物の体のつくりとはたらき〕

問１＜気孔＞植物は，主に葉の葉緑体で光合成を行うために，気孔から二酸化炭素(CO_2)を取り入れ，酸素(O_2)を放出する。また，細胞で呼吸を行うために，気孔から酸素を取り入れ，二酸化炭素を放出する。よって，最も適当なものはアとウである。なお，気孔では，光合成や呼吸による気体の出入りのほかに，蒸散によって，体内の水(H_2O)を水蒸気として体外へ放出する。

問２＜蒸散＞ワセリンをぬった部分では，気孔がふさがれるため，蒸散は行われない。図１の枝Ａは何もぬらなかったため，葉の表側と葉の裏側，茎から蒸散が行われ，枝Ｂは葉の表側にワセリンをぬったため，葉の裏側と茎から蒸散が行われる。また，枝Ｃは葉の裏側にワセリンをぬったため，葉の表側と茎から蒸散が行われる。これより，葉の表側からの蒸散量は，枝Ａの水の減少量aから枝Ｂの水の減少量bをひくことで求められるから，$a-b$となり，葉の裏側からの蒸散量は，枝Ａの水の減少量aから枝Ｃの水の減少量cをひくことで求められるから，$a-c$となる。よって，葉からの蒸散量，つまり，葉の表側と裏側からの蒸散量は，$(a-b)+(a-c)=2a-(b+c)$となる。

問３＜蒸散＞図２より，蒸散量のグラフに対して，茎における流量のグラフは遅れて同じような変化をしている。これより，蒸散が盛んになると，根からの吸水が盛んになることがわかる。

問４＜光合成＞図３の二酸化炭素濃度のグラフより，８時から12時頃までは，二酸化炭素濃度が減少していることから，二酸化炭素が取り入れられ，光合成が盛んに行われた①ことがわかる。また，気温と湿度のグラフより，８時から12時頃までは，気温が上昇するのに伴って湿度が下がった②ことがわかる。このとき，湿度が下がったのは，気温の上昇に伴い飽和水蒸気量が大きくなったためで，空気中に含まれる水蒸気量はほとんど変化していないと考えられる。さらに，12時頃に葉の表面の様子を調べると，ほとんどの気孔が閉じていることや，湿度のグラフより，12時～17時は，湿度がほとんど変化していないことから，12時以降は，蒸散がほとんど行われなくなった③ことがわかる。また，二酸化炭素濃度のグラフより，12時～16時は，二酸化炭素濃度がほとんど変化していないことから，12時以降は，光合成もほとんど行われなくなった③ことがわかる。

3〔運動とエネルギー〕

問１＜平均の速さ＞表より，0.2sから0.6sまでの時間は，0.6－0.2＝0.4(s)，移動距離は，90－10＝80(cm)である。よって，平均の速さは，〔速さ(cm/s)〕＝〔移動距離(cm)〕÷〔移動にかかった時間(s)〕より，80÷0.4＝200(cm/s)となる。

問２＜力の合成＞図２で，斜面ABを下る物体には，オの向きの重力とクの向きの斜面からの垂直抗力がはたらいている。これら２力の合力が，カの向きの斜面に平行な力で，この合力が，物体が斜面ABを下る力となる。なお，斜面上の物体にはたらく重力は，斜面に平行な分力と斜面に垂直な分力に分解できる。この斜面に平行な分力は，物体にはたらく重力と斜面からの垂直抗力の合力に一致する。また，斜面に垂直な分力は，斜面からの垂直抗力とつり合っている。

問３<力のつり合い>水平面上を移動する物体には，オの向きの重力とアの向きの水平面からの垂直抗力がはたらき，これらの力はつり合っている。

問４<力の分解>問２と同様に，斜面上の物体には，オの向きの重力とイの向きの斜面からの垂直抗力がはたらいていて，これら２力の合力がエの向きの斜面に平行な力になる。斜面を上がる物体には，運動の向きとは逆向きの力がはたらいているため，物体は，いずれ斜面上の運動の向きを変えることになる。

問５<力学的エネルギー>力学的エネルギーの保存より，斜面CDを上がっている物体が運動の向きを変える点Qの水平面BCからの高さは，点Pの水平面BCからの高さに等しい。右図のように，点P，Qから水平面BCに，それぞれ垂線PH，QIを引くと，△PBHは３辺の比が1：2：$\sqrt{3}$の直角三角形となり，△QCIは直角二等辺三角形となる。これより，PH＝QI＝aとすると，PB＝2PH＝2a，QC＝$\sqrt{2}$QI＝$\sqrt{2}a$となる。よって，点Qから点Cまでの距離は，点Pから点Bまでの距離の，QC÷PB＝$\sqrt{2}a$÷2a＝1.41÷2＝0.705より，約0.71倍になる。

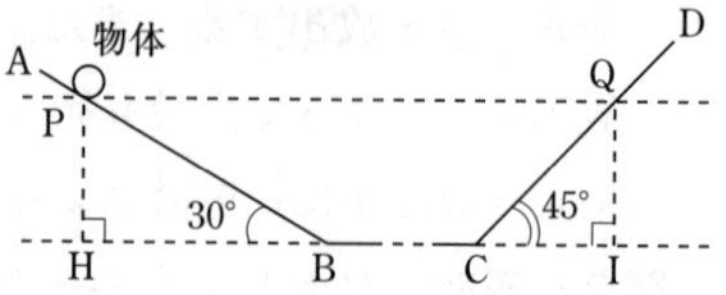

問６<斜面を下る運動>物体が斜面を下るとき，物体の速さは一定の割合で増加するから，一定の時間当たりの移動距離も一定の割合で増加する。表より，斜面の角度が30°の斜面ABを物体が下るとき，0.2sごとの点Pからの移動距離は10cm，40cm，90cm，160cmであり，移動距離は10cm，30cm，50cm，70cmと20cmずつ増加している。これに対して，斜面の角度が45°の斜面CDを物体が下るとき，斜面ABを物体が下るときよりも，移動距離の変化は大きくなる。よって，適当なのはウである。なお，エは，移動距離の変化が14cm，60cm，60cm，60cmと0.2s以降は一定で，増加していないので適さない。

4 〔地球と宇宙〕

問１<月>月のように，惑星の周りを公転する星を，衛星という。また，月食は，地球の影に満月が隠される現象なので，太陽・地球・月の順番で一直線に並んだときに起きる。

問２<月>１．日食は，太陽が月に隠される現象なので，太陽・月・地球の順番で一直線に並んだときに起きる。また，地球の北極上空から見たとき，月は地球の周りを約29.5日で反時計回りに１周する。よって，１月１日から１か月以内に日食が起きるのは，右図のように，月が１月１日の位置から反時計回りに約$\frac{1}{4}$周公転したときだから，29.5×$\frac{1}{4}$＝7.375(日)より，最も近いアの６日後に起きると考えられる。

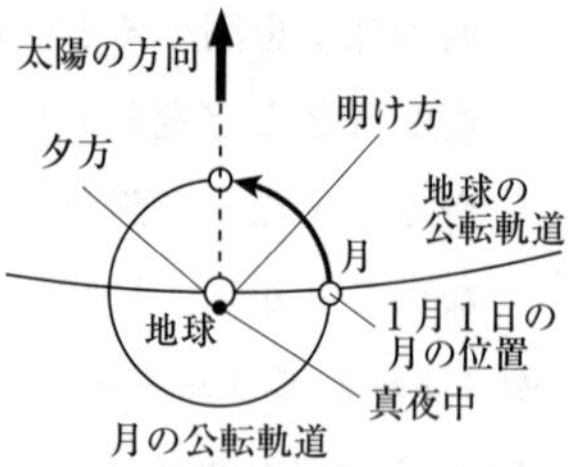

２．地球の北極上空から見たとき，地球は反時計回りに自転している。よって，上図で，月が地球から見て真南に見えるのは，明け方の午前６時頃である。また，月は太陽の光を反射して光って見えるので，このときに見える月の形は，地球から見て太陽がある方向である左側が明るい半月(下

弦の月)である。

問３＜金星＞図２より，１月１日の金星・地球・太陽の位置関係と，１月31日の金星・地球・太陽の位置関係には大きな変化がない。よって，１月１日から１月31日まで，金星を毎日観察すると，金星は端だけが少し欠けた形に見え，満ち欠けの変化はほとんど見られない。なお，金星の見かけの大きさは，地球から離れるほど小さくなり，太陽の光を反射して光っている部分は大きくなる。

5〔物質のすがた〕

問１＜質量パーセント濃度＞図より，60℃の水100gに，硝酸カリウムは110gまで溶けるから，60℃の硝酸カリウムの飽和水溶液は，水100gに硝酸カリウムが110g溶け，飽和水溶液の質量は100＋110＝210(g)になる。よって，この飽和水溶液の質量パーセント濃度は，〔質量パーセント濃度(%)〕$=\dfrac{〔溶質の質量(g)〕}{〔水溶液の質量(g)〕}\times 100$より，$\dfrac{110}{210}\times 100=52.3\cdots$となるから，約52％である。

問２＜飽和水溶液＞質量パーセント濃度が同じ硝酸カリウム水溶液では，水溶液の質量に関係なく，溶けきれなくなった硝酸カリウムが結晶として現れ始める温度は等しい。硝酸カリウム26gを水80gに溶かした水溶液と同じ質量パーセント濃度の水溶液は，水100gに硝酸カリウムを$26\times\dfrac{100}{80}=32.5$(g)溶かすことでできる。よって，図より，水100gに溶ける硝酸カリウムの質量が32.5gになるのは，水の温度が約20℃のときだから，求める結晶が現れ始める温度は約20℃である。

問３＜再結晶＞１．温度による溶解度の差を利用して，純粋な物質を取り出す操作を再結晶という。

２．図より，20℃の水100gに，ミョウバンは約11g，塩化ナトリウムは約36g溶ける。これより，水溶液の温度を20℃まで下げたとき，ミョウバンの結晶は，50－(11＋1)＝38(g)現れ，ろ液に含まれるミョウバンは約11g，塩化ナトリウムは１gである。よって，ろ液に含まれるミョウバンと塩化ナトリウムの質量比は，11：1となる。

問４＜溶解度＞図より，水100gにミョウバン40gが全て溶けるのは，水の温度が約52℃のときである。よって，水を加熱したとき，温度が52℃に近づくにつれて，ミョウバンの溶ける質量が増えるため，質量パーセント濃度も上昇する。そして，温度が52℃以上になるとミョウバン40gは全て溶け，質量パーセント濃度は一定になる。したがって，このときのミョウバン水溶液の濃度変化を表したグラフはアである。

6〔融合問題〕

問１＜原子と分子＞ヒトの呼気には，おもに窒素(N_2)，酸素(O_2)，二酸化炭素(CO_2)，水蒸気(H_2O)が含まれる。空気中の窒素の体積の割合は，約78％であり，呼吸によって二酸化炭素の割合が増えたとしても，ヒトの呼気の中では窒素が最も多くなる。分子のモデルのうち，窒素原子(N)はその他の３つの分子に含まれていないため，窒素分子を表しているのはウである。なお，アは二酸化炭素分子，イは水分子，エは酸素分子を表している。

問２＜静脈血＞二酸化炭素は，細胞呼吸で生じ，血液中に溶け込んで肺の肺胞を通して排出される。そのため，二酸化炭素を多く含む血液が流れるのは，全身から心臓へ戻る血液が流れる大静脈と，心臓から肺へ向かう血液が流れる肺動脈である。なお，肺静脈と大動脈には，酸素を多く含む血液が流れている。また，二酸化炭素を多く含む血液を静脈血，酸素を多く含む血液を動脈血という。

問３＜気体の体積比＞会話より，大気中の二酸化炭素濃度は400ppmであり，１ppmは100万分の１という割合を表す単位で，例えば$1.0m^3$の大気のうち，ある気体が$1.0cm^3$占めているときの体積の割合を表す。よって，空気1.0m^3中の二酸化炭素の体積の割合は，1.0m^3が$100 \times 100 \times 100 = 1000000$($cm^3$)より，$\frac{400}{1000000} = \frac{4}{10000}$となる。次に，ヒトの呼気１Ｌ中に含まれる二酸化炭素の体積はおよそ40mLである。したがって，ヒトの呼気１cm^3中の二酸化炭素の体積の割合は，１Ｌが1000cm^3，40mLが40cm^3より，$\frac{40}{1000} = \frac{4}{100}$となる。以上より，ヒトの呼気１Ｌに含まれる二酸化炭素の体積の割合は，大気中の二酸化炭素の体積の割合と比べて，$\frac{4}{100} \div \frac{4}{10000} = \frac{4}{100} \times \frac{10000}{4} = 100$(倍)となる。

問４＜石灰岩＞炭酸カルシウムを多く含む岩石は石灰岩である。なお，チャートは二酸化ケイ素を多く含む堆積岩で，花こう岩と玄武岩はマグマが固まってできる火成岩である。

問５＜オームの法則＞図２より，LEDに加わる電圧が2.1Vのとき，流れる電流は20.0mA，つまり，0.020Aである。また，LEDと抵抗が直列につながれているので，それぞれに加わる電圧の和がマイコンから出力される電圧3.3Vとなる。よって，LEDに加わる電圧が2.1Vより，抵抗に加わる電圧は，$3.3 - 2.1 = 1.2$(V)である。したがって，つないだ抵抗の抵抗値は，オームの法則〔抵抗〕＝〔電圧〕÷〔電流〕より，$1.2 \div 0.020 = 60$(Ω)となる。

問６＜発熱量＞問５より，抵抗に電流が流れるのは，警告灯として赤色のLEDが光るときで，センサーの値が1000ppmを超えた場合である。図４で，センサーの値が1000ppmを超えているのは，8：52頃から9：22頃の約30分間なので，抵抗に電流が流れたのも約30分間である。このとき，抵抗に加わる電圧は1.2V，抵抗に流れる電流は0.02Aだから，抵抗の電力は，〔電力(W)〕＝〔電圧(V)〕×〔電流(A)〕より，$1.2 \times 0.02 = 0.024$(W)である。よって，30分が，$60 \times 30 = 1800$(秒)なので，求める発熱量は，〔発熱量(J)〕＝〔電力(W)〕×〔時間(s)〕より，$0.024 \times 1800 = 43.2$(J)である。よって，最も近い値としてオが選べる。なお，発熱量の単位はJ(ジュール)を用いる。

国語解答

一 問1 ①…エ ②…ウ ③…イ ④…エ
問2 b 問3 ア 問4 イ
問5 ウ 問6 ア 問7 ウ

二 問1 ①…イ ②…ウ ③…ア
問2 (a)…イ (b)…エ 問3 ウ
問4 A…エ B…ア C…ウ
問5 イ 問6 ア 問7 ア
問8 エ

三 問1 (a)…エ (b)…イ 問2 イ
問3 ウ 問4 ウ 問5 イ
問6 ア 問7 エ

一〔論説文の読解―芸術・文学・言語学的分野―文学〕出典；藤本成男『徒然草のつれづれと無為――兼好にとって自然とは何か』「徒然草の『道』」。

≪本文の概要≫『徒然草』には，それぞれの道に長じた人が，ごく当たり前のことを当たり前のこととして受けとめ，わきまえ，自然に行動に移すことの具体例がいくつも書かれている。道の真実を知っているがゆえに敬われる人たちの言葉の背後には，計り知れぬ深さが感じられる。専門家は，その道の本質をつかんでいるがゆえに，かえってダイナミックなものの見方ができるのであり，そこには合理性も力動性もある。また，道の人は，無為のうちに積極性があることを知っている。天地自然のはたらきに即して生き，世俗世界に「無用」であり続けることが，同時にそのはたらきの決まり，筋道について詳しく知ることになる。それに気づくためには，謙虚さがなければならない。慢心せず，謙虚に，その人なりにあえて無為を貫くことは，道の追究において身につくものであり，それは，現世にいながら現世を超える自在さとなるだろう。兼好は，そこに人間観としての無為の積極性を見出しているように思われる。

問1＜漢字＞①人の言うことを聞き入れず，あくまで自分の考えや行動を押し通すこと。 ②「間髪を入れず」は，少しの時間もおかないさま。 ③世間の普通の人のこと。 ④積極的に攻める態勢のこと。

問2＜品詞＞「並ぶ者のない」と「気の立っている」の「の」は，主格を示す格助詞で，「が」と置き換えることができる。「またぐのを見る」と「用心するのだ」の「の」は，「さま」「こと」などの代わりのはたらきをする格助詞。「他の馬に」の「の」は，連体修飾語をつくるはたらきをする格助詞。

問3＜文章内容＞「馬はどれでも強情なもの」であるため，「乗ることになっている馬を，何よりもよく観察して強いところ弱いところを知る」のがよい。また，「轡・鞍など道具に危ない所はないか点検し，気になるところがあればその馬を走らせてはならない」のである。そのような「ごく当たり前のこと，誰にでもできること」を「弁え，自然に行動に移せる」ことが，「『馬乗り』の馬乗りたるところ」である。

問4＜文章内容＞秦重躬が信願に「落馬の相」があると言ったのは，「『桃尻』，馬の鞍に尻の据わりの悪い人と，『沛艾の馬』，気の荒い馬という両者のもともとの不適合が，落馬という当然の成り行きになることを体験的に知っていたから」である。

問5＜文章内容＞「高名の木のぼり」は，「過ちは安全と思われるところになって必ずしでかしてしまうものである」こと，すなわち，「失敗は油断から生まれる」ということを知っていたからこそ，高い木に登らせた人に，「家の軒先の高さまで降りてきたときになってやっと，『過ちすな。心して降りよ。』とことばをかけた」のだった。兼好法師は，この「高名の木のぼり」の言動がちょうど「聖人の戒め」に合っていると思った。

問６＜文章内容＞「双六の上手といわれる人」は，「勝とうと思って打ってはいけない。負けまいと思って打つ」のがよく，「どの手がきっと早く負けるだろうかと考えて，その手を使わないで，たとい一目でも遅く負けると推測される手に従うべき」だと言う。これは，「無為のところに引き絞られた力は必ず攻勢へと転ずる時を待っている」ということであり，一見何もしない「無為」に見えて，そこには実は「攻勢へと」転じようという「積極性」があるのである。

問７＜文章内容＞「一道に携はる人」は，「自分が勝っていると思って相手を見下すその内心のありようが，すでに『とが』つまり欠点となっている」という。「道の人」は，「自分が勝っていると思って相手を見下す」という「慢心」が「わざわいを招く」ことを知っており，「けっして自分が完全であるなどとは思わない」し，「むしろ，自らを持たざる者として」位置づけるのである。

二〔説明文の読解―自然科学的分野―自然〕出典；中塚武『気候適応の日本史――人新世をのりこえる視点』「『中周期』変動への日本列島の人々の適応」。

問１＜接続語＞①「地球の人々の総人口や平均的な生活水準が地球の環境収容力の限界を超えている」ということは，要するに，「このままの生活を続けていたら持続可能性がない」ということである。　②「数年周期の変動」なら「凶作年にはあらかじめ備蓄しておいた穀物で食いつなげる」し，「数百年周期の変動」なら，農業技術の革新や農地面積の拡大もでき，生産力と出生率の調整により「ゆっくりと気候変動に適応できた可能性もある」けれども，「数十年周期の変動の場合は，短期間での技術や農地の変革は難しく，穀物備蓄もすぐに底を尽き，出生率の調整では時間的に間に合わず，多くの人々が飢饉に直面」した。　③「人口や生活水準を野放図に拡大」しなければ，「気候の悪化や災害に対処できた」かもしれないが，言うまでもなく，「人々は『気候変動や自然災害に適応するため』だけに生きている訳ではない」のである。

問２＜語句＞(a)「束の間」は，非常に短い時間のこと。　(b)「介する」は，二者の間に入って物事を取り持つ，という意味。

問３＜文章内容＞ある地域の「農業生産量など」が少なければ，「その社会を構成する人々の人口や平均的な生活水準」を維持することはできない。「農業生産量など」が「その社会を構成する人々の人口や平均的な生活水準」を維持できる範囲には限界があるのである。

問４＜文章内容＞Ａ．「数十年周期の気候変動」が「人口を増やしたり（出生率をあげたり），生活水準を向上させたり」することにつながっているのは，エ。　Ｂ．「数十年周期の気候変動」が起きて農業生産力が継続的に増大し，その環境収容力への慣れが「人口を増やしたり（出生率をあげたり），生活水準を向上させたり」し続けることにつながっているのは，ア。　Ｃ．豊かな時代の環境収容力に慣れた人々が，「自主的に生活水準を下げたり人口を減らしたりすること」ができず，「飢饉の発生や難民の流出」で半強制的に人口減少が起こるのは，ウ。

問５＜文章内容＞「数十年周期の変動の場合」は，いったん上昇した農業生産力がもとに戻っても，「短期間での技術や農地の変革は難しく，穀物備蓄もすぐに底を尽き」てしまう。「出生率の調整」として生まれる子どもの数を減らしたとしても，すぐに大幅な人口減少が起きるわけではなく，時間的に間に合わない。

問６＜文章内容＞「気候がよい時代や災害がない時代」が続くと，人々はその環境に慣れて，人口を増やしたり生活水準を上げたりし続ける。これが「過適応」である。人々は，「人口や生活水準を野放図に拡大」するように，恵まれた環境に「過適応」したために，「次に起きる気候の悪化や災害」への対処を考えておらず，結果的に「気候の悪化や災害に対処」することができなかった。

問７＜指示語＞「生産力の拡大期の論理に適応し過ぎれば，生産力が縮小に転じた時期にブレーキが利かなく」なる。そのとき，「切り替えがうまい為政者がいれば，両時期に的確に対応できる可能性もある」が，「通常はその両者に適応できる人間」は少ない。もとより「為政者だけ」がその「両時期」への的確な対応や「切り替え」の必要性を理解していても，対応は難しい。

問８＜文章内容＞「過適応がなければ，つまり人口や生活水準を野放図に拡大しなければ，次に起きる気候の悪化や災害に対処できた可能性がある」のに，歴史を見ると，実際にはそのような対応は難しく，気候の悪化や災害に適切に対処することができなかったことがわかる。「感染症のパンデミックがなかった時代にパンデミックが起きたときのことを何も想定せず，保健所の機能を単に合理化縮小してしまったこと」や，「津波が来ない時期が何十年も続くうちに沿岸域の危険な場所に住居を広げてしまったこと」が，その例である。それらのことから考えれば，「気候・環境が悪化して災害が起きてから」対処しようとしても遅く，「平時」に環境悪化や災害発生への備えを十分にして適応できるようにしておく必要があるといえる。

三〔小説の読解〕出典；瀧羽麻子『博士の長靴』。

問１＜慣用句＞(a)「話の腰を折る」は，別の話を持ち出すなどして相手の話をさえぎる，という意味。(b)「腑に落ちない」は，納得できない，合点がゆかない，という意味。

問２＜心情＞「僕」が「先週貸していただいた本」のことを言い出すと，先生は，その本に書かれている「超音波風速温度計」に関することを「堰を切ったように」話し出した。先生は，研究に夢中になっている人で，「僕」がそのきっかけをつくった形になったため，研究の話ができると思って喜んだのである。

問３＜文章内容＞先生が「超音波風速温度計」の話を始めると，その話は「加速度をつけて盛りあが」り，先生の頭は「超音波風速温度計」でいっぱいになった。奥さんが話しかけても，他のことは頭に入ってこない。「紙と鉛筆を持ってきてくれるかい」と言ったことでそれがはっきりしたので，和也は絵の話は諦めて「無言で部屋を出ていった」のである。

問４＜心情＞和也は，先生が和也の絵のことなど忘れて研究の話に夢中になったため，がっかりして先生につき合うのはやめて自室に引っ込んでしまった。和也は，「あのひとは，おれのことなんか興味がない」という「昔から知ってる」ことをあらためて確認させられたのである。

問５＜文章内容＞和也は，「あのひとは，おれのことなんか興味がない」と言って「暗い目つき」をし，「親父があんなに楽しそうにしてるの，はじめて見たよ」と言った。その言葉を聞いたとき，「僕」の中で，かつて「自分の親が，これまで見せたこともない顔をしているのを目のあたりにして」打ちのめされ，「こんな幸せそうな母をはじめて見た」と思った記憶がよみがえった。

問６＜文章内容＞和也が，父親のことを「なにを考えてるんだか，おれにはちっともわかんない」と言うと，「僕」は，「僕にもわからないよ」と言った。しかし，このとき，「僕」は，ただ和也に同調していたのではなく，先ほど先生が言っていた「わからないことだらけだよ，この世界は」という言葉と，それに続く「だからこそ，おもしろい」という言葉を思い返していた。「僕」は，先生が「得意なことを好きにやらせるほうが，本人のためになるだろう」と言っていたことを和也に話して，先生が先生なりに和也のことを考えていることを伝えようとするのと同時に，先生のことは「わからない」からこそ向き合う意味や価値があることも伝えようとしたのである。

問７＜表現＞先生は，自分の研究に夢中で，研究のことになると他のことは忘れてしまう。そのような先生を見て，和也は「おれのことなんか興味がない」と傷つき，二人の関係はあまりうまくいっていない。しかし，この日，皆で火を分け合ってしている花火は暗い庭を明るく照らし，その花火をともに見つめている先生と和也は，「父と息子」としてしっかりとつながっている。その親子のつながりが，二人の「横顔」が「よく似ている」という表現から伝わってくる。

2022年度 国立高等専門学校

【英　語】（50分）〈満点：100点〉

1　次の各組の英文がほぼ同じ内容となるような（A）と（B）に入る語（句）の最も適切な組み合わせを，それぞれア～エの中から一つずつ選びなさい。

1．The news (　A　) me sad.
I felt sad (　B　) the news.

ア （A） gave （B） because
イ （A） gave （B） because of
ウ （A） made （B） because
エ （A） made （B） because of

2．Which bus should I (　A　) to go to the stadium ?
Which bus (　B　) to the stadium ?

ア （A） come （B） stops
イ （A） go （B） rides
ウ （A） take （B） goes
エ （A） like （B） takes

3．(　A　) I send the massage for you ?
Do you (　B　) me to send the message for you ?

ア （A） Did （B） stand
イ （A） Did （B） want
ウ （A） Shall （B） stand
エ （A） Shall （B） want

4．She didn't say goodbye when she (　A　) out of the room.
She left the room (　B　) saying goodbye.

ア （A） went （B） with
イ （A） went （B） without
ウ （A） goes （B） with
エ （A） goes （B） without

5．My mother can't go out with me now.　I wish she (　A　) a headache.
I can't go out with my mother now because she (　B　) a headache.

ア （A） didn't have （B） has
イ （A） has （B） hasn't been
ウ （A） have （B） didn't have
エ （A） have （B） had

2　次の１～５の会話文について，場面や状況を考え，（　）に入る最も適切なものを，それぞれア～エの中から一つずつ選びなさい。

1．A : What is the phone number of Jim's office ?
B : It is 042-XXX-YYYY.
A : I'm sorry. (　　　　　)
B : Yes, it's 042-XXX-YYYY.

ア　Can you say that again, please ?
イ　Who is speaking ?
ウ　How can I help you ?
エ　Will he call here again ?

2．A： How was your vacation？

B： It was great. I had a wonderful time.

A： (　　　　)

B： No, on Wednesday. I stayed there for a week.

ア　Do you want to go to the same place again？

イ　Did you want to go on vacation？

ウ　Did you come back on the weekend？

エ　How did you get back？

3．A： Would you like to play tennis with me after school today？

B： Sorry, I can't. I have to do my homework today.

A： Well, how about tomorrow？

B： (　　　　)

A： Great！ Shall we meet tomorrow at four o'clock？

ア　I don't have time tomorrow.　　イ　That will be OK.

ウ　We can go today.　　エ　That was fun.

4．A： OK, class. The next question is very difficult. Do you know the answer, Taro？

B： I think the answer is 21. (　　　　)

A： Yes, the answer is 21. You are doing well.

ア　How about finding something to do？　　イ　This is for you.

ウ　How can you know it？　　エ　Is that right？

5．A： What are you looking for？

B： The book I bought yesterday. I think I put it on my desk.

A： There are so many things on your desk. (　　　　)

B： Yes, I will. However, I want to find the book before I do that.

ア　Why don't you clean your desk first？　　イ　Where did you find the book？

ウ　Who wrote the book？　　エ　What color is the book？

3　次の英文を良く読み，後の問題に答えなさい。

Clothes are very important for everybody, especially for young people. However, have you ever really thought why people ア wear clothes？ Here are four reasons for wearing clothes.

The first reason is to cover our bodies. People of different times and places have different ideas about clothes. If you イ ask people from different countries how (1) of your body you should cover, you'll ウ get different answers. In some parts of Asia and Africa, women cover their faces. For a long time, people in China thought (2) their feet was wrong, and people in Europe didn't エ show any part of their legs in the past.

The next reason is to オ protect our (3). Clothes protect us from heat and cold, snow and rain. Heavy clothes and boots protect people who work outside from sharp stones and dangerous animals. Other people wear thick gloves and hard hats to protect themselves (4) they are using machines.

The third reason for wearing clothes is convenience. You can carry things with you in your pockets. Many centuries ago, everybody carried a bag or something to (5) food, money, and other useful things. Today, most clothes have pockets. Some suits have more than ten.

The last, and perhaps the most important reason for wearing clothes is vanity. People want to カlook better. They want to look like other people, but they also want to look different (6) other people. A dark suit can look like every other dark suit. However, people can show their individuality with the tie or the shirt that they wear with the dark suit.

(注) times 時代　heat and cold 暑さと寒さ　boots ブーツ　sharp とがった
thick gloves 厚い手袋　machine 機械　suit(s) スーツ　perhaps たぶん
vanity 虚栄心　individuality 個性　tie ネクタイ

問1　本文中の（1）～（6）に入る適切な語(句)を，ア～エの中から一つずつ選びなさい。

	ア	イ	ウ	エ
（1）	many	much	short	tall
（2）	be showing	show	showed	showing
（3）	bodies	medicines	uniforms	zoos
（4）	become	body	while	will
（5）	break	follow	hold	look
（6）	at	from	of	thing

問2　次の⑴と⑵につき，それぞれと同じような意味で使われている語を本文中の下線部ア～カから一つずつ選びなさい。

⑴ to put a question to someone

⑵ to receive

4

次の1～5の会話文の(　)内の語(句)を並べ替え，それぞれの文を完成させなさい。なお，解答は(　)内において**3番目**と**5番目**にくるものの記号を選びなさい。また，文頭にくるべき語の最初の文字も小文字で書かれています。

1．A： Hiroshi, look at that girl over there. Who is she? She wasn't at the last meeting.
B： Are you (ア about イ is ウ talking エ the girl オ wearing カ who) the red jacket?
A： That's right. I never saw her before.

2．A： Could (ア how イ me ウ show エ to オ use カ you) this new computer?
B： Sure. What do you want to do?
A： I want to read a story on the Internet.

3．A： Tom is not here today. What happened to him?
B： (ア country イ has ウ he エ his オ returned カ to). We had a party for him last week.
A： Really? I didn't know that.

4．A： My school band will have a concert next month. I'm going to play the drums.
B： Wow! I'd love to go. Will your grandparents come?
A： Yes, they (ア are イ concert ウ forward エ looking オ my カ to).

5．A： I'm not sure what book I should choose for my book report.
B： It's (ア a イ about ウ book エ easy オ to カ write) you have already read.
A： That's true. I just read a book about Japanese castles.

5 カロリー(calorie)と活動(activity)について書かれた次の英文と表を良く読み，後の問題に答えなさい。なお，それぞれの活動とカロリー消費は比例関係にあるとします。また，計算等を行う場合は，この問題のページの余白で行うこと。

John is a junior high school student. Ken and Tom are his brothers. Mary and Nancy are his sisters. One day, John learned about the calories in food and how many calories are burned by walking, riding a bike, playing tennis, and jogging. John collected some information about their activities.

Ken is an elementary school student. He walks to school every day. It is 1.5 kilometers from his home to school. However, he visited Jim's house before going to school today because Ken forgot his notebook at Jim's house yesterday. So Ken walked 900 meters more to go to school today.

John is a member of the tennis club at his school. He likes playing tennis very much. Today he played tennis for two hours after jogging for thirty minutes.

Mary is a high school student. She rides her bike three kilometers each day to go to school. She loves to talk with her friends. She went to a new cafeteria with her friend Kate after school today. Mary ate one piece of cake and talked with Kate about their favorite singers.

Nancy's university is five kilometers from her home and she always goes there by bike. This morning, she had two slices of buttered bread and 0.2 liters of milk before she left her home on her bike.

Tom likes to ride his bike. He sometimes rides his bike about two kilometers after school. However, the weather was so nice today that he rode his bike six kilometers in total.

表1

The energy in different foods	
1 piece of cake	250 kcal
1 slice of buttered bread	100 kcal
0.2 liters of milk	120 kcal

表2

Four ways to burn 100 kcal
Walking 2 kilometers
Riding a bike 4 kilometers
Playing tennis for 15 minutes
Jogging for 20 minutes

(注) burn 消費する　jog ジョギングする　a slice of ～ ～の薄切り1枚
buttered バターを塗った　liter リットル　in total 合計で　kcal キロカロリー

問1 本文と表から考えて，次の(1)～(3)の英文の(　)に入る適切なものをア～エの中からそれぞれ一つずつ選びなさい。

(1) The calories which Ken burned by walking to school today and the calories from drinking (　　) liters of milk are the same.

ア 0.1　イ 0.2　ウ 0.3　エ 0.4

(2) Mary has to jog for (　　) minutes to burn all the energy that was in the cake she ate today.

ア 20　イ 30
ウ 40　エ 50

(3) When Nancy arrived at her university this morning, she still had (　　) kcal of energy left in her body from her breakfast.

ア 195　イ 205
ウ 215　エ 225

問2　次の英文は，この調査を行ったJohnによるまとめです。(1)と(2)に入る最も適切なものをア～エの中からそれぞれ一つずつ選びなさい。

> I found that the calories which I burned by playing tennis for two hours today and the calories from (　1　) were the same.　The result was surprising.　I also learned that the calories I burned by jogging for thirty minutes and the calories (　2　) were the same.

(1)　ア　having two pieces of cake
　　イ　having two pieces of cake and drinking 0.2 liters of milk
　　ウ　having two pieces of cake and three slices of buttered bread
　　エ　having three pieces of cake and drinking 0.2 liters of milk

(2)　ア　Ken burned by walking to school this morning
　　イ　Mary burned by going to school by bike this morning
　　ウ　Nancy burned by going to university by bike this morning
　　エ　Tom burned by riding his bike today

6　大豆(soybean)を主な原料として作られる大豆肉(soy meat)について書かれた次の英文を良く読み，後の問題に答えなさい。

Have you ever heard of “soy meat”?　It is meat made from soybeans.　The “meat” [　1　], and you can buy it in Japan, too.

More people are eating soy meat these days for several reasons.　First, soybeans are good for your health.　For example, soybeans have a lot of protein and vitamin E.　[　2　], and they want to eat food that is good for their bodies.

Second, more people are eating animal meat around the world.　[　3　].　Some people are worried that they won't be able to eat animal meat in the future, and they are trying to eat more soy meat and less animal meat.

Some people don't eat animal meat for other reasons.　Farmers do not need a lot of resources to grow soybeans.　However, we need a lot of grain and water to raise animals for meat.　[　4　] like global warming.

A few people don't eat animal meat because they feel sorry for animals.　They never eat animal meat, but they usually have good health.　[　5　].　For example, these people try to get enough protein by eating many kinds of food each day.

In Japan, some companies realized these facts and they are trying to develop better soy meat.　However, there are still many problems in developing their products.　Soybeans come from plants and it is not easy for <u>them</u> to make soy meat taste like animal meat.　As a result of their hard work, the taste is getting better every year.

We Japanese have used soybeans for centuries, and they are called “meat from the fields.”　We often eat tofu, and it is made from soybeans, just like soy meat.　If you find a soy meat hamburger in a restaurant, please try it and think about the future of the world.

(注)　protein　タンパク質　　vitamin E　ビタミンE　　less　より少ない　　grain　穀物《こくもつ》
　　raise　育てる　　global warming　地球温暖化　　feel sorry for ～　～をかわいそうに思う
　　taste　味がする，味　　meat from the fields　畑の肉　　tofu　豆腐

問1　本文中の[1]に入る最も適切なものを次のア～ウの中から一つ選びなさい。

ア　was animal meat eaten in America in the 20th century
イ　that you cannot buy in Europe is fish
ウ　is now becoming popular in Europe and the U.S.

問2　本文中の[2]に入る最も適切なものを次のア～ウの中から一つ選びなさい。
ア　Some people are more interested in their health
イ　Some food companies are selling many kinds of animal meat
ウ　There are many people who aren't careful about their health at all

問3　本文中の[3]に入る最も適切なものを次のア～ウの中から一つ選びなさい。
ア　There are less people in the world now than there were 10 years ago
イ　The fact is that nobody is eating animal meat these days
ウ　Maybe there will not be enough animal meat for everyone someday

問4　本文中の[4]に入る最も適切なものを次のア～ウの中から一つ選びなさい。
ア　Most animals like warm weather
イ　This may increase the danger of other serious problems
ウ　We must make houses for animals

問5　本文中の[5]に入る最も適切なものを次のア～ウの中から一つ選びなさい。
ア　Most animals need soybeans to grow well
イ　They are very careful about their food
ウ　We can't live without eating animal meat

問6　本文中の下線部 them の内容を次のア～ウの中から一つ選びなさい。
ア　companies that are developing soy meat
イ　animals that eat grain
ウ　farmers who raise animals for meat

問7　次のア～ウは本文を読んで生徒が述べた意見です。最も適切に内容を理解して述べられたものを一つ選びなさい。
ア　I was very surprised to read the story.　I like tofu very much, and eat it almost every day. I'm afraid that we will not be able to eat tofu next year.　I am going to eat less tofu.
イ　It was a very interesting story.　I love animals very much.　So I want to keep many animals in my home in the future.
ウ　I had a soy meat hamburger a few months ago.　Actually, the taste was not so bad.　I believe that companies will develop better soy meat in the future.

【数　学】 (50分) 〈満点：100点〉

(注意) 1　定規，コンパス，ものさし，分度器及び計算機は用いないこと。

2　問題の文中の $\boxed{アイ}$，$\boxed{ウ}$ などには，特に指示がないかぎり，負の符号(−)または数字(0～9)が入り，ア，イ，ウの一つ一つは，これらのいずれか一つに対応する。それらを解答用紙のア，イ，ウで示された解答欄に，マーク部分を塗りつぶして解答すること。

3　解答は解答欄の形で解答すること。例えば，解答が $\frac{2}{5}$ のとき，解答欄が $\boxed{エ}.\boxed{オ}$ ならば0.4として解答すること。

4　分数の形の解答は，それ以上約分できない形で解答すること。例えば，$\frac{2}{3}$ を $\frac{4}{6}$ と解答しても正解にはならない。また，解答に負の符号がつく場合は，負の符号は，分子につけ，分母にはつけないこと。例えば，$\frac{\boxed{カキ}}{\boxed{ク}}$ に $-\frac{3}{4}$ と解答したいときは，$\frac{-3}{4}$ として解答すること。

5　根号を含む形で解答する場合，根号の中に現れる自然数が最小となる形で解答すること。例えば，$4\sqrt{2}$ を $2\sqrt{8}$ と解答しても正解にはならない。

1　次の各問いに答えなさい。

(1)　$5.2^2-4.8^2$ を計算すると $\boxed{ア}$ である。

(2)　連立方程式 $\begin{cases} 5x+6y=-2 \\ -4x+3y=25 \end{cases}$ を解くと $x=\boxed{イウ}$，$y=\boxed{エ}$ である。

(3)　4枚の硬貨を同時に投げるとき，表が少なくとも1枚出る確率は $\frac{\boxed{オカ}}{\boxed{キク}}$ である。ただし，これらの硬貨を投げるとき，それぞれの硬貨は表か裏のどちらかが出るものとし，どちらが出ることも同様に確からしいものとする。

(4)　ある試験における10名の生徒の点数は，右の表のようになった。このとき，点数のデータの第2四分位数(中央値)は $\boxed{ケ}$ 点である。また，第3四分位数は $\boxed{コ}$ 点である。

生徒	A	B	C	D	E	F	G	H	I	J
点数(点)	2	4	2	7	2	2	7	10	2	4

(5)　関数 $y=\frac{1}{4}x^2$ について，x の変域が $-2 \leqq x \leqq 4$ のとき，y の変域は $\boxed{サ} \leqq y \leqq \boxed{シ}$ である。

(6)　下の図1のように，関数 $y=ax^2$ のグラフと直線 $y=\frac{4}{3}x+2$ が2点で交わっている。1つの交点の x 座標が -1 であるとき，$a=\frac{\boxed{ス}}{\boxed{セ}}$ である。

図1

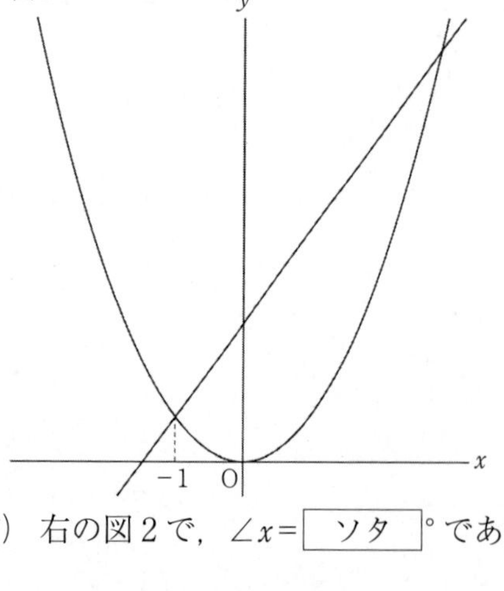

図2

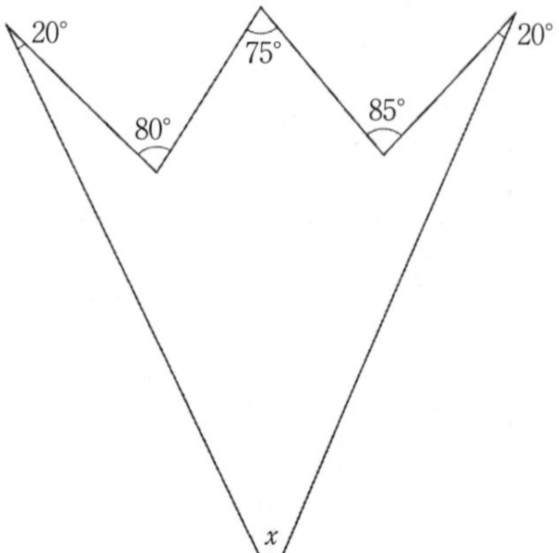

(7)　右の図2で，$\angle x=\boxed{ソタ}°$ である。

(8) 下の図3のような，底面の半径が2 cm，母線の長さが3 cmの円錐の表面積は，$\boxed{\text{チツ}}\,\pi\,\mathrm{cm}^2$ である。

図3

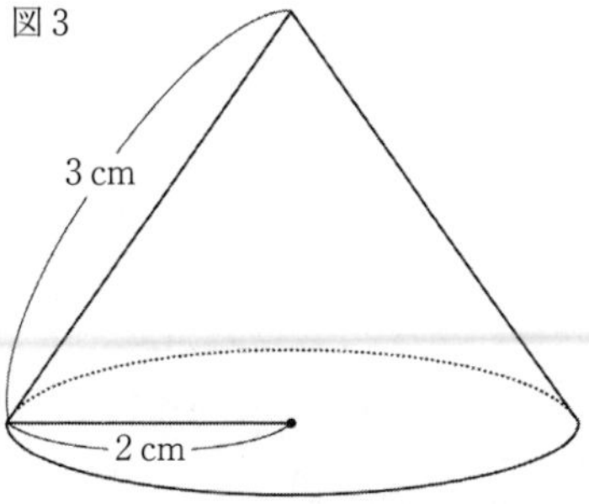

2 下の図のように，AB＝6cm，BC＝12cm，∠ABC＝90°の直角三角形ABCと，FG＝6cm，EF＝3cmの長方形DEFGがある。点B，C，E，Fは直線 l 上にあり，点Cと点Eは重なっている。

長方形DEFGを固定し，直角三角形ABCを直線 l に沿って矢印の方向に秒速1 cmで点Bが点Eに重なるまで移動させる。

移動し始めてから x 秒後に，直角三角形ABCと長方形DEFGが重なる部分の面積を $y\,\mathrm{cm}^2$ とする。このとき，下の各問いに答えなさい。

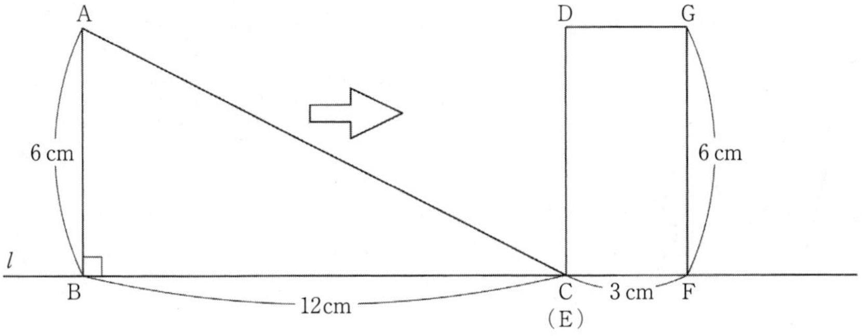

(1) $0 \leqq x \leqq 3$ のとき，x と y の関係を式で表すと，$y=\dfrac{\boxed{\text{ア}}}{\boxed{\text{イ}}}x^2$ である。

(2) $x=5$ のとき，$y=\dfrac{\boxed{\text{ウエ}}}{\boxed{\text{オ}}}$ である。また，$3 \leqq x \leqq 12$ のとき，x と y の関係を式で表すと，

$y=\dfrac{\boxed{\text{カ}}}{\boxed{\text{キ}}}x-\dfrac{\boxed{\text{ク}}}{\boxed{\text{ケ}}}$ である。

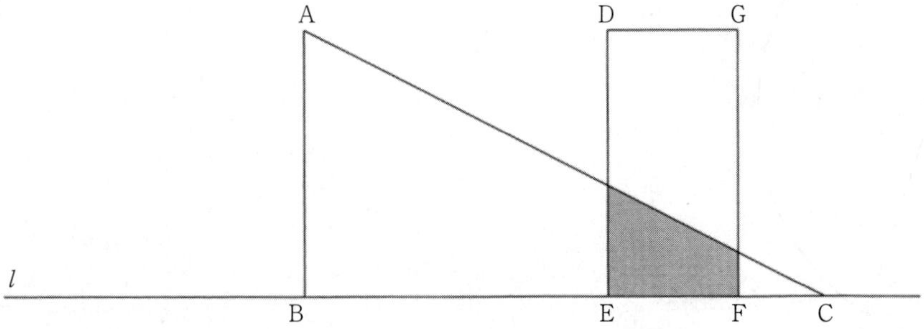

(3) yの値が長方形DEFGの面積の半分となるのは，$x=\dfrac{\boxed{\text{コサ}}}{\boxed{\text{シ}}}$のときである。

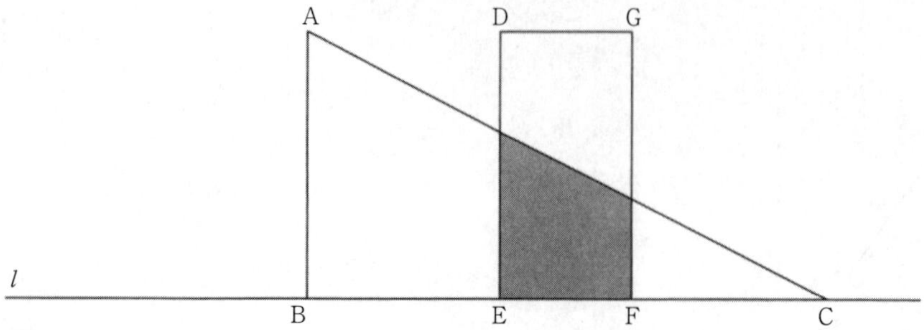

(4) $0<h<2$とする。xの値が1から$1+h$まで増加するとき，yの変化の割合をhの式で表すと，$\dfrac{h+\boxed{\text{ス}}}{\boxed{\text{セ}}}$である。

3 以下の図で，A，B，C，Dは円周上の異なる点である。線分ACと線分BDの交点をPとし，点Pを通り線分BCに平行な直線と線分CDの交点をQとする。このとき，次の各問いに答えなさい。

(1) $\angle$DAB$=105°$，$\angle$ABD$=21°$のとき，$\angle$CPQ$=\boxed{\text{アイ}}°$である。

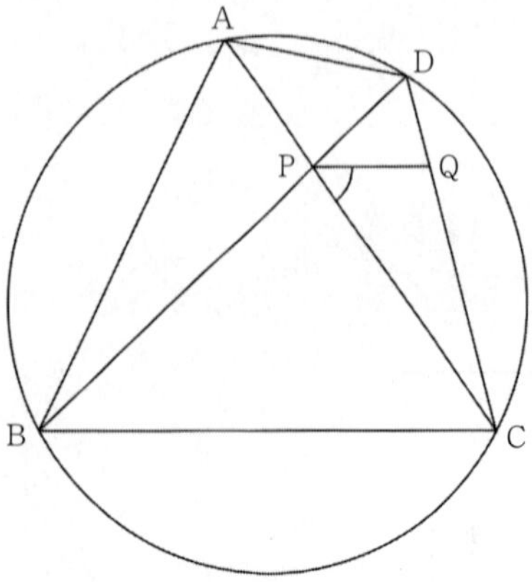

(2) 点PがBDの中点で，AD$=3$，BC$=4$，BD$=7$のとき，PC$=\dfrac{\boxed{\text{ウエ}}}{\boxed{\text{オ}}}$である。

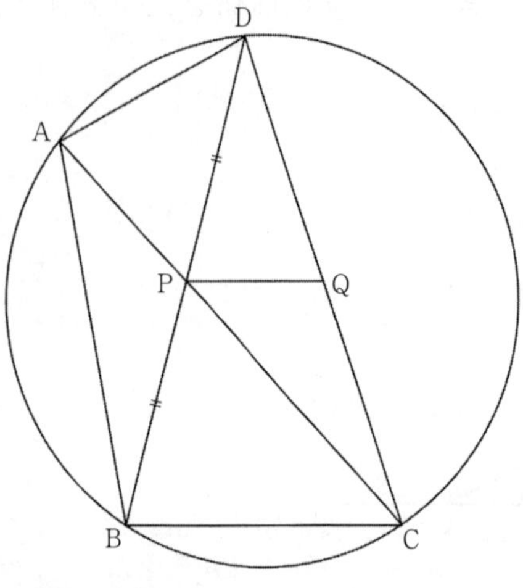

(3) BC が円の直径で，BC＝20，CD＝12，PQ＝15 のとき，PC＝$\boxed{カキ}\sqrt{\boxed{ク}}$ である。また，AD＝$\boxed{ケコ}\sqrt{\boxed{サ}}$ である。

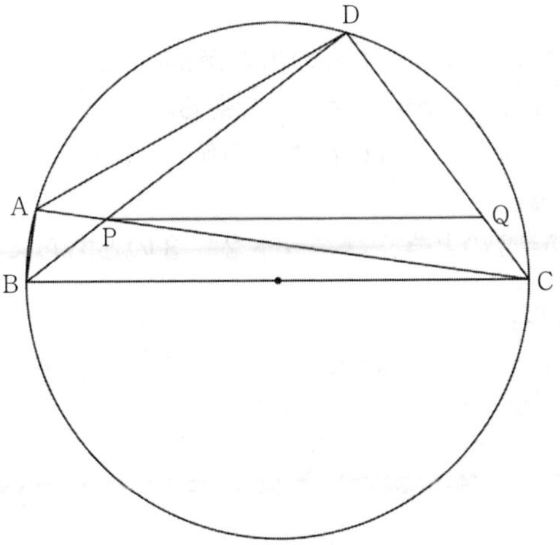

4 図1は，2つの入力 a，b と2つの出力 x，y を備えた計算装置(ユニット)で，入力 a，b の値に対し，出力 x，y の値はそれぞれ $a+b$，ab となる。

図2のように，前のユニットの出力 x，y が次のユニットのそれぞれ入力 a，b となるように3つのユニットを連結して，計算プログラムAを作った。

図1　ユニット

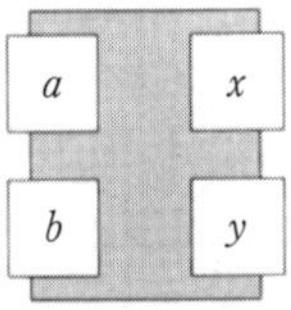

図2　プログラムA

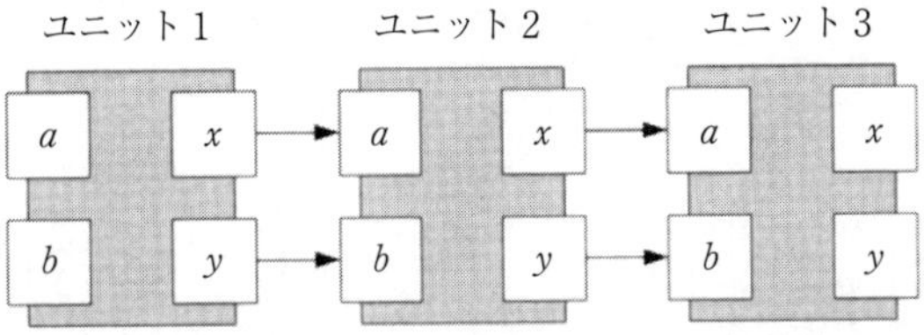

また，図3のように，前のユニットの出力 x が次のユニットの入力 a，b となるように3つのユニットを連結して，計算プログラムBを作った。

図3　プログラムB

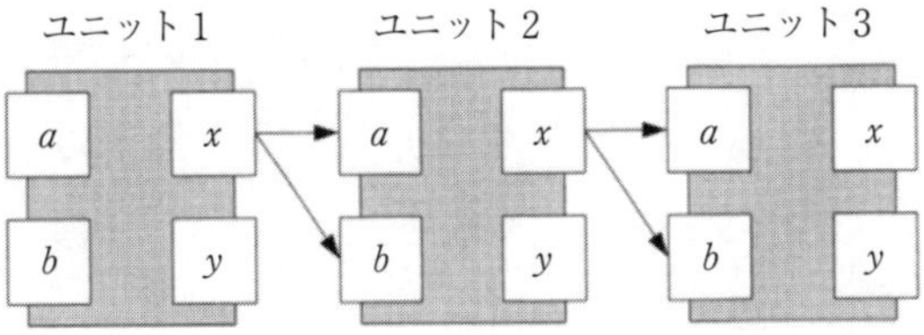

なお，プログラムA，Bともに，ユニット1の入力 a，b の値は，整数に限るものとする。

図4，図5は，プログラムA，Bのそれぞれについて，ユニット1の入力が $a=1$，$b=1$ の場合の各ユニットの状態を表したものである。

図4　プログラムA

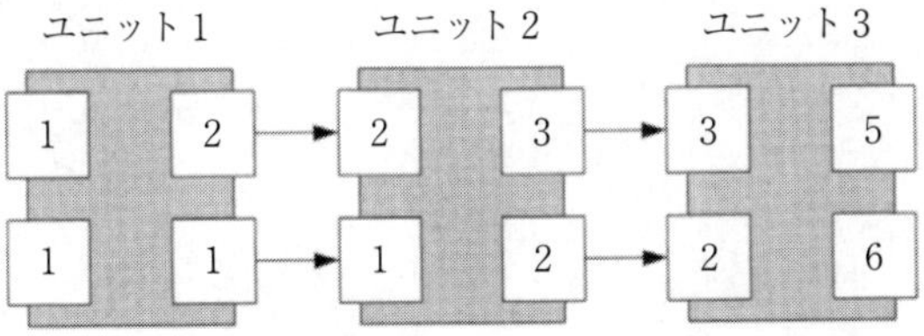

図5　プログラムB

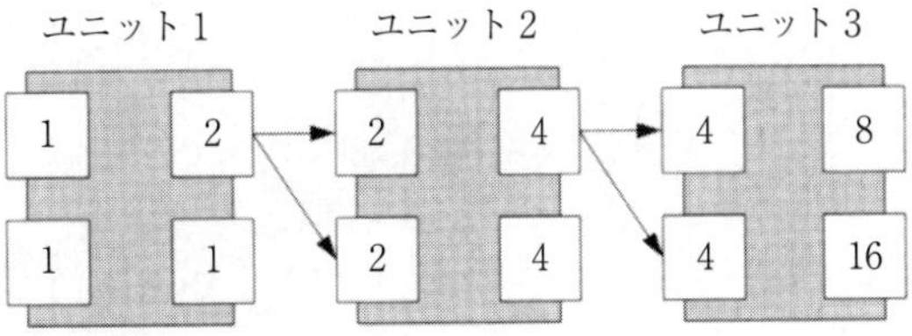

このとき，次の各問いに答えなさい。

(1) プログラムAにおいて，ユニット1の入力が $a=1$，$b=3$ のとき，ユニット3の出力は $x=$ アイ ，$y=$ ウエ である。

(2) プログラムAにおいて，ユニット1の出力 x の値が1で，ユニット3の出力が $x=-3$，$y=2$ のとき，ユニット1の入力で，$a<b$ であるものは，$a=$ オカ ，$b=$ キ である。

(3) プログラムBにおいて，ユニット1の入力が $a=1$ で，ユニット3の出力 y の値が64のとき，ユニット1の入力 b の値は ク または ケコ である。

(4) プログラムBにおいて，ユニット1の入力が $a=1$，$b=2$ のとき，ユニット2，3のどちらにおいても，出力 x，y について，$y=\frac{\boxed{サ}}{\boxed{シ}}x^2$ が成り立つ。

【社　会】（50分）〈満点：100点〉

1　右の図は，ヨーロッパを示した地図で，AからDは国を示している。この図を見て，問1から問4までの各問いに答えよ。

図

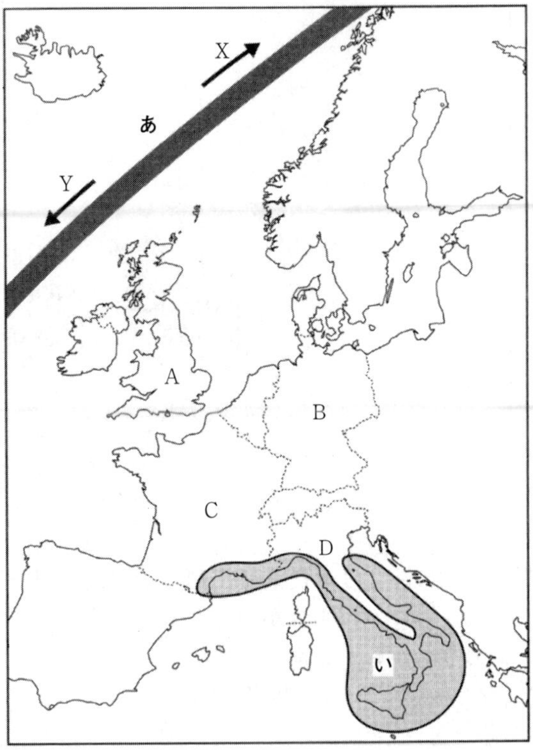

問1　図中の**あ**は，北大西洋海流の流れているおおよその位置を示している。この海流について説明したものとして最も適当なものを，次のアからエのうちから一つ選べ。

ア　寒流であり，Xの方向に流れている。
イ　寒流であり，Yの方向に流れている。
ウ　暖流であり，Xの方向に流れている。
エ　暖流であり，Yの方向に流れている。

問2　図中の**い**の範囲でおこなわれているおもな農業について説明したものとして最も適当なものを，次のアからエのうちから一つ選べ。

ア　草や水を求めてらくだや羊・やぎなどの家畜とともに移動しながら生活している。
イ　小麦やライ麦，じゃがいも，てんさいなどの畑作と，牛や豚などの飼育を組み合わせた農牧業がおこなわれている。
ウ　牧草を栽培して乳牛を飼い，バターやチーズなどの乳製品を生産している。
エ　夏にオリーブやぶどう，オレンジなどを栽培し，冬は小麦を栽培している。

問3　図中のAからDの国では，ゲルマン系またはラテン系のいずれかの言語を国の公用語としている。ゲルマン系の言語を公用語としている国の組み合わせとして正しいものを，次のアからカのうちから一つ選べ。

ア　AとB　　イ　AとC　　ウ　AとD
エ　BとC　　オ　BとD　　カ　CとD

問4　図中のAからDの国のうち，2020年にEU（ヨーロッパ連合）から離脱した国を，次のアからエのうちから一つ選べ。

ア　A　　イ　B　　ウ　C　　エ　D

2　次の図１中の(い)から(に)について，問１から問３までの各問いに答えよ。

図１

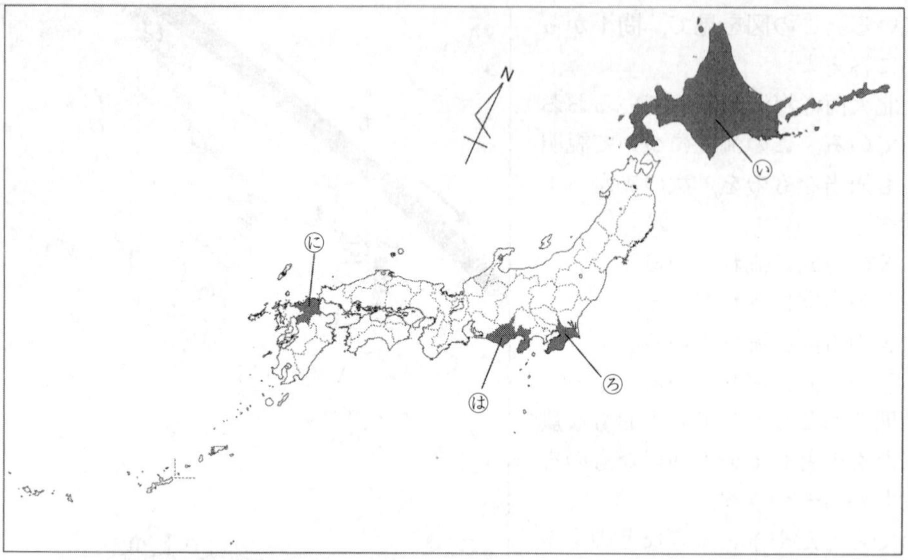

問１　次の図２は，農業産出額とその内訳(比率)を示したものである。図２中のＡからＤは，図１中の(い)から(に)のいずれかの都道府県が当てはまる。図２中のＤに当てはまる都道府県を，下のアからエのうちから一つ選べ。

図２　農業産出額とその内訳(2018年)

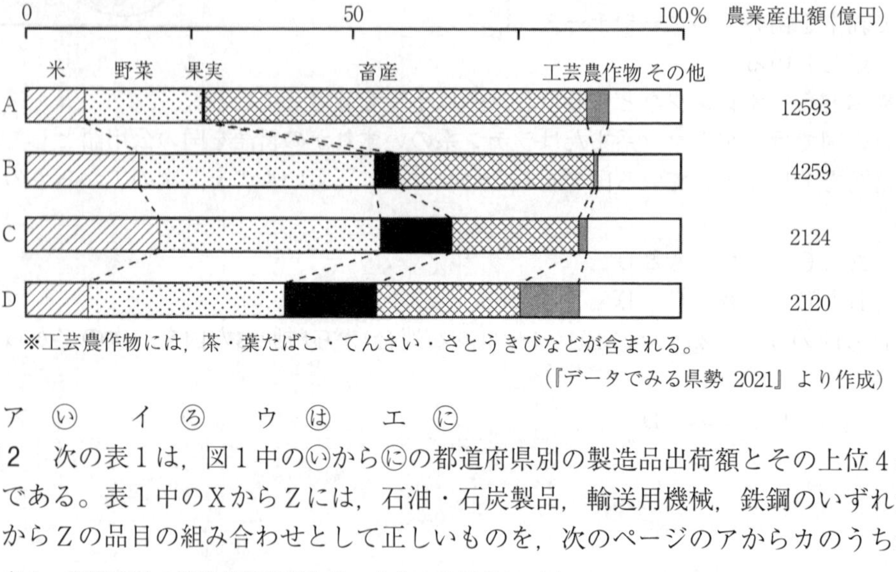

※工芸農作物には，茶・葉たばこ・てんさい・さとうきびなどが含まれる。

(『データでみる県勢 2021』より作成)

ア　(い)　　イ　(ろ)　　ウ　(は)　　エ　(に)

問２　次の表１は，図１中の(い)から(に)の都道府県別の製造品出荷額とその上位４品目をまとめたものである。表１中のＸからＺには，石油・石炭製品，輸送用機械，鉄鋼のいずれかが当てはまる。ＸからＺの品目の組み合わせとして正しいものを，次のページのアからカのうちから一つ選べ。

表１　都道府県の製造品出荷額とその上位４品目(2018年)

	総計(億円)	製造品出荷額　上位４品目(構成比：％)			
		１位	２位	３位	４位
(い)	64136	食料品 (34.8)	X (16.5)	Z (6.5)	パルプ・紙 (6.2)
(ろ)	132118	X (23.7)	化学 (17.8)	Z (13.2)	食料品 (12.4)
(は)	176639	Y (25.4)	電気機械 (13.9)	化学 (10.8)	食料品 (7.9)
(に)	103019	Y (34.4)	食料品 (10.3)	Z (9.6)	飲料ほか (6.6)

(『データでみる県勢 2021』より作成)

ア　X－石油・石炭製品　Y－輸送用機械　Z－鉄鋼
イ　X－石油・石炭製品　Y－鉄鋼　Z－輸送用機械
ウ　X－輸送用機械　Y－石油・石炭製品　Z－鉄鋼
エ　X－輸送用機械　Y－鉄鋼　Z－石油・石炭製品
オ　X－鉄鋼　Y－石油・石炭製品　Z－輸送用機械
カ　X－鉄鋼　Y－輸送用機械　Z－石油・石炭製品

問3　次の表2は，都道府県別の外国人延べ宿泊者数とその内訳(一部)を示したものである。表2中のPからSには，前ページの図1中の(い)から(に)のいずれかの都道府県が当てはまる。下の説明文を参考にして，表2中のQに当てはまる都道府県を，後のアからエのうちから一つ選べ。

表2　外国人延べ宿泊者数とその内訳(千人，2018年)

	外国人宿泊者数	国籍別の宿泊者数			
		韓国	オーストラリア	アメリカ	シンガポール
P	4116	178	116	338	76
Q	3367	1565	16	63	34
R	8335	1374	142	164	335
S	1794	72	9	43	11

※延べ宿泊者数のため，宿泊人数×宿泊数で示している。
(『データでみる県勢 2020』より作成)

説明文

(い)　良質な雪を求めて観光客が訪れている。季節が逆となる南半球や赤道付近の国々からも人気の観光地となっている。
(ろ)　首都に近い国際空港があるため，観光だけでなくビジネスで来日する外国人も多い。また，世界的に人気のテーマパークがあり，ここを訪れる外国人観光客も多い。
(は)　世界ジオパークに認定された半島があり，観光地としても近年注目されている。また，複数の世界遺産もあり，地方自治体では外国人観光客の誘致に努めている。
(に)　大陸からの玄関口として，古くから船舶での往来が盛んな地域である。現代でもクルーズ船・高速船などを利用して入国する外国人観光客は多い。

ア　(い)　イ　(ろ)　ウ　(は)　エ　(に)

3　図1はある地域の2万5千分の1地形図の一部(約1.5倍に拡大)であり，図2はそこから等高線のみを抜き出したものである。また，図3はこの地域のハザードマップから同じ範囲を抜き出したもの(一部改変)であるが，北が上とは限らない。**問1**，**問2**に答えよ。

図1　地形図(北が上)

(国土地理院　電子地形図25000)

図2　等高線のみを抜き出した地図(北が上)

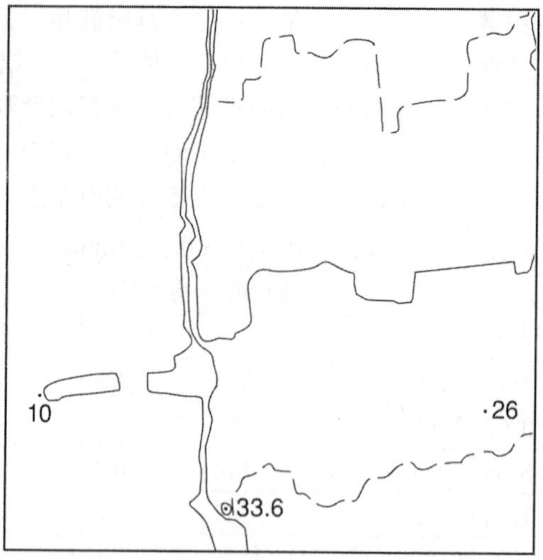

(地理院地図による画像を加工して作成)

図3　ハザードマップ

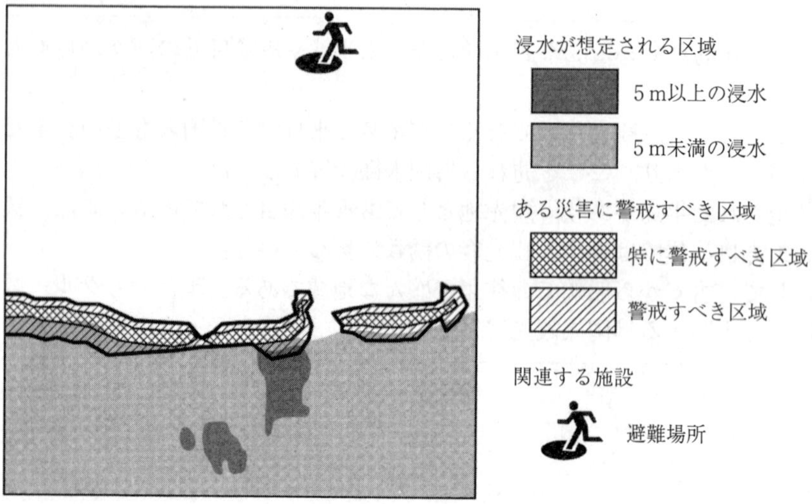

問1　図3において北はどちらの方向か。正しいものを次のアからエのうちから一つ選べ。

ア　図の上　　イ　図の下　　ウ　図の左　　エ　図の右

問2　図3中の「ある災害に警戒すべき区域」は，どのようなところで，どのような災害のおそれがあると考えられるか。図1，図2も参考に，最も適当なものを次のアからエのうちから一つ選べ。

ア　平らな土地なので，地震の際に津波の被害が集中するおそれがある。

イ　急な斜面なので，大雨の際に土砂崩れがおきるおそれがある。

ウ　周囲より標高が低いので，洪水の際に著しく浸水するおそれがある。

エ　周囲より標高が高いので，火山噴火の際に火山灰が集中的に降り注ぐおそれがある。

4　次の略年表を見て，問１，問２に答えよ。

略年表

日本の出来事	中国の出来事
	隋がほろび，王朝Ａが中国を統一する
大宝律令が施行される	
藤原良房《よしふさ》が摂政になる	
	王朝Ａがほろぶ
	王朝Ｂがおこる
白河上皇が院政をはじめる	
Ｘ	
	フビライ＝ハンが王朝Ｃの皇帝となり，中国を支配する
建武の新政がおこなわれる	
	王朝Ｄによって，王朝Ｃが北に追われる

問１　次の史料中の下線部「中国」には，略年表中の中国の王朝ＡからＤのいずれかが当てはまる。史料中の「中国」と同じ王朝を，下のアからエのうちから一つ選べ。なお，史料は現代語に訳し，わかりやすくするために一部を補足したり省略したりしてある。

> 史料
>
> 12月21日。来年，中国に船を派遣することが決定した。…中略… 今日，これまで二度中国行きの船に乗っているある商人と語り合ったところ，勘合を用いた中国との交易で利益をあげるには，生糸の交易に勝《まさ》るものはないという。日本から10貫文《かんもん》分の銅を運んで，中国で生糸に交換して持ち帰れば，日本で40貫文にも50貫文にもなるという。
>
> （『大乗院寺社雑事記』）
>
> ※　貫文…銭貨の単位

ア　王朝Ａ　　イ　王朝Ｂ　　ウ　王朝Ｃ　　エ　王朝Ｄ

問２　略年表中のＸの時期に，日本でおこった出来事として正しいものを，次のアからエのうちから一つ選べ。

ア　宮廷で天皇のきさきに仕えた紫式部が『源氏物語』を書いた。

イ　後鳥羽上皇は幕府を倒すために兵を挙げたが，敗れて隠岐《おき》へ流された。

ウ　天智天皇の死後，皇位継承をめぐっておこった内乱に勝利した天武天皇が即位した。

エ　観阿弥と世阿弥の父子は，猿楽や田楽などの芸能から能を大成させた。

5　休日に博物館に行ったある生徒は，展示されていた貨幣《かへい》やその時代の状況に興味を持った。そこで，一部の貨幣をスケッチしたり，展示の説明を書き写したりして，年代順のまとめカードAからDともう一枚を作成した。これらを見て，問1から問3までの各問いに答えよ。

まとめカード

A

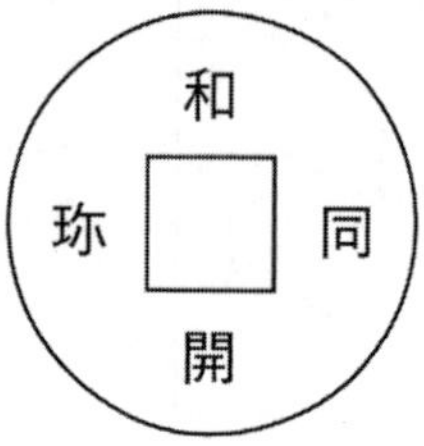

●直径は24mmで，全国各地で出土する。
●銅製と銀製の2種類があった。
●当時の取引は物々交換が中心だったため，政府は貨幣の流通をうながす法令を出した。

B

●定期市では中国から輸入された「洪武通《こうぶつう》寶《ほう》(宝)」や「永樂《えいらく》(楽)通寶《つうほう》(宝)」などが使われた。
●貨幣の流通が広がり，年貢を銭で納めることもあった。

C

●石見《いわみ》銀山では，朝鮮半島から伝わった新しい技術によって銀の産出量が増加した。
●世界の銀の産出量のうち，日本の銀が約3分の1を占めた。
●ポルトガル人イエズス会士が作成したという地図に，石見銀山が記された。
●石見銀山で産出した銀で作られた銀貨が，文禄の役の戦費に使われた。

D

●明治維新直後，政府は江戸時代の単位で通貨を発行した。
●新貨条例によって，円・銭・厘《りん》という新しい通貨単位が制定され，1円＝100銭＝1000厘と定められた。
●明治時代の紙幣には，七福神でもある大《だい》黒天《こくてん》や，菅原道真や中臣鎌足などの肖像が用いられた。

問1　生徒が博物館で書き写した次の史料と関連しているまとめカードとして最も適当なものを，下のアからエのうちから一つ選べ。なお，史料は現代語に訳し，わかりやすくするために一部を補足したり省略したりしてある。

> 史料
> 　およそ銭というものは，売買を行うのに有益なものである。ところが，いまでも人々は古い習慣に従って，いまだにその道理を理解していない。わずかに銭を用いて売買するといっても，蓄える者はほとんどいない。そこで，銭を蓄えた額の多少に応じて，等級・段階を設けて位を授けることにした。従六位《じゅろくい》以下で，10貫以上の銭を蓄えた者には，位を一階昇進させる。20貫以上の銭を蓄えた者には，位を二階昇進させる。

ア　A　　イ　B　　ウ　C　　エ　D

問2　上のまとめカードCの内容と関連する説明として正しいものを，次のアからエのうちから一つ選べ。

ア　南蛮貿易によって，ヨーロッパの天文学や医術などがもたらされた。
イ　渡来人によって，須恵器《すえき》をつくる技術や漢字を書く文化がもたらされた。

ウ　アラビア半島でイスラム教が成立し，イスラム商人は東アジアにも進出した。

エ　イギリスで大量生産された綿織物が，アジアに安い価格で輸出された。

問3　次のカードは生徒が作成したもう一枚のまとめカードである。前ページのAからDのまとめカードと合わせて年代の古い順に並べたとき，次のカードが入る時期として最も適当なものを，下のアからオのうちから一つ選べ。

●銅製で全国各地に流通した。

●この銅銭のほか，小判などの金貨や丁銀《ちょうぎん》などの銀貨がつくられた。

●銅銭は全国に普及したが，東日本では金貨，西日本では銀貨が流通した。

ア　Aの前　　イ　AとBの間　　ウ　BとCの間　　エ　CとDの間　　オ　Dの後

6　問1から問4までの各問いに答えよ。

問1　次の図は，沖縄県が設置されてからの15年間の国際関係の一部を模式的に表したものである。下の説明を参考にして，図中の**あ**から**え**に入る国名の組み合わせとして正しいものを，後のアからエのうちから一つ選べ。

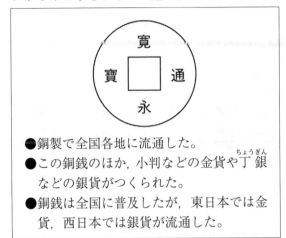

図

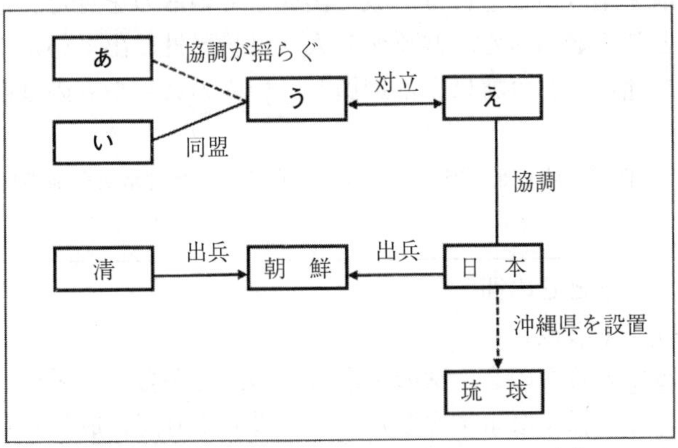

説明　・**あ**の国の憲法は，図の時期に日本で発布された憲法の参考の一つになった。

・**い**，**う**，**え**の国は，それぞれ江戸時代から日本と修好通商条約を結んでいた。

・**う**の国は，沖縄県設置の4年前に日本と領土の取り決めに関する条約を結んだ。

・**え**の国は，図の時期に日本との条約を修正し，領事裁判権(治外法権)を撤廃《てっぱい》した。

ア　**あ**―フランス　**い**―アメリカ　**う**―イギリス　**え**―ドイツ

イ　**あ**―フランス　**い**―ドイツ　**う**―アメリカ　**え**―イギリス

ウ　**あ**―ドイツ　**い**―フランス　**う**―ロシア　**え**―イギリス

エ　**あ**―ドイツ　**い**―イギリス　**う**―ロシア　**え**―アメリカ

問2　次のaからfの出来事は年代の古い順に並んでいる。図の時期をこれらの出来事の間に当てはめた場合に正しいものを，下のアからカのうちから一つ選べ。

出来事

a　三井《みつい》家が江戸で開いた越後《えちご》屋が「現金かけねなし」を方針として繁盛《はんじょう》した。
b　横浜の港で外国との貿易がはじまった。
c　八幡製鉄所が操業を開始した。
d　米の安売りを求める騒動が富山県から全国に広がった。
e　世界恐慌の影響が日本にもおよび，まゆや生糸の価格が暴落した。
f　財閥が解体され，独占禁止法が制定された。

ア　aとbの間　　イ　bとcの間　　ウ　cとdの間
エ　dとeの間　　オ　eとfの間　　カ　fの後

問3　次の史料はある人物の日記である。この史料が示す事柄がおきた時期を上の出来事の間に当てはめた場合に正しいものを，下のアからカのうちから一つ選べ。なお，史料は現代語に訳し，一部を変えたり省略したりしてある。

史料
九月一日土曜　晴
……十一時五十八分ごろ，大地が大きく揺れた。私たちはなお話を続けていた。地震はますます激しくなり，壁土が落ちてきた。私と同僚は思わず走り出て，非常口を出て渡り廊下を過ぎた。歩けないほどだった。無理に走って屋外に出た。十分ほどの間，地震が続いた。私は審査局にたどり着き，書類や帽子を取ってこようと思って渡り廊下のあたりに行った。また揺れが来た。それでまた走り出た。……馬車か自動車に乗りたいと思って……問い合わせをさせたが，混み合っていてかなわなかったので，歩いて帰った。……参謀《さんぼう》本部前を過ぎ，ドイツ大使館の前から赤坂見附《あかさかみつけ》を通って家に帰った。皇居の前の広場に出たとき，警視庁付近と日比谷《ひびや》公園の中で火が出ているのを見た。参謀本部前を過ぎるときには赤坂で出火しているのを見た。道沿いにところどころ家屋が倒壊しているところがあった。避難する人々は皆屋外に出ていた。家にたどり着くと，門の横から家の周りを囲むレンガ塀は全部倒壊し，屋内の家具やものは散乱していて，人影も見えなかった。……

（枢密顧問官兼帝室会計審査局長官であった倉富勇三郎の日記）

※「……」は省略した箇所を示す。

ア　aとbの間　　イ　bとcの間　　ウ　cとdの間
エ　dとeの間　　オ　eとfの間　　カ　fの後

問4　上の出来事aからdの説明として誤っているものを，次のアからエのうちから一つ選べ。
ア　aの三井《みつい》家は豪商として富を蓄え，のちに様々な事業を多角的に経営する財閥に成長した。
イ　bの横浜と新橋とを結んだ路線が，日本で最初に開通した鉄道路線であった。
ウ　cの八幡製鉄所は，需要が高まっていた鉄鋼の国産化を目指して，福岡県に建設された。
エ　dの騒動は，第一次世界大戦中の不況と食料不足による米価格の高騰《こうとう》が原因であった。

7　次の生徒による発表文を読み，**問1**から**問4**までの各問いに答えよ。

私たちは，日本の憲法に基づいた政治制度の歴史と現在の形，その課題について調べて考察しました。現在では日本国憲法に基づいて(1)国会と内閣，裁判所による三権分立に基づいて民主的な政治制度が整っていますが，(2)戦前でもその仕組みと考え方を追求した時期がありました。戦後になると政治制度は整いましたが，社会が発展するにしたがって日本国憲法には記載されていない権利があるという考え方も広がり，それらは(3)新しい人権として裁判などで主張されるようになりました。一方，(4)日本国憲法で保障されている基本的人権についても十分とは言えないこともあり，「基本的人権の尊重」を達成するための政治制度や社会のあり方が求められています。

問１　下線部(1)に関連して，現在の日本の国会と内閣についての記述として正しいものを，次のアからエのうちから一つ選べ。

ア　内閣を構成するその他の大臣は国会議員でなくとも選ばれることがあるが，内閣総理大臣は国民の直接選挙によって最終的に決定される。

イ　内閣は国会に対して連帯して責任を負うという議院内閣制をとっており，内閣総理大臣は国会議員の中から選ばれる。

ウ　国会は衆議院，参議院の二院制をとっており，アメリカ連邦議会と同様に二院の権限は憲法で優劣がないように定められている。

エ　国会における議決は過半数の多数決であるが，安全保障に関する予算案や法律案の議決については両院とも３分の２以上の賛成が必要である。

問２　下線部(2)に関連して，1910年代に民主的な政治の仕組みを追求した運動と，そのころに活躍した人物，その人物が主張した考え方の組み合わせとして正しいものを，次のアからカのうちから一つ選べ。

	1910年代の運動	人物	その人物が主張した考え方
ア	自由民権運動	福沢諭吉	平和五原則
イ	自由民権運動	犬養毅	民本主義
ウ	自由民権運動	吉野作造	平和五原則
エ	大正デモクラシー	福沢諭吉	民本主義
オ	大正デモクラシー	犬養毅	平和五原則
カ	大正デモクラシー	吉野作造	民本主義

問３　下線部(3)に関連して，次の資料は，弁護士の団体が新しい人権の保障について発したものである。資料中の下線部に着目して，この内容を反映している具体例として最も適当なものを，下のアからエのうちから一つ選べ。

資料

個人が尊重される民主主義社会の実現のためには，その手段である民主制の過程が健全に機能しなければならない。代表民主制下において国民が自律的に代表者を選任し政策形成に参加するためには，公的情報が国民に対して十分に公開されていることが不可欠である。そのためには，知る権利の保障の充実と，情報公開を促進する制度の整備が必要である。

（日本弁護士連合会の資料より作成）

ア　ある民間企業が，一人ひとりの個人の行動範囲や人が集まりやすい場所や時間などについての膨大《ぼうだい》な量の情報を収集し，それに基づいて商品を売る量や経営に力を入れる店舗を決めたり，消費者の隠れた好みなどを探り当てたりすること。

イ　日本の政府が，すべての国民に個人の番号を割り振り，選挙権の行使や納税の状況などの情報を一元的に管理し，その情報を犯罪防止のために警察に常時伝えるとともに，個人の支持政党を知りたい他の個人に選挙権の行使の状況を公開すること。

ウ　日本の地方公共団体が，予算の執行や事業の進捗《しんちょく》の状況を，住民の求めに応じて適正な手続きに則《のっと》って公開できるようにし，不正や汚職などがおこなわれていないかどうかを住民自身が確認するのに役立てられるようにすること。

エ　ある国際機関が，国際経済の成長に関する目標を定め，それぞれの加盟国が目標を達成するために取り組むことを義務化し，目標達成についての情報を国際機関のみが持った上で加盟国を集めて会議を開き，加盟国の協調をはかろうとすること。

問４　下線部(4)に関連して，この発表をした生徒は基本的人権の尊重についての課題を後日調べたところ，右のようなグラフを見つけた。これは平成21年と令和元年の，５歳ごとの年齢階級における日本での何らかの割合を示しており，折れ線グラフが描く形が特徴的であるという。このグラフが示している事柄として正しいものを，次のアからエのうちから一つ選べ。

グラフ

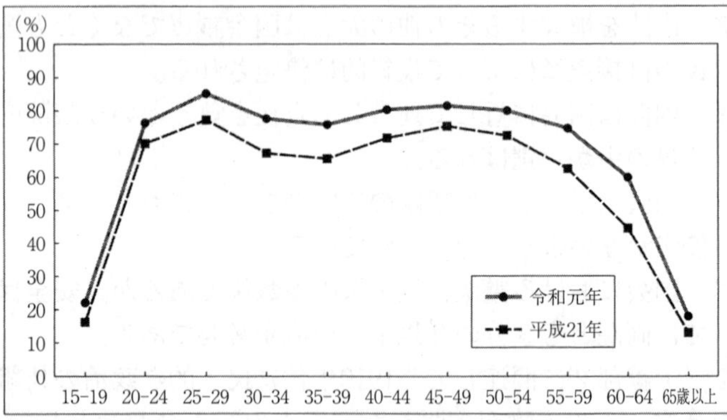

ア　女性の大学進学率　　イ　女性の労働力率　　ウ　男性の大学進学率　　エ　男性の労働力率

8　次の生徒と先生の会話文を読み，問１から問３までの各問いに答えよ。

生徒：お札のデザインが新しくなると聞きました。新しい一万円札の肖像は渋沢栄一《しぶさわえいいち》だそうです。でも紙のお金が，印刷されている金額で取引に使われるのは不思議に思えます。

先生：お金の価値は，中央銀行である日本銀行が現金や預金などの通貨量を調整することで，その価値を安定させているのです。だから，お金の価値は印刷されただけでは，必ずしも安定的ではありません。(1)社会全体で取引される商品総額や企業などが借りたいと思うお金の量などに対して，お金が不足したり逆に余ったりすることで，お金の価値は変化することがあるのです。中央銀行は，市場に出回るお金の量が少なすぎたり，多すぎたりしないようにすることで，お金の価値を安定させて，その信用がある程度保たれるようにしているのです。

生徒：日本銀行の役割は，お金の価値を安定させることなのですね。

先生：それだけではありません。(2)景気が良くなったり悪くなったりしたときに，お金の流通量を意図的に増やしたり減らしたりして，景気を操作しようとすることもしています。

生徒：そういえば，景気を回復させる方法として，世界恐慌が発生したことから，アメリカでは(3)ニューディール政策を実施したと，授業で教わりました。

先生：そうですね。中央銀行だけでなく，政府が直接景気回復のためにそのような積極的な経済政策をおこなう場合もあります。

問１　下線部(1)に関連して，インフレーションと通貨価値の関係についての説明として正しいものを，次のアからエのうちから一つ選べ。

ア　インフレーションは，物価が下がり続けることで，そのため通貨価値も実質的に下がる。
イ　インフレーションは，物価が下がり続けることで，そのため通貨価値は実質的に上がる。
ウ　インフレーションは，物価が上がり続けることで，そのため通貨価値も実質的に上がる。
エ　インフレーションは，物価が上がり続けることで，そのため通貨価値は実質的に下がる。

図　日本銀行がおこなう公開市場操作の仕組み

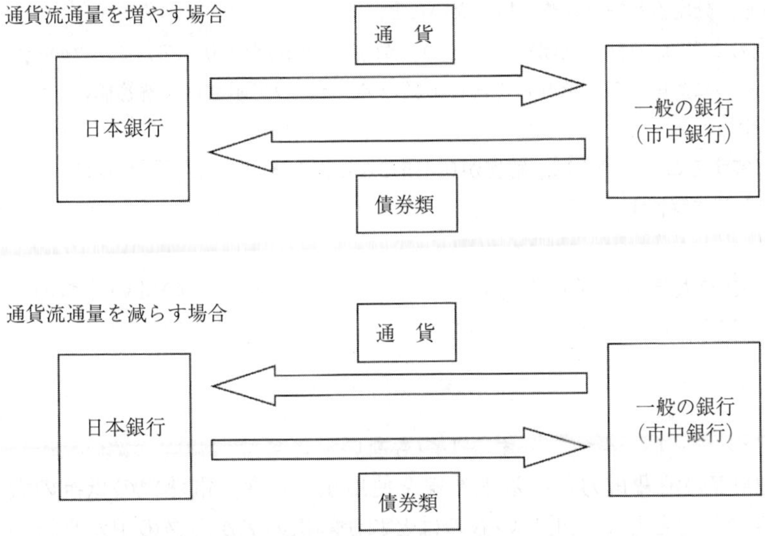

※「債券類」とは，国や企業が借金をするときに発行する証書のことを指す。

問2　下線部(2)に関連して，日本銀行はおもに上の図のような操作をおこない，通貨量を増減させている。この仕組みについての説明およびその効果についての説明として正しいものを，次のアからエのうちから一つ選べ。

ア　日本銀行が，市中銀行へ国債や手形を売ると，市場に流れる資金量が増加して，企業などの経済活動が停滞する。

イ　日本銀行が，市中銀行へ国債や手形を売ると，市場に流れる資金量が増加して，企業などの経済活動が活発化する。

ウ　日本銀行が，市中銀行から国債や手形を買うと，市場に流れる資金量が増加して，企業などの経済活動が停滞する。

エ　日本銀行が，市中銀行から国債や手形を買うと，市場に流れる資金量が増加して，企業などの経済活動が活発化する。

問3　下線部(3)に関連して，ニューディール政策の説明として正しいものを，次のアからエのうちから一つ選べ。

ア　政府が，ダム建設などの公共投資をおこなって，失業者に仕事を与えられるようにして，社会全体での所得を増やして，景気を回復することをめざした。

イ　政府が，工場や農地などを国有化し，計画経済をおこなって，失業者を国が雇用することで，景気を回復することをめざした。

ウ　政府が，議会制民主主義を否定し独裁政権を作り，外国資本の導入により開発をおこない，景気を回復することをめざした。

エ　政府が，大企業や高額所得者に対して減税をして，投資をおこないやすいように規制緩和を実施し，景気を回復することをめざした。

【理　科】（50分）〈満点：100点〉

（注意）　1　定規，コンパス，ものさし，分度器及び計算機は用いないこと。

2　問題の文中の［アイ］，［ウ］などには，特に指示がないかぎり，数字（0～9）が入り，ア，イ，ウの一つ一つは，これらのいずれか一つに対応する。それらを解答用紙のア，イ，ウで示された解答欄に，マーク部分を塗りつぶして解答すること。

3　解答は指定された形で解答すること。例えば，解答が0.415となったとき，［エ］.［オカ］ならば，小数第3位を四捨五入して0.42として解答すること。

［1］　次の問1から問8に答えよ。

問1　次に示す4つのもののうち，その大きさの単位がN（ニュートン）となり得るものはいくつあるか。最も適当なものを下のアからオの中から選べ。

圧力・弾性力・電力・重さ

ア　1つ　　イ　2つ　　ウ　3つ　　エ　4つ　　オ　1つもない

問2　50Vの電圧をかけたときに200Wの消費電力となる電熱線を使用するとき，電熱線の抵抗の大きさと流れる電流の大きさの組み合わせとして，正しいものはどれか。次のアからクの中から選べ。

	ア	イ	ウ	エ	オ	カ	キ	ク
電熱線の抵抗の大きさ〔Ω〕	1.25	2.5	4.0	12.5	20	40	200	400
電流の大きさ〔A〕	40	20	12.5	4.0	2.5	1.25	0.25	0.125

問3　次のアからオに示す物質が，ともに混合物である組み合わせを選べ。

ア　ドライアイス，水蒸気　　イ　水酸化ナトリウム，石油

ウ　塩酸，食塩水　　エ　空気，氷水

オ　酸化銅，花こう岩

問4　水の電気分解でおこる化学変化を原子や分子のモデルで表したものとして，最も適当なものを次のアからエの中から選べ。ただし，●は酸素原子1個を，○は水素原子1個を表している。

ア 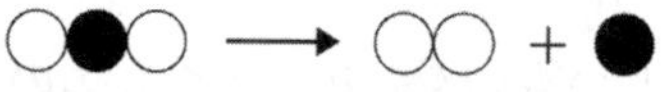　イ 

ウ 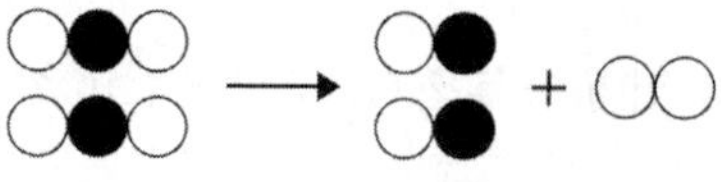　エ 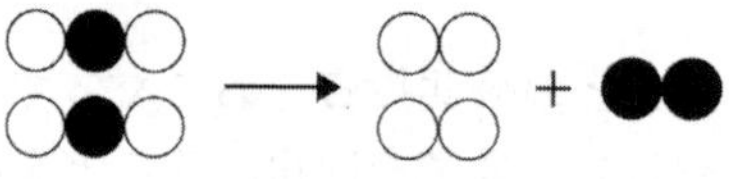

問5　顕微鏡で観察をする際の次の［操作］①から③を，正しい順番に並べたものを下のアからカの中から選べ。

［操作］

①　対物レンズを最も低倍率にし，明るさを調節し，観察するものが対物レンズの真下に来るようにプレパラートをステージにのせてクリップでとめる。

②　接眼レンズをのぞいて，調節ねじを少しずつ回し，プレパラートと対物レンズを遠ざけながらピントを合わせる。

③　プレパラートと対物レンズを真横から見ながら調節ねじを少しずつ回し，できるだけプレパラートと対物レンズを近づける。

ア　①→②→③　　イ　①→③→②　　ウ　②→①→③

エ　②→③→①　　オ　③→①→②　　カ　③→②→①

問6　空欄1，2に当てはまる語の組み合わせとして，最も適当なものを下のアからエの中から選べ。

植物の生殖細胞である卵細胞と精細胞ができる（　1　）の時には，対になっている親の遺伝子が別々に分かれる。これは（　　2　　）。

	1	2
ア	受精	分離の法則と呼ばれる
イ	受精	2つの細胞が対立形質であるためである
ウ	減数分裂	分離の法則と呼ばれる
エ	減数分裂	2つの細胞が対立形質であるためである

問7　北半球のある観測点において，温帯低気圧の温暖前線が通過することで生じる気象現象について，正しい組み合わせを次のアからエの中から選べ。

	気温	風向
ア	下がる	南寄りの風になる
イ	上がる	南寄りの風になる
ウ	下がる	北寄りの風になる
エ	上がる	北寄りの風になる

問8　身の回りの気象現象について説明した文として**誤りを含むもの**を次のアからエの中から選べ。

ア　一日の中で気温が最も高くなるのが正午より遅れる理由は，太陽からの放射が直接空気を温めるのに時間がかかるためである。

イ　冷たいペットボトルの表面に水滴が生じるのは，ペットボトルの周囲の空気が冷やされ，水蒸気が凝結したものである。

ウ　霧は，地表付近の水蒸気を含んだ空気が冷やされて生じる。

エ　雲が上空まで発達し，氷の粒がとけないまま落下したものが，雪やひょうである。

2　重曹（$NaHCO_3$）には様々な性質があり，キッチンや風呂場の掃除に用いられるほか，ベーキングパウダーや胃薬にも含まれるなど，幅広く利用されている。重曹の性質を調べるため，異なる3つの実験を行った。下の**問1**から**問3**に答えよ。

実験1　試験管に0.84 gの重曹を入れて加熱し，発生した気体を水上置換法で集めた。

問1　実験1について，次の1から3に答えよ。

1　重曹を入れた試験管を加熱するときは，その試験管を少し傾ける。実験装置として適切なものは次の①と②のどちらか。また，その理由は何か。最も適当な組み合わせを次のページのアからカの中から選べ。

①　　　　　　　　②

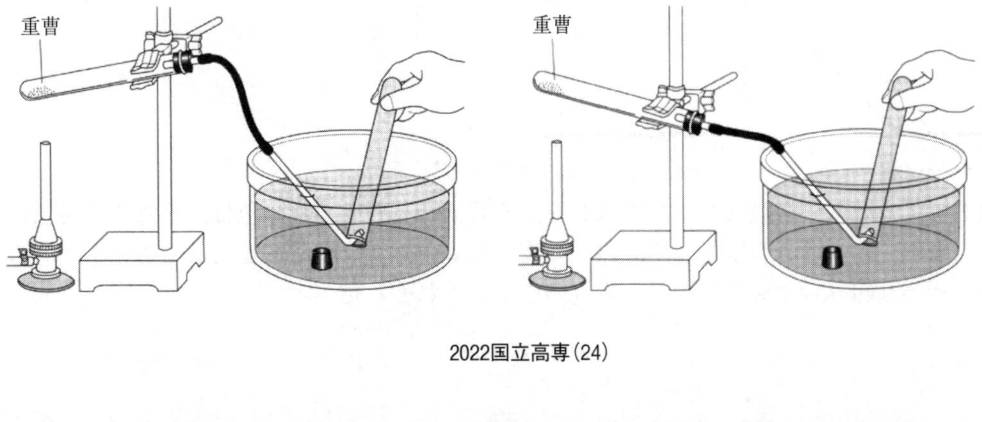

	装置	理由
ア	①	重曹が激しく飛び散るのを防ぐため。
イ	①	水槽の水が加熱している試験管内に逆流するのを防ぐため。
ウ	①	加熱している試験管の口に付いた液体が加熱部分に流れ込んで割れるのを防ぐため。
エ	②	重曹が激しく飛び散るのを防ぐため。
オ	②	水槽の水が加熱している試験管内に逆流するのを防ぐため。
カ	②	加熱している試験管の口に付いた液体が加熱部分に流れ込んで割れるのを防ぐため。

2　捕集された気体の性質として，適切なものを次のアからキの中から**三つ**選べ。

ア　空気より密度が小さい。

イ　空気より密度が大きい。

ウ　マッチの火を近づけるとポンと音をたてて燃える。

エ　火のついた線香を近づけると，線香が炎を上げて燃える。

オ　石灰水を白くにごらせる。

カ　緑色のBTB液に吹き込むと，BTB液が青色になる。

キ　緑色のBTB液に吹き込むと，BTB液が黄色になる。

3　試験管内の重曹0.84gを十分に加熱し，完全に熱分解したところ，0.53gの白色固体が得られた。つづいて，新しい試験管に2.52gの重曹を入れて同様に加熱し，反応の途中で加熱を止めた。ここで試験管内の白色固体の質量をはかったところ，加熱前に比べて0.62g軽くなっていた。試験管内の白色固体のうち，反応していない重曹は何gか。　［ア］.［イウ］g

実験2　試験管に重曹1gと水1mLを入れて温度をはかった。これと同じ温度のある液体をここに加え，1分後に再び試験管内の溶液の温度をはかったところ，温度は下がっていた。

問2　実験2で加えたある液体として適切なものを次のアからオの中から選べ。

ア　食塩水　　イ　砂糖水　　ウ　アンモニア水

エ　クエン酸水　　オ　エタノール

実験3　2本の試験管に濃度の異なる2種類の塩酸を2mLずつ用意し，濃度のこい方の塩酸を塩酸A，うすい方の塩酸を塩酸Bとした。次に，別の試験管に重曹0.1gと水2mLを入れ，緑色のBTB液を加えたものを2本用意し，この溶液を重曹水とした。重曹水の入った2本の試験管の一方には塩酸Aを，もう一方には塩酸Bを少しずつ全量加え，よく混合して溶液の色の変化を観察した。その結果，一方の溶液は塩酸を加える前に比べて色が変化したのに対し，もう一方の溶液は色が変化しなかった。また，塩酸を加え始めてから加え終わるまでの水素イオンの数の変化をグラフに表すと，それぞれ①と②が得られた。

①

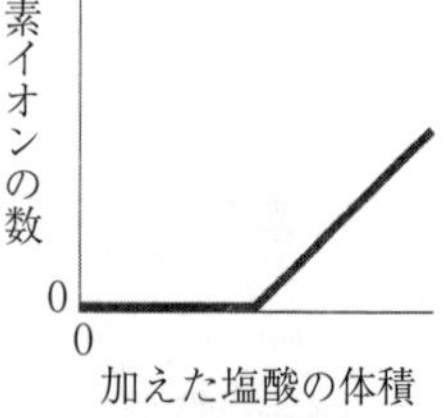

②

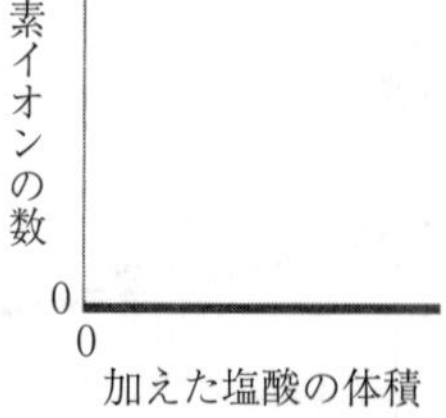

問3　実験3で，重曹水に塩酸Aおよび塩酸Bを加え終えたときの溶液の色は，それぞれ何色になっていたか。また，このときの水素イオンの数の変化を表すグラフとして適切なものは①と②のどちらか。最も適当な組み合わせを次のアからカの中からそれぞれ選べ。

	ア	イ	ウ	エ	オ	カ
色	緑色	緑色	黄色	黄色	青色	青色
グラフ	①	②	①	②	①	②

3　図1のように30°と60°の傾斜をもつ斜面があり，滑車が取り付けてある。そこに同じ大きさの物体Aと物体Bを質量の無視できる糸でつないで滑車にかけ，二つの物体を同じ高さのところで静止させた。物体Aの質量を300gとして，次の**問1**と**問2**に答えよ。ただし，斜面と物体の間，滑車と糸の間には摩《ま》擦《さつ》はないとする。また，100gの物体にはたらく重力の大きさを1Nとする。解答に平方根がでた場合は，$\sqrt{2}=1.41$，$\sqrt{3}=1.73$として計算して答えること。

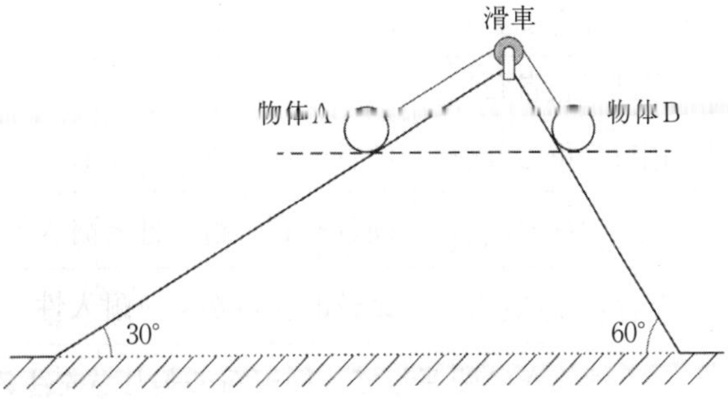

図1

問1　物体Aにはたらく重力の斜面に平行な成分の大きさは，［ア］.［イ］Nである。また，物体Bの質量は，［ウエオ］gである。

問2　次に物体AとBをつないでいる糸を静かに切って，物体AとBがそれぞれの斜面をすべる様子を記録タイマー（1秒間に25回打点する）で調べた。図2に示した2本の記録テープ①と②は物体AとBがすべり始めてからの記録の一部分をランダムに切り取ったものである（スタートしてから同じ時間の部分を切り取ったとは限らない）。あとの1から5に答えよ。

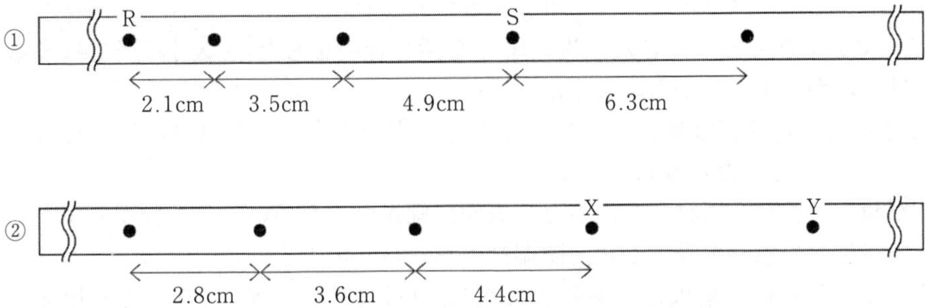

図2

1　物体Aの記録テープは，記録テープ①と記録テープ②のどちらか。解答欄の①または②をマークせよ。

2　記録テープ①で，打点Rから打点Sの間の平均の速さは，［アイ］.［ウ］cm/sである。

3　記録テープ②で，打点Xと打点Yの間隔は，［ア］.［イ］cmである。

4　物体Aと物体Bが同時にすべり始めてからそれぞれの斜面を同じ時間だけすべったとき，物体Bのすべった距離は物体Aがすべった距離の何倍か。最も近いものを次のアからクの中から選べ。ただし，このとき，物体Aと物体Bは斜面上にあり下りきっていないものとする。

ア　0.6倍　　イ　0.9倍　　ウ　1.2倍　　エ　1.5倍
オ　1.8倍　　カ　2.1倍　　キ　2.4倍　　ク　2.7倍

5　物体AとBがそれぞれの斜面を下りきる直前の二つの物体の速さの関係を示しているものはどれか。次のアからウの中から選べ。

ア　物体Aの速さ＞物体Bの速さ

イ　物体Aの速さ＝物体Bの速さ
ウ　物体Aの速さ＜物体Bの速さ

4　マナブさんとリカさんは身の回りの自然現象について考えた。次の**問1**から**問3**に答えよ。

問1　マナブさんとリカさんは身の回りの石材について調べて，次の表のようにまとめた。下の1から3に答えよ。

石材名(岩石)	特色と用途
稲田石《いなだいし》(花こう岩)	硬さや耐久性，A美しさから，建物外装だけでなく墓石にも使用される。
B鉄平石《てっぺいせき》(安山岩)	硬さや高い耐久性と耐火性から，建物外装などに使用される。
大谷石《おおやいし》(凝灰岩)	比較的軟らかく，耐火性・防湿性にも優れ，（　C　）に使用される。

1　下線部Aに関連して，稲田石の美しさを生み出している外見上の特徴として最も適当なものはどれか。次のアからエの中から選べ。
ア　際立つ白さと見ごたえがある目の粗さ
イ　際立つ白さときめ細かい層状の模様
ウ　光輝く黒さと見ごたえがある目の粗さ
エ　光輝く黒さときめ細かい層状の模様

2　下線部Bの鉄平石は，新生代に起こった火山活動によって生じた安山岩である。新生代に生息した生物として最も適当なものはどれか。次のアからカの中から**二つ**選べ。
ア　サンヨウチュウ　　イ　アンモナイト　　ウ　ビカリア
エ　ナウマンゾウ　　オ　フズリナ　　カ　キョウリュウ

3　空欄Cについて，マナブさんとリカさんが次のような話し合いをした。X に当てはまる語として適当なものはどれか。下のアからエの中から選べ。
マナブさん：凝灰岩である大谷石は軟らかくて，加工しやすいようだから(C)には「石塀」や「敷石」の語が入るんだろうね。
リカさん　：そうだね。大谷石を観察してみると，表面に細かな穴が多いことも分かるよ。それによって空気中の水分を吸うから，防湿性もあるらしいよ。
マナブさん：そうか，大谷石には耐火性もあることだし，(C)には X をつくる用途が入るほうがいいのかもしれないね。
ア　装飾品　　イ　石像　　ウ　墓　　エ　蔵や倉庫

問2　マナブさんとリカさんは，図を用いてリオデジャネイロ(南緯22°)における春分の日(3月下旬)の太陽の動きについて考えた。次の1と2に答えよ。

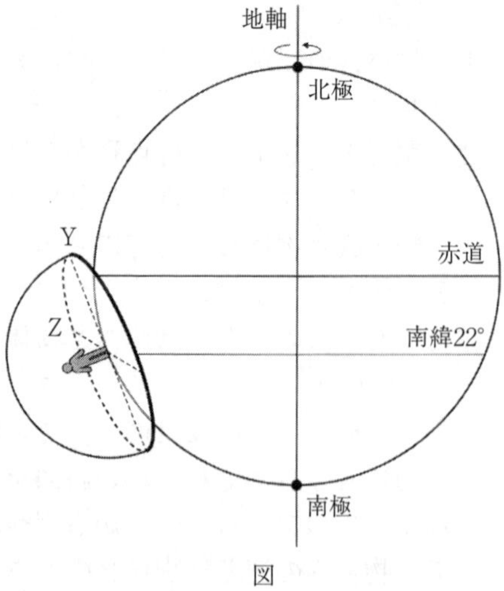

図

1　図中のYとZに入る方角は何か。次のアからエの中からそれぞれ選べ。
ア　東　　イ　西
ウ　南　　エ　北

2　春分の日において，赤道上の観測点では天頂(観測者の頭の真上)を通るように太陽は移動する。リオデジャネイロにいる観測者から見て，太陽はどの方角を移動するか。次のアからエの中から選べ。

ア　東→南→西　　イ　西→南→東
ウ　東→北→西　　エ　西→北→東

問3　マナブさんとリカさんは，地球から身の回りの天体がどのように見えるかを再現するためのモデルについて考えた。次の(1)，(2)を明らかにするためのモデルとして最も適当なものを，下のアからカの中からそれぞれ選べ。なお，アからカの図において，人は観察者(鼻は視線方向を示す)，黒丸は観察対象となる天体，白丸は光源となる太陽，点線は天体の公転軌道，矢印は観察者や天体の動きを表すものとする。

(1)　明けの明星(金星)が一日の中でどちらの方角を移動して見えるかを明らかにする。
(2)　火星が欠けて見えるかどうかを明らかにする。

ア
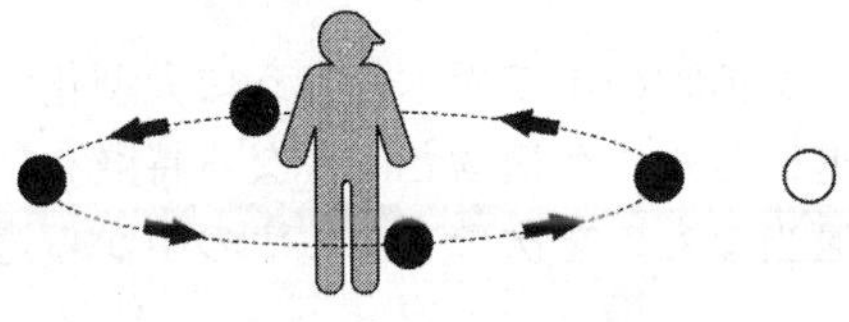

イ
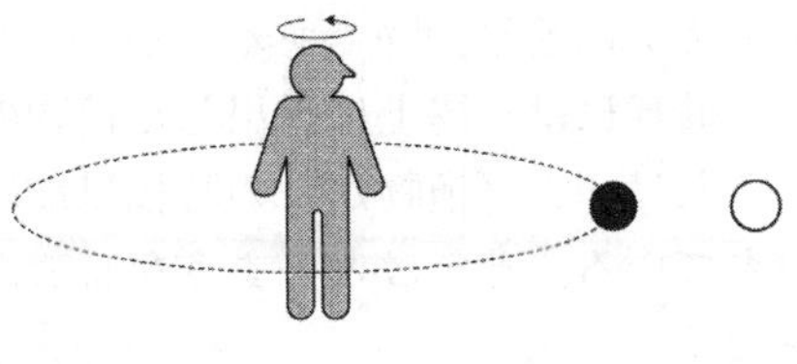

ウ
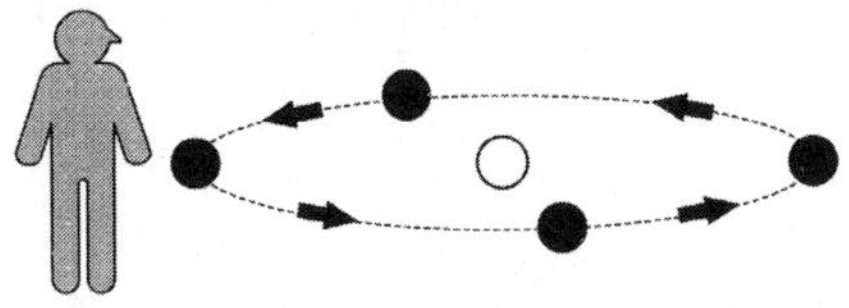

エ
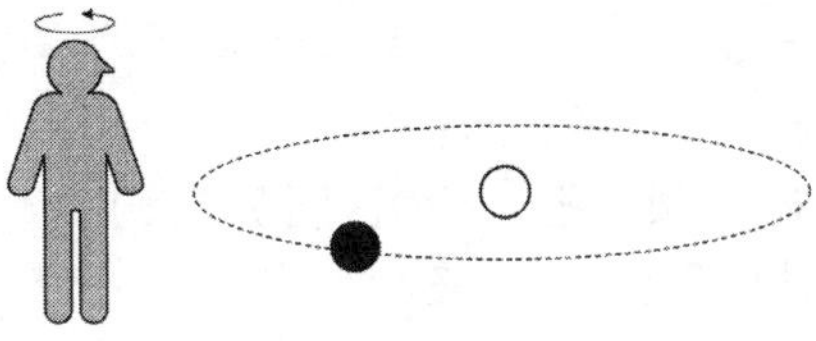

オ
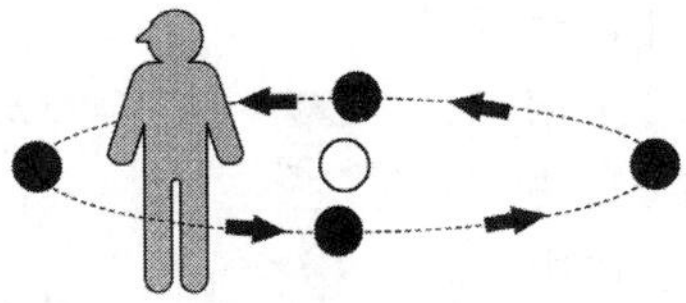

カ
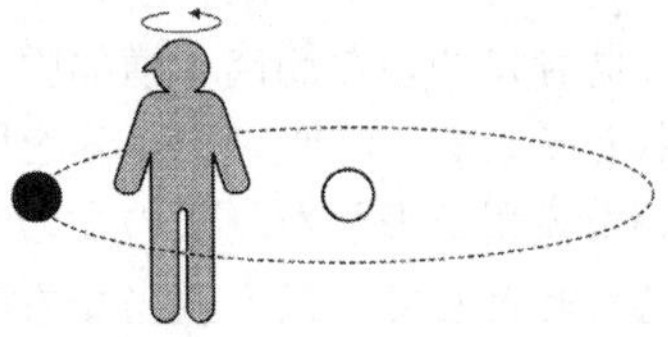

5　生物に関する次の文章を読み，下の問1から問4に答えよ。

現在の地球には，私たちヒトを含めて多様な生物が住んでいる。最初の生物は約38億年前に誕生したと考えられている。その後長い年月をかけて$_{A}$進化がおこり，多様な生物が現れ，その時代の環境に合う体のつくりを持つ生物が繁栄してきた。

現在，最も種類が多い生物は$_{B}$昆虫類であると言われている。昆虫類は約4億年前の$_{C}$古生代に現れ，中にはほとんど形態を変えずに現在も生息するものもいる。

昆虫類の体のつくりは私たちヒトとは大きく異なる。例えば，昆虫は体側面にある穴(気門)から空気を取り込み，枝分かれした管(気管)を通して直接空気が各細胞に送られる。一方ヒトは$_{D}$肺で効率的に酸素を取り込み，血管を通して各細胞に送っている。

問1　下線部Aに関する説明として，最も適当なものを次のアからエの中から選べ。

ア　シソチョウのような中間的な生物の化石が見つかっていることなどから，鳥類はは虫類のなかまから進化したと考えられている。

イ　両生類のカエルの前あしと鳥類のハトの翼とでは，骨格の基本的なつくりはよく似ているが，外形やはたらきが異なるので，進化の起源は異なる。

ウ　人工的にDNAを変化させる技術によって特定の形質を変化させ，自然界にはない青色のバラができたことは進化と言える。

エ　クジラには，祖先が陸上生活をしていたときの後ろあしの痕跡がある。このように，長い年月の間に器官が失われていくような変化は進化とは言わない。

問2　下線部Bに関連して，節足動物の特徴について考える。昆虫類は節足動物のなかまである。また，節足動物は無脊椎《せきつい》動物のなかまである。「節足動物」に関する説明として当てはまるものを次のアからキの中から**三つ**選べ。

ア　背骨を持たない

イ　あしは3対である

ウ　からだは外骨格でおおわれている

エ　内臓は外とう膜でおおわれている

オ　クラゲやウミウシは節足動物である

カ　エビやタニシは節足動物である

キ　チョウやムカデは節足動物である

問3　下線部Cの時代には，陸上に進出した植物のうち，シダ植物の中で樹木のように大型化するものが現れた。これは，シダ植物がこの時代以前に陸上に進出したコケ植物とは異なる特徴を持ったためと考えられている。それはどのような特徴か。最も適当なものを次のアからオの中から選べ。

ア　胞子でふえる

イ　種子でふえる

ウ　子房がある

エ　維管束がある(根，茎，葉の区別がある)

オ　雌株，雄株に分かれている

問4　下線部Dに関連して，ヒトの肺や血管について考える。次の1から3に答えよ。

1　ヒトの肺は，肋骨《ろっこつ》についた筋肉や横隔膜を動かすことによって空気を出し入れしている。呼吸のしくみを図1のようにペットボトル容器を用いた模型で表した。次の文の空欄①，②に当てはまる語句の組み合わせとして，最も適当なものを下のアからクの中から選べ。

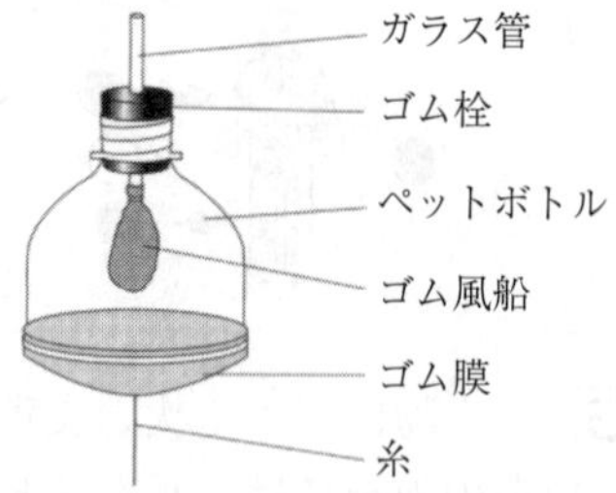

図1

図1の模型で肺を表しているのは(　①　)で，糸を下に引くと容器内の(　②　)。

	①	②
ア	ペットボトルとゴム膜	気圧が上がり，肺から空気が出る
イ	ペットボトルとゴム膜	気圧が上がり，肺に空気が入る
ウ	ペットボトルとゴム膜	気圧が下がり，肺から空気が出る
エ	ペットボトルとゴム膜	気圧が下がり，肺に空気が入る
オ	ゴム風船	気圧が上がり，肺から空気が出る
カ	ゴム風船	気圧が上がり，肺に空気が入る
キ	ゴム風船	気圧が下がり，肺から空気が出る
ク	ゴム風船	気圧が下がり，肺に空気が入る

2　ヒトの心臓は４つの部屋に分かれており，静脈血と動脈血が混ざらないようになっているため，効率よく酸素を細胞に送ることができる。

図２はヒトの血液循環を模式的に表したものである。血管ａからｄのうち，動脈血が流れている血管の組み合わせとして最も適当なものを次のアからカの中から選べ。

ア　ａとｂ
イ　ａとｃ
ウ　ａとｄ
エ　ｂとｃ
オ　ｂとｄ
カ　ｃとｄ

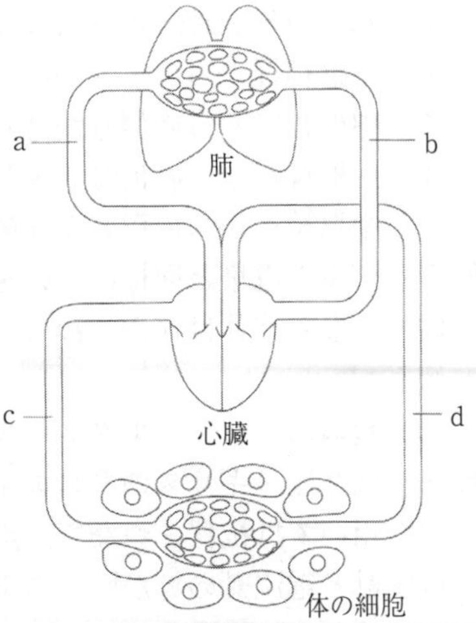

図２

3　次の文章の空欄①から③に当てはまる語句の組み合わせとして，最も適当なものを下のアからクの中から選べ。

図３のグラフから，ヘモグロビンには血液中の酸素濃度が高いほど酸素と（　①　）性質があることがわかる。組織が活発に活動すると，多くの酸素が必要となる。グラフがこのような曲線になっているということは，組織が活発になるほど酸素と結びついているヘモグロビンの割合が（　②　）することを示しており，（　③　）酸素が組織に運ばれるしくみになっていることがわかる。

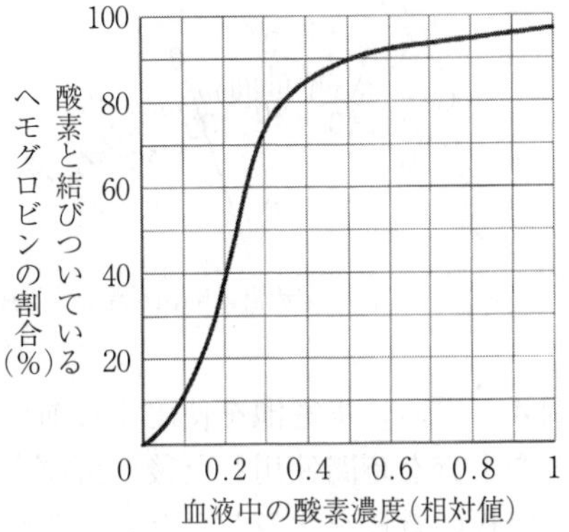

図３

	①	②	③
ア	結びつきやすい	緩やかに増加	一気に多くの
イ	結びつきやすい	緩やかに増加	少しずつ
ウ	結びつきやすい	急激に減少	一気に多くの
エ	結びつきやすい	急激に減少	少しずつ
オ	離れやすい	緩やかに増加	一気に多くの
カ	離れやすい	緩やかに増加	少しずつ
キ	離れやすい	急激に減少	一気に多くの
ク	離れやすい	急激に減少	少しずつ

6　イタリアのガルヴァーニは，カエルの解剖をする際に，A両足に二種類の異なる金属が触れると足がけいれんすることを発見した。イタリアのボルタはガルヴァーニの研究成果を参考に，図１のようなB銀板と亜鉛板の間に（　　）でぬらした布をはさんで積み重ねたもの（ボルタ電堆《でんたい》）を発明し，針金をつなぐと電流が発生した。これが電池の始まりといわれている。その後，イギリスのダニエルがダニエル電池を発明した。次の問１から問８に答えよ。

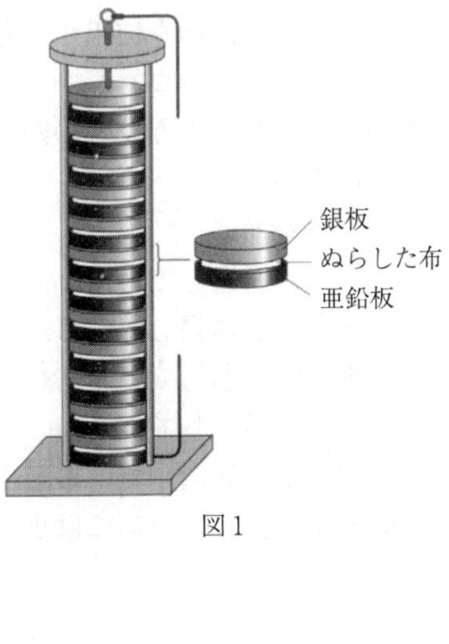

図１

問１　下線部Ａのできごとと関連することとして，身体が動く際は，一般に電気の信号が神経を通して器官に伝わっていると考えられている。神経と器官について書かれた内容が適切なものを次のアからエの中から選べ。

ア　中枢神経からの信号が感覚神経を通して，運動器官に伝わるため身体が動く。

イ　中枢神経からの信号が感覚神経を通して，感覚器官に伝わるため身体が動く。

ウ　中枢神経からの信号が運動神経を通して，運動器官に伝わるため身体が動く。

エ　中枢神経からの信号が運動神経を通して，感覚器官に伝わるため身体が動く。

問2　ボルタ電堆と同様のものを製作し，電流をとり出したい。下線部Bの空欄に入れるものとして候補となる液体は何か。次の①から④のうち，適切なものには○，適切でないものには×をマークせよ。

①　食塩水　　②　エタノール　　③　砂糖水　　④　蒸留水

問3　図2はイギリスのダニエルが発明したダニエル電池と同じ原理の電池を用いて抵抗器をつなぎ，電圧と電流を測定する回路を示している。電圧計と電流計の針が図3のようになったとき，この抵抗器の電気抵抗はいくらか。

［アイ］Ω

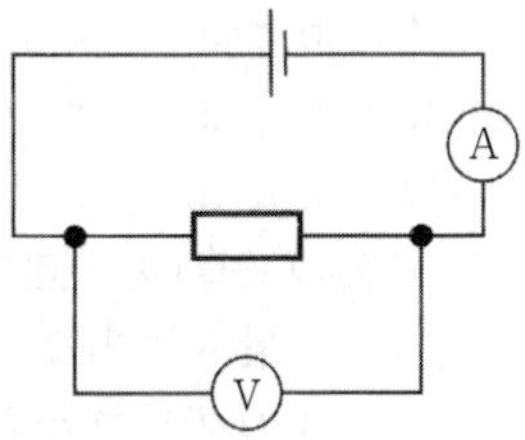

図2

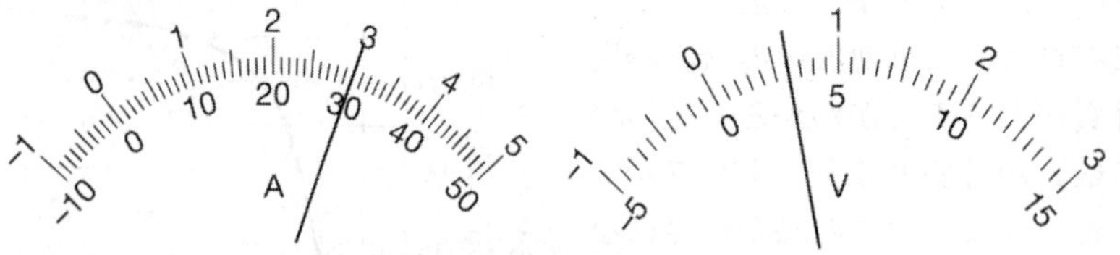

注：電流計は50mA端子，電圧計は3V端子を使用している。

図3

問4　ダニエル電池を使用する前に，－極の板と＋極の板の質量をそれぞれ測定した。ダニエル電池を十分な時間使用した後，再び－極の板の質量と＋極の板の質量を測定した。電池を使用する前後で板の質量を比較したとき，それぞれどのように変化すると考えられるか，次のアからエの中から選べ。ただし，電極板に*析出したものは電極板上にすべて残り，電極板から溶け出したものは電極板上には付着していないものとする。また，電極板の質量は乾燥した状態で測定しているものとする。

*析出…溶液や気体から固体が分離してでてくること

ア　どちらの極の板も質量が増加している。

イ　－極の板は質量が増加しているが，＋極の板は減少している。

ウ　＋極の板は質量が増加しているが，－極の板は減少している。

エ　どちらの極の板も質量が減少している。

問5　ダニエル電池を使用すると，＋極側と－極側で電気のかたよりが生じてしまうことが心配されるが，実際にはセロハンを通してある粒子が移動することで，電気的なかたよりを解消している。このとき，どのようなものがセロハンを通過していると考えられるか。次のアからカの中から最も適当なものを選べ。

ア　原子が通過している。

イ　分子が通過している。

ウ　イオンが通過している。

エ　電子が通過している。

オ　陽子が通過している。

カ　中性子が通過している。

問5より，セロハンには小さな穴があると考えられる。そのことを探るため，次のような実験を行った。ただし，ブドウ糖のかわりに麦芽糖を用いても同様の結果が得られる。

［実験］

図４のように，セロハンを袋状にしてブドウ糖水溶液を入れ，水にしばらくつけておいた。この装置をAとする。また，セロハンを袋状にしてでんぷんのりを入れ，水にしばらくつけておいた。この装置をBとする。

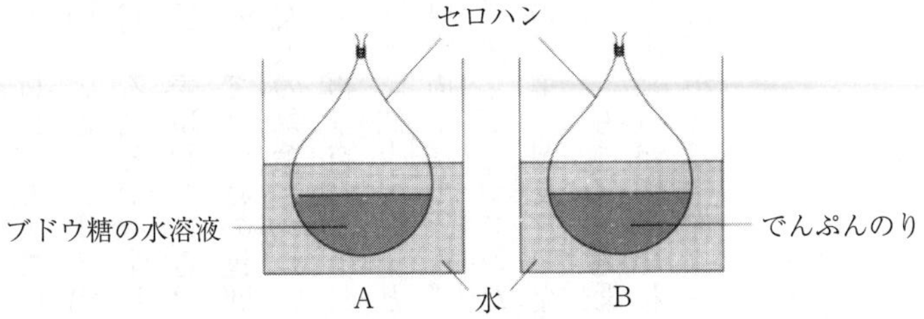

図４

問６　ブドウ糖とでんぷんのりがセロハンの穴を通過したかどうかを確かめるために，Aの水，Bの水に対して，次の【操作１】または【操作２】のいずれかを行う。Aの水，Bの水に行う操作の組み合わせとして適切なものを下のアからエの中から選べ。

【操作１】　水にヨウ素溶液を加えて色の変化を観察する。

【操作２】　水にベネジクト液を加えて加熱し，色の変化を観察する。

ア　Aの水，Bの水ともに【操作１】を行う。

イ　Aの水は【操作１】，Bの水は【操作２】を行う。

ウ　Aの水は【操作２】，Bの水は【操作１】を行う。

エ　Aの水，Bの水ともに【操作２】を行う。

問７　問６で適切な操作を行ったところ，でんぷんの分子，ブドウ糖の分子，セロハンの穴の大きさの順番がわかった。適切なものを次のアからカの中から選べ。

ア　ブドウ糖の分子＞セロハンの穴　＞でんぷんの分子

イ　ブドウ糖の分子＞でんぷんの分子＞セロハンの穴

ウ　でんぷんの分子＞セロハンの穴　＞ブドウ糖の分子

エ　でんぷんの分子＞ブドウ糖の分子＞セロハンの穴

オ　セロハンの穴　＞でんぷんの分子＞ブドウ糖の分子

カ　セロハンの穴　＞ブドウ糖の分子＞でんぷんの分子

問８　電池はエネルギーの変換装置であり，次のようにエネルギーが変換されている。空欄①と②に当てはまる最も適当な語を下のアからキの中から選べ。

（ ① ）エネルギー→（ ② ）エネルギー

ア　位置　　イ　運動　　ウ　熱　　エ　音

オ　電気　　カ　化学　　キ　核

烈な応援をきっかけに、友人の成功にも刺激を受けながら、少しずつ前を向いていこうとする場面である。自然科学と人工物の進化に目を向けることで、閉じていた浩弥の心が少しずつ開かれていく様子を表現している。

ウ　人に出し抜かれてばかりの世間に嫌気がさしていた浩弥が、夢をかなえた友人の言葉と、ぬいぐるみの飛行機やタイムカプセルのおかげで、再び自分を信じることを思い出す場面である。色々な「作品」と学問上の発見とが連想によってつながれ、進歩し続ける世界が描かれている。

エ　自分の世界に閉じこもっていた浩弥が、図書館で紹介された本や小町さんの言葉、旧友との交流を通じて、本当に望んでいたことを思い出し、生きる力を取り戻す場面である。断片的に描かれた様々な出来事が組み合わさり、答えにたどり着くまでの心情が丁寧に描かれている。

い面を見ることが大事だと伝えようとしているね。

イ　世間に広く認められることに価値があると考える浩弥に、別の見方があることをさりげなく伝えているね。

ウ　ゆったりとした時間の捉え方を示して、いらだっていた浩弥の気持ちを落ち着かせようとしているね。

エ　自分の思い込みにとらわれがちな浩弥に確実に言葉を届けることで、彼の視野を広げようとしているね。

問3　本文中に、(1)この世界にウォレスの生きる場所を作ったとあるが、どういうことか。その説明として最も適当なものを、次のアからエまでの中から一つ選べ。

ア　ウォレスの進化論を学んだ人間が世間に出ていった分だけ、ウォレスという人間がいたことを知る人が増え続ける。

イ　ウォレスの考えを理解している人間がいる分だけ、ウォレスという人間が地球上に残した学問的価値が増し続ける。

ウ　ウォレスの説が正しいと認める人間が増えた分だけ、ウォレスという人間が残した功績は人々に称賛され続ける。

エ　ウォレスのことを知っている人間が増えた分だけ、ウォレスという人間がこの世界に存在した意味が残り続ける。

問4　本文中に、(2)環境に適応しない考えを持つ自分自身が淘汰されるとあるが、どういうことか。その説明として最も適当なものを、次のアからエまでの中から一つ選べ。

ア　ある社会が認めようとしない考えを持つ者が、その社会から迫害を受けてしまう。

イ　決して人に合わせようとしない者が、付き合いにくいと思われ絶交されてしまう。

ウ　まだ世界で知られていない発見をした者が、周囲から変わり者扱いされてしまう。

エ　まったく世間の常識を知らない者が、失礼な人だと思われ低く評価されてしまう。

問5　本文中に、(3)右手に乗った飛行機を眺める。とあるが、この「飛行機」は浩弥にとってどのような意味を持つものか。最も適当なものを、次のアからエまでの中から一つ選べ。

ア　自分自身の考えを主張することをやめなければ、大空を飛ぶように自由に未来を開いていけることを示す希望の象徴。

イ　自分を信じて作品や考えを発表し続けてさえいれば、いつかは必ず世間に認めてもらえるはずだという信念の象徴。

ウ　自分自身を信じ続けた者たちの活動によって、あり得ないと思われることが現実になっていくという事実の象徴。

エ　自分で未来の可能性を狭めてきたことで、元の自分とは全く違う存在になってしまったあげくに失われた夢の象徴。

問6　本文中に、(4)それは俺の、れっきとした居場所になるんじゃないか。とあるが、浩弥がそう感じたのはなぜか。最も適当なものを、次のアからエまでの中から一つ選べ。

ア　浩弥の絵が好きだと言う人の言葉を素直に受け取り、才能を信じて描き続ければいつかは世間も認めてくれると気づいたから。

イ　たとえ世間に広く認められなくても、誰かの心に残る作品を描くことができれば自分の生きる意味はあると気づいたから。

ウ　技術的に優れた作品であってもすぐに価値が認められるとはかぎらず、描き続けていくうちに評価が高まると気づいたから。

エ　絵を評価されることが自分の目的ではなく、誰にも認められなくても絵を描き続けることが自分の幸せだと気づいたから。

問7　本文の記述に関する説明として最も適当なものを、次のアからエまでの中から一つ選べ。

ア　世間や社会を恨んで他人を責めてばかりいた浩弥が、進化論の思想や文明の変遷に目を向けることで、自分が表現し続けることの意味に気づき、世界を変えるため進み出そうと決意する場面である。様々な物体が比喩的な意味を持って登場し、間接的に人物の内面を表現している。

イ　社会に背を向けていた浩弥が、小町さんやのぞみちゃんの熱俺も思っていた。

俺に絵の才能なんてあるわけない、普通に就職なんてできるはずない。

でもそのことが、どれだけの可能性を狭めてきたんだろう？

そして左手には、土の中に保管されていた高校生の俺。四つ折りにされた紙の端をつまみ、俺はようやく、タイムカプセルを開く。

そこに書かれた文字を見て、俺はハッとした。

「人の心に残るイラストを描く。」

たしかに俺の字で、そう書いてあった。

そうだったっけ……ああ、そうだったかもしれない。

どこかでねじまがって、勘違いが刷り込まれていた。「歴史に名を残す。」って書いてたと思い込んでいた。壮大な夢を抱いていたのに打ち砕かれたって。俺を認めてくれない世間や、ブラックな企業がはびこる社会が悪いって、被害者ぶって。でも俺の根っこの、最初の願いは、こういうことだったじゃないか。

丸めようとしていた俺の絵を、救ってくれた(注5)のぞみちゃんの手を思い出す。俺の絵を、好きだって言ってくれた声も。俺はそれを、素直に受け取っていなかった。お世辞だと思っていた。自分のことも人のことも信じてなかったからだ。

十八歳の俺。ごめんな。

今からでも、遅くないよな。歴史に名が刻まれるなんて、うんと後のことよりも……それよりも何よりも、誰かの人生の中で心に残るような絵が一枚でも描けたら。

(4)それは俺の、れっきとした居場所になるんじゃないか。

（青山《あおやま》美智子《みちこ》『お探し物は図書室まで』による）

(注1) コミュニティハウス＝小・中学校等を活用した地方公共団体の施設。

(注2) 小町さん＝コミュニティハウスの図書室の司書。羊毛フェルトを針で刺してぬいぐるみを作るのが趣味。

(注3) ダーウィン＝イギリスの学者。『種の起源』の著者で進化論を提唱した。

(注4) ウォレス＝イギリスの生物学者。ダーウィンとは別に自然選択を発見し、ダーウィンが理論を公表するきっかけを作ったとされる。

(注5) のぞみちゃん＝図書室の司書見習い。

問1 本文中の[①]に当てはまる漢字を、次のアからエまでの中から一つ選べ。

ア 理　イ 利　ウ 離　エ 裏

問2 小町さんの小説の中での役割について話し合っている次の会話文の[A]、[B]、[C]に当てはまるものを、それぞれ後のアからエまでの中から選べ。**ただし、同じ記号は二回使わない。**なお引用されているa～dについては、本文中に破線で示してある。

生徒1　小町さんは、気づかいがある人みたいだね。d「小町さんは、おでこに人差し指を当てた。」は、浩弥を少しリラックスさせようとして、話題をうまく変えているみたい。

生徒2　d「小町さんは、おでこに人差し指を当てた。」に続く言葉は少し冗談っぽいけど、[A]

生徒3　でも、真面目なときは真面目だね。b「小町さんは俺と目を合わせ、ゆっくりと続けた。」は、すごくまっすぐな感じがする。わざわざ目を合わせて、[B]

生徒1　a「小町さんは何も言わずにおそらく針を刺していた。」ではまるで無関心そうな感じもするのに、その後を見るとちゃんと浩弥の話を聴いていて。人との距離の取り方が上手な人だね。

生徒2　浩弥の言うことを否定はしない。でも、c「こきん、と小町さんは首を横に倒す。」に続く言葉は、[C]

生徒3　年齢を重ねた大人の余裕みたいなものを感じるね。

ア　知らない他人まで悪く言う浩弥の視点を変えて、人間のい僕、秋の文学フリマで小説の冊子を出していて、それを読んでくれた崎谷《さきたに》さんって人から。何度か会って打ち合わせして、少し手を入れる方向で、今日、企画が通ったって。」

「す、すげえ！　よかったじゃん！」

震えた。

すげえ、ほんとにすげえ。夢かなえちゃったよ、征太郎。

「浩弥に、一番に言いたかったんだ。」

「え。」

「僕が作家になれるわけないって、きっとみんな思ってた。でも高校のとき、浩弥だけは言ってくれたんだ。征太郎の小説は面白いから書き続けろって。浩弥は忘れちゃったかもしれないけど、僕にとってはそのひとことが原動力で、最強に信じられるお守りだったんだ。」

征太郎は大泣きしていたけど、俺も涙があふれて止まらなかった。俺の……俺の小さなひとことを、そこまで大事にしてくれてたなんて。

でも、征太郎が書き続けて発表し続けてこられたのは、そのせいだけじゃない。きっと、征太郎の中に自分を信じる気持ちがあったからだ。

「じゃあ、もう水道局員じゃなくて作家だな。」

鼻水をすすりながら俺が言うと、征太郎は「ううん。」と笑った。

「水道局の仕事があったから、小説を書き続けることができたんだ。これからも辞めないよ」

俺はその言葉を、頭の中で繰り返した。どういう意味だろうと考えてしまうような、でも理屈じゃなくすごくわかるような。

「今度、お祝いしような。」と言って、俺は電話を切った。

俺は興奮して、ぐるぐるとコミュニティハウスの周りを歩いた。鉄の柵の前に、やっとふたり座れるぐらいの小さな木のベンチがあった。そこに腰を下ろす。

柵の向こうに小学校の校庭がある。併設とはいえ、こちらからは入れないようになっている。放課後なんだろう、子どもたちがジャングルジムに登って遊んでいた。

二月の終わりの夕方、だいぶ日が長くなっていた。

俺は気持ちを落ち着かせながら、ジャンパーの両ポケットに手を突っ込んだ。

左にタイムカプセルの紙、右に小町さんがくれたぬいぐるみ。どちらも入れたままになっていた。俺はふたつとも取り出し、それぞれの手に載せた。

飛行機。誰もが知ってる文明の①器。大勢の客や荷物を乗せて空を飛んでいても、今、驚く人はいない。

たった百六十年前――。

それまでヨーロッパでは、生物はすべて神が最初からその形に創ったもので、これまでもこれからも姿を変えることなんかないって固く信じられていた。

サンショウウオは火から生まれたと、極楽鳥は本当に極楽から来た使いだと。みんな真剣にそう思っていた。

だからダーウィンは発表することを躊躇《ちゅうちょ》したのだ。まさに、(2)環境に適応しない考えを持つ自分自身が淘汰《とうた》されることを恐れて。

でも、今や進化論はあたりまえになっている。ありえないって思われてたことが、常識になっている。ダーウィンもウォレスも、当時の研究者たちはみんな、自分を信じて、学び続けて発表し続けて……。

自分を取り巻く環境のほうを変えたんだ。

(3)右手に乗った飛行機を眺める。

百六十年前の人たちに、こんな乗り物があるって話しても誰も信じないだろう。

鉄が飛ぶはずないって。そんなものは空想の世界の話だって。

三　次の文章を読んで、後の問いに答えよ。

浩弥《ひろや》は絵を描くのが好きで、高校卒業後はデザイン学校に進んだが、三十歳になった今も就職ができずにいた。高校三年生の時に埋めたタイムカプセルを開封するための同窓会で、作家志望だった友人・征太郎《せいたろう》と再会し、彼が今も創作を続けていることを知る。たまたま立ち寄った(注1)コミュニティハウスの図書室で、司書の(注2)小町《こまち》さんに『進化の記録』という写真集をすすめられ、浩弥はそれを閲覧するために図書室に通うようになった。

「……(注3)ダーウィンって、ひどい奴じゃないですか。(注4)ウォレスが不憫《ふびん》だ。先に発表しようとしたのはウォレスなのに、ダーウィンばっかりもてはやされて。俺、この本を読むまでウォレスなんて名前も知らなかった。」

しばらく沈黙が続いた。俺はつっぷしたままで、a小町さんは何も言わずにおそらく針を刺していた。

少しして、小町さんが口を開いた。

「伝記や歴史書なんかを読むときに、気をつけなくちゃいけないのは」

俺は顔を上げる。b小町さんは俺と目を合わせ、ゆっくりと続けた。

「それもひとつの説である、ということを念頭に置くのを忘れちゃだめだ。実際のところは本人にしかわからないよ。誰がああ言ったとかこうしたとか、人伝えでいろんな解釈がある。リアルタイムのインターネットでさえ誤解は生じるのに、こんな昔のこと、どこまで正確かなんてわからない。」

cこきん、と小町さんは首を横に倒す。

「でも、少なくとも浩弥くんはその本を読んでウォレスを知ったよね。そしてウォレスについて、いろんなことを考えている。それってじゅうぶんに、(1)この世界にウォレスの生きる場所を作ったということじゃない?」

俺がウォレスの生きる場所を?

誰かが誰かを想う。それが居場所を作るということ……?

「それに、ウォレスだって立派に有名人だよ。世界地図には、生物分布を表すウォレス線なんてものも記されてる。彼の功績はちゃんと認められてると思うよ。その背後には、どれだけたくさんの名も残さぬ偉大な人々がいただろうね。」

そしてd小町さんは、おでこに人差し指を当てた。

「それはさておき、『種の起源』だ。あれが発行されたのが一八五九年だと知ったときに、私は目玉が飛び出るかと思った。」

「え、なんで。」

「だって、たった百六十年前だよ。つい最近じゃないの。」

つい最近……。そうなのか。俺が眉を寄せて考え込んでいると、小町さんは頭のかんざしにそっと手をやる。

「五十歳近くになるとね、百年って単位が短く感じられるものだよ。百六十年なんて、がんばれば生きてそうだもん、私。」

それには納得がいった。生きていそうだ、小町さんなら。

ざくざく、ざくざく。小町さんが無言になって、毛玉に針を刺しはじめる。

俺は本に目を落とし、ウォレスのそばにいたであろう名も残さぬ人々のことを想った。

コミュニティハウスを出たところで、スマホが鳴った。

征太郎からの電話だった。友達からの電話なんてほぼかかってきたことがなくて、俺は立ち止まり、緊張気味に出た。

「浩弥、僕……僕……。」

スマホの向こうで征太郎が泣きじゃくっている。俺はうろたえた。

「どうしたんだよ、おい、征太郎。」

「……作家デビュー、決まった。」

「は?」

「実は、年末にメイプル書房の編集さんからメールがあったんだ。

さらにあろうことか、適切な説明文でも科学的用語が加わったほうを、より優れた説明と評価したのだ。これは、専門家の判定とは正反対だ。

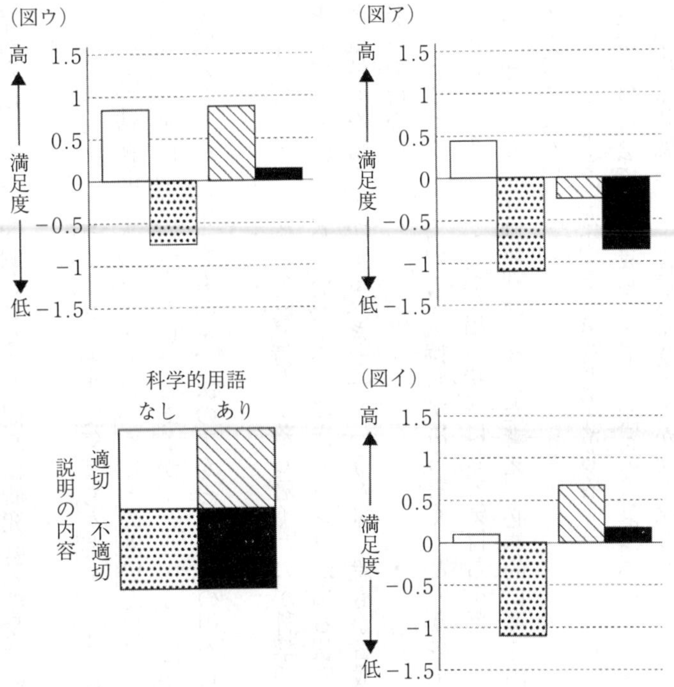

問7　本文中に、(5)普遍的かつ強力なのだ、知識の魔力は。とあるが、どういうことか。その説明として最も適当なものを、次のアからエまでの中から一つ選べ。

ア　科学的知識には不思議な魅力があるため、説明をする側である科学者はそれらを使いたい誘惑にかられ、また説明を受ける側である一般市民も、科学者に科学的用語をできるだけ多く使うよう要望する傾向がある。

イ　科学的知識には人を惑わす強い力があるため、一見科学的な装いをまとっただけの説明が適切か否かを判定することは、説明を受ける側の一般市民だけでなく科学的知識を持った専門家にとっても非常に難しい。

ウ　科学的知識には、それを使うのが不適切な場合でも使いたい気持ちにさせるとともに、科学的用語があるだけで説明を受ける側を満足させてしまう不思議な力があり、その力は様々な分野で人に影響を及ぼしている。

エ　科学的知識には、それを使わない方が適切な場面でも使うようにと人を誘惑するとともに、科学的知識を持つ専門家も幻惑して知識を適切に使えなくさせる強い力があり、その力は幅広い分野で人を混乱させている。

問8　本文中に、(6)科学的な言明は、日常生活場面で使える形に「翻訳」しないと使えないことが多い　とあるが、なぜか。その理由として最も適当なものを、次のアからエまでの中から一つ選べ。

ア　科学的な言明は、そのままでは日常生活場面のどこにどう当てはまり行動指針としてどう役に立つのか、一般市民にとってわかりにくいから。

イ　日常生活で科学的知識を使おうとする一般市民は、科学的用語が含まれるだけで満足し、科学的な言明の真の意味を理解しようとしないから。

ウ　専門家は、様々な条件を考えて厳密に科学的な言明を発しようとするが、日常の生活場面は複雑であって専門家の想定を超えてしまうから。

エ　厳密な条件や留保が付いた科学的な言明は、表現の性質が日常の言葉とは異なるために、日常の行動指針としてはまったく役に立たないから。

科学の研究成果を人間に直接関係するものとして受け取ることになったから。

イ　医学と生命科学が融合した生命医科学では、観測者と観測対象の境界が明確でないため、専門家以外の人も研究に参加しやすくなったから。

ウ　物理学や天文学では科学者が観測者であるが、生命に関わる科学では一般市民が観測者となり、研究成果に直接関与するようになったから。

エ　生命科学の発展にともなって、人間も研究対象となったため、専門家以外の人も観測者となると同時に研究成果の受け取り手となったから。

問4　本文中に、(2)オキシトシンが出て気持ちが落ち着くことと、その状態を積極的に求めるべきだということのあいだには、じつはなんの論理的つながりもない。とあるが、どういうことか。その説明として最も適当なものを、次のアからエまでの中から一つ選べ。

ア　「オキシトシンが出ると気持ちが落ち着く」のが科学的事実として興味深いからといって、「オキシトシンが出る状態にして気持ちを落ち着かせるべきだ」という意見に誰もが賛成するわけではない。

イ　「オキシトシンが出ると気持ちが落ち着く」という科学的事実から、「オキシトシンが出る状態にして気持ちを落ち着かせるべきだ」という価値判断を含んだ考えが必然的に導き出されるわけではない。

ウ　「オキシトシンが出ると気持ちが落ち着く」という科学的事実は一般社会で常に見られるとは限らないので、「オキシトシンが出る状態にして気持ちを落ち着かせるべきだ」という主張の根拠にならない。

エ　「オキシトシンが出ると気持ちが落ち着く」という科学的事実は生命科学の研究成果であり、「オキシトシンが出る状態にして気持ちを落ち着かせるべきだ」という医学的な見解とは直接結びつかない。

問5　本文中に、(3)今の世の中、科学的事実の少なくとも一部は、社会的価値と無関係ではいられないのだ。とあるが、なぜか。その理由として最も適当なものを、次のアからエまでの中から一つ選べ。

ア　科学者ばかりでなく、一般市民も科学的な知識にもとづく説明を求める傾向があるから。

イ　二〇世紀になると、心理現象の研究成果の一部が社会一般に知られるようになったから。

ウ　科学的な研究の価値は、それが社会生活に及ぼす影響の大きさによって測られるから。

エ　科学的知識や技術が社会に影響を及ぼすことを、科学者が意識せざるを得なくなったから。

問6　本文中に、(4)ある実験をおこなった。とあり、その実験結果が破線部A（一般人）・B（専門家）・C（学生）に分けて説明されている。実験結果の説明A・B・Cに対応する図を、それぞれ後の図ア・図イ・図ウの中から選べ。**ただし、同じ記号は二回使わない。**

A　脳神経科学を学んだ経験のない一般人は、不適切な説明であっても科学的な用語が加わっていると、説明の内容部分は同じなのに、科学用語がない説明より高く評価した。

B　専門家は、科学的用語の有無にかかわらず、不適切な説明文は低く評価した。さらに、適切な説明文に科学的用語が加わったものは、その科学的用語の内容が不正確であり説明内容に適していないとの判断から、科学的用語がない説明よりむしろ低く評価した。

C　脳神経科学入門の講義を半年間聴いてきた学生たちは、専門家とは真逆の反応を示した。一般の素人と同じく、不適切な説明文でも科学的用語があれば、そうでないものより高く評価し、ほうを、より優れた説明と評価したのだ。これは、専門家の判定とは正反対だ。

[③]、脳神経科学の知識をもっていることと、それらの知識を適切に使うこととは、まったく別の能力なのである。むしろ、知識があることがその適切な使い方を妨げ、その知識を使わないほうがより適切な場面でも知識を使ってしまう誘惑に、ぼくたちは駆られている。知識は、使うように使うようにと人を誘惑し、幻惑する。

この研究は、その後も追試や関連研究が続けられており、二〇一六年には、知識の誘惑幻惑効果は脳神経科学に限らず、物理学や数学、心理学などでも広くみられることが報告されている。(5)普遍的かつ強力なのだ、知識の魔力は。

この知識の誘惑幻惑効果は、二つのことを示唆している。

ひとつは、説明を受ける側が、内容の妥当性を問わず、一見科学的な装いをまとっただけの説明のほうを好んでしまうということ。もうひとつは、説明をする側が(a)なまじ科学的な知識をもっていると、実際にはその知識を当てはめるのが不適切な場合でも一見科学的な説明をしがちになってしまうということ。

科学的な根拠が明確でないことにまで(b)あたかも科学的根拠があるかのように語ることは、良いことではない。それはもはや（注5）トンデモ科学、疑似科学であり、医学の領域でそのようなインチキ治療法が語られると、人の生き死にに関わる暴力的な行為となる。

だが、ぼくたちは仮にそれがインチキであっても、科学的「であるかのような」説明を喜んでしてしまうし、喜んで受け取ってしまう傾向をもっているのだ。

かといって、専門家が科学的に厳密であろうとすればするほど、その言明は条件付き、留保付きのものにならざるをえず、日常の生活場面での行動指針としては「くその役にも立たない」ことになりがちだ。(6)科学的な言明は、日常生活場面で使える形に「翻訳」しないと使えないことが多いからだ。

これは、「科学者は断定しないから、科学的な成果をどう活用したら良いかわからない」という知識の表現の形の問題だけではなく、科学的知識を日常生活場面の「どこ」に、「どのように」当てはめることができるのか、という適用範囲と形態の問題でもある。そして、科学で必要とされる知識と日常生活で必要とされる知識とでは、そもそも性質が根本的に異なるのである。

（佐倉《さくら》 統《おさむ》『科学とはなにか』による）

（注1）言明＝言葉ではっきりと述べること。
（注2）還元＝ここでは、より複雑なことをより単純なことから派生したものとして説明すること、の意。
（注3）誤謬＝まちがい。
（注4）無理筋＝理屈に合わない考え方。
（注5）トンデモ科学＝一見、科学のように見えるが、まったく科学的ではない考え方。

問1 空欄[①]、[②]、[③]に入る語として適当なものを、それぞれ次のアからエまでの中から選べ。**ただし、同じ記号は二回使わない。**

ア　しかし　　イ　やがて
ウ　たとえば　　エ　つまり

問2 本文中の、(a)なまじ、(b)あたかも　の意味として適当なものを、それぞれ下のアからエまでの中から一つ選べ。

(a)　ア　必要以上に　　イ　中途半端に
　　ウ　不自然に　　エ　自分勝手に

(b)　ア　軽々しく　　イ　ことさら
　　ウ　無理に　　エ　まるで

問3 本文中に、(1)研究成果の受け取り手として、専門家以外の人たちを含まざるをえない状況が現出している。とあるが、なぜか。その理由として最も適当なものを、次のアからエまでの中から一つ選べ。

ア　生命に関わる科学の領域が広がるにつれ、専門家以外の人も、中立な事柄である、と研究者たちはいう。それはそのとおりだし、オキシトシンの話は科学的にとても興味深い結果なのだが、それがひとたび科学界の「外」に出てしまうと、人に関する事実の記述が、たちまちある種の価値を帯びてしまう事態は避けられない。

　オキシトシンが出て気持ちが落ち着くのだから、お子さんをハグしてあげましょう。赤ちゃんには母乳をあげましょう――。(2)オキシトシンが出て気持ちが落ち着くことと、その状態を積極的に求めるべきだということのあいだには、じつはなんの論理的つながりもない。「気持ちが落ち着くのは良いことだ」という無意識の価値判断や好みがはたらいて初めて、つながっているように感じるにすぎない。

　価値は事実には(注2)還元できないというのは、「自然主義の(注3)誤謬《ごびゅう》」として知られる、科学的事実を取り扱う際の大原則である。

　極端な例を出せば、ヒトラーのユダヤ人虐殺政策は、進化学的・遺伝学的にゲルマン人より劣っているユダヤ人は排除すべきだという話だから、この誤謬を犯している典型的なものだ(もっともこれは、前提となっている科学的事実自体がそもそも間違っているのだが)。「お子さんをハグしてあげましょう」も「母乳をあげましょう」も、ヒトラーほどひどくはないけれども同じ誤謬を犯していて、そのことは、科学者たちがこういう言明が出るたびに繰り返し強調していることではある。みなさん、また同じ過ちを繰り返すんですか、と。

　②、ぼくたち人間の特性や性質についての「科学的事実」が世に出たときに、この自然主義の誤謬を犯さないことを求めても、それはそれで(注4)無理筋というものだろうと思う。ぼくたち自身、そういう「説明」を求めているところがあるからだ。

　アメリカの認知科学者ディーナ・ワイスバーグらは、ぼくたちは自然現象や心理現象については一段階下のレベルでの説明(還元論的説明)を欲し、そのような説明が不適切な場合であっても、科学的な用語が使われるだけで満足してしまう傾向――知識の「誘惑幻惑効果」――があることを報告している。

　だから、(3)今の世の中、科学的事実の少なくとも一部は、社会的価値と無関係ではいられないのだ。これは科学者、研究者の側の心構えだけでなく、科学知識や技術を使う社会、一般市民の側の心構えの問題でもある。

　知識の「誘惑幻惑効果」は重要なので、少し詳しく見ておこう。

　ワイスバーグらが最初にこれを報告したのは二〇〇八年。彼女と同僚たちは、イェール大学二年生の秀才たちを対象とした脳神経科学入門講義の最終回に、(4)ある実験をおこなった。人間の認知に関する現象がなぜ起こるかを説明したいくつかの文章を読ませて、その良し悪しを判定してもらうというものだ。

　説明文は、学術的に妥当なものと不適切なものの二種類があり、さらにそれぞれが科学的用語を含むものと含まないものの二種類ずつ、計四種類が用意された。二種類の妥当な説明の内容は、科学的用語の有無を除けば、まったく同じものである。不適切な説明も同様。これらを比較することにより、科学的用語の有無が、読み手への説得力にどのように影響するかを測定できるというわけだ。

　A脳神経科学を学んだ経験のない一般人は、不適切な説明であっても科学的な用語が加わっていると、説明の内容部分は同じなのに、科学用語がない説明より高く評価した。

　それに対してB専門家は、科学的用語の有無にかかわらず、不適切な説明文は低く評価した。さらに、適切な説明文に科学的用語が加わったものは、その科学的用語の内容が不正確であり説明内容に適していないとの判断から、科学的用語がない説明よりむしろ低く評価した。

　しかし、C脳神経科学入門の講義を半年間聴いてきた学生たちは、専門家とは真逆の反応を示した。一般人と同じく、不適切な説明文でも科学的用語があれば、そうでないものより高く評価し、さらにあろうことか、適切な説明文でも科学的用語が加わった時あれともがくなり　とあるが、どういうことか。その説明として最も適当なものを、次のアからエまでの中から一つ選べ。

ア　自分だけの力では「おどろく」ことができない状況に腹立たしさを感じている。

イ　「おどろきたい」という願望にとらわれる自分の姿に絶望して自己嫌悪に陥る。

ウ　自分を目覚めさせる「おどろき」の到来を常に身と心を開いて待ち望んでいる。

エ　「おどろきたい」という自分の気持ちを周囲が理解してくれる日を待ち続ける。

問6　本文中に、(4)西行や独歩の苦心もそこにあった。とあるが、どういうことか。その説明として最も適当なものを、次のアからエまでの中から一つ選べ。

ア　この世の一般的な価値観や常識に反抗し、人に揶揄されても自身の信念を貫き通すためには、新たな感覚で世界を捉え直すことを願いながらも、みずからを「おどろか」す何ものかの到来を望み続ける必要があった。

イ　世間の一般的なものの見方に嫌気がさしている自分に気づき、さらに鋭敏な感覚で世界を捉え直すためには、常に新たな作品を作るのと同時に、みずからを「おどろか」す何ものかの到来を望み続ける必要があった。

ウ　この世で現実的に成功し、新たな表現の世界を作り上げるという夢をかなえるためには、ひたすら現実の世界を捉え直すことを願うのと同時に、みずからを「おどろか」す何ものかの到来を望み続ける必要があった。

エ　日常の決まりきったものの見方にそのままなじんでいる自分から離れ、新たな感覚で世界を捉え直すためには、自分を奮い立たせるのと同時に、みずからを「おどろか」す何ものかの到来を望み続ける必要があった。

問7　本文中に、(5)それを夏休みのように楽しめ、とあるが、どういうことか。その説明として最も適当なものを、次のアからエまでの中から一つ選べ。

ア　人生にきちんと向き合って生きていくことで、日常をメリハリのある充実したものにするべきだ。

イ　「おどろく」ことをあきらめて夢から覚めずにいることで、かえって味わいゆたかな人生を過ごせる。

ウ　日常と非日常の時間感覚をきちんと区別することで、日常をメリハリのある充実したものにするべきだ。

エ　未来を夢見ることを忘れず日常の生活にのめり込むことで、かえって味わいゆたかな人生を過ごせる。

二

次の文章を読んで、後の問いに答えよ。

物理学や天文学の場合、ここでの人間は観測者、すなわち科学者である。一般市民ではない。しかし、これが生命科学の領域になると、観測者だけでなく(1)研究成果の受け取り手として、専門家以外の人たちを含まざるをえないという状況が現出している。

もともとは博物学の一分野だった生物学が、一九世紀に独立した分野となり、生理学、進化学、細胞学、遺伝学、分子生物学と新しい領域を広げていくにつれて、人とそれ以外の生物との境界はどんどん消失しつづけた。この流れは、二〇世紀後半の脳神経科学の発展に至って頂点に達し、基礎研究の成果がそのまま、人間についての(注1)言明に直結するという事態を招来した。ヒトを対象とする医学と、ヒト以外の生物を対象としてきた生命科学との関係は以前から密接ではあったが、両者が実質的に融合して「生命医科学」となったのは二〇世紀の後半、分子生物学がさかんになってからといってよいだろう。

①、人と人がハグをしたり、お母さんが赤ちゃんに母乳をあげると、オキシトシンという神経伝達物質が増えて、落ち着いた感情がもたらされる、といった類《たぐい》の研究結果がある。こういった実験の結果は科学的「事実」である、すなわち、価値をともなわない

ば「深き夢」あるいは「濃き夢」へと仕立て上げ、のめり込んでいけば、その夢から覚めることなくそれを充実させることができる。「夢中」になるとは、まさにそのことである。

親鸞『教行信証』では、念仏を何回称《とな》えれば往生《おうじょう》できる、できないということではなく、われわれはただ念仏し続けて、心がほかのことに移ってしまわなければそれでいいのだ、何回念仏をしたなどと数える必要はない、という文脈の中で「蟪蛄春秋を知らず　伊虫あに朱陽の節を知らんや。」の言葉を使っている。夏蟬は春秋を知らないままに、ただひたすら夏を懸命に生き続ければそれでいいのだ、と。

（竹内整一《たけうちせいいち》『日本思想の言葉　神、人、命、魂』による）

（注1）親鸞＝鎌倉初期の僧で、浄土真宗を開いた。

（注2）『荘子』＝中国、戦国時代の思想家荘子の著書。

（注3）西行＝平安時代末期から鎌倉時代初期にかけての歌人。『山家集』はその歌集。

（注4）いろは歌＝この世のすべてのものは、永遠に続くことのないはかないものである、という仏教の思想を詠んだ歌。

（注5）国木田独歩＝明治時代の小説家・詩人。「牛肉と馬鈴薯」はその代表作。

（注6）揶揄＝からかうこと。

（注7）荒唐無稽＝でたらめで、現実味がないこと。

問1　本文中の、①ゲン義、②ボウ頭、③ソウ対、④リン郭　のカタカナ部分の漢字表記として適当なものを、それぞれアからエまでの中から一つ選べ。

①　ゲン義　ア　玄　イ　現　ウ　元　エ　原

②　ボウ頭　ア　帽　イ　冒　ウ　房　エ　暴

③　ソウ対　ア　双　イ　早　ウ　相　エ　総

④　リン郭　ア　倫　イ　林　ウ　輪　エ　臨

問2　本文中のaからdまでの「ない」のうち、**他と異なるもの**を一つ選べ。

a　わからない。

b　感じられないこの世から

c　はかないものだと

d　できない我が心よ。

問3　本文中に、(1)二十三歳の青年武士が、妻も子も、エリートコースも捨てて……旅を重ね、歌を作り続けたとあるが、西行がそうした理由は、本文ではどう説明されているか。最も適当なものを、次のアからエまでの中から一つ選べ。

ア　自分が存在している世界に自身がすっぽりと入り込むことによって、この世界が何であるかをわかりたいと願ったから。

イ　何らかの方法で世界の外に出てから再びそれを見返すことによって、この世界が何であるかをわかりたいと願ったから。

ウ　何らかの方法で世界の外に出てから夢の正体を見返すことによって、生きることが夢のようにしか感じられない理由がわかるから。

エ　自分が存在している世界の中の何かに突き動かされることによって、生きることが夢のようにしか感じられない理由がわかるから。

問4　本文中に、(2)日本人には親しい現実感覚とあるが、どういうことか。その説明として最も適当なものを、次のアからエまでの中から一つ選べ。

ア　日本人は、現実世界にすっぽりと入り込んでしまい、それにも気づかないまま夢のように生きている。

イ　日本人は、夢のような世界をより現実世界に近づけるため、色鮮やかな夢を見続ける努力をしている。

ウ　日本人は、みずからが生きている現実世界に満足しており、旅のように刺激的な毎日を過ごしている。

エ　日本人は、出家や遁世をすることによって、夢のような世界から目覚めることができると信じている。

問5　本文中に引用された詩の中に、(3)驚きさめて見む時よ　その

その時あれともがくなり

②ボウ頭句は、さきに引いた西行の歌をふまえたものである。西行がそうであったように、独歩もまた、生涯、「おどろきたい。」と願った文学者であった。

代表作「牛肉と馬鈴薯《じゃがいも》」は、「おどろきたい。」ということを主題にした短編である。主人公は、人生いかに生くべきかの人生論議において、自分は、いつも牛肉が食べられる現実的な成功をめざす現実主義でもなければ、いつも馬鈴薯しか食べられないが夢に燃える理想主義でもないと言う。そのいずれかを論ずる前に、まずどうしても果たしたい大事な願いがある、「びっくりしたいというのが僕の願いなんです。」と語っている。

それは、世間的な習慣や制度的なものの見方・感じ方にずっぽりと馴《な》れなずんでいる自分をあらためて奮い起こし、新鮮な感受性をもって世界や宇宙に向かい合いたいという願いである。

「牛肉と馬鈴薯」の主人公は、この発言のあと、みんなに「何だ！馬鹿《ばか》々々しい！」「いくらでも君、勝手に驚けばいいじゃないか。」と（注6）揶揄《やゆ》される。が、自分みずから「勝手に驚く」ことはできない。英語でbe surprisedと言うように、何か自分以外のものに「おどろかされる」ことにおいて、はじめて「おどろく」ことができるのである。

⑷西行や独歩の苦心もそこにあった。ひたすらそうした何ものかを待ち続けたのである。が、むろんそれは、みずからは手をこまねいて何もしないということではない。まだ来ない「おどろき」へとつねに身と心を開いて待つということであった。すぐれた文学や思想には、つねに何ほどかは、こうした「おどろき」への願いが込められている。

「人生は夏休みよりはやく過ぎる。」という言葉がある。

アンディ・ガルシア主演の『デンバーに死す時』というアメリカ映画（ゲイリー・フレダー監督、1995年）に出てくるセリフである。マフィアがらみの暴力あふれる（注7）荒唐《こうとう》無稽《むけい》なストーリー展開ながら、あちこちに味わいゆたかなセリフがちりばめられており、このセリフも、要所で2度使われている。

――子どものころ、楽しみにしていた夏休みはまたたく間に過ぎてしまったが、人生はそれよりもはやく過ぎ去ってしまうものなのだ、と。

この妙な時間感覚は、むろん物理的なそれではないし、また、十歳の子どもの一年は自分の生きて来た時間の十分の一であるのに対して、七十歳の老人のそれは七十分の一に過ぎないといわれるような③ソウ対時間感覚でもない。

夏休みには、それが来るまでの待ち遠しい時間があり、始まれば最初はたっぷりある時間をなかば持て余しもしながら、あれも過ごしこれも過ごししているうちに、いつの間にか残り少なくなった最後の数日で必死に宿題をやっつけて終わる、そしてまた、なつかしい、まぶしいような級友たちの顔と再会して日常にもどっていく、といった、メリハリと④リン郭がはっきりとした時間感覚がある。

ならば、人生はどうなのか。この言葉はそのことを問いかけている。この映画では、だから人生はむなしいと言っているのではなく、だから⑸それを夏休みのように楽しめ、と言っているのである。

それは、かならずしも、独歩や西行らのように、「おどろき」目覚めろ、と言っているのではない。人生には、夏休みのように、それが始まるまでの待ち遠しい時間もなければ、それが終わってから会えるであろうまぶしい級友たちの待つ場もない（だろう）。であるとしたら、夏休みの内部において、それなりの展開を持った、メリハリがあっておもしろい、それ自体として充実した時間にする以外ない。

「この世が夢のごとくはかなく過ぎ去る。」というのは、その夢から覚めてしまったものの言い方である。いろは歌が歌うように、「浅き夢みじ（浅い夢など見まい）。」というのは、すぐに覚めてしまう、その「浅さ」がまずいのであって、むしろそれをさらに、いわ

二〇二二年度　国立高等専門学校

【国　語】（五〇分）〈満点：一〇〇点〉

一　次の文章を読んで、後の問いに答えよ。

「蟪蛄《けいこ》春秋を知らず　伊虫《いちゅう》あに朱陽の節を知らんや。（夏蟬《なつせみ》は春秋を知らない。とすれば、この虫はどうして夏を知っているといえようか、いや知らないのだ。）」（注1）親鸞《しんらん》（1173～1262）の主著『教行信証《きょうぎょうしんしょう》』に出ている言葉である。もともとは（注2）『荘子《そうじ》』に由来するこの言葉は、短いいのちのはかなさを語るだけでなく、ものごとを「知る」「知らない」とはどういうことか、ということについての深い含蓄のある言葉である。

夏蟬はたしかに、夏の真っ盛りに一週間くらい地上に出てきて鳴き飛び回って生きるが、しかし、春や秋という季節を知らない夏蟬には、そのみずからが生きている時が夏だとはわからないのではないか、少なくとも季節としての夏というものは知らないのではないかということである。

われわれは、それぞれみずからの世界を生きているが、その世界がいかなる世界であるかは、その世界の中にすっぽりと入り込んでいるかぎり、よくわから a ない。何らかの仕方でその世界の外に出て、あらためてその世界を見返したときに、はじめてそれが、何であるかが、ああ、そうだったのか、とわかる。

日本を代表する歌人のひとり、（注3）西行《さいぎょう》の心底にあって、生涯、彼を突き動かし続けたのは、生きることが夢のようにしか感じられ b ないこの世から「おどろき」目覚めたいという思いであった。

世の中を夢と見る見るはかなくも　なほおどろかぬわが心かな
いつの世に長きねぶりの夢さめて　おどろくことのあらんとすらむ
（『山家集《さんかしゅう》』）

――世の中は夢のようにはか c ないものだと知りつつも、それでもなお「おどろく」ことができ d ない我が心よ。
――いつの世になれば長い眠りの夢がさめて「おどろく」ことがあるのだろうか。

「おどろく」とは、夢から覚めるという意味である。どうしたらこの夢のような世から目覚めることができるのか。(1)二十三歳の青年武士が、妻も子も、エリートコースも捨てて、出家・遁世《とんせい》（家を出て、俗世間から遁《のが》れること）し、山里に庵《いおり》をむすび、旅を重ね、歌を作り続けたのも、この世をこの世として「おどろき」目覚めたい、と願ってのことであった。

もともと「おどろく」とは、「オドロは、どろどろ・ごろごろなど、物音の擬音語。刺激的な物音を感じる意が①ゲン義。」とされ、そこから、「はっと目がさめる。」「にわかに気がつく。」「意外なことにびっくりする。」というような意味で使われてきたと説明される言葉である。夢見ているものは、外からの何らかの働きかけなしには、その夢のまどろみから目覚めることはできないのである。

この世に生きることが「夢」のようであるとは、「色は匂へど散りぬるを……浅き夢みじ酔《え》ひもせず。」（注4）いろは歌）と長らく歌ってきた(2)日本人には親しい現実感覚でもあった。

明治日本の新しい文学・思想をリードした（注5）国木田独歩《くにきだどっぽ》に、「驚異」と題する、こういう詩がある。

ゆめとみるみるはかなくも
なお驚かぬこの心
吹けや北風このゆめを
うてやいかづちこの心
をののき立ちてあめつちの
くすしき様をそのままに
(3)驚きさめて見む時よ

2022年度／国立高等専門学校

英語解答

1 1 エ　2 ウ　3 エ　4 イ
5 ア

2 1 ア　2 ウ　3 イ　4 エ
5 ア

3 問1　1…イ　2…エ　3…ア　4…ウ
5…ウ　6…イ
問2　(1)…イ　(2)…ウ

4 1　3番目…エ　5番目…イ
2　3番目…イ　5番目…エ
3　3番目…オ　5番目…エ
4　3番目…ウ　5番目…オ
5　3番目…カ　5番目…ア

5 問1　(1)…イ　(2)…エ　(3)…ア
問2　(1)…ウ　(2)…エ

6 問1　ウ　問2　ア　問3　ウ
問4　イ　問5　イ　問6　ア
問7　ウ

1〔書き換え―適語(句)選択〕

1.「その知らせは私を悲しくさせた」≒「その知らせのせいで私は悲しく感じた」　Aを含む文は「その知らせ」が「私」を悲しくさせていると考え，‘make＋目的語＋形容詞’「～を…(の状態)にする」を用いる。Bを含む文は，空所の後がthe newsだけなので‘because of＋名詞(句)’の形にする。becauseのみの場合は，後ろに‘主語＋動詞...’の形が続くので，ここでは不適。

2.「競技場へ行くにはどのバスに乗ればいいですか」≒「どのバスが競技場へ行きますか」　takeには「～に乗っていく」という意味がある。Bを含む文はWhich bus「どのバス」が主語なので，競技場へ「行く」となればよい。

3.「メッセージを送りましょうか」≒「メッセージを送ってほしいですか」　Shall I ～?で「～しましょうか」という‘申し出’を表せる。これは‘want＋人＋to ～’「〈人〉に～してほしい」の疑問文であるDo you want me to ～?の形でほぼ同じ意味を表せる。

4.「部屋を出るとき，彼女はさよならを言わなかった」≒「彼女はさよならも言わずに部屋を出ていった」　leave「(場所など)を出ていく」は，go out of ～「～から外へ出る」で書き換えられる。Aを含む文は過去の内容なので過去形にする。didn't say「言わなかった」は，without ～ing「～することなしに」を使って，ほぼ同じ意味を表せる。

5.「母は今，私と一緒に出かけられない。母の頭痛がなければいいのに」≒「母は頭痛がするので，今は私と一緒に出かけられない」　Aを含む文は‘I wish＋主語＋動詞の過去形...’の形で「～であればいいのに」という‘現在の事実と反対の願望’の意味を表す仮定法過去の文。Bは‘現在の事実’を表しているので，現在形を選ぶ。

2〔対話文完成―適文選択〕

1. A：ジムのオフィスの電話番号は？／B：042-XXX-YYYYです。／A：すみません。もう一度言ってもらえますか？／B：はい，042-XXX-YYYYです。／／直後に相手が電話番号を繰り返しているので，きき直したと判断できる。Can you ～?は「～してくれますか」という‘依頼’の表現。

2. A：休暇はどうだった？／B：とてもよかったよ。すばらしい時間を過ごしたんだ。／A：週末に戻ってきたの？／B：いや，水曜日だよ。1週間そこに滞在したんだ。／／直後に相手が曜日を伝えているので，‘時期’に関する質問をしたのだとわかる。

3．A：今日の放課後，私とテニスをしませんか？／B：悪いけど，できないよ。今日は宿題をしなければいけないんだ。／A：じゃあ，明日はどう？／B：それなら大丈夫。／A：よかった！　明日の４時に会いましょう。∥この返答に対してAがGreat！と答え，待ち合わせの時間を提案していることから判断できる。How about ～？は「～はどうですか」という‘提案’を表す表現。

4．A：はい，皆さん。次の問題はとても難しいですよ。タロウ，答えがわかりますか？／B：答えは21だと思います。合ってますか？／A：はい，答えは21です。よくできました。∥直後に相手がYesと答え，正解であることを伝えているので，タロウは自分の答えが合っているか尋ねたとわかる。

5．A：何を捜しているの？／B：昨日買った本だよ。机の上に置いたと思うんだけど。／A：あなたの机の上は物がいっぱいね。まず机をきれいにしたら？／B：うん，そうするよ。でも，その前に本を見つけたいんだ。∥この発言を受けてBがI will.「そうする」と答えているので，Aは何かを‘提案’したのだと考えられる。Why don’t you ～？は「～してはどうですか」という‘提案’の表現。

3〔長文読解総合―説明文〕

≪全訳≫❶衣服は誰にとっても，特に若い人にとって非常に重要だ。しかしなぜ人は服を着るのか，今までに考えたことがあるだろうか。ここでは服を着る４つの理由を紹介する。❷１つ目の理由は体を覆い隠すためである。時代や場所によって，人々の衣服に対する考え方はさまざまだ。いろいろな国の人に，どのくらい体を覆い隠すべきかを尋ねたら，さまざまな答えが返ってくるだろう。アジアやアフリカのある地域では，女性は顔を覆う。中国では長い間，脚をさらすことは良くないと考えられていたし，昔のヨーロッパでは，脚のどの部分も見せなかった。❸次の理由は体を守るためである。衣服は暑さや寒さ，雪や雨から私たちを守ってくれる。重厚な衣服やブーツは外で働く人を，とがった石や危険な動物から守ってくれる。機械を使用する間，自分自身を守るために，厚い手袋や保護用ヘルメットをかぶる人もいる。❹服を着る３つ目の理由は利便性である。ポケットに物を入れて持ち運ぶことができる。何世紀も前には，誰もが食べ物やお金，その他便利な物を入れる袋などを持ち歩いていた。今日，ほとんどの服にはポケットがある。ポケットが10個以上ついたスーツもある。❺最後の，そしておそらく最も重要な服を着る理由は虚栄心である。人はより良く見られたいと思う。他の人と同じように見られたいが，他の人とは違ったようにも見られたいのだ。黒っぽいスーツは他の黒っぽいスーツと同じように見える。しかし，黒っぽいスーツに合わせるネクタイやシャツで，個性が出せるのだ。

問１＜適語(句)選択＞(1)後ろに「体を覆い隠す」とあるので，隠す体の部分が「どのくらい(の量)」であるかを尋ねると考え，how muchとする。　(2)空所からwrongまでは，thoughtの目的語となる名詞節。showing their feet「脚を見せること」とするとwas wrongに対応する主語となる。　(3)空所を含む文の内容は，次の文で具体的に説明されている。protectの目的語に当たるus「私たち」とはour bodiesと言い換えられる。　(4)後ろに‘主語＋動詞…’の形が続いているので，while「～する間」を接続詞として用いる。　(5)ポケットのない時代は，食べ物やお金を入れるための袋を持ち歩いていたと考えられる。　hold「～を収容できる，～が入る」　(6) be different from ～で「～とは違う」。ここはbe動詞ではなく，‘look＋形容詞’「～(の状態)に見える」の形になっている。

問2＜単語の定義＞(1)「誰かに質問すること」　ask「～を尋ねる，質問する」　(2)「受け取ること」　get「～を得る，手に入れる」

4〔整序結合―対話文完成〕

1．A：ヒロシ，向こうにいるあの女の子を見て。彼女は誰？　この前の会議にいなかったわ。／B：赤い上着を着ている女の子のことを言ってる？／A：そうよ。彼女を一度も見たことがないの。／／まず，前のAの発言を受けるように，Are you talking about とする。Aが尋ねた女の子がどの人物かを確認していると考え，the girl を先行詞，who を関係代名詞として the girl who is wearing とまとめる。　Are you talking about the girl who is wearing the red jacket?

2．A：この新しいコンピュータの使い方を教えてくれますか？／B：いいですよ。何をしたいですか？／A：インターネットで物語が読みたいんです。／／Could に続く主語は you とわかる。残りは‘show＋人＋物事’「〈人〉に〈物事〉を教える」の形で，‘物事’に当たる部分を how to ～「～の仕方」としてまとめる。　Could you show me how to use this new computer?

3．A：トムは今日ここにいないね。何かあったの？／B：彼は国へ帰ったよ。先週彼のためにパーティーを開いたんだ。／A：本当？　それは知らなかった。／／‘have/has＋過去分詞’の現在完了形と判断できる。return to ～で「～に戻る」という意味を表す。　He has returned to his country.

4．A：うちの学校のバンドが来月コンサートを開くんだ。僕はドラムを演奏するよ。／B：わあ！行きたいな。おじいさんとおばあさんは来るの？／A：うん，彼らはコンサートを楽しみにしてるよ。／／look forward to ～「～を楽しみにする」の進行形の文。　Yes, they are looking forward to my concert.

5．A：読書感想文にどの本を選べばいいかわからないの。／B：すでに読んだことがある本について書くと簡単だよ。／A：そうね。日本の城に関する本を読んだばかりだったわ。／／‘It is ～ to …’「…することは～だ」の形式主語構文で，It's easy to write about とし，その後に a book を置けば，you have already read が目的格の関係代名詞を省略した関係代名詞節として先行詞 a book を修飾する形になる。　It's easy to write about a book you have already read.

5〔長文読解総合―物語〕

≪全訳≫❶ジョンは中学生である。ケンとトムは彼の兄弟だ。メアリーとナンシーは彼の姉である。ある日，ジョンは食べ物のカロリーのことと，歩いたり，自転車に乗ったり，テニスをしたり，ジョギングをしたりすると何カロリー消費されるかについて学んだ。ジョンは彼らの活動に関する情報をいくつか集めた。❷ケンは小学生だ。彼は毎日歩いて学校に行く。自宅から学校までは1.5キロメートルである。しかし，ケンは昨日ジムの家にノートを忘れたので，今日は登校前にジムの家に行った。そのため，ケンは今日登校で900メートル多く歩いた。❸ジョンは学校のテニス部の部員である。彼はテニスをするのが大好きだ。今日彼は30分間ジョギングをした後，２時間テニスをした。❹メアリーは高校生である。彼女は毎日通学で３キロメートル自転車に乗る。彼女は友達と話すのが大好きだ。彼女は今日，放課後に友人のケイトと新しいカフェテリアに行った。メアリーはケーキを一切れ食べ，ケイトと好きな歌手の話をした。❺ナンシーの大学は家から５キロメートル離れていて，彼女はいつも自転車で通学する。今朝，彼女は自転車で家を出る前にバターを塗ったパンを２枚食べ，0.2リットルの牛乳を飲んだ。❻トムは自転車に乗るのが好きだ。彼はときどき放課後に２キロメートルほど自転車に乗る。しかし，今日はとても天気が良かったので，彼は合計で６キロメートル自転車に乗った。／表１／さまざまな食べ物のエネルギー／ケーキ一切れ 250キロカロリー／バターを塗ったパン１枚 100キロカロリー／牛乳0.2リットル 120キロカロリー／表２／100キロカロリー消費する４つの方法／２キロメートル歩く／４キロメートル自転車に乗る／15分テニスをする／20分ジョギングする

問１＜内容一致―適語選択＞⑴「今日ケンが徒歩通学で消費したカロリーと，0.2リットルの牛乳を飲んだときのカロリーは同じである」　第２段落より，ケンは今日学校までの距離1.5キロメートルに，ジムの家に立ち寄った900メートルを加えた2.4キロメートル歩いたとわかる。表２より徒歩２キロメートルで消費するのは100キロカロリーなので，2.4キロメートル歩いたことでケンが消費したカロリーは100×(2.4÷2)＝120(キロカロリー)となる。表１より120キロカロリーと同じなのは，0.2リットルの牛乳である。　⑵「メアリーは今日食べたケーキのエネルギーを全て消費するには50分間ジョギングしなければならない」　第４段落最終文より，メアリーは今日ケーキを一切れ食べたとわかる。表１よりケーキ一切れは250キロカロリーである。表２より100キロカロリー消費するにはジョギングを20分間する必要があるので，250キロカロリーのエネルギーを消費するには，20×(250÷100)＝50(分)となる。　⑶「今朝ナンシーが大学に着いたとき，朝食でとったエネルギーのうちまだ195キロカロリーが体内に残っていた」　第５段落第２文より，ナンシーの朝食はバターを塗ったパン２枚と0.2リットルの牛乳なので，表１からエネルギー量は100×2＋120＝320(キロカロリー)とわかる。第５段落第１文より，ナンシーは５キロメートル離れた大学に自転車通学するので，表２より消費カロリーは100×(5÷4)＝125(キロカロリー)とわかる。朝食の320キロカロリーから自転車で消費した125キロカロリーをひけばよいので，320－125＝195(キロカロリー)となる。

問２＜内容一致―適語句選択＞「僕が今日２時間テニスをして消費したカロリーは，$_{1}$ケーキ二切れとバターを塗ったパン３枚を食べたときのカロリーと同じであることがわかった。この結果は意外だった。また，僕が30分間ジョギングして消費したカロリーと，$_{2}$今日トムが自転車に乗って消費したカロリーが同じであることもわかった」　⑴２時間テニスをしたときの消費カロリーは，表２より100×(120÷15)＝800(キロカロリー)とわかる。表１より800キロカロリーになる食品の組み合わせは，ケーキ二切れ(500キロカロリー)とバターを塗ったパン３枚(300キロカロリー)である。

⑵ジョギング30分間の消費カロリーは表２より，100×(30÷20)＝150(キロカロリー)とわかる。最終段落最終文にトムが今日６キロメートル自転車に乗ったとあり，その消費カロリーは表２より100×(6÷4)＝150(キロカロリー)である。

6〔長文読解総合―説明文〕

≪全訳≫❶「大豆肉」のことを聞いたことがあるだろうか。それは大豆からつくられた肉である。この「肉」は$_{1}$今欧米で人気が出てきており，日本でも買うことができる。❷最近，大豆肉を食べる人が増えているのには，いくつかの理由がある。まず，大豆は健康に良い。例えば，大豆にはタンパク質やビタミンＥが豊富に含まれている。$_{2}$健康に関心が高い人たちもいて，彼らは体に良いものを食べたいと思っている。❸次に，世界中で動物性の肉を食べる人が増えている。$_{3}$動物性の肉がいつか全員分に

は足りなくなるかもしれない。将来，動物性の肉が食べられなくなることを心配し，大豆肉を多く食べ，動物性の肉を減らそうとする人もいる。❹その他の理由で動物の肉を食べない人もいる。農家は大豆を栽培するのに，多くの資源を必要としない。しかし，食肉用の動物を飼育するには，多くの穀物と水が必要だ。4これにより地球温暖化のような他の深刻な問題が起きる危険性が高まるかもしれない。❺動物がかわいそうだからという理由で，動物の肉を食べない人もいる。彼らは決して動物の肉を食べないが，たいてい健康である。5彼らは食べるものにとても気を遣っている。例えば，そういう人たちは，毎日たくさんの種類の食べ物を食べることで，タンパク質を十分にとるようにしている。❻日本ではこれらの事実に気づいた企業もあり，そういう企業はより良い大豆肉を開発しようとしている。しかし，製品開発にはまだ多くの問題がある。大豆は植物由来で，動物性の肉のような味にするのは容易ではない。企業努力の結果，味は年々良くなっている。❼私たち日本人は何世紀にもわたって大豆を利用してきており，大豆は「畑の肉」と呼ばれている。私たちはよく豆腐を食べるが，これもまさに大豆肉と同じで，大豆からできている。レストランで大豆肉のハンバーガーを見つけたら，ぜひ試してみて，世界の未来について考えてほしい。

問１＜適語句選択＞文末に too「〜もまた」とあるのに着目。「日本でも買える」と大豆肉の普及について述べているので，これと同様に，外国での大豆肉人気を述べていると判断できる。

問２＜適文選択＞空所直後の，体に良いものを食べたがっている they「彼ら」とは，健康に関心の高い人たちであると考えられる。

問３＜適文選択＞空所の前では世界中で肉を食べる人が増えているとあり，空所の後では将来，食用の肉が食べられなくなるという懸念が示されていることから考える。

問４＜適文選択＞空所後に like global warming と具体例が示されていることに注目する。この like は「(例えば)〜のような」の意味の前置詞。前文にある穀物や水の大量消費は，地球温暖化のような環境問題を引き起こすと考えられる。

問５＜適文選択＞空所直後で紹介されている，十分なタンパク質をとろうとすることは，食べ物に気をつけていることの１つの例である。　try to 〜「〜しようとする」

問６＜指示語＞‘It is 〜 for … to —’「…が〔…にとって〕—することは〜だ」の文。them は to make soy meat taste like animal meat の‘意味上の主語’である。大豆肉の味を動物性の肉に近づけようとするのは，アの「大豆肉を開発している企業」である。

問７＜要旨把握＞本文は soy meat が今世界で人気になっていること，soy meat が食べられている理由，soy meat の今後の展望など，全体を通じて soy meat について述べられた文章である。よって，本文の内容を理解して述べられたものと考えられるのは，soy meat について述べている，ウ.「私は２，３か月前に大豆肉のハンバーガーを食べた。実際，味はそれほど悪くなかった。企業が将来もっとおいしい大豆肉を開発すると信じている」である。

数学解答

1 (1) 4　(2) イ…－　ウ…4　エ…3
(3) オ…1　カ…5　キ…1　ク…6
(4) ケ…3　コ…7
(5) サ…0　シ…4
(6) ス…2　セ…3
(7) ソ…5　タ…0
(8) チ…1　ツ…0

2 (1) ア…1　イ…4
(2) ウ…2　エ…1　オ…4　カ…3
キ…2　ク…9　ケ…4
(3) コ…1　サ…5　シ…2
(4) ス…2　セ…4

3 (1) ア…5　イ…4
(2) ウ…1　エ…4　オ…3
(3) カ…1　キ…2　ク…2　ケ…1
コ…0　サ…2

4 (1) ア…1　イ…9　ウ…8　エ…4
(2) オ…－　カ…1　キ…2
(3) ク…3　ケ…－　コ…5
(4) サ…1　シ…4

1 〔独立小問集合題〕

(1)＜数の計算＞与式$=(5.2+4.8)(5.2-4.8)=10\times0.4=4$
≪別解≫与式$=27.04-23.04=4$

(2)＜連立方程式＞$5x+6y=-2$……①，$-4x+3y=25$……②とする。②×2より，$-8x+6y=50$……②′
①－②′より，$5x-(-8x)=-2-50$，$13x=-52$　$\therefore x=-4$　これを①に代入して，$5\times(-4)+6y=-2$，$-20+6y=-2$，$6y=18$　$\therefore y=3$

(3)＜確率―硬貨＞4枚の硬貨を同時に投げるとき，それぞれ，表，裏の2通りの出方があるから，4枚の硬貨の表，裏の出方は全部で$2\times2\times2\times2=16$(通り)ある。このうち，表が少なくとも1枚出るのは，全てが裏となる場合を除いた場合である。全てが裏となる場合は1通りだから，表が少なくとも1枚出るのは$16-1=15$(通り)あり，求める確率は$\frac{15}{16}$となる。

(4)＜データの活用―第2四分位数，第3四分位数＞10名の点数は，小さい順に，2，2，2，2，2，4，4，7，7，10となる。第2四分位数(中央値)は，小さい方から5番目と6番目の点数の平均となるから，5番目が2点，6番目が4点より，$(2+4)\div2=3$(点)である。また，第3四分位数は，大きい方の5名の点数の中央値，つまり，大きい方の5名の点数の小さい方から3番目の点数となる。大きい方の5名の点数は，小さい順に，4，4，7，7，10であるから，3番目が7点より，第3四分位数は7点である。

(5)＜関数―変域＞関数$y=\frac{1}{4}x^2$は，xの絶対値が大きいほどyの値が大きくなる関数である。xの変域が$-2\leqq x\leqq4$だから，絶対値が最小の$x=0$のときyは最小で，$y=0$となる。また，絶対値が最大の$x=4$のときyは最大で，$y=\frac{1}{4}\times4^2=4$となる。よって，yの変域は，$0\leqq y\leqq4$である。

(6)＜関数―比例定数＞右図1で，関数$y=ax^2$のグラフと直線$y=\frac{4}{3}x+2$の2つの交点のうち，x座標が-1の点をAとする。直線の式から，点Aのy座標は$y=\frac{4}{3}\times(-1)+2=\frac{2}{3}$となるので，$A\left(-1,\ \frac{2}{3}\right)$である。点Aは関数$y=ax^2$のグラフ上にあるので，$\frac{2}{3}=a\times(-1)^2$より，$a=\frac{2}{3}$である。

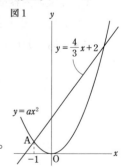

図1
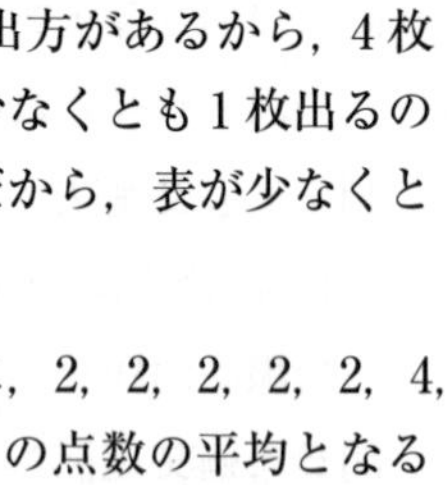

(7)＜平面図形―角度＞次ページの図2のように，6点A～Fを定め，線分EFの延長と線分ABの交点をG，線分EDの延長と線分BCの交点をHとする。

$\angle\mathrm{AFG}=180^\circ-\angle\mathrm{AFE}=180^\circ-80^\circ=100^\circ$だから，$\triangle\mathrm{AGF}$で内角と外角の関係より，$\angle\mathrm{BGE}=\angle\mathrm{GAF}+\angle\mathrm{AFG}=20^\circ+100^\circ=120^\circ$である。また，$\angle\mathrm{CDH}=180^\circ-\angle\mathrm{CDE}=180^\circ-85^\circ=95^\circ$だから，$\triangle\mathrm{CDH}$で内角と外角の関係より，$\angle\mathrm{BHE}=\angle\mathrm{DCH}+\angle\mathrm{CDH}=20^\circ+95^\circ=115^\circ$である。よって，四角形EGBHで，内角の和は$360^\circ$だから，$\angle x=360^\circ-\angle\mathrm{BGE}-\angle\mathrm{BHE}-\angle\mathrm{GEH}=360^\circ-120^\circ-115^\circ-75^\circ=50^\circ$となる。

図2

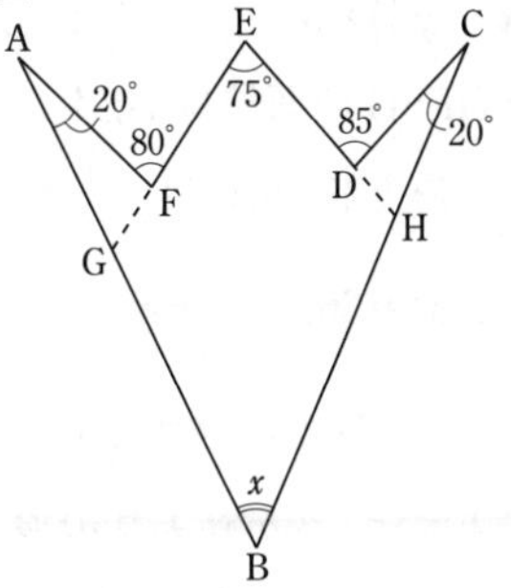

図3

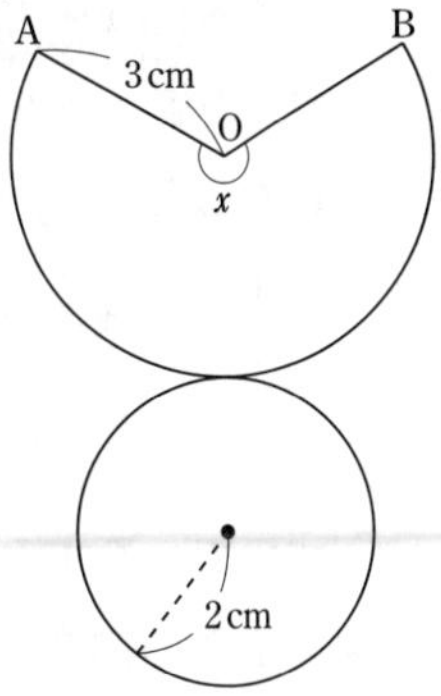

(8)＜空間図形―表面積＞円錐を，右図3のように展開し，3点O，A，Bを定める。側面を展開したおうぎ形OABの中心角をxとすると，$\overset{\frown}{\mathrm{AB}}$の長さと，底面の半径2cmの円の周の長さは等しいから，$2\pi\times3\times\dfrac{x}{360^\circ}=2\pi\times2$が成り立ち，$\dfrac{x}{360^\circ}=\dfrac{2}{3}$となる。これより，円錐の側面積は，〔おうぎ形OAB〕$=\pi\times3^2\times\dfrac{x}{360^\circ}=\pi\times3^2\times\dfrac{2}{3}=6\pi$である。底面の円の面積は$\pi\times2^2=4\pi$だから，円錐の表面積は，$6\pi+4\pi=10\pi\,(\mathrm{cm}^2)$となる。

2〔関数―図形の移動と関数〕

≪基本方針の決定≫(1)　点Cは辺EF上にある。　(2)　2点E，Fは辺BC上にある。

(1)＜関係式＞$\triangle\mathrm{ABC}$は秒速1cmで移動するので，$x=3$のとき，$\triangle\mathrm{ABC}$は$1\times3=3$(cm)移動している。$\mathrm{EF}=3$だから，このとき，点Cは点Fと重なる。よって，$0\leqq x\leqq3$のとき，右図1のように，点Cは辺EF上にあり，$\mathrm{EC}=1\times x=x$である。辺ACと辺DEの交点をHとすると，$\triangle\mathrm{ABC}$と長方形DEFGが重なる部分は，$\triangle\mathrm{HEC}$となる。$\angle\mathrm{ABC}=\angle\mathrm{HEC}=90^\circ$，$\angle\mathrm{ACB}=\angle\mathrm{HCE}$より，$\triangle\mathrm{ABC}\backsim\triangle\mathrm{HEC}$だから，$\mathrm{AB}:\mathrm{HE}=\mathrm{BC}:\mathrm{EC}$である。これより，$6:\mathrm{HE}=12:x$が成り立ち，$\mathrm{HE}\times12=6\times x$，$\mathrm{HE}=\dfrac{1}{2}x$となる。したがって，$\triangle\mathrm{HEC}=\dfrac{1}{2}\times\mathrm{EC}\times\mathrm{HE}=\dfrac{1}{2}\times x\times\dfrac{1}{2}x=\dfrac{1}{4}x^2$となるから，$y=\dfrac{1}{4}x^2\,(\mathrm{cm}^2)$である。

図1

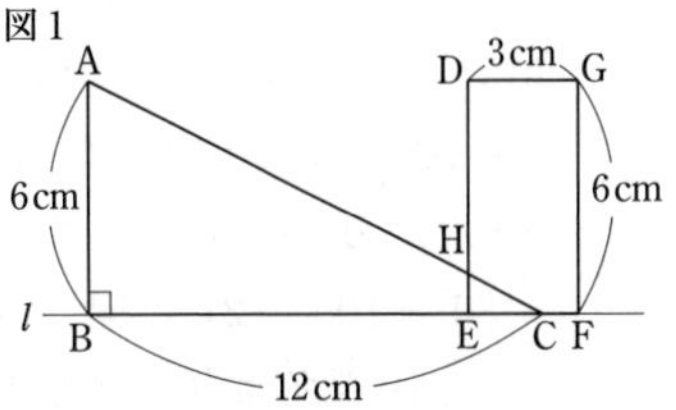

(2)＜yの値，関係式＞$x=5$のとき，$\triangle\mathrm{ABC}$は$1\times5=5$(cm)移動するから，右図2で，$\mathrm{EC}=5$であり，2点E，Fは辺BC上にある。辺ACと辺DE，辺GFの交点をそれぞれI，Jとすると，$\triangle\mathrm{ABC}$と長方形DEFGが重なる部分は，台形IEFJとなる。(1)と同様に$\triangle\mathrm{ABC}\backsim\triangle\mathrm{IEC}$だから，$\mathrm{AB}:\mathrm{IE}=\mathrm{BC}:\mathrm{EC}$より，$6:\mathrm{IE}=12:5$が成り立ち，$\mathrm{IE}\times12=6\times5$，$\mathrm{IE}=\dfrac{5}{2}$となる。また，$\triangle\mathrm{ABC}\backsim\triangle\mathrm{JFC}$だから，$\mathrm{AB}:\mathrm{JF}=\mathrm{BC}:\mathrm{FC}$である。$\mathrm{FC}=\mathrm{EC}-\mathrm{EF}=5-3=2$だから，$6:\mathrm{JF}=12:2$が成り立ち，$\mathrm{JF}\times12=6\times2$，$\mathrm{JF}=1$となる。よって，$y=$〔台形IEFJ〕$=\dfrac{1}{2}\times(\mathrm{IE}+\mathrm{JF})\times\mathrm{EF}=\dfrac{1}{2}\times\left(\dfrac{5}{2}+1\right)\times3=\dfrac{21}{4}\,(\mathrm{cm}^2)$となる。次に，$x=12$のとき，$\triangle\mathrm{ABC}$は$1\times12=12$(cm)移動する。$\mathrm{BC}=12$だから，点Bは点Eと重なる。これより，$3\leqq x\leqq12$のとき，図2のように，2点E，Fは辺BC上にあり，$\mathrm{EC}=x$，$\mathrm{FC}=\mathrm{EC}-\mathrm{EF}=x-3$である。また，$\mathrm{AB}:\mathrm{IE}=\mathrm{BC}:\mathrm{EC}$より，$6:\mathrm{IE}=12:x$が成り立ち，$\mathrm{IE}\times12=6\times x$，$\mathrm{IE}=\dfrac{1}{2}x$となる。同様にして，$\mathrm{AB}:\mathrm{JF}=\mathrm{BC}:\mathrm{FC}$より，$6:\mathrm{JF}=12:(x-3)$が成り立ち，$\mathrm{JF}\times12=6\times(x-3)$，$\mathrm{JF}=\dfrac{1}{2}x-\dfrac{3}{2}$となる。したがって，〔台形IEFJ〕

図2

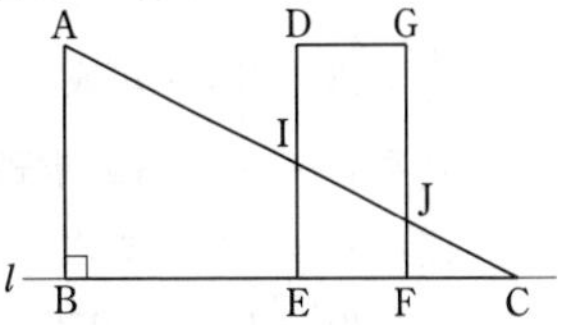

$=\frac{1}{2}\times\left\{\frac{1}{2}x+\left(\frac{1}{2}x-\frac{3}{2}\right)\right\}\times3=\frac{3}{2}x-\frac{9}{4}$となるから，$y=\frac{3}{2}x-\frac{9}{4}$(cm^2)である。

(3)＜$\boldsymbol{x}$の値＞長方形DEFGの面積はDE×EF＝6×3＝18だから，yの値が長方形DEFGの面積の半分になるとき，$y=\frac{1}{2}$〔長方形DEFG〕$=\frac{1}{2}\times18=9$である。$0\leqq x\leqq3$のとき，(1)より$y=\frac{1}{4}x^2$だから，$9=\frac{1}{4}x^2$が成り立ち，$x^2=36$，$x=\pm6$となる。$0\leqq x\leqq3$を満たさないので，適さない。$3\leqq x\leqq12$のとき，(2)より$y=\frac{3}{2}x-\frac{9}{4}$だから，$9=\frac{3}{2}x-\frac{9}{4}$が成り立ち，$\frac{3}{2}x=\frac{45}{4}$，$x=\frac{15}{2}$となる。$3\leqq x\leqq12$を満たすので，適する。よって，$y$の値が長方形DEFGの面積の半分になるのは，$x=\frac{15}{2}$(秒)後である。

(4)＜変化の割合＞$0<h<2$より，$1+0<1+h<1+2$，$1<1+h<3$である。よって，$x=1$，$x=1+h$のとき，ともに$0\leqq x\leqq3$だから，yの値は$y=\frac{1}{4}x^2$で表される。$x=1$のとき$y=\frac{1}{4}\times1^2=\frac{1}{4}$，$x=1+h$のとき$y=\frac{1}{4}\times(1+h)^2=\frac{1}{4}+\frac{1}{2}h+\frac{1}{4}h^2$だから，$x$の値が1から$1+h$まで増加するとき，$x$の増加量は$(1+h)-1=h$，$y$の増加量は$\left(\frac{1}{4}+\frac{1}{2}h+\frac{1}{4}h^2\right)-\frac{1}{4}=\frac{1}{4}h^2+\frac{1}{2}h$であり，変化の割合は，$\left(\frac{1}{4}h^2+\frac{1}{2}h\right)\div h=\frac{h+2}{4}$となる。

3 〔平面図形―円〕

≪基本方針の決定≫(2)　△APD∽△BPCであることに気づきたい。　(3)　△DPCが直角二等辺三角形であることに気づきたい。

図1

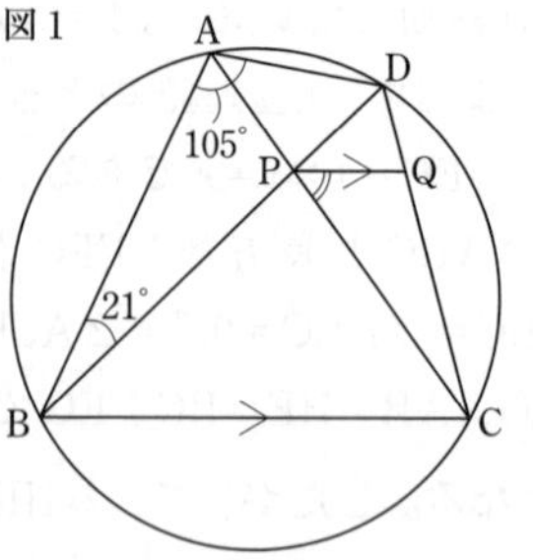

図2

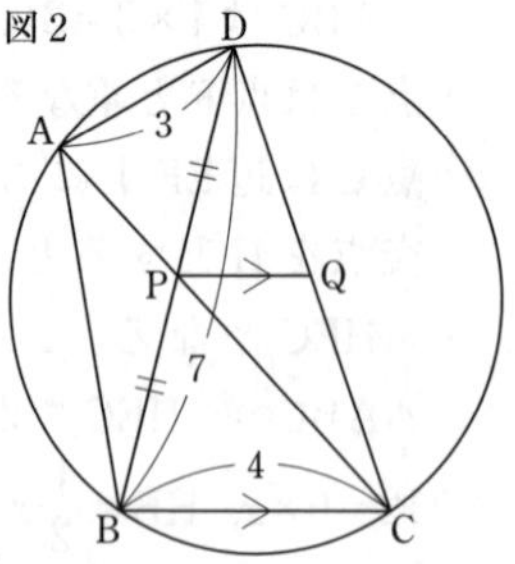

(1)＜角度＞右図1で，△ABDの内角の和は180°だから，∠ADB＝180°－∠DAB－∠ABD＝180°－105°－21°＝54°である。また，$\overset{\frown}{AB}$に対する円周角より，∠ACB＝∠ADB＝54°となる。よって，PQ∥BCより，錯角が等しいから，∠CPQ＝∠ACB＝54°である。

(2)＜長さ―相似＞右図2で，点Pが線分BDの中点より，$BP=PD=\frac{1}{2}BD=\frac{1}{2}\times7=\frac{7}{2}$である。また，∠APD＝∠BPCであり，$\overset{\frown}{AB}$に対する円周角より，∠ADP＝∠BCPだから，△APD∽△BPCである。よって，PD：PC＝AD：BCだから，$\frac{7}{2}$：PC＝3：4が成り立ち，$PC\times3=\frac{7}{2}\times4$より，$PC=\frac{14}{3}$となる。

図3

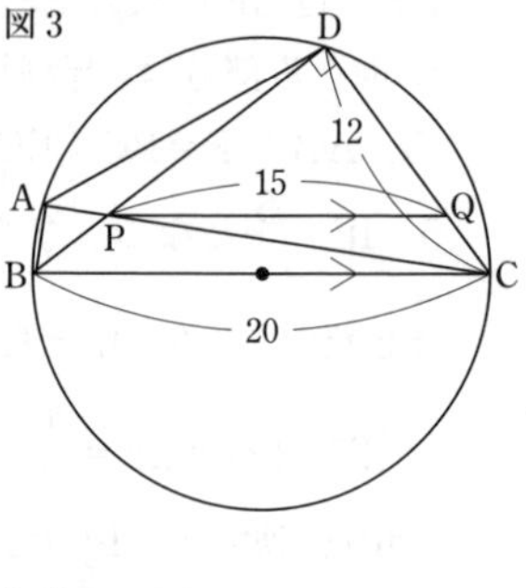

(3)＜長さ―三平方の定理，相似＞右図3で，線分BCは円の直径なので，∠BDC＝90°である。△BCDで三平方の定理より，$BD=\sqrt{BC^2-CD^2}=\sqrt{20^2-12^2}=\sqrt{256}=16$となる。また，∠PDQ＝∠BDC＝90°であり，PQ∥BCより∠DPQ＝∠DBCだから，△PQD∽△BCDである。これより，PD：BD＝PQ：BCだから，PD：16＝15：20が成り立ち，PD×20＝16×15，PD＝12となる。よって，PD＝CDとなるから，△DPCは直角二等辺三角形であり，$PC=\sqrt{2}PD=\sqrt{2}\times12=12\sqrt{2}$となる。(2)と同様に，△APD∽△BPCだから，AD：BC＝PD：PCより，AD：20＝12：$12\sqrt{2}$が成り立ち，$AD\times12\sqrt{2}=20\times12$より，$AD=10\sqrt{2}$となる。

4 〔特殊・新傾向問題〕

≪基本方針の決定≫(4)　ユニット2，3の出力x，yの値をそれぞれ求める。

(1)＜$\boldsymbol{x}$，$\boldsymbol{y}$の値＞プログラムAにおけるユニット1の入力が$a=1$，$b=3$なので，ユニット1の出力は，

$1+3=4$，$1\times3=3$ より，$x=4$，$y=3$ となる。これより，ユニット２の入力は $a=4$，$b=3$ となるから，ユニット２の出力は，$4+3=7$，$4\times3=12$ より，$x=7$，$y=12$ となる。さらに，ユニット３の入力は $a=7$，$b=12$ となるから，ユニット３の出力は，$7+12=19$，$7\times12=84$ より，$x=19$，$y=84$ である。

(2)＜***a*****，*****b*** の値＞プログラムＡにおけるユニット１の入力を，$a=m$，$b=n$ とすると，ユニット１の出力は，$x=m+n$，$y=mn$ となる。ユニット１の出力 x が $x=1$ だから，$m+n=1$……①が成り立つ。ユニット２の入力は $a=1$，$b=mn$ だから，ユニット２の出力は，$x=1+mn$ であり，$1\times mn=mn$ より，$y=mn$ である。ユニット３の入力は $a=1+mn$，$b=mn$ だから，ユニット３の出力は，$(1+mn)+mn=2mn+1$，$(1+mn)\times mn=mn(mn+1)$ より，$x=2mn+1$，$y=mn(mn+1)$ となる。ユニット３の出力は $x=-3$，$y=2$ であるから，$2mn+1=-3$……②，$mn(mn+1)=2$……③が成り立つ。①より，$n=1-m$……①′として，①′を②に代入すると，$2m(1-m)+1=-3$，$2m^2-2m-4=0$，$m^2-m-2=0$，$(m+1)(m-2)=0$ より，$m=-1$，２となる。①′より，$m=-1$ のとき，$n=1-(-1)$，$n=2$ であり，$m=2$ のとき，$n=1-2$，$n=-1$ である。ユニット１の入力が $a<b$ であることより，$m<n$ であるから，$m=-1$，$n=2$ となる。$mn=-1\times2=-2$ より，$mn(mn+1)=-2\times(-2+1)=2$ となり，この m，n の値は③も満たすので適する。したがって，ユニット１の入力は，$a=-1$，$b=2$ である。

(3)＜***b*** の値＞プログラムＢにおけるユニット１の入力 b を，$b=k$ とすると，$a=1$ だから，ユニット１の出力 x は，$x=1+k$ となる。これより，ユニット２の入力は $a=1+k$，$b=1+k$ だから，ユニット２の出力 x は，$(1+k)+(1+k)=2k+2$ より，$x=2k+2$ となる。ユニット３の入力は $a=2k+2$，$b=2k+2$ だから，ユニット３の出力 y は，$(2k+2)\times(2k+2)=2(k+1)\times2(k+1)=4(k+1)^2$ より，$y=4(k+1)^2$ となる。ユニット３の出力 y が $y=64$ なので，$4(k+1)^2=64$ が成り立つ。これを解くと，$(k+1)^2=16$，$k+1=\pm4$，$k=-1\pm4$ より，$k=-1+4=3$，$k=-1-4=-5$ となる。よって，ユニット１の入力 b は，$b=3$，-5 である。

(4)＜関係式＞プログラムＢにおけるユニット１の入力が $a=1$，$b=2$ なので，ユニット１の出力 x は，$1+2=3$ より，$x=3$ である。ユニット２の入力は $a=3$，$b=3$ だから，ユニット２の出力は，$3+3=6$，$3\times3=9$ より，$x=6$，$y=9$ となる。ユニット２の出力 x，y が $y=px^2$ で表せるとすると，$9=p\times6^2$ より，$p=\frac{1}{4}$ となる。また，ユニット３の入力は $a=6$，$b=6$ だから，ユニット３の出力は，$6+6=12$，$6\times6=36$ より，$x=12$，$y=36$ となる。ユニット３の出力 x，y が $y=qx^2$ で表せるとすると，$36=q\times12^2$ より，$q=\frac{1}{4}$ となる。よって，ユニット２，３のどちらにおいても，出力 x，y について，$y=\frac{1}{4}x^2$ が成り立つ。

≪別解≫プログラムＢにおけるユニット２の入力 a，b の値は同じなので，その値を $a=t$，$b=t$ とすると，ユニット２の出力は，$t+t=2t$，$t\times t=t^2$ より，$x=2t$，$y=t^2$ となる。ユニット２の出力 x，y が $y=rx^2$ で表せるとすると，$t^2=r\times(2t)^2$ より，$r=\frac{1}{4}$ となる。よって，$y=\frac{1}{4}x^2$ となる。ユニット３においても同様である。

＝読者へのメッセージ＝

1(3)では，表が少なくとも１枚出る場合を考えるために，全てが裏になる場合を考えました。ある事柄に対して起こらない事柄のことを「余事象」といいます。この場合，「全てが裏になる」という事柄は，「表が少なくとも１枚出る」という事柄の「余事象」となります。

社会解答

1 問1　ウ　　問2　エ　　問3　ア
　問4　ア
2 問1　ウ　　問2　ア　　問3　エ
3 問1　ウ　　問2　イ
4 問1　エ　　問2　イ
5 問1　ア　　問2　ア　　問3　エ
6 問1　ウ　　問2　イ　　問3　エ
　問4　エ
7 問1　イ　　問2　カ　　問3　ウ
　問4　イ
8 問1　エ　　問2　エ　　問3　ア

1〔世界地理―ヨーロッパ州〕

問１＜北大西洋海流＞北大西洋海流は，ヨーロッパの西側の大西洋を北東へと流れている暖流である。なお，北大西洋海流によって暖められた空気が，上空を吹く偏西風によって大陸に運ばれるため，西ヨーロッパは緯度が高いわりに温暖な気候となっている。

問２＜地中海式農業＞地中海沿岸に位置するい.の地域は，夏は高温で乾燥し，冬は温暖で適度に雨が降る地中海性気候に属する。こうした気候を生かして，夏には，乾燥に強いオリーブやぶどう，オレンジなどを栽培し，降雨のある冬に小麦などを栽培する地中海式農業が盛んに行われている。なお，アは西アジアやモンゴルなどの乾燥地域で盛んな遊牧，イはヨーロッパ北西部から東部にかけての地域で盛んな混合農業，ウは西ヨーロッパの北海沿岸や高地などの冷涼な地域で盛んな酪農について説明したものである。

問３＜ゲルマン系言語＞Ａはイギリス，Ｂはドイツ，Ｃはフランス，Ｄはイタリアである。ヨーロッパの言語は，大きくゲルマン系，ラテン系，スラブ系の３つに分けられる。このうち，ゲルマン系に分類されるのは英語やドイツ語など，ラテン系に分類されるのはフランス語やイタリア語などである。なお，スラブ系の言語にはロシア語やポーランド語などがある。

問４＜イギリスのEU離脱＞Ａのイギリスは，EU〔ヨーロッパ連合〕の加盟国であったが，2016年に行われた国民投票の結果を受けてEUからの離脱を決定し，2020年１月末に離脱した。

2〔日本地理―日本の諸地域〕

問１＜都道府県の農業＞図１の(い)は北海道，(ろ)は千葉県，(は)は静岡県，(に)は福岡県である。図２のＡ～Ｄのうち，農業産出額が最も大きく，畜産の割合が非常に高いＡは北海道である。また，果実と工芸農作物の割合が高いＤは，みかんや茶の生産量が多い静岡県である。残るＢとＣのうち，農業産出額が大きく畜産の割合の高いＢは，近郊農業による生産額が大きく鶏卵などの生産が盛んな千葉県であり，米の割合がやや高いＣは，筑紫平野での稲作が盛んな福岡県である。

問２＜都道府県の工業＞(ろ)の千葉県は，東京湾沿岸に分布する京葉工業地域に属し，石油や石炭を原料とする重化学工業が盛んである。したがって，Ｘは石油・石炭製品である。また，(は)の静岡県では浜松市周辺でオートバイや自動車の生産が盛んであり，(に)の福岡県では近年自動車関連工場の進出が進んでいる。したがって，Ｙは輸送用機械である。残るＺは鉄鋼であり，千葉県や福岡県の臨海部や北海道室蘭市で生産されている。

問３＜都道府県の観光・交通と資料の読み取り＞表２の特徴と説明文の内容を照らし合わせ，Ｐ～Ｓ

のうちわかりやすいものから特定していくとよい。まず，Rは，外国人宿泊者数が最も多く，また他県に比べてオーストラリアとシンガポールからの宿泊者数が多いことから，「南半球や赤道付近の国々からも人気の観光地」の北海道(い)である。次に，Qは，他県に比べて韓国からの宿泊者数が多いことから，「大陸からの玄関口」であり「クルーズ船・高速船などを利用して入国する外国人観光客」が多い福岡県(に)である。Pは，他県に比べてアメリカからの宿泊者数が多いことから，「ビジネスで来日する外国人も多い」千葉県(ろ)である。Sは，外国人宿泊者数が最も少ないことから，「外国人観光客の誘致に努めている」静岡県(は)である。

3〔日本地理―地形図〕

問１＜地形図の読み取り＞まず，図１と図２を見ると，やや西よりの場所に間隔の狭い等高線が南北に数本延びており，この場所は急な斜面になっていることがわかる。この斜面の西側には10mの標高点があり，東側には26mの標高点と33.6mの三角点があることから，斜面の西側は東側よりも標高が低いことがわかる。次に，図３を見ると，図の下側が「浸水が想定される区域」となっていることから，図の下側は標高の低い西の地域にあたると判断できる。したがって，北にあたるのは図の左側である。

問２＜地形と災害＞図３中の「ある災害に警戒すべき区域」は，図２中で間隔の狭い等高線が南北に延びた地域にほぼ一致しており，この災害は急な斜面で起こりやすいことがわかる。これに当てはまる内容はイであり，「ある災害」とは土砂崩れを指す。

4〔歴史―古代～中世の日本と中国〕

問１＜明＞略年表中の王朝Aは，７世紀初めに隋に代わって中国を統一し，10世紀初めに滅んだ唐である。王朝Bは，10世紀後半におこった宋である。王朝Cは，13世紀後半にフビライ=ハンがモンゴル帝国から国号を改めた元である。王朝Dは，14世紀後半に元を北に追いやって建国された明である。次に，史料を見ると，「勘合」という語句が見られることなどから，日明貿易〔勘合貿易〕について述べた文章であることがわかる。したがって，史料中の「中国」に該当する王朝は王朝Dの明である。

問２＜11世紀末～13世紀後半の出来事＞白河上皇が院政を始めたのは1086年，フビライ=ハンが国号を元と改めたのは1271年であり，Xはその間の時期にあたる。鎌倉時代の1221年，後鳥羽上皇は幕府打倒を目指して承久の乱を起こしたが，敗れて隠岐(島根県)へ流された。なお，アは平安時代の11世紀初め，ウは飛鳥時代の７世紀後半，エは室町時代の14世紀後半～15世紀前半の出来事である。

5〔歴史―古代～近代の日本と世界〕

問１＜古代の貨幣と流通促進政策＞史料では，銭(貨幣)が有益なものであるにもかかわらず，人々の間ではまだそれが理解されておらず，銭を用いた売買が普及していないことを述べている。また，銭を蓄えた者には，その額に応じて位を授けることを述べている。これは，人々に貨幣を持たせ，貨幣の流通を促すための政策であると考えられることから，Aのまとめカードに書かれた内容と関連している。朝廷は，８世紀初めに発行した和同開珎をはじめ，奈良時代から平安時代にかけて貨幣の発行を行い，史料のような法令(蓄銭叙位令)を出してその流通を促した。

問２＜石見銀山と南蛮貿易＞Cのまとめカードは，ポルトガル人やスペイン人との南蛮貿易が行われた戦国時代～安土桃山時代の様子を記したものである。石見銀山(島根県)は，戦国時代から開発が進められ，江戸時代初め頃までの最盛期には世界有数の産出量をあげた。産出した銀は，南蛮貿易を通じて世界へ輸出された。なお，イは古墳時代，ウは7世紀，エは19世紀の様子である。

問3＜各時代の貨幣と経済＞まとめカードAは奈良時代，Bは室町時代，Cは戦国時代～安土桃山時代，Dは明治時代である。また，もう一枚のまとめカードに描かれた寛永通宝は江戸時代に発行されたものである。したがって，このカードはCとDのカードの間の時期に入る。

6〔歴史―近世～近代の日本と世界〕

問1＜明治時代の国際関係＞沖縄県が設置されたのは1879年であり，図は1879～94年の国際関係を示したものである。説明の1つ目の文中の「日本で発布された憲法」とは1889年に発布された大日本帝国憲法のことであり，君主権の強いドイツの憲法を参考に作成された。したがって，あ.はドイツである。2つ目の文中の「修好通商条約」とは1858年に結ばれた安政の五か国条約(日米修好通商条約など)を指し，アメリカ，オランダ，イギリス，ロシア，フランスと結ばれた。したがって，い，う，えは，これらのうちいずれかの国である。3つ目の文中の「沖縄県設置の4年前」とは1875年であり，この年に結ばれた「領土の取り決めに関する条約」に当てはまるのは，ロシアとの間で結ばれた樺太・千島交換条約である。したがって，う.はロシアである。4つ目の文について，「図の時期」(1879～94年)に「日本との条約を修正し，領事裁判権〔治外法権〕を撤廃した」国に当てはまるのは，1894年に日英通商航海条約を結んだイギリスである。したがって，え.はイギリスである。

問2＜出来事と時期＞aは江戸時代(17世紀末以降，越後屋が繁盛する)，bは1858年(横浜港の開港)，cは1901年(八幡製鉄所の操業開始)，dは1918年(米騒動)，eは1930年(昭和恐慌が始まる)，fは1947年(独占禁止法の制定)の出来事である。したがって，図の時期(1879～94年)はbとcの間の時期に当てはまる。

問3＜関東大震災＞史料は，大正時代の1923年9月1日に発生した関東大震災について述べたものである。したがって，これはa～fの出来事(問2の解説参照)のうちdとeの間の時期に当てはまる。

問4＜江戸時代～昭和時代の出来事＞dは，第一次世界大戦中の1918年に起こった米騒動について述べたものである。第一次世界大戦中の日本は，ヨーロッパ向けの軍需品の輸出や，ヨーロッパからの輸入が途絶えた東アジア市場への日本製品の輸出が増大し，大戦景気と呼ばれる好景気を迎えた。この頃の日本は，都市の人口が増加して米の需要が高まる一方で，米の生産量が増えず，米不足となっていた。また，1917年に起こったロシア革命に干渉するため，日本や欧米諸国はシベリアへ軍隊を派遣した。このシベリア出兵を見越して，地主や商人による米の買い占めや売りおしみが行われたため，1918年以降米の価格が高騰し，米騒動を引き起こす原因となった。したがって，米価格の高騰の原因を「第一次世界大戦中の不況」としているエが誤り。

7〔公民―総合〕

問1＜国会と内閣＞内閣を構成する国務大臣は国会議員以外から選ばれることもあるが，内閣総理大臣は国会によって国会議員の中から指名され，決定される(ア…×)。衆議院は，参議院に比べて任期が短く解散もあり，国民の意思をより正確に反映すると考えられることから，参議院よりも強い権限を持つ「衆議院の優越」が認められている(ウ…×)。3分の2以上の賛成が必要であるのは，参議院が否決した法律案を衆議院が再可決して法律とする場合や，国会が憲法改正の発議を行う場合などに限られる(エ…×)。なお，予算案は両院で過半数の多数決で議決されるが，両院で異なる議決をし，両院協議会でも意見が一致しない場合，衆議院の議決が国会の議決となる。

問２＜大正デモクラシーと吉野作造＞大正時代(1912～26年)には，民主主義の風潮が高まり，政党政治を求める動きやさまざまな社会運動などが活発になった。これを大正デモクラシーという。吉野作造は，政治の目的を民衆の幸福や利益に置くべきだとする民本主義を唱え，大正デモクラシーを理論的に支えた。なお，自由民権運動は，明治時代の1870～80年代に国民が政治に参加する権利を求めて行われた運動である。また，福沢諭吉は明治時代に『学問のすゝめ』を著して人間の平等などを説いた人物，犬養毅は五・一五事件(1932年)によって暗殺された内閣総理大臣である。平和五原則は，1954年に中国とインドの首相によって発表された外交の原則である。

問３＜知る権利と情報公開制度＞日本国憲法には規定のない「新しい人権」のうち，下線部の内容に関連するのは「知る権利」である。これは，国や地方公共団体が持つ情報を国民が受け取る権利である。主権者である国民が政治について判断したり，選挙や政策形成に参加したりするためには，知る権利が保障されていることが必要である。そのため，国や地方では，行政機関が持つ文書を原則として公開する仕組みである情報公開制度が整備されている。ウは，情報公開制度について述べたものである。

問４＜女性の労働力率＞グラフを見ると，20歳代に比べて30歳代の割合が低下し，40歳代になると割合が再び上昇する傾向にあることが読み取れる。これは，女性の労働力率を示したグラフである。30歳代の労働力率が低下するのは，出産や育児のために仕事を辞めたり中断したりする女性が多いためであり，育児や家事の負担が女性に偏っていることや，育児と仕事を両立できる環境が十分に整っていないことが原因と考えられる。

8〔公民―景気と経済政策〕

問１＜インフレーションと通貨価値＞インフレーション〔インフレ〕は，物価が上がり続ける現象である。物価が上がると，同じ金額で購入できる商品の数量は以前よりも減少するため，実質的な通貨の価値は下がることになる。反対に，物価が下がり続けるデフレーション〔デフレ〕のときには，実質的な通貨の価値は上がる。

問２＜金融政策＞日本銀行は，景気や物価を安定させるため，市場に流通する資金の量を調整する金融政策を行っている。金融政策の中心となるのは，図の公開市場操作である。不景気のとき，日本銀行は上の図のように市中銀行から国債や手形を買い，市場に流れる資金量を増加させて企業などの経済活動を活発化させる(エ…○，ウ…×)。反対に好景気のとき，日本銀行は下の図のように市中銀行へ国債や手形を売り，市場に流れる資金量を減少させて企業などの経済活動を抑える(ア…×，イ…×)。

問３＜ニューディール政策＞1929年，アメリカのニューヨークで株価が急落したことをきっかけに，世界恐慌が始まった。ニューディール政策は，恐慌の中で大統領となったルーズベルトが進めた景気回復策である。ダム建設などの公共事業を行って失業者に仕事を与えたほか，農産物や工業製品の生産調整などを行った。

理科解答

1 問1　イ　問2　エ　問3　ウ
問4　エ　問5　イ　問6　ウ
問7　イ　問8　ア

2 問1　1…カ　2…イ，オ，キ
3　ア…0　イ…8　ウ…4
問2　エ
問3　塩酸A…ウ　塩酸B…カ

3 問1　ア…1　イ…5　ウ…1　エ…7
オ…3
問2　1…②
2　ア…8　イ…7　ウ…5
3　ア…5　イ…2　4…オ
5…イ

4 問1　1…ア　2…ウ，エ　3…エ
問2　1　Y…エ　Z…イ　2…ウ
問3　(1)…エ　(2)…オ

5 問1　ア　問2　ア，ウ，キ
問3　エ
問4　1…ク　2…オ　3…ウ

6 問1　ウ
問2　①…○　②…×　③…×　④…×
問3　ア…2　イ…0　問4　ウ
問5　ウ　問6　ウ　問7　ウ
問8　①…カ　②…オ

1〔小問集合〕

問1＜力の単位＞N(ニュートン)は力の大きさを表す単位なので，弾性力(変形した物体がもとに戻ろうとして生じる力)と重さ(物体にはたらく重力の大きさ)を表す単位である。なお，圧力の単位はPa(パスカル)やN/m^2，電力の単位はW(ワット)である。

問2＜電流＞〔電力(W)〕=〔電圧(V)〕×〔電流(A)〕より，〔電流(A)〕=$\frac{\text{〔電力(W)〕}}{\text{〔電圧(V)〕}}$となるから，流れる電流の大きさは，$\frac{200}{50}=4.0$(A)である。また，オームの法則〔抵抗〕=$\frac{\text{〔電圧〕}}{\text{〔電流〕}}$より，電熱線の抵抗の大きさは，$\frac{50}{4.0}=12.5(\Omega)$である。

問3＜混合物＞混合物は2種類以上の物質が混じり合ったものだから，塩酸(塩化水素と水)，食塩水(塩化ナトリウムと水)が混合物の組み合わせである。なお，石油，空気，花こう岩も混合物で，それ以外は1種類の物質で，純粋な物質である。

問4＜水の電気分解＞水(H_2O)を電気分解すると，陰極側から水素(H_2)，陽極側から酸素(O_2)が発生する。水素や酸素は，原子が2個結びついた分子として存在する。

問5＜顕微鏡＞顕微鏡は，プレパラートをステージにのせてから(①)，真横から見ながらプレパラートと対物レンズを近づけ(③)，接眼レンズをのぞいて，プレパラートと対物レンズを遠ざけながらピントを合わせる(②)。このような手順でピントを合わせるのは，プレパラートと対物レンズがぶつかるのを防ぐためである。

問6＜分離の法則＞生殖細胞は減数分裂によってつくられる。また，生殖細胞がつくられるとき，対になっている親の遺伝子が別々に分かれてそれぞれの生殖細胞に入ることを分離の法則という。なお，受精は生殖細胞の卵細胞と精細胞の核が合体することであり，対立形質はエンドウの種子の丸としわのように同時に現れない対になった形質である。

問7＜温暖前線＞温暖前線は暖気が寒気の上にはい上がりながら進む前線なので，通過後は暖気にお

おわれ気温が上がる。また，風向は南寄りになる。なお，寒冷前線が通過すると，気温は下がり，風向は北寄りになる。

問８＜気象現象＞気温が最も高くなるのが正午より遅れるのは，太陽からの放射によって地面が温められてから空気が温められるためである。よって，誤りを含むのはアである。

2〔化学変化と原子・分子，化学変化とイオン〕

問１＜炭酸水素ナトリウムの分解＞１．重曹（炭酸水素ナトリウム）を加熱すると，炭酸ナトリウムと水と二酸化炭素に分解する。加熱している試験管の口についた水が試験管の加熱部分に流れ込むと，加熱部分が急に冷えて割れるおそれがある。それを防ぐため，②のように試験管の口を底よりも少し下げて加熱する。　２．捕集された気体は二酸化炭素である。二酸化炭素は空気よりも密度が大きく，石灰水を白くにごらせる。また，水溶液は酸性を示すので，緑色のBTB液に吹き込むと，BTB液は黄色になる。なお，ウは水素，エは酸素の性質である。　３．0.84gの炭酸水素ナトリウムを十分に加熱すると，炭酸ナトリウムが0.53g得られたことから，完全に熱分解したときに発生する水と二酸化炭素の質量の合計は，0.84－0.53＝0.31(g)である。次に，新しい試験管に炭酸水素ナトリウム2.52gを入れて加熱したとき，加熱前に比べて0.62g軽くなったことから，発生した水と二酸化炭素の質量の合計は0.62gである。つまり，実験１で発生した0.31gの２倍の水と二酸化炭素が発生しているので，分解された炭酸水素ナトリウムの質量も実験１の0.84gの２倍の1.68gとなる。よって，反応していない炭酸水素ナトリウムの質量は，2.52－1.68＝0.84(g)である。

問２＜吸熱反応＞重曹（炭酸水素ナトリウム）にクエン酸水を加えると，周囲から熱を奪う吸熱反応が起こり，周りの温度が下がる。

問３＜水素イオン＞重曹水（炭酸水素ナトリウムの水溶液）は弱いアルカリ性を示すため，水溶液中には水酸化物イオン（OH^-）が存在している。一方，塩酸は酸性を示すから水溶液中には水素イオン（H^+）が存在し，濃度のこい方の塩酸Ａは水素イオンの数が多く，うすい方の塩酸Ｂは水素イオンの数が少ない。重曹水に塩酸を加えていくと，OH^-とH^+が結びついて水（H_2O）が生じる。よって，水素イオンの数が途中から増加しているグラフ①は，水酸化物イオンが途中でなくなっているので，水素イオンの数が多い塩酸Ａである。一方，水素イオンの数が０のままのグラフ②は，水素イオンの数が少ない塩酸Ｂである。また，BTB液は酸性で黄色，中性で緑色，アルカリ性で青色を示すので，重曹水にBTB液を加えると青色になる。その後，塩酸Ａを全量加えると，溶液中にはH^+が存在するため，溶液は酸性で色は黄色になる。これに対して，塩酸Ｂを全量加えても溶液の色が変化しなかったから，溶液はアルカリ性で色は青色のままである。

3〔運動とエネルギー〕

問１＜斜面上の物体＞右図で，物体Ａにはたらく重力を表す矢印と重力の斜面に平行な分力を表す矢印を２辺とする三角形は，３辺の比が$1:2:\sqrt{3}$の直角三角形になる。よって，物体Ａにはたらく重力の大きさは，300÷100＝3(N)より，物体Ａにはたらく重力の斜面に平行な分力の大きさは，$3\times\frac{1}{2}=1.5$(N)である。

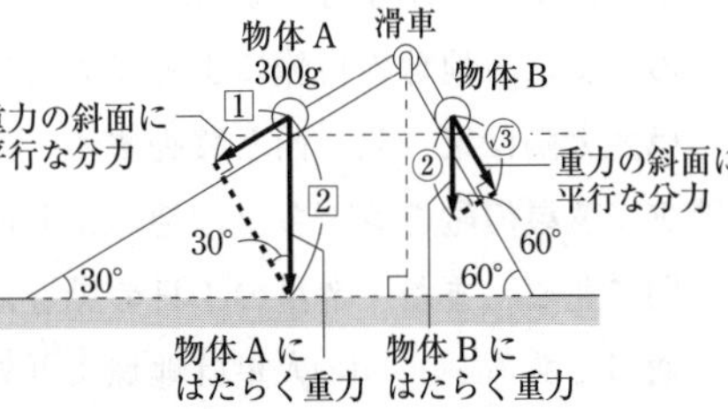

物体Ａと物体Ｂが静止しているのは，それぞれの物体にはたらく重力の斜面に平行な分力の大き

さが等しいためである。これより，物体Ｂにはたらく重力の斜面に平行な分力の大きさは1.5(N)である。また，図で，物体Ｂにはたらく重力を表す矢印と重力の斜面に平行な分力を表す矢印を２辺とする三角形は，３辺の比が$1:2:\sqrt{3}$の直角三角形になり，重力の斜面に平行な分力の大きさは1.5Nだから，物体Ｂにはたらく重力の大きさをxＮとすると，$x:1.5=2:\sqrt{3}$が成り立つ。これを解くと，$x\times\sqrt{3}=1.5\times2$より，$x=\sqrt{3}=1.73$(N)となるから，物体Ｂの質量は$1.73\times100=173$(g)である。

問２＜物体の運動＞１．図２の記録テープの１打点ごとの長さは物体の速さを表していて，斜面の角度が大きいほど，物体の速さの増加の割合が大きくなる。よって，１打点ごとの長さは，記録テープ①では1.4cmずつ増加し，記録テープ②では0.8cmずつ増加しているので，角度が小さい斜面上に置かれた物体Ａの記録テープは記録テープ②であり，角度が大きい斜面上に置かれた物体Ｂの記録テープは記録テープ①である。　２．１秒間に25回打点する記録タイマーを使っているので，図２の記録テープ①の打点Ｒから打点Ｓまで３回打点するのにかかる時間は$1\times\frac{3}{25}=0.12$(秒)である。また，打点Ｒから打点Ｓまでのテープの長さは$2.1+3.5+4.9=10.5$(cm)だから，この間の平均の速さは$10.5\div0.12=87.5$(cm/s)となる。　３．１より，図２の記録テープ②では１打点ごとに長さが0.8cm増加している。斜面上の物体には運動の方向に一定の大きさの力がはたらき続け，物体の速さは一定の割合で増加する。よって，打点Ｘと打点Ｙの間隔は$4.4+0.8=5.2$(cm)になる。

４．１より，物体Ａの記録テープは記録テープ②，物体Ｂの記録テープは記録テープ①である。１打点ごとの記録テープの長さは，物体Ａでは0.8cmずつ，物体Ｂでは1.4cmずつ増加している。１打点ごとは同じ時間を表すので，物体Ｂのすべった距離は，物体Ａのすべった距離の，$1.4\div0.8=1.75$より，約1.8倍である。　５．物体Ａと物体Ｂは同じ高さからすべり下りている。このとき，斜面を下りきる直前の物体Ａと物体Ｂの速さは等しくなる。

4〔小問集合〕

問１＜岩石，化石＞１．稲田石(花こう岩)は白っぽい色の深成岩である。深成岩のつくりは等粒状組織なので，目が粗い。　２．新生代に生息していた生物は，新生代の示準化石であるビカリアとナウマンゾウである。なお，サンヨウチュウとフズリナは古生代，アンモナイトとキョウリュウは中生代に生息していた。　３．大谷石(凝灰岩)は耐火性や防湿性に優れていることから，火災が起こっても燃えにくく，湿度が高くなっても物が劣化するのを防ぐことができる。よって，蔵や倉庫に使われると考えられる。

問２＜太陽の動き＞１．図で，観察者が立つ位置から北極の方向のＹが北で，地球が自転する方向が東だから，Ｚは西になる。　２．太陽が最も高くなるのは，北半球では南，南半球では北になる。また，地球の自転によって太陽は東から西に動いて見えるので，南半球のリオデジャネイロでは，太陽は東→北→西と移動する。

問３＜惑星の動き＞⑴金星は地球より内側を公転しているから，太陽(○)を中心に，金星(●)，人の順に並ぶ。また，金星の１日の動きは地球の自転による見かけの動きだから，人が動いているエが適当である。　⑵火星は地球より外側を公転しているから，太陽(○)を中心に，人，火星(●)の順に並ぶ。火星が欠けて見えるかどうかは，太陽・火星・地球の位置関係によるから，火星が太陽の周りを動いているオが適当である。

5〔生命・自然界のつながり，生物の体のつくりとはたらき〕

問１＜進化＞シソチョウは，羽毛や翼などの鳥類の特徴と，歯や尾に骨があるなどのは虫類の特徴をあわせ持つ。このような中間的な生物が存在することから，鳥類はは虫類のなかまから進化したと考えられている。なお，カエルの前あしとハトの翼は起源が同じ相同器官である。進化は生物が長い年月をかけて代を重ねる間に変化することだから，青色のバラのように人工的に生物を生み出す技術による変化は進化ではない。また，長い年月の間に器官が失われるような変化も進化という。

問２＜節足動物＞節足動物は無脊椎動物なので背骨を持たず，体は外骨格でおおわれている。また，オ～キの生物のうち，節足動物は，エビ(甲殻類)とチョウ(昆虫類)，ムカデ(多足類)である。なお，あしが３対なのは昆虫類の特徴であり，節足動物では３対とは限らない。また，内臓が外とう膜でおおわれているのは，ウミウシやタニシなどの軟体動物である。クラゲは節足動物にも軟体動物にも属さない無脊椎動物である。

問３＜シダ植物＞コケ植物には維管束がなく，水を体の表面全体から吸収するため，湿った場所にしか生息できないが，シダ植物には維管束があり，地下から水を吸収することができるため，乾燥した場所でも生息できるようになった。なお，シダ植物もコケ植物も胞子でふえ，子房はない。

問４＜動物の体のつくりとはたらき＞１．図１で，肺を表しているのはゴム風船で，糸を下に引くとゴム膜が下がり，容器内の体積が大きくなって気圧が下がる。そして，ガラス管から空気が入り，ゴム風船がふくらむ。これは息を吸うときの様子を表し，ゴム膜は横隔膜，ガラス管は気管を表している。　２．動脈血は酸素を多く含む血液で，酸素は肺で血液中に取り込まれる。よって，図２で，動脈血が流れているのは，肺から心臓に戻る血液が流れる血管 b(肺静脈)と，心臓から全身に送り出される血液が流れる血管 d(大動脈)である。なお，血管 a(肺動脈)と血管 c(大静脈)には，二酸化炭素を多く含む静脈血が流れている。　３．図３より，血液中の酸素濃度が高くなるほど酸素と結びついているヘモグロビンの割合は大きくなるので，ヘモグロビンは血液中の酸素濃度が高いほど，酸素と結びつきやすいことがわかる。また，血液中の酸素濃度が0.4を下回ると，酸素と結びついているヘモグロビンの割合が急激に減少することから，組織が活発に活動して多くの酸素が使われ，血液中の酸素濃度が低くなると，酸素と結びついているヘモグロビンの割合は急激に減少することがわかり，このとき，組織に一気に多くの酸素が運ばれる。

6〔小問集合〕

問１＜刺激と反応＞中枢神経(脳や脊髄)からの信号は，運動神経を通して運動器官に伝わって，身体が動く。なお，感覚器官は受け取った外界からの刺激を信号に変え，感覚神経を通して中枢神経に伝える。

問２＜電池＞図１の装置で電流を取り出すとき，布をぬらす液体は電解質の水溶液でなければならない。①～④のうち，電解質の水溶液は食塩水のみで，他は非電解質の水溶液である。

問３＜抵抗＞図３で，電流計が示す値は，50mA の－端子を使用しているので30.0mA，電圧計が示す値は，３V の－端子を使用しているので0.60V となる。よって，30mA は0.03A だから，この抵抗器の電気抵抗は$0.6\div0.03=20(\Omega)$である。

問４＜ダニエル電池＞ダニエル電池は，＋極の銅板に銅が付着するので＋極の質量が増加し，－極の亜鉛板から亜鉛が溶け出すので－極の質量は減少する。これは，亜鉛と銅では亜鉛の方がイオンになりやすく亜鉛原子が電子を失って亜鉛イオンとなって水溶液中に溶け出すためである。

問５＜ダニエル電池＞セロハンには，２種類の水溶液がすぐには混じり合わないようにするはたらきと，イオンを通過させることで電気的なかたよりを解消するはたらきがある。なお，ダニエル電池では，－極から亜鉛が亜鉛イオン(Zn^{2+})となって溶け出すため，硫酸亜鉛水溶液中に陽イオンが増え，電気的に＋にかたよる。一方，＋極では銅イオン(Cu^{2+})が銅(Cu)となって析出するため，硫酸銅水溶液中の陽イオンが減り，陰イオンである硫酸イオン(SO_4^{2-})が残り，電気的に－にかたよる。このように電気的なかたよりが生じると，－の電気を持つ電子は－極から＋極へ移動しづらくなる(電流が流れにくくなる)。そのため，Zn^{2+}とSO_4^{2-}がセロハンを通過して移動することで，電気的なかたよりを解消して，電流を流れやすくしている。

問６＜実験操作＞図４のＡでは，ブドウ糖がセロハンの穴を通過して水に移動したかを調べる。ブドウ糖は，溶液にベネジクト液を加えて加熱すると赤褐色の沈殿が生じることで確認できるから，Ａの水に行う操作は，【操作２】である。一方，Ｂでは，でんぷんがセロハンの穴を通過して水に移動したかを調べる。でんぷんは，ヨウ素溶液によって青紫色になることで確認できるから，Ｂの水に行う操作は，【操作１】である。

問７＜分子の大きさ＞問６より，図４のＡの水に【操作２】を行うと赤褐色の沈殿を生じるので，ブドウ糖の分子がセロハンの穴を通過することがわかる。また，Ｂの水に【操作１】を行うと色が変化しないので，でんぷんの分子はセロハンの穴を通過しないことがわかる。以上より，それぞれの大きさは，でんぷんの分子＞セロハンの穴＞ブドウ糖の分子である。

問８＜電池＞電池は，物質が持つ化学エネルギーを，化学変化を利用して電気エネルギーに変換して取り出す装置である。

2022年度／国立高等専門学校

国語解答

一 問1 ①…エ ②…イ ③…ウ ④…ウ
問2 c　問3 イ　問4 ア
問5 ウ　問6 エ　問7 ア

二 問1 ①…ウ ②…ア ③…エ
問2 (a)…イ (b)…エ　問3 ア
問4 イ　問5 ア
問6 A…ウ B…ア C…イ
問7 ウ　問8 ア

三 問1 イ
問2 A…ウ B…エ C…イ
問3 エ　問4 ア　問5 ウ
問6 イ　問7 エ

一〔論説文の読解─哲学的分野─人生〕出典；竹内整一『日本思想の言葉　神，人，命，魂』。

《本文の概要》夏蟬は夏の盛りに一週間ぐらい鳴き飛び回って生きるが，春や秋を知らないのだから自らの生きているときが夏だとはわからない。私たちも，自分の生きている世界がどんなものか，その世界にすっぽりと入り込んでいるかぎりよくわからない。その世界の外へ出て改めて見返したとき，初めて自分のいた世界が何であるかわかる。西行は，この夢のような世から目覚めることを願って，出家し，旅を重ね，歌をつくり続けた。国木田独歩も，生涯「おどろきたい」と願った文学家で，彼の代表作の主人公は，世間的な習慣や制度的なものの見方になれなずんでいる自分を改めて奮い起こし，新鮮な感受性を持って世界や宇宙と向き合いたいと願っている。西行も独歩も，常に身と心を開いてまだこない「おどろき」を待った。「人生は夏休みよりはやく過ぎる」という言葉がある。この言葉は，だから人生はむなしいというのでも，西行や独歩のように「おどろき」目覚めろというのでもない。人生を，夏休みのようにメリハリがあっておもしろい充実した時間にすることはできる。「おどろき」は知らなくとも，ただひたすら懸命に生きればそれでいいのである。

問1＜漢字＞①「原義」は，その言葉のもともとの意味のこと。　②「冒頭」は，文章のはじめの部分のこと。　③「相対」は，それが他との関係のうえで初めて成立すること。　④「輪郭」は，物事の概要のこと。

問2＜品詞＞「わからない」「感じられない」「できない」の「ない」は，いずれも打ち消しを表す助動詞。「はかない」の「ない」は，不確かで頼りにならないという状態を表す形容詞の一部。

問3＜文章内容＞西行は，「生きることが夢のようにしか感じられないこの世から『おどろき』目覚めたい」と思っていた。「夢見ているものは，外からの何らかの働きかけなしには，その夢のまどろみから目覚めることはできない」ため，西行は，出家し，旅を重ね，歌をつくり続けることによって，夢の「世界の外に出て，あらためてその世界を見返し」，この世界が何であるかをわかろうとしたのである。

問4＜文章内容＞日本人には「この世に生きることが『夢』のようである」ことは，よくわかる現実感覚なのである。私たちは，自らが生きている世界が「いかなる世界であるかは，その世界の中にすっぽりと入り込んで」いて，よくわからないが，この世をはかない「浅き夢」のように感じて生きているのである。

問5＜詩の内容理解＞夢のまどろみにすっぽりと入り込んでいる自分の心を，独歩は「吹けや北風」「うてやいかづち」と奮い立たせるのである。夢から覚めてこの世界を見つめるときがきてほしいと独歩は希求し，「つねに身と心を開いて待つ」のである。

問6＜文章内容＞西行も独歩も，「世間的な習慣や制度的なものの見方・感じ方にずっぽりと馴れなずんでいる自分をあらためて奮い起こし，新鮮な感受性をもって世界や宇宙に向かい合いたい」と願っているのである。彼らは，「何か自分以外のものに『おどろかされる』こと」を願いながら，

「まだ来ない『おどろき』へとつねに身と心を開いて」待ったのである。

問７＜文章内容＞夏休みには，「それなりの展開を持った，メリハリがあっておもしろい，それ自体として充実した時間」があった。私たちの人生を，そのように充実した「深き夢」や「濃き夢」へと仕立てあげ，のめり込んでひたすら懸命に生き続ければそれでいいと，筆者は考えるのである。

二〔論説文の読解―自然科学的分野―科学〕出典；佐倉統『科学とはなにか』。

≪本文の概要≫生命科学の領域では，研究成果の受け取り手に，専門家以外の人たちを含まざるをえない。実験の結果は，科学的事実であり，価値を伴わない中立な事柄である。ところが，それがひとたび科学界の外に出ると，科学の記述はたちまちある種の価値を帯び，無意識の価値判断や好みがはたらくものになる。私たちには，自然現象や心理現象について一段階下のレベルでの説明を求め，説明が不適切であっても，科学的な用語が使われるだけで満足してしまう傾向がある。また，科学の知識があることが，その適切な使い方を妨げ，その知識を使わない方が適切な場面でも知識を使ってしまう誘惑に，私たちは駆られる。知識は，使うように使うようにと人を誘惑し，幻惑するのである。説明を受ける側は，内容の妥当性を問わず一見科学的な装いをまとっただけの説明を好むし，説明をする側も，その知識を当てはめるのが不適切な場合でも一見科学的な説明をしがちになる。私たちは，仮にそれがインチキであっても，科学的であるかのような説明を喜んで受け取ってしまう傾向を持っているのである。しかし，そもそも科学で必要とされる知識と日常生活で必要とされる知識は，性質が根本的に異なるものなのである。

問１＜接続語＞①生命科学の領域では，専門家以外の人も研究成果の受け取り手となり，例として，オキシトシンの中立な研究結果が科学界の「外」に出ると，ある種の価値を帯びてしまうことが，挙げられる。　②科学的事実を取り扱う際には，価値判断や好みをはたらかせてはならないというのが大原則で，誤った言明が出るたびに，科学者たちはそのことを「強調している」が，この誤りを犯さないようにすることは，「無理筋」なのだろう。　③脳神経科学入門の講義を半年間聴いた学生たちが，一般の素人と同様に，内容が不適切でも適切でも「科学的用語」がある論文をより「優れた説明と評価した」ということは，要するに，「知識をもっていることと，それらの知識を適切に使うこととは，まったく別の能力」だということである。

問２＜語句＞(a)「なまじ」は，中途半端で，しなくともいいことをする様子。説明する側が，脳神経科学入門の講義を聴いていた学生のように，中途半端に科学的知識を持っていると，「実際にはその知識を当てはめるのが不適切な場合でも一見科学的な説明をしがち」なのである。　(b)「あたかも」は，まるでそうであるかのようだという様子を表す。科学的な根拠が明確でないことを，まるで「科学的根拠があるかのように語る」のは，危険なことなのである。

問３＜文章内容＞生物学の領域が広がるにつれ，人とそれ以外の生物の境界が消え，「基礎研究の成果がそのまま，人間についての言明に直結する」という状態になった現在，研究成果は，日常の生活場面に活用できるものとして，専門家以外の人たちに受け取られるようになったのである。

問４＜文章内容＞「実験の結果は科学的『事実』」は，「価値をともなわない中立な事柄」であり，根拠のない価値判断や好みと結びつけるわけにはいかないものである。オキシトシンが増えて落ち着いた感情がもたらされるという実験結果と，その状態を積極的に求めるべきだという価値判断は，必ずしも結びついていないのである。

問５＜文章内容＞生命科学の領域では，専門家以外の人も科学の成果を知識として受け取る機会が現出している。科学的知識や技術を使う社会では，一般市民も科学的な説明を好むのである。

問６＜資料＞Ａ．一般の人は，たとえそれが不適切な内容であっても，科学的用語が用いられていれば高く評価した(…ウ)。　Ｂ．専門家は，適切な説明文の科学的用語が加わったものを「その科学的用語の内容が不正確であり説明内容に適していない」とし，科学的用語がないものより「低く」評価した(…ア)。　C．脳神経科学入門の講義を半年間聴いてきた学生たちは，専門家の判定とは正反対に，不適切な説明文でも科学的用語があればそうでないものより高く評価し，「適切な説明文でも科学的用語が加わったほうを，より優れた説明」と評価した(…イ)。

問７＜文章内容＞科学的知識を受け取る側は，「内容の妥当性を問わず，一見科学的な装いをまとっただけの説明のほうを好んでしまう」し，説明をする側も，「実際にはその知識を当てはめるのが不適切な場合でも一見科学的な説明をしがち」なのである。この知識の誘惑幻惑効果は，「物理学や数学，心理学など」さまざまな分野で見られるのである。

問８＜文章内容＞科学的な言明を日常の生活場面で使えるようにしなければならないのは，「科学的知識を日常生活場面の『どこ』に，『どのように』当てはめることができるのか」という問題があるからである。科学と日常生活とでは「必要とされる知識」の「性質」が根本的に違うのである。

三〔小説の読解〕出典；青山美智子『お探し物は図書室まで』。

問１＜漢字＞「利器」は，便利な器具や，優れた性能の機械をいう。一般的に，文明が生み出した優れた機械を，「文明の利器」という。

問２＜文章内容＞A．「たった百六十年前だよ。つい最近じゃないの」という小町さんの言葉は，「俺」にとって新鮮な時間についての視点を提示するものだった。　B．小町さんは，「俺」に「目を合わせ」て，「誰がああ言ったとかこうしたとか，人伝えでいろんな解釈」があり，「それもひとつの説である」ことを念頭に置くべきだとしっかり伝えた。　C．ダーウィンばかりがもてはやされて「ウォレスが不憫だ」と言う「俺」に対して，「俺」がウォレスのことを知って彼について考えることによって「この世界にウォレスの生きる場所を作った」と小町さんは伝えた。「歴史に名を残す」ことを重要視する「俺」に，小町さんは静かに別の考えを示した。

問３＜文章内容＞ダーウィンばかりがもてはやされて「ウォレスが不憫だ」と言う「俺」に対して，「少なくとも浩弥くんはその本を読んでウォレスを知ったよね。そしてウォレスについて，いろんなことを考えている」と小町さんは言った。ウォレスの存在を知り，考えることが，彼が存在した意味そのものだと，小町さんは言うのである。

問４＜文章内容＞百六十年前，人々は，「生物はすべて神が最初からその形に創ったもの」だと固く信じていたのである。ダーウィンは，『種の起源』によって，社会全体が信じていることを否定しようとした。常識に反する考えを持つ者として社会から排除されるかもしれないと考えたダーウィンは，『種の起源』を発表することをためらったのである。

問５＜文章内容＞ダーウィンやウォレスや当時の研究者たちは，「自分を信じて，学び続けて発表し続け」たことで，「自分を取り巻く環境のほうを変え」た。同様に，鉄が空を飛ぶはずがない，空想の世界の話だと思われていた飛行機も，研究者たちの努力によって現実の乗り物になっている。

問６＜文章内容＞居場所をつくるとは，「歴史に名を残す」ことではなく，「誰かが誰かを想う」ことによるものであり，「誰かの人生の中で心に残るような絵が一枚でも描けたら」，自分が絵を描くことの意味があることになると，「俺」は気づいたのである。

問７＜表現＞自分を認めてくれない世間や社会が悪いと思っていた「俺」が，歴史に名を残した人の背後にもたくさんの名を残さぬ偉大な人々がいたということに気づいたり，自分が口にした小さな一言が友人を勇気づけたことに驚いたりしながら，「人の心に残るイラストを描く」という十八歳の頃の自分の夢を再び見出していく。小町さんの言葉や友人の作家デビューなど，さまざまな出来事からの気づきが，「俺」の再生を助けていくさまが描かれている。

2021年度 国立高等専門学校

【英　語】（50分）〈満点：100点〉

1　次の各組の英文がほぼ同じ内容となるよう，（A）と（B）に入れるのに最も適当な組み合わせをア～エの中からそれぞれ一つずつ選びなさい。

1．I help her and she (A) helps me.
She and I help (B).

	ア	イ	ウ	エ
（A）	often	never	too	also
（B）	forever	together	anyone	each other

2．He didn't say (A) to me when he left.
He said (B) to me when he left.

	ア	イ	ウ	エ
（A）	anything	anything	nothing	something
（B）	something	nothing	anything	anything

3．My grandfather (A) how to send an e-mail.
My grandfather (B) send an e-mail.

	ア	イ	ウ	エ
（A）	forgot	doesn't know	didn't ask	teaches
（B）	would	can't	would	can't

4．I (A) her birthday party.
I had a (B) time at her birthday party.

	ア	イ	ウ	エ
（A）	enjoyed	opened	had	missed
（B）	good	funny	hard	poor

5．Our school was (A) eighty years ago.
Our school is eighty years (B) now.

	ア	イ	ウ	エ
（A）	building	build	building	built
（B）	new	young	age	old

2　次の1～5の会話文の（　）に入る適切なものを，ア～エの中から一つずつ選びなさい。

1．A：Did you wash your hands when you came home?
B：(　　　　　)
A：That's good. You should always wash your hands before you eat. Now we can have dinner.

ア　I washed my face in the morning.　　イ　Of course I did.
ウ　No, I have never washed them.　　エ　Oh, no! I forgot.

2．A：Could you tell me the way to the nearest bus stop?
B：Well, (　　　　　) Follow me, please.
A：Thank you for helping me to get to the bus stop.

ア　I'm too tired to go there.　　イ　I haven't seen it before.
ウ　I'm going there, too.　　エ　I don't think so.

3．A：Excuse me. Which line goes to the national museum?
B：If you want to go there, (　　　　　) the Blue Line. Then change trains at Green Station.

A：All right.　Thank you very much.

ア　it's your turn to　　　イ　go back to your seat into

ウ　you have to try to　　　エ　you must get on

4．A：Hello.　This is Suzuki Hiroshi.　Is Ms. Okada there?

B：I'm sorry.　(　　　　)

A：It's Suzuki.　Suzuki Hiroshi.

B：Thank you.　I'm sorry, she is not here now.　Shall I take a message?

ア　I couldn't hear your name clearly.　　イ　How are you today?

ウ　Can I ask you something?　　エ　I can't see her.

5．A：Hello, what are you looking for today?

B：I broke my pen.　I want a new one.　(　　　　)

A：Yes, I think we do.　This way, please.

ア　Would you like another pen?　　イ　Can you say that again, please?

ウ　Will you show me the way to your home?　　エ　Do you have one like this?

3　次の文章をよく読んで，後の問いに答えなさい。

A long time ago in America, George was working at a restaurant as a cook.　One night, a very rich man アvisited George's restaurant.　He ordered many dishes for his dinner.　(　1　) of the dishes was French fries.　The dish was very popular at George's restaurant.　George イcooked it, and then a waitress served it to the man.　He ウstarted to eat it.　He (　2　) stopped エeating and called the waitress.　He said to her, "Hey!　It's too thick and oily.　I cannot eat it.　(　3　) the cook to make the dish again."　Then, she went to the kitchen, told George about the rich man and オasked George (　4　) the dish again.

Once again, George started to cook French fries.　This time, he cut the potatoes thinner than the first time.　Then, he called the same waitress and told her to (　5　) the dish to the man.　But he didn't like George's second French fries and sent them back to the kitchen again.　George was very angry.　So, he cut the potatoes so thin that he could see through them.　He wanted to annoy the man.　They were (　6　) thin to eat with a fork.　This time, George served the dish to the man, stood by him and カwaited.　The rich man ate it.　"Wonderful!" he said.

These were the first potato chips in the world!　After that, potato chips became another popular dish at the restaurant.

（注）　order　注文する　　French fries　フライドポテト　　waitress　ウェイトレス

thick　太い　　oily　油っぽい　　potato　ジャガイモ　　thin　薄い

annoy　困らせる　　fork　フォーク　　potato chips　ポテトチップス

問1　本文中の（1）～（6）に入れるのに適切なものを，ア～エの中から一つずつ選びなさい。

（1）　ア　This　　イ　That　　ウ　One　　エ　Both

（2）　ア　early　　イ　still　　ウ　suddenly　　エ　usually

（3）　ア　Hear　　イ　Say　　ウ　Speak　　エ　Tell

（4）　ア　cook　　イ　cooked　　ウ　cooking　　エ　to cook

（5）　ア　eat　　イ　serve　　ウ　cook　　エ　receive

（6）　ア　much　　イ　to　　ウ　too　　エ　more

問2　次の1と2が表す内容と同じ意味で使われている語を，本文中の下線部ア～カからそれぞれ一つずつ選びなさい。

1　do nothing until someone or something arrives or until something happens

2　tell someone that you want them to do something

4　次の１～５の会話文の(　)内の語を並べ替え，それぞれの文を完成しなさい。解答は，(　)内において**３番目**と**５番目**にくるものの記号を選びなさい。なお，文頭にくる語も小文字で書かれています。

１．A：We have a baseball game tomorrow.

B：Yes, I (ア be　イ fine　ウ hope　エ the　オ weather　カ will).

A：Me, too !

２．A：Excuse me.　Can you help me ?　I am looking for the post office.

B：Sure.　Go straight along this street.　You (ア at　イ end　ウ find　エ it　オ the　カ will) of the street.

３．A：Do you know that Hiroshi broke his leg and he is in the hospital ?

B：Yes, I know.　He said he wanted something to read.　What (ア about　イ bringing　ウ do　エ him　オ think　カ you) some comics ?

A：That's a good idea.

４．A：Hiroko didn't come to our club after school today.　I'm worried about her.

B：Her brother is not feeling well, so she (ア at　イ care　ウ him　エ is　オ of　カ taking) home.

A：Oh, that's too bad.

５．A：Have you ever seen this movie ?

B：No, but it looks interesting.

A：(ア go　イ I　ウ someone　エ to　オ want　カ with) me.　Are you free this weekend ?

5　次の文章をよく読んで，後の問いに答えなさい。

Takashi was born on the first day of 2005.　When he was born, Takashi's parents were both twenty-eight years old.　Just two years and one month later, Takashi's sister was born.　The baby was named Naomi.　The next day was her mother's birthday.　On Naomi's first birthday, she was 9 kg and 74 cm tall and Takashi was 14 kg and 90 cm tall.　Takashi's height was just half of his father's.　Takashi entered kindergarten that year.

Takashi entered elementary school when he was six years old.　On his first day at school, Takashi was 20 kg and 115 cm tall.

Naomi entered kindergarten at the same age as Takashi did.　When she entered elementary school, she had the same weight and height as Takashi on the day of his entrance into elementary school.　On the day of Naomi's entrance into elementary school, Takashi was, of course, taller than Naomi.　The difference between Takashi's height and Naomi's was 15 cm.

Takashi is now a junior high school student.　He became fourteen years old this year.　He has become a tall boy.　He is 170 cm tall now.　However, his father's height has not changed since Takashi was born.

（注） height　身長　　kindergarten　幼稚園　　weight　体重　　entrance　入学

問い　本文の内容から考えて，次の１～５の英文の（　）に入る適切なものをア～エの中からそれぞれ一つずつ選びなさい。

1．Naomi was born in (　　　　　).

ア　January 2007　　イ　February 2007　　ウ　January 2008　　エ　February 2008

2．When Naomi was born, her mother was (　　　) years old.

ア　twenty-eight　　イ　twenty-nine　　ウ　thirty　　エ　thirty-one

3．Takashi was 20 kg when he was (　　　) years old.

ア　four　　イ　five　　ウ　six　　エ　seven

4．On Naomi's first day of elementary school, Takashi was (　　　) tall.

ア　74 cm　　イ　90 cm　　ウ　115 cm　　エ　130 cm

5．Takashi's father is (　　　) tall now.

ア　165 cm　　イ　170 cm　　ウ　175 cm　　エ　180 cm

6　次の文章をよく読んで，後の問いに答えなさい。

On a boat, a team of scientists is helping a turtle. The turtle is having some trouble, and the scientists find the reason. There is something in its nose. One of the scientists tries to take it out. Finally, after eight long minutes, something long is taken out of the turtle's nose. It is a long plastic straw.

A lot of people have watched the video of the turtle on the Internet. Now people understand better about this problem. [1] Since 2000, the production of plastic has increased all over the world, but [2]. A lot of plastic waste goes into the ocean. Today, scientists think about eight million tons goes into the sea every year. Most of this plastic will never disappear from the oceans.

This ocean plastic hurts a lot of sea animals every year. Some fish eat plastic because [3] or it's covered with sea plants. Some scientists believe that eating a lot of plastic leads to hunger. After sea animals eat a lot of plastic, [4]. In some cases, eating sharp pieces of plastic can hurt sea animals and can even kill them.

Plastic is useful to people because [5], but this is dangerous for sea animals. The scientist said, "The biggest problem is that the plastic items are designed to be thrown away after they are used." For example, we use straws, water bottles, and plastic bags [6]. About seven hundred different kinds of sea animals have eaten these plastic items. The turtle was lucky because it was rescued and returned to the ocean.

How will plastic waste affect sea animals in the future ? "I think we'll know the answers in five to ten years," said the scientist. But by then, a lot more plastic waste will already be in the ocean.

（注）turtle　カメ　　straw　ストロー　　production　生産　　million　百万

ton　トン（重さの単位）　(be) covered with ～　～に覆《おお》われる

lead to hunger　飢《き》餓《が》をもたらす　　sharp　鋭い　　item　品物

affect　～に影響する

問１　本文中の空所 [1] に入れるのに適切なものを次のア～ウの中から一つ選びなさい。

ア　The world's seas are full of plastic.

イ　Turtles have disappeared from the cities.

ウ　Every country is trying to take plastic out of the sea.

問2　本文中の空所 2 に入れるのに適切なものを次のア～ウの中から一つ選びなさい。
ア　we reuse all of our plastic waste
イ　we recycle only about 20% of it
ウ　we have decided to give up our easy life

問3　本文中の空所 3 に入れるのに適切なものを次のア～ウの中から一つ選びなさい。
ア　it's very hungry and delicious
イ　they know it's dangerous to eat
ウ　it looks like food

問4　本文中の空所 4 に入れるのに適切なものを次のア～ウの中から一つ選びなさい。
ア　they become strong and they live longer than we think
イ　their stomachs are full but they don't get enough energy to live
ウ　they still feel hungry and they try to take it out of their noses

問5　本文中の空所 5 に入れるのに適切なものを次のア～ウの中から一つ選びなさい。
ア　it is strong and not easily broken
イ　it breaks into pieces quickly and we can rescue it
ウ　they don't usually throw away a lot of waste into the ocean

問6　本文中の空所 6 に入れるのに適切なものを次のア～ウの中から一つ選びなさい。
ア　to reduce sea animals in the world
イ　only once before we throw them away
ウ　to find the problems in our environment

問7　本文の内容と合うものを次のア～ウの中から一つ選びなさい。
ア　Plastic waste is a serious problem in the oceans.
イ　The turtle in the video died when it ate a plastic straw.
ウ　Plastic items in the oceans save a lot of sea animals.

【数　学】（50分）〈満点：100点〉

（注意）1　定規，コンパス，ものさし，分度器及び計算機は用いないこと。

2　問題の文中の $\boxed{アイ}$，$\boxed{ウ}$ などには，特に指示がないかぎり，負の符号(－)または数字(0～9)が入り，ア，イ，ウの一つ一つは，これらのいずれか一つに対応する。それらを解答用紙のア，イ，ウで示された解答欄に，マーク部分を塗りつぶして解答すること。

3　解答は解答欄の形で解答すること。例えば，解答が $\dfrac{2}{5}$ のとき，解答欄が $\boxed{エ}.\boxed{オ}$ ならば0.4として解答すること。

4　分数の形の解答は，それ以上約分できない形で解答すること。例えば，$\dfrac{2}{3}$ を $\dfrac{4}{6}$ と解答しても正解にはならない。また，解答に負の符号がつく場合は，負の符号は，分子につけ，分母にはつけないこと。例えば，$\dfrac{\boxed{カキ}}{\boxed{ク}}$ に $-\dfrac{3}{4}$ と解答したいときは，$\dfrac{-3}{4}$ として解答すること。

5　根号を含《ふく》む形で解答する場合，根号の中に現れる自然数が最小となる形で解答すること。例えば，$4\sqrt{2}$ を $2\sqrt{8}$ と解答しても正解にはならない。

1　次の各問いに答えなさい。

(1)　$-2^2\div\dfrac{3}{5}+6\times\left(\dfrac{1}{3}\right)^2$ を計算すると $\boxed{アイ}$ である。

(2)　2次方程式 $2x^2+8x-1=0$ を解くと $x=\dfrac{\boxed{ウエ}\pm\boxed{オ}\sqrt{\boxed{カ}}}{\boxed{キ}}$ である。

(3)　2つの関数 $y=\dfrac{a}{x}$ と $y=-3x+1$ について，x の値《あたい》が1から4まで増加するときの変化の割合が等しい。このとき，$a=\boxed{クケ}$ である。

(4)　右の図のように，関数 $y=\dfrac{18}{x}$ のグラフと直線 $y=ax-1$ が2点で交わっている。そのうち，x 座標が正であるものをAとする。点Aから x 軸に垂線を引き，その交点をBとする。また，直線 $y=ax-1$ と x 軸との交点をCとすると，BC：CO＝2：1である。このとき，点Aの y 座標は $\boxed{コ}$ であり，$a=\dfrac{\boxed{サ}}{\boxed{シ}}$ である。

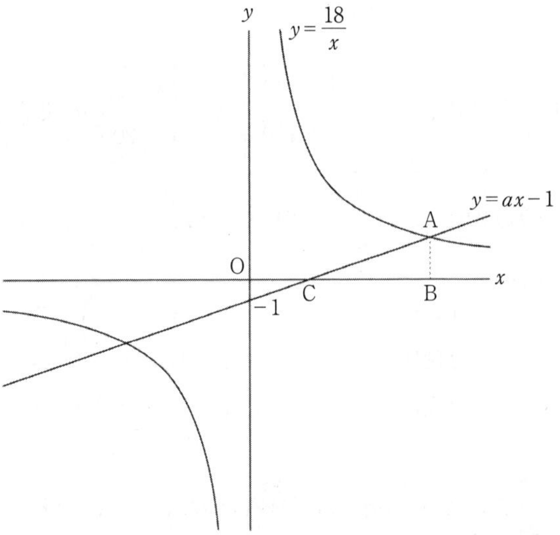

(5)　A，B，C，D，Eの5人から，くじ引きで3人の当番を選ぶとき，選び方は全部で $\boxed{スセ}$ 通りある。

(6)　あるクラスにおいて，各生徒が冬休み中に図書館から借りた本の冊数をまとめたところ，右の度数分布表のようになった。このとき，冊数の最頻値(モード)は $\boxed{ソ}$ 冊である。また，4冊借りた生徒の人数《にんずう》の相対度数は，小数第3位を四捨五入して表すと $0.\boxed{タチ}$ である。

冊数(冊)	度数(人)
0	6
1	8
2	9
3	5
4	6
5	1
6	1
合計	36

(7)　次のページの図で，2直線 l，m は平行であり，同じ印のつけられている角がそれぞれ等しいとき，$\angle x=\boxed{ツテト}^\circ$ である。

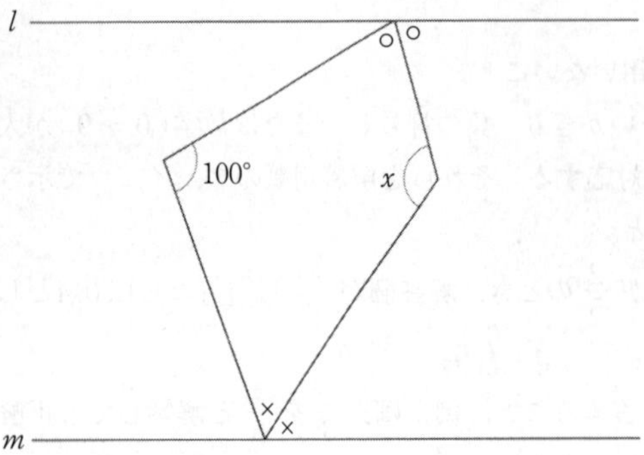

(8) 底面の半径6 cm，高さ h cmの円柱がある。この体積が，半径5 cmの球と半径4 cmの球の体積の和に等しいとき，$h=$［ナ］cmである。

2 図1のように，自然数を1段に7つずつ，1から小さい順に並べていく。このとき，次の各問いに答えなさい。

図1

1段目	1	2	3	4	5	6	7
2段目	8	9	10	11	12	13	14
3段目	15	16	17	18	19	20	21
⋮				⋮			

(1) 図2のように，$\begin{array}{|cc|}\hline 1 & 2 \\ 8 & 9 \\ \hline\end{array}$ や $\begin{array}{|cc|}\hline 12 & 13 \\ 19 & 20 \\ \hline\end{array}$ のような図1の中にある自然数を四角で囲ってできる4つの数の組 $\begin{array}{|cc|}\hline a & b \\ c & d \\ \hline\end{array}$ について考える。

図2

1段目	1	2	3	4	5	6	7
2段目	8	9	10	11	12	13	14
3段目	15	16	17	18	19	20	21
⋮				⋮			

このとき，$ad-bc$ の値《あたい》はつねに-7になることを次のように証明した。

【証明】

b，c，d をそれぞれ a を用いて表し，$ad-bc$ を計算すると，

$ad-bc=a(a+$［ア］$)-(a+$［イ］$)(a+$［ウ］$)$

$=a^2+$［ア］$a-(a^2+$［エ］$a+$［オ］$)$

$=-7$

となる。　【証明終わり】

(2) 図1の n 段目において，左から3番目の数を A とし，左から4番目の数を B とする。このとき，A，B は n を用いて

$A=$［カ］$n-$［キ］，$B=$［ク］$n-$［ケ］

と表される。$AB=1482$ であるとき，n の値は［コ］である。

(3) 図1の n 段目にあるすべての自然数の和が861になった。このとき，n の値は［サシ］である。

3　ある列車が停止した状態から出発し，x秒後にはy m進んだ位置にいる。$0 \leqq x \leqq 100$では$y=0.35x^2$という関係があり，100秒後には出発地点から3500m進んだ位置にいる。また，出発してから100秒以上経過したあとは一定の速さで進み，200秒後には出発地点から10500m進んだ位置にいる。

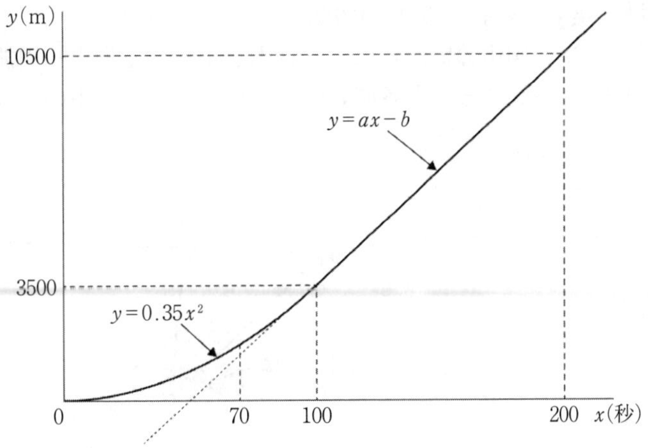

　このとき，次の各問いに答えなさい。

(1)　出発してから100秒以上経過したあとは，$y=ax-b$という関係があり，a＝[アイ]，b＝[ウエオカ]である。
また，出発してから100秒以上経過したとき，列車は時速[キクケ]kmで走る。

(2)　$x=70$のとき，y＝[コサシス]である。このとき，列車の先頭が，あるトンネルに入った。列車が完全にトンネルから出たのは出発してから216秒後であったという。列車の全長が420mのとき，先頭部分がトンネルから出るのは出発してから[セソタ]秒後であり，トンネルの長さは[チツテト]mである。

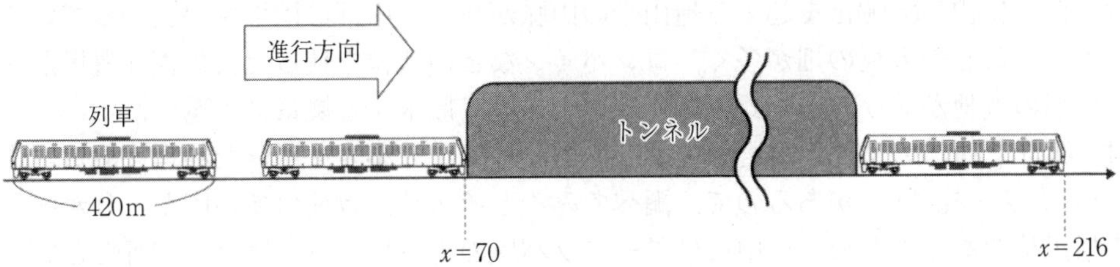

4　右の図のように，AB＝ACである二等辺三角形ABCと正方形ACDEがある。線分BEと線分ADの交点をFとし，線分CEと線分ADの交点をGとする。点Aから辺BCに垂線を引き，その交点をHとする。

　BC＝4，∠BAC＝45°，∠ABE＝∠x，∠BAH＝∠yのとき，次の各問いに答えなさい。

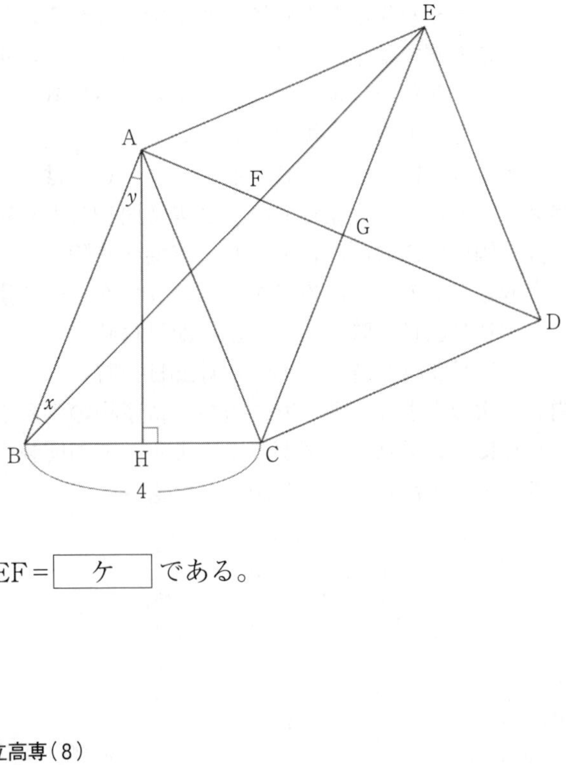

(1)　△ABEにおいて，三角形の内角の和は180°であるから，∠x＋∠y＝[アイ]°である。

(2)　∠BEC＝[ウエ].[オ]°である。

(3)　△ABCと△DEFにおいて

　AB＝DE

　∠BAC＝∠EDF＝45°

　∠ABC＝∠DEF＝[カキ].[ク]°

である。よって，2つの三角形は合同であり，EF＝[ケ]である。

(4)　△AEFの面積は[コ]である。

【社　会】（50分）〈満点：100点〉

1　次の図中の**い**から**に**は，日本を出発する世界一周旅行で訪問した４か国について示している。**問１**から**問４**までの各問いに答えよ。なお，図中の○はそれぞれの国の首都の位置を示している。

図
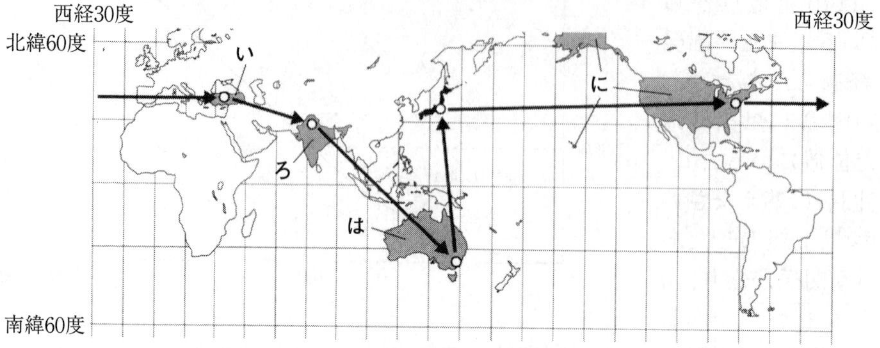

※経線と緯線《いせん》が直角に交わる地図である。経線は15度間隔《かんかく》，緯線は30度間隔で引いている。

問１　次のＡからＤの紀行文は，図中の**い**から**に**のいずれかの国について記したものである。紀行文と図中で示した国の組み合わせとして正しいものを，下のアからエのうちから一つ選べ。

紀行文

Ａ　この国では，西部に標高3000ｍを超える造山帯の山脈があり，中部には平原が広がっている。中部では，とうもろこしや大豆の畑が多く，コンバインなどの機械を使った大規模な農場があった。とくに，円形の農地が並び，回転式のスプリンクラーで散水する風景には驚いた。

Ｂ　この国では，東洋と西洋の文化が融合《ゆうごう》しており，米だけでなく小麦を用いた料理もある。また，モスク（イスラム寺院・礼拝《れいはい》所）があるので，調べてみるとイスラム教徒の多い国だと分かった。

Ｃ　イギリスの植民地であったため，街中にはヨーロッパ風の建築物を見かけた。12月だというのに，気温が高い。農場で羊を多く見かけたので，調べてみると羊毛生産が盛《さか》んな国だった。また，鉄鉱石や石炭などの資源も豊富で，これらは日本や中国にも多く輸出されている。

Ｄ　この国では東西で降水量が異なっている。東部にある大河川の河口部では米を栽培《さいばい》する水田が多く，西部では米だけでなく小麦を主に栽培していた。また，降水量の多い北東部では，茶栽培が有名で海外にも輸出されている。

ア　Ａ―**い**　　イ　Ｂ―**ろ**　　ウ　Ｃ―**は**　　エ　Ｄ―**に**

問２　この世界一周旅行では，日本時間12月24日14時発の飛行機で日本を出発した。飛行機で14時間後，図中の**に**の国の首都にある空港へ着陸した。着陸後の機内放送で案内された現地時間として最も適当なものを，次のアからエのうちから一つ選べ。

ア　12月24日４時　　イ　12月24日14時

ウ　12月25日４時　　エ　12月25日14時

問３　次の表１は国別の家畜《かちく》頭数と畜産《ちくさん》物の生産数を示している。表１中のアからエには，図中の**い**から**に**のいずれかの国が当てはまる。下の解説文を参考にして，図中の**ろ**の国に当てはまるものを，表１中のアからエのうちから一つ選べ。

表１　国別の家畜頭数と畜産物の生産数（2018年）

	※家畜頭数（頭）			※※畜産物の生産数（頭）		
	牛	豚	羊	牛肉	豚肉	羊肉
ア	26395734	2534030	70067316	7913300	5378100	31828400
イ	184464035	8485240	61666343	9202631	8461298	19154944
ウ	94298000	74550200	5265000	33703400	124512300	2357200
エ	15943586	1361	33677636	3426180	0	22627714

※家畜頭数とは，国内で飼育される家畜の総数を示している。
※※畜産物の生産数は，国内で食肉となった家畜頭数を示している。
（『FAOSAT/Production』をもとに作成）

解説文

家畜頭数や畜産物の生産数は自然環境だけでなく，それぞれの国の宗教の影響を受ける場合もある。例えば，イスラム教では不浄《ふじょう》なものとして豚を食することが禁じられている。一方で，ヒンドゥー教では牛を神聖な存在とみており，牛肉を食べることを避《さ》けている。

問４　次の表２と表３は，国別の移動電話契約《けいやく》数と国別の在留日本人総数をそれぞれ示している。表２と表３中のＷからＺは，図中の**い**から**に**のいずれかの国が当てはまる。表２と表３中のＺに当てはまる国を，下のアからエのうちから一つ選べ。

表２　国別の※移動電話契約数

	2000年		2017年	
	総数（千件）	100人あたり（件）	総数（千件）	100人あたり（件）
W	16133	25.5	77800	96.4
X	3577	0.3	1168902	87.3
Y	109478	38.8	391600	120.7
Z	8562	44.9	27553	112.7

表３　国別の※※在留日本人総数

	在留日本人総数（人）	
	2000年	2017年
W	1030	1791
X	2035	9197
Y	297968	426206
Z	38427	97223

※移動電話とは，携帯《けいたい》電話・スマートフォンなどの一般の電話網の技術を用いた電話を指す。
※※在留日本人総数には，それぞれの国における日本人の永住者，長期滞在《たいざい》者を含《ふく》む。
（『世界国勢図会《ずえ》 2019/20年版』，『海外在留邦人《ほうじん》数調査統計（外務省）』より作成）

ア　**い**　　イ　**ろ**　　ウ　**は**　　エ　**に**

2　後の図と表を見て，**問１**から**問３**までの各問いに答えよ。

問１　図１の①から④は，日本の４つの主な河川の本流の流路を示している。また，それぞれの河川の拡大図には，その河口の位置と本流が流れる県を示している。また，図２は，①から④の河川の河口のいずれかの地点の雨温図である。雨温図の地点として正しいものを，次のアからエのうちから一つ選べ。

ア　①の河口　　イ　②の河口　　ウ　③の河口　　エ　④の河口

問２　表１のⅠからⅢは，日本なし，りんご，いちごのいずれかであり，ⅠからⅢの作物の生産量の上位５県を示した。表１のⅠからⅢの作物の組み合わせとして正しいものを，次のアからカのうちから一つ選べ。なお表１では，①から④の本流が流れる県がⅠからⅢの作物の生産量の上位５県に入っている場合には，県名ではなく①から④の河川の番号で示してある。ただし，複数の①から④の河川の本流が流れる県が生産量の上位５県に入っている場合は，同一の番号が表１に重複して書かれている場合がある。

	ア	イ	ウ	エ	オ	カ
Ⅰ	日本なし	日本なし	りんご	りんご	いちご	いちご
Ⅱ	りんご	いちご	日本なし	いちご	日本なし	りんご
Ⅲ	いちご	りんご	いちご	日本なし	りんご	日本なし

問3　表2は，図1のAからDまでの港もしくは空港の輸入品目上位5品目と総輸入金額に占《し》める割合および総輸入金額を示している。表2のXからZは，石油，集積回路，魚介類のいずれかである。XからZの品目の組み合わせとして正しいものを，次のアからカのうちから一つ選べ。なお，集積回路とは，半導体の表面に微細かつ複雑な電子回路を組み込んだ電子部品である。また，魚介類には，かんづめを含む。

	ア	イ	ウ	エ	オ	カ
X	石油	石油	集積回路	集積回路	魚介類	魚介類
Y	集積回路	魚介類	石油	魚介類	石油	集積回路
Z	魚介類	集積回路	魚介類	石油	集積回路	石油

図1　日本の4つの主な河川の本流流路と港と空港
(●は港，▲は空港)

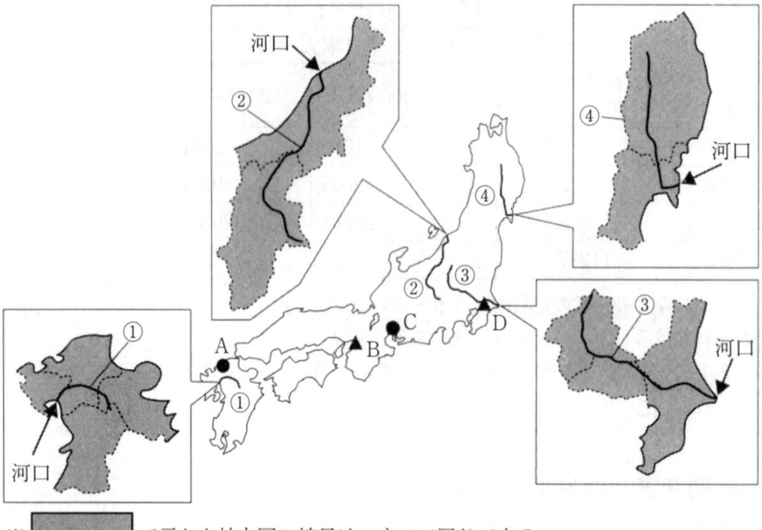

※　　　　で示した拡大図の縮尺は，すべて同じである。

図2　雨温図

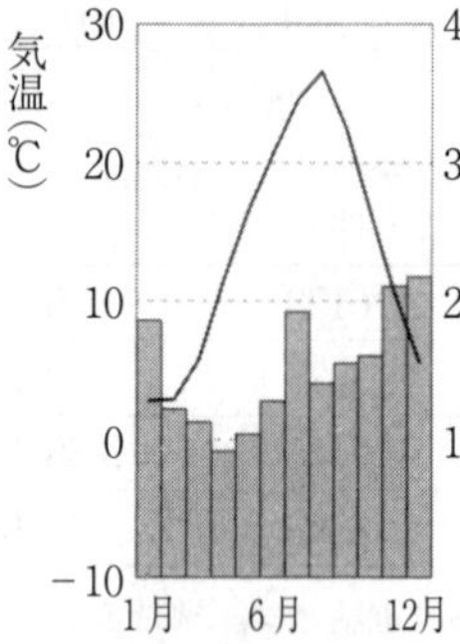

(気象庁資料より作成，
統計期間1981～2010年)

表1　日本なし，りんご，いちごの生産量上位5県

	1位	2位	3位	4位	5位
Ⅰ	栃木《とちぎ》県	①	①	静岡《しずおか》県	長崎《ながさき》県
Ⅱ	③	③	栃木県	福島県	鳥取県
Ⅲ	青森県	②	④	山形県	福島県

(『日本国勢図《ず》会《え》 2020/21年版』より作成)

表2　A，B，C，D港の輸入品目上位５品目と総輸入金額に占める割合(％)および総輸入金額(億円)

	1位	2位	3位	4位	5位	総輸入金額
A	X (7.5)	家具 (5.5)	絶縁電線・ケーブル (5.1)	衣類 (5.1)	肉類 (4.1)	10465
B	医薬品 (23.2)	通信機 (14.2)	Y (6.2)	科学光学機器 (4.8)	衣類 (2.9)	39695
C	液化ガス (8.4)	Z (7.8)	衣類 (7.1)	絶縁電線・ケーブル(5.1)	アルミニウム (4.5)	50849
D	半導体製造装置 (13.7)	医薬品 (12.3)	コンピュータ (8.8)	Y (8.4)	科学光学機器 (6.4)	129560

※絶縁《ぜつえん》電線・ケーブルとは，電線・ケーブルを絶縁《ぜつえん》体で覆《おお》ったもので，電気機器に分類される。
科学光学機器とは，望遠鏡(双眼鏡)，顕微鏡《けんびきょう》，カメラ，内視鏡，液晶《えきしょう》画面用偏光板《へんこうばん》フィルム等である。
液化ガスとは，液化天然ガス，液化石油ガス等である。

(『日本国勢図会 2020/21年版』より作成)

3　問１，問２に答えよ。

問１　次の２万5000分の１地形図から読み取ることができる内容として正しいものを，下のアからカのうちから一つ選べ。

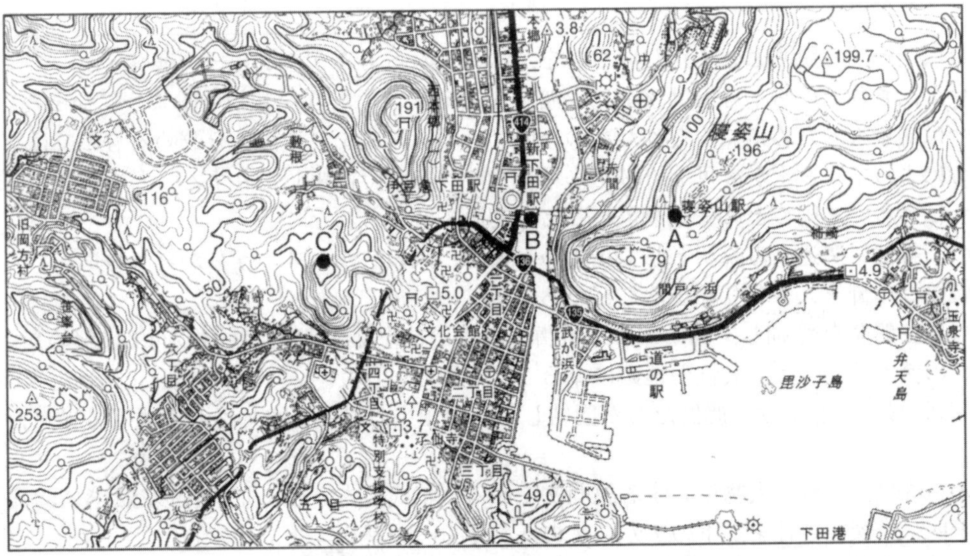

※読み取りやすくするために，地図記号や数値などの表記の大きさを変更《へんこう》してある。

(国土地理院発行　電子地形図25000「下田」に加筆修正)

ア　A地点の北側の斜面には，果樹園が広がっている。

イ　A地点とB地点の標高差は，200m以上ある。

ウ　A地点から16方位で南南東の方角にある島には，工場がある。

エ　B地点から16方位で南西の方角にある裁判所の西隣《にしどなり》には，博物館・美術館がある。

オ　C地点の標高は，A地点の標高より高い。

カ　C地点から16方位で南南東の方角には，消防署がある。

問２　太郎さんは，週末に市内の公園のなかにある池の周囲のランニングコースを走っている。その池の形は完全な円形をしている。ランニングコースは池の外周に沿うように円形に設けられており，起伏はない。太郎さんが，２万5000分の１地形図で池の直径を計測したところ，８cmであった。実際のランニングコース１周のおおよその距離《きょり》と池のおおよその面積の組み合わせとして最も適当なものを，次のアからカのうちから一つ選べ。なお，円周率は3.14を用いるものとする。

	ア	イ	ウ	エ	オ	カ
ランニングコース 1周の距離(単位：km)	約3.14	約3.14	約6.28	約6.28	約12.56	約12.56
池の面積(単位：km^2)	約3.14	約12.56	約3.14	約12.56	約3.14	約12.56

4 中世に出された次の法令を読んで，問1から問3までの各問いに答えよ。なお，この法令は現代語に訳し，一部を変えたり省略したりしてある。

一．諸国の守護の職務は，京都・鎌倉《かまくら》の警護を御家人《ごけにん》に命じることと，謀反《むほん》人や殺人犯などを取り締まることなので，それ以外はしてはならない。
一．国司や荘園《しょうえん》領主の裁判に幕府が口出ししてはならない。
一．地頭は，荘園の年貢《ねんぐ》を差しおさえてはならない。
一．武士が20年の間，実際に土地を支配しているならば，その権利を認める。
一．女性が養子に所領を譲《ゆず》ることは，律令《りつりょう》では許されていないが，武家の慣習として多く行われているので認める。

問1　この法令に関連する説明として正しいものを，次のアからエのうちから一つ選べ。
ア　この法令が出されたのち，幕府は京都に六波羅探題《ろくはらたんだい》を置き，朝廷《ちょうてい》を監視《かんし》するようになった。
イ　この法令は御家人のためにつくられたものなので，朝廷の決まりや律令を改めるものではない。
ウ　この法令によって，武士が許可なく城を修理したり，無断で縁組したりすることを禁じた。
エ　この法令によって，国ごとに守護を置くことが初めて認められた。

問2　法令中の下線部に関連する説明として正しいものを，次のアからエのうちから一つ選べ。
ア　地頭の職務は，御家人を取り締まることである。
イ　地頭は，新田開発を奨励《しょうれい》し，備中ぐわや千歯こきなどを普及させて生産力の向上に努めた。
ウ　鎌倉時代の武家社会では，女性が地頭になることも認められた。
エ　紀伊国《きいのくに》阿氏《あて》(弖)河荘《がわのしょう》では，農民たちが団結して荘園領主の横暴をやめさせるよう地頭に訴《うった》えた。

問3　次の①から⑤は，中世の人物に関する説明文である。年代の古い順に並べ直したとき，3番目にくる人物と関係が深い寺社を，下のアからオのうちから一つ選べ。
①　11世紀後半に起きた合戦ののちに東北地方で力をのばし，平泉《ひらいずみ》に拠点を置いた。
②　この人物のあとつぎをめぐって，応仁《おうにん》の乱が起こった。
③　後白河上皇の院政を助け，武士として初めて太政大臣《だいじょうだいじん》に就任した。
④　明《みん》との間に国交を結び，朝貢《ちょうこう》の形で勘合《かんごう》貿易をはじめた。
⑤　岐阜《ぎふ》や安土《あづち》の城下町で楽市・楽座を行い，自由な商工業の発展をはかった。

ア　鹿苑寺《ろくおんじ》　イ　本能寺《ほんのうじ》　ウ　厳島神社《いつくしまじんじゃ》　エ　中尊寺《ちゅうそんじ》　オ　慈照寺《じしょうじ》

5　次の文章を読み，**問1**から**問3**までの各問いに答えよ。

日本列島に勢力を拡大したヤマト政権は，中国の律令《りつりょう》制度を取り入れて701年には大宝律令を完成させ，(1)律令に基づいて政治を行う中央集権の国家を作りあげた。令によって，政治のきまりとすすめ方が定められ，人々には口分田を与えて，(2)税を納めさせる仕組みができあがった。710年には大宝律令に対応した新しい都として平城京がつくられた。平城京を中心に政治が行われた約80年間を(3)奈良《なら》時代とよぶ。

問1　下線部(1)に関して，日本の律令で定められた内容として正しいものを，次のアからオのうちから二つ選べ。なお，解答の順番は問わないこととする。

ア　政治の方針を決める太政官《だいじょうかん》の下《もと》に，さまざまな実務を担当する八つの省を置いた。

イ　ものさしやますを統一して，田畑の等級や面積を調べて検地帳を作成した。

ウ　冠位《かんい》十二階の制を定めて，家柄《いえがら》にとらわれずに能力のある人を取り立てた。

エ　国ごとに中央から国司が派遣《はけん》され，地方の豪族《ごうぞく》から任じた郡司を指揮して地方を治めた。

オ　農民を５戸ずつにまとめて五人組をつくらせ，犯罪防止や年貢《ねんぐ》納入に連帯責任を負わせた。

問2　下線部(2)に関して，次の表のＡからＤには，下の①から④のいずれかが入る。ＢとＣの組み合わせとして正しいものを，後のアからクのうちから一つ選べ。

税の種類	租	調	庸《よう》	雑徭《ぞうよう》
税の内容(正丁《せいてい》ひとり分)	A	B	C	D

※　正丁＝21～60歳の男性

①　絹・布(麻布《あさぬの》)や海産物などの特産物を納める。

②　年間60日以内の地方での労役《ろうえき》につく。

③　稲《いね》の収穫《しゅうかく》の約３％を納める。

④　労役の代わりに布(麻布)を納める。

ア　Ｂ－①　Ｃ－②　　イ　Ｂ－①　Ｃ－④　　ウ　Ｂ－②　Ｃ－③

エ　Ｂ－②　Ｃ－①　　オ　Ｂ－③　Ｃ－④　　カ　Ｂ－③　Ｃ－②

キ　Ｂ－④　Ｃ－①　　ク　Ｂ－④　Ｃ－③

問3　下線部(3)の時期には，次の史料の和歌などを収めた歌集がつくられた。この歌集の説明として正しいものを，下のアからエのうちから一つ選べ。なお，史料の和歌は現代漢字に置きかえている。

史料

・からころも　裾《すそ》にとりつき　泣《な》く子《こ》らを　置《お》きてぞ来《き》ぬや　母《おも》なしにして

・君《きみ》が行《ゆ》く　海辺《うみべ》の宿《やど》に　霧立《きりた》たば　我《あ》が立《た》ち嘆《なげ》く　息《いき》と知《し》りませ

・熟田津《にぎたづ》に　船乗《ふなの》りせむと　月待《つきま》てば　潮《しほ》もかなひぬ　今《いま》は漕《こ》ぎ出《い》でな

・あおによし　奈良《なら》の都《みやこ》は　咲《さ》く花《はな》の　にほふがごとく　今《いま》さかりなり

ア　天皇の命令を受けて，紀貫之《きのつらゆき》らがこの歌集を編纂《へんさん》した。

イ　日本語の発音を表現しやすくした仮名《かな》文字を使って書かれている。

ウ　この歌集は琵琶法師《びわほうし》によって広められ，文字を読めない人々にも親しまれた。

エ　天皇や貴族だけでなく，農民や防人《さきもり》など庶民《しょみん》の和歌まで広く集めている。

6　次の略年表とそれに関する説明文を読み，問1から問3までの各問いに答えよ。

略年表

①　キリスト教の宣教師が，はじめて日本で布教を開始した。

②　鎖国《さこく》下の日本にやってきた「最後の宣教師」が，江戸《えど》の切支丹《きりしたん》屋敷で牢死《ろうし》した。

③　ロシア使節のラクスマンが根室《ねむろ》に来航した。

④　ペリーが浦賀《うらが》に来航した。

⑤　津田《つだ》梅子を含む約60名の留学生が海外に渡った。

説明文　「最後の宣教師」について

2014年に東京都文京区小日向《こひなた》の切支丹屋敷跡から出土した人骨は，国立科学博物館でのDNA分析《ぶんせき》の結果，イタリア人宣教師シドッチのものである可能性が高いことが判明した。「最後の宣教師」と言われる人物である。布教のために日本への潜入を試みたが，屋久島《やくしま》上陸後すぐに捕まって長崎《ながさき》に送られ，さらに江戸で切支丹屋敷に幽閉《ゆうへい》されたのち，牢死した。<u>享保《きょうほう》の改革</u>が始まる2年前のことであった。

問1　次のaからcは，略年表中の①と②の間に起きた出来事について述べたものである。aからcを年代の古い順に並べ直したとき正しいものを，下のアからカのうちから一つ選べ。

a　イギリスで名誉革命が起こり，オランダから新しい国王を迎えた。

b　李舜臣《りしゅんしん》《イスンシン》の水軍が日本との戦いで活躍した。

c　オランダ商館が平戸《ひらど》から出島に移された。

ア　a→b→c　　イ　a→c→b　　ウ　b→c→a

エ　b→a→c　　オ　c→a→b　　カ　c→b→a

問2　次の文はある国で起こった出来事を表している。これは略年表のどの期間に起きたことか。下のアからエのうちから一つ選べ。

経済政策や奴隷《どれい》制の是非《ぜひ》をめぐって南部と北部とが対立し，国を二分する大きな内戦が起こった。

ア　①と②の間　　イ　②と③の間

ウ　③と④の間　　エ　④と⑤の間

問3　説明文中の下線部の改革の一環として行われたことを，次のアからエのうちから一つ選べ。

ア　株仲間を積極的に公認して営業《えいぎょう》上の特権を与え，代わりに営業税を徴収することで，幕府の収入を増やそうとした。

イ　農村から都市に出稼《でかせ》ぎに来ていた人びとに資金を与えて村に帰すことで農村の再生をはかり，ききんに備えて米を備蓄《びちく》させた。

ウ　長崎での貿易を活発にするために俵物《たわらもの》と呼ばれた海産物の輸出を奨励《しょうれい》し，大きな沼《ぬま》や蝦夷地《えぞち》の開発を計画した。

エ　質素・倹約《けんやく》をかかげて支出を抑え，年貢《ねんぐ》収入の増加をはかり，裁判での刑罰《けいばつ》の基準となる法を定めて裁判を公正にしようとした。

7　次の史料は，日本を訪れたタタール人イスラム教徒のイブラヒムという人物と，内閣総理大臣をつとめた人物 [A] との会談についてイブラヒムが書いた記録の一部である（[A] のなかにはある人物の名前が入る）。史料を読み，**問1**から**問3**までの各問いに答えよ。なお，史料は出題の都合上表現を一部改めている。

> 史料
>
> 　前方から一人の男性が歩いてきた。近づくにつれて [A] その人であるとわかった。挨拶《あいさつ》を交わした。[A] は微笑《ほほえ》みながら，
>
> 「お人違いでなければ，イブラヒムさんですね」と言った。
>
> 「はい，訪問の栄に浴させていただきたく，やってまいりました。」
>
> 　　　　（中略）
>
> 　[A] は，日本で最も偉大な思想家の一人で，かつては大臣職を歴任した。この当時は韓国《かんこく》統監《とうかん》として大きな権力をふるい，何でも思いのままであるという。
>
> 　　　　（中略）
>
> 「私（イブラヒム）は，ロシア国籍《こくせき》の※タタール人で，宗教はイスラムです。」
>
> 　　　　（中略）
>
> 「私たち日本人のイスラムに対する知識は，残念ながらじつに乏《とぼ》しいものです。（中略）私にイスラムの本質について少しご教授いただけないでしょうか。」
>
> 　　　　（中略）
>
> 　現在（イブラヒムと [A] の会談の翌年），朝鮮は正式に日本に統合されている。

※タタール人とは，おもにロシアのヴォルガ川中流域に居住するトルコ系民族であり，イスラム教徒が多い。

問1　史料中の [A] の人物についての説明として正しいものを，次のアからエのうちから一つ選べ。

ア　満州国建国に反対したが，五・一五事件で暗殺された。

イ　岩倉使節団の一員であり，大日本帝国《ていこく》憲法の制定に尽力《じんりょく》した。

ウ　本格的な政党内閣を成立させ，「平民宰相《さいしょう》」と呼ばれた。

エ　国家総動員法の制定や，大政翼賛会《たいせいよくさんかい》の結成を行った。

問2　史料の会談が行われた時期として正しいものを，次のアからエのうちから一つ選べ。

ア　日清戦争より前

イ　日清戦争と日露《にちろ》戦争の間

ウ　日露戦争と第一次世界大戦の間

エ　第一次世界大戦と第二次世界大戦の間

問3　史料中の下線部のロシア（ソ連）と日本の明治時代以降の関係の説明として正しいものを，次のアからエのうちから一つ選べ。

ア　日本はロシアと樺太《からふと》・千島《ちしま》交換条約を結び，樺太を日本が領有し，千島列島をロシアが領有するように取り決めた。

イ　第一次世界大戦後にロシア革命が起こると，日本はそれに干渉《かんしょう》するために各国と共同でシベリアに出兵した。

ウ　日本は第二次世界大戦中に日ソ中立条約を締結《ていけつ》し，北方の安全を確保したうえで日中戦争を開始した。

エ　サンフランシスコ平和（講和）条約によって日本の独立が回復されたが，ソ連は日本との平和条約に調印しなかった。

8　次の写真1から3を見て，**問1**から**問4**までの各問いに答えよ。

写真1

〔著作権上の問題により掲載しておりません。〕

（ナショナルジオグラフィックHPより作成）

占領《せんりょう》政策をすすめるために，連合国軍総司令部(GHQ)の元帥《げんすい》が日本に到着した。

写真2

〔著作権上の問題により掲載しておりません。〕

（日本民間放送連盟『民間放送十年史』より作成）

当時「世界一の自立鉄塔」と呼ばれた，展望台付き電波塔が完成した。

写真3

〔著作権上の問題により掲載しておりません。〕

（共同通信HPより作成）

戦後の田中内閣のころ，物価が高騰《こうとう》し，対策を求めて主婦たちがデモ行進した。

問1　写真1に関する次の説明文中の空欄《くうらん》に当てはまる語句の組み合わせとして正しいものを，下のアからエのうちから一つ選べ。

> 説明文
>
> この人物を最高司令官とするGHQの指示により，日本は国民主権，［　A　］，平和主義を三つの大きな原則として掲《かか》げた新たな憲法を制定した。この憲法のもと，国会は衆議院と［　B　］で構成され，民主的な政治がすすめられることとなった。

ア　A－基本的人権の尊重　　B－参議院
イ　A－基本的人権の尊重　　B－貴族院
ウ　A－天皇の名における司法権　B－参議院
エ　A－天皇の名における司法権　B－貴族院

問2　写真2に関して，この電波塔が完成したころを含む1955年から65年は，「高度経済成長」と呼ばれる，経済が急速に発展した時期のうちに入る。この間に関する，右のグラフが示している事柄《ことがら》として正しいものを，次のアからエのうちから一つ選べ。

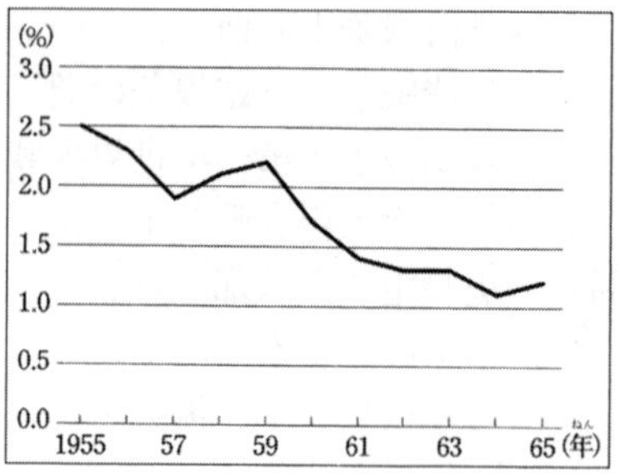

ア　テレビ放送を楽しむために人々が購入《こうにゅう》した，白黒テレビの普及の割合。
イ　「もはや戦後ではない」と経済白書で表現された，経済成長率。
ウ　所得倍増政策など好調な経済を背景とした，完全失業率。
エ　東京オリンピックに向けた，全就業者に対する第二次産業の就業者の割合。

問3　写真3の時期に起こった，世界的な不況に関する記述として適当でないものを，次のアからエのうちから一つ選べ。

ア　中東地域での戦争の影響により，石油の価格が大幅に上がったため，日本など先進国は経済的に大きな影響を受けた。

イ　原材料を輸入に頼っている日本では，紙製品や洗剤といった生活必需品《ひつじゅひん》が不足するといわれ，売りおしみや買いだめが起こった。

ウ　日本の企業《きぎょう》は省エネルギー・省資源の経営に努め不況を乗り切ろうとしたと同時に，この時期の数年前に日本ではじめて制定された公害対策の法律への対応が求められた。

エ　急速な景気悪化への対策のために財政赤字が増大した日本の政府は，税収を増やすため新たに３％の消費税を導入した。

問４　写真３のころから，地球環境保全と経済成長の関わりについての課題が世界的に意識されるようになり，その解決にいたる努力がなされている。次のＸからＺは，その課題解決に向けた考えをまとめたものである。それぞれの考えを，左下の図中のａからｄのいずれかに当てはめたときの組み合わせとして最も適当なものを，右下のアからクのうちから一つ選べ。

Ｘ
　まずは発展途上国の各国ごとに経済成長をめざし，適切な地球環境保全を行うことができるまで経済力をつけるべきである。

Ｙ
　経済成長をしている国々が発展途上国に技術や資金を提供して，各国の状況に合わせて地球環境保全に優先的に取り組むべきである。

Ｚ
　多数の国が公正な話し合いを行い，合意を得たうえで地球環境保全と経済成長を両立させる方法を検討すべきである。

図

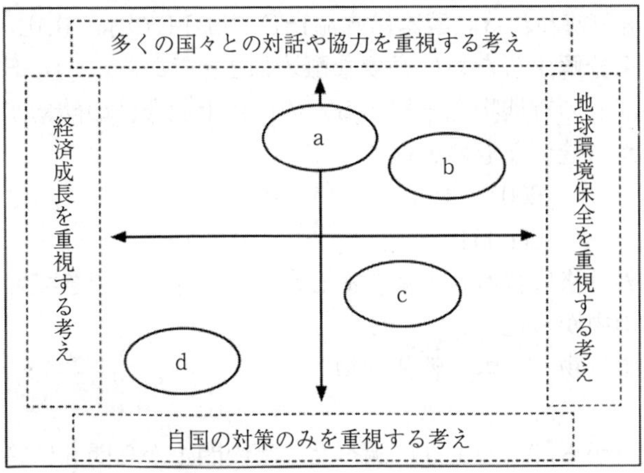

	X	Y	Z
ア	a	b	c
イ	a	c	d
ウ	b	c	d
エ	b	d	a
オ	c	a	b
カ	c	d	b
キ	d	a	c
ク	d	b	a

【理　科】（50分）〈満点：100点〉

（注意）1　定規，コンパス，ものさし，分度器及び計算機は用いないこと。

2　問題の文中の［アイ］，［ウ］などには，特に指示がないかぎり，数字（0～9）が入り，ア，イ，ウの一つ一つは，これらのいずれか一つに対応する。それらを解答用紙のア，イ，ウで示された解答欄に，マーク部分を塗りつぶして解答すること。

3　解答は指定された形で解答すること。例えば，解答が0.415となったとき，［エ］.［オカ］ならば，小数第3位を四捨五入して0.42として解答すること。

1　次の文章を読み，下の問1から問3に答えよ。

わたしたちの生活の中で排出される食べ物の残りや排せつ物などの多くの有機物が混入した汚れた水（汚水《おすい》）は，下水道に流れていく。水を汚れたままにしておくと有害なガスが発生するなどして，多くの生物はすめない環境になる。そのため，汚水を河川などの環境中に放出する前に「下水処理場」に集め，さまざまな処理をする。この処理の一つに，汚水に含《ふく》まれる $_A$有機物を養分（栄養分）として利用できる生物によって酸素を使って分解する過程がある。この過程では多くの酸素を必要とするため，人が空気を供給する。また，この処理過程では，汚水中の有機物を養分として利用できる生物集団の存在が重要である。顕微鏡《けんびきょう》でこれらの生物集団を観察すると，細菌《さいきん》，カビの仲間，ゾウリムシの仲間，そして $_B$ミジンコの仲間などを観察することができ，これらのあいだには「食べる―食べられる」の関係が成り立っている。

問1　下線Aに示す分解によってできるものを次のアからオの中から二つ選べ。

ア　酸素　　イ　水素　　ウ　窒素《ちっそ》　　エ　二酸化炭素　　オ　水

問2　下線Aの分解では，水に溶解している酸素が使われる。酸素は水温15℃では1Lの水に0.010g溶け込んでいる。汚水に含まれる有機物1gを分解するために必要な酸素は1gである。一人あたり1日に60gの有機物を排出したとき，この60gの有機物を分解するためには上記条件の酸素が溶け込んだ水は何L必要か。次のアからクの中から適切なものを選べ。

ア　10L　　イ　60L　　ウ　100L　　エ　600L

オ　1000L　　カ　6000L　　キ　10000L　　ク　60000L

問3　下線Bのミジンコは，背骨は持たないが外骨格に覆《おお》われ，体やあしが多くの節からできている。何の仲間に分類される生物か，次のアからエの中から選べ。

ア　脊椎《せきつい》動物　　イ　節足動物　　ウ　単細胞生物　　エ　軟体《なんたい》動物

2　ある植物のつくりとはたらきについて［Ⅰ］から［Ⅳ］のように調べた。下の問1から問5に答えよ。

［Ⅰ］　この植物の根，茎《くき》，葉の断面や葉の表面を観察した。図1から図4はいずれかの観察結果である。

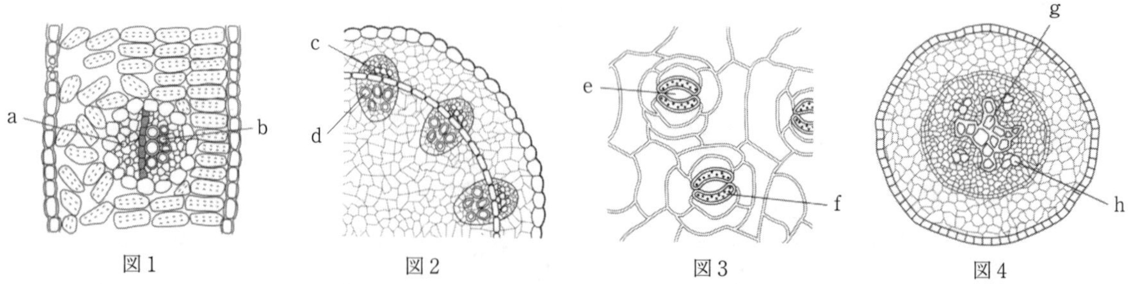

図1　　図2　　図3　　図4

問1　この植物は何の仲間に分類されるか。最も適当なものを次のアからエの中から選べ。

ア　単子葉類　　イ　双子葉類　　ウ　裸子《らし》植物　　エ　シダ植物

問２　図１から図４のように，植物の体は小さなつくりが集まってできている。

１　このことについて述べた次の文の空欄《くうらん》(①)から(③)にあてはまる言葉の組み合わせとして，最も適当なものを下のアからエの中から選べ。

> 生物の体をつくる最小単位は(①)である。(①)にはさまざまな種類があるが，形やはたらきが同じ(①)の集まりを(②)といい，いくつかの(②)が組み合わさって特定のはたらきをする(③)となる。そして，さまざまな(③)が集まり，１つの生物体である個体がつくられている。

ア　①　核《かく》　②　器官　③　組織　　イ　①　核　②　組織　③　器官

ウ　①　細胞　②　器官　③　組織　　エ　①　細胞　②　組織　③　器官

２　植物の葉は次のアからエのどれにあたるか。

ア　器官　　イ　個体　　ウ　細胞　　エ　組織

［Ⅱ］　この植物を根ごと色水につけて，水の通り道を調べる実験を行った。図４のｇが染まり，図１，図２にも染まった部分が見られた。

問３　この植物で水が通るところを図１から図４のａからｈの中から選び，根から吸収されて葉から蒸散されるまでに通る順番を答えよ。

［Ⅲ］　この植物を用いて，葉からの蒸散量を調べる実験を次のような手順で行った。

【実験の手順】

１．図５のように，同じくらいの大きさの葉が同じ数だけついている枝を２本用意し，そのままの枝をA，葉を全て取り除いた枝をBとした。

２．同じ量の水が入った試験管を２本用意し，A，Bをそれぞれ入れ，両方の試験管の水面に油を浮かせた。

３．それぞれの総重量を電子てんびん(最小表記0.1ｇ)ではかった。

４．これらを風通しの良い場所に置いた。

５．６時間後にそれぞれの総重量を電子てんびんではかり，３．のときとの差を比べて，葉からの蒸散量を調べた。

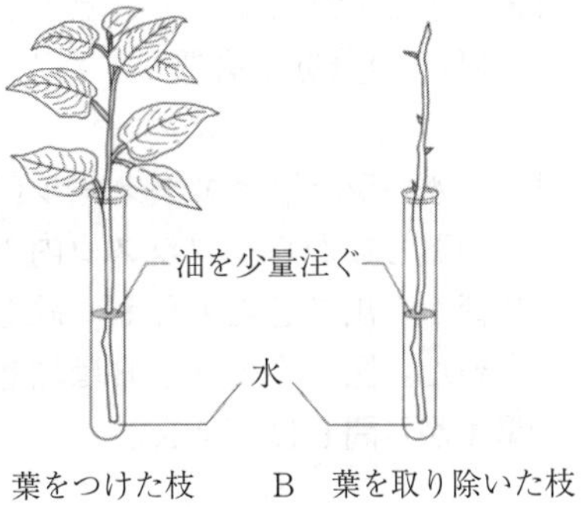

A　葉をつけた枝　　B　葉を取り除いた枝

図５

問４　この実験の目的を達成するための操作に関する記述のうち，**誤っているもの**を次のアからエの中から選べ。

ア　Aの葉には，蒸散を抑えるワセリンを塗《ぬ》るとよい。

イ　２本の試験管に入れる水の量は，正確に同じ量にしなくてもよい。

ウ　A，Bが入った試験管の水面に油を浮かせなくてもよい。

エ　水量の変化を調べるには，メスシリンダーも使用できる。

［Ⅳ］　この植物は「挿《さ》し木」でふやすこともできた。挿し木とは，枝を１つ切り取って土に挿し，発根させて育てる方法である。これは無性生殖《せいしょく》を利用したふやし方である。

問５　無性生殖について述べたものとして，適切なものを次のアからカの中から**三つ**選べ。

ア　アメーバを顕微鏡《けんびきょう》で観察していると，体が二つに分裂《ぶんれつ》した。

イ　砂糖水に散布した花粉を顕微鏡で観察していると，管を伸ばすものが見つかった。

ウ　無性生殖でふえるときには，子は親と同じ種類の遺伝子を同じ数だけもつ。

エ　無性生殖でふえるときには，子は親と遺伝子の数は同じだが，異なる種類の遺伝子ももつ。

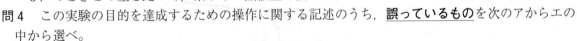

オ　農作物の品種改良をするときには，無性生殖を利用したふやし方が適している。

カ　目的とする形質の農作物を大量に得たいときには，無性生殖を利用したふやし方が適している。

3　次の[Ⅰ]，[Ⅱ]に答えよ。

［Ⅰ］　水の状態変化に関する次の**問1**から**問3**に答えよ。

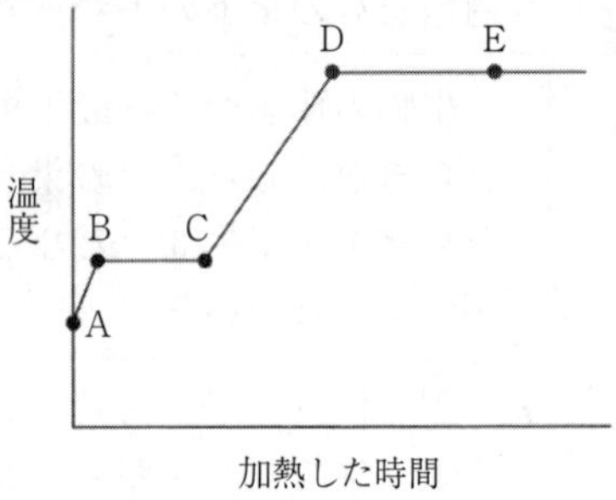

図1

問1　図1は，氷を加熱したときの温度変化を表す模式的なグラフである。このグラフに関する記述のうち，最も適当なものを次のアからカの中から**二つ**選べ。

ア　氷はA点から徐々にとけ始め，C点ですべてとけ終わる。

イ　氷はB点から徐々にとけ始め，C点ですべてとけ終わる。

ウ　氷はB点から徐々にとけ始め，D点ですべてとけ終わる。

エ　氷はC点から徐々にとけ始め，D点ですべてとけ終わる。

オ　水はC点では沸騰《ふっとう》しており，E点においても沸騰が続いている。

カ　水はD点では沸騰しており，E点においても沸騰が続いている。

問2　液体の水をペットボトルに入れ，ふたをして冷却《れいきゃく》し，中の水を凍らせた。ペットボトル内の水が液体から固体に変化するとき，水の体積と質量はそれぞれどうなるか。適切なものを次のアからウの中からそれぞれ選べ。

ア　増加する　　イ　減少する　　ウ　変化しない

問3　水1gの温度を1℃上昇させるのに4.2Jの熱量が必要である。10℃の水50gを40℃にするのに何kJの熱量が必要か。ただし，加えた熱量は温度上昇にのみ用いられるものとする。

［　ア　］.［　イ　］kJ

［Ⅱ］　水(15cm³)とエタノール(5cm³)の混合物を用意し，図2のような装置を組み立てた。混合物を加熱しながら，フラスコ内の液体と気体の温度を記録し，取り出した液体の性質を調べた。ガラス管から出てきた液体が，約3cm³溜《た》まったら次の試験管に交換し，同様にして計3本の試験管に集めた。図3中のAとBは加熱中の温度計①と②の温度変化のいずれかを示したものである。下の**問4**から**問6**に答えよ。

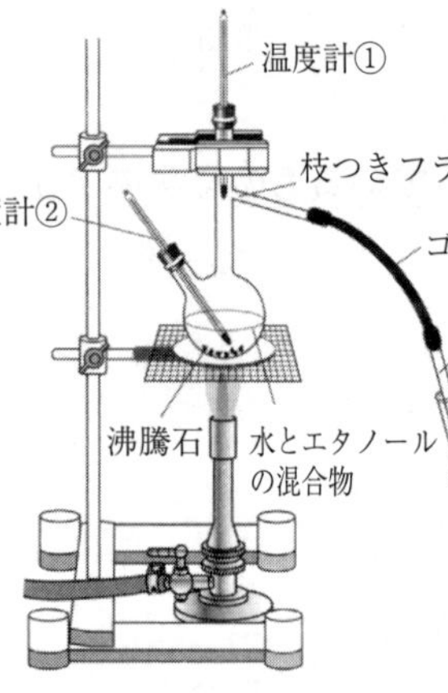

図2

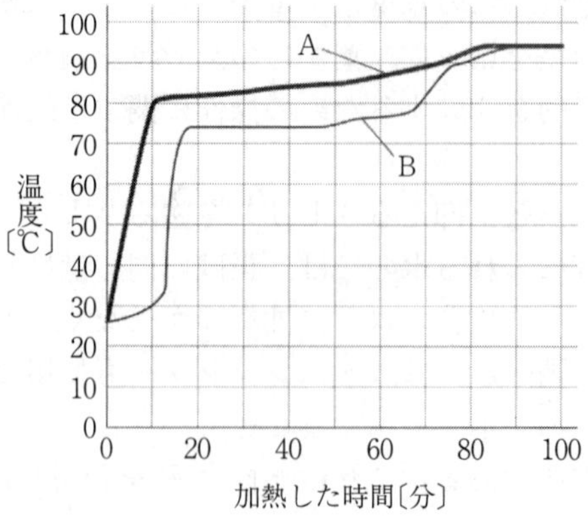

図3

問4　枝つきフラスコに沸騰石を入れた理由として，適切なものを次のアからエの中から選べ。

ア　混合物が沸騰するまでの時間を短縮させるため。

イ　混合物が沸騰する温度を下げるため。

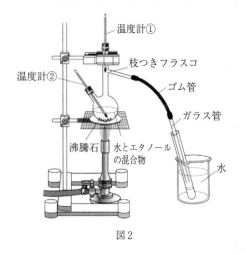

ウ　混合物が沸騰するのを防ぐため。

エ　混合物が突沸《とっぷつ》するのを防ぐため。

問5　温度計①の温度変化を表すグラフは，図3のAとBのどちらか。また，混合物の沸騰が始まる最も適当な加熱時間は，10分，40分，70分のどれか。適切な組み合わせを次のアからカの中から選べ。

	ア	イ	ウ	エ	オ	カ
温度計①のグラフ	A	A	A	B	B	B
沸騰が始まる加熱時間〔分〕	10	40	70	10	40	70

問6　試験管に集めた液体に関する記述のうち，**誤っているもの**を次のアからエの中から選べ。

ア　3本の試験管に集めた液体の色は，いずれも無色透明であった。

イ　1本目の試験管の液体にマッチの火をつけると燃えた。

ウ　1本目の試験管の液体のにおいをかぐと，においはなかった。

エ　2本目の試験管の液体は，エタノールと水の両方を含んでいた。

4　ある地表において，気温35℃で，$1\,m^3$あたりに含まれる水蒸気の質量が30gの空気の塊《かたまり》(以後，空気塊《くうきかい》Aと呼ぶ)がある。この空気塊Aについて，次の**問1**から**問5**に答えよ。

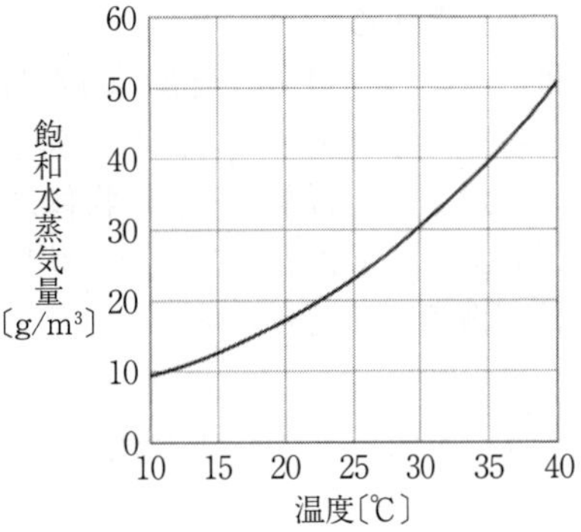

図1

問1　空気塊Aの湿度はいくらか。ある地表における飽和水蒸気量を示した図1を参照し，最も近い値《あたい》を次のアからエの中から選べ。

ア　30%　　イ　35%

ウ　75%　　エ　87%

問2　空気塊Aが上昇し，雲が生じた。この過程で湿度はどうなるか。次のアからウの中から選べ。ただし，空気塊Aは周囲の空気と混じらずに上昇したとする。

ア　下がる

イ　上がる

ウ　変わらない

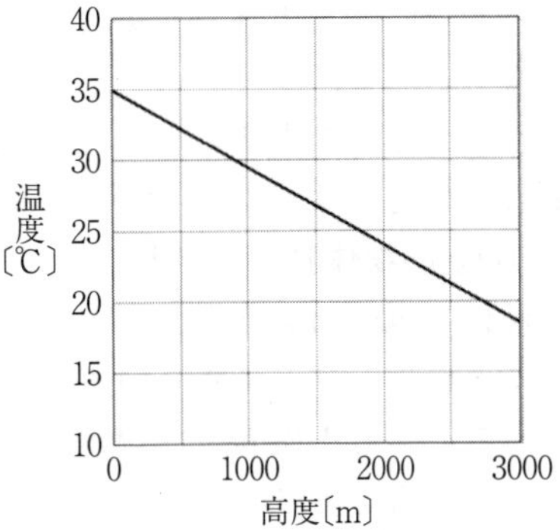

問3　空気塊Aが上昇し，ある高度(地表からの高さ)で雲が生じた。この高度として最も適当なものを，次のアからエの中から選べ。ただし，上昇した空気塊Aの温度は，雲が発生するまでは図2のように変化し，上昇に伴う空気塊Aの膨張の影響は無視してよいものとする。

ア　900m　　イ　1500m

ウ　2300m　　エ　2800m

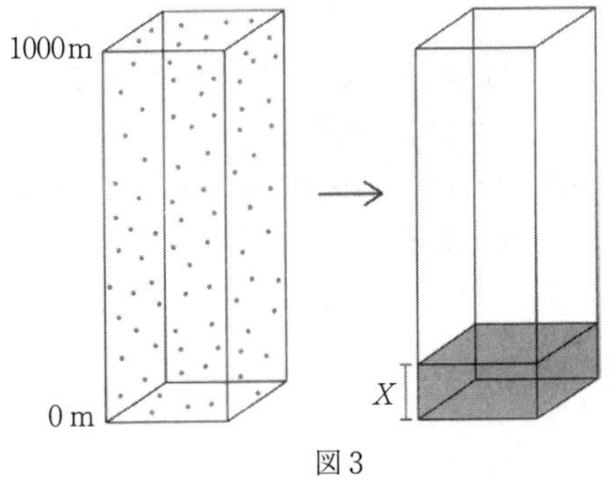

図3

問4　図3のような，高さ1000mの直方体の中の空気(以後，空気柱と呼ぶ)を考える。空気塊Aに含まれる水蒸気量〔g/m^3〕が，空気柱に均一に存在していたとする(図3左)。その水蒸気を図3右のようにすべて液体の水にして直下の地面に降らせたとすると，水の厚みXは何mになるか。最も近い値を次のアからエの中から選べ。ただし，水の密度は1000kg/m^3(＝1.0g/cm^3)とする。

ア　0.03m　　イ．0.1m　　ウ．0.7m　　エ　2m

問5　狭い範囲《はんい》で1日(24時間)の降水量が1000mmに迫るような豪雨《ごうう》(以後「局所的な豪雨」と呼ぶ)が発生することがある。この降水量と**問4**で得られた値から言えることとして最も適当なものを，次のアからウの中から選べ。

ア　**問4**で考えた空気柱には，1日の局所的な豪雨の総降水量を十分上回る量の水蒸気が含まれているため，空気中のごく一部の水蒸気が雨として降るだけで局所的な豪雨の総降水量を説明することができる。

イ　局所的な豪雨の時には，空気中のほとんどの水蒸気が雨となって地表に降るため，水蒸気を失った後の空気は湿度がほぼ0％になる。

ウ　**問4**で考えた空気柱に含まれる水蒸気量だけでは1日の局所的な豪雨の総降水量には足りないため，湿度の高い空気が風で運ばれてきて特定の場所に集中して雨を降らせていると考えられる。

5　次の**問1**から**問4**に答えよ。ただし，地球上で質量100gの物体にはたらく重力の大きさを1Nとする。

問1　次の説明文の空欄(①)から(④)にあてはまるものとして最も適当なものを下のアからコの中からそれぞれ選べ。ただし，同じ記号を複数回使用してもよい。

地球上で質量6.0kgの物体について考える。この物体の月面上での質量は(①)，重さは(②)であり，重力の影響がない状態(無重力状態)での質量は(③)，重さは(④)である。ただし，同じ物体にはたらく月面上の重力の大きさは，地球上の重力の大きさの6分の1とする。

ア　60kg　　イ　60N　　ウ　10kg　　エ　10N　　オ　6.0kg

カ　6.0N　　キ　1.0kg　　ク　1.0N　　ケ　0kg　　コ　0N

問2　図1のように一端を固定され水平におかれた質量が無視できるばねの他端を大きさ0.20Nの力で引いたところ，ばねの長さは15.0cmであった。0.60Nの力でそのばねを引いたところ，ばねの長さは18.2cmになった。

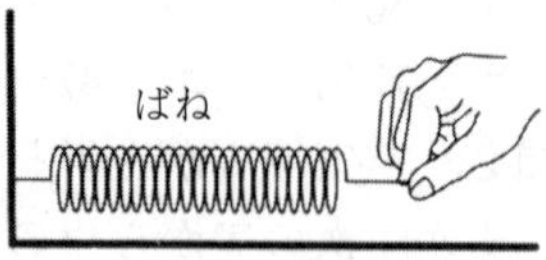

図1

このばねを大きさ1.3Nの力で引いたとき，ばねののびは，[アイ].[ウ]cmである。

問3　図2のように台はかりに質量100gの物体Aがおかれ，その上に質量600gの物体Bがおかれている。物体Bにはばねがつけられており，そのばねは1Nの力を作用させると1.5cmのびる。このばねを手で真上に引いていくと台はかりの目盛りの読みは変化した。ただし，ばねの質量は無視できるものとする。次の[ア]から[オ]に適当な数値を入れよ。

(i)　ばねがのびていないとき，台はかりが物体Aを押す力の大きさは[ア]N，物体Aが物体Bを押す力の大きさは[イ]Nである。

(ii)　ばねののびが3.0cmのとき，物体Aが物体Bを押す力の大きさは[ウ]Nである。

(iii)　台はかりが200gを示しているとき，ばねののびは[エ].[オ]cmである。

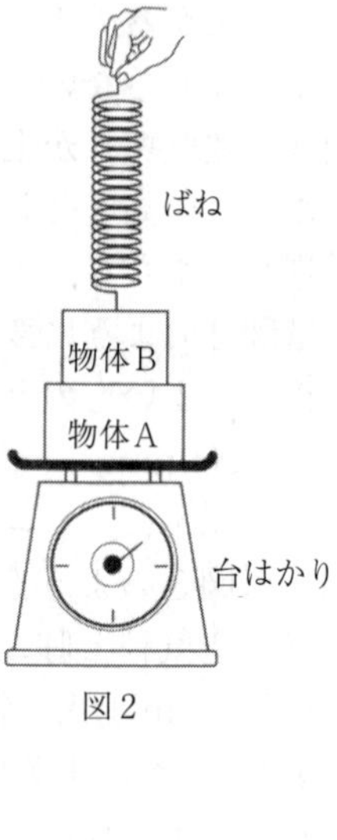

図2

問4　質量が無視できるばねAとばねBがある。それぞれのばねに力を加えてばねをのばしたところ図3のような結果が得られた。グラフで示した力の大きさ以上でもばねは壊れず，ばねの特性は失われないものとする。次の［ア］から［カ］に適当な数値を入れよ。

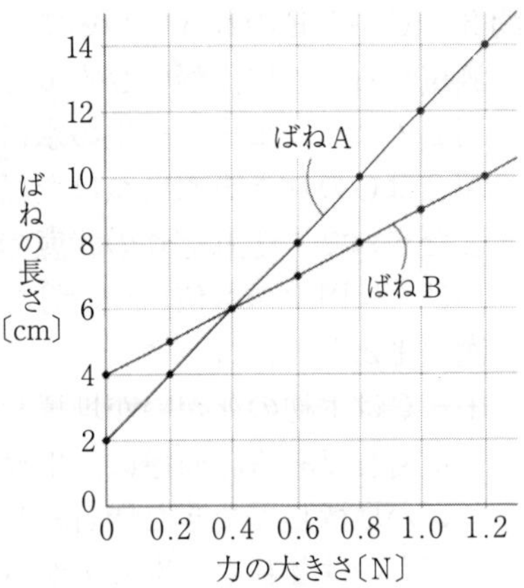

図3

(i)　ばねAとばねBを直列につないでばねCをつくった。このばねの長さが18cmのとき，ばねCに作用している力の大きさはいくらか。　［ア］.［イ］N

(ii)　図4のように天井《てんじょう》から質量が無視できる糸で質量が無視できる棒をつるし，その棒の両端にばねAとばねBをつるし，それぞれに質量の異なるおもりをつけたところ，ばねAののびは8cm，ばねBののびは10cmで，棒は水平な状態になった。

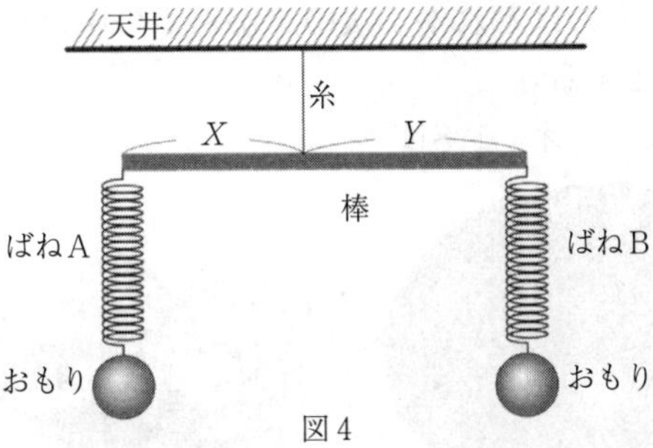

図4

このとき，支点からそれぞれのばねをつけた位置までの長さXとYの比はいくらになるか。最も簡単な整数の比であらわすと，X：Y＝［ウ］：［エ］である。

また，このとき糸が棒を引く力の大きさは［オ］.［カ］Nである。

6　太郎くんは，理科室にあった6つの試料AからF［A：石英，B：ある火山の火山灰，C：チャートのれき，D：玄武岩のれき，E：花こう岩のれき，F：恐竜《きょうりゅう》の胃石(恐竜が飲み込み，胃の中から見つかった石)］に興味を持ち，簡単な実験や観察を試みた。次の**問1**から**問4**に答えよ。

問1　Aの鉱物をつくる物質について調べたところ，二酸化ケイ素という化合物であることが分かった。物質を混合物，単体，化合物に分類するとき，二酸化ケイ素のように化合物にあてはまるものを，次のアからオの中から選べ。

ア　空気　　イ　窒素　　ウ　アルミニウム

エ　食塩水　　オ　アンモニア

問2　Bの火山灰を顕微鏡《けんびきょう》で観察し，鉱物の種類を調べたところ，図1のような結果を得た。火山灰にしめる有色鉱物の割合として正しいものを，次のアからカの中から選べ。

ア　27%　　イ　31%

ウ　38%　　エ　48%

オ　52%　　カ　61%

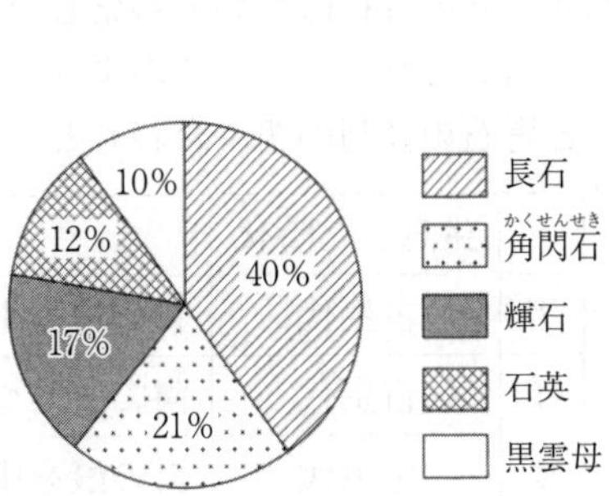

図1

問３　ＣからＥのれきについて，密度を測定するために，軽いひもでしばり，図２のようにビーカー中の水につけた。図２はＣのれきを水につけた様子を表したもので，それぞれの状態で電子てんびんは図中の数値（ｇ表示）を示した。次の１から３に答えよ。

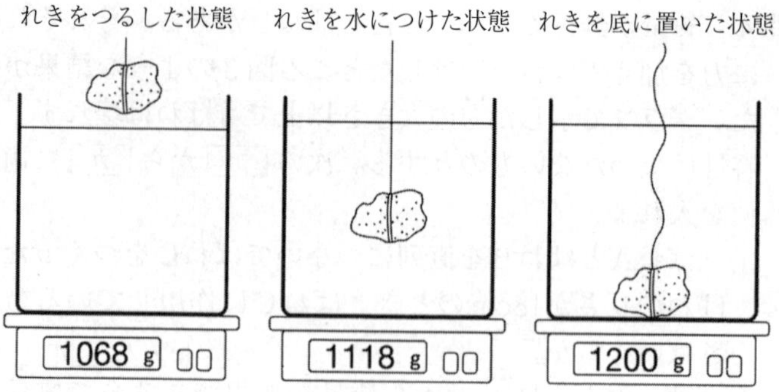

図２

１　Ｃは生物の死がいが堆積してできた岩石である。同様に，生物の死がいが堆積してできた岩石として正しいものはどれか。次のアからエの中から選べ。

ア　角閃石　　イ　石灰岩　　ウ　凝灰《ぎょうかい》岩　　エ　はんれい岩

２　図２中央のように，れきを水につけた状態で静止させた。れきの表面に泡は見られなかった。この状態で，れきにはたらく浮力として，最も適当なものはどれか。次のアからオの中から選べ。ただし，100ｇの物体にはたらく重力の大きさを１Ｎとする。

ア　0.5N　　イ　0.8N　　ウ　1.1N　　エ　1.3N　　オ　1.8N

３　図３に示したＤとＥのれきの密度を求めたところ，それぞれ2.11g/cm^3，2.72g/cm^{3}であった。太郎くんはその結果が気になり，玄武岩と花こう岩の一般的な密度を調べたところ，それぞれ3.0g/cm^{3}前後，2.7g/cm^{3}前後と分かった。測定した玄武岩の密度が，一般的なものより小さかった原因を説明した文として最も適当なものを，次のアからオの中から選べ。

図３

ア　測定した玄武岩のれきは長細かったので，一般的な密度より小さかった。
イ　測定した玄武岩のれきは白かったので，一般的な密度より小さかった。
ウ　測定した玄武岩のれきは黒かったので，一般的な密度より小さかった。
エ　測定した玄武岩のれきは空洞が多かったので，一般的な密度より小さかった。
オ　測定した玄武岩のれきの形は角がとれて丸かったので，一般的な密度より小さかった。

問４　Ｆの胃石について観察したところ，Ｃと同じ，かたいチャートでできており，Ｄのれきのように角がとれていた。このような観察結果をもとに胃石の役割を推測した。この恐竜が生息した時代と胃石の役割の組み合わせとして正しいものを，次のアからエの中から選べ。

	生息した時代	胃石の役割
ア	古生代	胃の酸を中和して，胃を守る。
イ	古生代	歯ですりつぶせない食べ物を，胃の中ですりつぶす。
ウ	中生代	胃の酸を中和して，胃を守る。
エ	中生代	歯ですりつぶせない食べ物を，胃の中ですりつぶす。

7　電気分解装置，電源装置，抵抗《ていこう》器，電圧計，電流計を用いて図１のような回路を組んだ。装置Xは電圧計，電流計のどちらかである。図２に示すように，方位磁針の上を導線が通るようにし，電気分解装置には質量パーセント濃度《のうど》が2.5％の塩酸を入れた。電圧をかけると，陽極と陰極ではそれぞれ気体A，Bが発生し，陽極の気体Aは陰極の気体Bより少ないところまでしか集まらなかった。気体の発生する変化に，水は直接関わっていないものとして，下の**問１**から**問７**に答えよ。

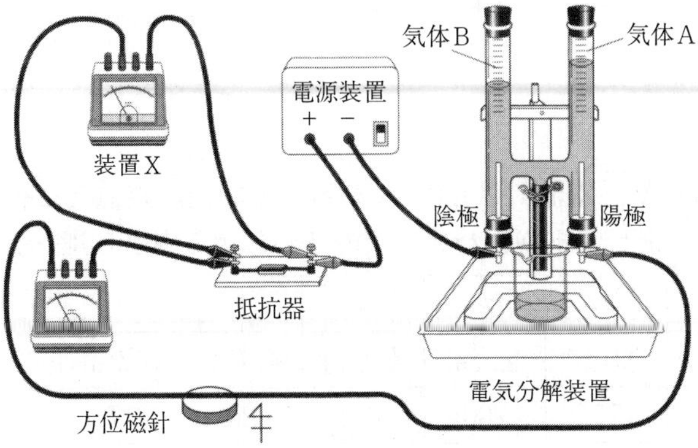

図１

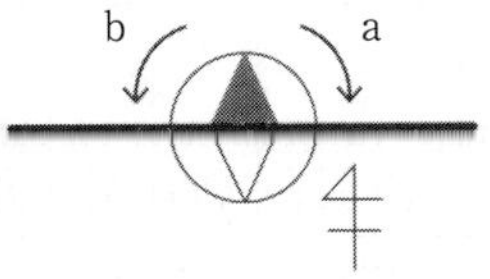

図２

問１　質量パーセント濃度が36％の濃《のう》塩酸がある。この濃塩酸と水を混合し電気分解で使用する2.5％の水溶液を作るためには，濃塩酸100ｇに対して水は何ｇ必要か。整数で答えよ。

［アイウエ］ｇ

問２　次の水溶液のうち，塩酸と同様に溶質が気体である水溶液の場合は○，溶質が気体でない水溶液の場合は×を選んだ組み合わせとして，適切なものはどれか。次のアからコの中から選べ。

	ア	イ	ウ	エ	オ	カ	キ	ク	ケ	コ
水酸化ナトリウム水溶液	○	○	○	○	○	×	×	○	×	×
炭酸水	○	○	×	○	×	○	○	×	○	×
アンモニア水	○	○	○	×	×	○	○	×	×	×
硝酸《しょうさん》カリウム水溶液	○	×	○	×	×	○	×	○	×	○

問３　電流を流す前の方位磁針を見ると，図２のようであった。実際に電流を流したところ，方位磁針の針の向きは変わらなかった。これを説明した次のアからオの中から最も適当なものを選べ。

ア　電流が大きければａの方向に針は振れるはずだが，電流が小さいので振れなかった。

イ　電流が大きければｂの方向に針は振れるはずだが，電流が小さいので振れなかった。

ウ　地磁気の強さが大きければａの方向に針は振れるはずだが，地磁気の強さが小さいので振れなかった。

エ　地磁気の強さが大きければｂの方向に針は振れるはずだが，地磁気の強さが小さいので振れなかった。

オ　電流が大きくても小さくても，針は振れない向きに置かれていた。

問４　塩酸に電流を流すことによって起きた変化を，原子のモデルを用いて表したものとして適切なものを次のアからオの中から選べ。ただし，●と○は原子１個を表すものとし，●と○は種類の異なる原子であることを示しており，必要最小限の個数の原子のモデルを用いている。

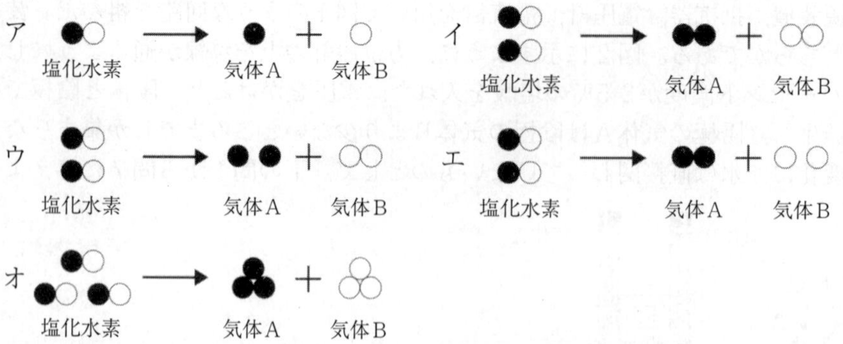

問5　電源装置の電圧は20Vを示し，電圧計は17V，電流計は100mAを示していた。装置Xは何か。また，この抵抗器の抵抗の大きさはいくらか。正しい組み合わせを次のアからケの中から選べ。

	ア	イ	ウ	エ	カ	キ	ク	ケ
装置X	電圧計	電圧計	電圧計	電圧計	電流計	電流計	電流計	電流計
抵抗の大きさ〔Ω〕	200	170	20	17	200	170	20	17

問6　抵抗器の抵抗の大きさを2倍のものに取り替えて同じ実験をした。抵抗器を取り替える前に比べて，電流計の示す値はどうなるか。次のアからオの中から選べ。ただし，流れる電流が変化しても，電気分解装置全体の抵抗は変化しないものとする。

ア　2倍になる
イ　1倍から2倍の間の値になる
ウ　1倍になる（変わらない）
エ　半分から1倍の間の値になる
オ　半分になる

問7　次の文は，電気分解装置において陽極と陰極で気体が発生している仕組みを説明したものである。空欄（①）から（⑥）に当てはまる語句として適切なものを下のアからケの中からそれぞれ選べ。同じ記号を複数回使用してもよい。

　陽極では水溶液中の（ ① ）が（ ② ）を（ ③ ）。
　陰極では水溶液中の（ ④ ）が（ ⑤ ）を（ ⑥ ）。

ア　水素イオン　　イ　塩化物イオン　　ウ　水素分子　　エ　塩素分子
オ　受けとる　　カ　失う　　キ　陽子　　ク　電子
ケ　中性子

ういうことか。その説明として最も適当なものを、次のアからエまでの中から一つ選べ。

ア　嬉しいこともつらいことも体験してきた過去を振り返り、自分が何に喜びを感じるのか改めて考えて、自分を心地よさで満たしてみること。

イ　長所を覆《おお》い隠していた欠点を、汚毛の汚れを洗うように一つ一つ取り除くことで、本来持っている長所がはっきりと見えるようにすること。

ウ　いいところと悪いところが混じり合っている自分自身をよく観察し、様々な面を細かく見つめ直して、改めて自分について考えてみること。

エ　完璧《かんぺき》な人間であろうとするあまり自分を責めてばかりいた、過去の暗い気持ちを洗い流し、前向きな明るい気持ちを取り戻そうとすること。

問5　本文中に、(4)手始めに、気に入ったさじがあったら、それで食事をしてみろ。とあるが、このときの祖父の意図はどういうものか。その説明として最も適当なものを、次のアからエまでの中から一つ選べ。

ア　落ち込んで食が進まない美緒を案じ、気に入ったさじを使わせることで食べる意欲を取り戻させ、元気づけようとしている。

イ　気に入ったものを見つけて実際に使うことを通して、自分の心が好きなものに向かっていく喜びを体感させようとしている。

ウ　職人が丹精を込めて作り上げた品を使わせることで刺激を与え、美緒自身のものづくりに対する意欲を高めようとしている。

エ　優れた道具を普段使いさせることで、長年使うことでしか得られない手仕事ならではの味わいを感じ取らせようとしている。

問6　本文中に、(5)黒いスプーンを右目に当て、おどけてみた。とあるが、このときの美緒の様子の説明として最も適当なものを、次のアからエまでの中から一つ選べ。

ア　自分をほめてくれているような祖父の反応にうれしくなって、いつになく気分が高まり、ついつい子供っぽくふざけてみせた。

イ　自分の思いを受け止めてもらえたことに安心して、幼い頃の気分がよみがえり、わざと子供のようにふるまって祖父に甘《あま》えた。

ウ　素直に自分の感想を言ってしまったことが恥ずかしくて、おどけたふりをして顔を隠し、照れている自分を悟られまいとした。

エ　高価なものの価値をよく知る祖父に、品質を見抜く力を認められたことが誇らしくて、見る目のある自分を自慢《じまん》したくなった。

問7　本文の記述に関する説明として最も適当なものを、次のアからエまでの中から一つ選べ。

ア　人とうまく関われない孫娘と、好きなことを貫《つらぬ》く祖父との小さな衝突を淡々と描いている。工芸品の色や質感を語り合う中で、美緒が何とか祖父を理解しようとする場面である。

イ　自尊心が強く傷つきやすい孫娘と、職人気質《かたぎ》で頑固な祖父との対話を描いている。工芸を音楽にたとえた会話を通して、不器用な二人が徐々に打ち解けていく場面である。

ウ　敏感《びんかん》で悩《なや》みを抱える孫娘と、ものづくりの世界で生きてきた祖父との交流を描いている。工芸品に託《たく》した祖父の言葉に触れて、少しずつ美緒が変わっていく場面である。

エ　芸術に鋭い感性を示す孫娘と、同じ感性を持つ祖父との師弟関係を平易な表現で描いている。工芸家を目指す美緒と、師である祖父のひそかな喜びを記す場面である。

一本、一本見ていくなかで、シンプルな黒塗りのスプーンに心惹《ひ》かれた。手にすると、スプーンの先から柄《え》に向かって、真珠色の光が走った。

「おじいちゃん、これはうるし?」

祖父はうなずいた。

「これがいい、これが好き。おじいちゃん、このスプーンをください。」

「美緒はこれが好きか。どうしてこれを選んだ?」

「直感? 何かいい感じ。」

祖父の目がやさしげにゆるんだ。目を細めるとやさしく見えるところは、(注4)太一と似ている。

ほめられているような眼差《まなざ》しに心が弾み、黒いスプーンを見る。

幼い頃《ころ》、壁《かべ》にかかった視力検査表で視力を調べられたことがある。(5)黒いスプーンを右目に当て、おどけてみた。

「視力検査……。」

一瞬、不審《ふしん》そうな顔をしたが、祖父はすぐに横を向いた。口もとに軽くこぶしを当てて、笑っている。

おどけた自分が猛烈《もうれつ》に恥ずかしくなり、美緒はスプーンを握った手を膝《ひざ》に置く。

たいして面白くもないだろうに、祖父は目を細めてまだ笑っていた。

(伊吹有喜《いぶきゆき》『雲を紡ぐ』による)

(注1) クロス=布。

(注2) ホームスパン=手で紡いだ太い羊毛糸を手織りにした厚手の織物。

(注3) 汚毛=フンなどがついて汚れている、まだ洗っていない羊毛。

(注4) 太一=美緒の「またいとこ」で、工房を手伝う大学生。

問1 本文中の、A来歴を披露する、B人の気持ちのあやをすくいとれる の意味として適当なものを、下のアからエまでの中から一つ選べ。

A
ア これまでたどってきた経過や歴史を語って聞かせる。
イ 素材や作られた工程について細かく語って聞かせる。
ウ 作り手が経験してきた人生の道筋を語って聞かせる。
エ どんなところが魅力なのかくわしく語って聞かせる。

B
ア 人の感情を読み取って相手に合わせて話すことができる。
イ 人が言われて嫌になる言葉を予測し避《さ》けることができる。
ウ 人の心の動きを細かいところまで思いやることができる。
エ 人が不安に感じている様子を察して慰《なぐさ》めることができる。

問2 本文中に、(1)同じことは私たちの仕事にも言える。とあるが、どういうことか。その説明として最も適当なものを、次のアからエまでの中から一つ選べ。

ア 優れた職人は、良い品を熱心に探して愛用するコレクターによって育てられる。
イ 優れた職人が作り上げた品はバランスが取れており、軽やかで使い心地が良い。
ウ 優れた職人は、使い続けるうちに天上のもののように軽くなっていく品を作る。
エ 優れた職人が作り上げる品は、見た目の美しさよりも使い心地を優先している。

問3 本文中に、(2)私って本当に駄目だな。とあるが、ここでの美緒の気持ちの説明として最も適当なものを、次のアからエまでの中から一つ選べ。

ア 仲が良くて楽しそうだと思って入った合唱部の輪に入れず、時間を無駄《むだ》にしてしまったと後悔した。
イ 勧誘されるまま合唱部に入った経緯《けいい》を思い出し、一人で決められない自分の決断力のなさを恥じた。
ウ 合唱が好きでもないのに部活に参加していたのは不誠実だと気づいて、部員に申し訳ないと思った。
エ 合唱が好きだという動機もないままに、ずっと合唱部にいただけの自分に気づいて情けなくなった。

問4 本文中に、(3)丁寧に自分の全体を洗ってみて、とあるが、どあらためて考えると、合唱はそれほど好きでもなかった。熱心に部に勧誘《かんゆう》されたことが嬉《うれ》しかった。合唱部はみんな仲が良さそうに見えたから、その輪に入っていると安心できただけだ。

「部活、そんなに好きじゃなかったかも。なんか……(2)私って本当に駄目《だめ》だな。」

ジャケットを傍《かたわ》らに置くと、祖父がスプーンの梱包《こんぽう》作業に戻った。

「この間、(注3)汚毛《おもう》を洗っただろう？　どうだった？　ずいぶんフンをいやがっていたが。」

「臭《くさ》いと思ったけど、洗い上がりを見たら気分が上がった。真っ白でフカフカしてて。いいかも、って思った。汚毛、好きかも。」

そうだろう、と祖父が面白そうに言った。

「美緒も似たようなものだ。自分の性分について考えるのは良いことだが、悪いところばかりを見るのは、汚毛のフンばかり見るのと同じことだ。」

祖父が何を言い出したのかわからず、美緒は作業の手を止める。赤い漆塗《うるしぬ》りのスプーンを取り、祖父が軽く振る。

「学校に行こうとすると腹を壊す。それほどの繊細さがある。良いも悪いもない。駄目でもない。そういう性分が自分のなかにある。ただ、それだけだ。それが許せないと責めるより、一度、(3)丁寧《ていねい》に自分の全体を洗ってみて、その性分を活《い》かす方向を考えたらどうだ？」

「活かすって？　どういうこと？　そんなのできるわけないよ。」

「そうだろうか？　繊細な性分は、B人の気持ちのあやをすくいとれる。ものごとを注意深く見られるし、集中すれば思わぬ力を発揮することもある。へこみとは、逆から見れば突出した場所だ。悪い所ばかり見ていないで、自分の良い点も探してみたらどうだ？」

「ない。そんなの。」

「即答だな。」

祖父がスプーンに目を落とした。

「だって、ないから。自分のことだから、よくわかってる。」

それは本当か、と祖父が声を強めた。

「本当に自分のことを知っているか？　何が好きだ？　どんな色、どんな感触、どんな味や音、香《かお》りが好きだ。何をするとお前の心は喜ぶ？　心の底からわくわくするものは何だ。」

「待って。そんなの急にいっぱい聞かれても」

「ほら、何も知らない。いやなところなら、いくらでもあげられるのに。」

からかうような祖父の口調に、美緒は顔をしかめる。

「そんなしかめ面《つら》をしないで、自分はどんな『好き』でできているのか探して、身体の中も外もそれで満たしてみろ。」

「好きなことばっかりしてたら駄目にならない？　苦手なことは鍛《きた》えて克服《こくふく》しないと……。」

「なら聞くが。責めてばかりで向上したのか？　鍛えたつもりが壊れてしまった。それがお前の腹じゃないのか。大事なもののための我慢《がまん》は自分を磨く。ただ、つらいだけの我慢は命が削られていくだけだ。」

祖父がテーブルに並べたスプーンを指差した。

「(4)手始めに、気に入ったさじがあったら、それで食事をしてみろ。良いさじで食物を口に運ぶ感触をとことん味わってごらん。」

「えっ、でも……。」

戸惑いながらも梱包していないスプーンと、コレクションが納まった箱を美緒は一つずつ見る。祖父が集めたものは、どれも色や形が美しい。そしておそらく外見のほかにも祖父の心をとらえた何かがある――。しだいに興味がわいてきて、次々とスプーンが入った箱を開けて見る。

木材、金属、動物の角。さまざまな材質のスプーンを持ったあと、最後に残った箱を開けた。

赤や黒、赤紫色に塗られた木製のスプーンが出てきた。

無地もあるが、金箔《きんぱく》などで模様が描かれたものや、虹《にじ》色に輝く装《そう》飾《しょく》が施されているものもある。

四 次の文章を読んで、後の問いに答えよ。

高校二年生の美緒《みお》は、合唱部の友人にからかわれたことがきっかけで、学校に行けなくなった。母との行き違いから、美緒は衝動的に家を飛び出し、祖父の住む盛岡《もりおか》に行く。祖父は毛織物の工房《こうぼう》を営んでおり、美緒はしばらくの間、羊毛を紡《つむ》いで手織りの毛織物を仕立てる作業を学ぶことになった。

祖父が発送する荷物は大量のスプーンだった。長年、日本と世界のさまざまな土地に行くたびにこつこつ集めてきたもので、木材や金属などでつくられたものが一本ずつ仕切られたケースに整然と納まっていた。

「いつかこのコレクションを持って旅に出ようと思っていた。」

銀色のスプーンを(注1)クロスで磨きながら、祖父が笑った。

「路上に絨毯《じゅうたん》を敷いて、さじをずらりと並べて買ってもらおうかと。興味を持った人にはA来歴を披露《ひろう》する。どこの産か、どうやって手にいれたか、どこが魅力《みりょく》か。のんびり客と話をしながら、さじの行商をするんだ。」

「荷物運びとかいらない？　そしたら、私もすみっこにいる。」

「体力的にもう無理だな。一度ぐらいやってみてもよかった。」

祖父が今度は木製のスプーンを布で拭《ふ》いた。素朴《そぼく》な木目をいかしたスプーンで、コーンスープやシチューをすくって食べたらおいしそうだ。

「でも、良い落ち着き先が見つかったんだ。若い友人が料理屋を開くので、彼女に譲《ゆず》る。好きなさじを客が選んで食事をする仕組みにすると言っていた。」

鉱物に本、絨毯や織物。他にも祖父が集めているものはたくさんある。染め場の奥にはエアコンで常に温度と湿度の管理をしているコレクション用の部屋があるほどだ。

「どうしてスプーンを集めたの？」

「口当たりの良さを追求したかったのと、あとはバランスだな。良い職人が削ったさじは軽くて美しい。手に持ったときのバランスが気持ちいいんだ。そのさじで食事をすると軽やかでな。天上の食べものを口にしている気分になる。(1)同じことは私たちの仕事にも言える。」

「スプーンと布って、全然別物っぽく思えるけど……。」

祖父が手を止めると、奥の部屋に歩いていった。すぐに戻ってくると、手には紺《こん》色のジャケットを抱えていた。生地は(注2)ホームスパンだ。

「おじいちゃんのジャケット？」

「そうだ。お祖母《ばあ》ちゃんが織ったものだ。持ってごらん。」

渡されたジャケットは、見た目よりうんと軽く感じた。

「あれ？　軽いね。」

「それでもダウンジャケットにくらべると若干《じゃっかん》重いがな。」

ジャケットを羽織ってみるようにと祖父がすすめた。

袖《そで》に腕を通したとたん、「あれ？」と再び声が出た。手で感じた重量が身体に伝わってこない。肩にも背中にも重みがかからず、着心地がたいそう軽やかだ。それなのに服に守られている安心感がある。

「手で持ったときより、うんと軽い。」

「手紡ぎ、手織りの糸は空気をたくさんはらむから軽くて温かい。身体に触れる布の感触が柔らかいから、着心地が軽快になる。さじにかぎらず、良い職人の仕事は調和と均衡《きんこう》が取れていて心地よいんだ。音楽で言えば」

「ハーモニー？　もしかして。」

「そうだ、よくわかったな。」

「私、中学からずっと合唱部に入ってたの。」

祖父にジャケットを返すと、慈《いつく》しむようにして大きな手が生地を撫《な》でた。

「美緒は音楽が好きなんだな。」

問4　本文中に、(2)全く異なった定常状態へと移行する　とあるが、地球環境を例に取った場合は、これはどのような状態になることを意味するか。その説明として最も適当なものを、次のアからエまでの中から一つ選べ。

ア　地球全体として物質循環のバランスは取れているが、自然環境や生物の生息状況は大きく変化を遂《と》げた状態。

イ　太陽からのエネルギー流入の変化によって地球の平均気温が下がり、温暖化以前の自然環境が復元した状態。

ウ　物質循環のバランスが大きく崩《くず》れ、人間を含《ふく》めた生物種の全てが地球上では生存を続けられなくなった状態。

エ　人間の活動によって物質の流出量が増加し、地球全体で見た物質の流入・流出の収支が合わなくなった状態。

問5　本文中に、(3)物質循環という意味では地球という系は閉じているが、常に攪乱的作用を受けている。とあるが、どういうことか。その説明として最も適当なものを、次のアからエまでの中から一つ選べ。

ア　地球に流れ込んでくるのは、物理的実体をもたない熱エネルギーのみであるが、その熱が地球の物質循環に与える影響は、ますます拡大し続けているということ。

イ　地球全体で見れば物質の動きはバランスが取れているが、地域的に細かく系を設定した場合は、物質循環の定常状態が著しく乱れている地域もあるということ。

ウ　地球に外部から物質が流れ込むことはほとんどないが、地球上の物質の動きは、太陽からのエネルギーや地球自体の動きに伴う影響を受け続けているということ。

エ　地球全体を視野に入れると、物質の動きについての定常状態は地球誕生時からほとんど変化していないが、変化を促《うなが》す要因は少しずつ蓄積《ちくせき》されているということ。

問6　本文中に、(4)地球という系においてホメオスタシスないし恒常性という性質がこれまであったとしても、未来永劫であり続ける保証はない。とあるが、どういうことか。その説明として最も適当なものを、次のアからエまでの中から一つ選べ。

ア　地球上の自然環境は、人間の働きかけに応じて人間が生きるために必要な物質を供給し続けてきたが、永遠に物質の供給が続いていくはずはないということ。

イ　これまで地球環境は生物と無生物が安定した関係を結び、生物が住むのに適した状態を保ってきたが、今後も永遠にその状態が続くとは限らないということ。

ウ　太陽のエネルギーのおかげで、地球の物質循環は動きを止めず、生物も生き続けてきたが、そのエネルギーが減少すれば生物は絶滅するしかないということ。

エ　どのような地球環境の変動も、今までのところ、長期的に見れば元の定常状態に戻ってきたと言えるが、これからも同じ状態が続くわけではないということ。

問7　本文中に、(5)ホメオスタシスという性質が常に保証されていると想定することはあまりにも楽観的に過ぎる。とあるが、なぜそう言えるのか。その説明として最も適当なものを、次のアからエまでの中から一つ選べ。

ア　人類が地球環境に変化をもたらした結果、大気圏の状態に変化が生じ、太陽自体の発熱量も減少して寒冷化していくかもしれないから。

イ　人類が地球環境に変化をもたらした結果、新たな物質が生成されることにより、地球を循環する物質の量が増加するかもしれないから。

ウ　人類が地球環境に変化をもたらした結果、人類だけは生き残れるが、それ以外の生物は恐竜のように絶滅してしまうかもしれないから。

エ　人類が地球環境に変化をもたらした結果、地球上の物質循環に大きな変化が生じ、人類そのものの生存が困難になるかもしれないから。

c 、地球という系は自己調整機能を持っていると考えられるのである。地球という系に自己調整機能が備わっているという仮説を「ガイア仮説」という。この仮説は、J・E・ラブロックという科学者によって唱えられた。（　B　）

ラブロックによれば、生物が地球上に現れて以来、およそ四十億年近くたったが、その間に太陽からの発熱量は増加した。それにもかかわらず、生物にとって自然環境は激変することはなく、地球は生物にとって住みやすい場所であり続けた。この例からもわかるように、地球という系は、何らかの変動要因を与えられているにもかかわらず、恒常性を取り戻そうとしていると考えられるのである。本来化学反応しやすい酸素が、O_2という形で大気中のガスの二〇%を占《し》めており、その濃度《のうど》は一定しているのも、地球という系で生物と無生物が安定的な相互関係を結んでいると考えられるからである。活性な酸素が安定的に地球上に存在することは、好気性（酸素に基づく代謝を行う性質）の生物にとってこれほどありがたいことはない。（　C　）

しかしながら、(4)地球という系においてホメオスタシスないし恒常性という性質がこれまであったとしても、未来永劫《えいごう》であり続ける保証はない。また、仮に地球という系でホメオスタシスが保たれたとしても、地球上の限られたより小さな系においては定常状態が著しく乱され、物質循環の状態が激変するということは十分あり得る。（　D　）

今から六五〇〇万年前の隕石の衝突によって地球の環境は激変した。(注5)核《かく》の冬のように、粉塵《ふんじん》が空を覆《おお》ったため日差しは地表に届きにくくなり、光合成は難しくなった。この結果植物量は減少し、これを食べていた草食恐竜《きょうりゅう》の数が急激に減った。さらに、これを捕食していた肉食恐竜も存在ができなくなった。こうして恐竜の時代が終焉《しゅうえん》したのである。そして、わずかな量の植物で生きていた小型哺乳類《ほにゅうるい》が、大型爬虫類《はちゅうるい》の恐竜にとって代わるようになる。この小型哺乳類が人類の祖先というわけである。今、人類は隕石の衝突に匹敵するような環境の変化を地球にもたらしているのかもしれない。そうだとしたら、(5)ホメオスタシスという性質が常に保証されていると想定することはあまりにも楽観的に過ぎる。

（細《ほそ》田《だ》衛士《えいじ》『環境と経済の文明史』による）

（注1）活性＝物質が化学反応を起こしやすい性質をもっていること。
（注2）湧水＝地下からわき出る水。
（注3）攪乱＝かき乱すこと。
（注4）有機的＝多くの部分が結びつき、全体が互いに密接に関連し合っているさま。
（注5）核の冬＝核戦争によって大気中に巻き上げられた粉塵で太陽光線がさえぎられて起こると想定される寒冷化現象。

問1 空欄《くうらん》 a 、 b 、 c に入る語として適当なものを、それぞれ次のアからエまでの中から選べ。**ただし、同じ語は二回入らない。**

ア　しかし　　イ　もしくは　　ウ　すなわち　　エ　たとえば

問2 次の一文が入るのは、本文中の（A）から（D）のどこか。最も適当なものを一つ選べ。

その場合、生物種の中には絶滅するものも出てくるだろう。

問3 本文中に、(1)地球上のあらゆる物質は動いており、時とともにその空間上の位置を変える。とあるが、どういうことか。その説明として最も適当なものを、次のアからエまでの中から一つ選べ。

ア　地球上のすべての物質は、小さく分解された形になって、化学変化を繰り返しながら広範囲を移動し続けているということ。
イ　地球上のすべての物質は、人間の視覚でとらえられる範囲で、頻繁《ひんぱん》に出たり入ったりする運動を繰り返しているということ。
ウ　地球上のすべての物質は、その形を変えながらも、時間がたつにつれて地球という領域の範囲内を移動しているということ。
エ　地球上のすべての物質は、表面上は変化しないように見えても、その内部は分子レベルで常に入れ替わっているということ。

三　次の文章を読んで、後の問いに答えよ。

(1)地球上のあらゆる物質は動いており、時とともにその空間上の位置を変える。極めて瞬時には原子レベルで移動するものもあるだろう。しかし、われわれ人間が日常の感覚でとらえられるかぎりでのモノの移動は、分子レベル、あるいは化合物レベルもしくはそれ以上のレベルである。酸素はO_2という分子の形で移動する。(注1)活性である酸素は、他の元素と結びついた形でも動き回る。酸素分子が大気中から消え去らずに動き回るので、酸素を必要とする生物は存在できるのである。

酸素と水素が結びついてできた水(H_2O)は大気圏《けん》内を動き回る。地上あるいは河川・海洋から蒸発した水は、再び雨となって地上に戻る。地中に染《し》み込んだ水も(注2)湧水《ゆうすい》となり、あるいは河川に流れ込むことによっていずれは大気に移動し、再び雨となって地上に降り注ぐ。どのような経路をとって循環《じゅんかん》するかは、地理的条件・気象条件などさまざまな条件に依存《いぞん》する。海洋の水は、海洋内部においても移動する。海洋の大きな循環のスピードは極めて緩《ゆる》やかで、千年以上の単位で動くと考えられている。

さて、物質の動きおよびその相互作用を関連付けて捉《とら》えることは、全く無限定の状況では行い得ない。ある領域ないし範囲《はんい》を設定する必要がある。このように定められた領域ないし範囲のことを「系」と呼ぶことがある。系を設定するとき、物質の性質を基にして行う場合もあるし、地理的な条件を基にしてする場合もある。また、どのようにものをみるかということに依存して行う場合もある。

［　a　］、生物の生息という性質の視点から領域設定を行うと、「生態系」という系が設定できる。また、水の循環を見る場合、河川の流域という系に限って把握《はあく》することも可能である。さらに、経済的な関係に絞《しぼ》って物質の動きを見ることも可能であるが、その場合「経済系」という範囲でものをみることができる。

どのような系を例にとってもよいが、とにかく一つの系を取ったとき、その系には物質が流入する一方その系から物質が流出する。もちろん、短期的には一つの系への物質の流入・流出は一定ではないことがある。自然による揺《ゆ》らぎもあるだろうし、人為《じんい》的な揺らぎもある。［　b　］、どんな系をとってもその容量(これを環境容量と呼ぶことがある)は有限であるから、一方的に流入が続いたり、一方的に流出が続いたりすることはあり得ない。一つの系への物質の流入・流出が一定になり、系のなかの循環がバランスの取れた状態になったとき、その系は「定常状態」にあるという。

流入・流出の収支が均衡《きんこう》しないと系は乱され、それまであった定常状態は成立しなくなるけれど、系の(注3)攪乱《かくらん》の程度が小さい場合長期的には元の定常状態に復帰することが多い。そのような場合、当初あった定常状態は安定であるという。しかし攪乱の程度が著しく大きい場合、系はもはや元の定常状態を保つことができず、(2)全く異なった定常状態へと移行することもある。そして攪乱の行き着いた末の定常状態において種が絶滅してしまうということもあり得る。

環境問題で領域の範囲を定める場合、通常最も大きなものとしては地球を考えればよい。確かに隕石《いんせき》の衝突などによって、宇宙から物質が流入する場合もあるが、現実的にはその流入量は無視しうるので、ここでは地球を最も大きな物理的な領域として考える。

地球という系は、物質的な流入・流出という意味では閉じているが、エネルギーの流入・流出という意味では閉じていない。常に太陽からエネルギーを受け取っており、また熱を外に排出している。加えて、地球は自転することによって、常に物質の動きに変動の作用を与えている。こうして(3)物質循環という意味では地球という系は閉じているが、常に攪乱的作用を受けている。(　A　)

にもかかわらず、地球は常にある種の定常状態を取り戻そうとする重要な性質があると考えられている。この性質は、ホメオスタシスあるいは恒常《こうじょう》性と呼ばれている。地球という系では、生物と非《ひ》生物《せいぶつ》が(注4)有機的に結びついた結果、外部からの攪乱作用があっても、以前と同じような性質を保とうとする力が働いている。

い。

ウ　「近江」「行く春」にはその語を使わねばならない必然性がない。

エ　「近江」「行く春」は情景や状況を思い浮かばせる力が足りない。

問3　本文中に、(2)「尚白が難当たらず」、尚白の非難はマトはずれ、見当違いです。とあるが、去来が尚白を「見当違い」だとするのは、なぜか。その理由として最も適当なものを、次のアからエまでの中から一つ選べ。

ア　近江で作られた古歌の伝統を踏まえて惜春の情を詠《よ》んだ句であると尚白は知らないから。

イ　芭蕉に対する尚白のひがみによる感情的な非難で句そのものに対する批判ではないから。

ウ　湖面がおぼろに霞み渡っている光景を実際に見て詠んだ句だと尚白には分からないから。

エ　句には蘇東坡の詩のおもかげが重ね合わされていることを尚白は理解できていないから。

問4　本文中に、(3)もし美人西施のおもかげに比するならば、とあるが、どういう意味か。その説明として最も適当なものを、次のアからエまでの中から一つ選べ。

ア　もし美人の西施の姿を思い描くならば

イ　もし美人の西施の姿になぞらえるならば

ウ　もし美人の西施が目の前に現れるならば

エ　もし美人の西施が湖を背に立つならば

問5　本文中に、(4)殊に今日の上にはべる　とあるが、どういう意味か。その説明として最も適当なものを、次のアからエまでの中から一つ選べ。

ア　とりわけ今日の出来ばえは格別でございます。

イ　特に実際にその場で作ったものでございます。

ウ　今から現実の景色を見て作るのでございます。

エ　案外今日の出来事が該当《がいとう》しそうでございます。

問6　本文中に、(5)古人もこの国に春を愛すること、をさをさ都に劣らざるものを　とあるが、どういう意味か。その説明として最も適当なものを、次のアからエまでの中から一つ選べ。

ア　この地方で春を惜しんだ古人の思いは、都にいた時に比べて日に日に強くなっていたらしい。

イ　丹波の国で春を惜しんだ古人の思いが、都で春を惜しむ気持ちより勝っているとは言えない。

ウ　この日本の様々な地方で春を惜しんだ古人の思いは、都で春を惜しむのと大した違いはない。

エ　近江の国で春を惜しんだ古人の思いは、都で春を惜しんだ気持ちとほとんど同じくらい深い。

問7　本文中に、(6)悦ばれた　とあるが、この「れ」と同じ働きをするものはどれか。最も適当なものを、次のアからエまでの中から一つ選べ。

ア　先生から学生時代に苦労されたお話を聞いた。

イ　卒業写真を見たら先生のことが懐《なつ》かしく思い出された。

ウ　先生は登山中にハチに刺されて困ったそうだ。

エ　先生に指名されてクラスメイトの前で詩の朗読をした。

問8　本文の内容に合致《がっち》するものを、次のアからエまでの中から一つ選べ。

ア　近江という地名には、中国の西湖という地名と同様に深い歴史的な意味合いが込められているのである。

イ　古い時代の和歌をもとにしていれば、今いる地名を和歌に詠まれた地名に置き換えて句を創作してよい。

ウ　古代の貴族と同じ地で同じ感慨《かんがい》を抱いて句を詠むことによって、初めて人々を感動させる作品ができる。

エ　昔の人が詠んだ詩歌を踏まえつつ自分の体験を句に詠むことで、伝統的な詩情とつながることができる。

が、その背景に実は芭蕉たちの間の共通の詩情をささえるものとして、（注5）蘇東坡《そとうば》の「西湖《せいこ》」の詩のあったことをつけ加えておく必要があるでしょう。西湖の晴雨ともに美しい景色を(3)もし美人西施《せいし》のおもかげに比するならば、その厚化粧をした姿も美しければ、また薄化粧の姿も美しいがごとくであるとよんだものです。

芭蕉たちは湖の景色に接するとき、いつもこの詩を思い浮かべて西湖に思いを馳《は》せ、そこにあるいは中国の美人西施のおもかげを、もしくは、それを日本に移して美女小野小町《おののこまち》のおもかげを思い描いたりしたのでした。去来が「湖水朦朧として」と言ったのも、そうした湖に寄せる共通の詩情にもとづき、そこに、蘇東坡によって「山色朦朧」とよまれた西湖のおもかげを重ね合わせてのことにほかならなかったといっていいでしょう。

ところで去来はここでさらに、「(4)殊に今日の上にはべる」と、とくに「今日の上」に力点をおいて答えている。つまり、これは今日の芭蕉先生の現実の体験の上にもとづき、実際の景色に臨んでの作品ですから、もうふれるなどという非難の介入する余地はありません、というのですね。芭蕉はそれを承《う》けて「しかり」、おまえの言うとおりだと大きく肯定《こうてい》しながら、しかし、「(5)古人もこの国に春を愛すること、をさをさ都に劣らざるものを」と、ちょっと違うことをつけ加えています。

昔の歌人たちも、この近江の国の春光を愛惜《あいせき》したことは、彼らが都の春を愛惜したのにけっして劣らないくらい深かったことだ、というのですね。それは、たとえば（注6）『新古今集《しんこきんしゅう》』に収める（注7）後京極良経《ごきょうごくよしつね》の「あすよりは志賀の花園まれにだにたれかは訪《と》はん春のふる里」とか、（注6）『続後拾遺集《しょくごしゅういしゅう》』に収める（注7）藤原《ふじわらの》定家《さだいえ》の「さざ波や志賀の花園霞《かす》む日のあかぬ匂ひに浦風《うらかぜ》ぞ吹く」などの和歌を心に置いて、そう言ったものでしょう。去来はそれを聞いて、「この一言、心に徹す」、今の先生のおことばは深く心の中にしみ徹《とお》りました。もし先生が行く歳近江にいらっしゃったならば、どうして去り逝《ゆ》く年を惜しむというような詩情が生まれてきましょうか。また、行く春丹波にいらっしゃったならば、もとよりこうした惜春の詩情は浮かびますまい。「風光」（自然の景色）というものが人を感動せしむることには、昔の歌人を感動させ、今また芭蕉先生を感動させる、古今を一貫《いっかん》して変わらない真実なるものがございますなあ、というふうに心からの共感を示したところ、芭蕉は「汝は去来、ともに風雅を語るべきものなり、とことさらに悦びたまひけり」、おまえこそはともに風雅を語るに値《あたい》する人間だと非常に(6)悦ばれたというのです。

（尾形《おがた》　仂《つとむ》『芭蕉の世界』による）

（注1）　近江＝今の滋賀《しが》県。
（注2）　去来＝芭蕉の門人、向井《むかい》去来。『去来抄』はその著作。
（注3）　『野ざらし紀行』＝一六八四年から翌年にかけての旅の紀行文。
（注4）　『猿蓑』＝芭蕉円熟期の著作。
（注5）　蘇東坡＝中国、宋《そう》時代の文学者・政治家。
（注6）　『新古今集』・『続後拾遺集』＝鎌倉《かまくら》時代の和歌集。
（注7）　後京極良経・藤原定家＝鎌倉時代の歌人。

問1　本文中の、Aそねみ、B吐露する　の意味として適当なものを、それぞれ下のアからエまでの中から一つ選べ。

A　ア　あせる気持ち　　イ　見下す気持ち
　　ウ　嫉妬する気持ち　　エ　後悔する気持ち

B　ア　心に思っていることを隠さず述べる
　　イ　感動のあまり思わず声を出す
　　ウ　隠しておきたいことをつい白状する
　　エ　無意識に本心を語ってしまう

問2　本文中に、(1)芭蕉の句を非難する　とあるが、尚白は芭蕉の句をどのように批判したのか。その説明として最も適当なものを、次のアからエまでの中から一つ選べ。

ア　「近江」「行く春」には共通の詩情をささえる伝統的要素がない。

イ　「近江」「行く春」は実体験に基づいて用いた表現とは言えな

二〇二一年度 国立高等専門学校

【国語】（五〇分）〈満点：一〇〇点〉

一 次の⑴から⑹までの傍線部《ぼうせん》の漢字表記として適当なものを、それぞれアからエまでの中から一つずつ選べ。

⑴ 博物館でドウ像を鑑賞する。
ア 胴　イ 銅　ウ 同　エ 導

⑵ 学問をオサめる。
ア 収　イ 納　ウ 治　エ 修

⑶ 城の天守カクからのながめ。
ア 角　イ 閣　ウ 格　エ 革

⑷ まるまるとコえた馬。
ア 肥　イ 請　ウ 太　エ 越

⑸ 円滑に議事をススめる。
ア 促　イ 勧　ウ 薦　エ 進

⑹ フルって応募《おうぼ》する。
ア 震　イ 振　ウ 奮　エ 降

二 次の文章を読んで、後の問いに答えよ。

行《ゆ》く春を（注1）近江《おうみ》の人と惜《お》しみけり　芭蕉《ばしょう》

先師曰《いわ》く、尚白《しょうはく》が難に、〈近江〉は〈丹波《たんば》〉にも、〈行く春〉は〈行く歳《とし》〉にもふるべし、と言へり。汝《なんじ》いかが聞きはべるや。（注2）去来《きょらい》曰く、尚白が難当たらず。湖水朦朧《もうろう》として、春を惜しむにたよりあるべし。殊《こと》に今日《こんにち》の上にはべる、と申す。先師曰く、しかり。古人もこの国に春を愛すること、をさをさ都に劣らざるものを。去来曰く、この一言《いちごん》、心に徹《てっ》す。行く歳、近江にゐたまはば、いかでかこの感ましまさん。行く春、丹波にいまさば、もとよりこの情浮かぶまじ。風光の人を感動せしむること、真《まこと》なるかな、と申す。先師曰く、汝は去来、ともに風雅を語るべきものなり、とことさらに悦《よろこ》びたまひけり。

（『去来抄《きょらいしょう》』）

尚白という人は、芭蕉の（注3）『野ざらし紀行』の旅の際に入門した人で、近江ではいちばん先輩格の門人であったのですが、（注4）『猿蓑《さるみの》』期になってきますと、芭蕉の新しい動きについて行けなくなってしまって、ちょっとしたAそねみ、ひがみを抱いていたのでしょう。そこで⑴芭蕉の句を非難するといったようなことにもなったのだろうと思いますが、その尚白の非難というのは、「近江は丹波にも、行く春は行く歳にもふるべし」ということであった。つまりこの一句の中で、「行く春」「近江」とあるのを他のことばに置き換えて、たとえば、

行く歳を近江の人と惜しみける

としても、あるいは、

行く春を丹波の人と惜しみける

としたって、一句として成立するじゃないか、というのです。このように一句の中のことばがもうギリギリ、これ以上他には動かせないといった決定度に達してなくて、まだ他のことばに置き換えうるような場合、それを「ふる」、つまり振れる、動くというふうに言います。

芭蕉は去来に、そうした尚白の非難のあったことを伝えて、「汝いかが聞きはべるや」（「聞く」というのは単に耳で聞くという意味ではなく理解し鑑賞するという意味）、おまえはどう受け取るかね、と質問をした。去来は答えて、⑵「尚白が難当たらず」、尚白の非難はマトはずれ、見当違いです。「湖水朦朧として、春を惜しむにたよりあるべし」、近江の国は琵琶湖《びわこ》の面《おもて》も朦朧とうち霞《かす》んで、いかにも惜春《せきしゅん》の情をB吐露《とろ》するのにふさわしいものがあるでしょうと、こう言っております。

「湖水朦朧として」というのは、何でもない文句のようでありま

2021年度／国立高等専門学校

英語解答

1 1 エ　2 イ　3 イ　4 ア　5 エ

2 1 イ　2 ウ　3 エ　4 ア　5 エ

3 問1 1…ウ　2…ウ　3…エ　4…エ　5…イ　6…ウ
問2 1…カ　2…オ

4 1 3番目…オ　5番目…ア
2 3番目…エ　5番目…オ
3 3番目…オ　5番目…イ
4 3番目…イ　5番目…ウ
5 3番目…ウ　5番目…ア

5 1 イ　2 ウ　3 ウ　4 エ　5 エ

6 問1 ア　問2 イ　問3 ウ
問4 イ　問5 ア　問6 イ
問7 ア

1〔書き換え―適語(句)補充〕

1.「私は彼女を助け，彼女もまた私を助ける」≒「彼女と私はお互いを助ける」　Aを含む文は，私と同じように彼女も，という意味なので，also「(～も)また」が適切。Bは「彼女と私」が主語なので，互いに助け合うと考えて，each other「お互い」を入れると，ほぼ同じ意味になる。

2.「彼は出ていくとき，私に何も言わなかった」　Aは否定文なので，anything「何も」を入れて，not ～ anything「何も～ない」とする。Bは肯定文の形でほぼ同じ内容を表せばよいので，否定の意味を含むnothing「何も～ない」を入れる。

3.「祖父はEメールの送り方を知らない」≒「祖父はEメールを送ることができない」　Aのhow to ～は「～の仕方」という意味を表す。「送り方を知らない」は，「送ることができない」とほぼ同じ意味なので，can'tを使って書き換えられる。

4.「私は彼女の誕生日会を楽しんだ」≒「私は彼女の誕生日会で楽しい時を過ごした」　enjoy「～を楽しむ」は，have a good time「楽しい時を過ごす」でほぼ同じ内容を表せる。

5.「私たちの学校は80年前に建てられた」≒「私たちの学校は現在創立80年である」　Aは文末の「80年前」より，過去の出来事と判断し，buildの過去分詞builtを入れて，受け身で「建てられた」とする。Bは「創立80年」とすればよい。‘数詞＋year(s) old’「～歳，創立～年」は，人の年齢だけでなく，建物の古さを表すときにも用いられる。

2〔対話文完成―適文選択〕

1．A：家に帰ってきたとき，手を洗った？／B：もちろん洗ったよ。／A：よろしい。食べる前には必ず手を洗うのよ。では夕飯を食べましょう。〃手を洗ったかと尋ねられ，答えを聞いたAが「よろしい」と言っているので，手を洗ったのだとわかる。I didのdidは，washed my handsということ。

2．A：最寄りのバス停までの道を教えてくれませんか？／B：ああ，私もそこへ行くところです。私についてきてください。／A：バス停に行くのを手伝ってくれてありがとうございます。〃空所の後でBは「私についてきて」と述べているので，Bもバス停に行くのだとわかる。

3．A：すみません。どの路線が国立博物館へ行きますか？／B：そこへ行きたいのなら，ブルーラインに乗らなければいけません。そしてグリーン駅で乗り換えてください。／A：わかりました。ありがとうございます。〃国立博物館へ行く路線はどれかと尋ねられているので，乗るべき電車を教えてあげたのである。get onで「(電車・バスなど)に乗る」という意味を表す。

4．A：もしもし。スズキヒロシと申します。オカダさんはいらっしゃいますか？／B：すみません。

お名前がよく聞き取れなかったのですが。／A：スズキです。スズキヒロシ。／B：ありがとうございます。申し訳ありませんが，彼女はただ今不在にしております。伝言を承りましょうか？〃直後でAが自分の名前を再度伝えているので，Bは名前が聞き取れなかったのである。

5．A：いらっしゃいませ。今日は何をお探しでしょうか？／B：ペンを壊してしまって。新しいのが欲しいんです。このようなペンはありますか？／はい，あると思いますよ。こちらにどうぞ。〃新しいペンを買いに来た客が質問し，店員がこちらへどうぞと応じていることから，どんなペンが欲しいのかを伝えたと考えられる。このoneは繰り返しを避けるために用いられる代名詞で，ここではpenを指す。

3〔長文読解総合―ノンフィクション〕

≪全訳≫❶ずっと昔のアメリカで，ジョージはレストランでコックとして働いていた。ある夜，とても裕福な男性がジョージのレストランを訪れた。彼は夕食にたくさんの料理を注文した。それらの料理のうちの１つはフライドポテトだった。その料理はジョージの店ではとても人気があったのだ。ジョージが調理をし，そしてウェイトレスが男性にそのフライドポテトを出した。彼はそれを食べ始めた。突然彼は食べるのをやめ，ウェイトレスを呼んだ。彼は彼女に言った。「おい！　これは分厚すぎるし，油っこすぎる。食べられたものではない。コックにつくり直すように言ってくれ」　そこで彼女は調理場へ行き，ジョージにその裕福な男性のことを伝え，再度つくるように頼んだ。❷もう一度ジョージはフライドポテトを調理し始めた。今回，彼はジャガイモを最初のときよりも薄く切った。そして同じウェイトレスを呼び，料理を男性に出すように言った。しかし，男性はジョージの２回目のフライドポテトが気に入らず，再び調理場に送り返した。ジョージはとても腹が立った。そこで彼はジャガイモが透けて見えるほど非常に薄く切った。彼は男性を困らせたかったのだ。それは薄すぎて，フォークで食べることはできなかった。今回はジョージが料理を男性に出し，彼のそばに立って様子をうかがった。その裕福な男性はそれを食べた。彼は「すばらしい！」と言った。❸これが世界初のポテトチップスであった。その後，ポテトチップスはそのレストランのもう１つの人気料理となった。

問１＜適語(句)選択・語形変化＞1．‘one of the＋複数名詞’「～の１つ」の形。　2．食べ始めたばかりなのに，「突然」食べるのをやめたのである。 suddenly「突然」　3．男性は出されたフライドポテトが気に入らず，つくり直すようコックに伝えるように言ったのである。‘tell＋人＋to ～’「〈人〉に～するように言う」の形。sayやspeakはこの形を取らない。　4．ウェイトレスは男性の伝言を受け，ジョージにフライドポテトを調理し直すように頼んだのである。‘ask＋人＋to ～’「〈人〉に～するよう頼む」の形。　5．ジョージはフライドポテトをつくり直して，ウェイトレスを呼んでいるので，料理を男性に出すよう言ったのである。serveは「(料理)を出す」という意味。　6．ジョージは客の男性を困らせたかったのだから，フォークで食べられないほどまでジャガイモを薄く切ったと考え，‘too ～ to …’「～すぎて…できない」の構文にする。主語のTheyは２文前のthe potatoesを指している。

問２＜単語の定義＞1．「人や物が到着するまで，あるいは何かが起こるまで何もしない」―カ．「待つ」　2．「人に何かをしてほしいことを伝える」―オ．「頼む」

4〔整序結合―対話文完成〕

1．A：明日は野球の試合だね。／B：うん，天気がいいといいな。／A：私もそう思う！〃hopeとweatherがあることから，いい天気になることを望んでいると考える。hopeの目的語となる部分は‘主語＋動詞...’の形で表し，未来のことなので，willを用いる。　Yes, I hope the weather will be fine.

2．A：すみません。助けてもらえますか？　郵便局を探しているのですが。／B：いいですよ。この通りをまっすぐ行ってください。通りの突き当たりにありますよ。〃郵便局までの道案内をしているので，文の骨組みをYou will find it「あなたはそれを見つけるでしょう」とする。残りはat the endとまとめ，文末のof the streetにつなげる。　You will find it at the end of the street.

3．A：ヒロシが脚を骨折して入院中だって知ってる？／B：ああ，知ってるよ。彼は何か読む物が欲しいと言ってたな。マンガを何冊か彼に持っていくのはどう思う？／A：それはいい考えね。〃直後のAの返答より，何かを提案して意見を求めているとわかる。What about ～?「～はどう？」も考えられるが，語句が余るので，What do you think about ～?「～についてどう思いますか」とする。‘bring＋人＋物’で「〈人〉に〈物〉を持っていく」。　What do you think about bringing him some comics?

4．A：今日の放課後ヒロコが部活に来なかったの。彼女が心配だわ。／B：弟さんの具合が良くないから，家で彼の世話をしているんだよ。／A：あら，それはお気の毒に。〃take care of ～「～の世話をする」を現在進行形で表せばよい。　Her brother is not feeling well, so she is taking care of him at home.

5．A：この映画見たことある？／B：いいえ，でもおもしろそうね。／A：誰かに僕と一緒に行ってほしいんだ。今週末は暇？〃直後の発言より，映画に誘っているとわかる。‘want＋人＋to ～’「〈人〉に～してほしい」の形にする。　I want someone to go with me.

5〔長文読解―内容一致―物語〕

≪全訳≫❶タカシは2005年の初日に生まれた。タカシが生まれたとき，彼の両親は2人とも28歳だった。わずか2年1か月後，タカシの妹が生まれた。その赤ちゃんはナオミと名づけられた。その翌日は彼女の母の誕生日だった。ナオミの初めての誕生日，彼女は9キログラムで，身長は74センチメートル，タカシは14キログラムで，身長は90センチメートルだった。タカシの身長は父のちょうど半分だった。その年にタカシは幼稚園に入園した。❷タカシは6歳のとき，小学校に入学した。登校初日，タカシは20キログラムあり，身長は115センチメートルだった。❸ナオミはタカシが入園したのと同じ年齢で幼稚園に入園した。彼女が小学校に入学したとき，彼女の体重と身長は，タカシが小学校に入学した日の体重，身長と同じであった。ナオミが小学校に入学した日，タカシは当然のことながら，ナオミより背が高かった。タカシとナオミの身長差は15センチメートルだった。❹タカシは現在中学生である。彼は今年14歳になった。彼は背の高い少年となった。彼の身長は現在170センチメートルである。しかし，父の身長はタカシが生まれてから変わっていない。

＜解説＞1．「ナオミは(　　)に生まれた」―「2007年2月」　第1段落第1，3，4文参照。タカシが2005年1月1日に生まれ，ナオミは2年1か月後に生まれている。　2．「ナオミが生まれたとき，彼女の母は(　　)歳だった」―「30」　第1段落第2，3文参照。タカシが生まれたとき両親はともに28歳。ナオミが生まれたのはその2年1か月後で母の誕生日はナオミが生まれた日の翌日なので，母の年齢も2つ増えたとわかる。　3．「タカシは(　　)歳のとき，20キログラムだった」―「6」　第2段落参照。　4．「ナオミの小学校入学初日，タカシは身長(　　)だった」―「130センチメートル」　第3段落後半より，ナオミの小学校入学時，タカシとの身長差は15センチメートルだったことがわかる。同段落第2文に小学校入学時の身長はナオミもタカシも同じだったとあり，第2段落より小学校入学時のタカシの身長は115センチメートルなので，115＋15＝130となる。

5．「タカシの父は現在身長(　　)である」―「180センチメートル」　第1段落終わりから3，2文目にタカシの身長が90センチメートルで，これは父の半分の背丈だとあるので，この時点で父の身長は90×2＝180。また，最終段落最終文に父の身長はタカシの誕生以来変化がないとある。

6〔長文読解総合―説明文〕

≪全訳≫❶ボートの上で，科学者のチームがウミガメを助けている。ウミガメは問題を抱えており，科学者たちはその理由を見つける。鼻の中に何かが入っているのだ。科学者の１人がそれを取り出そうとする。ようやく，８分もの後，ウミガメの鼻から長い物が取り出される。それはプラスチック製の長いストローだ。❷多くの人がインターネット上でそのウミガメのビデオを見ている。今や人々はこの問題についてもっとよく理解している。$_{1}$世界の海はプラスチックであふれている。2000年以来，プラスチックの生産は世界中で増加してきたが，$_{2}$私たちはその約20パーセントしかリサイクルしていない。多くのプラスチックごみが海に流れ着く。今日では，毎年約800万トンが海に流れ着くと科学者は考えている。これらのプラスチックのほとんどは，海からなくなることは決してないだろう。❸この海洋プラスチックは，毎年多くの海洋動物を傷つけている。$_{3}$プラスチックが食べ物のように見えたり，海草に覆われていたりするので，それを食べてしまう魚もいるのだ。プラスチックを大量に食べることが飢餓をもたらすと考える科学者もいる。海洋動物が大量のプラスチックを食べた後，$_{4}$おなかはいっぱいになるが，生きるのに十分なエネルギーは得られない。場合によっては，鋭いプラスチックのかけらを食べて海洋動物が負傷する可能性や死に至る可能性さえある。❹$_{5}$プラスチックは強く，簡単には壊れないので，人々にとっては役立つが，このことが海洋動物にとっては危険なのだ。科学者はこう言った。「最大の問題は，プラスチック製品が使用後は捨てるように設計されていることだ」　例えば，私たちはストローやペットボトルやビニール袋を$_{6}$捨てる前に１回だけ使う。約700種類のさまざまな海洋動物が，これらのプラスチック製品を食べている。あのウミガメは救助されて海に戻されたので運が良かった。❺将来，プラスチックごみが海洋動物にどう影響するだろうか。「５年から10年後にその答えはわかると思う」と科学者は言った。しかし，そのときまでに，さらに大量のプラスチックごみがすでに海にあるだろう。

問１＜適文選択＞直前の this problem「この問題」を具体的に表す文が入る。前段落でストローが鼻につまってしまったウミガメの話があるので，プラスチックが海にあふれていることを示すアが適切。

問２＜適文選択＞直前の but より，文前半の「プラスチックの生産が増えている」という内容と対照的な内容になる。よって，リサイクルが進んでいないことを示す内容のイが入る。

問３＜適文選択＞直前の because より，文前半の「魚がプラスチックを食べてしまう」ことの理由が入る。look like ～で「～のように見える」という意味を表す。

問４＜適文選択＞海洋動物が大量のプラスチックを食べた後にどうなるかを考える。直前の文に飢餓をもたらすとあるので，プラスチックをどんなに食べても，生きる力にならないことを示すイが適切。

問５＜適文選択＞直前の because より，文前半の「プラスチックは人間に役立つ」ことの理由が入る。したがって，強くて丈夫だというプラスチックの利点を示すアが適切。

問６＜適語句選択＞文頭に「例えば」とあるので，プラスチック製品は使い捨てであるという直前の文の具体例を示せばよい。ストローやペットボトルは１回使っただけで捨てる，というイが適切。

問７＜内容真偽＞ア.「プラスチックごみは海洋における深刻な問題だ」…○　本文全体を通して述べられている内容に一致する。　イ.「ビデオのウミガメはプラスチック製ストローを食べたときに死んだ」…×　第４段落最終文参照。ウミガメは一命をとりとめた。　ウ.「海洋のプラスチック製品は多くの海洋動物を救う」…×　第３段落第１文参照。多くの海洋動物を傷つけている。

数学解答

1 (1) ア…－　イ…6

(2) ウ…－　エ…4　オ…3　カ…2
キ…2

(3) ク…1　ケ…2

(4) コ…2　サ…1　シ…3

(5) ス…1　セ…0

(6) ソ…2　タ…1　チ…7

(7) ツ…1　テ…3　ト…0　(8) 7

2 (1) ア…8　イ・ウ…1，7　エ…8
オ…7

(2) カ…7　キ…4　ク…7　ケ…3
コ…6

(3) サ…1　シ…8

3 (1) ア…7　イ…0　ウ…3　エ…5
オ…0　カ…0　キ…2　ク…5
ケ…2

(2) コ…1　サ…7　シ…1　ス…5
セ…2　ソ…1　タ…0　チ…9
ツ…4　テ…8　ト…5

4 (1) ア…4　イ…5

(2) ウ…2　エ…2　オ…5

(3) カ…6　キ…7　ク…5　ケ…4

(4) 4

1〔独立小問集合題〕

(1)＜数の計算＞与式$=-4\times\frac{5}{3}+6\times\frac{1}{9}=-\frac{20}{3}+\frac{2}{3}=-\frac{18}{3}=-6$

(2)＜二次方程式＞解の公式より，$x=\frac{-8\pm\sqrt{8^2-4\times2\times(-1)}}{2\times2}=\frac{-8\pm\sqrt{72}}{4}=\frac{-8\pm6\sqrt{2}}{4}=\frac{-4\pm3\sqrt{2}}{2}$となる。

(3)＜関数―比例定数＞関数$y=\frac{a}{x}$において，$x=1$のとき$y=\frac{a}{1}=a$，$x=4$のとき$y=\frac{a}{4}$だから，xの値が1から4まで増加するときの変化の割合は$\left(\frac{a}{4}-a\right)\div(4-1)=-\frac{1}{4}a$と表せる。一方，関数$y=-3x+1$における変化の割合は，常に$-3$である。よって，変化の割合が等しくなることより，$-\frac{1}{4}a=-3$が成り立ち，$a=12$となる。

(4)＜関数―y座標，傾き＞右図1で，直線$y=ax-1$とy軸の交点をDとする。∠ABC＝∠DOC＝90°，∠ACB＝∠DCOより，△ABC∽△DOCだから，AB：DO＝BC：CO＝2：1となる。直線$y=ax-1$の切片より，点Dのy座標は-1で，DO＝1だから，AB＝2DO＝2×1＝2となり，点Aのy座標は2である。点Aは関数$y=\frac{18}{x}$のグラフ上にあるので，$2=\frac{18}{x}$より，$x=9$となり，A(9，2)である。点Aは直線$y=ax-1$上にもあるので，$2=a\times9-1$より，$9a=3$，$a=\frac{1}{3}$である。

図1

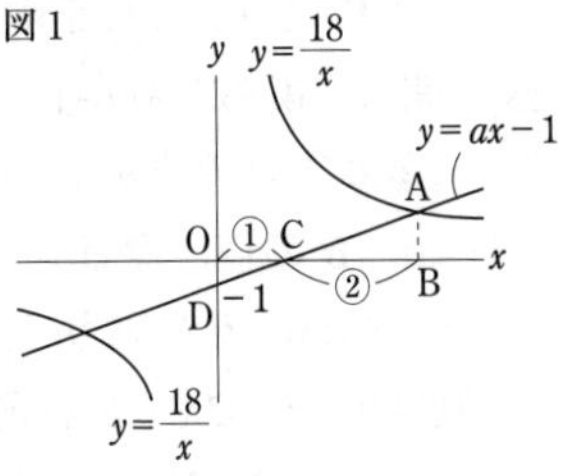

(5)＜場合の数＞A，B，C，D，Eの5人の中から3人の当番を選ぶとき，2人が当番に選ばれない。当番に選ばれない2人は，AとB，AとC，AとD，AとE，BとC，BとD，BとE，CとD，CとE，DとEの場合の10通りあるから，3人の当番の選び方も10通りとなる。

(6)＜資料の活用―最頻値，相対度数＞度数分布表において，度数が最も大きいのは，2冊の9人だから，最頻値(モード)は2冊である。また，36人の生徒のうち，4冊借りた生徒の度数は6人だから，その相対度数は6÷36＝0.166…であり，小数第3位を四捨五入して，0.17となる。

(7)＜図形―角度＞次ページの図2のように，4点A，B，C，Dを定め，直線l上の点Aより右に点E

をとり，ADの延長と直線mの交点をFとする。$\angle BAF=\angle FAE=a$，$\angle BCD=\angle DCF=b$とすると，$l/\!/m$より錯角が等しいので，$\angle DFC=\angle FAE=a$となり，△DCFで内角と外角の関係より，$\angle x=\angle DFC+\angle DCF=a+b$となる。また，四角形ABCFで，$\angle BAF+\angle ABC+\angle BCF+\angle DFC=360^\circ$だから，$a+100^\circ+2b+a=360^\circ$が成り立ち，$2a+2b=260^\circ$，$a+b=130^\circ$となる。よって，$\angle x=130^\circ$である。

図2

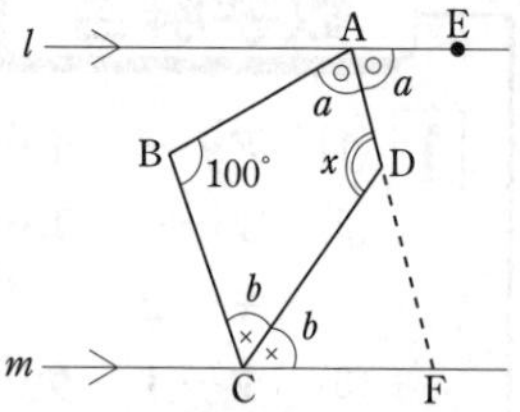

(8)＜図形―長さ＞底面の半径が6cm，高さが$h$cmの円柱の体積が，半径が5cmの球と半径が4cmの球の体積の和に等しいので，$\pi\times6^2\times h=\frac{4}{3}\pi\times5^3+\frac{4}{3}\pi\times4^3$が成り立つ。これより，$36\pi h=\frac{500}{3}\pi+\frac{256}{3}\pi$，$36\pi h=252\pi$，$h=7$(cm)となる。

2〔特殊・新傾向問題―規則性〕

≪基本方針の決定≫(2)　各段の右端には，7の倍数が並ぶ。

(1)＜論証＞bはaより1大きいので，$b=a+1$と表せる。cはaより7大きいので，$c=a+7$と表せる。dはcより1大きいので，$d=c+1=(a+7)+1=a+8$と表せる。よって，$ad-bc=a(a+8)-(a+1)(a+7)=a^2+8a-(a^2+8a+7)=a^2+8a-a^2-8a-7=-7$となる。

(2)＜文字式の利用，$\boldsymbol{n}$の値＞各段の右端の数は，1段目から，7の倍数が小さい順に並んでいるので，$n-1$段目の右端の数は$7(n-1)$となる。これより，n段目の左から1番目の数は$7(n-1)+1=7n-6$となるので，2番目は$(7n-6)+1=7n-5$となり，3番目のAは$(7n-5)+1=7n-4$，4番目のBは$(7n-4)+1=7n-3$となる。よって，$A=7n-4$，$B=7n-3$と表される。また，$AB=1482$より，$(7n-4)(7n-3)=1482$が成り立ち，これを解くと，$(7n)^2+\{(-4)+(-3)\}\times7n+(-4)\times(-3)=1482$，$49n^2-49n+12=1482$，$49n^2-49n-1470=0$，$n^2-n-30=0$，$(n+5)(n-6)=0$より，$n=-5$，6となる。$n>0$だから，$n=6$(段目)である。

(3)＜$\boldsymbol{n}$の値＞(2)より，n段目の数は，左から，1番目が$7n-6$，2番目が$7n-5$，3番目が$7n-4$，4番目が$7n-3$であり，5番目は$7n-2$，6番目は$7n-1$，右端は$7n$となる。n段目にある全ての自然数の和が861になるので，$(7n-6)+(7n-5)+(7n-4)+(7n-3)+(7n-2)+(7n-1)+7n=861$が成り立つ。これを解くと，$49n=882$より，$n=18$(段目)となる。

3〔関数―関数の利用〕

≪基本方針の決定≫(1)　直線$y=ax-b$は2点(100，3500)，(200，10500)を通る。

(1)＜$\boldsymbol{a}$，$\boldsymbol{b}$の値，速さ＞$x\geqq100$においては，$y=ax-b$と表され，$x=100$のとき$y=3500$だから，$3500=a\times100-b$が成り立ち，$100a-b=3500$……①となる。また，$x=200$のとき$y=10500$だから，$10500=a\times200-b$が成り立ち，$200a-b=10500$……②となる。①，②を連立方程式として解くと，①－②より，$100a-200a=3500-10500$，$-100a=-7000$，$a=70$となり，これを①に代入して，$100\times70-b=3500$，$7000-b=3500$，$b=3500$となる。$a=70$より，直線の傾きは70だから，xの値が1増加するとyの値は70増加する。よって，列車の速さは，1秒当たり70m進む速さである。1時間は$1\times60\times60=3600$(秒)だから，列車は，1時間で$70\times3600=252000$(m)進む。252000mは$252000\div1000=252$(km)だから，列車の速さは時速252kmである。

(2)＜$\boldsymbol{y}$の値，時間，長さ＞$0\leqq x\leqq100$においては，$y=0.35x^2$と表されるから，$x=70$のとき，$y=0.35\times70^2=1715$となる。次に，(1)より，$x\geqq100$においては，$y=70x-3500$と表されるので，$x=216$のとき$y=70\times216-3500=11620$となり，216秒後，列車は11620m進んでいる。このとき，列車は完全にトンネルから出たところであり，列車の全長が420mだから，先頭部分がトンネルから出るのは，列車が$11620-420=11200$(m)進んだときである。$y\geqq3500$のとき，$x\geqq100$であるから，$y=$

11200となるのは，$y=70x-3500$ に $y=11200$ を代入して，$11200=70x-3500$，$70x=14700$ より，$x=210$ のときである。よって，先頭部分がトンネルから出るのは出発してから210秒後である。先頭部分がトンネルに入るのは70秒後で，このとき列車は1715m進んでいて，列車の先頭部分がトンネルから出るとき，列車は11200m進んでいるから，トンネルの長さは11200－1715＝9485(m)となる。

4 〔平面図形―二等辺三角形，正方形〕

≪基本方針の決定≫(4)　辺EFを底辺と見たときの高さを考える。

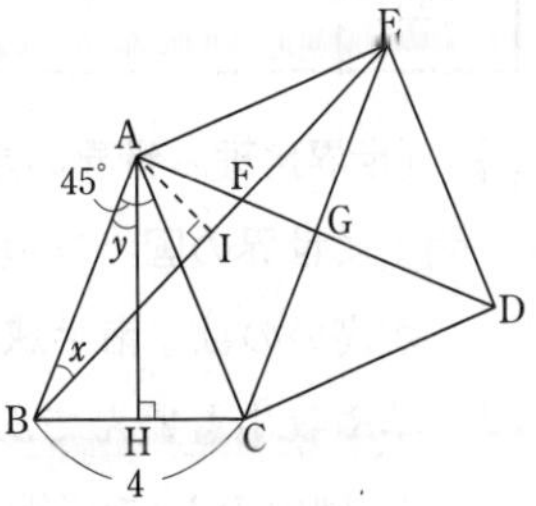

(1)<角度の和>右図で，△ABCはAB＝ACの二等辺三角形だから AH⊥BCより，∠CAH＝∠BAH＝$\angle y$ となる。四角形ACDEが正方形より，∠CAE＝90°だから，∠BAE＝∠BAH＋∠CAH＋∠CAE＝$\angle y+\angle y+90°=2\angle y+90°$ となる。また，AC＝AEだから，AB＝AEであり，△ABEが二等辺三角形より，∠AEB＝∠ABE＝$\angle x$ となる。よって，△ABEの内角の和が180°より，∠ABE＋∠BAE＋∠AEB＝180°だから，$\angle x+(2\angle y+90°)+\angle x=180°$ が成り立ち，$2\angle x+2\angle y=90°$ より，$\angle x+\angle y=45°$ となる。

(2)<角度>右上図で，∠BAH＝∠CAH＝$\angle y$ だから，∠BAC＝45°より，$\angle y=\frac{1}{2}\angle \mathrm{BAC}=\frac{1}{2}\times 45°=22.5°$ となる。$\angle x+\angle y=45°$ なので，$\angle x+22.5°=45°$ が成り立ち，$\angle x=22.5°$ となる。これより，∠AEB＝22.5°である。また，△ACEは直角二等辺三角形だから，∠AEC＝45°である。よって，∠BEC＝∠AEC－∠AEB＝45°－22.5°＝22.5°となる。

(3)<角度，長さ>右上図で，△ABCはAB＝ACの二等辺三角形で，∠BAC＝45°だから，∠ABC＝∠ACB＝(180°－∠BAC)÷2＝(180°－45°)÷2＝67.5°となる。また，∠AED＝90°，∠AEB＝22.5°より，∠DEF＝∠AED－∠AEB＝90°－22.5°＝67.5°となる。よって，∠ABC＝∠DEF＝67.5°となる。△ABC≡△DEFなので，対応する辺より，BC＝EFである。BC＝4だから，EF＝4となる。

(4)<面積>右上図で，点AからBEに垂線AIを引く。∠AIB＝∠BHA＝90°，AB＝BAであり，$\angle x=\angle y=22.5°$ より，∠ABI＝∠BAHだから，△ABI≡△BAHである。これより，AI＝BHである。点Hは辺BCの中点となるから，$\mathrm{BH}=\frac{1}{2}\mathrm{BC}=\frac{1}{2}\times 4=2$ となり，AI＝2となる。よって，$\triangle \mathrm{AEF}=\frac{1}{2}\times \mathrm{EF}\times \mathrm{AI}=\frac{1}{2}\times 4\times 2=4$ となる。

＝読者へのメッセージ＝

関数 $y=ax^2$ のグラフは放物線，関数 $y=\frac{a}{x}$ のグラフは双曲線です。放物線，双曲線は円錐を平面で切断することによっても現れる曲線です。円錐を平面で切断すると，円やだ円になることもあり，これらを含めて，円錐曲線といわれます。

社会解答

1 問１　ウ　問２　イ　問３　イ　問４　ウ

2 問１　イ　問２　オ　問３　カ

3 問１　カ　問２　ウ

4 問１　イ　問２　ウ　問３　ア

5 問１　ア，エ　問２　イ　問３　エ

6 問１　ウ　問２　エ　問３　エ

7 問１　イ　問２　ウ　問３　エ

8 問１　ア　問２　ウ　問３　エ　問４　ク

1〔世界地理―世界の諸地域〕

問１＜世界の国々＞地図中のは.はオーストラリアで，かつてイギリスの植民地だった。12月に気温が高いのは，南半球に位置しているためである。また，鉄鉱石や石炭などの地下資源が豊富で，牧羊や牧牛も盛んである。なお，Ａはアメリカ(図中のに)を，Ｂはトルコ(図中のい)を，Ｄはインド(図中のろ)を説明している。

問２＜時差＞図中のに(アメリカ)の首都ワシントンD.C.は，図から西経75度付近に位置しているとわかる。日本の標準時子午線である東経135度の経線から西回りで135＋75＝210度の経度差がある。経度差15度で１時間の時差が生じ，西回りでは時刻を戻すので，日本時間12月24日14時に日本を出発して14時間後にワシントンに到着したときの現地時間は，日本時間に飛行時間の14時間を加えてから，14時間の時差だけ時刻を戻すので，12月24日14時となる。

問３＜世界の宗教と畜産業＞図中のろ.はインドで，国民の多くがヒンドゥー教を信仰しているため，牛を神聖な存在としている。表１より，ア～エの中で牛の家畜頭数が約１億８千万頭と最も多いわりに，牛肉の生産数が約９百万頭とその割合が約５％となっているイが，牛の飼育は盛んだが牛肉を食べることは避けられていることを表している。なお，図中のい.のトルコには豚の飼育頭数や豚肉の生産数が少ないエが，図中のは.のオーストラリアには羊の飼育頭数や羊肉の生産数が多いアが，図中のに.のアメリカにはウが当てはまる。

問４＜世界の国々の特徴と日本との関係＞表２と表３より特定しやすいものを探す。まず，在留日本人総数が最も多く，2017年の移動電話の100人あたりの契約数が最も高いＹにはアメリカ(図中のに)が当てはまる。移動電話の契約総数と100人あたりの契約数が2000年から2017年にかけて大幅に増加したＸにはインド(図中のろ)が当てはまる。残るＷとＺはトルコかオーストラリアなので，表３より，在留日本人総数が最も少ないＷにはトルコ(図中のい)が当てはまる。よって，Ｚには，オーストラリア(図中のは)が当てはまる。

2〔日本地理―気候と産業〕

問１＜日本海側の気候＞図２の雨温図は，冬の降水量が多い日本海側の気候の特色を示している。したがって，②の信濃川の河口がある新潟県が当てはまる。

問２＜農業＞日本なし，りんご，いちごのうち，表１で栃木県の生産量が全国第１位のⅠはいちご，③の利根川が流れる千葉県と茨城県が生産量上位２県となっているⅡは日本なし，青森県の生産量が全国第１位のⅢはりんごである(2018年)。なお，いちごの生産量２位と３位に入っているのは①の筑後川が流れる県のうち，福岡県と熊本県，りんごの生産量２位と３位に入っているのは，②の

信濃川が流れている県のうち，長野県，④の北上川が流れている県のうち，岩手県である。

問３＜貿易港＞図１のＡは博多港，Ｂは関西国際空港，Ｃは名古屋港，Ｄは成田国際空港である。空港であるＢやＤで主要な輸入品目のＹは軽量で単価が高い集積回路，中京工業地帯の貿易港となっている名古屋港の主要な輸入品目のＺは石油，博多港で総輸入金額に占める割合が最も高い輸入品目のＸは魚介類である。

3 〔地理―地形図〕

問１＜地形図の読み取り＞Ｃ地点の南南東の方角には，消防署(Y)がある(カ…○)。なお，Ａ地点の北側の斜面には果樹園(ó)はなく，針葉樹林(Λ)や広葉樹林(Q)が見られる(ア…×)。等高線から，Ａ地点の標高は約150m，Ｂ地点の標高は約10m以下，Ｃ地点の標高は約100mである(イ，オ…×)。Ａ地点から南南東の方角にある島にあるのは，工場(☼)ではなく灯台(☀)である(ウ…×)。Ｂ地点の南西にある裁判所(↑)の西隣にあるのは，博物館・美術館(皿)ではなく図書館(🕮)である(エ…×)。

問２＜縮尺＞２万５千分の１の地形図では，地図中の１cmが実際の距離の250mを表すので，池の直径は250×8＝2000mである。円周の長さは直径×π(≒3.14)より求める。したがって，ランニングコース１周のおおよその距離は2000×3.14＝6280m＝6.28kmである。また，円の面積は半径×半径×πより求める。池の半径は2000÷2＝1000m＝1kmより，池のおおよその面積は1×1×3.14＝3.14km²である。

4 〔歴史―中世の日本〕

問１＜御成敗式目＞この法令は，1232年に鎌倉幕府第３代執権の北条泰時が出した御成敗式目〔貞永式目〕である。御成敗式目制定について，北条泰時は「この式目は，武士のためにつくったもので，朝廷の決定や律令を改めるものではない」とし，御成敗式目は，武士の社会で行われていた慣習に基づいた法令だった(イ…○)。なお，六波羅探題が設置されたのは，1221年の承久の乱後のことである(ア…×)。大名が許可なく城を修理したり，無断で縁組したりすることを禁じたのは，江戸幕府が1615年に出した武家諸法度である(ウ…×)。源頼朝が守護と地頭を置くことを朝廷に認めさせたのは，1185年のことである(エ…×)。

問２＜地頭＞鎌倉時代の武家社会では，領地は女性を含めた子に分割相続され，女性が地頭や御家人となることも少なくなかった(ウ…○)。なお，御家人の取り締まりは守護の職務である(ア…×)。備中ぐわや千歯こきなどの農具が普及したのは，江戸時代のことである(イ…×)。1275年，紀伊国阿氏(弖)河荘の農民は，地頭が農民を強制的に人夫にかり出したり，農民に乱暴をはたらいたりするなどの横暴を荘園領主に訴えた(エ…×)。

問３＜中世の人物＞年代の古い順に，①(1105年の奥州藤原氏による中尊寺建立)，③(1167年の平清盛の太政大臣就任)，④(1404年の足利義満による勘合貿易の開始)，②(1467年に起こった応仁の乱)，⑤(16世紀後半の織田信長による楽市・楽座)となる。足利義満が建てたのは，鹿苑寺金閣である。なお，本能寺は織田信長が家臣の明智光秀に攻められて自害した場所(イ…×)，厳島神社は平氏の信仰を受けた神社(ウ…×)，中尊寺は奥州藤原氏によって平泉に建てられた寺院(エ…×)，慈照寺銀閣は足利義政が建てたもの(オ…×)である。

5 〔歴史―古代の日本〕

問１＜律令制度＞16世紀末に，ますなどを統一して検地帳を作成して検地を行ったのは，豊臣秀吉(イ…×)，７世紀初めに冠位十二階の制を定めたのは，聖徳太子(ウ…×)，農民に五人組をつくらせ，年貢納入などに連帯責任を負わせたのは，江戸幕府である(オ…×)。

問２＜律令の税制度＞律令制度で定められた税のうち，調は絹や布などの地方の特産物を都まで運んで納める税，庸は労役の代わりに布を納める税である。なお，租は稲の収穫の約３％を納める税，雑徭は年間60日以内の地方での労役である。

問３＜万葉集＞奈良時代に，天皇や貴族だけでなく，農民や防人などの和歌まで集めてつくられた和歌集は，『万葉集』である(エ…○)。なお，紀貫之らが編さんした和歌集は，平安時代に成立した『古今和歌集』である(ア…×)。『万葉集』が編さんされた奈良時代には，まだ仮名文字は使われておらず，漢字の音を利用して日本語を表した万葉仮名が用いられた(イ…×)。鎌倉時代に琵琶法師によって広められたのは，『平家物語』である(ウ…×)。

6 〔歴史―中世～近世の日本と世界〕

問１＜年代整序＞年代の古い順に，ｂ(16世紀末の豊臣秀吉による朝鮮出兵)，ｃ(1641年のオランダ商館の平戸から出島への移設)，ａ(1688年のイギリスの名誉革命)となる。

問２＜アメリカ南北戦争＞文は，アメリカ南北戦争(1861～65年)について述べている。略年表の出来事は，①が1549年のこと，②が1714年のこと，③が1792年のこと，④が1853年のこと，⑤が1871年のことなので，アメリカ南北戦争が起きたのは④から⑤の間となる。

問３＜享保の改革＞江戸幕府第８代将軍の徳川吉宗が取り組んだ享保の改革では，裁判の基準となる公事方御定書という法律が定められた(エ…○)。なお，株仲間を奨励し営業税を徴収したり，蝦夷地の開発を計画したりしたのは，寛政の改革の前に幕府政治を担当した老中田沼意次の政策(ア，ウ…×)，農民の帰農を進めたり，ききんに備えるために米を備蓄させたりしたのは，寛政の改革を進めた老中の松平定信である(イ…×)。

7 〔歴史―近代～現代の日本と世界〕

問１＜伊藤博文＞内閣総理大臣を経験し，その後，韓国統監を務めたのは，伊藤博文である。伊藤博文は，1871年に派遣された岩倉使節団の一員として欧米を視察し，明治政府が国会開設を約束した後，憲法制定に尽力した(イ…○)。なお，1932年に五・一五事件で暗殺されたのは犬養毅(ア…×)，1918年に最初の本格的な政党内閣を組織したのは原敬(ウ…×)，1938年に国家総動員法を制定し，1940年に大政翼賛会を結成したのは近衛文麿である(エ…×)。

問２＜韓国併合＞史料の最後の文から，この会談が行われたのは，韓国併合が行われた1910年の前年の1909年であることがわかる。日清戦争は1894～95年のこと，日露戦争は1904～05年のこと，第一次世界大戦は1914～18年のこと，第二次世界大戦は1939～45年のことなので，史料の会談が行われたのは，日露戦争と第一次世界大戦の間となる。

問３＜日本とロシアの関係＞1951年に，第二次世界大戦の日本と連合国との講和条約であるサンフランシスコ平和条約が結ばれたが，アメリカを中心とする資本主義陣営の一員として日本が独立することに反対するソ連は，調印しなかった(エ…○)。なお，1875年の樺太・千島交換条約では，樺太がロシア領，千島列島が日本領となった(ア…×)。1917年のロシア革命は，第一次世界大戦中に起こった(イ…×)。日本は日中戦争中の1941年に日ソ中立条約を結び，太平洋戦争を開始した(ウ…

×)。

8 〔歴史・公民総合―第二次世界大戦後の日本と世界〕

問１＜日本国憲法＞第二次世界大戦後，日本政府はGHQ〔連合国軍最高司令官総司令部〕の草案を受け入れ，日本国憲法の３つの基本原理を，国民主権，基本的人権の尊重，平和主義とした。また，国会は，国権の最高機関として衆議院と参議院の二院制が採用された。なお，衆議院と貴族院の二院制が採用され，天皇の大権を補佐する形で三権分立の仕組みが整えられたのは，大日本帝国憲法である。

問２＜高度経済成長＞1950年代後半から1970年代前半まで続いた高度経済成長期は，経済成長率が毎年10％前後の好景気が続いた(イ…×)ため，完全失業率はきわめて低い水準で，２％台から１％台と低下していった(ウ…○)。なお，1953年にテレビ放送が始まると白黒テレビの普及が急速に進み，東京オリンピックが開催された1960年代半ばには90％に達した(ア…×)。また，高度経済成長に伴って工業が発達し，第二次産業の就業者の割合は1960年代には20％を超えた(エ…×)。

問３＜石油危機＞「写真３の時期に起こった，世界的な不況」とは，第４次中東戦争を機に石油輸出国が石油輸出価格を引き上げたことが原因となって，先進諸国が経済的に打撃を受けた第１次石油危機(1973年)を指す。日本で消費税が導入されたのは，1989年のことである。

問４＜経済成長と地球環境保全＞Xは「各国ごとに経済成長をめざし，…経済力をつけるべき」とあるので，経済成長を重視する考えと自国の対策のみを重視する考えが強いことがわかる。Yは「発展途上国に技術や資金を提供して，…地球環境保全に優先的に取り組むべき」とあることから地球環境保全を重視する考えが強いことがわかる。Zは「地球環境保全と経済成長を両立させる」とあるので，横軸では中間に位置し，「公正な話し合いを行い」とあるので，多くの国々との対話や協力を重視する考えが強いことがわかる。

理科解答

1 問1 エ，オ　問2 カ　問3 イ

2 問1 イ　問2 1…エ　2…ア

問3 1番目…g　2番目…d

3番目…b　4番目…e

問4 ア　問5 ア，ウ，カ

3 問1 イ，カ

問2 体積…ア　質量…ウ

問3 ア…6　イ…3　問4 エ

問5 エ　問6 ウ

4 問1 ウ　問2 イ　問3 ア

問4 ア　問5 ウ

5 問1 ①…オ　②…エ　③…オ　④…コ

問2 ア…1　イ…0　ウ…4

問3 ア…7　イ…6　ウ…4　エ…7

オ…5

問4 ア…0　イ…8　ウ…5　エ…2

オ…2　カ…8

6 問1 オ　問2 エ

問3 1…イ　2…ア　3…エ

問4 エ

7 問1 ア…1　イ…3　ウ…4　エ…0

問2 キ　問3 オ　問4 イ

問5 イ　問6 エ

問7 ①…イ　②…ク　③…カ　④…ア

⑤…ク　⑥…オ

1〔自然と人間〕

問1＜下水処理＞有機物は炭素(C)を含む物質で，水素(H)を含むものも多いので，酸素(O_2)を使って分解すると，二酸化炭素(CO_2)と水(H_2O)ができる。

問2＜下水処理＞有機物1gを分解するのに必要な酸素は1gだから，有機物60gを分解するのに必要な酸素は60gである。酸素は1Lの水に0.010g溶け込んでいるから，酸素が60g溶け込んでいる水の体積は，60÷0.010＝6000(L)である。

問3＜節足動物＞ミジンコのように，外骨格に覆われ，体やあしが多くの節からできている動物を節足動物という。なお，脊椎《せきつい》動物は背骨を持つ動物，単細胞生物は体が1個の細胞でできている生物，軟体動物は背骨も外骨格もなく，内臓が外とう膜で覆われている動物である。

2〔植物の生活と種類，生命の連続性〕

問1＜双子葉類＞図2のように，この植物は茎の維管束が輪状に並んでいるので，双子葉類である。なお，単子葉類は茎の維管束がばらばらに散らばっている。

問2＜生物の体＞1．生物の体をつくる最小単位は細胞①で，形やはたらきが同じ細胞が集まって組織②をつくり，何種類かの組織が組み合わさって特定のはたらきをする器官③となる。なお，核は，普通1つの細胞に1個ある球形の粒で，遺伝子を含んでいる。　2．植物の葉は，複数の組織が組み合わさった器官である。

問3＜道管＞水の通り道は維管束のうちの道管だから，色水に染まった部分は道管である。図4の根で吸収された水は，図2の茎から図1の葉を通り，図3の葉の表面にある気孔から蒸散によって水蒸気となって出ていく。道管は，図4では色水に染まったgであり，図2では茎の中心側のd，図1では気孔が見られる左側が葉の裏側，葉緑体を持つ細胞が密になっている右側は葉の表側だから，表側のbである。また，図3で，気孔は一対の三日月形のfの細胞(孔辺細胞)で囲まれたすき間のeである。なお，図1のa，図2のc，図4のhは，光合成によってつくられた養分が通る師

管である。

問４＜実験方法＞ワセリンを塗ると気孔がふさがれるため，その部分では蒸散が行われない。Ａの葉にワセリンを塗って蒸散を抑えると，葉からの蒸散量を求めることはできない。よって，誤っているのはアである。なお，水の減少量を比較するので，２本の試験管に入れる水の量は同じでなくてもよく，メスシリンダーを使用して水量の変化を調べることもできる。また，水面に油を浮かせないと水面からも水が蒸発するが，２本の試験管から同様に水が蒸発するので，蒸散による水の減少量を比較するのに影響はない。

問５＜無性生殖＞ア…正しい。分裂によるふえ方は無性生殖である。　ウ…正しい。無性生殖では受精が行われず，体細胞分裂によって子ができるので，子は親と同じ種類の遺伝子を同じ数だけ受け継ぐ。　カ…正しい。無性生殖では，子に親と同じ形質が現れるので，目的とする形質の農作物を大量に得ることができる。　イ…誤り。花粉から伸びる管は花粉管で，細胞壁と細胞膜が伸びたものである。花粉管の中を精細胞が移動して胚珠の中の卵細胞と受精するため，有性生殖について述べたものである。　エ…誤り。無性生殖では，子は親と全く同じ遺伝子を持つ。　オ…誤り。農作物の品種改良をするときは有性生殖を行うことが多い。有性生殖では，子は両親の遺伝子を半分ずつ受け継ぎ，親と異なる遺伝子の組み合わせができるため，品種改良に適している。

3 〔身の回りの物質〕

問１＜状態変化＞図１で，Ｂ点の温度が融点，Ｄ点の温度が沸点であり，状態変化している間は温度が変化しない。よって，氷が溶け始めたのはＢ点で，全て溶け終わって水になるのはＣ点である。また，水が沸騰し始めたのはＤ点で，温度が変化しないＥ点では沸騰が続いている。したがって，正しいのはイとカとなる。

問２＜状態変化＞水が液体から固体に変化すると，体積は増加する。一般に，物質が液体から固体へと状態変化をすると体積は小さくなるが，水は例外である。また，物質の状態が変化しても物質をつくる粒子の数は変化しないため，質量は変化しない。

問３＜熱量＞水１ｇの温度を１℃上昇させるのに必要な熱量は4.2Jなので，水50ｇの温度を，40－10＝30(℃)上昇させるのに必要な熱量は，4.2×50×30＝6300(J)より，6.3kJである。

問４＜実験操作＞沸騰石は，混合物が急に沸騰(突沸)することを防ぐために入れる。

問５＜蒸留＞図２で，気体の温度は加熱部から離れるほど下がるので，温度計①での温度は温度計②での温度よりも低くなる。よって，図３のＡは温度計②，Ｂは温度計①の温度変化を示している。また，水とエタノールの混合物を加熱すると，エタノールの沸点である約80℃付近で沸騰が始まり，温度の上昇はゆるやかになる。したがって，沸騰が始まった加熱時間は，図３のＡで，温度が80℃になった10分頃と考えられる。

問６＜蒸留＞水とエタノールの混合物を加熱すると，水よりも沸点の低いエタノールを多く含んだ気体が先に出てくる。そのため，１本目の試験管の液体にはエタノールが多く含まれているので，火をつけると燃え，においがある。

4 〔気象とその変化〕

問１＜湿度＞図１より，温度が35℃のときの飽和水蒸気量は約40g/m^3である。よって，〔湿度(％)〕＝〔空気１m^3中に含まれる水蒸気量(g/m^3)〕÷〔その気温での飽和水蒸気量(g/m^3)〕×100より，空気塊Ａの湿度は，30÷40×100＝75(％)である。

問２＜湿度＞空気が上昇すると，膨張して温度が下がるため，飽和水蒸気量は小さくなる。また，空気塊Ａは周囲の空気と混じらずに上昇したので，含まれる水蒸気量は変わらない。よって，空気塊Ａの湿度は上がる。

問３＜雲の発生＞空気の温度が露点に達すると水蒸気が凝結し始めて水滴となり，雲ができる。露点は空気中に含まれる水蒸気量が飽和水蒸気量と等しくなる温度で，空気塊Ａは１m^3当たり30gの水蒸気を含むから，図１より，空気塊Ａの露点は約30℃である。よって，空気塊Ａは，空気の温度が30℃になると雲ができ始めるので，図２より，求める高度は温度が30℃になる900m付近である。

問４＜水蒸気量＞空気柱の底面の面積を１m^2とすると，高さ1000mの空気柱の体積は$1\times1000=1000$ (m^3)である。空気塊Ａは１m^3当たり30gの水蒸気を含むから，この空気柱に含まれる水蒸気量は，$30\times1000=30000$(g)より，30kgである。水蒸気が水に状態変化しても質量は変わらないから，水蒸気30kgが全て液体の水になると，水の質量は30kgになる。よって，水の密度が1000kg/m^3だから，〔物質の体積(m^3)〕＝〔物質の質量(kg)〕÷〔密度(kg/m^3)〕より，水30kgの体積は，$30\div1000=0.03$ (m^3)である。したがって，水の厚みXは，$0.03\div1=0.03$(m)となる。

問５＜降水＞問４の降水量0.03mは30mmなので，１日の局所的な豪雨の総降水量1000mmには足りない。そのため，局所的な豪雨が発生するときは，湿度の高い空気が運ばれてきて特定の場所に集中して雨を降らせていると考えられる。なお，雨が降った後の空気にも水蒸気は含まれるので，湿度が０％にはならない。

5 〔身近な物理現象〕

問１＜重さと質量＞質量は物質そのものの量だから場所が変わっても変化しない。よって，地球上で質量6.0kgの物体の質量は，月面上でも6.0kg①であり，無重力状態でも6.0kg③である。また，重さは物体にはたらく重力の大きさである。地球上で質量100gの物体にはたらく重力の大きさを１Nとするとき，質量が6.0kg，つまり，6000gの物体にはたらく重力の大きさは60Nである。月面上では重力の大きさが地球上の６分の１だから，重さは$60\times\frac{1}{6}=10$(N)②になる。無重力状態では重力の影響を受けないから重さは０N④である。

問２＜ばねののび＞図１のばねは，ばねを引く力の大きさが$0.60-0.20=0.40$(N)大きくなると，長さが$18.2-15.0=3.2$(cm)大きくなる。これより，このばねは0.40Nの力で3.2cmのびることがわかる。よって，ばねを1.3Nの力で引いたときのばねののびを$x$cmとすると，$1.3:x=0.40:3.2$が成り立つ。これを解くと，$x\times0.40=1.3\times3.2$より，$x=10.4$(cm)となる。

問３＜力の大きさとばねののび＞(i)質量100gの物体Ａにはたらく重力の大きさは１N，質量600gの物体Ｂにはたらく重力の大きさは６Nである。図２で，ばねがのびていないとき，ばねが物体Ｂを上に引く力は０Nだから，物体Ａが台はかりを押す力の大きさは，物体Ａと物体Ｂの重さの合計で，$1+6=7$(N)である。よって，台はかりが物体Ａを押す力と物体Ａが台はかりを押す力は作用・反作用の関係にあるから，台はかりが物体Ａを押す力の大きさは，物体Ａが台はかりを押す力の大きさに等しく７Nである。同様に，物体Ａが物体Ｂを押す力と物体Ｂが物体Ａを押す力は作用・反作用の関係にあるから，物体Ａが物体Ｂを押す力の大きさは，物体Ｂが物体Ａを押す力，つまり，物体Ｂの重さに等しく６Nである。　(ii)図２のばねは１Nの力で1.5cmのびるから，ばねののびが3.0cmのとき，ばねにかかる力の大きさは$1\times3.0\div1.5=2$(N)である。このとき，物体Ｂはばねによって上向きに2Nの力で引かれているので，物体Bが物体Aを押す力の大きさは，6－2＝4(N)となる。よって，この力と作用・反作用の関係にある物体Aが物体Bを押す力の大きさも4Nである。　(iii)台はかりが物体Aを押す力と，物体Aが台はかりを押す力は作用・反作用の関係にある。台はかりが200gを示しているとき，物体Aが台はかりを押す力の大きさは2Nである。(i)より，ばねがのびていないとき，物体Aが台はかりを押す力の大きさは7Nだから，このとき，ばねが上向きに物体Bを引く力の大きさは，7－2＝5(N)となる。よって，ばねは5Nの力で引かれているので，ばねののびは1.5×5＝7.5(cm)である。

問4＜力の大きさ＞(i)2本のばねを直列につなぐと，どちらのばねにも同じ大きさの力がはたらく。図3で，ばねに加える力の大きさが同じで，ばねの長さの合計が18cmになるのは，ばねAの長さが10cm，ばねBの長さが8cmのときで，力の大きさは0.8Nである。　≪別解≫力の大きさがxNのときのばねの長さを$y$cmとすると，図3のそれぞれのばねのグラフの式は，ばねAが$y=10x+2$，ばねBが$y=5x+4$となる。これより，力の大きさがxNのときのばねCの長さは，$(10x+2)+(5x+4)=15x+6$(cm)と表される。よって，ばねCの長さが18cmのとき，$15x+6=18$が成り立ち，これを解くと，$x=0.8$(N)となる。　(ii)図3より，ばねAのもとの長さは2cmだから，ばねAののびが8cmのときのばねAの長さは2＋8＝10(cm)で，ばねAにかかる力の大きさは0.8Nである。また，図3より，ばねBは0.4Nの力で6－4＝2(cm)のびるので，ばねBののびが2cmの5倍の10cmのときのばねBにかかる力の大きさは，0.4Nの5倍の2.0Nである。これより，ばねA，Bにつるされたおもりの重さはそれぞれ0.8N，2.0Nである。よって，図4のように，棒が水平になったとき，棒の左右で，〔支点からの距離〕×〔力の大きさ〕が等しくなるから，$X\times0.8=Y\times2.0$が成り立つ。これをYについて解くと，$Y=\frac{2}{5}X$となるから，$X:Y=X:\frac{2}{5}X=5:2$である。また，糸が棒を引く力の大きさは，ばねA，ばねBにはたらく力の大きさの合力だから，0.8＋2.0＝2.8(N)となる。

6 〔大地のつくりと変化〕

問1＜鉱物の成分＞化合物は，二酸化ケイ素(SiO_2)のように，2種類以上の原子からできている物質である。よって，ア～オのうち，化合物はアンモニア(NH_3)である。なお，空気と食塩水は混合物，窒素(N_2)とアルミニウム(Al)は1種類の原子だけでできている単体である。

問2＜有色鉱物＞図1の鉱物のうち，有色鉱物は角閃石と輝石，黒雲母だから，Bの火山灰にしめる有色鉱物の割合は，21＋17＋10＝48(％)である。なお，長石と石英は無色鉱物である。

問3＜堆積岩，浮力，密度＞1．ア～エのうち，生物の死がいが堆積してできた岩石は石灰岩である。なお，角閃石は鉱物，凝灰岩は火山灰などが堆積してできた堆積岩，はんれい岩は火成岩(深成岩)である。　2．電子てんびんにはたらく力は，図2左ではビーカーと水の重さで10.68N，図2右では，ビーカーと水とれきの重さで12.00Nである。よって，れきの重さは，12.00－10.68＝1.32(N)となる。また，図2中央で電子てんびんにはたらく力は，ビーカーと水とれきの重さから，ひもがれきを上向きに引く力をひいたもので，11.18Nである。よって，ひもがれきを上向きに引く力の大きさは，12.00－11.18＝0.82(N)となる。したがって，図2中央のれきの水中での重さは0.82Nだから，〔浮力(N)〕＝〔物体の重さ(N)〕－〔物体の水中での重さ(N)〕より，れきにはたらく浮力の大きさは，1.32－0.82＝0.5(N)である。　3．密度は，$〔密度(g/cm^3)〕=\frac{〔質量(g)〕}{〔体積(cm^3)〕}$で求められ，同じ体積では，質量が小さいほど小さくなる。よって，Dの玄武岩の密度が一般的なものより小さかったのは，同じ体積で比べたときの質量が小さかったためである。これは，測定した玄武岩のれきに空洞が多く，質量が小さかったためと考えられる。なお，形や色の違いは密度には関係しない。

問４＜胃石＞恐竜の化石は中生代の示準化石だから，恐竜が生息した時代は中生代である。また，Fの胃石の角がとれていたことから，胃石は胃の中でぶつかり合っていたと考えられる。このことから，胃石の役割は，歯ですりつぶせない食べ物を胃の中ですりつぶすことだったと推測される。

7〔化学変化とイオン，電流とその利用〕

問１＜濃度＞質量パーセント濃度が36％の濃塩酸100g中に含まれる塩化水素の質量は，$100\times\frac{36}{100}=36$(g)である。この濃塩酸に水を$x$g加えて，2.5％の塩酸をつくるとき，水を加えても溶質である塩化水素の質量は変わらないから，塩化水素の質量について，$(100+x)\times2.5\div100=36$が成り立つ。これを解くと，$100+x=36\times100\div2.5$より，$x=1340$(g)となる。

問２＜水溶液＞それぞれの水溶液の溶質は，水酸化ナトリウム水溶液が水酸化ナトリウム，炭酸水が二酸化炭素，アンモニア水がアンモニア，硝酸カリウム水溶液が硝酸カリウムである。このうち，溶質が気体なのは二酸化炭素とアンモニアで，水酸化ナトリウムと硝酸カリウムは固体である。

問３＜電流と磁界＞導線に流れる電流の向きに右ねじが進む向きを合わせると，右ねじを回す向きが磁界の向きになる。図１の回路では，方位磁針の上の導線に左から右へ電流が流れるので，導線の下にできる磁界の向きは南から北へ向かう向きになる。方位磁針のN極は磁界の向きを指すので，電流の大きさに関係なく，図２の磁針は北を指したままで針の向きは変わらない。

問４＜塩酸の電気分解＞塩酸に電流を流すと，塩化水素(HCl)が電気分解され，陽極から塩素(Cl_2)，陰極から水素(H_2)が発生する。よって，気体Aは塩素，気体Bは水素である。この変化を原子のモデルを用いて表すと，イのように，矢印の左側には塩化水素分子を表す●○が２個，矢印の右側には塩素分子を表す●●が１個，水素分子を表す○○が１個となる。

問５＜抵抗＞図１で，装置Xは抵抗器に対して並列につながれているので電圧計であり，電圧計が示す値は抵抗器に加わる電圧の大きさを示す。よって，このとき抵抗器に流れる電流は100mA，つまり，0.1Aだから，オームの法則〔抵抗〕＝〔電圧〕÷〔電流〕より，抵抗器の抵抗の大きさは，$17\div0.1=170$(Ω)である。

問６＜回路＞図１では，抵抗器と電気分解装置は直列につながれているから，回路全体の抵抗の大きさは，$20\div0.1=200$(Ω)である。また，問５より抵抗器の抵抗の大きさは170Ωだから，電気分解装置の抵抗の大きさは$200-170=30$(Ω)である。抵抗器の抵抗の大きさが２倍の$170\times2=340$(Ω)になると，回路全体の抵抗の大きさは$340+30=370$(Ω)になる。よって，回路全体に流れる電流の大きさは$20\div370=0.054\cdots$より，約54mAである。したがって，電流計の示す値は100mAの半分から１倍の間の値になる。

問７＜塩酸の電気分解＞塩酸中では，塩化水素が水素イオン(H^+)と塩化物イオン(Cl^-)に電離している。電気分解装置に電流を流すと，陽極には陰イオンであるCl^-が引かれ，電子を失って塩素原子(Cl)になり，塩素原子が２個結びついて塩素分子(Cl_2)となって気体として発生する。一方，陰極には陽イオンであるH^+が引かれ，電子を受け取って水素原子(H)になり，水素原子が２個結びついて水素分子(H_2)となって気体として発生する。

2021年度／国立高等専門学校

国語解答

一　(1)　イ　(2)　エ　(3)　イ　(4)　ア
(5)　エ　(6)　ウ

二　問1　A…ウ　B…ア　問2　ウ
問3　エ　問4　イ　問5　イ
問6　エ　問7　ア　問8　エ

三　問1　a…エ　b…ア　c…ウ
問2　D　問3　ウ　問4　ア
問5　ウ　問6　イ　問7　エ

四　問1　A…ア　B…ウ　問2　イ
問3　エ　問4　ウ　問5　イ
問6　ア　問7　ウ

一〔漢字〕

(1)「銅像」は，青銅で鋳造した像のこと。　(2)「修める」は，学問や技芸などを身につける，という意味。　(3)「閣」は，高い建物のこと。　(4)「肥える」は，動物や人の身体が太ってたっぷりと肉がつく，という意味。　(5)「進」の音読みは「前進」などの「シン」。　(6)「奮って」は，自分から進んで，積極的に，という意味。

二〔説明文の読解―芸術・文学・言語学的分野―文学〕出典；尾形仂『芭蕉の世界』。

≪本文の概要≫向井去来は『去来抄』の中で，「行く春を近江の人と惜しみけり」という芭蕉の句に対する尚白の批判について語っている。尚白は，近江は丹波にも，行く春は行く歳にも置き換えられるではないかと批判した。去来は，近江の国は琵琶湖の湖面も朦朧と霞んで，いかにも惜春の情を表すのにふさわしいものがあり，尚白の批判は的外れだと芭蕉に答えた。芭蕉たちの間の共通の詩情を支えるものとして，蘇東坡によってよまれた西湖の景色があったこともつけ加えておかなければならない。また去来はさらに，この句が芭蕉の現実の体験に基づいた作品であることにも言及した。芭蕉は，去来の言葉を大きく肯定しながら，昔の歌人たちの作品を心に置いていたことも挙げた。歌人たちは，近江の国の春光を愛惜した歌を多く残しているのである。自然の景色が昔の詩人や歌人を感動させ，今また芭蕉を感動させることは，古今を一貫して変わらない真実だと感動を伝えた去来に対して，芭蕉は，ともに風雅を語るに足ると非常に悦ばれたという。

問1＜語句＞A.「そねみ」は，他人の幸運や長所をうらやみ，憎むこと。尚白は，芭蕉の門人としては一番の先輩格だったが，芭蕉の新しい動きについていけなくなったため，芭蕉の才能をうらやんで，句を非難するようなことを言ってしまったのである。　B.「吐露」は，心の中で思っていることを隠さずに述べ表すこと。「近江の国は琵琶湖の面も朦朧とうち霞んで」，句として，心の内の惜春の情を述べ表すのにぴったりの場所や情景であると，去来は答えたのである。

問2＜文章内容＞尚白は，「行く春を」の句を，「近江は丹波にも，行く春は行く歳にもふるべし」と非難した。「近江」を「丹波」に置き換えても，「行く春」を「行く歳」に置き換えても，句が成立すると言うことで，尚白は，一句中の言葉が他の言葉に置き換えられないという決定度には達していないではないかと非難したのである。

問3＜文章内容＞近江の国は，琵琶湖の水面も朦朧とうち霞んで，いかにも惜春の情を述べるべき場所であり情景であると，去来は言った。芭蕉たちの共通認識を支えるものとして，蘇東坡の「西湖」の詩があり，彼らは，蘇東坡によって「山色朦朧」とよまれた西湖に重ね合わせて，琵琶湖に接していたのである。去来は，尚白がその共通認識を理解していないと批判したのである。

問4＜表現＞晴雨ともに美しい西湖の景色を，美人西施の面影になぞらえるならば，厚化粧をした姿も薄化粧をした姿もどちらもともに美しいのと同じだという比喩を用いた表現となっている。

問５＜文章内容＞去来は，「行く春を」の句は「今日の芭蕉先生の現実の体験の上にもとづき，実際の景色に臨んでの作品」であるのだから，尚白の非難は全くあたらないと言ったのである。

問６＜文章内容＞「昔の歌人たちも，この近江の国の春光を愛惜したことは，彼らが都の春を愛惜したのにけっして劣らないくらい深かった」と，芭蕉はつけ加えたのである。「をさをさ」は，打ち消しの語を伴って，全く～ない，という意味を表す副詞。

問７＜品詞＞芭蕉は，去来こそともに風雅を語るに足る者だと非常にお悦びになったのである。「悦ばれた」と「苦労された」の「れ」は，尊敬を表す助動詞。「思い出された」の「れ」は自発を表す助動詞。「刺されて」と「指名されて」の「れ」は受け身を表す助動詞。

問８＜要旨＞芭蕉たちは，琵琶湖の景色に接するとき，蘇東坡によってよまれた西湖の面影を重ね合わせていただろうと考えられるのである(ア…×)。昔の歌人を感動させた景色が，今また同じ所に立った芭蕉を感動させ，句を成立させたのである(イ…×)。自然の景色というものが人を感動させることは，古今を一貫して変わらないのである(ウ…×)。昔の詩人，歌人の作品を念頭において，自身の現実の体験を句にすることで，作品は重層的な深みを持つのである(エ…○)。

三〔論説文の読解─自然科学的分野─環境〕出典；細田衛士『環境と経済の文明史』。

≪本文の概要≫物質の動きや相互作用を関連づけてとらえる場合，ある領域ないしは範囲を設定し，その領域，範囲を「系」と呼ぶ。系には，物質が流入し流出する。物質の流入・流出の容量は有限で，一方的に流入や流出が続くことはない。一つの系への流入・流出が一定になりバランスが取れた状態になったとき，系は，定常状態にあるという。流入・流出の収支が均衡せず，攪乱の程度が著しい場合，系は，定常状態を保つことができず，全く異なった定常状態へと移行したり，生物種が絶滅したりすることもある。地球という系は，物質的な流入・流出という意味では閉じているが，太陽からのエネルギーを常に受け取り熱を排出し，加えて自転することで常に攪乱的作用を受けている。しかし地球には，常に定常状態を取り戻そうとする性質がある。生物が地球上に現れて四十億年近くたったが，地球は，生物にとって住みやすい場所であり続けた。地球という系は，自己調整機能を持っていると考えられるのである。だが，地球という系において，恒常性という性質が未来永劫に保たれるという保証はない。今人類は，隕石の衝突に匹敵するような環境の変化を，地球にもたらしているのかもしれない。恒常性が常に保証されているという想定は，あまりにも楽観的にすぎる。

問１＜接続語＞ａ．物質の動きや相互作用を関連づけて考える場合に領域や範囲を設定して「系」と呼ぶことの例として，生物の生息という性質の視点から領域設定を行うと，「生態系」という系が設定できる。　ｂ．一つの系には，自然による揺らぎや人為的な揺らぎによって物質の流入・流出が一定しないこともあるのだが，その容量は有限で，一方的に流入が続いたり流出が続いたりすることはありえない。　ｃ．地球という系では，外部からの攪乱作用があっても，以前と同じような性質を保とうとする力がはたらいているのであり，つまり，地球という系は，自己調整機能を持っていると考えられるのである。

問２＜文脈＞地球という系で，ホメオスタシスが未来永劫に保たれるという保証はない。地球上の小さな系で定常状態が著しく乱されたとすれば，系が全く異なった定常状態へと移行することもありえるし，行き着いた末の定常状態において，絶滅する種が出てしまうこともありえるのである。

問３＜文章内容＞地球上のあらゆる物質は，原子レベルでも，分子レベルあるいは化合物レベル，もしくはそれ以上のレベルであっても，大気圏内や海洋内部を動き回り，変化する。酸素は，他の元素と結びついた形でも動き回り，水は大気圏内だけでなく，海洋内部においても循環する。地球という領域の中を，物質は，移動し続けているのである。

問４＜文章内容＞系への物質の流入・流出が一定になり，系の中のバランスが取れた状態を，定常状態という。流入・流出の収支が均衡しないと系が乱され，その撹乱の程度が大きいと，系は，もとの定常状態を保つことができなくなり，新たな定常状態へと移行する。地球の系が全く異なった定常状態へと移行した場合，「行き着いた末の定常状態において種が絶滅してしまう」ことが起こりえるのである。

問５＜文章内容＞地球は，「物質的な流入・流出」は隕石の衝突などを除いてほとんどないのであるが，「常に太陽からエネルギーを受け取っており，また熱を外に排出している」のである。そのうえ，地球は「自転することによって，常に物質の動きに変動の作用を与えている」のである。

問６＜文章内容＞生物が地球上に現れてからおよそ四十億年近くたち，太陽からの発熱量は増加した。このように地球という系は，変動要因を与えられているのだが，生物にとって自然環境が激変することはなく，地球は，生物にとって住みやすい場所であり続けた。地球という系は，恒常性を取り戻そうとしていると考えられるのである。だが，恒常性という性質が未来永劫に保たれるという保証はなく，物質循環の状態が激変することは十分に考えられるのである。

問７＜文章内容＞人類は今，六五〇〇万年前の「隕石の衝突に匹敵するような環境の変化を地球にもたらしているのかもしれない」のである。隕石の衝突によって「定常状態が著しく乱された」結果，絶滅した種があったように，人間がもたらした環境変化によって「物質循環の状態が激変」し，結果的に人間を含む種の絶滅が起きないとは言いきれないのである。

四〔小説の読解〕出典；伊吹有喜『雲を紡ぐ』。

問１＜語句＞Ａ.「来歴」は，ものがこれまで経てきた道筋のこと。「どこの産か，どうやって手にいれたか」を客に話しながらさじの行商をしたいと，祖父は考えていたのである。　Ｂ.「あや」は，物事の入り組んだ筋目のこと。祖父は，繊細さは，心の複雑な動きを感じ取るという長所として生かせると，美緒に語った。

問２＜文章内容＞「良い職人が削ったさじは軽くて美しい」し，「バランスが気持ちいい」と祖父は感じた。毛織物の工房を営む祖父は，軽やかな美しさや気持ちよさを追求することは，自分たちの仕事にも共通していると言いたかったのである。

問３＜心情＞美緒は，改めて考えると，合唱がそれほど好きでもなかった自分に気づいた。単に「みんな仲が良さそうに見えたから，その輪に入っていると安心できただけ」で，漫然と部活動に参加していたことに美緒は気づいて，みじめな気持ちになったのである。

問４＜文章内容＞自分の性分というものは，「良いも悪いもない」と祖父は言うのである。「へこみとは，逆から見れば突出した場所」なのだから，「悪い所ばかり見ていないで，自分の良い点も探して」自分を見つめ直してみてはどうかと，祖父はアドバイスしたのである。

問５＜文章内容＞「自分はどんな『好き』でできているのか探して，身体の中も外もそれで満たしてみろ」と祖父は美緒に言った。何をすると心が喜ぶのか，心の底からわくわくする気持ちを味わって，自分のことを知っていきなさいと，祖父は美緒に言いたかったのである。

問６＜文章内容＞祖父の目が優しげにゆるんだのを見た美緒は，「ほめられているような眼差しに心が弾み」，つい，子どものようにふざけてみせたのである。

問７＜要旨＞繊細で傷つきやすく，「私って本当に駄目だな」と悩んでいる美緒に対し，毛織物の工房を営む祖父は，ホームスパンやさじなどの工芸品の，調和と均衡の取れた心地よさにふれながら，「自分はどんな『好き』でできているのか探して，身体の中も外もそれで満たしてみろ」とアドバイスした。こうした祖父との話によって，美緒は，少しずつ変化し始めていくのであった。

2020年度 国立高等専門学校

【英　語】（50分）〈満点：100点〉

1　次の各組の英文がほぼ同じ意味を表すように，（A）と（B）に入れるのに最も適当な組み合わせをア～エの中から一つずつ選びなさい。

1．What is your（　A　）movie？
　What is the movie you（　B　）the best？
　ア （A） best （B） raise
　イ （A） interesting （B） want
　ウ （A） happy （B） read
　エ （A） favorite （B） like

2．September（　A　）August.
　August comes（　B　）September.
　ア （A） continues （B） between
　イ （A） follows （B） before
　ウ （A） comes （B） after
　エ （A） jumps （B） next

3．When I（　A　）the news, I was very happy.
　The news（　B　）me happy.
　ア （A） heard （B） made
　イ （A） knew （B） used
　ウ （A） read （B） studied
　エ （A） watched （B） lived

4．Mary doesn't want to leave Japan（　A　）visiting Kyoto.
　Mary wants to visit Kyoto（　B　）she is in Japan.
　ア （A） while （B） without
　イ （A） in （B） before
　ウ （A） without （B） while
　エ （A） before （B） until

5．I'd like to live in a house（　A　）has a large kitchen.
　I'd like to live in a house（　B　）a large kitchen.
　ア （A） that （B） on
　イ （A） who （B） in
　ウ （A） which （B） with
　エ （A） this （B） at

2　次の１～５の会話文の（　）に入る適切なものを，ア～エの中から一つずつ選びなさい。

1．A：Yesterday a man asked me in English where the bus stop was.
　B：（　　　　）
　A：I tried.　Actually, he understood a little Japanese.
　ア Where was he from？
　イ Did you answer in English？
　ウ When did you meet him？
　エ Did he come from the station？

2．A：Hello.　This is Emma.　Can I speak to Mary, please？
　B：I think（　　　　）.　There is no one named Mary here.
　A：Oh, I'm sorry.
　ア she will be busy
　イ you are welcome
　ウ she just came back
　エ you have the wrong number

3．A：I want to go to the movie today.
　B：Well, it's so nice outside.　Let's go to the beach.　We can go to the movie tomorrow.
　A：（　　　　）because the movie is going to finish today.

ア　Let's go to the beach　　　　　イ　I can't wait until tomorrow
ウ　Let's go to the movie tomorrow　　エ　We can't go to the park tomorrow

4．A：Jane will return to our soccer team tomorrow.
B：That's good.　How long was she in the hospital？
A：Well,（　　　　）.　I'm not sure when she got out.
B：Did you visit her？
ア　she broke her leg about two months ago　　イ　she came from Canada
ウ　she was good at playing soccer　　エ　she became a doctor

5．A：Have you been to the new restaurant？
B：Yes.　The pizza there was very good.　Have you been there？
A：No, but（　　　　）.　I'm looking forward to it.
ア　I didn't know it was a new shop　　イ　I ate pizza there with my family last week
ウ　I don't like their food at all　　エ　I will go there with my sister next Sunday

3　次の文章をよく読んで，後の問いに答えなさい。

John and Mary got married forty years ago.　They lived together in a big house in London. However, they felt that they didn't need（ 1 ）a large house.　They began to think they should move to a smaller one.　Then they found a good house on the next street and they（ 2 ）to buy it.　John called a moving company and asked them to take all the furniture to the new house.

There was a very tall and beautiful old clock in the living room of their house.　The clock was very special for John because he bought it when he got married.　He and his wife loved the clock and enjoyed（ 3 ）to the beautiful sound of its bell.　The clock was as tall as John and was more than 30 kg.　He planned to put it in the living room of their new house.

When the men from the moving company came, John thought, "Oh, they look very busy.　I'm（ 4 ）they won't carry my special clock carefully.　They may break it！　I will carry it by myself." So he held the clock in his arms and began to walk to the new house.

The clock was so big and heavy（ 5 ）he had to stop many times to have a rest.　When he turned a corner, a small boy came along the street.　The boy looked at him and began to laugh. The boy said to John, "Hey, why don't you buy a（ 6 ）to know the time？"

（注）move　引っ越す　　moving company　引っ越し業者　　furniture　家具
living room　居間　　carefully　慎重に，注意して　　have a rest　一休みする

問1　本文中の（1）～（6）に入れるのに適切なものを，ア～エの中から一つずつ選びなさい。

（1）	ア　much	イ　so	ウ　such	エ　very
（2）	ア　decided	イ　forgot	ウ　kept	エ　learned
（3）	ア　listen	イ　listened	ウ　listening	エ　to listening
（4）	ア　afraid	イ　glad	ウ　going	エ　happy
（5）	ア　that	イ　these	ウ　they	エ　those
（6）	ア　company	イ　house	ウ　street	エ　watch

問2　本文の内容と合うものを次のア～オの中から一つ選びなさい。
ア　John wants to live in the new house with his daughter.
イ　John took all the furniture to the new house by himself.
ウ　John wanted the men from the moving company to break his clock.

エ The small boy thought that John was carrying the clock to know the time.
オ It was easy for John and the men from the moving company to carry the clock together.

4 次の1～6の会話文の(　)内の語句を並べ替え，それぞれの文を完成しなさい。解答は，(　)内において**3番目**と**5番目**にくるものの記号を選びなさい。なお，文頭にくる語も小文字で書かれています。

1．A：What is that old building？
　B：That is (ア a hotel　イ built　ウ century　エ in　オ eighteenth　カ the).
　A：Really？ I'd like to stay there someday.

2．A：Is your basketball team going to join the tournament next month？
　B：Yes, (ア each　イ must　ウ of　エ practice　オ to　カ us) win the tournament. We are practicing for three hours every day.
　A：Wow！ You are practicing a lot.

3．A：(ア do　イ know　ウ playing　エ the girl　オ the piano　カ you) on the stage？
　B：Yes, she is Kate. She is my classmate.

4．A：You and Bill are good friends.
　B：Yes. He was (ア me　イ person　ウ spoke　エ the first　オ to　カ who) in this class. He is very kind and helpful.

5．A：Do you know (ア has　イ hospitals　ウ how　エ many　オ our　カ town)？
　B：I think there are five or six.

6．A：Your shirt is very nice. It looks very expensive.
　B：No, it was only ten dollars.
　A：Really？ I (ア fifty dollars　イ it　ウ more　エ or　オ thought　カ was).

5 次の文章と図は，ある学校のクラス対抗球技大会(sports festival)に関するものです。これらをよく読んで，後の問いに答えなさい。なお，解答に際しては，問題文と図にある事実以外を考慮する必要はありません。

Takashi is a junior high school student. There are five classes in his school. Mayumi is Takashi's classmate. She is one of the fourteen girls in her class. Kenji, Hiroshi, and Yuri are their friends but not their classmates.

One day, a sports festival was held at their school. They had soccer, basketball, volleyball, and softball tournaments. All the students in each class chose one of the four sports and took part in the games.

Takashi was a member of the soccer team. His team had seven boys and four girls. In his first game, his team played against Kenji's team and won the game. The next game for Takashi's team was the final game. Hiroshi's soccer team won the first game, but they did not play against Takashi's team in the tournament. The diagram shows the results.

Mayumi took part in the basketball tournament. The number of boys and the number of girls on her team was the same. The opponent for their first game was Yuri's team. Mayumi's team got twelve points in the first ten minutes and there was a difference of eight points between the two teams at that time. After that, each team got another twelve points and the game ended.

Yuri's team won. Her team won another two games after the game against Mayumi's team.

The volleyball team of Takashi's class had seven girls and no boys. There were nine boys and no girls on the softball team of Takashi's class.

（注） final game 決勝戦　diagram 図　result 結果　opponent 対戦相手

（例） 太線は「勝ち上がり」を表す。下の表では，チームSはチームRに勝ち，次の試合でチームTに負けたことを表す。チームTは次の試合でチームPに勝って優勝した。

問い 本文の内容から考えて，次の１～５の英文の（　）に入る適切なものをア～エの中から一つずつ選びなさい。

1．Takashi was on team (　　) in the soccer tournament.
　ア A　イ B　ウ C　エ E

2．Yuri's team got (　　) points in its first game.
　ア 8　イ 12　ウ 28　エ 32

3．Mayumi was on team (　　) in the basketball tournament.
　ア F　イ G　ウ H　エ I

4．Mayumi's team had (　　) members.
　ア 5　イ 6　ウ 7　エ 8

5．Takashi's class has (　　) boys.
　ア 14　イ 19　ウ 33　エ 43

6 次の文章をよく読んで，後の問いに答えなさい。

It is said that English has many more words than most other languages. Why does English have so many words? How does the number of words keep growing? There are several reasons for this.

First, about 1,000 years ago, France occupied England for several hundred years. About 10,000 words came into English at that time. Words like *ticket*, *beef*, and *dinner* are some of these.

Second, in the nineteenth century, English was the language of an empire. England occupied many countries. English people took their culture and language with them to these countries. When they returned to England, [1].

Third, foreign people often go to English-speaking countries to live and bring new words with them. For example, *concert* and *hamburger* look like English words, but [2]. Which languages did they come from? Check your dictionary.

Fourth, English uses prefixes and suffixes to create new words. A prefix is the part of a word that is added to the beginning of a word to change its meaning and make a new word. By adding *in*, *un*, *im*, *pre*, *dis*, lots of new English words can be made. Each prefix has its own meaning. The prefix *pre*, for example, means "before someone or something." So you can easily guess the meaning of the word *prehistory*. It means [3]. A suffix is the part of a word that is added to the end of a word. If we add *ish*, *ness*, *ful*, *er*, to the end of a word, more words can be made. The suffix *er* means "someone who does something." If you don't know the meaning of the word *trainer*, you can guess it. It means [4].

Fifth, English is always adding compound words. *Airport*, *bookstore*, *classroom*, and *homework* are some compound words. [5] For example, *playground* means an area for children to play, especially at a school or in a park.

Finally, many words are just created. *Dog* and *fun* are examples. These words just entered the language, became popular, and then were used widely.

Will the number of English words continue to grow in the future? The answer is "yes." Most English-speaking people don't mind this. However, [6].

（注） occupy　占領する　　empire　帝国　　prefix　接頭辞　　suffix　接尾辞
beginning　始めの部分　　compound word　複合語　　widely　広く　　mind　気にする

問1　本文中の空所 [1] に入れるのに適切なものを次のア～ウの中から一つ選びなさい。
ア　they occupied the whole world
イ　they spoke French better than English
ウ　they brought new words back with them

問2　本文中の空所 [2] に入れるのに適切なものを次のア～ウの中から一つ選びなさい。
ア　they entered English from other languages
イ　they came from different parts of England
ウ　they were originally born in America

問3　本文中の空所 [3] に入れるのに適切なものを次のア～ウの中から一つ選びなさい。
ア　all the things that will happen in the future
イ　the time in history before people began to write about events
ウ　a short time from now, or after something else happens

問4　本文中の空所 [4] に入れるのに適切なものを次のア～ウの中から一つ選びなさい。
ア　a person who teaches people or animals to do a job or skill well
イ　a person who travels on a train to sell and check tickets
ウ　warm clothes that you wear to play sports in winter

問5　本文中の空所 [5] に入れるのに適切なものを次のア～ウの中から一つ選びなさい。
ア　They are used only for buildings.
イ　It's easy to guess what they mean.
ウ　It's necessary to know which language they come from.

問6　本文中の空所 [6] に入れるのに適切なものを次のア～ウの中から一つ選びなさい。
ア　no new words will be added to the English language
イ　English-speaking people will stop using compound words
ウ　this is a problem for people who learn English as a foreign language

問7　本文の内容と合うものを次のア～ウの中から一つ選びなさい。
ア　France was occupied by England at the end of the eleventh century.
イ　A prefix is put at the end of a word to create a new word.
ウ　To understand more English words, you should know how words are put together.

【数　学】（50分）〈満点：100点〉

（注意）1　定規，コンパス，ものさし，分度器及び計算機は用いないこと。

2　問題の文中の［アイ］，［ウ］などには，特に指示がないかぎり，負の符号（－）または数字（0～9）が入り，ア，イ，ウの一つ一つは，これらのいずれか一つに対応する。それらを解答用紙のア，イ，ウで示された解答欄に，マーク部分を塗りつぶして解答すること。

3　解答は解答欄の形で解答すること。例えば，解答が $\frac{2}{5}$ のとき，解答欄が［エ］.［オ］ならば0.4として解答すること。

4　分数の形の解答は，それ以上約分できない形で解答すること。例えば，$\frac{2}{3}$ を $\frac{4}{6}$ と解答しても正解にはならない。また，解答に負の符号がつく場合は，負の符号は，分子につけ，分母にはつけないこと。例えば，$\frac{\boxed{カキ}}{\boxed{ク}}$ に $-\frac{3}{4}$ と解答したいときは，$\frac{-3}{4}$ として解答すること。

5　根号を含む形で解答する場合，根号の中に現れる自然数が最小となる形で解答すること。例えば，$4\sqrt{2}$ を $2\sqrt{8}$ と解答しても正解にはならない。

1　次の各問いに答えなさい。

(1)　$\frac{1}{\sqrt{3}}\div\left(-\frac{1}{2}\right)^2-\sqrt{6}\times\frac{\sqrt{2}}{4}$ を計算すると $\frac{\boxed{ア}\sqrt{\boxed{イ}}}{\boxed{ウ}}$ である。

(2)　x についての2次方程式 $x^2+ax-6=0$ の解の1つが -3 であるとき，a の値は［エ］であり，もう1つの解は［オ］である。

(3)　関数 $y=-\frac{1}{4}x^2$ について，x の値が -3 から7まで増加するときの変化の割合は［カキ］である。

(4)　右の図のように，関数 $y=ax^2$ のグラフ上に2点A，Bがあり，関数 $y=-x^2$ のグラフ上に2点C，Dがある。線分ABと線分CDは x 軸に平行である。A，Dの x 座標はそれぞれ2，1であり，台形ABCDの面積は11である。このとき，$a=\frac{\boxed{ク}}{\boxed{ケ}}$ である。ただし，$a>0$ である。

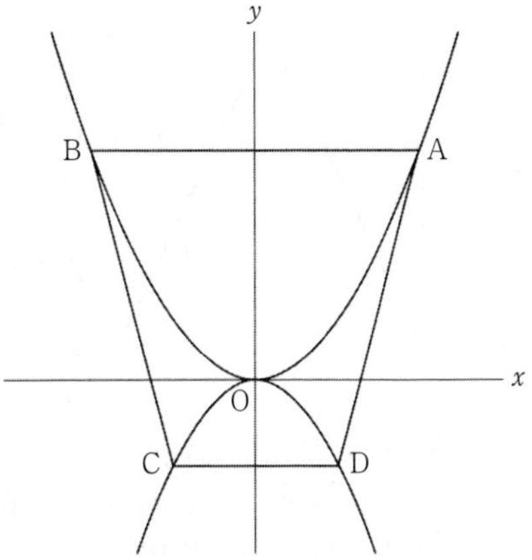

(5)　箱の中に，1，2，3，4，5，6の数字を1つずつ書いた6枚のカードが入っている。この箱の中から，カードを同時に2枚取り出すとき，この2枚のカードの数字の和が素数となる確率は $\frac{\boxed{コ}}{\boxed{サシ}}$ である。ただし，どのカードが取り出されることも同様に確からしいものとする。

(6)　右の図は，ある中学3年生40人が行った10点満点の試験の点数をヒストグラムで表したものである。平均値を x，中央値（メジアン）を y，最頻値（モード）を z とするとき，x，y，z の関係を正しく表している不等式を，次のⓐからⓕまでの中から選ぶと［ス］である。

ⓐ　$x<y<z$　　ⓑ　$x<z<y$
ⓒ　$y<x<z$　　ⓓ　$y<z<x$
ⓔ　$z<x<y$　　ⓕ　$z<y<x$

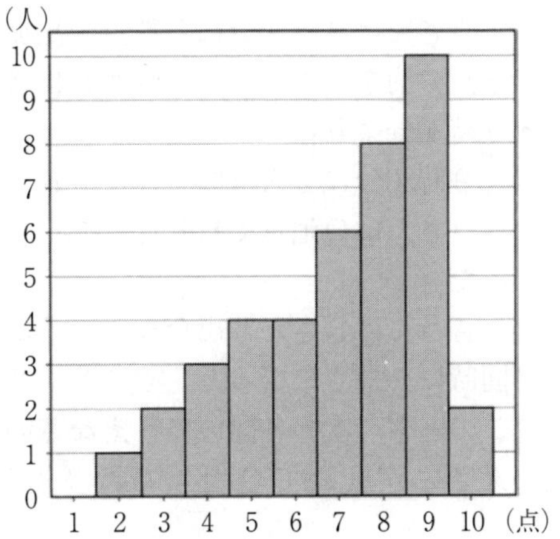

(7) 下の図１において，△ABCの辺AB，ACの中点をそれぞれD，Eとする。線分BC上にBF：FC＝1：3となる点Fをとり，線分AFと線分DEの交点をGとする。このとき，△ADGの面積をS，四角形EGFCの面積をTとしてS：Tを最も簡単な自然数比で表すと [セ]：[ソ] である。

図１

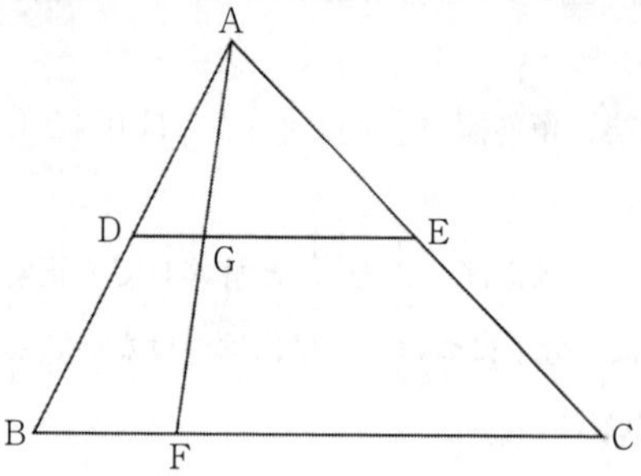

図２

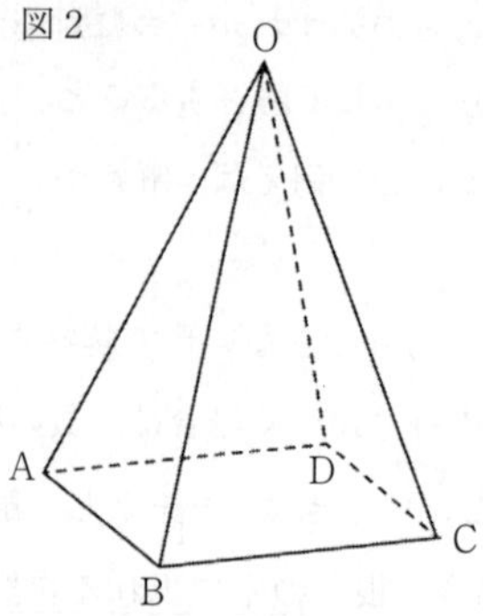

(8) 上の図２のように，AB＝6cm，BC＝8cmの長方形ABCDを底面とし，OA＝OB＝OC＝ODの四角錐がある。この四角錐の体積が192cm^3であるとき，OA＝ [タチ] cmである。

2 Aさんと B さんは，公園内にある P 地点と Q 地点を結ぶ 1 kmのコースを走った。下の図は，Aさんと B さんがそれぞれ 9 時 x 分に P 地点から y km離れているとして，グラフに表したものである。

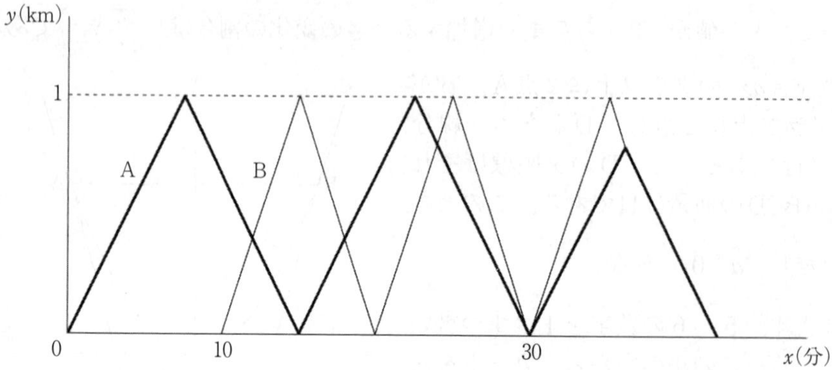

- 9 時から 9 時30分まで

 Aさんは 9 時に P 地点を出発し，一定の速さで走った。そして P 地点と Q 地点の間を 2 往復し，9 時30分に P 地点に戻った。

 B さんは 9 時10分に P 地点を出発し，Aさんより速い一定の速さで走った。そして P 地点と Q 地点の間を 2 往復し，9 時30分にAさんと同時に P 地点に戻った。

- 9 時30分より後

 9 時30分に 2 人は同時に，それぞれそれまでと同じ速さで P 地点を出発した。

 B さんは Q 地点で折り返して，Aさんと出会ってからはAさんと同じ速さで走って P 地点に戻った。

 Aさんは B さんと出会うと，そこから引き返し，それまでと同じ速さで B さんと一緒に走って同時に P 地点に戻った。そこで，2 人は走り終えた。

 このとき，次の各問いに答えなさい。

(1) Aさんが初めて Q 地点で折り返してから P 地点に戻るまでの x と y の関係を式で表すと

$y=-\dfrac{\boxed{ア}}{\boxed{イウ}}x+\boxed{エ}$ である。また，Bさんが9時10分にP地点を出発してからQ地点で折り返すまでの x と y の関係を式で表すと $y=\dfrac{\boxed{オ}}{\boxed{カ}}x-\boxed{キ}$ である。

(2)　Aさんが9時にP地点を出発した後，初めて2人が出会うのは，P地点から $\boxed{ク}.\boxed{ケ}$ km離れている地点である。

(3)　2人が最後にP地点に戻ったのは9時 $\boxed{コサ}$ 分である。

(4)　Aさんは合計で $\boxed{シ}.\boxed{ス}$ km走った。

3　図1のように，横にとなり合う2つの正方形の中に書かれた数の和が，その2つの正方形の真上にある正方形の中の数になるようにする。このとき，次の各問いに答えなさい。

図1

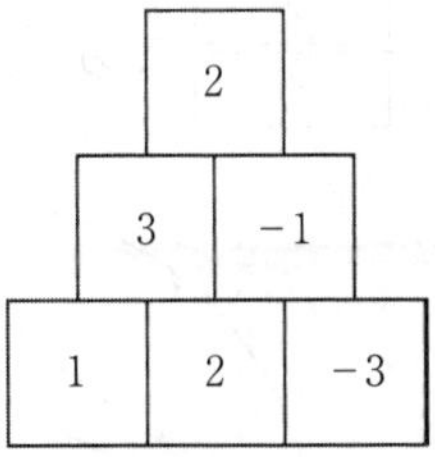

(1)　図2において，$a=\boxed{ア}$，$b=p+\boxed{イ}q+\boxed{ウ}r+s$，$c=\dfrac{\boxed{エオ}}{\boxed{カ}}$ である。

図2

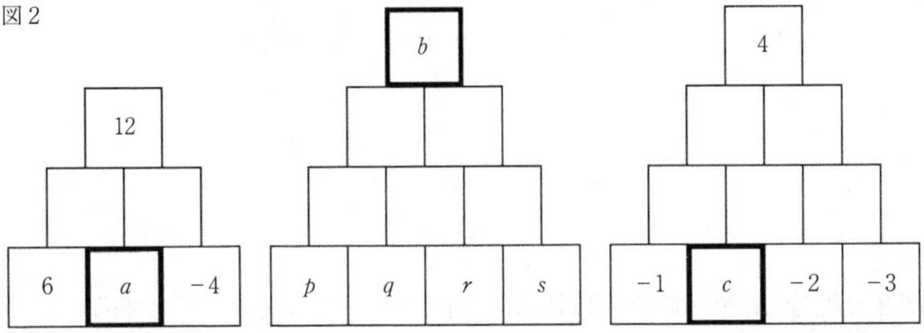

(2)　図3において，どの正方形の中にも，絶対値が6以下の整数しか入らないこととする。このとき，どのように数を入れても，$d=\boxed{キ}$ である。よって，条件を満たす e は，全部で $\boxed{ク}$ 個ある。

図3

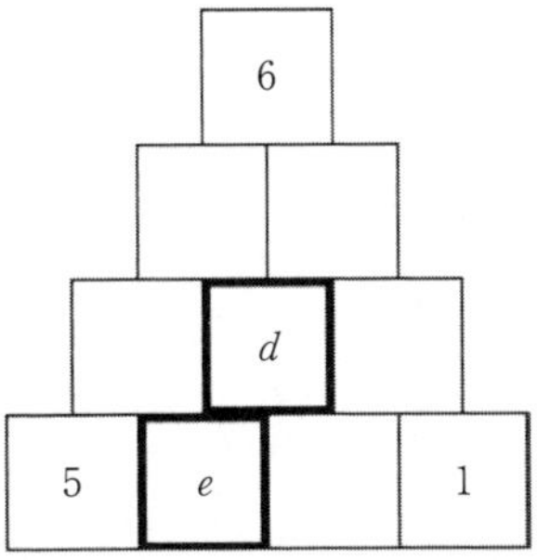

図4

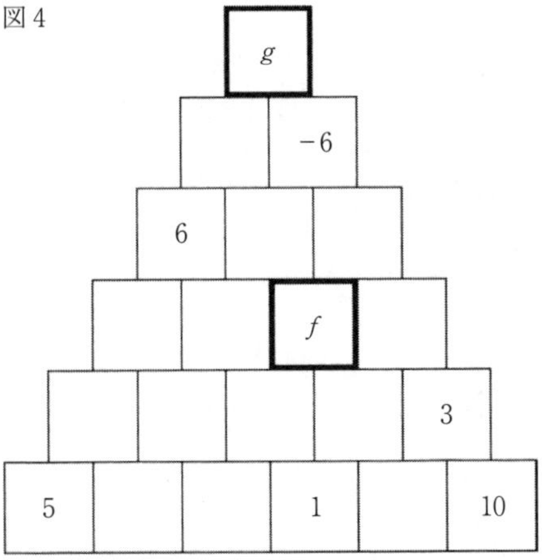

(3)　図4において，$f=\boxed{ケコ}$，$g=\boxed{サ}$ である。

4　図1のように，長さ2の線分ABを直径とする円Oの周上に点Cをとる。点Cから線分ABに垂線を引き，その交点をHとすると，AH：CH＝2：1である。

このとき，次の各問いに答えなさい。

図1

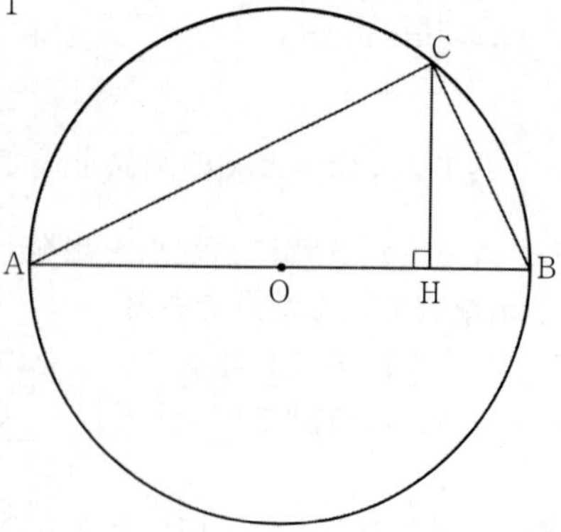

(1)　AH＝$\frac{\boxed{\text{ア}}}{\boxed{\text{イ}}}$である。

(2)　下の図2のように，弧ABの点Cのある側にAD＝AHとなるように点Dをとり，∠ADBの二等分線と線分ABの交点をEとする。このとき，∠ADE＝$\boxed{\text{ウエ}}$°，AE＝$\frac{\boxed{\text{オ}}}{\boxed{\text{カ}}}$である。

図2

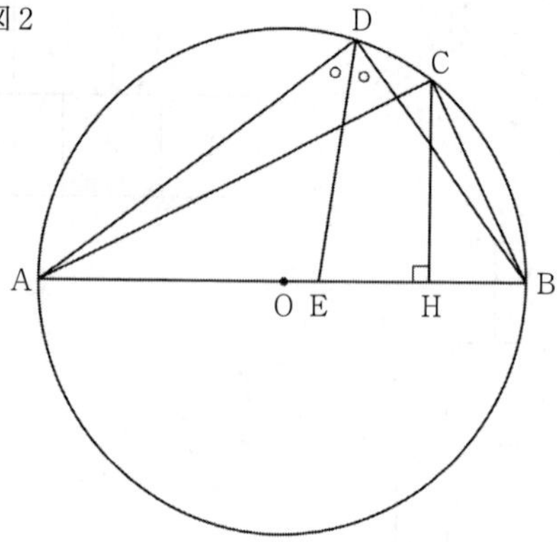

図3

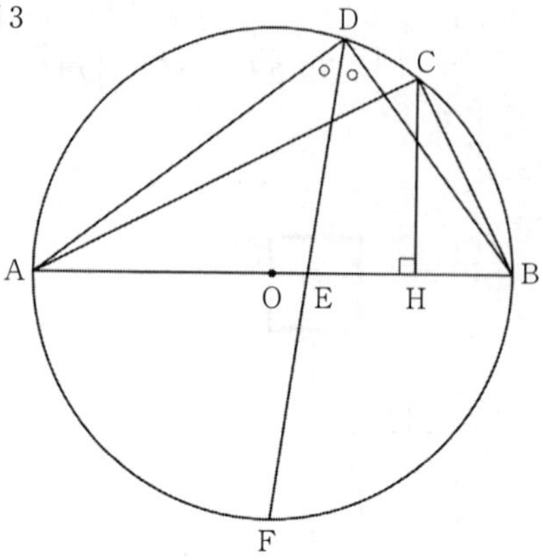

(3)　上の図3のように，図2の線分DEをEの方向に延ばした直線と円Oの交点をFとする。このとき，EF＝$\frac{\boxed{\text{キ}}\sqrt{\boxed{\text{ク}}}}{\boxed{\text{ケ}}}$である。

【社　会】（50分）〈満点：100点〉

1　問１から問４までの各問いに答えよ。

問１　次の表１は，ヨーロッパ，アフリカ，オセアニア，アジア各州の人口密度と※人口高齢化率を示したものである。表１のａからｃは，ヨーロッパ，アフリカ，オセアニア各州のいずれかである。州の組み合わせとして正しいものを，下のアからカのうちから一つ選べ。

※　人口高齢化率は，65歳以上人口の全人口に占める割合である。

表１　各州の人口密度と人口高齢化率

	a	b	c	アジア州
人口密度(2018年)(人／km^2)	5	34	43	146
人口高齢化率(2018年)　(%)	12.5	18.6	3.5	8.4

（『日本国勢図会　2019/20年版』，『世界国勢図会　2018/19年版』より作成）

	ア	イ	ウ	エ	オ	カ
ヨーロッパ州	a	a	b	b	c	c
アフリカ州	b	c	a	c	a	b
オセアニア州	c	b	c	a	b	a

問２　下の図１のアからエは，フランス(2016年)，日本(2017年)，中国(2016年)，インド(2011年)のいずれかの人口ピラミッドである。次の説明文を参考にして，フランスの人口ピラミッドを下の図１のアからエのうちから一つ選べ。

説明文

・フランスは，欧米諸国のなかでも比較的早く人口減少が始まったため，出生率の低下を抑える政策を進め，低下に歯止めをかけることに成功した。

・日本は，40年ほど前から出生率が減少傾向にあり，現在は人口を一定に保つ水準を下回っている。

・中国は，1970年代末から一人っ子政策で人口増加の抑制を試みたが，年代別人口構成はいびつな形になってしまった。

・インドは，最近では出生率が抑えられつつあるが，依然として他国と比べて出生率・死亡率ともに高い。

図１

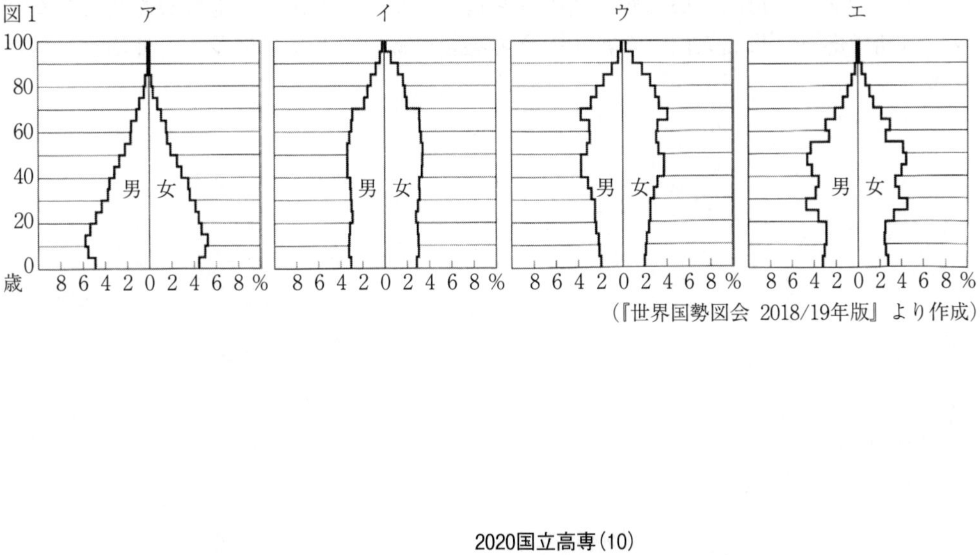

（『世界国勢図会　2018/19年版』より作成）

問3　下の図2中の矢印アからキは，大航海時代以降の世界の人の移動の一部を示したものである。次の説明文に当てはまる矢印を，下の図2のアからキのうちから一つ選べ。

説明文　移動元の国々からやって来た人々が，移動先の先住民の国々を滅ぼして植民地として支配した。その結果，矢印のような人の移動が盛んになった。移動して来た人々とその子孫が生活する地域では，先住民も含めて，スペイン語やポルトガル語が話されるようになり，キリスト教も広まった。

図2　大航海時代以降の世界の人の移動の一部

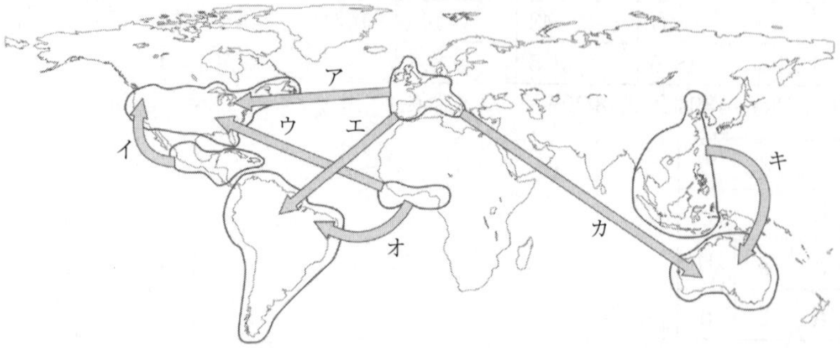

※　矢印の始点・終点と囲みは，おおよその位置を示している。矢印は移動経路を正確に示してはいない。

問4　次の表2は，国際連合公用語6言語の母語人口と使用国・地域数を示したものである。表2のWからZの言語についての説明として正しいものを，下のアからエのうちから一つ選べ。

表2　国際連合公用語6言語の母語人口・使用国・地域数

国際連合公用語	W	スペイン語	X	Y	ロシア語	Z
※母語人口（百万人）	1311	460	379	319	154	77
※※使用国・地域数	39	31	137	59	19	54

※　母語人口は，幼児期に最初に習得する言語の人口である。
※※　使用国・地域数とは，その言語を第一言語として使っている国・地域の数である。

（Ethnologue, Languages of the world.　Summary by language size（2019）より作成）

ア　Wは中国語であり，母語人口は6言語のうちでは最も多いが，使用国・地域数は50か国を下回っている。

イ　Xは英語であり，母語人口は6言語のうち最も多く，使用国・地域数も最も多い。

ウ　Yはアラビア語であり，母語人口は6言語のうち最も少なく，使用国・地域数も最も少ない。

エ　Zはフランス語であり，母語人口は6言語のうち英語に次いで2番目に多く，使用国・地域数も2番目に多い。

2　図１の**い**から**に**の都市について，**問１**から**問３**までの各問いに答えよ。

問１　図２中のＡからＤは，図１の**い**から**に**で観測された気温と降水量を示している。図１中の都市と図２のグラフの組み合わせとして正しいものを，後のアからエのうちから一つ選べ。

図１

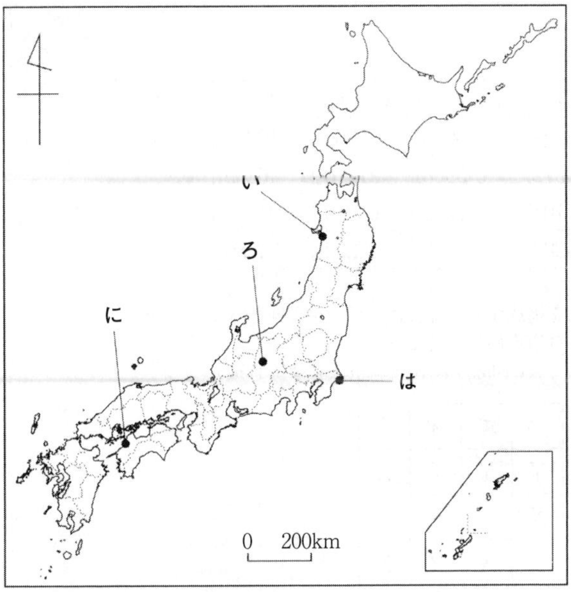

図２

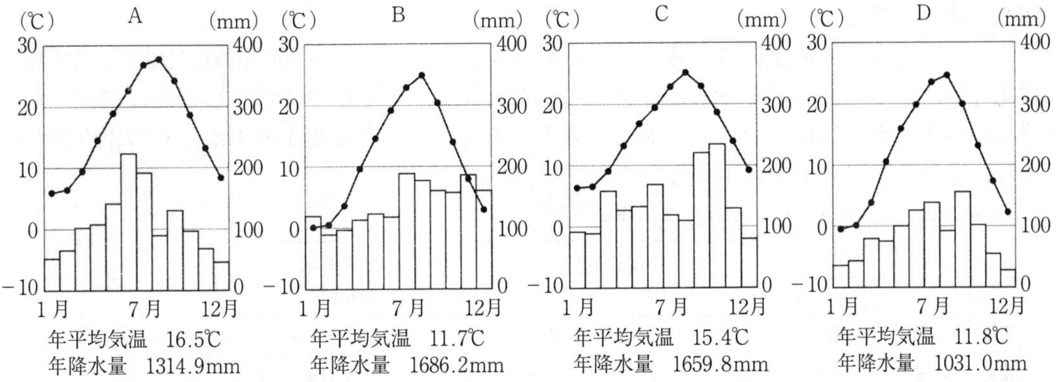

（『理科年表 2019年版』より作成）

ア　**い**―Ａ　　イ　**ろ**―Ｂ　　ウ　**は**―Ｃ　　エ　**に**―Ｄ

問２　表１は，県別の品目別農業産出額および総計についてまとめたものである。表１中のアからエは，図１中の**い**から**に**の都市が位置する県のいずれかである。図１中の**ろ**が位置する県に当てはまるものを，表１中のアからエのうちから一つ選べ。

表１　品目別農業産出額(2016年)　(単位　億円)

	米	野菜	果実	乳用牛	豚	その他	総計
ア	454	897	557	132	53	372	2465
イ	157	243	555	44	126	216	1341
ウ	666	1927	185	283	499	1151	4711
エ	944	287	72	37	185	220	1745

（『データでみる県勢 2019年版』より作成）

問3　表2は，図1中の**い**から**に**の都市が位置する県の産業別製造品出荷額および総計についてまとめたものである。表2中のXからZは，輸送用機械器具，石油・石炭製品，電子部品・デバイス・電子回路のいずれかである。表2中のXからZに当てはまる組み合わせとして正しいものを，下のアからカのうちから一つ選べ。

表2　産業別製造品出荷額(2017年)　(単位　億円)

	食料品	電気機械器具	X	Y	Z	その他	総計
いの県	982	256	46	597	3005	5960	10846
ろの県	5557	3109	74	3727	5968	27770	46205
はの県	14264	1609	20681	1017	2033	65219	104823
にの県	2591	1015	3596	2804	342	24232	34580

※　従業者4名以上の事業所のみを対象とする。
※　デバイスとは，パソコン・スマートフォンなどを構成する内部装置・周辺機器を指す。
※　輸送用機械器具には，自動車・船舶・航空機・鉄道車両等が含まれる。

(『平成29年 工業統計表』より作成)

	ア	イ	ウ	エ	オ	カ
輸送用機械器具	X	X	Y	Y	Z	Z
石油・石炭製品	Y	Z	X	Z	X	Y
電子部品・デバイス・電子回路	Z	Y	Z	X	Y	X

3　問1，問2に答えよ。

問1　表1は，世界文化遺産が位置するAからCの3か国について，首都の位置，国際観光客数，日本人観光客数をまとめたものである。写真1の①から③は，表1中のAからCの国に位置する世界文化遺産のいずれかを撮影したものである。表1中のAからCと写真1の①から③の組み合わせとして正しいものを，後のアからエのうちから一つ選べ。

表1　世界文化遺産の位置する国と国際観光の状況

	首都の位置		国際観光客数 (千人，2015年)	日本人観光客数 (千人，2015年)
	緯度	経度		
A	北緯　30度	東経　31度	9139	16
B	北緯　39度	東経　116度	56886	2498
C	北緯　37度	東経　23度	23599	10

(『UNWTO Tourism Highlights 2017 Edition日本語版』，『観光白書(平成30年版)』より作成)

写真1

①

②

③

ア　A—①　B—②　　イ　A—②　B—③
ウ　B—①　C—③　　エ　B—②　C—①

問２　写真２は，世界自然遺産に指定された日本のある地域を衛星から撮影したものである。この地域が位置する都道府県の観光について述べたものを，次のアからエのうちから一つ選べ。

ア　流氷が近付く２月頃には，多くの観光客が訪れる。

イ　西陣織《にしじんおり》などの伝統工芸品が有名で，国際的な観光都市として発展している。

ウ　江戸幕府の将軍がまつられた神社があり，国内の修学旅行生も多く訪れる。

エ　輪島塗《わじまぬり》などの伝統工芸品が有名で，新鮮な海産物が並ぶ朝市も人気を集めている。

写真２

※この世界自然遺産は，半島とその周辺の海により育まれた多様な生態系が評価された。

（衛星写真より作成）

4　次の略地図を見て，問１，問２に答えよ。

略地図

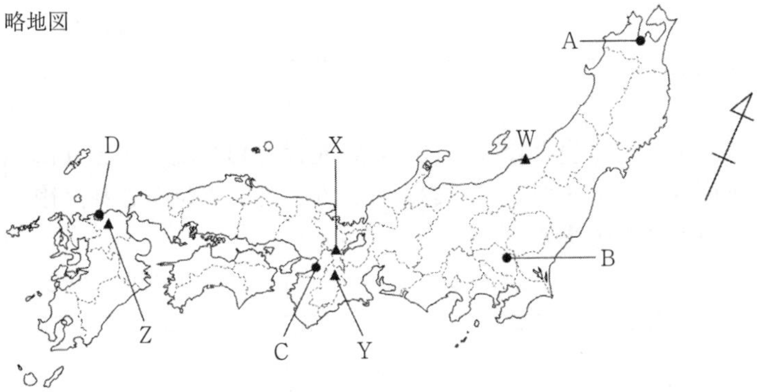

問１　略地図中のＡからＤは，遺跡や有名な遺物が発見された場所を示している。**い**から**は**の三つの写真と，①から③の三つの説明文を組み合わせたとき，場所・写真・説明文の組み合わせとして正しいものを，後のアからクのうちから一つ選べ。

い　漢委奴国王印

ろ　百舌鳥《もず》古墳群

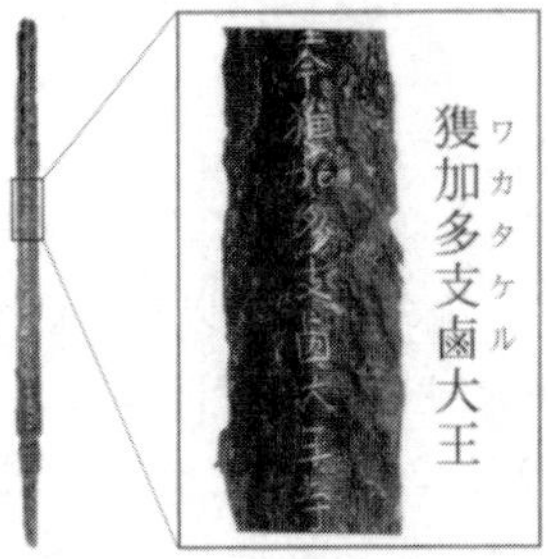

は　稲荷山古墳出土鉄剣

（『最新日本史図表』第一学習社，国土地理院 HP 空中写真より作成）

①　縄文時代に大規模な集落が営まれていたことが明らかになった。

②　１世紀ころ中国の王朝に朝貢して「王」の称号を得た権力者の実在が明らかになった。

③　５世紀ころには朝廷の勢力範囲が大きく広がっていたことが明らかになった。

ア　Ａ―**ろ**―①　　イ　Ａ―**い**―③　　ウ　Ｂ―**ろ**―②　　エ　Ｂ―**は**―①

オ　Ｃ―**は**―②　　カ　Ｃ―**ろ**―①　　キ　Ｄ―**い**―②　　ク　Ｄ―**は**―③

問２　略地図中のＷからＺは，７世紀から８世紀にかけて建造された施設の場所を示している。ＷからＺについての説明として正しいものを，次のアからエのうちから一つ選べ。

ア　Ｗは，初期の城柵《じょうさく》の推定地で，坂上田村麻呂はここで征夷大将軍に任命された。

イ　Ｘは，桓武天皇が建設させた都であり，10年ほどで近くの平安京へ遷《うつ》された。

ウ　Ｙは，天智天皇の時代に中国にならって建設された，日本で最初の本格的な都である。

エ　Ｚは，唐・百済《くだら》《ペクチェ》連合軍との戦いに敗れた後，外国の侵入に備えて建設された山城《やまじろ》である。

5　次のＡからＤの史料を読み，問１から問３までの各問いに答えよ。なお，いずれの史料も現代語に訳し，一部を変えたり省略したりしてある。

史料Ａ

冬十月十五日，天皇は詔《みことのり》として次のようにおっしゃった。「……天平《てんぴょう》十五年十月十五日をもって，人々の救済を願う菩薩《ぼさつ》の大願《たいがん》を発して，盧舎那仏《るしゃなぶつ》の金銅像一体を造りたてまつる。国中の銅を尽くして像を鋳造《ちゅうぞう》し，大きな山を削って仏殿を構え，広く世界中に伝えて……ともに仏恩《ぶつおん》にあずかり，悟りの境地に達して救われたいと思う。……もし一枝の草，ひとすくいの土であっても，持ち寄って仏像の建造に協力したいと願うものがあれば，願うままに認めよ。……」

（続日本紀）

史料Ｂ

天下をお治めになること十四年。太子に譲位して上皇となり，世の政《まつりごと》をはじめて院でおとりになった。後に出家なされても，そのまま崩御《ほうぎょ》のときまで政務をおとりになった。退位なされた後も政務をおとりになることなど昔はなかったことである。

（神皇正統記）

史料Ｃ

これまで委任されていた政権を返上し，将軍職を辞退したいという徳川内大臣《ないだいじん》からの二つの申し出を，天皇はこのたびはっきりとお聞き入れになった。……未曾有《みぞう》の国難が続き，先代の天皇がお心を悩ませていらっしゃったことのしだいは人々の知るところである。そこで天皇はお考えをお決めになり，王政復古，国威回復の御基本を確立なされたので……

（法令全書）

史料Ｄ

保元《ほうげん》の乱，平治《へいじ》の乱……以来，武家の支配が政務を思いのままにしてきたが，元弘《げんこう》三年の今，天下の国政が天皇のもとで一つにまとまったのはすばらしいことである。天皇の御親政は……延《えん》喜《ぎ》・天暦《てんりゃく》の昔に立ちかえって，武家は穏やかに過ごし，庶民も声をそろえて誉めたたえ……貴族がそれぞれの位に昇進したさまは，まことに喜ばしい善政であった。

（梅松論）

※　延喜・天暦の昔とは，天皇の親政が理想的に行われたと当時の人々が考えていた時期のこと。

問１　ＡからＤの史料は，それぞれある出来事を示したものである。史料Ａの時期のようすとして正しいものを，次のアからエのうちから一つ選べ。

ア　全国の田畑の面積や土地のよしあしを調べて収穫高を石高で表し，検地帳を作成して，耕作者を記録した。

イ　全国の土地の地価を定め，それぞれの土地の所有者を確定して，土地所有者が現金で税を納めることにした。
ウ　新しく開墾した土地を私有地にすることが認められたことで，貴族や寺社が大規模な開墾を進め，私有地を広げはじめた。
エ　荘園や公領ごとに地頭を置くことが認められ，年貢の取り立てや土地の管理などを行うようになった。

問2　史料Dの下線部の説明として正しいものを，次のアからエのうちから一つ選べ。
ア　この争いで勝利した天皇は，公家や武士を従えて，天皇を中心とした新しい政治をめざして年号を建武《けんむ》と改めた。
イ　この争いでは，国司であった人物が武士を率いて瀬戸内海で反乱を起こし，朝廷の貴族に大きな衝撃を与えた。
ウ　この争いでは，全国の守護大名が二つの陣営に分かれて10年あまり戦い，戦場になった都は荒廃した。
エ　この争いで勝利した人物は，上皇の信任を得て，武士としてはじめて太政大臣《だいじょうだいじん》の位に就き，権力をふるった。

問3　AからDの史料が示す出来事を年代の古い順に並べ直したとき，2番目と3番目の間に入る出来事を，次のアからエのうちから一つ選べ。
ア　ポルトガルがアジアに進出し，香辛料を中心とする貿易を始めた。
イ　ローマ教皇の呼びかけによって，十字軍が数回にわたって遠征した。
ウ　インドでシャカ(釈迦《しゃか》，釈迦牟尼《しゃかむに》，ガウタマ＝シッダールタ)が仏教を開いた。
エ　女真族《じょしんぞく》が清を建国し，明に代わって，中国を支配した。

6　次のAからDの自伝の各文章は，それぞれの時代の女性が「この年」の前後の経験について語った想定の文章である。**問1**から**問4**までの各問いに答えよ。なお，AからDの文中の「この年」は年代順に並べてある。

自伝
A　私は地方の中級武士の家の次女に生まれました。政府が近在《きんざい》に洋式製糸場を建てるというので，知人の薦《すす》めで女工に志願しました。私たちは和服の上に袴《はかま》をはき，ブリュナ殿がフランスから招いた女性たちから指導を受けました。フランスの方々は前年末で契約終了となり，この年フランスにお帰りになりました。翌年には西日本で大きな内乱がありました。
B　私は横浜のキリスト教系の女学校へ通いました。新たに赴任された校長の下で，前年の震災で倒壊した校舎の建て替えが始まり，水兵さんの軍服を真似た制服もこの年に採用されました。この頃はまだ女学校へ進学する女性はわずかでしたが，世間では電話交換士やバスガールなどになって働く女性もあらわれました。
C　当時私が通っていた高等女学校では，厚生省の奨励で多くの女生徒がもんぺとよばれる作業着を着させられました。戦争が激しくなると，私は勤労動員で近くの軍需工場へ働きに行かされました。この年，兄は学徒出陣で戦場へ行き，国民学校に通っていた弟は長野県へ集団疎開しました。戦争は翌年に終わりました。
D　この年，地方の高校を卒業後直ちに，集団就職で京浜地区の電機会社に就職して，トランジスタラジオ工場で働き始めました。しかし，前年のオリンピックが終わった反動の不景気で会社は私が就職したその年の年末には倒産してしまいました。私は赤坂《あかさか》の洋食屋で新たに雇っていただけることになりました。この二年後にはイギリス出身の有名なモデルさんが来日し，ミニスカートが大流行しました。

問１　次の文章は，自伝のいずれか一つの続きである。この文章が続くと思われる元の自伝を，下のアからエのうちから一つ選べ。

前年まで発行されていた『白樺《しらかば》』には志賀直哉《しがなおや》らが投稿していました。また，芥川龍之介《あくたがわりゅうのすけ》が前年から別の文芸雑誌に「侏儒《しゅじゅ》の言葉」を連載し始めました。そしてなにより私たちを夢中にさせたのが竹久夢二《たけひさゆめじ》の作品で，ある雑誌の表紙に使われたこの年の木版画の「秋のしらべ」もたいへんな人気になりました。また，翌年には東京からのラジオの本放送が始まりました。

ア　A　　イ　B　　ウ　C　　エ　D

問２　次の画像①と②が示す出来事を自伝の年代に対応させたとき，それぞれに当てはまる時期を，下のアからエのうちから一つずつ選べ。

①

（夢の超特急第一列車の発車式（撮影地：東京駅））

②

（安達吟光「新皇居於テ正殿憲法発布式之図」の一部分）

ア　Aより前　　イ　AとBの間　　ウ　BとCの間　　エ　CとDの間

問３　次の表は自伝のAの年とBの年の日本の貿易額に生糸，綿花，綿糸が占める割合を示したものである。表のXからZに当てはまる品目の組み合わせとして正しいと思われるものを，下のアからカのうちから一つ選べ。

表

品目	Aの年の輸入額に占める割合	Aの年の輸出額に占める割合	Bの年の輸入額に占める割合	Bの年の輸出額に占める割合
X	1.90%	0%	24.67%	0%
Y	17.37%	0%	0.18%	6.12%
Z	0%	47.63%	0.11%	37.81%

（『日本貿易精覧』東洋経済新報社より作成）

品目	ア	イ	ウ	エ	オ	カ
X	綿花	綿花	綿糸	綿糸	生糸	生糸
Y	綿糸	生糸	綿花	生糸	綿花	綿糸
Z	生糸	綿糸	生糸	綿花	綿糸	綿花

問4　自伝のCとDの間の時期に起きた出来事を，次のアからエのうちから一つ選べ。

ア　中華人民共和国が成立した。　　イ　日中平和友好条約が締結された。

ウ　アヘン戦争が起きた。　　エ　辛亥《しんがい》革命が起きた。

7　次のⅠからⅢの内容を読み，**問1**から**問3**までの各問いに答えよ。

Ⅰ　そもそも国政は，国民の厳粛な信託によるものであつて，(1)その権威は国民に由来し，その権力は国民の代表者がこれを行使し，その福利は国民がこれを享受する。

Ⅱ　この憲法が国民に保障する(2)基本的人権は，侵すことのできない永久の権利として，現在及び将来の国民に与へられる。

Ⅲ　(3)憲法改正について前項の承認を経たときは，天皇は，国民の名で，この憲法と一体を成すものとして，直ちにこれを公布する。

問1　下線部(1)に関して，次の図中のAからCは，国会，内閣，裁判所の三権のいずれかで，矢印P，Qはその方向にはたらきかけることができる権限の一部を示している。また，矢印XからZは，国民が三権に対してはたらきかけることができることを示している。XからZについての下の記述の中から，正しいものをすべて選んだものを，後のアからキのうちから一つ選べ。

図

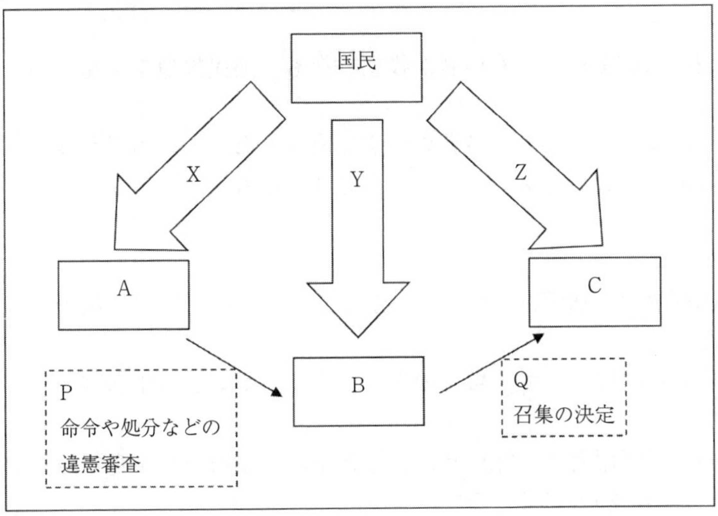

X　国民審査を行い，Aの主な役職を任命する。

Y　報道機関などが行う調査を通じて，Bに対する支持や不支持といった意見を表明する。

Z　投票することにより，Cを構成する議員を選ぶ。

ア　X　　イ　Y　　ウ　Z

エ　XとY　　オ　XとZ　　カ　YとZ

キ　XとYとZ

問2　下線部(2)に関して，次の説明文①から④は，日本国憲法で保障されている基本的人権に関わる訴訟を示している。これらの訴訟において，原告側または被告側のいずれかによって主張されたことについての説明として最も適当なものを，下のアからエのうちから一つ選べ。

説明文

① 改修した河川の堤防が決壊し，多くの家が流されたり浸水したりしたため，被害を受けた人々が河川の管理にあたっていた国の責任を問い，損害賠償を求めて訴えた。

② 県に薬局の営業許可を求めたところ，近くに他の薬局があるという理由で許可されなかったため，不許可の処分を取り消して営業できるようにすることを求めて訴えた。

③ 日本名で就職試験を受けて採用が決まった在日外国人が，のちに日本国籍をもたないことをその企業に伝えたところ採用取り消しとなったため，取り消し無効を求めて訴えた。

④ 長年の入院で生活が苦しいため生活保護を受けていたが，兄から仕送りを受けられるようになると生活保護が減額されたため，生活保護の基準が低すぎるとして訴えた。

ア ①は，国が責任を負わないことは参政権を十分に保障していないと主張された訴訟である。

イ ②は，営業不許可処分は他の薬局の表現の自由の保障のためであると主張された訴訟である。

ウ ③は，採用を取り消すことは企業側の職業選択の自由にあたると主張された訴訟である。

エ ④は，生活保護の基準は生存権を十分に満たすものではないと主張された訴訟である。

問3 下線部(3)に関して，憲法改正の発議と承認についての記述として正しいものを，次のアからエのうちから一つ選べ。

ア 憲法改正の発議は，衆議院と参議院が合同で審議し，採決にあたっては二院の定数の合計の3分の2以上の賛成を必要とする。

イ 憲法改正の発議は，衆議院と参議院が別々に審議し，採決にあたってはそれぞれの院でその定数の過半数の賛成を必要とする。

ウ 国会による発議の後，その承認には18歳以上の有権者が投票権をもつ国民投票を実施し，有効投票総数の過半数の賛成を必要とする。

エ 国会による発議の後，その承認には有権者のうち投票の時点で成人となっている者が投票権をもつ国民投票を実施し，有効投票総数の3分の2以上の賛成を必要とする。

8 問1から問4までの各問いに答えよ。

問1 わが国における最近の労働および雇用の状況についての説明として正しいものを，次のアからエのうちから一つ選べ。

ア 経済のグローバル化と技術革新の進展によって，賃金のあり方を能力主義から年功序列賃金に見直す企業が増加してきている。

イ 終身雇用を採用している企業の正規雇用者は，採用時に企業と結んだ雇用契約が定年退職するときまで有効となるので，労働組合への加入ができない。

ウ 経済状況に応じて雇用を調整しやすく，正規雇用者に比べて賃金が低い非正規雇用者の割合は，全雇用者の30%を超えている。

エ 成果主義を導入する企業が増加したことで，ワーク・ライフ・バランスの実現が可能となり，働きすぎによる過労死の問題がなくなった。

問2 自由競争が行われている市場では，図1のように需要量と供給量が一致するところで商品の価格が決まるとされ，このようにして決まる価格を均衡《きんこう》価格と呼ぶ。しかしながら，さまざまな理由によって需要曲線や供給曲線は移動することがあり，その結果，均衡価格は上昇したり，下落したりすることがある。図2に示したように需要曲線が矢印の方向に移動した結果，均衡価格が上昇したとき，その理由として最も適当なものを，下のアからエのうちから一つ選べ。ただし，いずれの場合も他の事情は一定であるとし，また，供給曲線の移動はないものとする。

図1

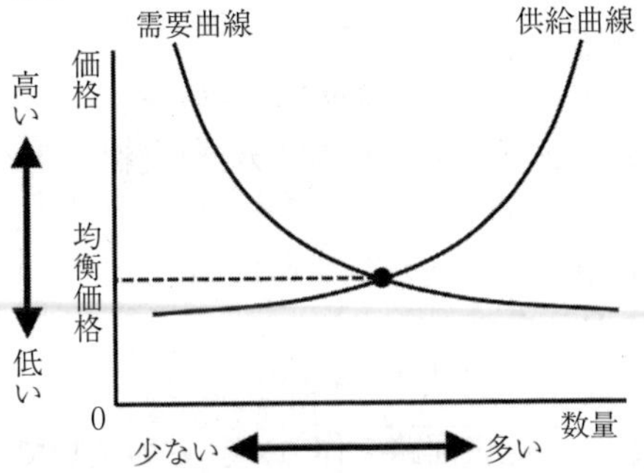

図2

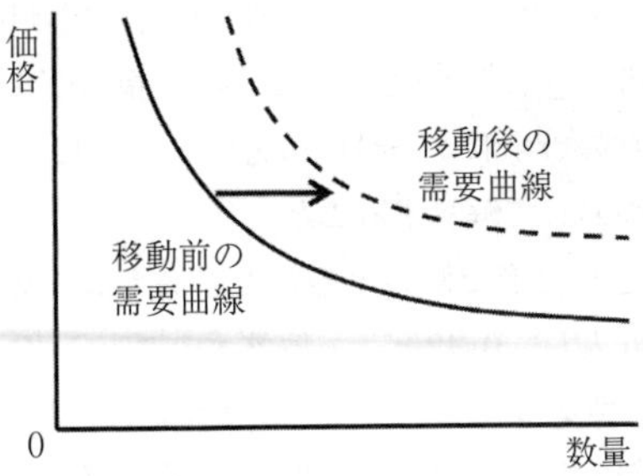

ア　この商品がテレビ番組や雑誌で取り上げられて人気が出た。

イ　この商品の原材料費が高騰《こうとう》して原材料を入手しにくくなった。

ウ　この商品と競合する新たな商品の生産・販売が開始された。

エ　この商品の生産に新しい技術が導入され，生産費が低下した。

問3　金融と企業の資金調達についての説明として正しいものを，次のアからエのうちから一つ選べ。

ア　預金として預かったお金を，銀行が家計や企業に貸し出しするときには，預金者が貸出先を決めることになる。

イ　預金としてお金を預かった銀行は，預金額に応じて，利潤の一部を配当(配当金)として預金者に分配することになる。

ウ　株式の売買は証券会社の仲介《ちゅうかい》によって行われるので，企業が株式を発行して資金を調達することを間接金融という。

エ　株式会社が倒産したときは，購入した株式の価値がなくなるだけで，株主は出資した金額以上の責任を負うことはない。

問4　私企業は，自社の利潤を追求するだけではなく，法令を遵守《じゅんしゅ》し，社会の一員としての責任を果たさなければならない。企業の経済活動とそれに関連する法律についての説明として正しいものを，次のアからエのうちから一つ選べ。

ア　男女雇用機会均等法では，事業主は労働者の性別を理由として，労働者の配置，昇進，降格，退職の勧奨《かんしょう》，職種および雇用形態の変更について差別的な取り扱いをしてはならないとしている。

イ　製造物責任法(PL法)では，欠陥製品で被害を受けた消費者が，製品の欠陥の原因がその製品を製造した企業の過失であると証明しない限り，被害を受けた消費者はその企業に損害賠償を求めることはできないとしている。

ウ　独占禁止法では，過度な価格競争の結果によって企業の倒産や市場からの撤退があいつぎ，最終的に一つの企業が市場を独占することにならないように，企業数が少ない寡占《かせん》市場では企業間で協定を結んで価格を定めるように指導している。

エ　消費者基本法では，商品を購入した消費者の個人情報を保護する観点から，企業がPOSシステム(販売時点情報管理システム)を利用して，商品を販売したときに得た情報から商品の販売動向を分析することは，一切認めないとしている。

【理　科】（50分）〈満点：100点〉

（注意）　1　定規，コンパス，ものさし，分度器及び計算機は用いないこと。

2　問題の文中の［アイ］，［ウ］などには，特に指示がないかぎり，数字（0～9）が入り，ア，イ，ウの一つ一つは，これらのいずれか一つに対応する。それらを解答用紙のア，イ，ウで示された解答欄に，マーク部分を塗りつぶして解答すること。

3　解答は指定された形で解答すること。例えば，解答が0.415となったとき，［ウ］.［エオ］ならば，小数第3位を四捨五入して0.42として解答すること。

1　下の問1，問2に答えよ。

問1　けいこさんは，電気抵抗，電源装置とスイッチSを用意して電気回路を作った。この実験で使用するスイッチSは，回路を流れる電流が0.30Aより大きくなると，自動的に開く仕組みを持っている。電源装置の電圧を3.0Vにして，スイッチSを閉じてから，以下の実験1と実験2を行った。下の1，2に答えよ。

実験1　図1のように，抵抗値が2.0Ωの電気抵抗と抵抗Rを直列につなぎ，スイッチSが開くかどうかを実験した。抵抗Rの大きさは，3.0Ω，5.0Ω，7.0Ω，9.0Ωのどれかである。

実験2　図2のように，抵抗値が30Ωの電気抵抗と抵抗Rを並列につなぎ，スイッチSが開くかどうかを実験した。抵抗Rの大きさは，10Ω，20Ω，30Ω，40Ωのどれかである。

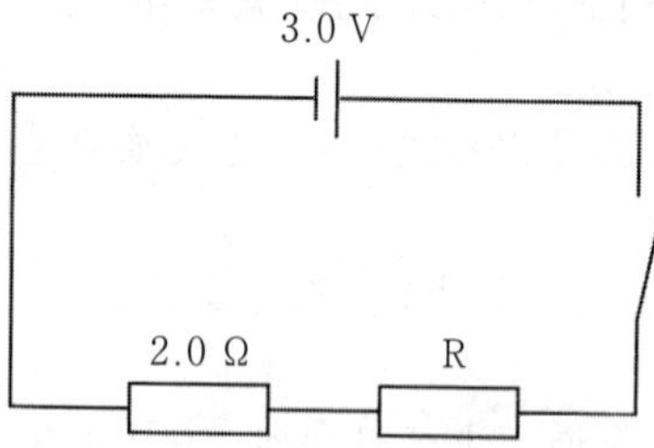

図1

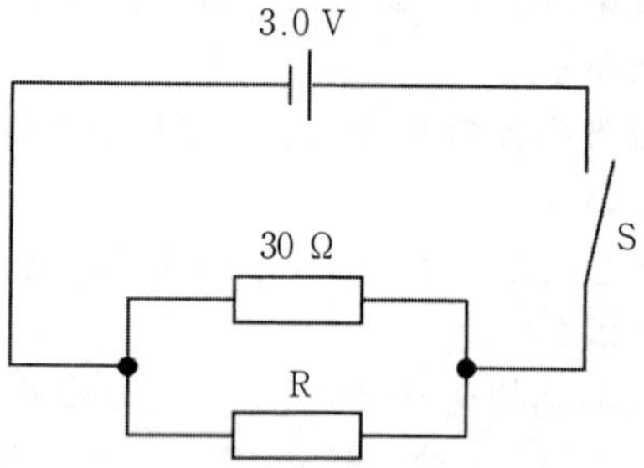

図2

1　実験1において，抵抗Rの大きさについて，スイッチSが開く場合は○，開かない場合は×としたとき，正しい組み合わせを次のアからオの中から選べ。

	3.0Ω	5.0Ω	7.0Ω	9.0Ω
ア	○	○	○	○
イ	○	○	○	×
ウ	○	○	×	×
エ	○	×	×	×
オ	×	×	×	×

2　実験2において，抵抗Rの大きさについて，スイッチSが開く場合は○，開かない場合は×としたとき，正しい組み合わせを次のアからオの中から選べ。

	10Ω	20Ω	30Ω	40Ω
ア	○	○	○	○
イ	○	○	○	×
ウ	○	○	×	×
エ	○	×	×	×
オ	×	×	×	×

問2　かおりさんが留学している国では，コンセントから供給される電源の電圧が250Vである。かおりさんは留学先の家庭で，消費電力が1500Wのエアコン，1250Wの電子レンジ，750Wの掃除機を使用する。かおりさんの過ごす部屋では，電流の合計が10Aより大きくなると，安全のために電源が遮断され，電気器具が使えなくなる。次の1，2に答えよ。

1　電力について，正しく述べている文を，次のアからオの中から2つ選べ。

ア　電力は，1秒間に消費された電気エネルギーに，使用時間をかけたものを表す。

イ　電力は，1秒間あたりに消費される電気エネルギーを表す。

ウ　電力の大きさは，電気器具にかかる電圧と流れる電流の大きさの和で表される。

エ　電力の大きさは，電気器具にかかる電圧と流れる電流の大きさの積で表される。

オ　電力の大きさは，電気器具を流れる電流が一定のとき，かかる電圧の大きさに反比例する。

2　次の①から④について，かおりさんの過ごす部屋で使うことができる場合は○，使うことができない場合は×をそれぞれ選べ。

①　エアコンと電子レンジを同時に使用する。

②　エアコンと掃除機を同時に使用する。

③　電子レンジと掃除機を同時に使用する。

④　エアコンと電子レンジと掃除機を同時に使用する。

2　消化について次の実験を行った。下の問1から問3に答えよ。

実験

①　試験管A，Bを用意し，表のように溶液を入れて40℃で10分間保った。

②　それぞれの試験管から溶液をとり，試薬を用いてデンプンとデンプンの分解物(デンプンが分解されてできたもの)の有無を調べた。

表

試験管	溶液	試薬X	試薬Y
A	1％デンプン溶液2mL＋水2mL	×	○
B	1％デンプン溶液2mL＋だ液2mL	○	×

○：反応あり，×：反応なし

問1　この実験に関連して，正しいことを述べている文を次のアからカの中から2つ選べ。

ア　試薬Xはヨウ素液である。

イ　試験管Aにはデンプンの分解物が含まれていた。

ウ　だ液に含まれる消化酵素は温度が高くなるほどよくはたらく。

エ　だ液に含まれる消化酵素をリパーゼという。

オ　だ液に含まれる消化酵素と同じはたらきをする消化酵素は，すい液にも含まれている。

カ　デンプンの最終分解物は小腸で吸収されて毛細血管に入る。

問2　この実験について，友人と次のような会話をした。空欄(1)，(2)にあてはまる文として適当なものを，下のアからエの中からそれぞれ選べ。

友　人「この実験からいえることは，40℃にすると，だ液がデンプンの分解物に変化する，ということ？」

わたし「それは違うと思うな。こういう実験をすればはっきりするよ。
新しい試験管に(　　1　　)を入れて40℃で10分間保った後，試験管の液にデンプンとデンプンの分解物があるかを調べよう。(　　2　　)，だ液がデンプンの分解物に変化したのではない，といえるよね。」

（1）の選択肢
　ア　1％デンプン溶液4 mL
　イ　だ液2 mLと1％ブドウ糖水溶液2 mL
　ウ　だ液2 mLと水2 mL
　エ　水4 mL
（2）の選択肢
　ア　デンプンが検出されれば
　イ　デンプンが検出されなければ
　ウ　デンプンの分解物が検出されれば
　エ　デンプンの分解物が検出されなければ

問3　図はヒトの体内の器官の一部を模式的に表したものである。次の1から3にあてはまる器官を図中のアからクの中からそれぞれ選べ。なお，同じ選択肢を選んでもよい。
　1　ペプシンを含む酸性の消化液を出す器官
　2　消化酵素を含まないが，脂肪の消化を助ける液を出す器官
　3　ブドウ糖をグリコーゲンに変えて蓄える器官

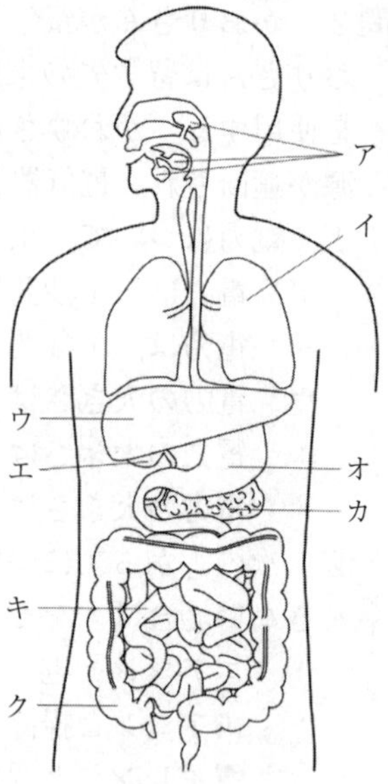

図

3　図1はヒトの目のつくり，図2はヒトの耳のつくりを表している。ヒトの感覚器官と，それに関連する実験について，下の**問1**から**問4**に答えよ。

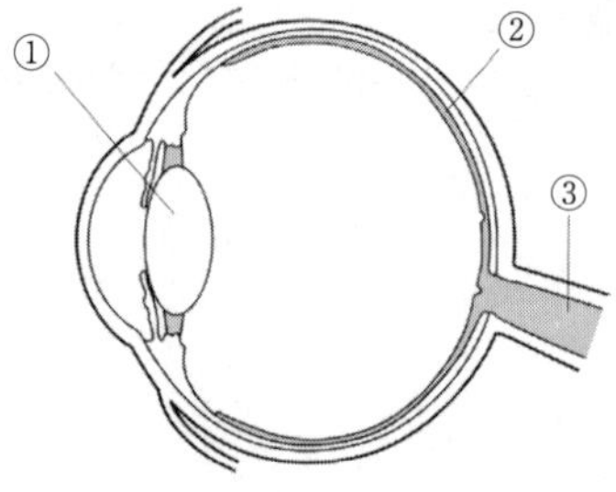

図1

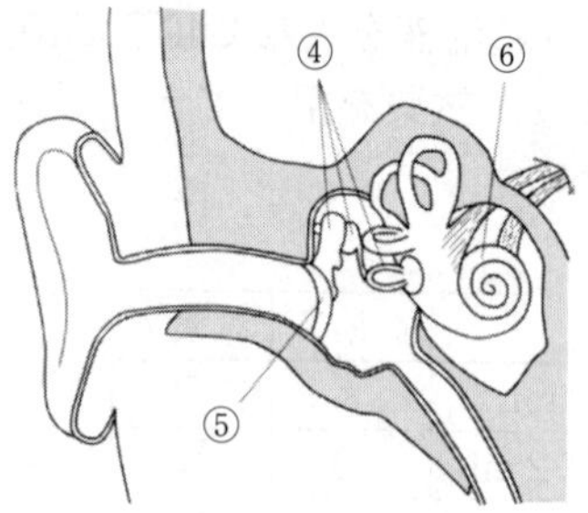

図2

問1　①から⑥のそれぞれの部位の名称を，次のアからクの中から選べ。

ア	うずまき管	イ	ガラス体
ウ	虹彩《こうさい》	エ	鼓膜《こまく》
オ	耳小骨《じしょうこつ》	カ	神経
キ	網膜《もうまく》	ク	レンズ（水晶体）

問2　図3のように装置を配置すると，スクリーンに像が映った。厚紙には矢印の形の穴が空いており，電球の光を通すようになっている。図1の①から③に対応するものは，図3の中のどれか。次のアからカの中から選べ。
　ア　電球
　イ　厚紙
　ウ　凸レンズ
　エ　スクリーン
　オ　光学台
　カ　対応するものはない

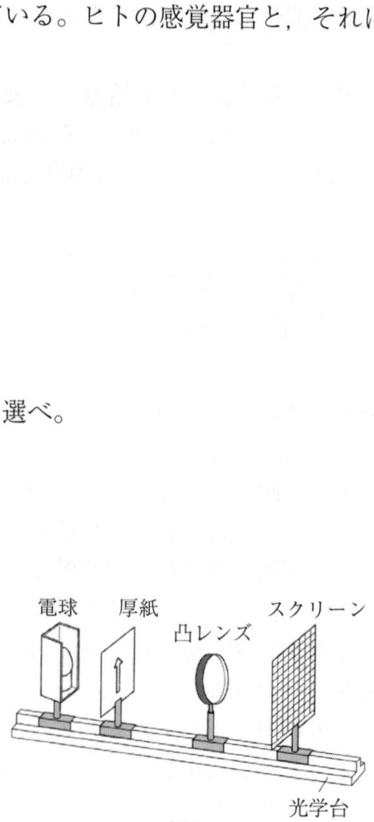

図3

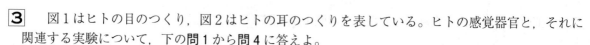

問3　目の構造は，図4のようにしばしばカメラの構造に例えられる。物がはっきり映るために，カメラと目のピントを調整する仕組みとして，正しい組み合わせを次のアからエの中から選べ。

	カメラのピント調整	目のピント調整
ア	レンズの位置を前後させる	レンズの位置を前後させる
イ	レンズの位置を前後させる	レンズの焦点距離を変える
ウ	レンズの焦点距離を変える	レンズの位置を前後させる
エ	レンズの焦点距離を変える	レンズの焦点距離を変える

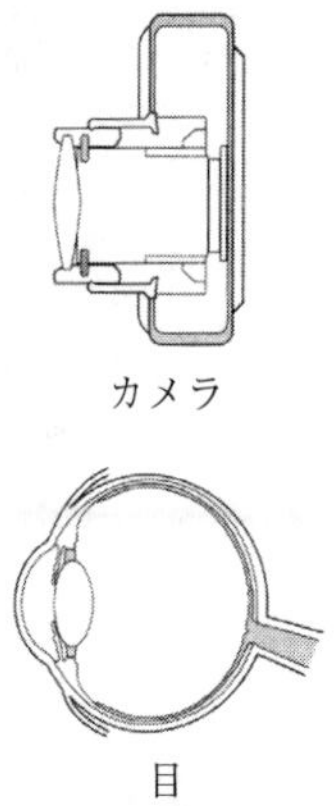

図4

問4　図3の装置と光の進み方を模式的に表したものを図5に示す。凸レンズの左側に矢印(PQ)があり，レンズの位置を調整すると，スクリーン上に像(P′Q′)が映った。このとき，点Qから出た光は点Q′に集まっている。aはレンズから矢印までの距離を，bはレンズから像までの距離を，fはレンズの焦点距離を表す。この関係から焦点距離fを求めるとき，次の文の空欄(1)から(5)にあてはまるものとして適当なものを，各選択肢の中から選べ。

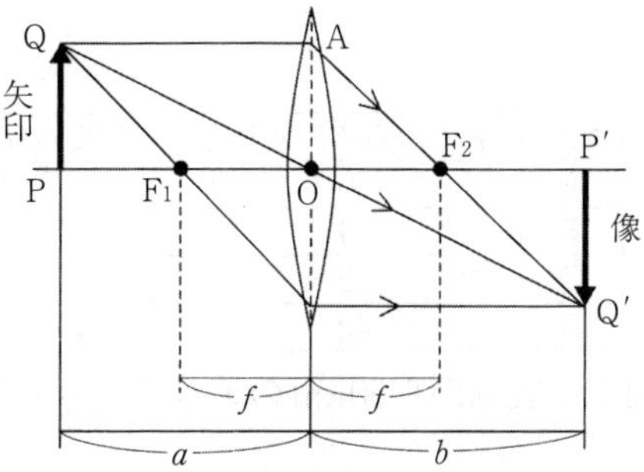

図5

△PQOと△P′Q′Oは，互いに(1)の関係にあり，映った像P′Q′は(2)である。PQ：P′Q′は(3)である。同様に，△P′Q′F_2と△OAF_2は，互いに(1)の関係にあり，OA：P′Q′は(4)である。PQ＝OAより，(3)＝(4)である。これよりf＝(5)が言える。

(1)，(2)の選択肢

ア　実像　　イ　虚像　　ウ　焦点　　エ　合同　　オ　相似

(3)の選択肢

ア　$a:b$　　イ　$b:a$　　ウ　$a:f$　　エ　$f:a$　　オ　$b:f$　　カ　$f:b$

(4)の選択肢

ア　$a:b$　　イ　$b:a$　　ウ　$(a-f):f$

エ　$f:(a-f)$　　オ　$f:(b-f)$　　カ　$(b-f):f$

(5)の選択肢

ア　$\frac{ab}{a+b}$　　イ　$\frac{a^2}{a+b}$　　ウ　$\frac{b^2}{a+b}$　　エ　$\frac{ab}{a-b}$　　オ　$\frac{a^2}{a-b}$　　カ　$\frac{b^2}{a-b}$

4　ある日に大きな地震が発生し，震源から数百kmの範囲で地震の揺れが観測された。図1の地点Aから地点Dではこの地震による地震波を観測した。図1に示された範囲内は全て同じ標高で，点線は10kmおきにひいてある。この地震で，地震波であるP波の速さは6.0km/s，S波の速さは4.0km/s，震源の深さ(震源から震央までの距離)は30kmであった。地震波が到達するまでの時間と震源からの距離の関係を図2に，地震発生から地震波が各地点に到達するまでの時間と震央からの距離を表に示した。後の**問1**から**問4**に答えよ。

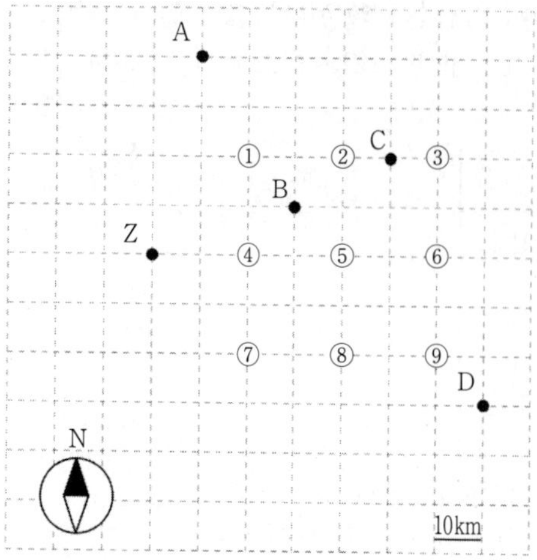

図1

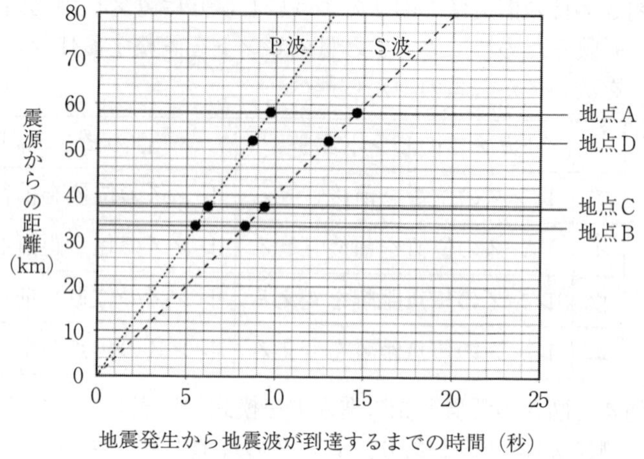

図2

表

地点	震央からの距離〔km〕	P波の到達時間〔秒〕	S波の到達時間〔秒〕
A	50.0	9.7	14.6
B	14.1	5.5	8.3
C	22.4	6.2	9.4
D	42.4	8.7	13.0

問1　震源から60kmの地点で大きな揺れ(主要動)が観測されるのは地震発生から何秒後か答えよ。

アイ 秒後

問2　この地震の震央は図1の地点①から地点⑨のどこであると考えられるか。最も適当な地点を選べ。

問3　図1の地点Zは震源から何kmの地点に位置するか整数で答えよ。　アイ km

問4　この地震による揺れを地点Zで観測したとすると，初期微動継続時間は何秒であるか。次のアからカの中から最も適当なものを選べ。

ア　2.5秒　　イ　3.3秒　　ウ　4.2秒　　エ　6.6秒　　オ　10.0秒　　カ　12.5秒

5　花子さんは，所属する化学クラブで中和に関する実験を行った。まず，AからEの5個のビーカーを準備し，ある濃度のうすい塩酸(以後，塩酸aと呼ぶ)と，ある濃度のうすい水酸化ナトリウム水溶液(以後，水酸化ナトリウム水溶液bと呼ぶ)を，それぞれ別々の割合で混合した。その後，実験1および実験2を行ったところ，表に示すような結果になった。下の**問1**から**問4**に答えよ。

実験1　各ビーカーの水溶液をそれぞれ試験管に少量とり，フェノールフタレイン溶液を加えて色の変化を調べた。

実験2　各ビーカーの水溶液をそれぞれガラス棒に付けて少量とり，青色リトマス紙に付けて色の変化を調べた。

表

ビーカー	A	B	C	D	E
塩酸aの体積〔cm^3〕	10	12	14	16	18
水酸化ナトリウム水溶液bの体積〔cm^3〕	30	30	30	30	30
実験1の結果	赤色	無色	無色	無色	無色
実験2の結果	変化なし	変化なし	赤色	赤色	赤色

問1　Eのビーカーの水溶液に亜鉛板を入れたとき，発生する気体を次のアからオの中から選べ。

ア　酸素　　イ　塩素　　ウ　水素　　エ　二酸化炭素　　オ　窒素

問２　Ａのビーカーの水溶液を試験管に少量とり，緑色のBTB溶液を加えると何色に変化するか，次のアからオの中から選べ。

ア　無色　　イ　青色　　ウ　緑色のまま　　エ　黄色　　オ　赤色

問３　ＡからＥの５個のビーカーに，実験１，実験２を行う前の混合溶液を再度用意し，それらをすべて混ぜ合わせた。その後，この溶液を中和して中性にした。このとき，何の水溶液を何cm^3加えたか，次のアからカの中から選べ。

ア　塩酸ａを12cm^3　　イ　塩酸ａを25cm^3
ウ　塩酸ａを30cm^3　　エ　水酸化ナトリウム水溶液ｂを12cm^3
オ　水酸化ナトリウム水溶液ｂを25cm^3　　カ　水酸化ナトリウム水溶液ｂを30cm^3

問４　酸とアルカリの中和において，イオンの数の変化を考える。例えば，100個の水素イオンと70個の水酸化物イオンが混合されると，70個の水酸化物イオンはすべて反応し70個の水分子ができ，30個の水素イオンは未反応のまま残ることになる。

６cm^3の塩酸ａを新たなビーカーにとり，このビーカーに25cm^3の水酸化ナトリウム水溶液ｂを少しずつ加えた。このときの水溶液中の①ナトリウムイオン，②塩化物イオン，③水酸化物イオンの数の変化を示したグラフとして適切なものを，次のアからカの中からそれぞれ選べ。

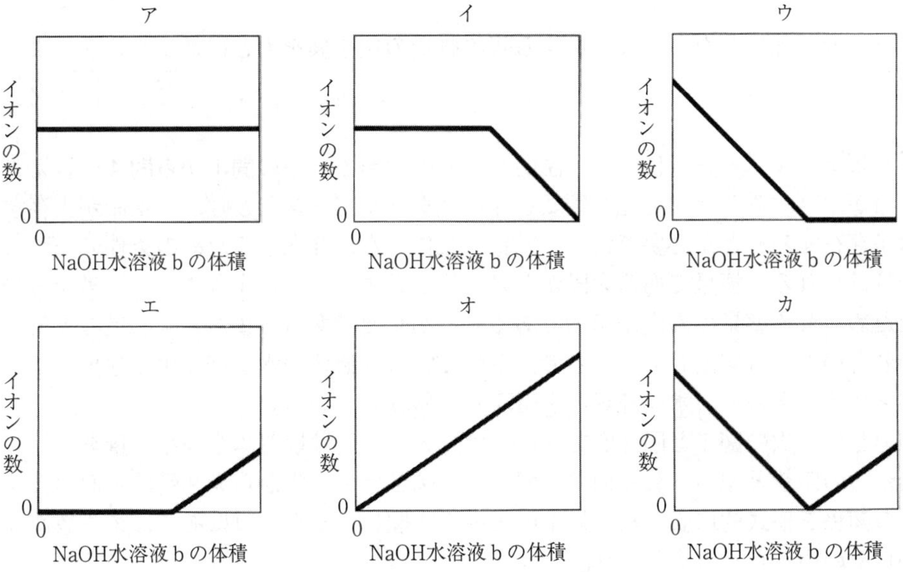

6　図のような実験装置を用いて酸化銀1.00ｇを十分に加熱したところ，酸化銀が変化するようすが観察された。

同様の実験を酸化銀2.00ｇ，3.00ｇ，4.00ｇ，5.00ｇについても行い，加熱前の皿全体の質量と加熱後の皿全体の質量とを測定したところ，表に示すような結果になった。下の**問１**から**問５**に答えよ。

表

酸化銀の質量〔ｇ〕	1.00	2.00	3.00	4.00	5.00
加熱前の皿全体の質量〔ｇ〕	13.56	14.55	15.58	16.54	17.53
加熱後の皿全体の質量〔ｇ〕	13.49	14.41	15.37	16.26	17.18

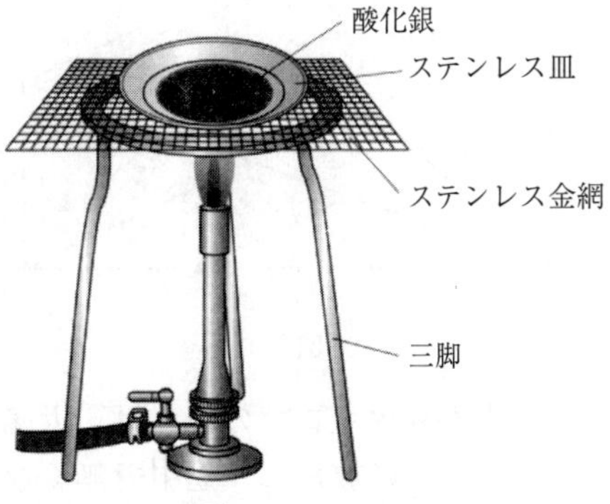

図

問１　次の文は酸化銀が変化するようすを表したものである。（１），（２）にあてはまる色として最も適当なものを下のアからオの中から選べ。

酸化銀を加熱すると固体の色は（ １ ）色から（ ２ ）色に変化した。

ア　青　　イ　赤　　ウ　緑　　エ　黒　　オ　白

問２　酸化銀を加熱すると，銀と酸素に分解することが知られている。この化学変化を次の化学反応式で表した。（a）から（c）にあてはまる数字をそれぞれ選べ。なお，この問題では「１」と判断した場合には省略せずに「１」を選ぶこと。

（ a ）Ag_2O→（ b ）Ag＋（ c ）O_2

問３　ステンレス皿の上に残った固体は，一見すると銀には見えない。そこで，この固体が金属であることを調べたい。調べる方法とその結果として適切なものを，次のアからオの中から3つ選べ。

ア　ステンレス製薬さじのはらで残った固体をこすると，きらきらとした光沢が現れる。

イ　残った固体に磁石を近づけると引き寄せられる。

ウ　残った固体をたたくとうすく広がり，板状になる。

エ　残った固体を電池と豆電球でつくった回路にはさむと，豆電球が点灯する。

オ　残った固体を水に入れると，よく溶ける。

問４　酸化銀1.00 gを十分に加熱したときに発生した酸素の質量の値を表をもとに求めよ。

［ア］.［イウ］g

問５　酸化銀6.00 gを十分に加熱したときに生成する銀の質量の値を表をもとに推定して求めよ。

［ア］.［イウ］g

7　次の文章は「ハビタブルゾーン」について説明したものである。下の問１から問４に答えよ。

地球のように，生命が生存することが可能な領域を「ハビタブルゾーン」と呼ぶ。生命が生存するためには，液体の水が存在することが必要である。惑星に液体の水が存在するための条件の一つに，A恒星からの距離が挙げられる。恒星である太陽からの距離が近すぎず，遠すぎず，B太陽からのエネルギーによりあたためられる惑星の温度が適当であることが必要である。また，C惑星の大気による気圧や温室効果の度合いなども関連していると考えられている。液体の水が存在する地球では，水蒸気，水，氷と状態を変えながら，D水は地球中を循環し，移動している。

問１　下線部Aに関連して，次の図１と図２を参考にして，火星が受け取るエネルギー量を試算したい。図１は，太陽からの距離と照らされる面積の関係を，図２は，太陽から光を受ける面の大きさと光を受ける火星の関係を模式的に表した。以下の文中の空欄（１）から（４）にあてはまる数値はいくらか。下のアからシの中からそれぞれ選べ。

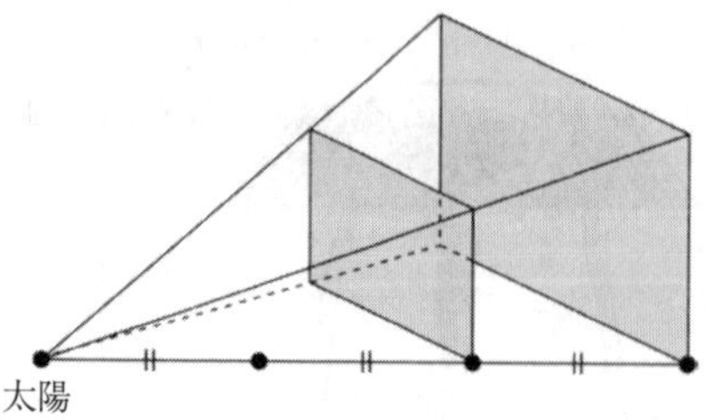

図１

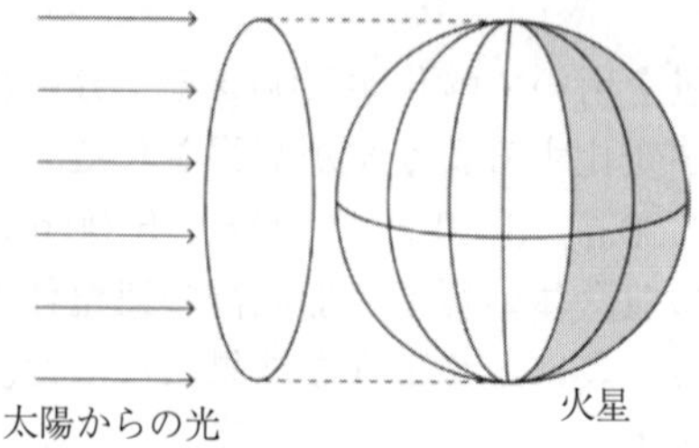

図２

太陽から火星までの距離は，太陽から地球までの距離の1.5倍である。太陽光線は太陽から四方八方に均等に放たれ，途中で無くなることはないものとする。図１より，太陽からの距離が1.5倍離れると，（ １ ）倍の面積を照らすようになり，単位面積あたりの光のエネルギー量は約（ ２ ）倍になる。

また，火星の半径は地球の半分であるため，図２より火星が太陽からの光を受ける面は地球の約（　３　）倍になる。

以上より，火星全体が受け取るエネルギー量は，地球の約（　４　）倍になる。

ア　$\frac{1}{9}$　　イ　$\frac{4}{9}$　　ウ　$\frac{1}{6}$　　エ　$\frac{1}{4}$　　オ　$\frac{9}{4}$　　カ　$\frac{2}{3}$

キ　$\frac{1}{2}$　　ク　$\frac{3}{2}$　　ケ　2　　コ　4　　サ　6　　シ　9

問２　下線部Ｂに関連して，太陽から地球へのエネルギーの伝わり方について，その名称と特徴として正しいものはどれか。次のアからカの中からそれぞれ選べ。

【名称】　ア　対流　　イ　放射　　ウ　伝導

【特徴】　エ　接触している物質間でエネルギーが移動する

オ　物質の移動に伴いエネルギーが移動する

カ　接触していない物質間でエネルギーが移動する

問３　下線部Ｃに関連して，太陽系の惑星の大気や表面の特徴について説明した文として，波線部に誤りを含むものはどれか。次のアからエの中から選べ。

ア　水星の大気はほとんど存在しないため，昼夜の温度差が大きい。

イ　金星の大気は主に二酸化炭素から構成されており，温室効果が大きい。

ウ　火星の大気は地球同様，窒素と酸素から構成されている。

エ　木星の表面は気体でおおわれており，大気の動きがうず模様として観測できる。

問４　下線部Ｄに関連して，水の移動について考える。乾いた平面に，ある一度の降雨により水たまりが生じた。この際の水の移動を図３に模式的に表した。平面に降った水量をR，平面から蒸発した水量をE，水たまりの水量をP，水たまりに入らず平面に残った水量をF，平面から地下に浸透した水量をGとする。なお，図中の矢印は水の移動における出入りを表し，矢印以外に水の移動はないものとする。次の１，２に答えよ。

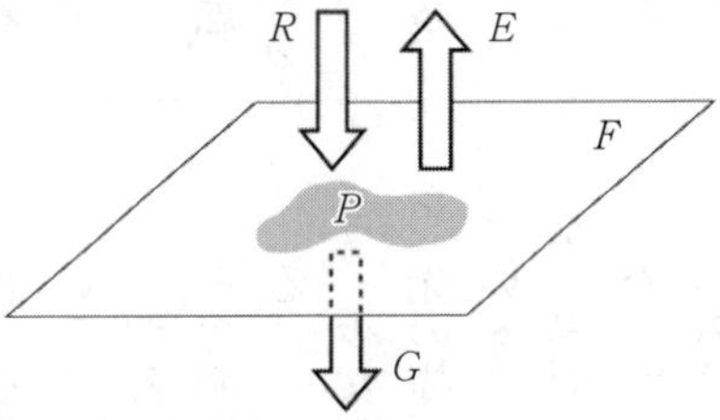

図３

１　水の移動について考えると，Pはどのように表されるか。次のアからエの中から選べ。

ア　$P=R+E+F+G$　　イ　$P=-R+E+F+G$

ウ　$P=R+E-F-G$　　エ　$P=R-E-F-G$

２　この降雨で$100\mathrm{m}^2$の地面に５mmの降水があり，そのうち10％分が地中に浸透した。浸透した水の量は何Ｌか。次のアからクの中から選べ。

ア　10Ｌ　　イ　45Ｌ　　ウ　50Ｌ　　エ　55Ｌ

オ　100Ｌ　　カ　450Ｌ　　キ　500Ｌ　　ク　550Ｌ

ア　車にはねられないように、明るい店が並び運転手からよく見える左側を歩きたいと思ったから。

イ　父と姉が車から自分を見つけ、声をかけてくれることを待ち受けるような気持ちがあったから。

ウ　父が自分に気づいてくれるか心配で、自分が先に父の車を見つけて合図をしようと考えたから。

エ　ちっとも自分を見てくれていない父と姉に絶対見つからないよう、暗い方を歩きたかったから。

問4　本文中に、(3)周りの景色はぼやけ、お腹の底が冷たくなった。とあるが、このときの「わたし」についての説明として最も適当なものを、次のアからエまでの中から一つ選べ。

ア　予想外の事態におびえ、すっかり日が暮れたことにも気づいて、寒さと空腹とで急に目がかすみお腹が痛くなっている。

イ　見捨てられるはずはないと思っていたのに、父が自分を完全に無視したとわかり、あまりのショックにあ然としている。

ウ　自分が意地を張ってさえいれば、家族の方から折れてくれるという見通しが外れ、反省しながらも途方に暮れている。

エ　家族の車が通り過ぎてしまい、そのうえ自分ではない誰かが乗っていたことに衝撃を受け、悲しみと恐れを感じている。

問5　本文中に、(4)家からじゃないよ、さっきのあの……とあるが、「わたし」が言いかけてやめたのはなぜか。その説明として最も適当なものを、次のアからエまでの中から一つ選べ。

ア　父と姉の言うことに逆らうのはまずいと思ったが、二人の態度がさっきと違って優しいことに何かのたくらみを感じたから。

イ　父と姉の言うことがおかしいと思って訂正しようとしたが、二人の姿が自分の記憶と違うことに気づき戸惑いを覚えたから。

ウ　父と姉の言うことを修正しようとしたが、自分の知らないうちに二人が服を着替えていたとわかって返事をためらったから。

エ　父と姉の言うことには納得がいかないと思ったが、自分の記憶が次々と否定されていくため急に自信が持てなくなったから。

問6　本文中に、(5)家に着くまで、わたしは窓越しにずっとその星をみつめつづけた。とあるが、このときの「わたし」についての説明として最も適当なものを、次のアからエまでの中から一つ選べ。

ア　家族のもとに自分を導いてくれる北極星を目に焼きつけ、今後一人になっても、家族がいることのありがたさを決して忘れまいと心に刻んだ。

イ　家族に心配させたことを後悔して、今後は迷わず一人で家に帰れるように、夜空に輝く北極星を決して消えない目印として覚えこもうとした。

ウ　北極星を見つめながら様々なことが起きた一日を振り返って、自分の態度を改めて反省し、悲しいときには今日の星空を思い出そうと決めた。

エ　家への道順をもう一度記憶し直すとともに、家族と一緒に過ごす安心感に浸り、これから先はけんかをせずに仲良くしようと北極星に誓った。

問7　この小説の表現の特徴を説明したものとして最も適当なものを、次のアからエまでの中から一つ選べ。

ア　時間の経過に応じて、鮮やかな色彩と光の描写がちりばめられ、その多彩さが家族と「わたし」の揺れ動く関係を表現している。

イ　明るい場面に暗い内心を、暗い場面には星の光を取り合わせ、その明暗のコントラストが「わたし」の心の矛盾を表現している。

ウ　少女の複雑な内面を一人称視点で描き出し、華やかな色彩と光の描写によって、繊細な「わたし」にひそむ不安を表現している。

エ　場面の変化に伴い周囲の光の描写が変化し、その推移が「わたし」の心情と重なって、主人公の気分の浮き沈みを表現している。

父が近づいてきて、からだをかがめる。その朝きれいに剃《そ》ったばかりのひげが、鼻のしたにうっすら生えている。

「ここまで歩いてきたのは立派だけど、こんな時間にひとりで出歩いちゃだめだぞ。お父さんたちとここで会えなかったらどうするつもりだったんだ？」

父はわたしの背中を押して、車に向かわせた。１２の１８。ナンバープレートに並ぶ数字は、わたしの誕生日の日付そのままだった。でも、最後の一桁は7だったはずだ。父がはじめてこの車に乗って家に帰ってきた日、わたしは何度も、「どうしてあと一つちがう番号をもらえなかったの？」と、しつこく文句をいったはずだ。

「お父さん、いつ車の番号変えたの？」

父はわらって、「変えてないよ。」とこたえた。

姉は助手席のドアを開けず、向こうがわに回って後部座席に乗り込んだ。そこにはだれも座っていなかった。置き去りにしてきたはずのポシェットも見当たらなかった。父は車を発進させた。街灯のしたを過ぎていく風景は、ふだんとなにも変わらなかった。住宅街と畑と学校が、覚えている通りの順番に現れる。それはわたしがよく知っている道、完璧に記憶に刷りこんであるいつもの道だった。

カーステレオからは、低いヴォリュームで父のお気にいりのフォークソングが流れていた。姉とわたしはでたらめな歌詞をつけて、大声で一緒に歌った。途中、北極星がみつからないというと、姉はすぐ窓におでこをくっつけて、その小さな白い星を指差してくれた。(5)家に着くまで、わたしは窓越しにずっとその星をみつめつづけた。かぼそい光を強く目に焼きつけた。これから先、またひとりぼっちになることがあっても、二度とその光を見失わないように……。

それから三十年の時間が経って、先月、長らく患《わずら》っていた年上のいとこが亡くなった。葬儀の日、喪服《もふく》すがたでそれぞれの住まいから駅に到着した姉とわたしを、父がロータリーで拾った。父はいま、白いプリウスに乗っている。去年買い替えたばかりだというけれど、シートにはすでに煙草《たばこ》の匂いが染《し》みついている。助手席には母が座り、母のうしろにはわたしが座り、わたしの隣に姉が座る。むかしから変わらない、おなじ位置だった。

葬儀の帰りに思うところあって、わたしは助手席のうしろからあの忘れがたい、不可思議な午後の記憶を三人に話して聞かせた。だれも信じてくれなかった。「夢だろう。」と父はいい、「こわい話ね。」と母はいった。姉は後部座席で半分目をつむりながら、げらげらわらっていた。

わたしの頰のほくろは時を経るにつれすこしずつかたちを変えて、いまではすっかりハート形になっている。

（青山七恵《あおやまななえ》「わかれ道」による）

問１ 本文中の、(a)おろしたばかり、(b)しおらしく の意味として最も適当なものを、それぞれ下のアからエまでの中から選べ。

(a) ア 合わせただけ　イ 洗い立て　ウ 使い始めてすぐ　エ ちょうど良いくらい

(b) ア あっさりと　イ あつかましく　ウ こっそりと　エ おとなしく

問２ 本文中に、(1)まだ赤ちゃんなんだ、と思った。とあるが、「わたし」の気持ちとして最も適当なものを、次のアからエまでの中から一つ選べ。

ア 決めたとおりに行動できる自分のことを誇らしく思い、無邪気にふるまう子どもたちを幼く感じている。

イ 子どもたちの行動が昔の自分のようで懐かしく思い、店では騒がない自分のことを大人だと思っている。

ウ 人の迷惑を考えない子どもたちを苦々しく思い、お菓子を買うのを我慢した自分の成長を実感している。

エ ひとりで歩いている自分を頼もしく思い、お菓子を手にしてはしゃぐ子どもたちを冷ややかに見ている。

問３ 本文中に、(2)二車線の道路の、左側の歩道を歩いた。とあるが、なぜか。その理由として最も適当なものを、次のアからエまでの中から一つ選べ。

までもすきになれないあの深緑色の、わたしの誕生日に近い数字がナンバープレートに並ぶ、父の車だった。一瞬だったけれども、後部座席の左側にだれかが座っているのがみえた。顔はこちらを向いていた。

スピードをゆるめることなく、車は道の先のカーブに消えていった。

奇妙な感覚に囚《とら》われたまま、わたしはしばらくそこに立ちつくしていた。(3)周りの景色はぼやけ、お腹《なか》の底が冷たくなった。お父さんもお姉ちゃんも、どうしてわたしに気づかなかったんだろう? 歩いているわたしが、家や車のなかにいるわたしとぜんぜんちがうふうに見えたから? そしてあの子、助手席のうしろに座っていたあの子は……? ぼんやりしている頭のなかに、徐々にその誰かの輪郭が引かれていった。それは白い上着に濃い色のズボンを穿《は》き、頬にハート形のほくろのあるだれかだった。そのだれかがスーパーでみつけられ、父と姉と一緒にあの車に乗り、わたしのふりをして家に帰るのだ。そして待っていた母に「おかえり」といわれ、食卓のわたしの席に座り、わたしのベッドで眠るのだ。

いつのまにか、すっかり日は暮れていた。対向車のヘッドライトがまぶしい。スーパーのなかではからだじゅうに満ちあふれていた力が、もうどこにもなかった。気づけば目から、涙がぽろぽろあふれていた。

じっとしているうちに、セーター一枚では寒さがこらえがたくなってきた。首をすぼめ、セーターの袖に手をひっこめて、わたしはとぼとぼ歩きはじめた。あれだけ確信していた道のりも、もう定かではなくなっている。もっとまえに右か左に曲がるべきだったかもしれないし、目のまえに見えているカーブの先にはどう道が続いているのか、いつものようにはっきりとは思い出せない。

空の高いところでは星が輝きだしていた。わたしは再び立ちどまり、夏休みにプラネタリウムで覚えた北極星を探そうとした。夜じゅうずっとおなじ場所で光っていて、大むかしの砂漠の旅人たちに帰り道を教えたという星……家の庭から何度も姉とみたことのある星なのに、いまはどんなに目をこらしてもみつけられない。

もしもう一度——歩き出したとき、わたしはこころに誓った。もしもう一度あの車に乗って、家族みんなでおばあちゃんちに行ったり、バッティングセンターでボールを打ったり、デパートに行って食品フロアを歩いたりすることができるのなら、もう二度と車のなかで泣きわめいたりはしない。二度とお姉ちゃんをぶったりしないし、黙っているお父さんをずるだとも思わない。

道はようやく、ゆるいカーブに差しかかりはじめていた。カーブの先には左に折れる道があり、角にはその年できたばかりのコンビニエンスストアが青白く光っていた。そしてその駐車場の一番端に、みなれた深緑色の車が停まっていた。

「なにしてるの?」

ちょうど明るい店内から出てきた姉が、わたしの顔をみておどろいた。

「お父さん、来て。」

姉は半開きになった店のドアの向こうに叫んだ。出てきた父も、わたしをみておなじように目を丸くする。

「歩いてきたの?」

わたしはうなずいた。姉はえーっと大声を出して、持っていた白いビニール袋を振りまわした。

「今日はお母さんと留守番してるはずだったんじゃないの? ここまで家からひとりで歩いてきたの? なんで?」

「(4)家からじゃないよ、さっきのあの……」

いいかけて、わたしは姉の格好に気づいた。姉はワンピースを着ていたけれど、その色は覚えていたえんじ色ではなく、青に近いむらさき色だった。うしろに立つ父は、灰色のセーターによれよれのジーンズを穿いていた。ふたりとも、わたしが覚えていた格好とはすこしだけちがっていた。

「お母さんには、ちゃんといってきたのか?」

連れでにぎわう店内を一人で歩いているうちに、なにかとても勇気ある、ほかの子どもにはなかなか真似《まね》のできない、立派なことをしたような気持ちになってきた。でもたいしたことじゃない。これは家出なんかじゃない。わたしはひとりで、歩いて家に帰ることを決めただけ。そういいきかせて、胸を張って歩いた。

お菓子売り場で、家の近くのスーパーには売っていないチョコレートのお菓子をみつけた。パッケージの写真には、チョコと一緒にきらきら光る赤や黄色のペンダントが写っていて、必ずどれか一つがなかに入っているらしい。ビニールのがま口が入ったポシェットは後部座席に置いてきた。お金があれば買えたのにと思うと悔しかったけれど、わたしはまだ、ひとりで買い物をしたことがなかった。月に一度、町の本屋に漫画雑誌を買いにいくときは、必ず姉か友だちが一緒だった。

お菓子の箱を戻して、しばらく店内を歩きまわった。通路を走って転んだり、カートにしがみついている小さな子どもたちがたくさんいた。(1)まだ赤ちゃんなんだ、と思った。わたしはひとりでずんずんと売り場の通路を進んでいった。ふしぎとすこしもこころぼそくなかった。端から端まで歩いたらここを出て家に帰ろう、お父さんたちには絶対にみつからないように、ひとりで歩いて家に帰ろう、道はわかってるんだから。からだじゅうに力がみなぎっていた。なにも買えなくたって、このスーパーに売っているもののすべては自分のものだという気さえした。

そのときふと、店内に流れていた音楽が止まった。「迷子のお知らせをいたします。M町からお越しの……」これから帰ろうとしている、ねぎ畑だらけの町の名前だった。続けて呼ばれた名前もわたしの名前だった。年齢もおなじ。「白っぽい上着に、濃い色のズボン……」それだけがちがう。その日わたしが着ていたのは、淡いピンク色のセーターに紺色のスカートだった。

お父さんもお姉ちゃんも、わたしのことをちっともみていないんだ！　その日父が何を着ていたか、姉がなに色の靴をはいていたか、わたしはちゃんとみていたし、はっきり覚えていた。姉はえんじ色のワンピース、父は黒いセーターに(a)おろしたばかりのまだ生地の固いジーンズだ。「右の頰に、ハート形のほくろがあります……」思わず頰に手をやった。わたしのほくろはハート形なんかじゃなくて、ただの三角形だった。お父さんもお姉ちゃんも、ほんとうになんにもみていない！

すこし離れたところから、細長い卵のパックを手に持った女のひとが、じっとこちらをみていた。そばで小さな男の子が、「お母さん、お母さん。」と花柄のスカートの裾をひっぱっていた。

だれにもみつからないように、わたしは走って店を出た。広い駐車場のどこかには、わたしを探す父の車が停《と》まっているはずだった。でもその車のまえでふたりを待ちぶせて、(b)しおらしく許しを乞《こ》う気はしなかった。バイパス道路とぶつかる大きな交差点の信号は青だった。駆けだすと同時に、横断歩道の青信号が点滅しはじめる。まえかがみになって全速力で走った。渡りきる直前に、信号は赤に変わった。

(2)二車線の道路の、左側の歩道を歩いた。道の左側にはパチンコ店とお好み焼き屋が並んでいて、右側にはガラス張りのマクドナルドがある。もうすこし歩けば、広い市民運動場がみえてくる。まだあたりは明るかった。このまま歩きつづけて、そのうち日が暮れて、夜になってしまってもかまわないと思った。

横の車道ではひっきりなしに、車がわたしを追いこしていった。そのうちの一台が速度をゆるめて助手席の窓を開け、なかにいる父が姉と声を合わせてわたしの名前を呼ぶところを想像した。そうなれば、しばらく振りかえらずにいるつもりだった。そしてたっぷり時間を置いたあと、「ひとりで帰れるから、放っておいて。」と叫んでもいいし、なにもいわずにずっと無視していてもいい。

また一台、車が脇を通りこしていった。

はっとして立ちどまった。父の車だった。

遠ざかっていくその車は、みあやまりようもない、わたしがいつということ。

問6 本文中に、(3)「原理的に不完全な」科学的知見とあるが、科学的知見が「原理的に不完全」であるとはどういうことか。その説明として最も適当なものを、次のアからエまでの中から一つ選べ。

ア 確度を高めるために仮説を修正し続ける科学は、科学的知見が完全な真理に達したことを判定する仕組みを持たないということ。

イ 現実の世界に絶対の真理は存在しないことが論理的に認められたため、科学的知見は常に修正され続ける宿命にあるということ。

ウ 科学は不動の真理を目指していないので、どんなに修正を続けても科学的知見が完全な正しさに到達することはないということ。

エ 仮説は修正され続ける運命にあり、真理を求める科学的知見であっても確度の低いものが混じっている可能性は高いということ。

問7 本文中に、(4)「神託を担う科学」とあるが、それは科学者の立場からするとどういう態度か。その説明として最も適当なものを、次のアからエまでの中から一つ選べ。

ア 科学の専門家たちが社会との接点で権威者の言葉を神のお告げのように広め、自分たちが有利になるように社会を変えようとする態度。

イ 科学の専門家たちが論文中の専門用語を神のお告げのように利用して、一般の人々の不安をことごとく取り除こうとする宗教的な態度。

ウ 科学の専門家たちが専門用語や科学論文の言葉を神のお告げのように扱い、科学的知見を人々に押しつけて批判を許そうとしない態度。

エ 科学の専門家たちが科学論文を神のお告げのように披露し、科学的知見がすべて正しいと非専門家に信じさせようとする教条的な態度。

問8 この文章の内容に合致するものを、次のアからエまでの中から一つ選べ。

ア 多くの「普通の発見」だけでなくノーベル賞を受賞した業績にも誤りがあるという事実は、科学に進歩はないということを象徴している。

イ 権威主義に陥ることなく修正を続けて「科学的な根拠」を得た強靱な仮説だけが、現実を説明する「不動の真理」として認められている。

ウ 人間には「分からない」状態から逃れてしまいたいという指向性があり、非専門家は科学の権威にすがって安心しようと思いがちである。

エ 基礎科学か応用科学かの違いによって「科学的な知見」の適応度は異なるため、非専門家は権威者の言説を参考にして判断すべきである。

四

次の文章を読んで、後の問いに答えよ。

父の車で家に帰る途中、後部座席の「わたし」と助手席の姉はけんかをはじめた。二人は泣きわめき、最初は黙っていた父も、ついに「けんかするなら二人とも降りなさい。」と言った。姉は泣きやもうとしたが、一人だけけんかをやめようとする姉にもっと腹が立った「わたし」はかんしゃくを起こし、黄信号の急ブレーキで前につんのめった拍子に、自分でも驚くほど大きな金切り声を上げてしまった。

スーパーのなかは明るかった。

夕食の材料や一週間分のお菓子でいっぱいになったピンク色のカートが、ちょうどわたしの目の高さで通路を行き交っていた。

車から飛びだしたときにはなにも考えられなかったけれど、家族ちが、非専門家からの批判は無知に由来するものとして、聖典の(注9)寓言《ぐうげん》のような専門用語や科学論文の引用を披露することで、高圧的かつ一方的に封じ込めてしまうようなことも、「科学と社会の接点」ではよく見られる現象である。

こういった人の不安と権威という構図は、宗教によく見られるものであり、「科学こそが、最も新しく、最も攻撃的で、最も教条的な宗教的制度」というポール・カール・ファイヤアーベントの言は、示唆に富んでいる。「権威が言っているから正しい」というのは、本質的に妄信的な考え方であり、いかに美辞を弄しようと、とどのつまりは何かにしがみついているだけなのだ。

(中屋敷《なかやしき》　均《ひとし》『科学と非科学』による)

(注1) 漸進＝段階を追って少しずつ進むこと。

(注2) 『ネイチャー』誌＝英国の科学雑誌。

(注3) 教条主義＝特定の考え方を絶対的なものとして機械的に適用しようとする立場。

(注4) 可塑性＝自在に変化することのできる性質。

(注5) 峻別＝厳しく区別すること。

(注6) 塗師＝漆器などの製造に従事する職人。塗り師。

(注7) バグ＝コンピュータのプログラムなどにある欠陥。

(注8) セキュリティーホール＝システムの安全機能上の欠陥。

(注9) 寓言＝教訓を述べるためのたとえ話。

問1 空欄 A に入る語として適当なものを、次のアからオまでの中から一つ選べ。

ア　ひま　　イ　いとま　　ウ　かぎり
エ　きり　　オ　はてし

問2 本文中の、(B)玉石混交 の意味として最も適当なものを、次のアからエまでの中から一つ選べ。

ア　固いものと柔らかいものが入り混じった状態
イ　良いものと悪いものが入り混じった状態
ウ　新しいものと古いものとの区別がつかない状態
エ　本物とにせ物との区別がつかない状態

問3 空欄 a 、 b 、 c に入る語として適当なものを、それぞれ次のアからエまでの中から選べ。**ただし、同じ語は二回入らない。**

ア　もちろん　　イ　すなわち　　ウ　たとえば　　エ　しかし

問4 本文中に、(1)衝撃的なレポート とあるが、なぜ「衝撃的」なのか。その理由として最も適当なものを、次のアからエまでの中から一つ選べ。

ア　科学界最高の栄誉であるノーベル賞を受賞した医学生物学の業績の中にも、誤った仮説が存在すると証明されたから。
イ　修正が許されない医学生物学の業績にさえ、信用できないものが数多く含まれているということが明確になったから。
ウ　ノーベル賞だけでなく『ネイチャー』誌に掲載された医学生物学論文までもが、有用でないことが裏づけられたから。
エ　現実を正しく説明していると考えられていた医学生物学論文の多くに、誤りが含まれている可能性が高くなったから。

問5 本文中に、(2)それはまるで生態系における生物の「適者生存」のようである。とあるが、どういうことか。その説明として最も適当なものを、次のアからエまでの中から一つ選べ。

ア　過去の業績をすべて蓄積して活用する科学の姿勢は、長い時間にわたって遺伝子を保存する生物進化のプロセスに似ているということ。
イ　科学が絶え間なく仮説を修正して確度を高めるサイクルは、変化を生み出して適応できた生物が生き残るあり方に似ているということ。
ウ　過去の蓄積を記録して改良を加える科学のサイクルは、生物が環境に適応するために自らを改変していくあり方に似ているということ。
エ　科学的な知見は必ず修正されるべきだという考え方は、生物の多くの種が進化の途中で絶滅していったプロセスに似ている的知見の確からしさに対して、正しい認識を持つべきだ、ということになるのだろう。

「科学的な知見」という大雑把なくくりの中には、それが基礎科学なのか、応用科学なのか、成熟した分野のものか、まだ成長過程にあるような分野なのか、あるいはどんな手法で調べられたものなのかなどによって、確度が大きく異なったものが混在している。ほぼ例外なく現実を説明できる非常に確度の高い法則のようなものから、その事象を説明する多くの仮説のうちの一つに過ぎないような確度の低いものまで、幅広く存在している。それらの確からしさを正確に把握して(注5)峻別《しゅんべつ》していけば、少なくともより良い判断ができるはずである。

[a]、近年、医学の世界で提唱されているevidence-based medicine(ＥＢＭ)という考え方では、そういった科学的知見の確度の違いを分かりやすく指標化しようとする試みが行われている。これは医学的な知見(エビデンス)を、調査の規模や方法、また分析手法などによって、階層化して順位付けし、臨床判断の参考にできるように整備することを一つの目標としている。同じ科学的な知見と言っても、より信頼できるデータはどれなのかを判断する基準を提供しようとする、意欲的な試みと言えるだろう。

[b]、こういった非専門家でも理解しやすい情報が、どんな科学的知見に対しても公開されている訳ではもちろんないし、科学的な情報の確度というものを単純に調査規模や分析方法といった画一的な視点で判断して良いのか、ということにも、実際は深刻な議論がある。一つの問題に対して専門家の間でも意見が分かれることは非常に多く、そのような問題を非専門家が完全に理解し、それらを統合して専門家たちを上回る判断をすることは、現実的には相当に困難なことである。

こういった科学的知見の確度の判定という現実的な困難さに忍び寄って来るのが、いわゆる権威主義である。たとえばノーベル賞を取ったから、『ネイチャー』に載った業績だから、有名大学の教授が言っていることだから、といった権威の高さと情報の確度を同一視して判断するというやり方だ。この手法の利点は、なんと言っても分かりやすいことで、現在の社会で「科学的な根拠」の確からしさを判断する方法として採用されているのは、この権威主義に基づいたものが主であると言わざるを得ないだろう。

[c]こういった権威ある賞に選ばれたり、権威ある雑誌に論文が掲載されるためには、多くの専門家の厳しい審査があり、それに耐えてきた知見はそうでないものより強靭さを持っている傾向が一般的に認められることは、間違いのないことである。また、科学に限らず、音楽家であろうが、(注6)塗師《ぬし》であろうが、ヒヨコ鑑定士であろうが、専門家は非専門家よりもその対象をよく知っている。だから、何事に関しても専門家の意見は参考にすべきである。それも間違いない。多少の不具合はあったとしても、どんな指標も万能ではないし、権威主義による判断も分かりやすくある程度、役に立つなら、それで十分だという考え方もあろうかと思う。

しかし、なんと言えばよいのだろう。かつてアインシュタインは「何も考えずに権威を敬うことは、真実に対する最大の敵である」と述べたが、この権威主義による言説の確度の判定という手法には、どこか拭い難い危うさが感じられる。それは人の心が持つ弱さと言えばいいのか、人の心理というシステムが持つ(注7)バグ、あるいは(注8)セキュリティーホールとでも言うべき弱点と関連した危うさである。端的に言えば、人は権威にすがりつき安心してしまいたい、そんな心理をどこかに持っているのではないかと思うのだ。拠《よ》りどころのない「分からない」という不安定な状態でいるよりは、とりあえず何かを信じて、その不安から逃れてしまいたいという指向性が、心のどこかに潜んでいる。権威主義は、そこに忍び込む。

そして行き過ぎた権威主義は、科学そのものを社会において特別な位置に置くことになる。(4)「神託を担う科学」である。倒錯した権威主義の最たるものが、科学に従事している研究者の言うことなら正しい、というような誤解であり、また逆に科学に従事する者た

三　次の文章を読んで、後の問いに答えよ。

科学と生命は、実はとても似ている。それはどちらも、その存在を現在の姿からさらに発展・展開させていく性質を内包しているという点においてである。その特徴的な性質を生み出す要点は二つあり、一つは過去の蓄積をきちんと記録する仕組みを持っていること、そしてもう一つはそこから変化したバリエーションを生み出す能力が内在していることである。この二つの特徴が（注1）漸進的な改変を繰り返すことを可能にし、それを長い時間続けることで、生命も科学も大きく発展してきた。

だから、と言って良いのかよく分からないが、科学の歴史を紐《ひも》解けば、たくさんの間違いが発見され、そして消えていった。科学における最高の栄誉とされるノーベル賞を受賞した業績でも、後に間違いであることが判明した例もある。たとえば１９２６年にデンマークのヨハネス・フィビゲルは、世界で初めて「がん」を人工的に引き起こす事に成功したという業績で、ノーベル生理学・医学賞を受賞した。しかし、彼の死後、寄生虫を感染させることによって人工的に誘導したとされたラットの「がん」は、実際には良性の腫瘍であったことや、腫瘍の誘導そのものも寄生虫が原因ではなく、餌のビタミンA欠乏が主因であったことなどが次々と明らかになった。

ノーベル賞を受賞した業績でも、こんなことが起こるのだから、多くの「普通の発見」であれば、誤りであった事例など、実は枚挙に　A　がない。誤り、つまり現実に合わない、現実を説明していない仮説が提出されることは、科学において日常茶飯事であり、２０１３年の（注2）『ネイチャー』誌には、医学生物学論文の70％以上で結果を再現できなかったという(1)衝撃的なレポートも出ている。

しかし、そういった(B)玉石混交の科学的知見と称されるものの中でも、現実をよく説明する「適応度の高い仮説」は長い時間の中で批判に耐え、その有用性や再現性故に、後世に残っていくことになる。そして、その仮説の適応度をさらに上げる修正仮説が提出されるサイクルが繰り返される。(2)それはまるで生態系における生物の「適者生存」のようである。ある意味、科学は「生きて」おり、生物のように変化を生み出し、より適応していたものが生き残り、どんどん成長・進化していく。それが最大の長所である。現在の姿が、いかに素晴らしくとも、そこからまったく変化しないものに発展はない。（注3）教条主義に陥らない〝（注4）可塑性〟こそが科学の生命線である。

しかし、このことは「科学が教えるところは、すべて修正される可能性がある」ということを論理的必然性をもって導くことになる。科学の進化し成長するという素晴らしい性質は、その中の何物も「不動の真理」ではない、ということに論理的に帰結してしまうのだ。たとえば夜空の星や何百年に1回しかやってこない彗星《すいせい》の動きまで正確に予測できたニュートン力学さえも、アインシュタインの一般相対性理論の登場により、一部修正を余儀なくされている。法則中の法則とも言える物理法則でさえ修正されるのである。科学の知見が常に不完全ということは、ある意味、科学という体系が持つ構造的な宿命であり、絶え間ない修正により、少しずつより強靭《きょうじん》で真実の法則に近い仮説ができ上がってくるが、それでもそれらは決して１００％の正しさを保証しない。

より正確に言えば、もし１００％正しいところまで修正されていたとしても、それを完全な１００％、つまり科学として「それで終わり」と判定するようなプロセスが体系の中に用意されていない。どんなに正しく見えることでも、それをさらに修正するための努力は、科学の世界では決して否定されない。だから科学的知見には、「正しい」or「正しくない」という二つのものがあるのではなく、その仮説がどれくらい確からしいのかという確度の問題が存在するだけなのである。

では、我々はそのような(3)「原理的に不完全な」科学的知見をどう捉えて、どのように使っていけば良いのだろうか？　一体、何が信じるに足るもので、何を頼りに行動すれば良いのだろう？　優等生的な回答をするなら、より正確な判断のために、対象となる科学

咲かせるようになった。とあるが、その具体例となる文学作品を、次のアからエまでの中から一つ選べ。

ア　土佐日記　　イ　枕草子
ウ　方丈記　　エ　徒然草

問2　『紫式部日記』の本文中に、(2)言はむ方なくをかし。とあるが、その現代語訳として最も適当なものを、次のアからエまでの中から一つ選べ。

ア　言いようもないくらい奇妙である。
イ　言うまでもなく笑えて仕方がない。
ウ　言う人がいないのは不思議である。
エ　言い表しようもないくらい趣深い。

問3　本文中の(a)から(d)の「ない」のうち、**他と異なるもの**を、次のアからエまでの中から一つ選べ。

ア　さすがという他は(a)ない。
イ　秋の景物が(b)ない。
ウ　しつらえにすぎ(c)ない。
エ　そこにあるにちがい(d)ない。

問4　本文中に、(3)この文章が名文といえる理由はどこにあるのだろう。とあるが、「この文章が名文といえる理由」はどのような点にあるか。その説明として最も適当なものを、次のアからエまでの中から一つ選べ。

ア　秋には限定されない様々な景物を取り上げながら、全体が一つの生命体として感じられるように秋のけはいを描いている点。
イ　季節や年月などによって変化しないものだけを描くことで、かえって移ろいゆく秋のはかなさを体感させるような文章である点。
ウ　空と風に焦点をしぼりながら、天地宇宙の全体が秋の涼気とともに緊張へと向かう様子を直覚的な認識にもとづき描いている点。
エ　秋という季節にふさわしい景物を次々に描いていくことによって、この国の秋のけはいが十分に感じ取れるような文章である点。

問5　本文中に、(4)まことにみごとだ。とあるが、そう言えるのはなぜか。その説明として最も適当なものを、次のアからエまでの中から一つ選べ。

ア　『新古今集』を代表する、寂蓮法師、西行法師、藤原定家という三人の名手の和歌を隣り合うように並べているから。
イ　「秋の夕暮」という同じ季節や時刻を歌いながらも、山、沢、浦など地勢に応じた様々な趣の和歌を並べているから。
ウ　直立する「槇」、飛び立つ「鴫」と、静から動へ題材を配列した後、「浦の苫屋」という静のものを並べているから。
エ　否定の言い方を用いた三首を取り上げて、「なかりけり」、「なき」、「なかりけり」と変化を持たせて並べているから。

問6　本文中に、(5)こうしたものが象徴的な点景としてとり上げられているのも、中世的な秋といってよい。とあるが、「象徴的な点景」とは**言えないもの**を、次のアからオまでの中から**二つ**選び、それぞれ解答欄にマークせよ。なお、解答の順番は問わない。

ア　紅葉した木がない秋の夕ぐれの山路
イ　沢から今まさに飛び立とうとする鴫
ウ　鴫に流浪の自画像を重ねる旅の僧侶
エ　古典に多く用いられている花や紅葉
オ　古来わびしいものとされる浦の苫屋

問7　本文中の三夕の歌に共通して用いられている修辞技巧は何か。その組み合わせとして最も適当なものを、次のアからエまでの中から一つ選べ。

ア　体言止め・倒置法
イ　擬人法・体言止め
ウ　掛詞・擬人法
エ　倒置法・掛詞

この文章が、名文をもって聞こえる理由も、そこにあるにちがい(d)ない。自然は人事を包含してしまうものだということを、この文章を見ながら、わたしはつくづくと思う。

　ところで、古典文学について秋をいうのなら、とうぜん三夕《さんせき》の歌にふれなければならない。

　三夕とは『新古今集』巻四、秋の歌の上に並べられた三首の夕ぐれの歌のことだ。作者はまさに『新古今集』の中でも、いずれ劣らぬ名手。その作を同じ主題のままに並べたのは、もちろん意図的な配列である。

さびしさはその色としもなかりけり　槇《まき》立つ山の秋の夕暮《ゆうぐれ》
(注4)寂蓮《じゃくれん》法師

心なき身にもあはれは知られけり　鴫《しぎ》立つ沢の秋の夕暮
西行《さいぎょう》法師

見わたせば花も紅葉もなかりけり　(注5)浦の苫屋《とまや》の秋の夕暮
藤原定家《ふじわらのさだいえ》

　『新古今集』はよく知られているように、編集をくり返した歌集である。だからこの三首も、現在のこの形について配列の意図を考えることになるが、さて配列は、(4)まことにみごとだ。

　まず三者三様、山、沢、浦と場所をかえて、秋の夕ぐれという同じ季節の同じ時刻を歌う形をとる。日本列島の中で、それぞれの地勢に応じて、秋の夕ぐれはこのようですよと、いってもいい。

　それでは山はどうか。槇という土地に直立する木々におおわれた山は、どこといって変哲もないのだが、さて秋の夕ぐれの槇山は寂《せき》寥《りょう》にみちる。

　旅人はあわてる。いったいなぜか、と。しかし見まわしてみても、何がどう寂しさを見せるというのでもない。それが日本の秋の山路の夕景だといわれると、どう思うだろう。

　なまじ真っ赤に紅葉した木でもあれば、寂寥はよほど軽くなる。しかし「その色としもない」風景こそが、典型的な山路の夕ぐれの秋なのである。

　ついで沢では、渡り鳥の鴫が飛び立つことで秋のあわれが身にせまるという。西行は『新古今集』一番の歌人だし、生得《しょうとく》(生まれつき)の歌人とさえいわれているが「自分は心なき身だ。」と、抒情《じょじょう》に溺れることをいったん拒否する。

　この「心なき身」とは僧であることをいうのだろう。その上で「あわれ」と受容することで、「あわれ」はいっそう深まる。

　彼をそうさせたものは鴫だという。鳥の上に流浪《るろう》の旅の自画像を重ねていることはいうまでもない。

　そして最後が浦である。これは『源氏物語』の中に入りこんだ歌だといわれるが、それを切り離してみると、やはり通常のはなやぎをみせる花、紅葉を否定するところに、新しい発見がある。前の二首の山の槇、沢の鴫に対するものが浦の苫屋である。苫屋など、およそ古来わびしいものと相場がきまっていた。

　(5)こうしたものが象徴的な点景としてとり上げられているのも、中世的な秋といってよい。いずれも春、夏、冬にはそぐわない点景のように思えるが、いかがであろう。

　また三首に共通することば遣いは、「なかりけり」「なき」「なかりけり」という否定である。秋の風景は否定の言い方と、心の深奥《しんおう》の部分で、無意識的に結びついているのにちがいない。

（中西《なかにし》　進《すすむ》『ことばのこころ』による）

(注1)『紫式部日記』＝紫式部が中宮彰子に仕えた時の見聞や感想を記したもの。
(注2)遣水＝庭に水を引き入れて流れるようにした水路。
(注3)不断の御読経＝一定の期間、昼夜絶え間なくお経を読むこと。
(注4)寂蓮法師＝平安末期から鎌倉初期の歌人。西行法師、藤原定家も同じ。
(注5)浦の苫屋＝海辺にある粗末な小屋。

問1　本文中に、(1)宮廷の女房たちが優雅な生活を楽しむようになり、じゅうぶんな文化の享受者として、かずかずのことばの花を

二〇二〇年度　国立高等専門学校

【国語】（五〇分）〈満点：一〇〇点〉

一　次の(1)から(6)までの傍線部の漢字表記として適当なものを、それぞれアからエまでの中から一つずつ選べ。

(1) 同窓会のカン事を務める。
ア 管　イ 幹　ウ 官　エ 勧

(2) 将軍に対する武士の忠セイ心。
ア 精　イ 聖　ウ 誓　エ 誠

(3) 仏前に花をソナえる。
ア 備　イ 具　ウ 供　エ 据

(4) コウ鉄で造られた船。
ア 鋼　イ 厚　ウ 鉱　エ 剛

(5) 人口の分プを調査する。
ア 府　イ 負　ウ 布　エ 符

(6) 世間の風チョウに流される。
ア 潮　イ 調　ウ 徴　エ 兆

二　次の文章を読んで、後の問いに答えよ。

平安時代も十一世紀になると、(1)宮廷の女房たちが優雅な生活を楽しむようになり、じゅうぶんな文化の享受者として、かずかずのことばの花を咲かせるようになった。

秋を述べた名文も多い。とりわけ人びとに親しまれ、暗誦《あんしょう》する人も多いと思われるものは、（注1）『紫《むらさき》式部《しきぶ》日記』のつぎの部分であろう。

秋のけはひたつままに、土御門殿《つちみかどどの》のありさま、(2)言はむ方なくをかし。池のわたりの梢《こずえ》ども、（注2）遣水《やりみず》のほとりの叢《くさむら》、おのがじし色づきわたりつつ、おほかたの空も艶《えん》なるにもてはやされて、（注3）不断の御読経《みどきょう》の声々あはれまさりけり。やうやう涼しき風のけしきにも、例の、絶えせぬ水のおとなむ、夜もすがら聞きまがはさる。

筆者・紫式部は『源氏物語』の作者であり、さすがという他は(a)ない。とくに、ここは冒頭の部分、いちだんと入念な筆づかいだったはずである。

土御門殿とは中宮彰子《しょうし》の父、藤原道長《ふじわらのみちなが》の邸《やしき》で、いましも彰子は出産のために里の邸に下っている。出産の予定は九月、いまは秋七月の立秋のけはいも実感できる初秋のころと思われる。

さて、(3)この文章が名文といえる理由はどこにあるのだろう。

まず、この描写の中には何一つ、きわ立った秋の景物が(b)ない。梢だって叢だって、いつも見える。遣水も、平凡な庭のしつらえにすぎ(c)ない。

特段にどこの何が秋めくというのでもなく、それでいて秋のけはいがたつという季節の体感こそが、じつはこの国の秋の感触なのだろう。

空もおおかたの様子が艶だといい、秋のけはいとともに感じるものは、これまた風のけしきだという。

とくに涼気が漂ってきた、天地宇宙の全体が緊張へと向かっていく、そんな季節の移行が秋なのであろう。

また、きわめて直覚的な季節の認識が、それぞれの景物の中で連動して感じられているのも、この文章の特徴であろう。おおかたの空が艶なる様子だということを中心として、梢や叢の色づきつづける姿とも、読経の声々とも、それぞれに空は連動している。

そしてまた、風の様子と遣水の音もばらばらではなく、しかも遣水の夜もすがらの音は読経の声とも聞きまちがえられるというほどに、区別しがたい。

こうした作者の目や耳に、あれこれの景物が一つの生命体をなして感じられることこそ、自然の季節を深めゆく営みとの、いちばん深い対面なのであろう。

2020年度／国立高等専門学校

英語解答

1 1 エ　2 イ　3 ア　4 ウ
5 ウ

2 1 イ　2 エ　3 イ　4 ア
5 エ

3 問1　1…ウ　2…ア　3…ウ　4…ア
5…ア　6…エ
問2　エ

4 1　3番目…エ　5番目…オ
2　3番目…カ　5番目…エ
3　3番目…イ　5番目…ウ
4　3番目…カ　5番目…オ
5　3番目…イ　5番目…カ
6　3番目…カ　5番目…エ

5 1 イ　2 エ　3 ウ　4 イ
5 イ

6 問1 ウ　問2 ア　問3 イ
問4 ア　問5 イ　問6 ウ
問7 ウ

1〔書き換え―適語補充〕

1．「あなたのお気に入りの映画は何ですか」≒「あなたが一番好きな映画は何ですか」　Bを含む文は「あなたが一番(　　)な映画は何ですか」となっているので，likeが当てはまるとわかる。すると，Aがyour favorite movie「あなたのお気に入りの映画」は何かを問う文となり，ほぼ同じ意味になる。　like ～ the best「～が一番好きだ」

2．「9月は8月の次にくる」≒「8月は9月の前にくる」　Septemberは「9月」，Augustは「8月」なので，Bはbefore「前に」が適する。followには「～の次にくる，～に続く」という意味がある。

3．「その知らせを聞いたとき，私はとてもうれしかった」≒「その知らせは私を喜ばせた」　Bの後がmeという‘目的語’とhappyという‘形容詞’になっているので，‘make＋目的語＋形容詞’「～を…(の状態)にする」の文だとわかる。すると，Aにhearの過去形heardが入り，ほぼ同じ意味の文ができる。

4．「メアリーは京都を訪れることなく日本を離れたくないと思っている」≒「メアリーは日本にいる間に京都を訪れたいと思っている」　Bには，「メアリーは京都を訪れたいと思っている」と「彼女は日本にいる」をつなぐ語として，while「～の間に，～している間に」が適する。すると，Aはwithout ～ing「～しないで，～せずに」の形になり，ほぼ同じ意味の文ができる。

5．「私は広い台所のある家に住みたい」　Aには，先行詞である‘人以外のもの’と‘動詞＋語句’をつなぐはたらきを持つ関係代名詞のthatかwhichが適する。ここで，「広い台所を持つ家」，つまり「広い台所のある家」という意味になるとわかるので，Bには「～がある，～のついた」という意味の前置詞withが適する。

2〔対話文完成―適文選択〕

1．A：昨日男の人に英語で，バス停はどこにあるかってきかれたんだ。／B：英語で答えたの？／A：がんばってみたよ。実は，その人は日本語が少しわかったんだけどね。//英語で話しかけられたというAは，Bの問いかけに対してI tried.「がんばってみた」と答えているのだから，英語で答えたのかという内容のイが適する。

2．A：もしもし。エマです。メアリーさんをお願いできますか。／B：電話番号をお間違いになっていると思います。こちらにメアリーという名前の者はおりませんが。／A：あっ，申し訳ありません。//電話での会話。Aはメアリーと話したいと言っているが，Bはそういう人はいないと言っているので，Aは間違った番号にかけたのだとわかる。　You have the wrong number.「番号をお間違えですよ，間違い電話ですよ」

3．A：今日は映画に行きたいな。／B：うーん，外はすごくいい天気だよ。海岸に行こう。映画は明日行けるさ。／A：その映画は今日で終わっちゃうから，明日までは待てないんだ。//映画が今日で終わるという理由と結びつく内容として，明日まで待てないというイが適切。

4．A：ジェーンが明日うちのサッカーチームに復帰するよ。／B：それはよかった。彼女はどのくらい入院してたの？／A：ええと，2か月ぐらい前に骨折したの。いつ退院したのかはよくわからないな。／B：お見舞いには行った？// Bはどのくらいの期間かと尋ねているので，期間に関する内容を含むアが適切。

5．A：新しいレストランには行った？／B：うん。あそこのピザはとってもおいしかったよ。君は行った？／A：ううん，でも今度の日曜日に姉〔妹〕と行くつもり。楽しみだわ。//「楽しみにしている」という内容に続くので，空所にはこれからやる予定の行動が入るとわかる。　look forward to ～「～を楽しみにする」

3 〔長文読解総合－物語〕

≪全訳≫❶ジョンとメアリーは40年前に結婚した。彼らはロンドンの大きな家に一緒に住んでいた。しかし，そんなに大きな家は必要ないと感じていた。彼らはもっと小さな家に引っ越した方がいいと思い始めた。そして，隣の通りにいい家を見つけたので，それを買うことにした。ジョンは引っ越し業者に電話をかけ，全ての家具を新居に運ぶように頼んだ。❷彼らの家の居間には，とても背が高くて美しい古時計が置いてあった。その時計はジョンが結婚したときに買ったので，彼にとっては特別な物だった。彼と妻はその時計が大好きで，その鐘の美しい音色を聴いて楽しんでいた。時計はジョンと同じくらい背が高く，重さは30kg以上あった。彼はそれを新居の居間に置こうと計画していた。❸引っ越し業者の作業員が来たとき，ジョンは思った。「ああ，とても忙しそうだ。私の特別な時計を慎重に運んでくれそうもないな。壊してしまうかもしれん！　私が自分で運ぼう」　そこで彼は時計を両腕で抱え，新居に向かって歩き出した。❹時計はとても大きくて重かったので，彼は一休みするために何度も立ち止まらなければならなかった。角を曲がると，小さな少年が通りをやってきた。少年は彼を見て笑い出した。少年はジョンに言った。「ねえ，時間を知るためなら，腕時計を買えば？」

問1＜**適語選択**＞1．‘a/an＋形容詞＋名詞’の前に置き，これを修飾できるのは，語群中ではsuchだけ。　2．家を探していた2人がいい家を見つけた，という文脈なので，家を買うことにしたという内容が適する。　decide to ～「～しようと決心する，～することにする」　3．enjoy ～ing「～して楽しむ」　4．引っ越し業者の作業員が忙しそうで，大事な時計を慎重に運んでくれなさそうだ，とジョンが考えている場面。よって，心配や不安を表すafraidが適する。

5．‘so ～ that …’「とても～なので…」　6．直後のto knowは「～するために」という‘目的’を表すto不定詞と考えられる。時間を知るために用いるものなので，watch「腕時計」が適する。

問2＜**内容真偽**＞ア．「ジョンは新居に自分の娘と一緒に住みたいと思っている」…×　娘については書かれていない。　イ．「ジョンは全ての家具を自分で新居に運んだ」…×　第3段落参照。ジョンは時計だけを運んだ。　ウ．「ジョンは引っ越し業者の作業員に自分の時計を壊してほしかった」…×　第3段落第3～5文参照。壊されたくなかったので自分で運んだ。　エ．「小さな少年は，ジョンが時間を知るために時計を持ち運んでいるのだと思った」…○　第4段落最終文参照。　オ．「ジョンと引っ越し業者の作業員にとって，時計を一緒に運ぶのは簡単だった」…×　第3段落最後の2文参照。

4〔整序結合―対話文完成〕

1．A：あの古い建物は何？／B：あれは18世紀に建てられたホテルだよ。／A：本当？　いつか泊まりたいな。//あの建物は何かという問いかけに対する答えなので，That is a hotel「あれはホテルだ」が文の骨組みになる。また，語群から，in the eighteenth century「18世紀に」というまとまりがつくれる。built は，この in the eighteenth century とともに，「～された」という受け身の意味で a hotel を後ろから修飾する過去分詞の形容詞的用法として用いる。　That is a hotel built in the eighteenth century.

2．A：君のバスケットボールチームは来月トーナメントに出場するの？／B：うん，トーナメントに勝つためには，私たち一人ひとりが練習しないとね。毎日3時間練習してるんだ。／A：わあ！たくさん練習しているんだね。// win の前には to を置いて to不定詞（‘目的’を表す副詞的用法）をつくり，must の後には動詞の原形として practice を続ける。残る語で each of us「私たち一人ひとり」がつくれるので，これを主語にすればよい。　Yes, each of us must practice to win the tournament.

3．A：ステージでピアノを弾いている女の子を知ってる？／B：ええ，彼女はケイトよ。私のクラスメートなの。//疑問文なので Do で始め，Do you know ～？とする。know の目的語として the girl を置き，playing と the piano を続ける。この playing は「～している」という意味を持つ形容詞的用法の現在分詞で，後の語句とともに前の名詞を修飾している。　Do you know the girl playing the piano on the stage?

4．A：あなたとビルは親友ね。／B：うん。彼はこのクラスで私に話しかけてくれた最初の人なんだ。とても優しいし，力になってくれるよ。//語群に who があることから，‘人＋who＋動詞...’という関係代名詞のまとまりだと推測できる。‘人’には person，‘動詞’には spoke が当てはまり，speak to ～「～に話しかける」を使って spoke to me と並べる。the first は person を修飾する語句として，その前に置けばよい。　He was the first person who spoke to me in this class.

5．A：僕たちの町にはいくつ病院があるか知ってる？／B：5，6軒あると思うよ。//Bが数を答えているので，‘how many＋複数名詞 ～’「いくつの～」という疑問文になるとわかる。know に続く部分であることから，これを‘疑問詞＋主語＋動詞...’の語順の間接疑問にすればよい。主語は our town，動詞は has。　Do you know how many hospitals our town has?

6．A：あなたのシャツはとてもいいわね。すごく高そう。／B：いや，たったの10ドルだったんだよ。／A：ほんとに？　50ドルとか，それ以上だと思った。// thought に対応する主語は I だと考えられるので，I thought と始める。これに，直前のBの言葉と同様の形で，シャツの値段を表す it was fifty dollars という文を続け，最後に or more「あるいはそれ以上」を続ければよい。
I thought it was fifty dollars or more.

5 〔長文読解―適語選択―図を見て答える問題〕

≪全訳≫**1**タカシは中学生だ。彼の学校には5クラスある。マユミはタカシのクラスメートだ。彼女はクラスの14人の女子の1人だ。ケンジ，ヒロシ，ユリは彼らの友達だが，クラスメートではない。**2**ある日，彼らの学校でクラス対抗球技大会が開かれた。サッカー，バスケットボール，バレーボール，ソフトボールのトーナメントがあった。各クラスの生徒全員が4つのスポーツから1つを選んで，試合に参加した。**3**タカシはサッカーチームのメンバーになった。彼のチームには男子が7人，女子が4人いた。初戦で，彼のチームはケンジのチームと対戦し，試合に勝った。タカシのチームにとって，次の試合は決勝戦だった。ヒロシのサッカーチームは初戦に勝ったが，トーナメントでタカシのチームと対戦することはなかった。図はその結果を示している。**4**マユミはバスケットボールのトーナメントに参加した。彼女のチームは，男子と女子の人数が同じだった。初戦の対戦相手はユリのチームだった。マユミのチームは最初の10分で12点を取り，その時点で2チームの間には8点の差があった。その後，どちらのチームもさらに12点を取り，試合が終わった。ユリのチームが勝利した。彼女のチームはマユミのチームとの試合の後，もう2試合に勝った。**5**タカシのクラスのバレーボールチームは女子が7人で，男子はいなかった。タカシのクラスのソフトボールチームには，男子が9人で女子はいなかった。

1.「タカシはサッカーのトーナメントでチーム(　　)にいた」―「B」　第3段落第3，4文参照。図より，初戦に勝ったチームはB，C，Eで，そのうち2戦目が決勝戦なのはBである。　2.「ユリのチームは初戦で(　　)点を取った」―「32」　第4段落第3～6文参照。最初の10分でマユミのチームは12点取り，ユリのチームとは8点差あったのだから，ユリのチームの点は4点か20点になる。その後，両チームとも12点取り，ユリのチームが勝ったのだから，32点とわかる。　3.「マユミはバスケットボールのトーナメントでチーム(　　)にいた」―「H」　第4段落および図を参照。マユミのチームは初戦でユリのチームに負け，ユリのチームはその後，2勝しているので，優勝したチームIに当てはまる。ここから，その初戦の相手であるHだとわかる。　4.「マユミのチームには(　　)人いた」―「6」　マユミとタカシのクラスに女子は全部で14人(第1段落第4文)。サッカーチームに4人(第3段落第2文)，バレーボールチームには7人で，ソフトボールチームにはゼロ(第5段落)。14－4－7＝3で，マユミのいるバスケットボールチームに女子は3人。さらに，バスケットボールチームは男女同数なので(第4段落第2文)，全部で6人となる。　5.「タカシのクラスには男子が(　　)人いる」―「19」　サッカーチームに男子は7人(第3段落第2文)，バスケットボールチームには3人(4.の解説参照)，バレーボールチームにはゼロ(第5段落第1文)，ソフトボールチームには9人なので，7＋3＋9＝19人。

6 〔長文読解総合―説明文〕

≪全訳≫**1**英語は他のほとんどの言語よりもさらに単語数が多いと言われる。なぜ英語にはそんなに多くの単語があるのか。単語数はどうやって増え続けるのか。これにはいくつかの理由がある。**2**第1に，およそ1000年前，フランス人が数百年間イングランドを占領した。そのときに，約10000語が英語に入ってきた。*ticket*(チケット)，*beef*(ビーフ)，*dinner*(ディナー)などの語がこれにあたる。**3**第2に，19世紀，英語は帝国の言語だった。イングランドは多くの国々を占領した。イングランド人は自分たちの文化や言語も一緒にこれらの国々へ持っていった。イングランドに戻るときには，1新しい単語も一緒に持ち帰ったのだった。**4**第3に，外国人が英語圏の国に行って暮らし，一緒に新しい単語を持っていくことも多い。例えば，*concert*（コンサート）や *hamburger*（ハンバーガー）は英単語のように思えるが，2それらは他の言語から英語に入ってきたのだ。それらはどの言語からきたのか。辞書で調べてみよう。❺第４に，英語は新しい単語を生み出すのに接頭辞と接尾辞を用いる。接頭辞は単語の一部で，意味を変えたり新しい語をつくったりするため，単語の最初につけ加えられる。*in*，*un*，*im*，*pre*，*dis* をつけ加えることで，たくさんの新しい英単語がつくれる。接頭辞にはそれぞれ独自の意味がある。例えば，接頭辞 *pre* は，「誰かまたは何かの前」を意味する。だから，prehistory という語の意味はたやすく推測できる。それは 3人々が出来事について書き記し始める以前の歴史上の時代という意味だ。接尾辞は単語の一部で，単語の最後につけ加えられる。*ish*，*ness*，*ful*，*er* を単語の最後につけ加えれば，さらに単語がつくれるのだ。接尾辞 er は「何かをする人」を意味する。trainer という語の意味を知らなくても，推測することができる。それは 4人々や動物にうまく仕事をすることや技術を教える人という意味だ。❻第５に，英語は常に複合語を加えている。*airport*（空港），*bookstore*（書店），*classroom*（教室），*homework*（宿題）は複合語だ。5それらがどういう意味かを推測するのはたやすい。例えば，*playground* は子どもたちが遊ぶための場所で，特に学校や公園の中にあるものを意味する。❼最後に，多くの言葉はただつくり出されている。*dog*（犬）や *fun*（おもしろさ）がその例だ。こうした単語はただ言語に仲間入りし，一般に受け入れられ，さらに幅広く使われた。❽英単語の数は将来も増え続けるのだろうか。答えは「イエス」だ。英語を話す人のほとんどは，こんなことを気にしてはいない。しかし，6英語を外国語として学ぶ人々にとっては，これは問題だ。

問１＜**適文選択**＞英単語が増え続ける第２の理由を述べた段落。他国に行って戻ってきたイングランド人がそこから新しい単語を持ち込むので，英単語が増えるのである。

問２＜**適文選択**＞*concert* や *hamburger* は英語のようだという内容と，‘逆接’ の but でつながれているので，他言語から取り入れられたという内容のアが適する。

問３＜**適文選択**＞空所を含む文の主語 it は *prehistory* を指す。空所を含む文の２つ前の文から，接頭辞 *pre* は「誰かまたは何かの前」を表すとわかるので，prehistory は「歴史の前」，つまり人が歴史を記録するより前の時代ということになる。

問４＜**適文選択**＞空所を含む文の主語 it は *trainer* を指す。空所を含む文の２つ前の文から，接尾辞 *er* は「何かをする人」を表すとわかるので，train「（人・動物を）教育する，訓練する」に er がついた trainer は，人や動物を教育する人，訓練する人ということになる。

問５＜**適文選択**＞第６段落は，第５段落の接頭辞，接尾辞と同様に，複合語の成り立ちと意味を説明している。空所の直後には具体的な語の意味が述べられているので，第５段落の空所３，４の直前の文と同様に，その語を見れば意味を推測できるだろう，という内容の文を入れるのが適切。

問６＜**適文選択**＞前の文には，英単語の数が増え続けることを，ふだん英語を話す人は気にしないとある。これに ‘逆接’ の However が続いているので，英単語が増えることが問題になる人もいるという内容のウが適切。

問７＜**内容真偽**＞ア．「フランスは11世紀末にイングランドによって占領された」…×　第２段落第１文参照。　イ．「接頭辞は新たな語を生み出すために，単語の終わりにつけられる」…×　第５段落第２文参照。　ウ．「英単語をもっとよく理解するためには，単語がどのように組み立てられているかを知るとよい」…○　第５，６段落から読み取ることができる。

2020年度／国立高等専門学校

数学解答

1 (1) ア…5　イ…3　ウ…6
(2) エ…1　オ…2
(3) カ…－　キ…1
(4) ク…2　ケ…3
(5) コ…7　サ…1　シ…5　(6) ⓐ
(7) セ…1　ソ…9
(8) タ…1　チ…3

2 (1) ア…2　イ…1　ウ…5　エ…2
オ…1　カ…5　キ…2
(2) ク…0　ケ…4
(3) コ…4　サ…2
(4) シ…5　ス…6

3 (1) ア…5　イ…3　ウ…3　エ…1
オ…4　カ…3
(2) キ…0　ク…7
(3) ケ…－　コ…3　サ…0

4 (1) ア…8　イ…5
(2) ウ…4　エ…5　オ…8　カ…7
(3) キ…5　ク…2　ケ…7

1〔独立小問集合題〕

(1)＜**平方根の計算**＞与式$=\dfrac{1}{\sqrt{3}}\div\dfrac{1}{4}-\dfrac{\sqrt{6\times2}}{4}=\dfrac{1}{\sqrt{3}}\times4-\dfrac{\sqrt{2^2\times3}}{4}=\dfrac{4}{\sqrt{3}}-\dfrac{2\sqrt{3}}{4}=\dfrac{4\times\sqrt{3}}{\sqrt{3}\times\sqrt{3}}-\dfrac{\sqrt{3}}{2}=\dfrac{4\sqrt{3}}{3}-\dfrac{\sqrt{3}}{2}=\dfrac{8\sqrt{3}}{6}-\dfrac{3\sqrt{3}}{6}=\dfrac{5\sqrt{3}}{6}$

(2)＜**二次方程式の応用**＞二次方程式 $x^2+ax-6=0$ の解の1つが $x=-3$ だから，解を方程式に代入して，$(-3)^2+a\times(-3)-6=0$，$9-3a-6=0$，$-3a=-3$ より，$a=1$ となる。これより，二次方程式は $x^2+x-6=0$ となるから，$(x-2)(x+3)=0$ より，$x=2$，-3 となり，もう1つの解は $x=2$ である。

(3)＜**関数―変化の割合**＞関数 $y=-\dfrac{1}{4}x^2$ において，$x=-3$ のとき $y=-\dfrac{1}{4}\times(-3)^2=-\dfrac{9}{4}$，$x=7$ のとき $y=-\dfrac{1}{4}\times7^2=-\dfrac{49}{4}$ である。よって，x の値が-3から7まで増加するとき，x の増加量は $7-(-3)=10$，y の増加量は $-\dfrac{49}{4}-\left(-\dfrac{9}{4}\right)=-10$ であるから，変化の割合は，$\dfrac{〔y の増加量〕}{〔x の増加量〕}=\dfrac{-10}{10}=-1$ となる。

(4)＜**関数―比例定数**＞右図1で，2点A，Bは関数 $y=ax^2$ のグラフ上にあり，線分ABは x 軸に平行だから，2点A，Bは y 軸について対称である。点Aの x 座標は2だから，点Bの x 座標は-2となり，$AB=2-(-2)=4$ である。同様に，2点C，Dは関数 $y=-x^2$ のグラフ上にあり，線分CDは x 軸に平行だから，2点C，Dは y 軸について対称である。点Dの x 座標は1だから，点Cの x 座標は-1となり，$CD=1-(-1)=2$ である。また，点Aの y 座標は $y=a\times2^2=4a$，点Dの y 座標は $y=-1^2=-1$ だから，台形ABCDの高さは，$4a-(-1)=4a+1$ と表せる。よって，台形ABCDの面積が11であることより，$\dfrac{1}{2}\times(4+2)\times(4a+1)=11$ が成り立ち，$4a+1=\dfrac{11}{3}$，$4a=\dfrac{8}{3}$，$a=\dfrac{2}{3}$ となる。

図1

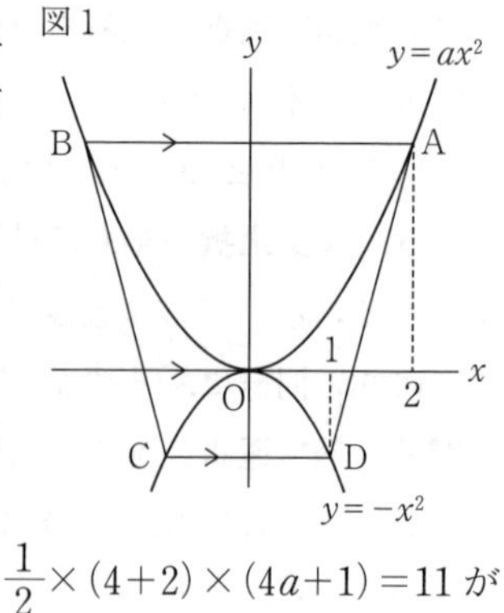

(5)＜**確率―数字のカード**＞6枚のカードから同時に2枚のカードを取り出すときの取り出し方は，(1，2)，(1，3)，(1，4)，(1，5)，(1，6)，(2，3)，(2，4)，(2，5)，(2，6)，(3，4)，(3，5)，(3，6)，(4，5)，(4，6)，(5，6)の15通りある。このうち，カードの数字の和が素数となるのは，

和が3，5，7，11になるときで，下線をつけた7通りある。よって，求める確率は$\frac{7}{15}$である。

(6)＜**資料の活用—代表値の大小**＞40人の点数の合計が$2\times1+3\times2+4\times3+5\times4+6\times4+7\times6+8\times8+9\times10+10\times2=280$(点)より，平均値は$x=280\div40=7$(点)となる。中央値(メジアン)は，点数を小さい順に並べたときの20番目と21番目の点数の平均値となる。7点以下が$1+2+3+4+4+6=20$(人)，8点以下が$20+8=28$(人)より，20番目は7点，21番目は8点だから，中央値は$y=(7+8)\div2=7.5$(点)となる。最も人数が多い点数は，10人の9点だから，最頻値(モード)は$z=9$(点)である。よって，$7<7.5<9$より，$x<y<z$となる。

(7)＜**図形—面積比**＞右図2で，BF：FC＝1：3より，△ABF：△AFC＝1：3だから，$\triangle ABF=\frac{1}{1+3}\triangle ABC=\frac{1}{4}\triangle ABC$，$\triangle AFC=\triangle ABC-\triangle ABF=\triangle ABC-\frac{1}{4}\triangle ABC=\frac{3}{4}\triangle ABC$となる。また，2点D，Eがそれぞれ辺AB，ACの中点だから，△ABCで中点連結定理より，DE∥BCとなる。よって，同位角より，∠ADG＝∠ABFとなり，∠DAG＝∠BAFだから，△ADG∽△ABFである。相似比はAD：AB＝1：2だから，$\triangle ADG:\triangle ABF=1^2:2^2=1:4$であり，$S=\triangle ADG=\frac{1}{4}\triangle ABF=\frac{1}{4}\times\frac{1}{4}\triangle ABC=\frac{1}{16}\triangle ABC$となる。同様にして，△AGE∽△AFCであり，相似比が1：2だから，△AGE：△AFC＝1：4である。$\triangle AGE=\frac{1}{4}\triangle AFC=\frac{1}{4}\times\frac{3}{4}\triangle ABC=\frac{3}{16}\triangle ABC$となるから，$T=$〔四角形EGFC〕$=\triangle AFC-\triangle AGE=\frac{3}{4}\triangle ABC-\frac{3}{16}\triangle ABC=\frac{9}{16}\triangle ABC$となる。したがって，$S:T=\frac{1}{16}\triangle ABC:\frac{9}{16}\triangle ABC=1:9$である。

図2

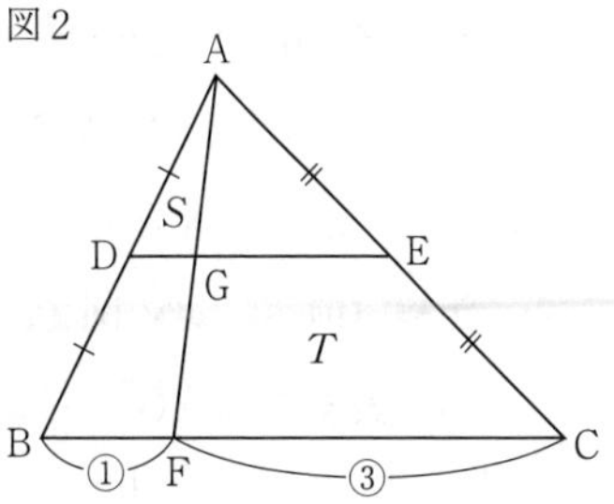

(8)＜**図形—長さ**＞右図3で，長方形ABCDの対角線AC，BDの交点をHとし，点Oと点Hを結ぶ。△OACはOA＝OCの二等辺三角形で，点Hは線分ACの中点となるから，OH⊥ACである。同様にして，OH⊥BDとなるから，OH⊥〔面ABCD〕であり，線分OHの長さが四角錐O-ABCDの高さとなる。よって，四角錐O-ABCDの体積が192cm^{3}であることより，$\frac{1}{3}\times6\times8\times OH=192$が成り立ち，OH＝12となる。また，△ABCは∠ABC＝90°の直角三角形だから，三平方の定理より，$AC=\sqrt{AB^2+BC^2}=\sqrt{6^2+8^2}=\sqrt{100}=10$となり，$AH=CH=\frac{1}{2}AC=\frac{1}{2}\times10=5$である。したがって，△OAHで三平方の定理より，$OA=\sqrt{AH^2+OH^2}=\sqrt{5^2+12^2}=\sqrt{169}=13$(cm)となる。

図3

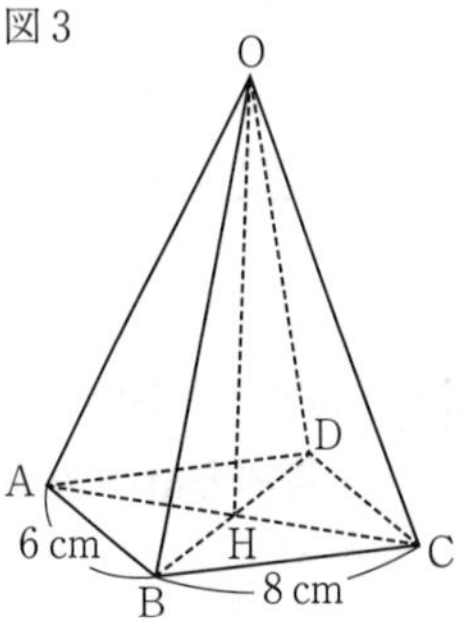

2 〔関数—関数の利用〕

≪基本方針の決定≫(2)　(1)で求めた2つの式を利用する。

(1)＜**関係式**＞右図のように，4点C，D，E，Fを定める。Aさんが初めてQ地点で折り返してからP地点に戻るまでを表しているのは，線分CDである。Aさんは9時にP地点を出発し，2往復して9時30分にP地点に戻っているから，$30\div4=\frac{15}{2}$より，初めてQ地点で折り返すのは出発してから$\frac{15}{2}$分後，初めてP地点に戻るのは$\frac{15}{2}\times2=15$(分)後である。よって，

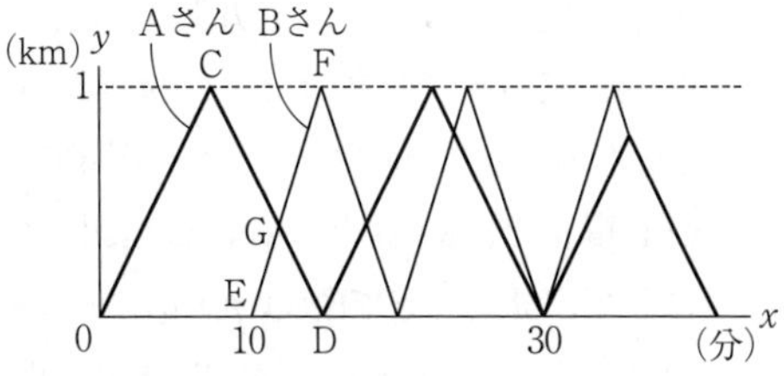

C$\left(\frac{15}{2},\ 1\right)$，D(15，0)だから，直線CDの傾きは$(0-1)\div\left(15-\frac{15}{2}\right)=-\frac{2}{15}$となり，直線CDの式は$y=-\frac{2}{15}x+b$とおける。点Dを通るから，$0=-\frac{2}{15}\times15+b$，$b=2$となり，Aさんが初めてQ地点で折り返してからP地点に戻るまでを表す式は，$y=-\frac{2}{15}x+2$となる。一方，Bさんが9時10分にP地点を出発してからQ地点で折り返すまでを表しているのは，線分EFである。Bさんは，2往復して9時30分にP地点に戻っているから，$(30-10)\div4=5$より，Bさんが初めてQ地点を折り返すのはBさんが出発してから5分後であり，Aさんが出発してから$10+5=15$(分)後である。これより，E(10，0)，F(15，1)だから，直線EFの傾きは$\frac{1-0}{15-10}=\frac{1}{5}$となり，直線EFの式は$y=\frac{1}{5}x+c$とおける。点Eを通るから，$0=\frac{1}{5}\times10+c$，$c=-2$となり，Bさんが9時10分にP地点を出発してからQ地点で折り返すまでを表す式は，$y=\frac{1}{5}x-2$となる。

(2)＜**距離**＞前ページの図で，線分CDと線分EFの交点をGとすると，AさんとBさんが初めて出会うのを表すのは点Gである。(1)より，直線CDの式は$y=-\frac{2}{15}x+2$，直線EFの式は$y=\frac{1}{5}x-2$だから，$-\frac{2}{15}x+2=\frac{1}{5}x-2$より，$-2x+30=3x-30$，$-5x=-60$，$x=12$となり，$y=-\frac{2}{15}\times12+2$，$y=0.4$となる。よって，2人が初めて出会うのはP地点から0.4km離れている地点である。

(3)＜**時間**＞(1)より，Aさんの走る速さは分速$\frac{2}{15}$km，Bさんの走る速さは分速$\frac{1}{5}$kmである。9時30分に2人が同時にP地点を出発してからt分後に2人が出会うとすると，2人の走った距離の和は$1\times2=2$(km)だから，$\frac{2}{15}t+\frac{1}{5}t=2$が成り立つ。これを解くと，$t=6$となるので，2人が出会ったのは9時30分に出発してから6分後である。出会った後，BさんもAさんと同じ速さで走ってP地点に戻るので，P地点に戻るのも出会ってから6分後である。よって，$30+6+6=42$より，2人が最後にP地点に戻ったのは，9時42分である。

(4)＜**距離**＞Aさんは，分速$\frac{2}{15}$kmの速さで，9時から9時42分までの42分間走ったので，走った距離の合計は，$\frac{2}{15}\times42=5.6$(km)である。

3〔**特殊・新傾向問題**〕

《**基本方針の決定**》(1)　cはbの式を利用するとよい。　(2)，(3)　(1)のbの式を利用することができる。

(1)＜**正方形の中の数**＞右図1のように，2つの正方形を㋐，㋑とすると，横に隣り合う2つの正方形の中の数の和が，その2つの正方形の真上にある正方形の中の数になるので，正方形㋐の数は$6+a$，正方形㋑の数は$a+(-4)=a-4$となる。正方形㋐の数と正方形㋑の数の和が12となるので，$(6+a)+(a-4)=12$が成り立つ。これを解くと，$a=5$となる。右上図2のように，5つの正方形を㋒，㋓，㋔，㋕，㋖とすると，同様にして，正方形㋔の数は$p+q$，正方形㋕の数は$q+r$，正方形㋖の数は$r+s$となり，正方形㋒の数は$(p+q)+(q+r)=p+2q+r$，正方形㋓の数は$(q+r)+(r+s)=q+2r+s$となる。よって，$(p+2q+r)+(q+2r+s)=b$だから，$b=p+3q+3r+s$となる。右上図3は，図2で，$b=4$，$p=$

図1

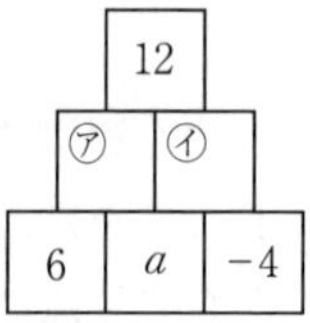

図2

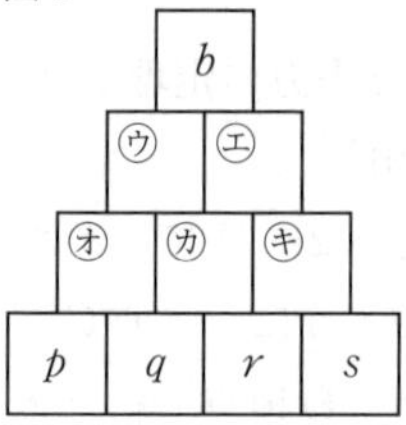

図3

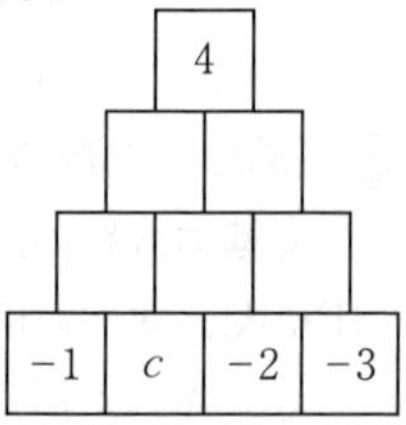

-1，$q=c$，$r=-2$，$s=-3$としたものだから，$4=-1+3c+3\times(-2)+(-3)$が成り立つ。これを解くと，$3c=14$より，$c=\dfrac{14}{3}$となる。

(2)＜**正方形の中の数，数の個数**＞右図4で，一番下の段の左から3つ目の正方形の数をhとすると，(1)のbの式より，$6=5+3e+3h+1$が成り立ち，$3e+3h=0$，$e+h=0$となる。また，$e+h=d$だから，$d=0$となる。次に，図4のように，4つの正方形を㋗，㋘，㋙，㋚とすると，正方形㋙の数は$5+e$，正方形㋚の数は$h+1$となり，$d=0$だから，正方形㋗の数は$5+e$，正方形㋘の数は$h+1$である。どの正方形の数も絶対値が6以下の整数となるので，$-6\leqq e\leqq6$，$-6\leqq5+e\leqq6$より，$e=-6$，-5，-4，-3，-2，-1，0，1が考えられる。このとき，$e+h=0$より，$h=6$，5，4，3，2，1，0，-1である。$-6\leqq h\leqq6$，$-6\leqq h+1\leqq6$だから，$h=6$は適さない。つまり，$e=-6$は適さない。よって，条件を満たすeは，$e=-5$，-4，-3，-2，-1，0，1の7個となる。

図4

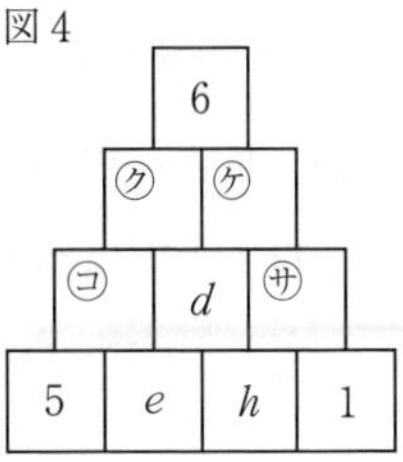

(3)＜**正方形の中の数**＞右図5のように，7個の正方形を㋛～㋡とする。まず，Aの△で囲んだ10個の正方形は，6，5，1の正方形の配置が右上図4と同じであるから，(2)より，正方形㋞の数は0である。また，正方形㋡の数をxとすると，$x+10=3$より，$x=-7$となるので，正方形㋠の数は$1+(-7)=-6$となる。よって，正方形㋟の数をyとすると，Bの△で囲んだ10個の正方形において，(1)のbの式より，$-6=0+3y+3\times(-6)+3$が成り立つ。これより，$3y=9$，$y=3$となるので，$f=3+(-6)=-3$となる。次に，正方形㋝の数は$0+3=3$となるので，正方形㋜の数は$3+(-3)=0$となり，正方形㋛の数は$6+0=6$である。したがって，$g=6+(-6)=0$となる。

図5

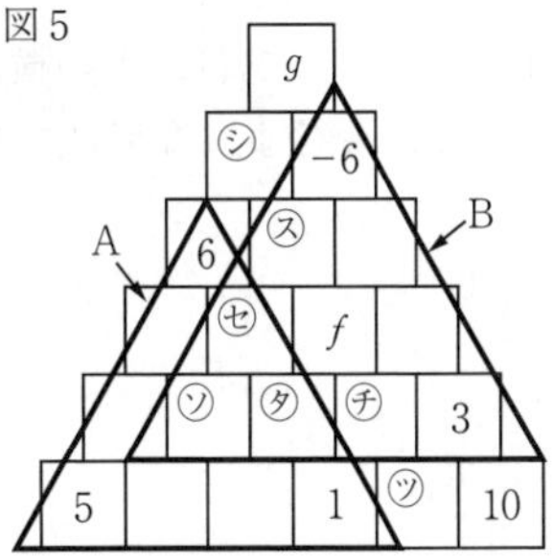

4〔**平面図形—円**〕

《基本方針の決定》(1)　△AHCと△CHBに着目する。　(2)　補助線を引いて，AE：EBを求める。　(3)　△OEFに着目する。

(1)＜**長さ**＞右図の△AHCと△CHBで，$\angle\mathrm{AHC}=\angle\mathrm{CHB}=90^\circ$である。また，線分ABが円Oの直径より，$\angle\mathrm{ACB}=90^\circ$である。$\angle\mathrm{ACH}=\angle\mathrm{ACB}-\angle\mathrm{HCB}=90^\circ-\angle\mathrm{HCB}$であり，△CHBで，$\angle\mathrm{CBH}=180^\circ-\angle\mathrm{CHB}-\angle\mathrm{HCB}=180^\circ-90^\circ-\angle\mathrm{HCB}=90^\circ-\angle\mathrm{HCB}$だから，$\angle\mathrm{ACH}=\angle\mathrm{CBH}$となる。よって，$\triangle\mathrm{AHC}\backsim\triangle\mathrm{CHB}$である。これより，CH：BH＝AH：CH＝2：1となるので，$\mathrm{BH}=\dfrac{1}{2}\mathrm{CH}$となる。AH＝2CHだから，AH：BH＝2CH：$\dfrac{1}{2}$CH＝4：1となり，$\mathrm{AH}=\dfrac{4}{4+1}\mathrm{AB}=\dfrac{4}{5}\times2=\dfrac{8}{5}$である。

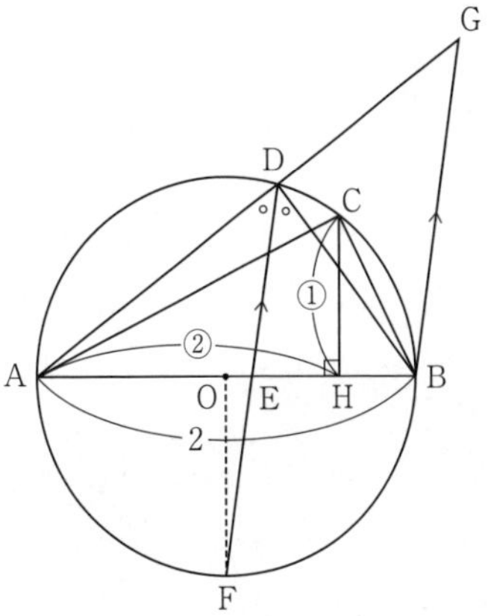

(2)＜**角度，長さ**＞右図で，線分ABが円Oの直径より，$\angle\mathrm{ADB}=90^\circ$であり，DEは∠ADBの二等分線だから，$\angle\mathrm{ADE}=\dfrac{1}{2}\angle\mathrm{ADB}=\dfrac{1}{2}\times90^\circ=45^\circ$となる。次に，辺ADの延長と，点Bを通りDEに平行な直線との交点をGとすると，DE∥GBより，同位角，錯角が等しいので，∠DGB＝∠ADE，∠DBG＝∠EDBとなる。∠ADE＝∠EDBだから，∠DGB＝∠DBGとなり，DG＝DBである。よって，AE：EB＝AD：DG＝AD：

DBとなる。(1)より $AD=AH=\frac{8}{5}$ となり，△ABDで三平方の定理より，$DB=\sqrt{AB^2-AD^2}=\sqrt{2^2-\left(\frac{8}{5}\right)^2}=\sqrt{\frac{36}{25}}=\frac{6}{5}$ である。したがって，$AD：DB=\frac{8}{5}：\frac{6}{5}=4：3$ となるから，$AE：EB=4：3$ であり，$AE=\frac{4}{4+3}AB=\frac{4}{7}\times2=\frac{8}{7}$ となる。

(3)＜**長さ―三平方の定理**＞前ページの図で，点Oと点Fを結ぶ。(2)より $\angle ADF=45^\circ$ だから，$\overset{\frown}{AF}$ に対する円周角と中心角の関係より，$\angle AOF=2\angle ADF=2\times45^\circ=90^\circ$ となり，$\angle FOE=90^\circ$ である。また，$OF=OA=\frac{1}{2}AB=\frac{1}{2}\times2=1$ であり，(2)より $AE=\frac{8}{7}$ だから，$OE=AE-OA=\frac{8}{7}-1=\frac{1}{7}$ である。よって，△OEFで三平方の定理より，$EF=\sqrt{OF^2+OE^2}=\sqrt{1^2+\left(\frac{1}{7}\right)^2}=\sqrt{\frac{50}{49}}=\frac{5\sqrt{2}}{7}$ となる。

═読者へのメッセージ═

平方根の記号(√￣)は，ドイツの数学者ルドルフによる1525年の著書で使われたのが最初といわれています。ルドルフは，上の横線のない記号(√)を使っていました。後に，フランスの数学者デカルトによって，今のような形になりました。

2020年度／国立高等専門学校

社会解答

1 問1　エ　　問2　イ　　問3　エ
問4　ア

2 問1　ウ　　問2　ア　　問3　ウ

3 問1　エ　　問2　ア

4 問1　キ　　問2　イ

5 問1　ウ　　問2　エ　　問3　イ

6 問1　イ　　問2　①…エ　②…イ
問3　ア　　問4　ア

7 問1　カ　　問2　エ　　問3　ウ

8 問1　ウ　　問2　ア　　問3　エ
問4　ア

1〔世界地理―人口と言語〕

問1＜**各州の人口密度と高齢化率**＞一般に，先進国では，医療や福祉の発展によって人口高齢化率が高くなるが，発展途上国では人口高齢化率は低くなる。ヨーロッパ州は西に先進国が多く，アフリカ州はほとんどが発展途上国である。また，オセアニア州の中心となるオーストラリアは世界第6位の面積を持つが，人口は2500万人程度で人口密度は低い(2018年)。

問2＜**人口ピラミッド**＞人口減少は多くの場合，少子高齢化と同時に進行する。ア～エのうちで70歳以上の人口の割合が比較的高いイとウが，人口の減少している日本とフランスに当てはまるが，このうち，若い世代の人口の割合がほぼ一定しているイが，出生率の低下に歯止めがかかったと説明文にあるフランスである。なお，アは「出生率・死亡率ともに高い」インド，「いびつな形」のエは中国を表している。

問3＜**大航海時代**＞説明文に「スペイン語やポルトガル語が話されるようになり，キリスト教も広まった」とあるので，スペインとポルトガルを含むヨーロッパを起点とするア，エ，カの矢印のいずれかが当てはまる。このうち，アの矢印が向かう先のアメリカと，カの矢印が向かう先のオーストラリアはいずれも英語を公用語としているので，南アメリカ大陸に向かう矢印のエと判断できる。15世紀に始まった大航海時代以降，スペインとポルトガルは中南アメリカで先住民の国々を滅ぼして植民地とした。これらの国は19世紀以降，独立を果たしたが，現在でも，スペイン語やポルトガル語を話し，キリスト教を信仰する人が多い。なお，アはイギリスやフランスが移動元，イはメキシコからアメリカに移動したヒスパニックの動き，ウとオは，アフリカ大陸からアメリカ大陸への黒人の移動，カはイギリスなどからオーストラリアへの移民の動き，キはアジア諸国からオーストラリアへの移民の動きを表している。

問4＜**世界の言語**＞中国の人口は14億人を超えている(2019年)ために母語人口は多いが，そのほとんどが中国国内にいるため，母語人口に対して使用国・地域数はそれほど多くない。なお，Xは英語で，母語人口は6言語の中で3番目である(イ…×)。Yはアラビア語で，母語人口は6言語の中で4番目，使用国・地域数はXに次いで2番目である(ウ…×)。Zはフランス語で，母語人口は6言語の中で最も少ないが，使用国・地域数は3番目である(エ…×)。

2〔日本地理―気候と産業〕

問1＜**各地の気候**＞は.は銚子市(千葉県)で，梅雨や台風の影響で夏から秋に雨が多いが，冬は乾燥する太平洋側の気候に属しているので，Cのグラフが当てはまる。なお，い.は秋田市で，北西の季節風の影響を受けて冬の降水量〔降雪量〕が多い日本海側の気候に属しているので，Bのグラフ，ろ．は松本市(長野県)で，1年の間での気温の差が大きく，1年を通じて降水量が少ない中央高地の気候に属しているので，Dのグラフ，に．は松山市(愛媛県)で，1年を通じて雨が少なく，比較的温暖な瀬戸内の気候に属しているので，Aのグラフが当てはまる。

問2＜**農業**＞松本市が位置する長野県では，盆地でりんごやぶどうなどの果実が，山麓の高原でレタスなどの高原野菜が生産されていることが特徴となっている。山地が多いことや降水量が少ないことなどから，稲作はそれほど行われていない。なお，に．の松山市が位置する愛媛県は，みかんなどの果実の生産が盛んなので，農業産出額の総計に占める果実の割合が高いイ，は．の銚子市が位置する千葉県では，大都市向けに野菜などを栽培して出荷する近郊農業が盛んで，農業産出額は，北海道，茨城県，鹿児島県に次ぐ全国第4位(2017年)なのでウ，秋田市の位置する秋田県は，米の生産額が新潟県，北海道に次ぐ全国第3位(2017年)なので，エが当てはまる。

問3＜**工業**＞ろ．の松本市が位置する長野県の諏訪湖周辺では，第二次世界大戦後から精密機械の生産が盛んになり，その技術を生かした電子部品・デバイス・電子回路の生産も盛んになった。また，は．の銚子市が位置する千葉県の東京湾岸には京葉工業地域が形成されており，複数の石油化学コンビナートが立地しているため，製造品出荷額に占める石油・石炭製品の割合が高い。

3 〔地理―世界遺産〕

問1＜**世界の世界遺産**＞①はギリシャのパルテノン神殿，②は中国の万里の長城，③はエジプトのピラミッドの写真である。3か国のうち，首都が最も南に位置するAはエジプト，日本人観光客数が最も多く，経度が最も日本に近いBは中国，Cはギリシャである。

問2＜**日本の世界遺産**＞写真2は，日本の世界自然遺産のうち，北海道東部に位置する知床を撮影したものである。知床半島を含む北海道のオホーツク海沿岸には，冬から春先にかけて流氷が押し寄せる。なお，イは京都府，ウは日光のある栃木県，エは石川県について述べている。

4 〔歴史―奈良時代以前の遺跡〕

問1＜**古墳時代以前の遺跡**＞漢委奴国王印は1世紀の57年，北九州にあった奴国の王が後漢に使いを送った際，光武帝から授かった金印と考えられている。この金印は，江戸時代にDの福岡県志賀島で発見された。なお，Cの大阪府堺市にある百舌鳥古墳群に当てはまる説明文はない。は．の鉄剣はBの埼玉県行田市にある稲荷山古墳から出土したもので，この鉄剣がつくられたと考えられる5世紀頃には，ワカタケル大王(雄略天皇のことと推定される)らが治めたヤマト朝廷の勢力が関東に及んでいたことが明らかになった。①の説明文には，Aの青森市にある三内丸山遺跡が当てはまる。

問2＜**7，8世紀の遺跡**＞Xは京都府南部を指している。784年，桓武天皇は仏教勢力の影響が強い平城京を離れ，律令制度を立て直すため，京都府南部の長岡京に都を遷した。しかし，建設中に不吉な事件が続いたため，長岡京のやや北東に平安京を建設し，794年に都を遷した。なお，Wは7世紀半ばに築かれた渟足柵の場所を示している(ア…×)。Yは奈良盆地の南部にあたる。天武天皇の皇后であった持統天皇はこの地に日本で最初の本格的な都である藤原京を建設し，694年に都を遷した(ウ…×)。663年，中大兄皇子(後の天智天皇)は白村江の戦いで唐・新羅の連合軍に大敗した。その後，中大兄皇子は反撃に備えてZの場所に大野城を築いた(エ…×)。

5 〔歴史―奈良時代～江戸時代〕

問１＜**奈良時代**＞史料Ａは，奈良時代半ばの743年に聖武天皇が出した「大仏造立の詔」の内容である。この頃には口分田の不足が深刻な問題となっていたため，新しく開墾した土地の私有を認める墾田永年私財法が同じく743年に出された。これにより，大貴族や寺社が開墾を進め，荘園と呼ばれる私有地を広げていった。なお，アは豊臣秀吉の太閤検地について，イは明治時代初めの地租改正について，エは鎌倉時代初めの地頭の設置について述べている。

問２＜**平治の乱**＞1159年の平治の乱で源義朝らに勝利した平清盛は，1167年に武士として初めて太政大臣となり，政治の実権を握った。なお，アは1333年に後醍醐天皇の呼びかけに応じて鎌倉幕府を滅ぼした戦いと，翌1334年に行われた建武への改元について説明している。イは939〜41年の藤原純友の乱，ウは1467〜77年の応仁の乱について説明している。

問３＜**奈良時代から江戸時代の日本と世界の出来事**＞それぞれの史料が説明した出来事の起こった年は，Ａ(大仏造立の詔)が743年，Ｂ(白河上皇による院政の開始)が1086年，Ｃ(徳川慶喜による大政奉還と王政復古の大号令)が1867年，Ｄ(後醍醐天皇による建武の新政の開始)が1333年である。２番目のＢ(1086年)と３番目のＤ(1333年)の間にあたる1096年から13世紀末には，ローマ教皇の呼びかけで数回にわたって十字軍遠征が行われた。なお，ポルトガルがアジアに進出したのは1498年のバスコ＝ダ＝ガマのインド航路開拓以降，シャカが仏教を開いたのは紀元前５世紀頃，清が明に代わって中国を支配したのは17世紀半ばのことである。

６〔**歴史―明治時代〜昭和時代**〕

問１＜**大正時代の文化**＞Ｂの「私」が通ったのは横浜市にあるフェリス女学院で，1923年の関東大震災で校舎が倒壊した。1924年には，水兵の軍服をもとにしたセーラー服が制服として採用された。文芸雑誌『白樺』は1910年に創刊され，志賀直哉や武者小路実篤，有島武郎らが作品を寄せたが，1923年，関東大震災のために発行が停止された。また，芥川龍之介は1923年から1927年まで，文芸雑誌『文藝春秋』で『侏儒の言葉』を連載した。竹久夢二が1924年に描いた『秋のしらべ』は雑誌『婦人グラフ』の表紙を飾り，人気を集めた。ラジオの本放送は1925年に始まった。

問２＜**明治時代以降の出来事**＞Ａの「この年」は西南戦争の前年の1876年，Ｂの「この年」は関東大震災の翌年の1924年，Ｃの「この年」は太平洋戦争終結の前年の1944年，Ｄの「この年」は東京オリンピック開催の翌年の1965年である。①は1964年に行われた東海道新幹線の開通式の様子を写した写真，②の絵は1889年に行われた大日本帝国憲法発布の様子を描いたものである。

問３＜**日本の産業革命**＞Ａは1872年に操業を開始した富岡製糸場の女工として働いた和田英の『富岡日記』の内容である。富岡製糸場の操業開始以降，生糸をつくる製糸業が発展し，明治時代の日本の輸出品の中心となった。その後，1883年に大阪紡績会社が開業した頃から，綿糸をつくる紡績業で機械化が進み，生産量が増加したが，これに伴って綿糸の原料となる綿花の輸入も増えた。

問４＜**第二次世界大戦後の出来事**＞Ｃの「この年」は第二次世界大戦末期の1944年，Ｄの「この年」は高度経済成長期の1965年にあたる。この間の1949年，中華人民共和国が成立した。なお，日中平和友好条約は1978年に締結された。また，アヘン戦争が起こったのは1840年のこと，辛亥革命が起こったのは1911年のことである。

７〔**公民―政治**〕

問１＜**三権分立**＞Ｐのような違憲審査権を持っているＡは裁判所，Ｑには「召集の決定」とあるので，

Bの内閣が，Cの国会の召集を決定するのだとわかる。国民は最高裁判所裁判官の国民審査を行うが，最高裁判所の長官以外の裁判官は内閣が任命する(X…誤)。Yは世論，Zは選挙を表す(Y，Z…正)。

問２＜**基本的人権**＞生活保護は，日本国憲法第25条が定める生存権を保障するための社会保障制度に含まれる。なお，①で原告側が主張したのは，国家賠償請求権の保障である。②で原告側が主張したのは，表現の自由を含む精神の自由ではなく，経済活動の自由である。③について，職業選択の自由は企業側ではなく，個人に認められる権利である。

問３＜**憲法改正**＞日本国憲法の改正の手続きは，憲法第96条と国民投票法で規定されており，衆議院と参議院の各議員の総議員の３分の２以上の賛成が得られると，国会が憲法改正を発議する(ア，イ…×)。その後，18歳以上の国民による国民投票が行われ，改正に賛成する票が有効投票総数の過半数を占めれば，憲法改正が実現する(エ…×)。

8〔公民―経済〕

問１＜**雇用と労働**＞派遣社員，契約社員，パート，アルバイトなどの非正規雇用者の割合は増加傾向にあり，2019年には38.3%に達した。なお，従来の日本企業は終身雇用制と年功序列賃金を基本としてきたが，経済のグローバル化などによって，能力主義への移行が進んでいる(ア…×)。日本国憲法の規定に基づき，労働者は雇用形態にかかわらず労働組合に加入できる(イ…×)。成果主義を導入すると，成果を出すために長時間労働を行い，これが働きすぎによる過労死につながることも考えられる(エ…×)。

問２＜**需要と供給**＞需要量とは，消費者が商品を買おうとする量を意味する。図２のように需要曲線が右に移動することは，需要量が増加することを表し，商品の人気が出たことで需要量が増加したと考えられる。なお，イは供給量の減少，ウは需要量の減少，エは供給量の増加の理由になる。

問３＜**金融と株式会社**＞株式会社の株式を購入した株主は，会社が倒産した場合，保有する株式の価値がなくなった分の損失は受けるが，それ以上の責任を負うことはない。なお，銀行の貸出先は銀行が決める(ア…×)。銀行が預金者に支払うのは預金額に応じた利子で，配当(金)は株式会社が利潤の一部を株主に分配するものである(イ…×)。株式の売買による資金調達は直接金融と呼ばれる。間接金融とは，銀行などの金融機関による金融を指す(ウ…×)。

問４＜**企業の活動と消費者の権利**＞1985年に制定された男女雇用機会均等法は，採用や雇用に関する男女差別を禁止している。なお，製造物責任法〔PL法〕では，欠陥商品によって被害を受けた消費者は，製造者である企業の過失を証明しなくても，企業に損害賠償を請求することができると定めている(イ…×)。独占禁止法は，少数の企業が市場を寡占して価格などについて協定を結ぶことを禁止している(ウ…×)。企業はPOSシステムによって得た情報から販売動向を分析し，製品の開発や改良などに努めている(エ…×)。

理科解答

1 問１　１…イ　２…エ
問２　１…イ，エ
２　①…×　②…○　③…○
④…×

2 問１　オ，カ　問２　１…ウ　２…エ
問３　１…オ　２…エ　３…ウ

3 問１　①…ク　②…キ　③…カ　④…オ
⑤…エ　⑥…ア
問２　①…ウ　②…エ　③…カ
問３　イ
問４　１…オ　２…ア　３…ア　４…オ
５…ア

4 問１　ア…１　イ…５　問２　⑤
問３　ア…５　イ…０　問４　ウ

5 問１　ウ　問２　イ　問３　オ
問４　①…オ　②…ア　③…エ

6 問１　１…エ　２…オ
問２　a…２　b…４　c…１
問３　ア，ウ，エ
問４　ア…０　イ…０　ウ…７
問５　ア…５　イ…５　ウ…８

7 問１　１…オ　２…イ　３…エ　４…ア
問２　名称…イ　特徴…カ
問３　ウ　問４　１…エ　２…ウ

1〔電流とその利用〕

問１＜回路＞１．電源の電圧が3.0Vのとき，回路を流れる電流が0.30Aになる場合の回路全体の抵抗値は，オームの法則〔抵抗〕＝〔電圧〕÷〔電流〕より，3.0÷0.30＝10(Ω)である。電圧が同じときは，抵抗値が小さいほど流れる電流は大きくなるので，回路を流れる電流が0.30A以上になるのは，回路全体の抵抗値が10Ω以下の場合である。図１の直列回路では，回路全体の抵抗値はそれぞれの抵抗の抵抗値の和になるから，抵抗Ｒの抵抗値が10－2.0＝8.0(Ω)以下の場合にスイッチＳが開く。よって，スイッチＳが開くのは，抵抗Ｒの抵抗値が3.0Ω，5.0Ω，7.0Ωの場合である。　２．図２の並列回路では，どちらの抵抗にも3.0Vの電圧が加わり，回路全体を流れる電流の大きさはそれぞれの抵抗を流れる電流の和になる。よって，30Ωの抵抗に流れる電流は3.0÷30＝0.10(A)となるから，抵抗Ｒに流れる電流が0.30－0.10＝0.20(A)以上になるとスイッチＳは開く。流れる電流が0.20Aになるときの抵抗Ｒの抵抗値は3.0÷0.20＝15(Ω)だから，抵抗Ｒの抵抗値が15Ω以下の場合，スイッチＳが開く。したがって，スイッチＳが開くのは，抵抗Ｒの抵抗値が10Ωの場合である。

問２＜電力＞１．電力は１秒間当たりに消費される電気エネルギーを表し，電圧と電流の積で表される。なお，１秒間に消費された電気エネルギーに使用時間をかけたものは電力量である。また，流れる電流が一定のとき，電力は電圧に比例する。　２．家庭では，電気器具は並列につながれるので，使用する電気器具に流れる電流の合計が部屋の電流の合計となる。そのため，〔電力(W)〕＝〔電圧(V)〕×〔電流(A)〕より，使用する電気器具の電力の合計が部屋の電力の合計となる。よって，電源の電圧が250Vのかおりさんの過ごす部屋では，250×10＝2500(W)以上になると電源が遮断される。つまり，使用する電気器具の消費電力の和が2500W以上になると，使うことはできない。①～④での消費電力の和は，①が1500＋1250＝2750(W)，②が1500＋750＝2250(W)，③が1250＋750＝2000(W)，④が1500＋1250＋750＝3500(W)なので，②と③では使うことができるが，①と④では使うことができない。

2〔動物の生活と生物の変遷〕

問１＜だ液のはたらき＞デンプンは，だ液に含まれるアミラーゼという消化酵素により，糖(麦芽糖)に分解される。よって，表より，だ液を加えていない試験管Ａではデンプンがそのまま残り，だ液

を加えた試験管Bではデンプンが分解され，デンプンの分解物ができる。これより，試験管Aで反応があった試薬Yがヨウ素液であり，試験管Bで反応があった試薬Xは糖と反応するベネジクト液である。また，アミラーゼはすい液にも含まれ，デンプンの最終分解物はブドウ糖で，小腸で吸収されて毛細血管に入る。したがって，正しいのはオとカである。なお，この実験では，温度を変えていないので，消化酵素のはたらきと温度の関係はわからない。また，リパーゼはすい液に含まれる消化酵素で，脂肪を脂肪酸とモノグリセリドに分解する。

問2＜**対照実験**＞だ液がデンプンの分解物に変化しないことを調べるためには，だ液と水を加えて実験を行い，デンプンの分解物ができていないことを確認すればよい。

問3＜**消化器官**＞1．ペプシンを含むのは胃液で，胃液を出すのは胃である。図で，胃を表しているのはオである。　2．消化酵素を含まないが，脂肪の消化を助けるのは胆汁で，胆汁を出すのは胆のうである。図で，胆のうを表しているのはエである。　3．ブドウ糖をグリコーゲンに変えて蓄えるのは肝臓である。図で，肝臓を表しているのはウである。なお，アはだ液腺，イは肺，カはすい臓，キは小腸，クは大腸を表している。

3〔動物の生活と生物の変遷，身近な物理現象〕

問1＜**感覚器官**＞図1で，①はレンズ(水晶体)，②は網膜，③は神経であり，図2で，④は耳小骨，⑤は鼓膜，⑥はうずまき管である。なお，目では，レンズを通った光が網膜上に像を結ぶと，信号が神経(視神経)を通って脳に伝えられる。また，耳では，空気の振動によって鼓膜が振動すると，その振動は耳小骨からうずまき管に伝えられ，信号が神経(聴神経)を通って脳に伝えられる。

問2＜**目のつくり**＞図3で，図1の①のレンズ(水晶体)に対応するのは，光が屈折する凸レンズである。また，②の網膜に対応するのは，像ができるスクリーンである。なお，③の神経に対応するものはない。

問3＜**目のつくり**＞カメラは，レンズの位置を前後させることでピントを調整している。これに対し，目は，筋肉のはたらきによってレンズのふくらみを変えて，レンズの焦点距離を変えることでピントを調整している。

問4＜**焦点距離**＞右図で，△PQOと△P′Q′Oにおいて，∠QPO＝∠Q′P′O＝90°，∠POQ＝∠P′OQ′(対頂角)より，2組の角がそれぞれ等しいので，△PQOと△P′Q′Oは相似である。よって，対応する辺の比は等しいので，矢印PQと矢印PQの実像であるP′Q′の比は，PQ：P′Q′＝PO：P′O＝a：bとなる。同様に，$\triangle P'Q'F_2$と$\triangle OAF_2$も相似だから，$OA : P'Q' = OF_2 : P'F_2 = f : (b-f)$である。ここで，PQ＝OAだから，$a : b = f : (b-f)$となる。これを$f$について解くと，$a\times(b-f)=b\times f$より，$ab-af=bf$，$af+bf=ab$，$f(a+b)=ab$，$f=\dfrac{ab}{a+b}$である。

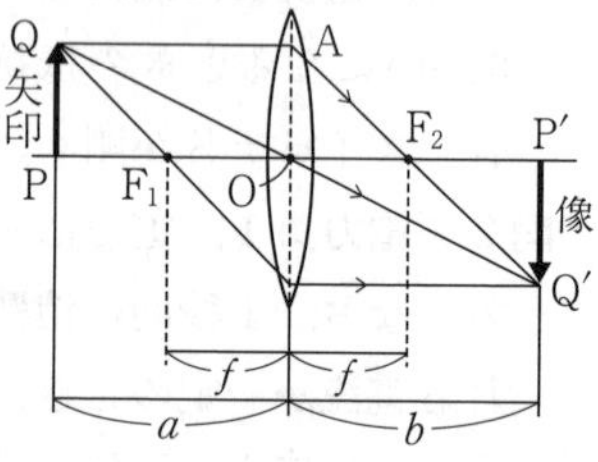

4〔大地のつくりと変化〕

問1＜**地震のゆれ**＞主要動はS波によって起こる。図2より，震源からの距離が60kmの地点にS波が到達したのは，地震発生から15秒後である。

≪別解≫S波の速さが4.0km/sより，震源からの距離が60kmの地点にS波が到達したのは，地震発生から60÷4.0＝15(秒)後である。

問2＜**震央**＞地震のゆれは，震央から同心円状に伝わる。表より，地点B，Cの震央からの距離はそれぞれ14.1km，22.4kmである。よって，図1で，地点Bまでの距離が14.1kmの位置は①，②，

④，⑤のいずれかであり，このうち，地点Cまでの距離が22.4kmとなるのは⑤である。よって，この地震の震央は⑤である。

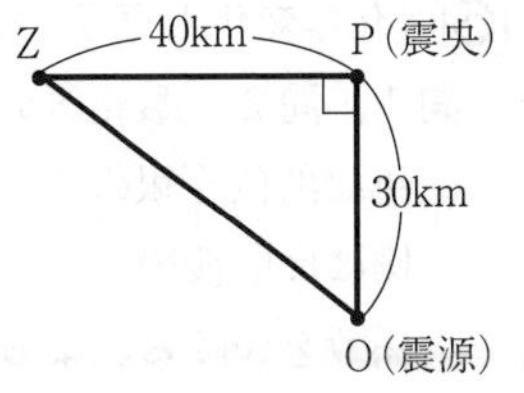

問3＜**震源からの距離**＞問2より震央は⑤だから，図1より，地点Zの震央からの距離は40kmである。また，震源の深さが30kmより，震源をO，震央をPとすると，3点O，P，Zを頂点とする三角形は，右図のような直角三角形になる。よって，△ZPOで三平方の定理より，OZ＝$\sqrt{OP^2+PZ^2}=\sqrt{30^2+40^2}=\sqrt{2500}=50$(km)となるから，地点Zは震源から50kmの地点に位置する。

問4＜**初期微動継続時間**＞初期微動継続時間はP波が到達してからS波が到達するまでの時間である。問3より，地点Zは震源からの距離が50kmだから，図2より，地点ZにP波が到達するまでの時間は約8.3秒，S波が到達するまでの時間は約12.5秒である。よって，初期微動継続時間は，$12.5-8.3=4.2$(秒)となる。

≪別解≫P波の速さが6.0km/s，S波の速さが4.0km/sより，震源からの距離が50kmの地点Zに，P波は $50\div6.0=\frac{25}{3}$(秒)後，S波は $50\div4.0=\frac{25}{2}$(秒)後に到達する。よって，初期微動継続時間は，$\frac{25}{2}-\frac{25}{3}=\frac{25}{6}=4.16\cdots$より，約4.2秒である。

5〔化学変化とイオン〕

問1＜**酸性**＞表より，Eのビーカーの水溶液は，青色リトマス紙が赤色に変化しているので，酸性である。酸性の水溶液に亜鉛板を入れると，水素が発生する。

問2＜**アルカリ性**＞表より，Aのビーカーの水溶液は，フェノールフタレイン溶液が赤色に変化しているので，アルカリ性である。BTB溶液は酸性で黄色，中性で緑色，アルカリ性で青色を示すから，Aのビーカーの水溶液は青色になる。

問3＜**中和と体積**＞中性の水溶液は，フェノールフタレイン溶液では無色であり，青色リトマス紙では色が変化しない。よって，表より，Bのビーカーの水溶液が中性なので，塩酸a 12cm^3と水酸化ナトリウム水溶液b 30cm^3が完全に中和する。これより，塩酸aと水酸化ナトリウム水溶液bが完全に中和するときの体積比は，12：30＝2：5である。また，A～Eのビーカーに入れた塩酸aの体積は合計で $10+12+14+16+18=70$(cm^3)，水酸化ナトリウム水溶液bの体積の合計は $30\times5=150$(cm^3)となり，体積比は70：150＝7：15である。したがって，完全に中和するときの体積比が，塩酸a：水酸化ナトリウム水溶液b＝2：5＝6：15より，A～Eのビーカーの混合溶液を全て混ぜ合わせた溶液は，塩酸aの体積の割合が多いから酸性である。ここで，塩酸a 70cm^3を完全に中和するのに必要な水酸化ナトリウム水溶液bの体積をx cm^3とすると，70：x＝2：5が成り立つ。これを解くと，$x\times2=70\times5$より，$x=175$(cm^3)となるから，中性にするためには，水酸化ナトリウム水溶液bを $175-150=25$(cm^3)加える。

問4＜**中和とイオン**＞水溶液中で，塩酸は水素イオン(H^+)と塩化物イオン(Cl^-)に電離していて，水酸化ナトリウムはナトリウムイオン(Na^+)と水酸化物イオン(OH^-)に電離している。塩酸aに水酸化ナトリウム水溶液bを加えていくと，中和によってH^+とOH^-が結びついて水ができるが，Cl^-とNa^+は電離したままイオンとして存在している。よって，Na^+の数は，水酸化ナトリウム水溶液bを加えると増加するので，その数の変化を表すグラフはオのようになる。Cl^-の数は，塩酸aの体積が変わらないので一定で，その数の変化を表すグラフはアのようになる。OH^-は，はじめはH^+と中和するので0のままだが，水溶液が中性になると反応するH^+が0になるので増加し，その数の変化を表すグラフはエのようになる。なお，H^+は，OH^-と中和するので減少し，水溶液が中性になった後は0のままになるので，その数の変化を表すグラフはウのようになる。

6〔化学変化と原子・分子〕

問1，問2＜酸化銀の分解＞酸化銀(Ag_2O)を加熱すると，銀(Ag)と酸素(O_2)に分解する。酸化銀の色は黒色，銀の色は白色である。また，化学反応式は，矢印の左側に反応前の物質の化学式を，右側に反応後の物質の化学式を書き，矢印の左右で原子の種類と数が等しくなるように化学式の前に係数をつける。よって，この化学変化を化学反応式で表すと，$2Ag_2O \longrightarrow 4Ag+O_2$となる。

問3＜金属＞銀は金属なので，磨くと特有の光沢が出る(金属光沢)，たたくとうすく広がる(展性)，電気をよく通す(電気伝導性)という金属に共通の性質を示す。なお，磁石につくのは鉄などの一部の金属の性質で，銀は磁石につかない。

問4＜反応する物質の質量＞酸化銀を加熱すると，発生した酸素が空気中に逃げるので，その分だけ全体の質量が小さくなる。表より，酸化銀1.00gを加熱したとき，皿全体の質量が加熱前に比べて加熱後には13.56−13.49＝0.07(g)小さくなっているので，発生した酸素は0.07gである。

問5＜反応する物質の質量＞問4より，酸化銀の質量が1.00gのとき，発生した酸素の質量が0.07gなので，生成する銀の質量は1.00−0.07＝0.93(g)である。よって，酸化銀の質量が1.00gの6倍の6.00gになると，生成する銀の質量も0.93gの6倍になり，0.93×6＝5.58(g)である。

7〔地球と宇宙〕

問1＜エネルギー＞図1より，太陽から地球の距離を2とすると，太陽から火星の距離は3になる。このとき，地球を照らす面積を2×2＝4とすると，火星を照らす面積は3×3＝9になるので，距離が1.5倍離れると照らす面積は$9\div4=\frac{9}{4}$(倍)となる。つまり，同じ量の光のエネルギーが$\frac{9}{4}$倍の面積を照らすことになるので，単位面積当たりの光のエネルギー量は，$1\div\frac{9}{4}=\frac{4}{9}$(倍)になる。また，図2より，太陽の光を受ける面を円とし，地球の半径を1とすると，光を受ける面の面積は，地球が$\pi\times1^2=\pi$，火星は半径が地球の$\frac{1}{2}$だから，$\pi\times\left(\frac{1}{2}\right)^2=\frac{1}{4}\pi$となる。よって，火星が太陽からの光を受ける面の面積は，地球の$\frac{1}{4}$倍である。したがって，火星は地球に比べて単位面積当たりの光のエネルギー量が$\frac{4}{9}$倍，光を受ける面積が$\frac{1}{4}$倍だから，火星全体が受け取るエネルギー量は$\frac{4}{9}\times\frac{1}{4}=\frac{1}{9}$(倍)となる。

問2＜放射＞太陽から地球へ熱が伝わるように，接触していない離れた物質の間でエネルギーが伝わる現象を放射という。なお，接触している物質間でエネルギーが移動するのを伝導，液体や気体の移動に伴ってエネルギーが移動するのを対流という。

問3＜惑星＞火星の大気は主に二酸化炭素から構成されている。よって，誤りを含むのはウである。

問4＜水の循環＞1．平面に降った水量Rのうち，水たまりの水量Pは，Rから蒸発した水量Eと水たまりに入らず平面に残る水量F，地下に浸透した水量Gを除いた量である。よって，P＝R−E−F−Gと表される。　2．5mmは0.5cmであり，1mが100cmより，$1m^2$は100×100＝10000(cm^2)だから，$100m^2$は100×10000＝1000000(cm^2)である。よって，降水量は，1000000×0.5＝500000(cm^3)で，この10%は$500000\times\frac{10}{100}=50000$($cm^3$)となる。ここで，1Lは$1000cm^3$だから，浸透した水の量は50000÷1000＝50(L)である。

国語解答

一 (1) イ　(2) エ　(3) ウ　(4) ア
(5) ウ　(6) ア

二 問1 イ　問2 エ　問3 ウ
問4 ア　問5 イ　問6 ウ，エ
問7 ア

三 問1 イ　問2 イ
問3 a…ウ　b…エ　c…ア
問4 エ　問5 イ　問6 ア
問7 ウ　問8 ウ

四 問1 (a)…ウ　(b)…エ　問2 ア
問3 イ　問4 エ　問5 イ
問6 ア　問7 エ

一〔漢字〕

(1)「幹事」は，会合や団体などの運営や事務を行う役目。または，その役目を果たす人。　(2)「忠誠心」は，君主や団体に一途に尽くす心。　(3)「供」の音読みは「供給」などの「キョウ」。　(4)「鋼鉄」は，精錬の過程で炭素を減らした鉄のこと。　(5)「分布」は，あちこちに散らばって，存在すること。　(6)「風潮」は，時代とともに変化する，世間の傾向のこと。

二〔論説文の読解―芸術・文学・言語学的分野―文学〕出典；中西進『ことばのこころ』。

≪本文の概要≫『紫式部日記』の「秋のけはひ」で始まる文章は，秋の名文として知られている。この文章の特徴は，まず，描写の中に，何一つ際立った秋の景物がないことである。特にどこの何が秋めくというのでもなく，それでいて秋の気配が立つという季節の体感こそが，秋の感触なのだろう。また，きわめて直覚的な季節の認識が，それぞれの景物の中で連動して感じられているのも，この文章の特徴であろう。作者は，季節を深めゆく自然と，深く対面しているのである。古典文学の秋といえば，当然，三夕の歌だが，『新古今集』の配列は，まことに見事である。山，沢，浦と場所を変えて，同じ季節の同じ時刻をよんだ歌が並べられている。三首ともに，いかにも秋らしいとはいえない景物を取り上げているのが，中世的といえよう。また，三首に共通するのは，否定の表現である。秋の風景は，否定のいい方と無意識に結びついているのに違いない。

問1＜**文学史**＞『枕草子』は，平安時代中期の随筆で，作者は清少納言。『土佐日記』は，平安時代前期の日記文学で，作者は紀貫之。『方丈記』は，鎌倉時代前期の随筆で，作者は鴨長明。『徒然草』は，鎌倉時代後期の随筆で，作者は兼好法師。

問2＜**現代語訳**＞「む」は，意志を表す助動詞。「方」は，方法・手段のこと。「をかし」は，興趣深い，という意味。言葉で言おうとしても，その方法がないほど興趣深い，という意味。

問3＜**品詞**＞「他はない」，「景物がない」，「ちがいない」の「ない」は，「ぬ」に置き換えられない。

問4＜**文章内容**＞「秋のけはひ～」の文章の「描写の中には何一つ，きわ立った秋の景物がない」のに，紫式部は，「秋のけはいがたつという季節の体感」をとらえている。そのように，「作者の目や耳に，あれこれの景物が一つの生命体をなして感じられることこそ，自然の季節を深めゆく営みとの，いちばん深い対面なので」あり，それこそが，この文章が秋の名文といわれる理由なのである。

問5＜**文章内容**＞「山，沢，浦と場所をかえて，秋の夕ぐれという同じ季節の同じ時刻を歌う」歌を三首続けて並べて，「それぞれの地勢に応じて，秋の夕ぐれはこのようですよ」と紹介しているので，この配列は，「まことにみごと」なのである。

問6＜**文章内容**＞「さびしさは」の歌では，「槇」に覆われた「『その色としもない』風景」が典型的な山路の夕ぐれの秋である(ア…○)。「心なき身にも」の歌は，「渡り鳥の鴫が飛び立つ」沢に秋のあわれが感じられる(イ…○)。「見わたせば」の歌で前二首に対するのが，「古来わびしいものと相場がきまっていた」「苫屋」であり，これらが「中世的な秋」の「象徴的な点景として」取りあげられている(オ…○)。西行は，「鳥の上に流浪の旅の自画像を重ねている」のである(ウ…×)。藤原定家は，「中世的な秋」を歌う際に，「花，紅葉を否定」している(エ…×)。

問７**＜和歌の技法＞**「三夕の歌」は，いずれも体言で終わっており，通常とは語順が逆になっている。

三〔**論説文の読解―自然科学的分野―科学**〕出典；中屋敷均『科学と非科学』。

≪本文の概要≫科学の歴史をひも解けば，たくさんの間違いが発見され，そして消えていった。誤った仮説が提出されることは，科学において日常茶飯事である。しかし，その中でも，現実をよく説明する「適応度の高い仮説」は，長い時間の中で批判に耐え，後世に残っていく。科学は，どんどん成長・進化していくものであり，それが科学の最大の長所なのである。しかし，科学が成長・進化するものであることは，科学の世界に「不動の真理」は存在しないことを意味する。だから，科学的知見には，その仮説がどれくらい確からしいのかという確度の問題が存在するだけなのである。我々は，より正確な判断のために，科学的知見の確からしさに対して正しい認識を持つべきであるが，科学的知見の確度の判定は難しい。この困難さに忍び寄ってくるのが，権威の高さと情報の確度を同一視して判断する権威主義である。権威主義が全く役に立たないとはいわないが，「権威が言っているから正しい」というのは，妄信的な考え方であり，何かにしがみついているだけである。

問１**＜慣用句＞**「枚挙にいとまがない」は，数が多すぎて，いちいち数えていられない，という意味。

問２**＜四字熟語＞**「玉石混交〔混淆〕」は，優れたものと大したことのないものが，入り混じっていること。

問３**＜接続語＞**ａ．さまざまな科学的知見の「確からしさを正確に把握して峻別」する方法の例として，「近年，医学の世界で提唱されている evidence-based medicine(EBM)という考え方」が挙げられている。　ｂ．EBMは，「より信頼できるデータ」を判断する基準を提供する意欲的な試みであるが，こういった「非専門家でも理解しやすい情報が，どんな科学的知見に対しても公開されている訳では」ないし，「科学的な情報の確度」を，単純に調査規模や分析方法という画一的な視点で判断してよいかというのにも，実際は「深刻な議論」がある。　ｃ．言うまでもなく，「権威ある賞に選ばれたり，権威ある雑誌に論文が掲載されるためには，多くの専門家の厳しい審査があり，それに耐えてきた知見はそうでないものより強靱さを持っている傾向が一般的に認められることは，間違いのないこと」である。

問４**＜文章内容＞**『ネイチャー』誌に掲載された「医学生物学論文の70％以上で結果を再現できなかった」のである。『ネイチャー』誌のような科学雑誌に掲載された論文でも，その大半に誤りかもしれないものがあることが「衝撃的」だったのである。

問５**＜文章内容＞**「現実をよく説明する『適応度の高い仮説』は長い時間の中で批判に耐え，その有用性や再現性故に，後世に残って」いき，「その仮説の適応度をさらに上げる修正仮説が提出されるサイクルが繰り返される」のである。科学の，そのようなサイクルは，「生物の『適者生存』」，つまり，「変化を生み出し，より適応していたものが生き残り，どんどん成長・進化していく」生物の姿に似ているのである。

問６**＜文章内容＞**科学において，絶え間ない修正により，「より強靱で真実の法則に近い仮説ができ上がって」も，その仮説は「決して100％の正しさを保証しない」のである。「もし100％正しいところまで修正されていたとしても，それを完全な100％，つまり科学として『それで終わり』と判定するようなプロセスが体系の中に用意されていない」のである。したがって，どんな科学的知見であっても，完全に正しいと判定することは，不可能なのである。

問７＜**文章内容**＞「神託を担う科学」において，「科学に従事する者たち」は，自分たちを権威ある者と見なし，「非専門家からの批判は無知に由来するものとして，聖書の寓言のような専門用語や科学論文の引用を披露することで，高圧的かつ一方的に封じ込めてしまう」のである。

問８＜**要旨**＞「科学の歴史を紐解けば，たくさんの間違いが発見され，そして消えていった」が，それは，むしろ，科学が「どんどん成長・進化」していることの現れである（ア…×）。「絶え間ない修正により，少しずつより強靱で真実の法則に近い仮説ができ上がってくる」が，科学においては，「何物も『不動の真理』ではない」のである（イ…×）。基礎科学と応用科学とでは「科学的な知見」の確度は大きく異なっているので，非専門家は確度の判定に関して専門家の意見を参考にするべきであるという考えは，間違ってはいないが，「権威主義による言説の確度の判定」には「危うさ」がある（エ…×）。人間には，「拠りどころのない『分からない』という不安定な状態でいるよりは，とりあえず何かを信じて，その不安から逃れてしまいたいという指向性」があるため，非専門家は，「権威が言っているから正しい」と思い込んで，安心したがる傾向がある（ウ…○）。

四〔**小説の読解**〕出典；青山七恵『わかれ道』。

問１(a)＜**語句**＞「おろす」は，衣類などの新品を初めて使う，という意味。　(b)＜**表現**＞「しおらしい」は，控えめで，おとなしく，従順なさま。

問２＜**心情**＞一人で家に帰ることを決めて歩いている「わたし」は，自分が「なにかとても勇気ある，ほかの子どもにはなかなか真似のできない，立派なことをしたような気持ち」になり，「通路を走って転んだり，カートにしがみついている小さな子どもたち」を幼稚だと感じたのである。

問３＜**心情**＞自動車は，道路の左側を走るので，父の車からは，左側の歩道を歩いた方が見つけやすい。父や姉が車から「わたし」を見つけて，車に乗るようにと声をかけてくれることを期待して，「わたし」は，左側の歩道を歩いていたのである。

問４＜**文章内容**＞父の車は，「わたし」を追い越していき，「わたし」が座っていた「助手席のうしろ」に別の誰かが座っているように「わたし」には見えた。「わたし」は，父と姉が自分に気づかなかったことにショックを受け，しかも，他の誰かに自分の居場所を奪われて，自分が自分ではなくなったような悲しみと強い不安を感じたのである。

問５＜**心情**＞「わたし」は，父の車で家に帰る途中に姉とケンカをして，途中のスーパーで車から飛び降りたのに，父と姉は，「わたし」が家で母と留守番をしているはずだと言った。「わたし」は，二人の思い違いを指摘しようとしたが，二人の服装が自分の記憶と違っていることに気づき，自分の記憶に自信を失って言葉を続けられなくなったのである。

問６＜**文章内容**＞「わたし」は，父の車が通り過ぎた後，自分の家への道のりに確信が持てなくなり，北極星を探したが，見つけられなかった。北極星は，「わたし」を家族の所へと導いてくれる，大切な道しるべであり，そんな北極星を見つめ続けることで，「わたし」は，家族の大切さを心に刻み込んでいたのである。

問７＜**表現**＞スーパーの中で，明るい光に照らされているとき，「わたし」は，元気で，自信に満ちていた。スーパーの外に出て，家への道を歩き始めたときも，外はまだ明るかったので，「わたし」は，強気でいることができた。しかし，父の車が「わたし」を追い越していったときには，外は，もう暗くなっていて，「わたし」は，急に心細くなってきた。泣きながら，暗い道を歩いていると，コンビニエンスストアの明かりが見えてきて，姉や父と再会することができ，「わたし」は，ほっとしている。このように，光は，時間とともに変化し，その光が明るいときには「わたし」の気持ちも明るくなり，暗くなると「わたし」の気持ちも暗くなるのである。

2019年度 国立高等専門学校

【英　語】（50分）〈満点：100点〉

1　次の各組の英文がほぼ同じ意味を表すように，（A）と（B）に入れるのに最も適当な組み合わせをア～エの中から一つずつ選びなさい。

(1)　Plants and animals (　A　) water to live.

Plants and animals cannot live (　B　) water.

ア　(A)　want　(B)　on　　イ　(A)　drink　(B)　by

ウ　(A)　need　(B)　without　　エ　(A)　use　(B)　for

(2)　This castle was (　A　) four hundred years ago.

This castle is four hundred years (　B　) now.

ア　(A)　building　(B)　age　　イ　(A)　making　(B)　building

ウ　(A)　made　(B)　from　　エ　(A)　built　(B)　old

(3)　Tom is (　A　) strong that he can carry the heavy box.

Tom is strong (　B　) to carry the heavy box.

ア　(A)　too　(B)　more　　イ　(A)　so　(B)　enough

ウ　(A)　very　(B)　most　　エ　(A)　such　(B)　much

(4)　I'm a (　A　) cook.

I can't cook (　B　).

ア　(A)　nice　(B)　good　　イ　(A)　wrong　(B)　bad

ウ　(A)　poor　(B)　well　　エ　(A)　better　(B)　much

(5)　(　A　) you don't hurry up, you will miss the last bus.

Hurry up, (　B　) you will miss the last bus.

ア　(A)　If　(B)　or　　イ　(A)　Though　(B)　but

ウ　(A)　When　(B)　however　　エ　(A)　Because　(B)　and

2　次の1～5の会話文の(　)に入る適切なものを，ア～エの中から一つずつ選びなさい。

1　A：Excuse me.　Can you tell me where the city library is ?

B：I'm sorry.　I'm just visiting here.

A：Oh, I see.　(　　　　)

ア　I'll visit here.　　イ　Here you are.

ウ　I'll ask someone else.　　エ　Help yourself.

2　A：Hello.　This is John.　May I speak to Mr. Tanaka ?

B：Sorry, but he's not here now.　(　　　　)

A：Yes, please.　Could you tell him that I'll be late for school ?

ア　Can I leave a message ?　　イ　Can I take a message ?

ウ　Can I tell you something ?　　エ　Can I ask you something ?

3　A：Here is a T-shirt I bought for you in Tokyo.

B：Thank you.　Where in Tokyo did you buy it ?

A：In Harajuku.　(　　　　)

B： Just once. I enjoyed shopping along the street.

ア Have you ever been there？　イ When did you buy it？

ウ How did you go there？　エ Where have you been？

4 A： We are planning to go swimming this Sunday. Would you like to come？

B： Thanks, but I'm busy this weekend.

A： That's too bad. (　　　　)

B： OK. Can I bring my brother with me？

A： Sure.

ア How about next Saturday？　イ Last Sunday was nice.

ウ Are you tired？　エ Have a good time.

5 A： We will have a birthday party for Lisa in the afternoon. Will you help me？

B： OK, Mom. How can I help you？

A： Will you put the cups on the table？

B： Sure. (　　　　)

A： Six, please.

ア How old are they？　イ How much do you need？

ウ How often do you need？　エ How many do you need？

3 次の文章は，ロケット(rocket)の製作に情熱を傾けたアメリカ人Robert Goddardに関するものです。これをよく読んで，後の問いに答えなさい。

Robert Goddard was one of the first American scientists who believed that rockets could fly to the moon. Before Goddard was born, rockets were only used as fireworks or as weapons in wars. Most scientists didn't think that rockets could (1) to travel into space.

Robert Goddard first started thinking about using rockets for space travel in high school. He graduated from high school in 1904 and made his first rocket while he was a university student. It didn't fly, but he (2) trying.

Goddard studied hard and became a teacher at a university. One day, he wrote a report about his ideas. In the report, he said that rockets could go to the moon someday. But in 1920, he read a story in *The New York Times* newspaper and was (3). The story said that Goddard was wrong and rockets could never fly into space. It also said that even high school students knew (4) about science than Goddard.

Goddard was angry and worked harder to make better rockets. He wanted to make a new kind of rocket (5) used a special fuel. Finally, (6) March 16, 1926, his new rocket flew 12 meters high.

Goddard never made a rocket that could fly to the moon, but he had many good ideas. He died in 1945. Later, scientists used his ideas to make bigger and better rockets. When the first men walked on the moon in 1969, *The New York Times* newspaper finally said Goddard's ideas were right.

(注) firework 花火　weapon 武器　space 宇宙　graduate 卒業する

The New York Times ニューヨークタイムズ社(米国の新聞社)　fuel 燃料

問1 本文中の(1)～(6)に入れるのに適切なものを，ア～エの中から一つずつ選びなさい。

(1) ア use　イ used　ウ be used　エ be using

（2） ア hoped　イ kept　ウ stopped　エ wanted
（3） ア agreed　イ learned　ウ shocked　エ watched
（4） ア little　イ many　ウ much　エ more
（5） ア that　イ these　ウ this　エ those
（6） ア at　イ in　ウ on　エ with

問2　本文の内容と合うものを次のア～オの中から二つ選びなさい。

ア　When Goddard was a high school student, he studied fireworks as weapons.
イ　Goddard made his first rocket when he was a university student.
ウ　Goddard became a high school teacher after he graduated from university.
エ　Goddard was the first man who made a rocket which could fly to the moon.
オ　An American newspaper said Goddard's ideas were right after he died.

4　次の1～5の会話文の(　)内の語句を並べ替え，それぞれの文を完成しなさい。解答は，(　)内において**3番目**と**5番目**にくるものの記号を選びなさい。なお，文頭にくる語も小文字で書かれています。

1　A：This temple is famous for its beautiful garden.
　B：I know.　I (ア are　イ heard　ウ on　エ painted　オ the pictures　カ the walls) also beautiful.

2　A：(ア for　イ minutes　ウ more　エ than　オ twenty　カ walking) every day is good for our health.
　B：Yes.　I run every morning.

3　A：It's so cold today.　Will you (ア drink　イ give　ウ hot　エ me　オ something　カ to)?
　B：OK.　How about hot milk?

4　A：Excuse me.　(ア arrive　イ at　ウ train　エ Yokohama　オ which　カ will) before noon?
　B：Take the next train on Track 2.

5　A：(ア does　イ from　ウ how　エ it　オ long　カ take) here to the city museum by taxi?
　B：About ten minutes.

5　次の文章および次のページの表をよく読んで，後の問いに答えなさい。なお，解答に際しては，問題文に書かれている事実以外を考慮する必要はありません。

Takashi is a junior high school student.　He lives with his parents and a sister.　His sister is a college student.　Mayumi is Takashi's classmate.　She lives next to his house.　Mayumi has a sister, too.　She is an elementary school student.　The two families like movies very much.

One Friday afternoon, Takashi's family went to a movie theater.　They arrived there at four thirty and chose movies to see.　Takashi and his father hurried to buy their tickets because their movie was going to begin in a few minutes.　The movie started as soon as they sat in their seats.　Takashi's sister chose a different movie and her mother also liked it.　They bought tickets and waited for about half an hour before their movie started.　After the family enjoyed the movies, they went home together.

The next morning, Takashi saw Mayumi and talked about the movie he saw with his father. She was very excited to hear about it and wanted to see the movie. Then she asked her father to take her to the theater, but he said he had to see the dentist that day. So, they decided to go to the movie the next day. Her mother and sister said they would like to join them. Her father reserved four movie tickets for his family on the Internet.

The next morning, Mayumi's family went to see the movie. They enjoyed the movie very much. After that, they had lunch and went shopping.

（注） movie theater 映画館　reserve 予約する

基本料金			
大人	大学生	中・高校生	小学生
1,800円	1,500円	1,000円	800円

インターネット予約特別料金	
大人1,800円を 1,500円に	大学生以下は 基本料金と同額

特別料金（大学生以上）	
毎週月曜日・男性	1,100円
毎週金曜日・女性	1,100円

タイトル	上映時間		
Stories of Love	9:45～11:45	15:00～17:00	18:25～20:25
The Robot War		14:15～16:00	16:35～18:20
The World of Animals	9:35～11:20	13:35～15:20	16:35～18:20
Jack the Rabbit	9:05～10:40		17:05～18:40

問い 本文の内容から考えて，次の１～５の英文の（　）に入る適切なものをア～エの中から一つずつ選びなさい。なお，映画のチケットは利用可能な最も安い料金で購入したものとして計算すること。

1 The movie that Takashi's mother and sister saw was (　　　　).
　ア Stories of Love　　イ The Robot War
　ウ The World of Animals　　エ Jack the Rabbit

2 Takashi's family spent (　　) to see the movies.
　ア 4,900 yen　イ 5,000 yen　ウ 5,400 yen　エ 6,100 yen

3 Takashi waited for his mother and sister for about (　　) before they went home.
　ア 10 minutes　イ 15 minutes　ウ 20 minutes　エ 30 minutes

4 Mayumi's family spent (　　) to see the movie.
　ア 4,000 yen　イ 4,800 yen　ウ 5,000 yen　エ 5,400 yen

5 The movie that Mayumi saw was (　　　　).
　ア Stories of Love　　イ The Robot War
　ウ The World of Animals　　エ Jack the Rabbit

6 次の文章をよく読んで，後の問いに答えなさい。

About 5,000 years ago, people in Egypt made bread with flour and water. They cooked the bread in the sun. When they traveled, they took bread with them. Other people also learned to make it. Bread became an important food in many places.

It is an old tradition to share bread and other food with friends. This tradition is called "breaking bread." The word "companion" (another word for "friend") tells us about this tradition. *Com* is an old word for "with" and *panis* is an old word for "bread." So a companion is "[1]," a friend.

In every country, family meals are an important tradition. But today people are often busy, and they cannot always eat with their family. Many years ago, the big meal of the day in France was lunch. But today many people are at work or at school at lunch time. So now, [2]. They often sit down at about 8:00 p.m. to eat and talk for an hour or two.

[A] → [B] → [C]

In some countries, there are traditional times for snacks. In England, for example, people ate a snack between breakfast and lunch called "elevenses." At 11:00 a.m. some people still [3].

In Spanish, "eleven" is *once*. In Chile, there is snack called *once*. People eat bread, meat, and cake. They drink tea or coffee and talk with friends. But people in Chile don't have their *once* at 11:00 in the morning. They have it around 5:00 in the afternoon.

In the past, many families worked on farms. On holidays and at harvest time, they had "feasts." A "feast" is a very large meal people eat with family and friends. Today, [4], but there are still traditional harvest feasts in the United States and Canada.

（注） Egypt エジプト　flour 小麦粉　at work 仕事中の　Spanish スペイン語
Chile チリ　in the past 昔は　farm 農場

問１ 本文第１段落中の下線部を説明した文として適切なものを，次のア〜ウの中から一つ選びなさい。

ア They made bread which looked like the sun.
イ They used energy from the sun to make bread.
ウ They traveled and made bread in many places.

問２ 本文中の空所 [1] に入れるのに適切なものを次のア〜ウの中から一つ選びなさい。

ア a person with bread
イ an old tradition with
ウ sharing breakfast with

問３ 本文中の空所 [2] に入れるのに適切なものを次のア〜ウの中から一つ選びなさい。

ア every family has a big lunch and a small dinner
イ a few families have a small lunch and a big dinner

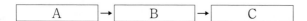

ウ　many families have a small lunch and a big dinner

問４　本文中の一つの段落を構成する空所 A ～ C には次の①～③の英文が入ります。文脈に合うように正しく並べ替えたものを下のア～ウの中から一つ選びなさい。

①　Then they eat a small dinner very late, at about 9:00 p.m.

②　So, families can eat a big lunch together.

③　In Spain, however, many stores and companies close for lunch.

ア　①→②→③　　イ　②→③→①　　ウ　③→②→①

問５　本文中の空所 3 に入れるのに適切なものを次のア～ウの中から一つ選びなさい。

ア　eat too much and don't walk or play outside

イ　stop working and have tea with bread or cake

ウ　feel hungry but they work hard until lunch time

問６　本文中の空所 4 に入れるのに適切なものを次のア～ウの中から一つ選びなさい。

ア　fewer families work on farms

イ　many people eat three big meals and lots of snacks

ウ　many adults and children are often busy at lunch time

問７　本文の内容と合うものを次のア～ウの中から一つ選びなさい。

ア　Families in the U.S. don't have traditional harvest feasts any more.

イ　The tradition of family meals is important in every country.

ウ　People have traditional times for meals because they work for a long time.

【数　学】（50分）〈満点：100点〉

（注意）　1　定規，コンパス，ものさし，分度器及び計算機は用いないこと。

2　問題の文中の $\boxed{\text{アイ}}$，$\boxed{\text{ウ}}$ などには，特に指示がないかぎり，負の符号（－）または数字（0～9）が入り，ア，イ，ウの一つ一つは，これらのいずれか一つに対応する。それらを解答用紙のア，イ，ウで示された解答欄に，マーク部分を塗りつぶして解答すること。

3　解答は解答欄の形で解答すること。例えば，解答が $\frac{2}{5}$ のとき，解答欄が $\boxed{\text{エ}}.\boxed{\text{オ}}$ ならば0.4として解答すること。

4　分数の形の解答は，それ以上約分できない形で解答すること。例えば，$\frac{2}{3}$ を $\frac{4}{6}$ と解答しても正解にはならない。また，解答に負の符号がつく場合は，負の符号は，分子につけ，分母にはつけないこと。例えば，$\frac{\boxed{\text{カキ}}}{\boxed{\text{ク}}}$ に $-\frac{3}{4}$ と解答したいときは，$\frac{-3}{4}$ として解答すること。

5　根号を含む形で解答する場合，根号の中に現れる自然数が最小となる形で解答すること。例えば，$4\sqrt{2}$ を $2\sqrt{8}$ と解答しても正解にはならない。

1　次の各問いに答えなさい。

(1)　$\frac{2}{3}\div\left(-\frac{4}{9}\right)+(-2)^2\times\frac{1}{5}$ を計算すると $\frac{\boxed{\text{アイ}}}{\boxed{\text{ウエ}}}$ である。

(2)　$\frac{1}{\sqrt{75}}\times\frac{\sqrt{45}}{2}\div\sqrt{\frac{3}{20}}$ を計算すると $\boxed{\text{オ}}$ である。

(3)　2次方程式 $x^2-3x-1=0$ を解くと $x=\frac{\boxed{\text{カ}}\pm\sqrt{\boxed{\text{キク}}}}{\boxed{\text{ケ}}}$ である。

(4)　y は x に反比例し，$x=2$ のとき $y=9$ である。このとき，x の値が2から6まで増加するときの変化の割合は $\frac{\boxed{\text{コサ}}}{\boxed{\text{シ}}}$ である。

(5)　50円硬貨3枚と100円硬貨2枚がある。この5枚の硬貨を同時に投げるとき，表が出た硬貨の合計金額が150円となる確率は $\frac{\boxed{\text{ス}}}{\boxed{\text{セソ}}}$ である。ただし，これらの硬貨を投げるとき，それぞれの硬貨は表か裏のどちらかが出るものとし，どちらが出ることも同様に確からしいものとする。

(6)　下の表は生徒10人が最近1か月に読んだ本の冊数を示したものである。この10人が読んだ本の冊数の平均値は $\boxed{\text{タ}}.\boxed{\text{チ}}$ 冊であり，中央値（メジアン）は $\boxed{\text{ツ}}$ 冊である。

生　徒	A	B	C	D	E	F	G	H	I	J
冊数（冊）	1	0	2	10	8	6	1	5	9	3

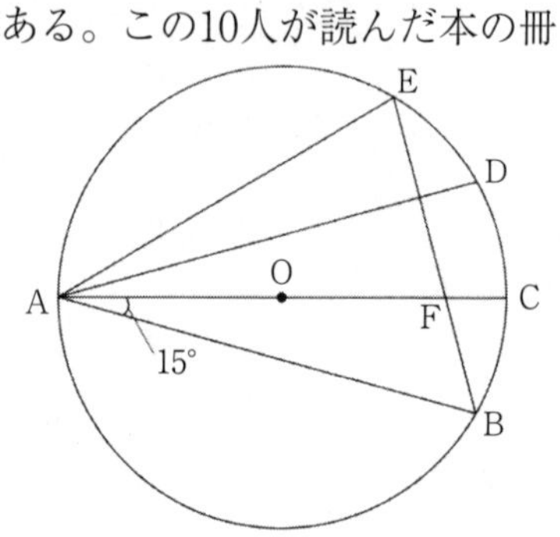

(7)　右の図のように，円Oの周上に5点A，B，C，D，Eをとる。線分ACは円Oの直径であり，$\overset{\frown}{BC}=\overset{\frown}{CD}=\overset{\frown}{DE}$，$\angle BAC=15°$ である。線分ACとBEの交点をFとするとき，$\angle AFE=\boxed{\text{テト}}°$ である。

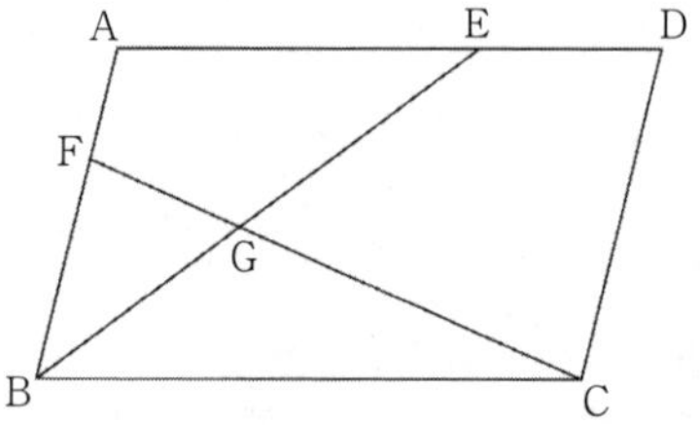

(8)　右の図のように，平行四辺形ABCDの辺AD上にAE：ED＝2：1となる点Eをとり，辺AB上にAF：FB＝1：2となる点Fをとる。線分BEとCFの交点をGとするとき，FG：GCを最も簡単な自然数の比で表すと $\boxed{\text{ナ}}:\boxed{\text{ニ}}$ である。

2　底面の１辺が５mmの正六角柱の鉛筆を，写真１，写真２のように束ね，床においた。このとき，下の各問いに答えなさい。

写真１

写真２

(1)　鉛筆を写真１のように束ねる。図１は，鉛筆を１周目として，１本のまわりに隙《すき》間なく束ね，続けて２周目として，１周目のまわりに隙間なく束ねたものを，鉛筆の六角形の面の方からみた図である。

図１

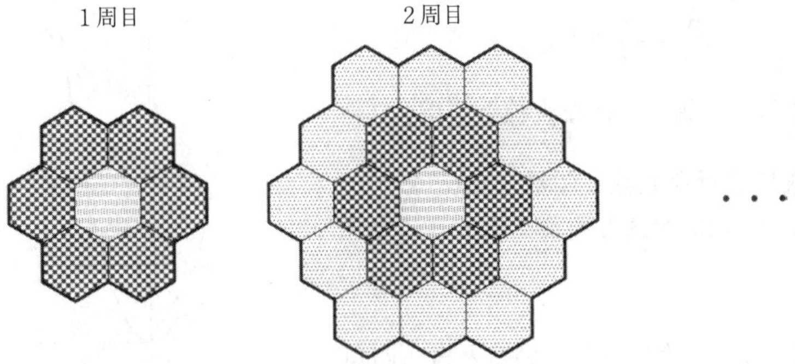

これを続けて６周目を作って束ねたとき，一番外側の鉛筆の本数は [アイ] 本である。また，このとき，一番外側の辺の長さの合計(図１の太線部分)は [ウエオ] mmである。

(2)　鉛筆を写真２のように束ねる。図２は，床に接する鉛筆が２本で，２段の鉛筆を束ね，続けて床に接する鉛筆が４本で，４段の鉛筆を束ねたものを，鉛筆の六角形の面の方からみた図である。

図２

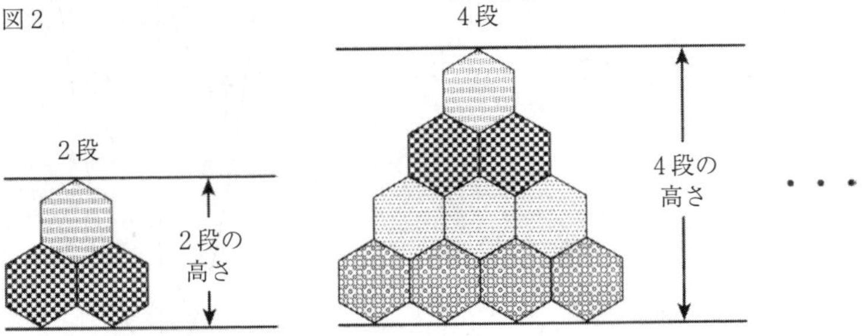

床に接する鉛筆が $2n$ 本で，$2n$ 段の鉛筆を束ねたとき，この束の高さは，n を用いて表すと

$$\boxed{カキ}\,n+\frac{\boxed{ク}}{\boxed{ケ}}\ (\mathrm{mm})$$

である。また，束の高さが182.5mmのとき，床に接する鉛筆は [コサ] 本である。

3 右の図1のように，関数 $y=ax^2$ のグラフと関数 $y=mx+n$ のグラフが2点A，Bで交わっていて，次の3つの条件を満たしている。

① 関数 $y=ax^2$ について，x の変域が $-\dfrac{1}{3}\leqq x\leqq 1$ のとき，y の変域は $0\leqq y\leqq 3$ である。

② 点Aの x 座標は1，点Bの x 座標は $-\dfrac{1}{3}$ である。

③ 点Pは関数 $y=ax^2$ のグラフ上にあり，原点Oと点Aの間を動く。

このとき，次の各問いに答えなさい。

(1) a の値は $\boxed{\text{ア}}$ である。

(2) m の値は $\boxed{\text{イ}}$，n の値は $\boxed{\text{ウ}}$ である。

(3) 右の図2のように，点Pを通り，x 軸に平行な直線と関数 $y=ax^2$ のグラフの交点をSとする。点Pの x 座標が $\dfrac{1}{2}$ のとき，直線ABと直線OSの交点の座標は $\left(\dfrac{\boxed{\text{エオ}}}{\boxed{\text{カ}}},\ \dfrac{\boxed{\text{キ}}}{\boxed{\text{ク}}}\right)$ である。

(4) 右下の図3のように，点Pを通り，y 軸に平行な直線と直線ABの交点をQとし，点Pを通り，x 軸に平行な直線と関数 $y=ax^2$ のグラフの交点をSとする。また，四角形PQRSが長方形となるように点Rをとる。

このとき，次の(i)，(ii)に答えなさい。

(i) 四角形PQRSの面積が，直線ABで二等分されているとき，四角形PQRSの面積は $\dfrac{\boxed{\text{ケ}}}{\boxed{\text{コ}}}$ である。

(ii) 四角形PQRSが正方形のとき，点Pの x 座標は $\dfrac{\sqrt{\boxed{\text{サ}}}}{\boxed{\text{シ}}}$ である。

図1

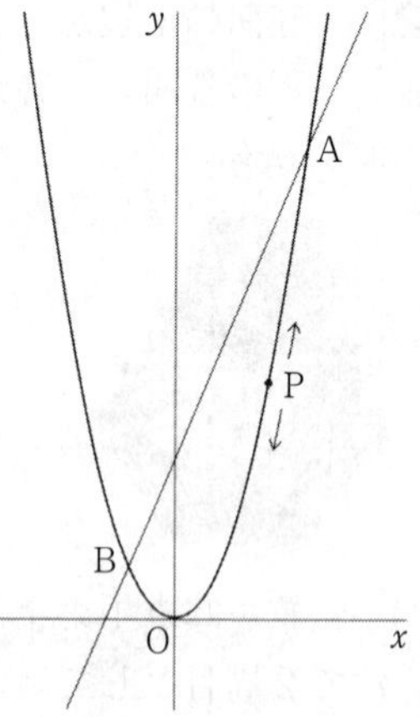

図2

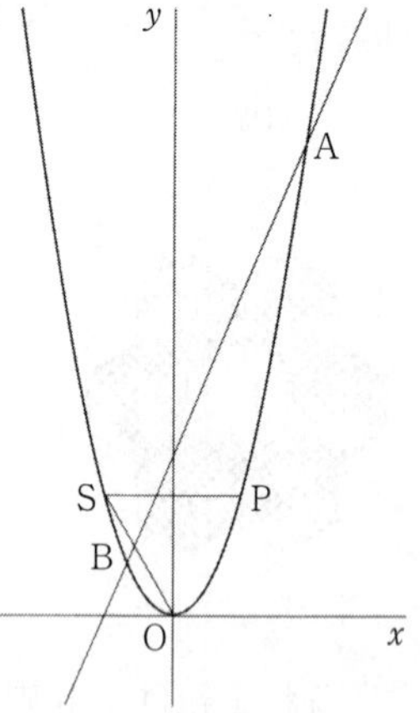

図3

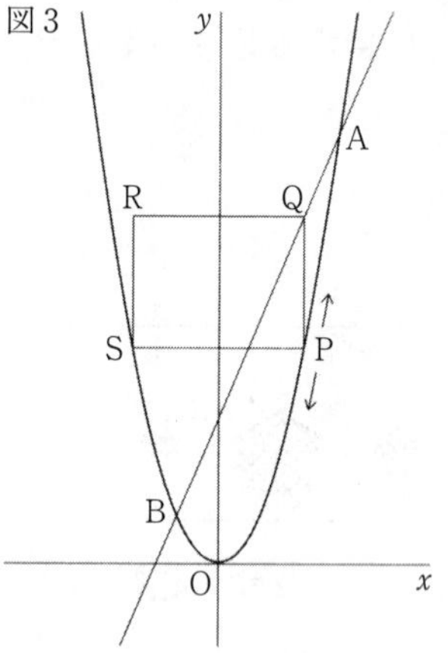

4　下の図1は，横の長さが$17\sqrt{5}$cmの長方形の紙にぴったり入っている円錐《すい》Aの展開図であり，底面の中心とおうぎ形の中心を結ぶ直線は，円錐Aの展開図の対称の軸である。図2は，球Oに円錐Aがぴったり入っている様子を表した見取図であり，図3は，円錐Aに球O′がぴったり入っている様子を表した見取図である。図4は，図2と図3を合わせたものである。

図1

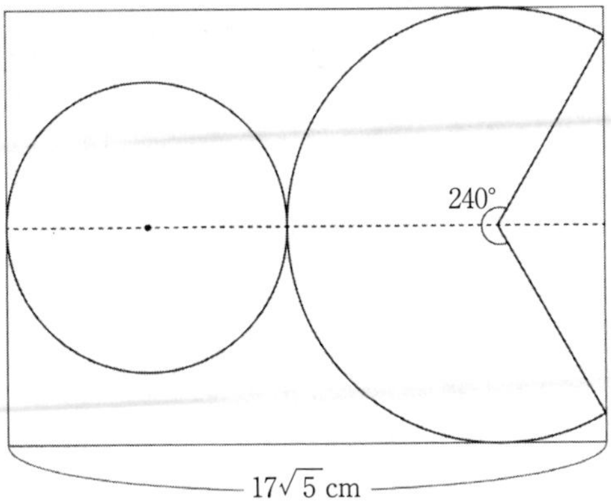

図2

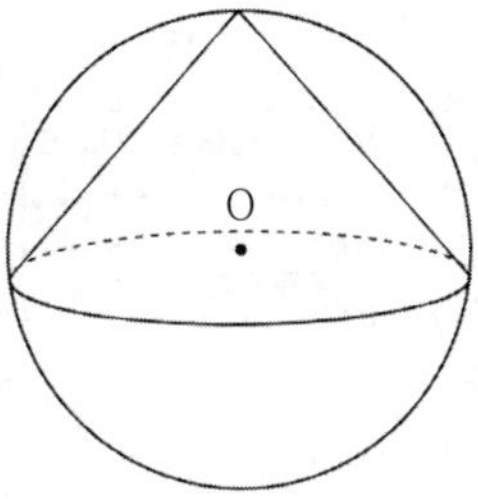

図3

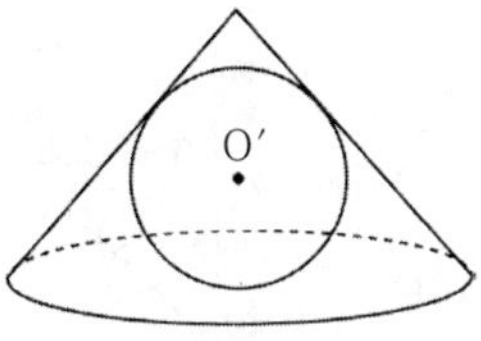

図4

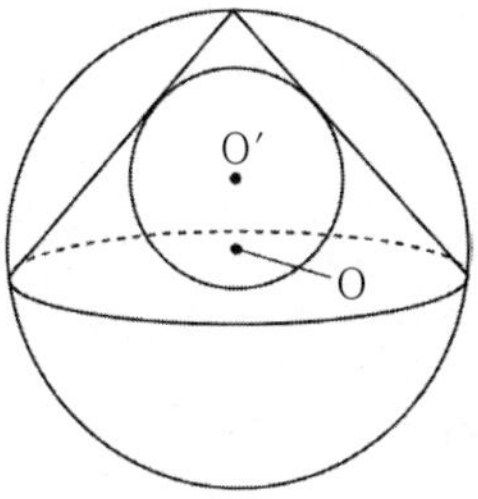

このとき，次の各問いに答えなさい。

(1) 円錐Aの底面の半径は［ア］$\sqrt{［イ］}$ cmである。

(2) 円錐Aの高さは［ウエ］cmである。

(3) 球Oの半径は［オ］cmである。

(4) 円錐Aの体積をV，球O′の体積をWとして$V:W$を最も簡単な自然数の比で表すと［カキ］：［ク］である。

(5) 球Oの中心と球O′の中心の間の距離は［ケ］cmである。

【社　会】（50分）〈満点：100点〉

1　アジアの地域，国，都市について，**問1**から**問4**までの各問いに答えよ。

問1　図1のAからFの都市に，図2で示した**い**から**ほ**の雨温図，およびその都市が含まれる気候区の説明文①から⑤をそれぞれ一つずつ組み合わせると，当てはまらない都市が一つ残る。その都市を，下のアからカのうちから一つ選べ。

図1

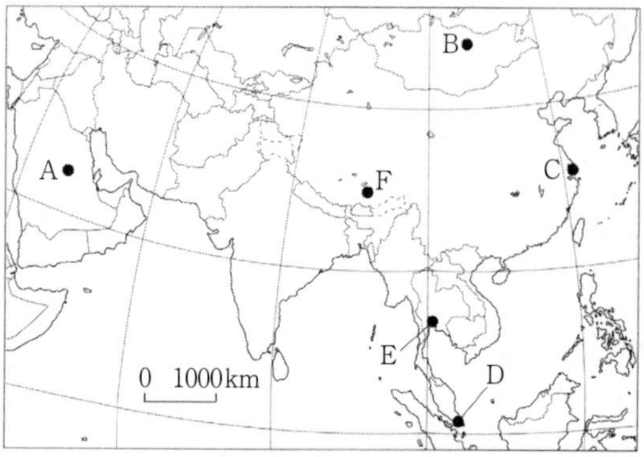

図2

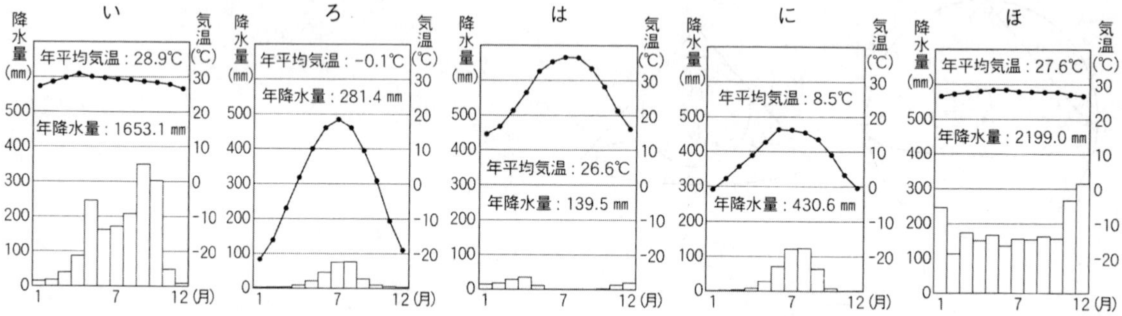

（気象庁ホームページより作成（1981～2010））

説明文

① 一年中高温多雨で，背の高い密林が形成される地域もある。
② 降水量が極度に少なく，樹木が育たない砂漠が広がる。
③ 標高が非常に高く，同緯度の低地より平均気温が低くなる。
④ 降水量が少なく，短い草の生える草原が広がる。
⑤ 一年中高温だが，雨季と乾季がはっきり分かれ，丈の高い草原とまばらな樹林が広がる。

ア　A　　イ　B　　ウ　C　　エ　D　　オ　E　　カ　F

問2　表1は，図1のAからFの都市が属する国LからPについて，その国の面積と人口を示したものである。LからPの国名の組み合わせとして最も適当なものを，次のアからカのうちから一つ選べ。

ア　L：パキスタン，M：モンゴル，N：中国
イ　L：イスラエル，N：中国，O：シンガポール
ウ　M：ネパール，N：中国，O：マレーシア
エ　L：サウジアラビア，O：シンガポール，P：タイ

表1

都市	都市が属する国	その国の面積（千km^2）	その国の人口（千人）2017年
A	L	2207	32938
B	M	1564	3076
C，F	N	9600	1409517
D	O	0.72	5708
E	P	513	69038

（『データブック オブ・ザ・ワールド 2018年版』（二宮書店）より作成）

オ　M：ネパール，N：中国，P：インドネシア
カ　M：モンゴル，O：マレーシア，P：タイ

問3　表1の国のうち，人口密度が一番低い国はどれか。次のアからオのうちから一つ選べ。
ア　L　　イ　M　　ウ　N　　エ　O　　オ　P

問4　表2は，地球温暖化の大きな要因と考えられるCO_2(二酸化炭素)の国別の排出量の，2014年における上位13か国を示したものである。WからZは，それぞれインド，インドネシア，韓国，中国のいずれかの国を示している。表2と解説を参考に4か国を当てはめていくと，Yがどの国に相当するか，下のアからエのうちから一つ選べ。

表2

2014年国別ランキング	国	CO_2排出量(百万t)		1人当たりCO_2排出量(t)(2014年)
		1990年	2014年	
1	W	2109	9135	6.66
2	アメリカ合衆国	4803	5176	16.22
3	X	530	2020	1.56
4	ロシア	2163	1468	10.20
5	日本	1041	1189	9.35
6	ドイツ	940	723	8.93
7	Y	232	568	11.26
8	イラン	171	556	7.12
9	カナダ	420	555	15.61
10	サウジアラビア	151	507	16.40
11	ブラジル	184	476	2.31
12	南アフリカ共和国	244	437	8.10
13	Z	134	437	1.72

(『地理統計 2017年版』(帝国書院)より作成)

解説

CO_2の排出は化石燃料の消費によるところが大きく，工業化の進んだ国で排出量は多くなる。古くからの先進工業国では，1990年から2014年までの排出量は増加が比較的小幅に抑えられているかまたは減少している。一方，先進国より遅れて急激に工業化が進んだ新興国では，1990年に比べて2014年のCO_2排出量が著しく増加した。

ア　インド　　イ　インドネシア　　ウ　韓国　　エ　中国

2　問1から問3までの各問いに答えよ。

問1　次のページの表1と表2に示したAからDは，鉄鉱石，天然ガス，石炭，原油の生産高上位5カ国および日本の輸入相手国上位5カ国とその割合を，それぞれ示したものである。このうち，鉄鉱石を示しているものを，下のアからエのうちから一つ選べ。

※天然ガスは日本に輸入された場合は，液化天然ガスを指す。また，天然ガスにはシェールガスを含む。

ア　A　　イ　B　　ウ　C　　エ　D

問2　次のページの表3の①から④は，中国，インド，オーストラリア，サウジアラビアの一人あたりの国民総所得である。日本とアメリカ合衆国を参考にして，一人あたりの国民総所得と国の組み合わせとして正しいものを，次のアからエのうちから一つ選べ。

ア　①—オーストラリア　②—中国　　③—サウジアラビア　④—インド

イ　①—オーストラリア　②—インド　③—サウジアラビア　④—中国
ウ　①—サウジアラビア　②—インド　③—オーストラリア　④—中国
エ　①—サウジアラビア　②—中国　③—オーストラリア　④—インド

表１　鉄鉱石，天然ガス，石炭，原油の生産高上位５カ国とその割合

	A	B	C	D
1位	中国 56.5%	中国 29.4%	アメリカ合衆国 19.6%	ロシア 13.6%
2位	インド 8.6%	オーストラリア 25.5%	ロシア 19.5%	サウジアラビア 13.0%
3位	アメリカ合衆国 7.0%	ブラジル 16.6%	カタール 4.6%	アメリカ合衆国 12.0%
4位	インドネシア 6.0%	インド 6.5%	イラン 4.5%	中国 5.5%
5位	オーストラリア 4.9%	ロシア 4.1%	カナダ 4.4%	イラク 4.9%

（%：生産量による百分比　『日本国勢図会 2016/17』より作成）

表２　鉄鉱石，天然ガス，石炭，原油の日本の輸入相手国上位５カ国とその割合

	A	B	C	D
1位	オーストラリア 65.0%	オーストラリア 55.4%	オーストラリア 21.9%	サウジアラビア 33.4%
2位	インドネシア 17.1%	ブラジル 30.9%	マレーシア 18.3%	アラブ首長国連邦 25.3%
3位	ロシア 8.8%	南アフリカ共和国 5.5%	カタール 17.2%	ロシア 8.8%
4位	カナダ 4.2%	カナダ 3.3%	ロシア 8.9%	カタール 8.1%
5位	アメリカ合衆国 3.2%	チリ 1.5%	インドネシア 6.9%	クウェート 7.8%

（%：ＡとＣは重量，Ｂは金額，Ｄは容量による百分比
『日本国勢図会 2016/17』より作成）

表３　中国，インド，オーストラリア，サウジアラビアの一人あたりの国民総所得　単位：ドル

①	②	③	④	日本	アメリカ合衆国
24787	1567	60360	7592	37765	55794

（『日本国勢図会 2016/17』より作成）

問３　次のページの図のＷからＹは，京浜工業地帯，中京工業地帯，阪神工業地帯の製造品出荷額の推移を示したものである。ＷからＹの組み合わせとして正しいものを，次のアからカのうちから一つ選べ。

ア　Ｗ—京浜工業地帯　Ｘ—阪神工業地帯　Ｙ—中京工業地帯
イ　Ｗ—京浜工業地帯　Ｘ—中京工業地帯　Ｙ—阪神工業地帯
ウ　Ｗ—中京工業地帯　Ｘ—阪神工業地帯　Ｙ—京浜工業地帯
エ　Ｗ—中京工業地帯　Ｘ—京浜工業地帯　Ｙ—阪神工業地帯
オ　Ｗ—阪神工業地帯　Ｘ—京浜工業地帯　Ｙ—中京工業地帯
カ　Ｗ—阪神工業地帯　Ｘ—中京工業地帯　Ｙ—京浜工業地帯

図　工業地帯の製造品出荷額

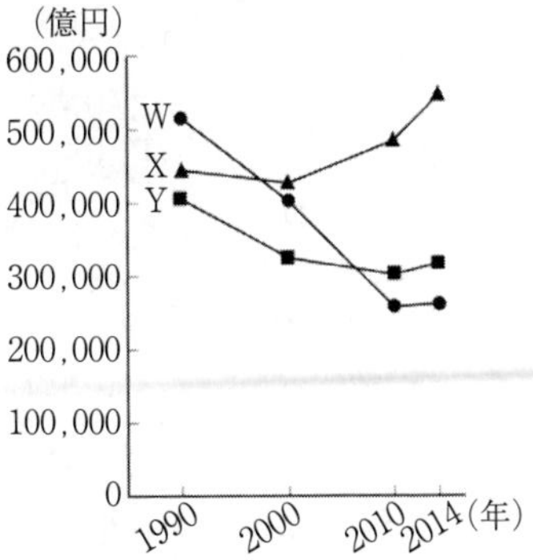

(『日本国勢図会 2016/17』より作成。なお，各工業地帯の製造品出荷額は，次の都府県を合計したものである。
京浜：東京，神奈川　中京：愛知，三重　阪神：大阪，兵庫
また，2002年以降の統計には，製造品出荷額に新聞・出版業は含まれない。)

3　問１，問２に答えよ。

問１　次の表の①から④はカナダ，アメリカ合衆国，チリ，ニュージーランドの，排他的経済水域面積，国土面積，国土面積に対する排他的経済水域面積の比，人口密度を示したものである。表の①から④の国の組み合わせとして正しいものを，下のアからエのうちから一つ選べ。

表

国	排他的経済水域面積（万 km^2）	国土面積（万 km^2）	国土面積に対する排他的経済水域面積の比	人口密度（人／km^2）
①	762	983.4	0.8	33
②	483	26.8	17.9	17
③	470	998.5	0.5	4
④	229	75.6	3.0	24

排他的経済水域の面積には領海を含む。(『海洋白書2015』，『日本国勢図会 2016/17』より作成)

ア　①―アメリカ合衆国　②―ニュージーランド　③―カナダ　④―チリ
イ　①―カナダ　②―チリ　③―アメリカ合衆国　④―ニュージーランド
ウ　①―アメリカ合衆国　②―チリ　③―カナダ　④―ニュージーランド
エ　①―カナダ　②―ニュージーランド　③―アメリカ合衆国　④―チリ

問２　右の図のアからエは，日本の漁業の1960年代から現在までの遠洋漁業，沖合漁業，沿岸漁業，海面養殖業の，それぞれの生産量の変化を示したものである。説明文の漁業の種類に当てはまるものを，図のアからエのうちから一つ選べ。

説明文

> この漁業は，船を長時間動かすため燃料となる石油の価格変動の影響を受けやすい。また，排他的経済水域の設定が国際的に広まった影響を大きく受けた。そして，海洋資源の保全などを目的として漁獲量が制限されたため，この漁業の生産量は，総じて減少し続けている。

図

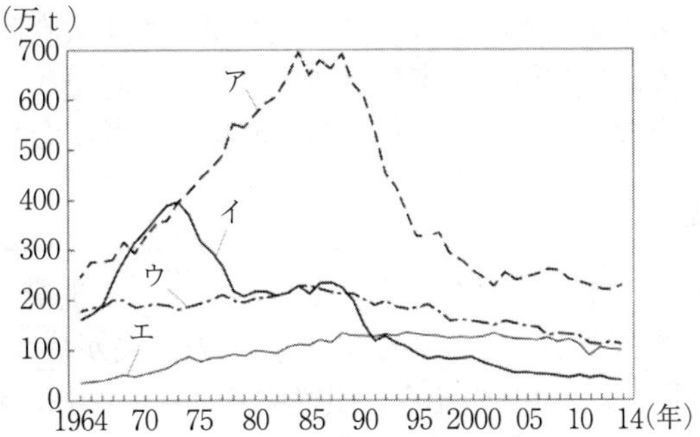

(『日本国勢図会 2016/17』より作成)

4　右の図を見て，問１，問２に答えよ。

図

問１　図のＡからＦの地点についての文として誤っているものを，次のアからカのうちから二つ選べ。なお，解答の順番は問わないこととする。

ア　Ａを本拠地にした一族は北方の産物や砂金の貿易で栄えて東北地方を支配したが，豊臣秀吉の軍勢によって滅ぼされた。

イ　Ｂに幕府が開かれた当初，幕府から正式に渡航を認める証書を得た大名や豪商が東南アジアとの貿易をおこなった。

ウ　Ｃの都に設置された市では，各地の品物が取引され，朝廷が鋳造《ちゅうぞう》した貨幣が使用された。

エ　Ｄにおかれた幕府は，明との貿易をはじめ，その利益は幕府の財源となった。

オ　Ｅが勘合貿易や南蛮貿易の拠点として栄えていたころ，これらの貿易で大量の銀が輸入され，銅が輸出された。

カ　Ｆに九州を治める重要な役所がおかれたころ，防衛のために各地から送られた防人《さきもり》のとりまとめもこの役所がおこなった。

問２　図のＧは，中継貿易で栄えた国の都である。尚《しょう》氏が王朝を開いてから，薩摩《さつま》藩に征服されるまでの間と同じ時期に，他の地域で起きた出来事を，次のアからエのうちから一つ選べ。

ア　天皇は，仏教は国家を守り，平安をもたらすものと考え，各地に国分寺を建てさせた。

イ　阿弥陀仏にすがって極楽浄土に生まれ変わることを願う浄土信仰が広まり，平等院鳳凰堂が建てられた。

ウ　法華経を重視した日蓮が，南無妙法蓮華経という題目を唱えることで人も国も救われると説いた。

エ　禅宗の寺の建築様式を武士の住まいに取り入れた書院造が生まれ，東山に銀閣が建てられた。

5　次の史料１，史料２を読み，問１から問３までの各問いに答えよ。なお，いずれの史料も現代語に訳し，一部を変えたり省略したりしてある。

史料１

> …高貴な人や芸能人は別にして，一般の町人は金銀を多くもつ者が世の中に名前を知られるのである。…大阪にも江戸で売る酒を造り始めて一門繁栄している者がいる。…小早船《こばやぶね》で大阪と江戸の間を往復する廻船《かいせん》を作りだして舟問屋《ふなどんや》として有名になった者もいる。…これらは近年のにわか成金で，ここ三十年の間に成功した者ばかりである。

史料２

> …日本の国力を増すには，［　　　］の開発よりほかはない。現状のまま［　　　］を放っておいて，万が一「カムサスカ」の先住民が［　　　］に移り住むようになれば，［　　　］の人々は「ヲ《(オ)》ロシヤ」の命令に服従するようになり，わが国の支配を受けなくなるだろう。

問１　史料１は，大阪・京都を中心に町人文化が花開いた時期に出版された書物の一節である。下線部のように，この時期には交通や流通の整備を背景に経済が大きく発展した。この時期の交通と流通の様子について正しいものを，次のアからエのうちから一つ選べ。

ア　商業が活発になって各地の定期市《いち》の回数が増え，物資を運ぶ馬借《ばしゃく》や，問《とい》(問丸《といまる》)とよばれる運送業を兼ねた倉庫業者が出現した。

イ　庶民も旅行がしやすくなり，伊勢参りや四国巡礼など観光を兼ねた寺社参詣《さんけい》がさかんになり，旅道中《たびどうちゅう》をこっけいに描いた文学なども登場した。

ウ　江戸を中心に東海道や中山道《なかせんどう》などの五街道がととのい，参勤交代の巨額な出費によって街道沿いの宿場がうるおいはじめた。

エ　同業者組合である座が廃止されて商工業者に自由な営業が認められるようになり，流通のさまたげになる関所も廃止された。

問２　次の図①から④のうちから史料１と同じ時期に製作された絵画を一つ選び，その絵画と作者名との組み合わせとして正しいものを，下のアからクのうちから一つ選べ。

図①

図②

図③

図④

（『図説日本史通覧』（帝国書院）掲載の図をもとに一部改変して作成）

【作者名】

A　狩野永徳《かのうえいとく》　　B　菱川師宣《ひしかわもろのぶ》　　C　葛飾北斎《かつしかほくさい》　　D　雪舟《せっしゅう》

ア　図①－A　　イ　図③－A　　ウ　図②－B　　エ　図④－B

オ　図②－C　　カ　図③－C　　キ　図①－D　　ク　図④－D

問３　史料２は18世紀後半に工藤平助《くどうへいすけ》が著した書物の一節で，文中の□にはすべて同じ地名が入る。「この地」の説明文として正しいものを，次のアからエのうちから一つ選べ。

ア　貿易によって多くの日本の商人らが「この地」に進出し，やがてそこに住み着いた日本人による日本町《にほんまち》がつくられた。

イ　豊臣秀吉の出兵以後，「この地」との国交は途絶えていたが，江戸幕府成立後，対馬《つしま》藩のなかだちによって国交が回復した。

ウ　江戸幕府は「この地」に進出していた松前《まつまえ》氏にアイヌとの交易を独占的におこなう権限を与えた。

エ　鉱山の採掘や精錬の技術が発達し，「この地」の金銀山，石見《いわみ》・生野《いくの》の銀山，足尾《あしお》・別子《べっし》の銅山が開発された。

6　問１から問４までの各問いに答えよ。

年表

ア ⇕

岩倉使節団が欧米に派遣され，「この国」にも立ち寄った。

イ ⇕

「この国」の憲法を参考として大日本帝国憲法が発布された。

ウ ⇕

第一次世界大戦が始まり，日本を含めた連合国が「この国」と戦った。

エ ⇕

日本が「この国」とともに戦った第二次世界大戦が終結した。

※年表中の「この国」は全て同一の国であるが，国号や領域は時期によって異なる。

史料①

第151条　経済生活の秩序は，すべての人に人間たるに値する生活を保障する目的をもつ正義の原則に適合しなければならない。(後略)

第159条　労働条件および経済条件を維持し，かつ，改善するための団結の自由は，各人およびすべての職業について，保障される。(後略)

問１　史料①は，年表中の「この国」で制定された憲法の条文の一部である。条文の内容から判断して，この憲法が公布されたと考えられる期間を年表中の**ア**から**エ**のうちから一つ選べ。

問２　年表中の「この国」の首都で，**ア**から**エ**のいずれかの期間にオリンピック大会が開催された。このオリンピックのようすをレニ・リーフェンシュタール監督がまとめた記録映画は，『民族の祭典』『美の祭典』と題してトーキー映画が娯楽として普及し始めていた当時の日本でも上映された。この頃の「この国」の政治のようすを表したものを下のアからエのうちから一つ選べ。

※音声をともなわないサイレント映画に対して，音声の出る発声映画をトーキーと呼んだ。

ア　国王が政治権力の全てをにぎり，議会を開かずに国を治めていた。

イ　プロイセン王国が中心になって，国の統一が成し遂げられた。

ウ　ナチスが勢力を拡大して権力をにぎり，ヒトラーが独裁を確立していた。

エ　大戦で敗北して連合国の占領下で二つの国に分断され，それぞれが新しい憲法を制定した。

問３　年表中の下線部の大日本帝国憲法の規定とその後の運用について，正しい説明文を次のアからエのうちから一つ選べ。

ア　この憲法の規定では，天皇が内閣総理大臣を任命することになっていたが，実際には，大正末期から昭和初期にかけて，衆議院で多数を占めた政党の党首が内閣総理大臣に任命された時期があった。

イ　この憲法の規定に従って第一回の衆議院議員選挙がおこなわれ，国会の指名により，我が国で初めての内閣総理大臣が選出された。

ウ　この憲法の規定では，陸軍大臣が帝国陸軍を，海軍大臣が帝国海軍を指揮命令することになっていたが，実際には，内閣総理大臣が陸海軍を指揮した。

エ　この憲法の規定では，国民の人権は侵すことのできない永久の権利とされていたが，実際には，法律によってしばしば制限された。

問4　日本で史料②から史料④までの三つの史料がそれぞれ発表された時期を年表中の**ア**から**エ**の四つの期間の中から一つずつ選んでいくと，どれにも当てはまらない期間が年表中に一つだけ残る。その記号を答えよ。

> 史料②
>
> 一　広《ひろ》ク会議《かいぎ》ヲ興《おこ》シ万機公論《ばんきこうろん》ニ決《けっ》スベシ
>
> 一　上下《しょうか》心ヲ一《いつ》ニシテ盛《さかん》ニ経綸《けいりん》ヲ行《おこな(う)》フベシ
>
> 一　官武一途《かんぶいっと》庶民《しょみん》ニ至《いた》ル迄《まで》，各其志《おのおのそのこころざし》ヲ遂《と》ゲ，人心《じんしん》ヲシテ倦《う》マザラシメンコトヲ要《よう》ス
>
> 一　旧来《きゅうらい》ノ陋習《ろうしゅう》ヲ破《やぶ》リ，天地《てんち》ノ公道《こうどう》ニ基《もとづ》クベシ
>
> 一　智識《ちしき》ヲ世界《せかい》ニ求《もと》メ，大《おおい》ニ皇基《こうき》ヲ振起《しんき》スベシ

> 史料③
>
> 全国に散在する吾が特殊部落民よ，団結せよ。人の世の冷たさがどんなに冷たいか，人間をいたわるということが何かをよく知っている吾々《われわれ》は，心から人生の熱と光を願求礼讃《がんぐらいさん》するものである。水平社はかくして生まれた。人の世に熱あれ，人間《じんかん》に光あれ。（部分要約）

> 史料④
>
> 旅順口《りょじゅんこう》包囲軍の中にある弟を歎《なげ》きて
>
> あ《(あ)》ゝ　を《(お)》とうとよ君《きみ》を泣く　君死にたまふ《(う)》ことなかれ
>
> 末に生まれし君なれば　親のなさけはまさりしも
>
> 親は刃《やいば》をにぎらせて　人を殺せとを《(お)》しへ《(え)》しや
>
> 人を殺して死ねよとて　二十四までをそだてしや（部分）

7　次の文章を読み，**問1**から**問4**までの各問いに答えよ。

> 日本国憲法では，(1)国民が政治に参加する権利を保障している。例えば，(2)選挙を通じて国会議員を選出することができる。国の政治では，多くの場合，議員は(3)政党を中心に活動しているため，政党の動向を確認することは私たちにとって重要なことといえる。私たちの暮らしがより良くなるように，主権者である国民一人ひとりが，(4)政治に対する意識をより一層高めていかなければならない。

問1　下線部(1)に関して，現在の日本の選挙制度における基本原則についての説明として正しいものを，次のアからエのうちから一つ選べ。

ア　普通選挙とは，性別，年齢，教育などを理由に選挙権が制限されないことをいう。

イ　平等選挙とは，選挙権をもつ国民一人につき一票が与えられていることをいう。

ウ　直接選挙とは，直接国税を年間300万円以上納付したものが立候補できることをいう。

エ　秘密選挙とは，不正防止のため開票作業の場所が秘密にされることをいう。

問２　下線部(2)に関して，右の表は選挙のしくみを理解するために作成された架空の選挙結果である。小選挙区のみで議員を選出している１区から５区までの各選挙区からなり，Ａ党からＣ党までの各政党の候補者の獲得票数を示している。各選挙区の立候補者は，Ａ党からＣ党までの各政党から１名ずつの計３名ずつであるとする。この表から判断できることとして正しいものを，次のアからエのうちから一つ選べ。

表

	Ａ党	Ｂ党	Ｃ党
１区	10万	５万	３万
２区	７万	５万	２万
３区	２万	25万	４万
４区	６万	７万	８万
５区	15万	10万	５万

ア　合計で最も多くの票を獲得した政党と，最も多くの議員が当選した政党は一致しない。

イ　Ｃ党の候補者は，誰も当選することができなかった。

ウ　当選した候補者以外への投票数が最も多いのは，３区である。

エ　最も多くの議員が当選したのは，Ｂ党である。

問３　下線部(3)に関する説明として適当でないものを，次のアからエのうちから一つ選べ。

ア　政党は，国民のさまざまな意見を集約し，国や地方公共団体の政治に国民の声を反映させる役割をもつ。

イ　政党は，政治の動きや政策を国民に知らせるだけでなく，議員になりうる，あるいは議員等のリーダーになりうる人材を育てることも行う。

ウ　与党《よとう》とは，政権を担う政党のことを指し，野党《やとう》とは，与党以外の政党で，与党の政策を監視・批判し，より良い政治をすすめられるよう働きかける役割をもつ。

エ　連立政権とは，複数の政党によって政権が担われることを指すが，日本では戦後ずっと連立政権によって政権運営がなされてきた。

問４　下線部(4)に関して，このことに基づいた将来の具体的な行動を考え，クラスで発表しようとしたときに，その内容として適当でないものを，次のアからエのうちから一つ選べ。

ア　選挙の際には候補者の演説会を聞きに行ったり，マニフェストを確認したりするなどして，さまざまな観点から候補者を比較し，投票する候補者を選ぼうと思います。

イ　国の政治を監視するために内閣に設置されているオンブズマン（オンブズパーソン）制度を活用し，国の政治の問題点を指摘していこうと思います。

ウ　マスメディアが行う報道について，情報を主体的・批判的に読みとく能力をもち，それに基づいてしっかりとした自分の考えをもちたいと思います。

エ　情報公開法などに基づく情報公開制度を活用し，国の行政機関が保有する情報を入手するなどして，国の政治が適正に行われているか調べようと思います。

8　次の文章を読み，問１から問３までの各問いに答えよ。

先進各国では，高齢化の進展が共通の課題となっており，その対応のために(1)社会保障のあり方が議論されている。日本では，(2)年金制度が高齢者の生活を支える社会保障の一つとなっている。さらなる高齢化の進展が予測される中で，(3)社会保障の費用の負担をどのようにするべきかを考えることが，これまで以上に求められている。

問１　下線部(1)に関して，右の表１は，主な国の社会保障負担率と国民負担率を示したものである。下の表２を参考に，表１中のＡからＣに当てはまる国名の組み合わせとして最も適当なものを，後のアからカのうちから一つ選べ。なお，社会保障負担率とは年金や医療といった保険料などの負担の国民所得に対する割合，国民負担率とは租税負担率と社会保障負担率の合計である。

表１　主な国の社会保障負担率と国民負担率（単位：％）

国名	社会保障負担率	国民負担率
アメリカ	8.3	33.3
イギリス	10.4	46.5
フランス	26.6	67.1
A	22.1	53.2
B	17.6	42.5
C	5.1	56.9

（財務省『日本の財政関係資料』より作成）

表２　主な国の社会保障の負担についての特徴

スウェーデン	政府などの公的負担を中心としており，国民負担率における租税負担率が比較的高い。イギリスと同様の特徴が見られる。
ドイツ	国民の保険料負担を中心としており，国民負担率における社会保障負担率が比較的高い。フランスと同様の特徴が見られる。
日本	表１にあげた国々の中では，国民負担率そのものはそれほど高くはない。アメリカと同様の特徴が見られる。

ア　Ａ－スウェーデン　Ｂ－ドイツ　Ｃ－日本
イ　Ａ－スウェーデン　Ｂ－日本　Ｃ－ドイツ
ウ　Ａ－ドイツ　Ｂ－スウェーデン　Ｃ－日本
エ　Ａ－ドイツ　Ｂ－日本　Ｃ－スウェーデン
オ　Ａ－日本　Ｂ－スウェーデン　Ｃ－ドイツ
カ　Ａ－日本　Ｂ－ドイツ　Ｃ－スウェーデン

問２　下線部(2)に関して，次の表３は年金制度の二つの方式とその主な特徴を示したものである。表３を参考として，年金制度の説明として適当でないものを，下のアからエのうちから一つ選べ。

表３　年金制度の二つの方式とその主な特徴

積立《つみたて》方式	自己および同世代が納めた年金保険料を積み立て，運用利益を加えて自己および同世代が高齢者となったときの給付に充《あ》てる。
賦課《ふか》方式	現時点で中心的に働いている世代が納めている年金保険料を，運用利益を加えながらその時点の高齢者の給付に充てる。

ア　積立方式は，自己および同世代の自助努力の意味合いが強く，世代間での不公平感が生まれやすい。
イ　積立方式は，年金保険料を納めたときの積立額の価値と，高齢者となったときの給付額の価値は，必ずしも一致しない。
ウ　賦課方式は，世代間による助け合いの意味合いが強く，社会全体で高齢者の生活を保障しようとするものである。

エ　賦課方式は，その時点での高齢者人口の割合が大きくなるほど，年金保険料を納めている世代の負担が増加する。

問3　下線部(3)に関して，生徒Xと生徒Yが次のように異なる視点から意見を述べた。それぞれの生徒の意見に対しての的確な反論を，下の①から③の中から選んだとき，最も適当な組み合わせを，後のアからカのうちから一つ選べ。

生徒X　国や地方公共団体の負担の割合をさらに大きくするべきだ。
生徒Y　個人の負担の割合をさらに大きくするべきだ。

①　そうすると，社会保障に使う予算が減ることになります。
②　そうすると，人々が払う税金や年金保険料が増えることになります。
③　そうすると，財政赤字が増加することになります。

	ア	イ	ウ	エ	オ	カ
生徒Xに対する反論	①	①	②	②	③	③
生徒Yに対する反論	②	③	①	③	①	②

【理　科】（50分）〈満点：100点〉

（注意）1　定規，コンパス，ものさし，分度器及び計算機は用いないこと。

2　問題の文中の アイ ， ウ などには，特に指示がないかぎり，数字（0～9）が入り，ア，イ，ウの一つ一つは，これらのいずれか一つに対応する。それらを解答用紙のア，イ，ウで示された解答欄に，マーク部分を塗りつぶして解答すること。

3　解答は指定された形で解答すること。例えば，解答が0.415となったとき， カ . キク ならば，小数第3位を四捨五入して0.42として解答すること。

1　地球，月，太陽に関する，**問1**から**問3**に答えよ。

問1　図1は月面上のある位置Aから撮った写真を模式的に表したものである。ただし，上半分が光っている天体は地球で，その左端が北極であった。地球の周りは暗く，月面は明るい。暗い空間と月面の境は，遠くに見える月の地平線を表している。

図1

1　この写真の撮影者が位置Aで，地球を正面にして立っていたとすると，撮影者に対して太陽はどこにあることになるか。次のアからカの中から最も適当なものを一つ選べ。

ア　太陽は撮影者の正面にあり，月の地平線の下に隠れている。
イ　太陽は撮影者の正面にあり，地球の裏側に隠れている。
ウ　太陽は撮影者の頭の真上近くにある。
エ　太陽は撮影者の背中の方にあり，月の地平線の上に出ている。
オ　太陽は撮影者の背中の方にあり，月の地平線の下に隠れている。
カ　太陽は撮影者の足下の方にあり，位置Aから見て月の裏側に隠れている。

2　図1でこの写真を撮影したとき，地球の北極から月が見えたとすると，どのような形に見えるか。次のアからエの中から最も適当なものを一つ選べ。

ア　ほぼ新月　　イ　ほぼ上弦の月　　ウ　ほぼ満月　　エ　ほぼ下弦の月

問2　仮に，地球の直径が2倍になったとすると，どのような現象に影響が出ると予想できるか，次のアからオの中から最も適当なものを一つ選べ。（ここではあくまでも「直径」だけが2倍になり，「質量」や「回転運動の様子」など，他の要素は全く変わらなかったとする。）

ア　地球からは皆既日食が観察できなくなる。
イ　地球からは皆既月食が観察できなくなる。
ウ　地球から観測できる皆既月食の継続時間が変化する。
エ　月の満ち欠けに変化が起き，半月が地球から観察できなくなる。
オ　月の満ち欠けに変化が起き，三日月の形が変化する。

問3　月は空の高いところに見えるときよりも，地平線近くに見えるときの方が，なぜか大きく見えるような気がした。このことについてインターネットを使って調べ学習をして，次のような書き込み記事を見つけた。インターネットの記事には不正確な内容も含まれていることがあるので，気をつけて使わなくてはならない。下の1，2に答えよ。

（インターネットで見つけた書き込み記事）

「月は，高度（その天体の地平線からの角度）の違いにより，私には2倍も3倍も大きさが変化して見える気がした。月は一つしかないので，異なる高度で同時に観測して直接比べることはできない。しかし，(A)月と太陽は，部分月食が起こったときに確認できるが，見かけの大きさがほとんど同じである。(B)ある夕方太陽が沈む頃に，空高く頭の上近くに満月が見えた。良いチャンスと思い，月と太陽の見かけの大きさを，手をいっぱいに伸ばし五円玉の穴の大きさと比べてみた。結果は，両方とも見かけの大きさはほぼ同じで，五円玉の穴の中にほぼ収まった(図2)。よって地平線近くに見える月が大きく見えるのは，ただの錯覚である。」(太陽を見るときには遮光板も用いた)

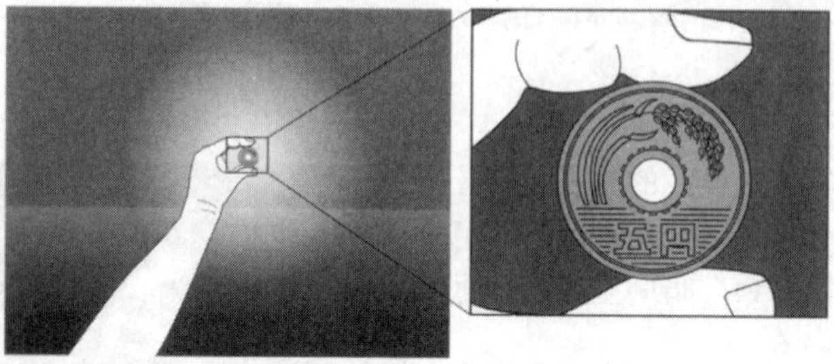

図2

1　下線部(A)の記述について，次のアからウの中から最も適当なものを一つ選べ。

ア　この記述は正しい事実を述べている。

イ　下線部(A)の「部分月食」が，「皆既日食と金環日食」ならば，正しい。

ウ　下線部(A)の「部分月食」が，「皆既月食」ならば，正しい。

2　下線部(B)の記述について，次のアからエの中から最も適当なものを一つ選べ。

ア　このような観測を，実際に行うことは可能である。

イ　下線部(B)の「満月」が「上弦の月」であれば，そのような観測は可能である。

ウ　下線部(B)の「満月」が「下弦の月」であれば，そのような観測は可能である。

エ　下線部(B)の「満月」が「三日月」であれば，そのような観測は可能である。

2　地球の環境に関わる以下の文章を読んで，**問1**から**問3**に答えよ。

地球には磁場(磁界)があり，地球が大きな磁石であると考えることができる。地球が生まれてから46億年の間に(A)地球の磁場のＮ極とＳ極が入れ替わる現象が何度も起きていたことが知られており「地磁気の逆転」と呼ばれている。その証拠は地層中に残された磁力を持つ鉱物の「地層での磁力の向き」を調べることで確認することができる。最近になって日本の研究グループが千葉県にある昔の(B)海で堆積した地層を研究した結果，一番新しいＮ極とＳ極の入れ替わりが約77万年前であったことを示す証拠を見つけた。この「約77万年前」という年代は，(C)地層中の火山灰に含まれる鉱物の詳細な化学分析をおこなって明らかにしたもので，さらに(D)堆積物の中に保存されていた化石を分析することによって当時の(E)気候の変化もわかってきている。過去の地球環境の変化を明らかにすることによって，今後の地球環境の変化を予測することにもつながるため，さらなる研究の進展が期待されている。

問1　次の1から4の文章で説明している鉱物や岩石を，それぞれ下のアからクの中から一つずつ選べ。

1　火山灰などに含まれ，無色もしくは白色の鉱物

2　磁力を持ち磁石に引きつけられる性質を持つ鉱物

3　生物の死がいが海底に堆積してその後固まったもので，クギで傷をつけることができないほどかたい堆積岩

4　生物の死がいが海底に堆積してその後固まったもので，塩酸をかけると地球温暖化に影響を与えると考えられている気体を発生させる堆積岩

ア　チャート　　イ　輝石《きせき》　　ウ　黒雲母《くろうんも》　　エ　角閃石《かくせんせき》
オ　長石《ちょうせき》　　カ　カンラン石　　キ　磁鉄鉱《じてっこう》　　ク　石灰岩《せっかいがん》

問2　次の1から6の文を読み，正しく説明している場合には○を，誤りがある場合には×を選べ。

1　下線部(A)に関して，現在の日本では方位磁針のN極は北をさす。よって，地球は南極の方がN極であり，磁力線は南極付近から出て北極付近に向かっていることがわかる。

2　陸地の侵食によってけずりとられた土砂は粒の大きさの順に，れき，砂，泥に区別される。その後，川から海に流されて堆積し，下線部(B)のような地層になる。れきは丸みを帯びたものが多く，河口や海岸から遠いところで堆積しやすい。

3　下線部(C)の鉱物を調べたところ，黒っぽい有色鉱物が多く含まれていた。このことから，この火山灰は激しく爆発的な噴火によってふき出したもので，この噴火によって噴出したマグマの粘りけが強かったことが予想できる。

4　下線部(D)のうち，当時の環境を推測する手がかりとなる化石のことを示準化石という。例えば，サンゴの化石があれば暖かく浅い海だったことがわかる。

5　下線部(E)には海流の変化や風の流れが影響を与える。現在の日本列島の上空では偏西風という強い風が常に西に向かって流れており台風の進路にも影響をおよぼしている。

6　プレパラートを作らずに鉱物や小さな化石を拡大して観察したいと考え，双眼実体顕微鏡を使ったところ，上から光を当てているため見た目の色をはっきりと観察することができ，立体的な形の特徴もくわしく観察することができた。

問3　海岸近くの地域において，夏の晴れた日中に太陽の光で地表があたためられ，陸と海との間に温度差ができた。この時にどのような風が吹くか，次のアからカの中から最も適当なものを一つ選べ。

ア　海上よりも陸上の気圧が高くなり，海から陸に風が吹く
イ　海上よりも陸上の気圧が高くなり，陸から海に風が吹く
ウ　海上よりも陸上の気圧が高くなり，海岸線と平行に風が吹く
エ　海上よりも陸上の気圧が低くなり，海から陸に風が吹く
オ　海上よりも陸上の気圧が低くなり，陸から海に風が吹く
カ　海上よりも陸上の気圧が低くなり，海岸線と平行に風が吹く

3　畑で育てているエンドウとトウモロコシの観察を行った。**問1**から**問3**に答えよ。

観察結果[エンドウ]

エンドウはつるにいくつもの花(図1)を咲かせていた。エンドウの花を調べると，おしべやめしべは花弁にしっかりとつつまれていた。

つるにはさや(図2)ができていて，中の豆は熟していた。さやを調べると，さやの根もとにはしおれた花弁と細い糸状のもの(A)が数本くっついていた。また，さやの先端にはひも状のものが残っていた。

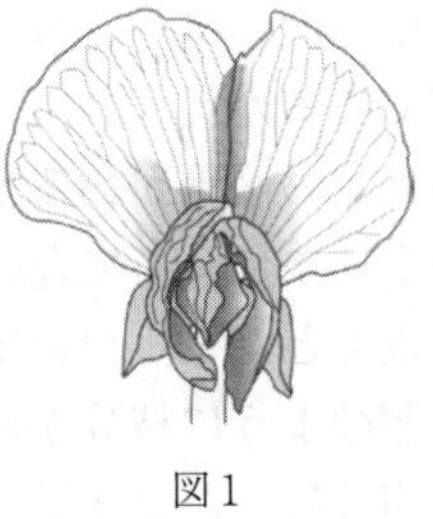
図1

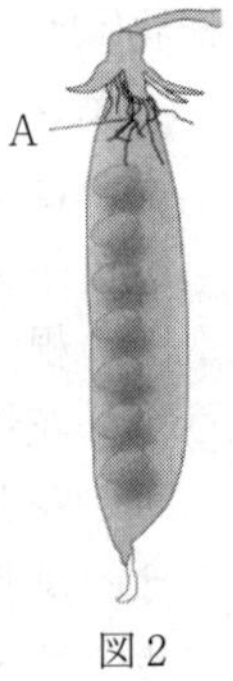

図2

観察結果[トウモロコシ]

トウモロコシは，雄花と雌花に分かれていて(図3)，それ

ぞれ花弁がなかった。十分成長したトウモロコシの実には，たくさんのひげのようなもの(B)がついていて，ひげのようなものをたどると，トウモロコシの実の一粒一粒に１本ずつつながっていた(図４)。

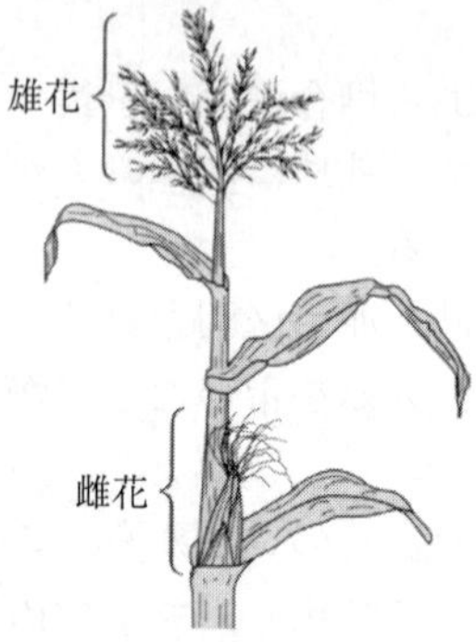

図３

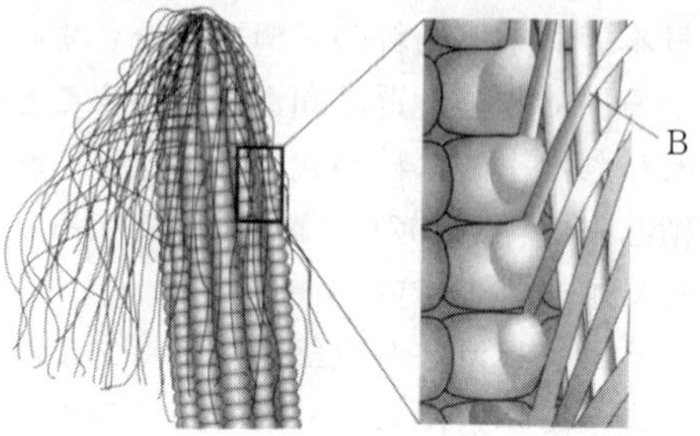

図４

問１　次の文章はエンドウの観察結果について述べたものである。空欄にあてはまる言葉の組み合わせとして最も適当なものを，下のアからケの中から一つ選べ。

「エンドウのさやは，受粉後に（ X ）が変化した（ Y ）で，鳥などに食べられなければ，さやの数と（ Z ）の数は等しい。」

	X	Y	Z
ア	胚珠	種子	めしべ
イ	胚珠	種子	花
ウ	胚珠	子房	やく
エ	種子	子房	胚珠
オ	種子	果実	花

	X	Y	Z
カ	種子	子房	やく
キ	子房	果実	めしべ
ク	子房	果実	胚珠
ケ	子房	種子	やく

問２　観察結果にある細い糸状のもの(A)とひげのようなもの(B)の説明として，最も適当なものを，それぞれ次のアからオの中から一つずつ選べ。

ア　花粉がつきやすいように，先端がしめっていたり，ブラシのように分かれている。

イ　花がつぼみのときに，花の内部を保護している。

ウ　花が咲いているときには，先端に花粉の入った袋がついている。

エ　根で吸い上げた水を各細胞に届けている。

オ　受粉したときに花粉から伸び，精細胞を卵細胞に届けている。

問３　エンドウもトウモロコシも種子植物のなかまである。種子植物のなかまには，被子植物と裸子植物(a)があり，被子植物はさらに双子葉類(b)と単子葉類(c)に分類することができる。

１　エンドウやトウモロコシが(a)(b)(c)のどれにあてはまるのかを調べるには，どのような特徴がわかればよいか。次のアからカの中から，正しいものを三つ選べ。

ア　果実ができるか。

イ　根，茎，葉の区別があるか。

ウ　花粉が主に虫によって運ばれるか，風によって運ばれるか。

エ　花弁の根もとがくっついているか。

オ　葉脈がどのように枝分かれしているか。

カ　茎を輪切りにしたときに，維管束がどのように分布しているか。

2　エンドウとトウモロコシを(a)(b)(c)のいずれかに分類したとき，エンドウ，トウモロコシと同じなかまを，次のアからカの中からそれぞれ一つずつ選べ。

ア　マツ　　　　イ　イヌワラビ　　ウ　アサガオ
エ　ゼニゴケ　　オ　ツユクサ　　　カ　シイタケ

4　アメリカのイエローストーン国立公園では，オオカミ狩りに制限がなかったため，1926年までに公園内でオオカミが絶滅してしまった。イエローストーン国立公園の管理者は，1995年にオオカミを別の地域から連れてきて繁殖させた。このことを「オオカミの再導入」という。オオカミの絶滅と再導入は，公園内の生物の構成に非常に大きな影響を与えた。以下に公園内の代表的な生物の特性について示す。

オオカミ：シカをはじめとする様々な大型哺乳類《ほにゅうるい》を餌にしている。
シカ　　：大型哺乳類で大きな平たい角を持つ。公園内全域に生息する。草食性で，草，木の葉，小枝や木の皮を食べる。ポプラやヤナギなど木々の若芽を好む。
ビーバー：小型の哺乳類で公園内の河川や湿地に生息する。草食性で岸辺のヤナギなどを食べる。
ポプラ　：公園内全域に生えている。成木(十分に成長した木)の高さは10mを超える。
ヤナギ　：公園内の川辺に生えている。成木の高さは平均３m程度である。

問１　右図は食物連鎖の数量的なピラミッドを示したものである。(1)オオカミ，(2)シカ，(3)ポプラは右図のアからウのいずれかにあてはまる。それぞれの生物に相当する最も適当なものをアからウより選べ。

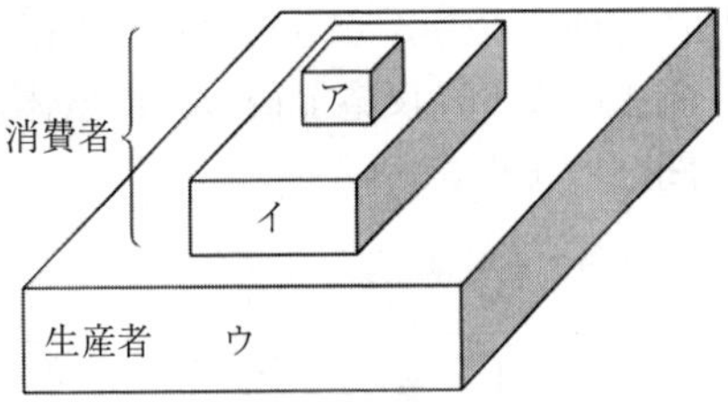

問２　国立公園におけるオオカミ絶滅後からオオカミの再導入前までに起こった生物数の変化の傾向は，次のａからｆのどれか。組み合わせとして正しいものを下のアからクの中から選べ。

ａ　シカの数が増加した。
ｂ　シカの数が減少した。
ｃ　ポプラおよびヤナギの数が増加した。
ｄ　ポプラおよびヤナギの数が減少した。
ｅ　ビーバーの数が増加した。
ｆ　ビーバーの数が減少した。

ア　ａ，ｃ，ｅ　　イ　ａ，ｃ，ｆ　　ウ　ａ，ｄ，ｅ　　エ　ａ，ｄ，ｆ
オ　ｂ，ｃ，ｅ　　カ　ｂ，ｃ，ｆ　　キ　ｂ，ｄ，ｅ　　ク　ｂ，ｄ，ｆ

問３　下のアからエのグラフは，オオカミの再導入後の(1)「オオカミの数」，(2)「シカの数」，(3)「ヤナギの成木数」，(4)「ビーバーの数」の増減を事実に基づいて模式的に表したものである。それぞれの生物にあてはまる最も適当なグラフを選べ。ただし，解答の選択肢は重複しない。

ア

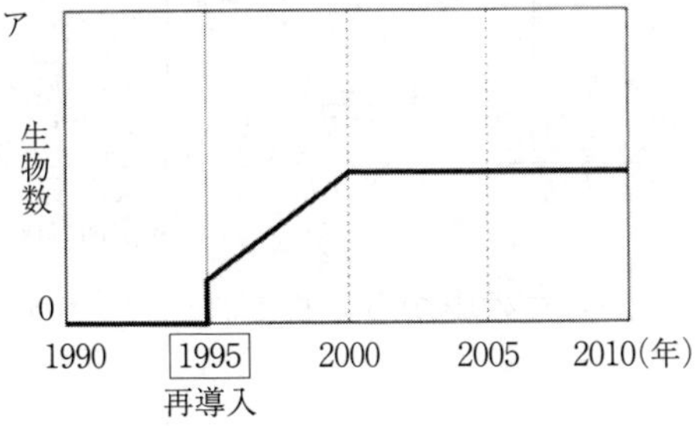

イ

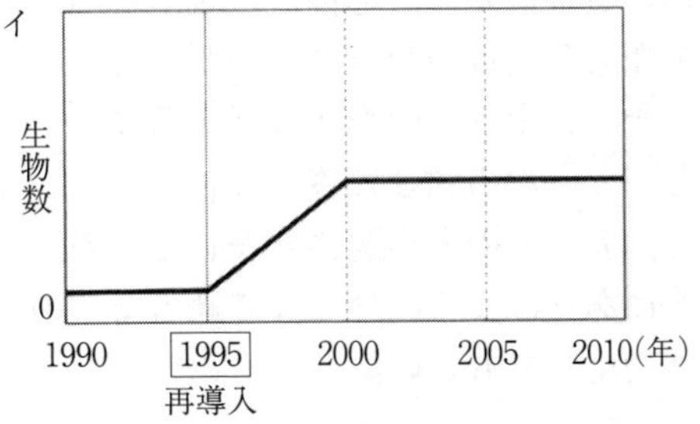

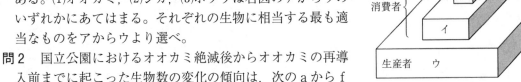

ウ

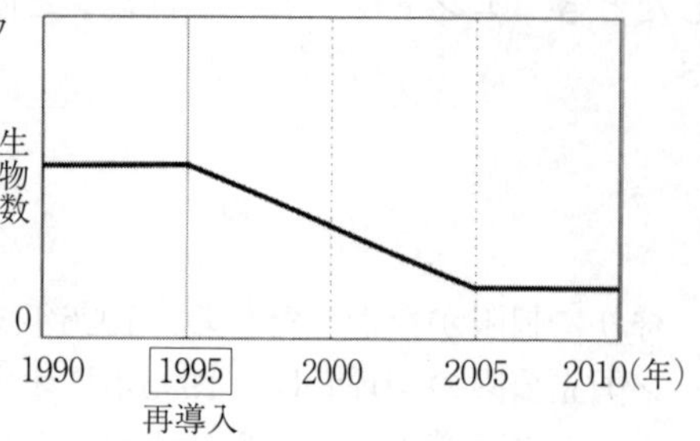

エ

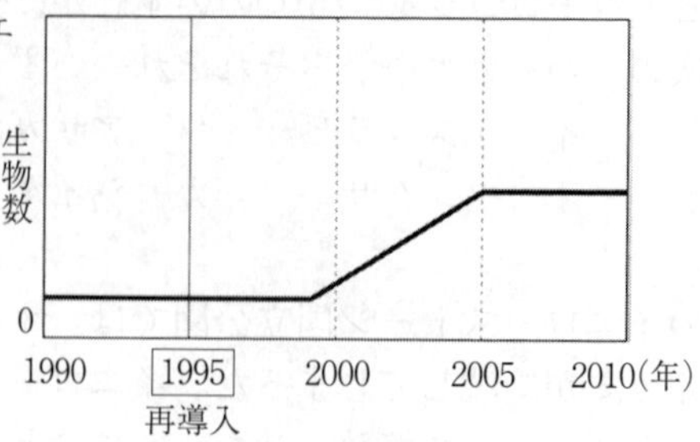

問4　以下の記述で，下線部に誤りのあるものをアからエの中から選べ。

ア　オオカミの再導入より前に，シカの個体数を人工的に減らしていたが，1968年にこれを中止したところ，シカの個体数が急速に増加した。その結果，ポプラの若い木の数が減少した。

イ　オオカミの再導入より前に一部の地域に「シカ除《よ》け」の囲いを設置したところ，シカ除けの内側でのみポプラの若い木が成長できた。

ウ　オオカミの再導入後，ポプラなどの木々の生えている密度が減少した。

エ　ある地域でオオカミの再導入後，ポプラの若い木の数が増加した。

5　ゆうたさんが5％塩酸10cm^{3}と炭酸水素ナトリウム1.0gを混合したところ，気体が発生した。図1のように反応前後の装置全体の質量を測定したところ，表1のような結果になった。下の**問1**，**問2**に答えよ。

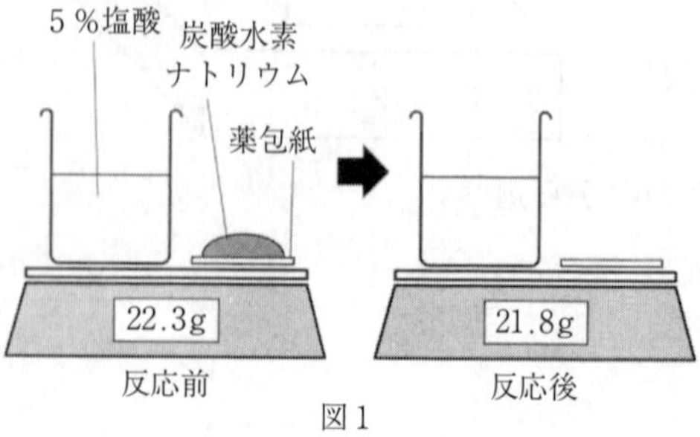

図1

表1

反応前の全体の質量〔g〕	22.3
反応後の全体の質量〔g〕	21.8

問1　この実験で発生した気体の化学式はどれか。アからカの中から一つ選べ。

ア　O_2　　イ　N_2　　ウ　CO　　エ　CO_2　　オ　H_2　　カ　NH_3

問2　空気中に出ていった気体の質量は何gか。［ア］.［イ］g

ゆうたさんは密閉容器内で同様の実験を行ったときの反応前後の質量に興味を持った。そこで，5％塩酸10cm^{3}と炭酸水素ナトリウム1.0gを密閉したプラスチック容器内で反応させた。図2のように，反応前の装置全体の質量はa，反応後の装置全体の質量はb，ふたを開放した後の装置全体の質量はcであった。プラスチックボトルの形状は反応前後で変わらないものとして，次の**問3**に答えよ。

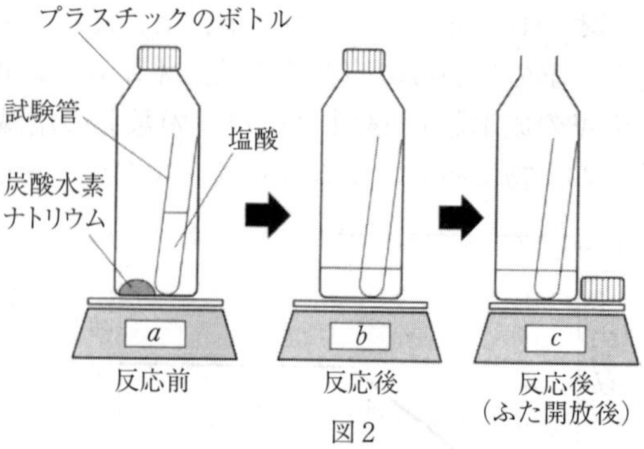

図2

問3　次の式はa，b，cの大小関係を表したものである。①，②にあてはまる記号として適当なものを下のアからウの中からそれぞれ一つずつ選べ。同じ記号を二回使用してもよい。

a［①］b［②］c

ア　＞　　イ　＝　　ウ　＜

さらにゆうたさんは密閉容器内でスチールウールの燃焼を行った場合，反応前と反応後で質量がどのような値になるかに興味を持った。そこで，酸素で満たした丸底フラスコ内にスチールウールを入れ，電流を通すことによってスチールウールを燃焼させた。図３のように，反応前の装置全体の質量は d，反応後の装置全体の質量は e，ピンチコックを開放した後の装置全体の質量は f であった。次の**問４**，**問５**に答えよ。

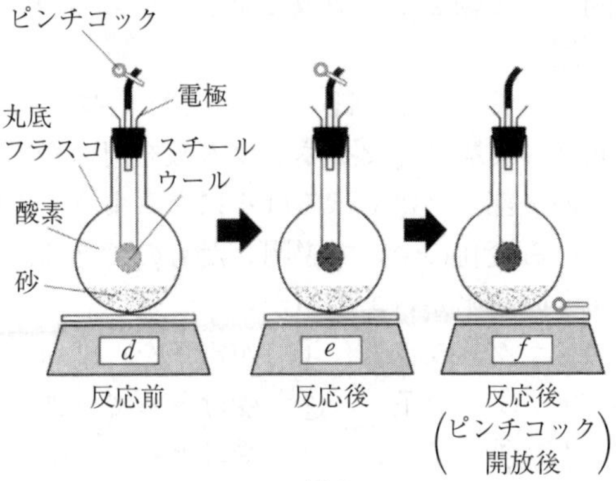

図３

問４　次の式は d，e，f の大小関係を表したものである。①，②にあてはまる記号として適当なものを下のアからウの中からそれぞれ一つずつ選べ。同じ記号を二回使用してもよい。

d [　①　] e [　②　] f

ア　＞　　イ　＝　　ウ　＜

問５　スチールウールの質量と反応後に生成した固体の質量とを比較したとき，その大小関係を表したものとして適切なもの，そのような大小関係を示した理由として適切なものをそれぞれの選択肢の中から一つ選べ。スチールウールはすべて電極にはさまれたまま反応し，周囲に飛散していないものとする。

【大小関係】

ア　スチールウール＞反応後の固体

イ　スチールウール＝反応後の固体

ウ　スチールウール＜反応後の固体

【理由】

ア　スチールウールをつくっている物質が他の物質と化合したから

イ　スチールウールをつくっている物質が分解したから

ウ　原子の種類と数が変化していないから

エ　スチールウールに電流が流れ，熱が発生したから

6　次の実験１と実験２を行った。下の**問１**から**問４**に答えよ。

実験１

マグネシウムの粉末をステンレス皿にとり，加熱した。マグネシウムは激しく反応してすべて酸化され，酸化マグネシウムが生じた。

問１　実験１で起こった反応の化学反応式として，最も適当なものを次のアからカの中から一つ選べ。

ア　$Mg + O \rightarrow MgO$　　　イ　$Mg + O_2 \rightarrow MgO$

ウ　$2Mg + O \rightarrow 2MgO$　　　エ　$2Mg + O_2 \rightarrow 2MgO$

オ　$2Mg + O_2 \rightarrow MgO$　　　カ　$Mg + O_2 \rightarrow 2MgO$

実験２

図のように亜鉛板と銅板をうすい塩酸に入れて電池をつくりモーターにつなぐと，モーターが回転した。次に，この電池の亜鉛板をマグネシウム板に変更した電池にすると，モーターが前と同じ向きに前よりも速く回転した。どちらの電池の場合も銅板では同じ気体が発生していた。

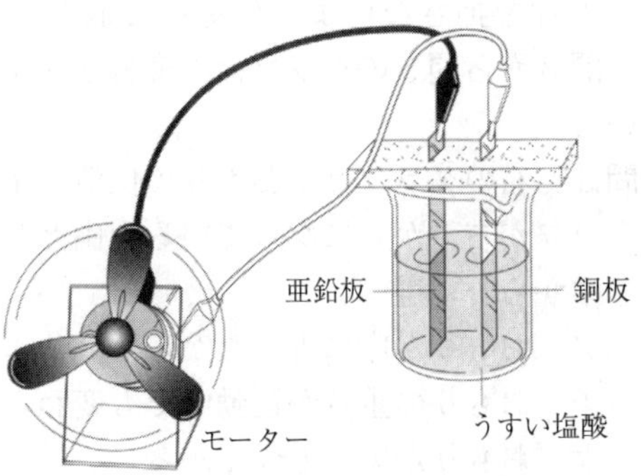

問2　実験2で，銅板で発生した気体の化学式は何か。次のアからカの中から最も適当なものを一つ選べ。

ア　H　　イ　H_2　　ウ　Cl　　エ　Cl_2　　オ　O　　カ　O_2

問3　実験2でマグネシウム板を用いた電池を使いモーターが回転していたときに，マグネシウム板の一部がとけてぼろぼろになるようすが観察された。次の文は，マグネシウム板の表面で起こっている変化について説明したものである。①から③にあてはまる言葉の組み合わせとして最も適当なものをアからエの中から一つ選べ。

マグネシウム（ ① ）が電子を（ ② ），マグネシウム（ ③ ）に変化した。

ア　① 原子　② 受けとって　③ イオン　　イ　① 原子　② 失って　③ イオン
ウ　① イオン　② 受けとって　③ 原子　　エ　① イオン　② 失って　③ 原子

問4　実験2でうすい塩酸のかわりに，身の回りの液体を使用して電池をつくることにした。そこで，以下のアからオの液体を用意した。電池をつくることができる液体として適当なものを二つ選べ。

ア　蒸留水　　イ　エタノール　　ウ　食塩水　　エ　砂糖水　　オ　レモン汁

7　右図のように，同じ重さの木片とおもりを，軽くのびない糸でつなぎ，なめらかな滑車を使っておもりをつり下げた。木片は水平面上に置かれており，空気の影響は考えなくてよい。また，おもりが床に着くまでの間に木片が滑車にぶつかることはない。後の問1から問5に答えよ。

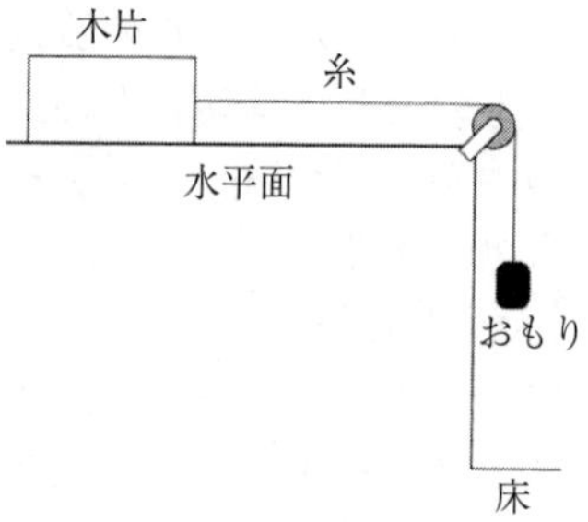

問1，問2では，水平面に摩擦があるものとする。

はじめに木片を手でポンと軽く押すように動かすと，木片は水平面上を運動した。

問1　おもりが床に着くまでの間で，次の文章が正しければ○を，間違っていれば×を選べ。

ア　木片が糸を引く力と，糸が木片を引く力は，大きさが同じで互いに逆向きであり，同一直線上にあるので，つりあいの関係である。

イ　木片がだんだん遅くなっているとすると，木片の進行方向の力は摩擦力によってだんだん減らされていき，右向きの力がなくなるとやがて止まる。

ウ　木片が一定の速さで進んでいるとすると，摩擦力の大きさは，糸が木片を引く力の大きさと等しい。

問2　木片にはたらく摩擦力の大きさがずっと0.20Nだったとき，木片が50cm移動するときの摩擦力のする仕事はいくらか。単位も含めて，次のアからカの中から一つ選べ。

ア　0.10W　　イ　1.0W　　ウ　10W　　エ　0.10J　　オ　1.0J　　カ　10J

問3から問5では，水平面に摩擦がないものとする。

木片を押さないようにそっと放したら，木片はだんだん速くなりながら水平面上を移動した。

問3から問5のグラフは，縦軸がエネルギーで，横軸が移動距離を表している。

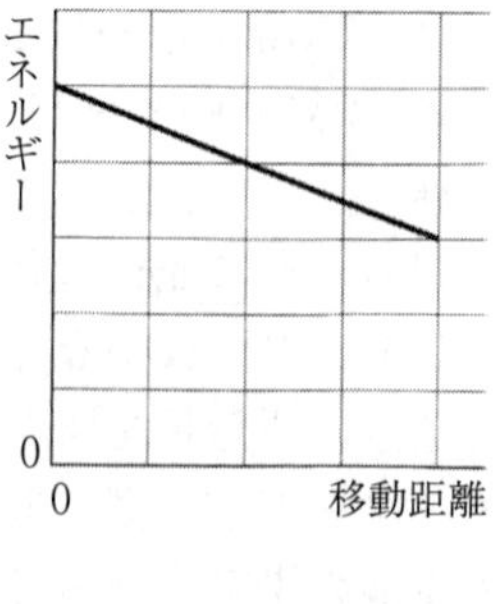

問3　右のグラフは，おもりの位置エネルギーの変化を表している。このグラフが右下がりになっている理由として最も適切なものを次のアからオの中から一つ選べ。

ア　おもりが床に着いたから

イ　おもりの重さが運動中でも変わらないから

ウ　おもりが床に近づくから

エ　空気抵抗によってエネルギーが失われるから

オ　摩擦によってエネルギーが失われるから

問4　**木片の位置エネルギー**の変化を実線で表したグラフはどれか。次のアからオの中から一つ選べ。破線は，**問3**で示したおもりの位置エネルギーの変化を表しており，高さの基準は木片もおもりも床を基準としている。

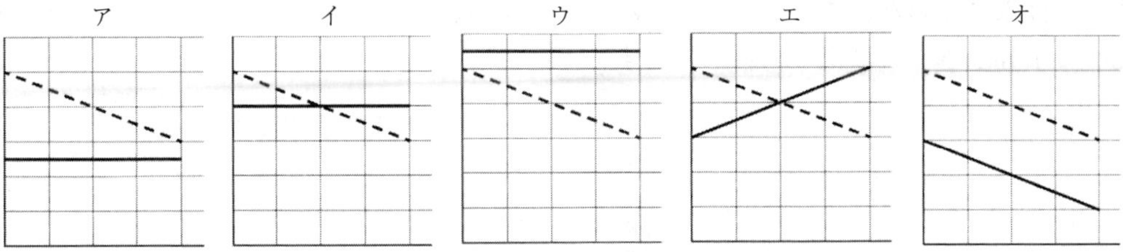

問5　一般に，位置エネルギーと運動エネルギーの和を力学的エネルギーと呼ぶ。木片の力学的エネルギーはだんだん大きくなるが，その増えたエネルギーはおもりが持っていたエネルギーが移ったものであり，ここではおもりと木片の力学的エネルギーの和は保存される。**木片の運動エネルギー**の変化を実線で表したグラフはどれか。次のアからオの中から一つ選べ。破線は，**問3**で示したおもりの位置エネルギーの変化を表しており，高さの基準は木片もおもりも床を基準としている。

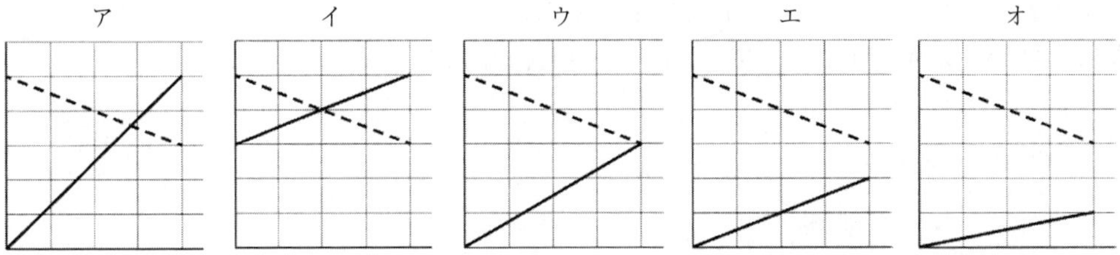

8　図1のような2つの直方体A，Bがある。Aは底面が2.0cm×2.0cmで高さが10.0cm，Bは底面が3.0cm×4.0cmで高さが10.0cmである。2つの直方体は異なる物質でつくられている。図2のように，十分な深さの水槽に水を入れ，水槽の中に水面に対して垂直にものさしを設置し，直方体をばねばかりにつり下げ，直方体の底面を常に水平に保ったまま水に静かに沈めていく実験を行った。

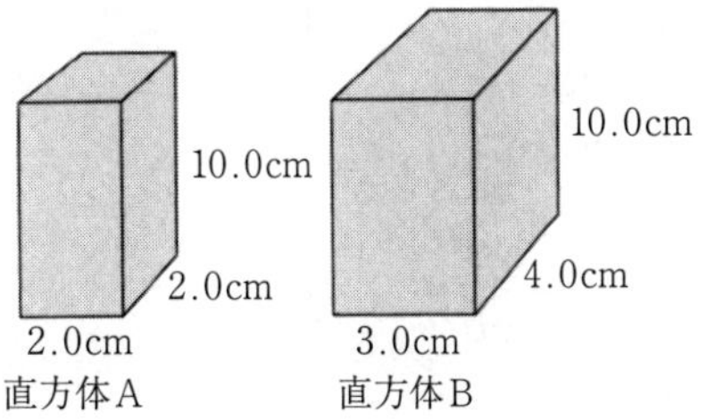

図1

図3は，A，Bそれぞれの結果をグラフにまとめたものである。横軸のxは水面から直方体の下端までの長さ，縦軸のFはばねばかりが示した値である。

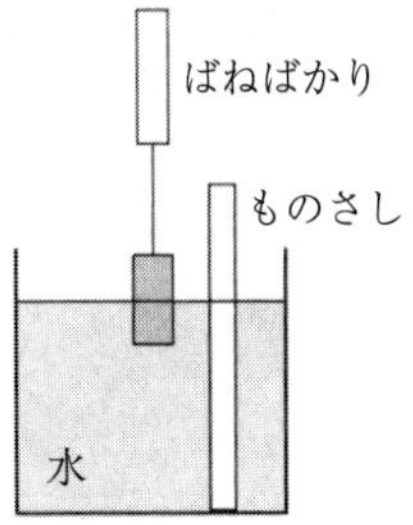

図2

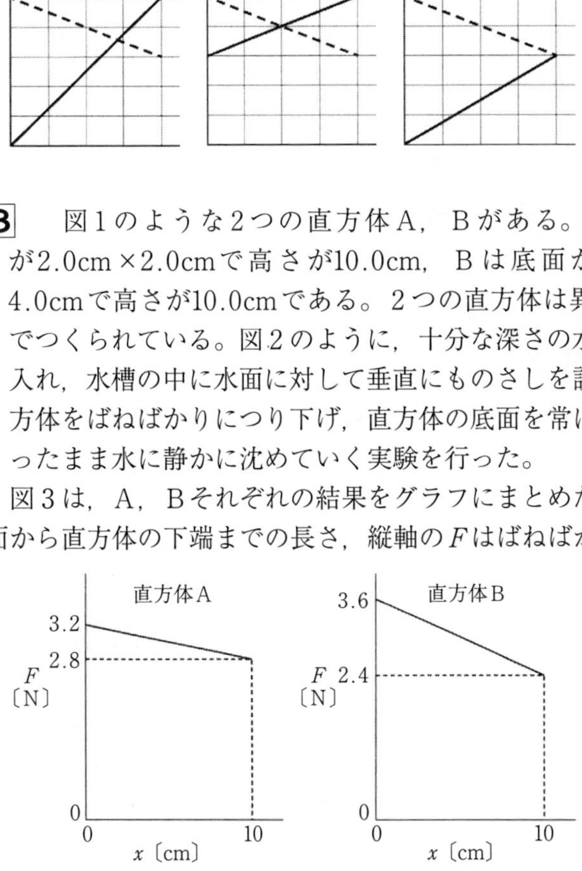

図3

問1　Aのxが10.0cmのとき，Aにはたらく浮力は［ア］.［イ］Nである。

問2　Bでxが10.0cmより大きくなったとき，グラフはどのようになるか。図4のアからオの中から最も適当なものを一つ選べ。

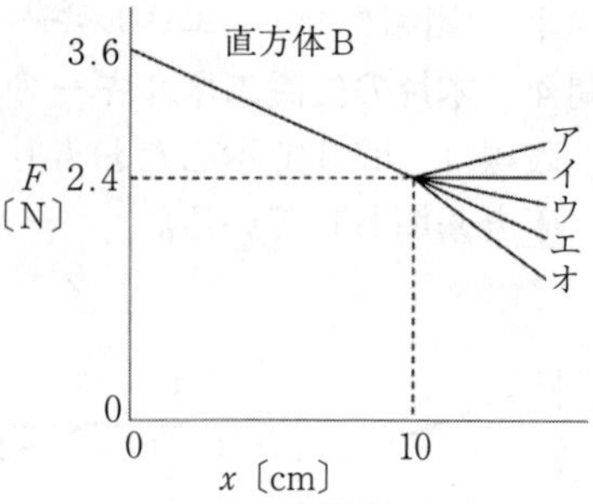

図4

次に図5のように，一様な棒の中心にばねばかりをつけ，棒のそれぞれの端に同じ長さの糸でAとBをつり下げ，2つとも水に入れたところ，ある程度水に沈めたとき，棒は水平になった。棒の質量は直方体に比べて十分小さく，無視できるものとする。

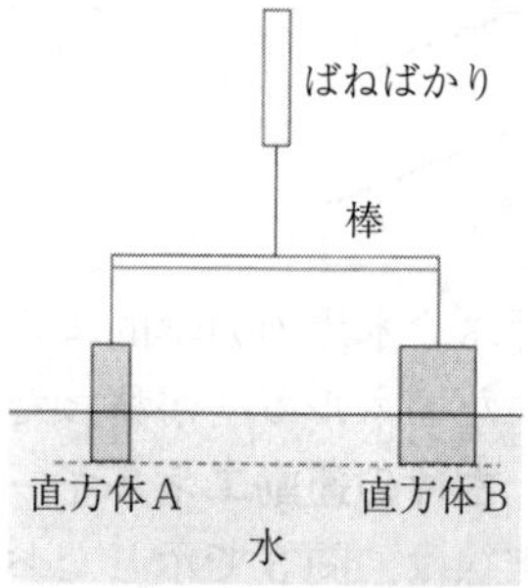

図5

問3　このときxはどちらも［ア］.［イ］cmである。

問4　このときばねばかりが示す値は［ア］.［イ］Nである。

あり、演奏するときに、聴く人から評価されることを求めてはならない。

ウ　演奏には優劣がつけられることもあるが、それが全てではなく、純粋に音楽を演奏する喜びと聴く人を幸せにする喜びも確実にある。

エ　一位になるために人に勝とうと考えるのは誤りで、音楽の魅力を表現すればおのずと結果は出るから、演奏の順位を競う必要はない。

問7　この文章の特徴を説明したものとして最も適当なものを、次のアからエまでの中から一つ選べ。

ア　会話以外の部分においても主人公の心情を細やかに描き、現在の場面に過去を織り交ぜながら、少女の揺れ動く心を表現している。

イ　冷静な店員の言葉を挟み込み、第三者的な視点から母と娘の会話を記すことで、次第に変化する親子の関係を写実的に描いている。

ウ　比喩表現を多用したり、店員の意味ありげな語りかけをところどころに配置したりすることで、少女の繊細な心理を表現している。

エ　人物の発言とその時の表情とが食い違うような描写を重ね、不器用な親子が、次第に距離を縮めていく様子を象徴的に描いている。

バイエルの調べが聞こえてくる。

（瀧《たき》羽《わ》麻子《あさこ》『ありえないほどうるさいオルゴール店』による）

（注）バイエル＝初心者向けピアノ教本。

問1　本文中の、(a)もどかしく、(b)不意に　の意味として最も適当なものを、それぞれ次のアからエまでの中から選べ。

(a)　ア　やり切れなく　イ　面倒くさく
　　ウ　つまらなく　エ　じれったく

(b)　ア　自然と　イ　忘れた頃に
　　ウ　思いがけず　エ　意味もなく

問2　本文中に、(1)反射的に目をそらした。とあるが、この部分の説明として最も適当なものを、次のアからエまでの中から一つ選べ。

ア　ピアノを弾いている南先生を思い出しそうになって、別の何かを見ようとした。

イ　自分が弾けなくなっているピアノを連想させるものから、思わず視線を外した。

ウ　コンクールでの失望を思い出し、ピアノの嫌な記憶を急いでかき消そうとした。

エ　ピアノのレッスンを無断で休んだことに気づかれそうで、とっさに顔を背けた。

問3　本文中に、(2)香音の返事を待たずに、店員さんはせかせかと棚のほうへ歩いていく。とあるが、それはなぜか。その説明として最も適当なものを、次のアからエまでの中から一つ選べ。

ア　香音が自分に気をつかっていると感じて、しばらく一人の時間を与えることで彼女を安心させたいと考えたから。

イ　香音の打ち明け話からピアノをめぐる深い悩みを知って、彼女を救う一曲を見つけてあげたいと意気込んだから。

ウ　香音が本当に欲しいのは違うものなのだと気がついて、彼女が正直な気持ちを話すきっかけを作ろうとしたから。

エ　香音の心にまだ何かがひっかかっている気がして、彼女の心にかなうオルゴールが他にありそうだと思ったから。

問4　本文中に、(3)ほとんど駆け足になっていた。とあるが、それはなぜか。その説明として最も適当なものを、次のアからエまでの中から一つ選べ。

ア　ピアノを続ける決意が固まり、すぐにでも弾きたいと感じて一刻も早く南先生の家に行きたかったから。

イ　やっぱりピアノを続けたい、先生を替えたりしないでほしいと今すぐお母さんにお願いしたかったから。

ウ　今日のレッスンを休んでしまったわけを南先生に知られてしまう前に、急いで教室に戻りたかったから。

エ　なぜ自分がピアノを弾きたいのかわからなくなって、お母さんに正直な気持ちを聞いてほしかったから。

問5　本文中に、(4)お母さんが膝を折って香音と目線を合わせた。とあるが、その説明として最も適当なものを、次のアからエまでの中から一つ選べ。

ア　レッスンを休んだ香音を強く叱っても無意味だということに気づき、優しく教え諭そうとする母の心情が表れている。

イ　思っていたよりも香音が幼いことに気づき、多くを求めず簡単なことから理解させようとする母の心情が表れている。

ウ　香音の気持ちをあまり考えてこなかった自分の過ちに気づき、娘の本当の思いを知ろうとする母の心情が表れている。

エ　自分を心から恐れている香音の気持ちに気づき、娘の心に寄り添って恐怖を和らげようとする母の心情が表れている。

問6　本文中に、(5)純粋に、事実をありのまま伝えてくれていた。とあるが、その「事実」の説明として最も適当なものを、次のアからエまでの中から一つ選べ。

ア　コンクールで勝つことはもちろん大事ではあるが、演奏で人に勝つよりも、全力を発揮して自分に勝つことの方がもっと重要である。

イ　ピアノを弾いて純粋に楽しむことができればそれでよいので

「どれだけ心配したと思ってるの？」
頭の上から降ってきた声は、頼りなく震えていた。
香音はびっくりして顔を上げた。お母さんは怒っているというよりも、途方に暮れたような顔つきになっていた。
「先生も心配してらしたわよ。今までどこにいたの？」
香音がレッスンに来ないと電話を受けて、探しにきたらしい。
「ごめんなさい。」
「ねえ、香音。ピアノ、弾きたくないの？」
香音は目をみはり、お母さんを見上げた。
「さっき、電話で先生と少しお話ししたの。ちょっとお休みしてもいいんじゃないかって。先週、香音ともそういう話をしたんだって？」
(4)お母さんが膝を折って香音と目線を合わせた。
「お願い。正直に教えて。お母さん、怒らないから。香音のやりたいようにやってほしいと思ってる。」
肩からかけたかばんを、香音は手のひらで軽くなでた。底のほうがぽこりとふくれているのは、角ばった紙箱のせいだ。
店員さんが新しく棚から出してきてくれたオルゴールを聴いて、香音は息をのんだ。バッハでも讃美歌でもない、けれどよく知っている曲が、またもや流れ出したのだった。
「ピアノを習っておられるんですか。」店員さんは優しい声で言った。
「はい。」
でも、と言い足すなんて、ふだんの香音なら考えられないことだった。見ず知らずのおとなに、個人的な打ち明け話をするなんて。
このひとになら、わかってもらえるのではないかと思ったのだ。香音の胸の奥底で響いている音楽をみごとに聴きとってみせた、彼になら。
コンクールで落選したこと、ピアノを弾く気力を失っていること、今日レッスンをすっぽかしてしまったことまで、つっかえつっかえ話した。店員さんはなにも言わずに耳を傾けてくれた。それから、ふたつのオルゴールをテーブルに並べ直した。
「どちらでも好きなほうを、どうぞ。」
香音は左右のオルゴールを見比べた。洗いざらい話したせいか、いくらか心は軽くなっていた。
深く息を吐き、耳をすます。
「こっちを下さい。」
新しく出してもらったほうを、指さした。店員さんが満足そうに目もとをほころばせ、香音が選んだオルゴールを手にとって、ぜんまいを巻いた。
素朴な(注)バイエルの旋律が、香音の耳にしみとおった。
紙箱に入れてもらったオルゴールをかばんにしまうと、香音はお礼もそこそこに店を飛び出した。無性にピアノを弾きたかった。一刻も早く鍵盤にさわりたくてたまらなかった。
お母さんの目をじっと見て、香音は口を開く。
「わたし、ピアノを続けたい。」
誰もが一位になれるわけじゃない。先週、南先生は香音にそう言った。ここはそういう世界だから。でも、一位になるためだけに弾くわけでもないのよ。
あのときは、ただ香音を慰めようとしているのだと思った。でもたぶん、そうじゃない。先生は(5)純粋に、事実をありのまま伝えてくれていた。
「もっとうまくなりたいの。」
そしてもう一度、いい音を取り戻したい。
先生の言う「そういう世界」に飛びこもうと、香音は自分で決めたのだ。いい音ね、とあの日ほめてもらった瞬間に。
「わかった。」
お母さんが香音の頭をひとなでして、腰を伸ばした。
「じゃあ、一緒に先生に謝ろう。」
香音はお母さんと並んで、門へと足を踏み出した。どこからか、たのは先生のせいじゃない。わたしの力が足りなかった。だからこそ、がんばらなきゃいけないのに。がんばって練習して、上手になって、お母さんや先生を喜ばせたいのに。

「気に入ったもの、ありましたか。」

店員さんから声をかけられて、香音はわれに返った。聴き終えたオルゴールが、テーブルの上にばらばらと散乱している。

「すみません、ちょっとまだ。」

香音はひやひやしてうつむいた。気を散らしてばかりで、身を入れて選んでいないのがわかってしまっただろうか。ただで持っていっていいと気前よくすすめてくれたのに、気を悪くしたのかもしれない。

「少々、お待ち下さい。」無言で香音を見下ろしていた店員さんが、唐突に言った。

耳もとに手をやって、長めの髪をかきあげる。かたちのいい左右の耳に、透明な器具のようなものがひっかかっていることに、香音ははじめて気づいた。

彼はてきぱきと器具をはずし、テーブルの上に置いた。ことり、と軽い音がした。素材はプラスチックだろうか。めがねの端っこをぱつんと切り落としたような、ゆるいカーヴのついたつるの先に、耳栓に似たまるい部品がくっついている。

変わった器具につい見入っている香音を置いて、店員さんは棚のほうへ歩いていった。新たなオルゴールをひとつ手にとって、戻ってくる。

「これはいかがですか。」

自らぜんまいを回してみせる。流れ出したメロディーを聴いて、あっと香音は声を上げてしまった。

「讃美歌?」ついさっき、教会でひさびさに思い返していた曲だった。聖歌隊の十八番で、日曜礼拝でたびたび伴奏したのだ。

安らかな日々だった。コンクールのことも、南先生のことも、知らなかった。鍵盤に指を走らせるのが、ただただ楽しかった。幼稚園の先生にも、友達やその親たちにも感嘆され、聖歌隊からは感謝され、礼拝の参列者の間でも評判だった。香音ちゃんのピアノは神様の贈りものだ、と園長先生は感慨深げに言ったものだ。大切にしなさい。その力はみんなを幸せにするからね。

オルゴールがとまるのを待って、香音は口を開いた。

「これ、下さい。」

「よかった。実は僕も、耳は悪くないんです。」

店員さんは目を細め、香音にうなずきかけた。

「すごくいい音で鳴っている。」

いい音ね。(b)不意に、南先生の声が香音の耳もとで響いた。ぎゅう、と胸が苦しくなった。

「紙箱があるので、入れますね。」

店員さんが腰を上げた。耳の中でこだましている先生の声は気にしないようにして、香音も笑顔をこしらえる。

そこで突然、彼が眉をひそめた。「ん?」

中腰の姿勢でしげしげと見つめられ、香音はどぎまぎして目をふせた。作り笑いが失敗していただろうか。

「あともうひとつだけ、いいですか。」

(2)香音の返事を待たずに、店員さんはせかせかと棚のほうへ歩いていく。

店を出ると、香音は急いで先生の家へ向かった。

途中から、(3)ほとんど駆け足になっていた。門が見えてきたときには汗だくで、息がはずんでいた。そのまま駆け寄ろうとして、つんのめりそうになった。道の先に、香音に負けず劣らず息をきらして走ってくる人影が見えたのだ。

「香音!」見たこともないようなこわい顔をして駆けてきたお母さんは、立ちすくんでいる香音の前で仁王立ちになった。

香音は無言でうなだれた。足もとのくろぐろとした影が、穴みたいに見える。いっそ飛びこんでしまいたい。

べる領域がもはや宇宙空間以外には残されていないからだと考えている。

イ　地球上のあらゆる地理的空白部分に足跡を記してきたため、残された領域は命の危険を伴う場所だけとなり、脱システムを求めて冒険や探検を続けることが困難になったからだと考えている。

ウ　人の行っていない場所がほとんどなくなるとともに、画一的なシステムが世界をおおってしまった結果、未知の領域へ出るという本来の意味での冒険が成立しにくくなったからだと考えている。

エ　巨大化したシステムの中に人類が閉じ込められた結果、そこ以外に未知の領域が見つけられなくなってしまい、冒険自体に意味があるのかどうか明確に答えられなくなったからだと考えている。

四

次の文章を読んで、後の問いに答えよ。

小学四年生の香音《かのん》は南先生にピアノを習い、有名なコンクールの地区大会に出場したが、全国大会には進めなかった。その後、香音はなぜかピアノが弾けなくなる。レッスンに行けず歩いていた香音に、オルゴール店の店員が声を掛けた。彼は、どれでも好きなオルゴールを一つくれると言った。

「よかったら、そちらでどうぞ。」

店員さんが奥のテーブルをすすめてくれた。香音は椅子に腰かけて、オルゴールをひとつひとつ聴いてみた。底についているぜんまいを回すと音が鳴る。知っている曲もいくつかあったけれど、そうでないもののほうが多かった。聞き覚えのないメロディーは耳にひっかからずに流れ去り、潔《いさぎよ》く消えていく。

透明な箱の中には、表面に細かいぶつぶつがついた円柱形の部品と、櫛《くし》の歯のようなかたちのひらたい部品が、隣りあわせに配置されている。円柱の突起が歯をはじき、音が出るしくみらしい。

ピアノみたいだ。思いあたり、(1)反射的に目をそらした。なめらかに繰り返されていた旋律が、少しずつぎこちなく間延びして、ついにとまった。

先週、コンクールが終わってはじめてのレッスンで、南先生は心配そうに言った。

「香音ちゃん、大丈夫？　音に、元気がなくなってる。」

香音は絶句した。

「香音ちゃんは本当によくがんばったわ。がんばりすぎて、ちょっと疲れちゃったのかもね。無理しないで、しばらくゆっくりしてみたら？」

いたわるように、先生は続けた。

「誰もが一位になれるわけじゃない。ここはそういう世界だから。でも、一位になるためだけに弾くわけでもないのよ。」

あれから一週間、香音はほとんどピアノを弾いていない。

どうしても、ピアノの前に座ろうという気分になれなかった。ピアノを弾きはじめて六年間、こんなことは一度もなかった。

全国大会に進めなかったから、落ちこんでいるわけじゃない。それでやる気を失《な》くしたわけでも、自棄《やけ》になっているわけでもない。ただ、自分でも気づいてしまったのだ。わたしの音には元気がない。そんな音を響かせることも、誰かに聴かせることも、耐えられない。

この機会に別の先生に習ってみたらどう、と昨日お母さんに言われた。

黙って首を横に振っただけですませたのは、うまく伝えられる自信がなかったからだ。考えを言葉で言い表すのは、すごく難しい。音楽を使えれば、と香音はいつも(a)もどかしく思う。楽器でうれしい音や悲しい音を鳴らして伝えられたら、わかりやすくて簡単なのに。

南先生は悪くない、と本当は言い返したかった。入賞できなかっ

ア　むしろ　イ　しかし　ウ　たとえば
エ　ただし　オ　やがて

問3　本文中に、(1)われわれは近代国民国家的な～逸脱した思考や行動をとりにくい。とあるが、それはなぜか。その説明として最も適当なものを、次のアからエまでの中から一つ選べ。

ア　われわれが現代の国家のもとで国民として生きている限り、その社会のシステムによって気づかぬうちに行動や考え方が制約されるから。

イ　われわれが日本人として生きる以上、空気を読んだり気遣いをしたりする独特の気質がシステムの一部として働いて行動を制限するから。

ウ　国家の中で生きている国民は無数の複雑な要素によって縛られているせいで意識が混乱してしまい、自由に行動することができないから。

エ　国家のシステムに縛られて生きている人は法律などの社会の仕組みに従わざるをえず、自分自身の行動や思考を制御することがないから。

問4　本文中に、(2)生き物のように蠢いている　とあるが、これはどのようなことをたとえているか。その説明として最も適当なものを、次のアからエまでの中から一つ選べ。

ア　目に見えない大きなシステムは総体として働くようになり、人間の思考や行動までも支配するということ。

イ　重層的に錯綜する社会は人間のコントロールがきかなくなって、とらえどころのない姿になるということ。

ウ　社会のシステムは巨大化する傾向があり、人類だけでなくあらゆる生物をその内部に取り込むということ。

エ　人間の社会は多様な要素が分かちがたい状態で絡みあって成立し、つねに複雑に変化していくということ。

問5　本文中に、(3)携帯電話は単なる通信機器という役割を超えて、思考、行動を方向づけする　とあるが、どういうことか。その説明として最も適当なものを、次のアからエまでの中から一つ選べ。

ア　携帯電話が広く普及したことによって、人間の思考や行動がその使用を前提にしたものになったということ。

イ　携帯電話の小型化が進んで持ち運びしやすくなり、屋外での人々の行動が飛躍的に自由になったということ。

ウ　携帯電話は多様な機能が付加されたことで、人々の生活にとってなくてはならない機器になったということ。

エ　携帯電話を持っていることが当たり前になり、持っていない者は社会から疎外される傾向にあるということ。

問6　本文中に、(4)空間も均質になった。とあるが、どういうことか。その説明として最も適当なものを、次のアからエまでの中から一つ選べ。

ア　聖なる力が弱まって多くの小コスモスがまとまりを失った結果、近代の科学的システムがその性質を変化させながら広がったということ。

イ　小コスモスが統合されて高度情報化消費社会が成立していく中で、世界中が同じようなシステムにおおいつくされてしまったということ。

ウ　人口が爆発的に増加して都市や国家が巨大化していく過程で、かつては人々を恐れさせた人食い鬼や魔神が姿を消していったということ。

エ　科学的に正確な記述によって世界が説明されるようになった結果、かつては数多くあった宗教的コスモスが減少してしまったということ。

問7　本文中に、(5)現代は冒険の難しい時代だとされる。とあるが、筆者はその理由をどのように考えているか。その説明として最も適当なものを、次のアからエまでの中から一つ選べ。

ア　原始時代からひたすら冒険や探検をくりかえして、極点からエベレストまで征服してしまった結果、人間にとって混沌と呼大昔、聖なる力でまとまった小さくて素朴な宗教的(注6)コスモスがいたるところに散らばっていた時代なら、コスモスを出ればそこはもう冒険の対象となるような混沌《こんとん》とした領域でありえた。[c] 小コスモスはやがて統合され都市や国家が発生し、近代国家から工業社会を経て、現代ではグローバルにつながった高度情報化消費社会の成立を見るにいたっている。その間、人口が爆発的に増えたことで、コスモスの外側にあった人食い鬼や魔神が住む混沌とした未知の自然も開発され、郊外には工場やマンションが立ち並び、未知で混沌としていた領域は次々とシステム内部の整然とした世界に組み込まれていった。さらに科学知識の隆盛によりわれわれの世界を見る目も確実に変化し、科学的に正確な記述で世界が説明されるようになり、昔とちがって(4)空間も均質になった。システムはどんどん巨大になり、性質を変化させながら領域をじわじわ広げ、気づくと世界中が似たようなシステムにおおいつくされている。宗教的コスモスの時代とはちがって、都市を離れても、別にそこに混沌があるわけでなく、むしろ世界中どこでも予測可能な整然とした光景が広がっている。どこに行ってもそこはシステム内部であり、どうやったらシステムの外側に出られるのか、というかそれ以前に、システムの外側がどこにあるのかすら分からないような同質的な世界が成立しつつある。

冒険とは脱システムなわけだから、システムが変化すると当然、冒険のあり方も変化せざるをえない。システムが巨大化、複雑化すれば、われわれもその大きな囲いの中に閉じ込められてしまい、その外に出ることは難しくなる。

(5)現代は冒険の難しい時代だとされる。従来の一般的な見方であれば、冒険が難しくなったのは、単にその対象となる(注7)処女峰や地理的な空白部が少なくなったためだと説明されてきた。人間には脱システムして冒険したがる傾向があり、原始の時代からシステムの外に出てひたすら探検、冒険をくりかえしてきた。その結果、二十世紀初頭には北極点、南極点の両極が征服され、一九五三年にはエベレストまで登頂されるにいたった。しかし人類の飽くなき冒険欲はそこでとどまらない。その後も人類はエベレスト以下の山頂を次々に落とし、あらゆる地理的空白部に足跡を記し、記録がないと聞けば、それこそ川の支流のさらに源流の、ジャングルの奥地の、そこに行って何か意味があるんですか、と訊《き》きたくなるような先端や皺《しわ》の中まで足を延ばしてきた。その結果、今ではついに行く場所が無くなってしまったというわけだ。

しかし私は、ことはそんな単純な話ではないと思う。現代において冒険が難しくなったのは、人間があらゆる隙間に足跡を残したからということもあるが、それだけではなく画一的なシステムが地球上の空間領域をフラットにおおいつくしてしまったからという理由も同じくらい大きいのではないだろうか。

（角幡唯介《かくはたゆうすけ》『新・冒険論』による）

(注1) ヘイトスピーチ＝特定の個人や団体を攻撃する差別的な発言や演説。
(注2) 錯綜＝物事が入り組むこと。
(注3) 渾然一体＝全体が溶けあって、一つになること。
(注4) アメーバ＝体の形を変えながら運動する原生動物。
(注5) 鵺＝想像上の生き物。
(注6) コスモス＝秩序と調和をもつ世界。
(注7) 処女峰＝まだ誰も登頂したことのない山。

問1 A森羅万象 の意味として最も適当なものを、次のアからエまでの中から一つ選べ。

ア 地球上で起きる様々な気象現象
イ 地球上に生存する全ての植物
ウ 宇宙空間で起こる全ての現象
エ 宇宙に存在する一切の物事

問2 空欄 [a]・[b]・[c] に入る語として適当なものを、それぞれ次のアからオまでの中から選べ。**ただし、同じ語は二回入らない。**

を離れることで、西行は自然の美しさを間近に見ることができたから。

三　次の文章を読んで、後の問いに答えよ。

　現代の近代的国民国家の多くは国家という単位のもとで国民と呼ばれる人々が生きており、同一の仕組みの政治、行政、司法、経済、法体系のもとで生活している。こうした国家の仕組みはシステムの一部となって起動し、そこで暮らす国民の行動に一定の制約を設けて方向づけしようとする。(1)われわれは近代国民国家的な規範や良識（要するに民主主義や人権意識といったもの）から逸脱した思考や行動をとりにくい。(注1)ヘイトスピーチなんかをやろうと思っても、普通の感覚の持ち主なら良識やルールに違反することなので自分の内部でブレーキがかかる。一方で、国民の中には歴史や文化、それらに影響をあたえる地勢、風土、あるいは文字、宗教、習俗、習慣などを共有した民族という単位でくくられる人間集団も存在している。たとえば日本人の性格には世間や空気を読んでやたらと気遣いするという独特の気質があると思うが、こうした気質もまた行動を方向づけする力として働き、システムの一部となって駆動するだろう。

　こうしてみると人間の社会は、無限ともいえるさまざまな要素が幾層にも分かれて複雑に(注2)錯綜《さくそう》し、絡《から》みあい、(注3)渾然《こんぜん》一体となり、さらに大きな目に見えない総体としてのシステムとなって(2)生き物のように蠢《うごめ》いていることが分かる。システムはわれわれの行動や思考を制御し、方向づける無形の体系であるが、それはわれわれ人間の側から見るとシステムによって考え方が方向づけられ、それにそって行動するよう仕向けられているということでもある。

　気づかぬうちにシステムに方向づけられるとは、どういうことか。[a] 身近にあるモノで考えてみると、携帯電話の普及時なんかがその格好のモデルケースだろう。

　携帯電話なるものが誕生する。すると便利なのでそれを使う人が出てくる。使う人が増えると、それにともなって人々の行動様式も変化する。携帯が登場する前、われわれは待ち合わせの約束をするとき何月何日何時に池袋駅西口交番前で、などと事細かに事前にすり合わせしていたが、携帯が登場してからは、金曜午後六時に池袋で、後は適当に電話で、といったようにすり合わせはいい加減になった。約束に間に合わなくても携帯で連絡すればいいので遅刻も全然平気である。こうなると携帯がなければ周囲の行動様式の変化についていけないので、携帯を持つことに抵抗を感じていた人もやむなく持つようになり、いっそう広まる。[b]、よほど気合いを入れないかぎり携帯無しでの社会生活は困難になっていき、さらに普及し、携帯があることが前提で社会全体が成り立っていく。このように(3)携帯電話は単なる通信機器という役割を超えて、思考、行動を方向づけするシステムとして機能するようになっていく。携帯電話が登場しただけではシステムは変わらない。携帯というモノが登場し、その機能性にあわせて人間の行動や習慣や思考回路が同調し、それにともなって社会全体の機能自体も変わっていくことで、はじめてそれはシステムとなる。システムとは多様な要素が分割不可能な状態で絡みあった(注4)アメーバ状の現象態なのである。

　このように総体としてのシステムは個別の人間の行動に影響をあたえ、特定の行動様式をとらせるように誘導し、管理しようとする。人間はそれぞれ勝手に、電子のようにランダムに飛びまわって生きているわけではなく、システムのもとでまとまって集合的に秩序づけられている。それが、私がシステムと呼ぶもののイメージ的な概念だ。

　こうしたシステムの内部でわれわれ人類は生きている（というか生きとし生けるもの、A森羅万象、すべてがそれぞれのシステム内部で生存、存在している）わけだが、このシステムは(注5)鵺《ぬえ》のようにとらえどころ無く、うねうねと移ろいゆく性質を持っているため、時代が進むにつれて巨大化し、さらにいろいろな要素が重層的に錯綜して複雑化する傾向がある。

ウ　仏道修行においても西行は、桜の花の美しさを追究することに重点を置いて教理の方は軽く考えたから。

エ　仏道修行に入ってからも、西行は桜の花の美しさに心が強く惹かれ歌を詠まずにはいられなかったから。

問2　本文中に、(2)明恵は歌人でもあったが、何より仏道修行と教学研究に努めた人であった。とあるが、明恵の姿勢の説明として最も適当なものを、次のアからエまでの中から一つ選べ。

ア　たとえ歌人であっても、法師であるからには時間を無駄にせず、歌と同様仏道にも心を一つにして励むのがよいという姿勢。

イ　たとえ歌人であっても、法師であるからには歌よりも仏道修行に努め、仏陀の教えを究めるのが最も重要であるという姿勢。

ウ　たとえ歌人であっても、法師であるからには歌道と教学の研究との両立を目指し、努力を重ねなければならないという姿勢。

エ　たとえ歌人であっても、法師であるからには歌の出来ばえはともかく、仏陀の教えにそって歌を詠むべきであるという姿勢。

問3　Aの和歌に用いられている修辞技巧を、次のアからエまでの中から一つ選べ。

ア　掛詞　　イ　倒置法　　ウ　枕詞　　エ　擬人法

問4　Bの和歌中の、(3)あくがるる（あくがる）は本来どのような意味で、ここでは何を表しているのか。その説明として最も適当なものを、次のアからエの中から一つ選べ。

ア「あくがる」は本来、身体が魂とともに浮かびあがってさまよい歩くという意味で、ここでは身体が浮きあがるくらい強大な浮力を西行が桜に感じていたことを表している。

イ「あくがる」は本来、行けるはずのないような遠く離れた所に移動するという意味で、ここでは遠く離れた桜の名所へ旅をしながら西行が歌を詠んでいたことを表している。

ウ「あくがる」は本来、身体の内部にあるはずの魂が離れて外部に出てしまうという意味で、ここでは魂が離れてしまうほど西行が桜の魅力に強く惹かれたことを表している。

エ「あくがる」は本来、さまよい歩くあまりに魂を見失いかけるという意味で、ここでは桜の美しさを求めてさまよい歩く西行があやうく魂を見失いかけたことを表している。

問5　本文中の(a)から(d)の助動詞のうち、**他と意味が異なるもの**を、次のアからエまでの中から一つ選べ。

ア　考え(a)られる。　　イ　知ら(b)れる歌人

ウ　収め(c)られている。　　エ　大地に引っ張ら(d)れ、

問6　本文中に、(4)天性の詩人とあるが、その意味の説明として最も適当なものを、次のアからエまでの中から一つ選べ。

ア　生来のイマジネイションの力によって何かに強く惹かれても、信仰の力で心を身にとどめ美を言葉に表すことができる人。

イ　美へのあこがれが生まれつき強くあり、短歌に限らず「詩人とは何か」について深く考えるのをやめることができない人。

ウ　生まれながらに普通の人より強いイマジネイションの力をもち、何かに惹かれるとそれを言葉で表現せずにいられない人。

エ　普通の人より生まれつき美に強い憧憬を抱いているため、信仰心に導かれて現実世界から完全に抜け出すことができる人。

問7　本文中に、(5)この一寸を決して小さく評価することはできない。とあるが、それはなぜか。その説明として最も適当なものを、次のアからエまでの中から一つ選べ。

ア　花や月へのあこがれを浮力とし、ほんのわずかであっても現実を離脱することによって、西行は名歌を生み出すことができたから。

イ　花や月へのあこがれをほんのわずかであっても断念することで、西行は、現世への執着を捨てて仏道修行に励むことができたから。

ウ　花や月へのあこがれを現世の欲望に変えることにより、西行は、ほんのわずかであっても日々の生活に埋没することができたから。

エ　花や月へのあこがれをばねに、ほんのわずかであっても大地

のは、もともとこの「あくがる」という言葉からきたもので、「所、事」を意味する「アク」という言葉と、「離れる」という意味の「カル」という言葉が結びついてできたものである（『岩波古語辞典』）。したがって、もともとは、「本来あるはずの場所から離れる」という意味の言葉であった。さまよい歩くという意味でもあるが、魂が身から離れてしまうことでもある。したがって「浮かびあがる」ことだと言ってもよい。西行は桜に強大な浮力を感じたのである。

　短歌に限らず、広く詩一般を考え、「詩人とは何か」と問うたとき、それに答えることはもちろん容易ではないであろうが、一つの答えとして、普通の人よりも大きなイマジネイションの力をもち、強い憧憬《しょうけい》を抱いてその世界により深く浸ることのできる人、そして現実を離れ、高く「浮かびあがる」ことのできる人である、というものが考え(a)られる。西行の場合には、その浮力がきわめて強かったこと、一度浮かびあがった心がわが身のもとに帰るだろうか、と問うほどに強いものであったことを指摘することができる。そのあらがいがたい力が、同時にそれを表現したいという衝迫を西行のなかに生んだのではないだろうか。信仰の道を歩みながら、内から突きあげてくるものを言葉にせざるをえなかったのであろう。そういう意味で西行は(4)天性の詩人であったと言えるのではないだろうか。

　しかし、身から浮かびあがるということは、矛盾をはらんでいる。そのことを指摘した人に上田三四二《うえだみよじ》（一九二三―八九年）がいる。上田は医師であると同時に『湧井《わくい》』や『照径《しょうけい》』などの歌集で知ら(b)れる歌人であるが、文芸評論や随筆ものした。その一つに『この世　この生――西行・良寛《りょうかん》・明恵・道元《どうげん》』がある。その最後に「地上（注7）一寸《いっすん》ということ」という文章が収め(c)られている。

　そこで上田は西行における花月へのあこがれについて次のように述べている。「西行にあっては心の浮力は強大で、かつまた心がすっかり身を離れてしまえばそれは死を意味するから、身は心を離すまいとし、かくして、心を離すまいとする身は心の浮上につれてともにいくばくか浮き上がる。私の見るところ、西行は一寸浮き上がるのである。一寸を軽く見てはならない。重力に抗して人間の身を地上一寸に浮かべるのにいかに強大な心の浮力を必要とするか。西行はそれを、花月への〝託心〟によって実行した。」

　われわれは通常、きわめて大きな力によって大地へと引きつけられている。欲望というとてつもなく大きな重力によってこの大地に引っ張ら(d)れ、日々の生活の営みのなかに埋没している。その重力を振り切って一寸浮きあがるためには、当然のことながら、これもまたとてつもなく大きな力がいる。それを西行において可能にしたのが、「花月への〝託心〟」であったというのである。それがきわめて大きな力をもっていたことを、いま引用した歌が如実《にょじつ》に示している。それによって一寸浮かびあがることが可能になったのである。上田が言うように、(5)この一寸を決して小さく評価することはできない。

（藤田正勝《ふじたまさかつ》『日本文化をよむ』による）

（注1）西行＝平安時代末期の歌人。『山家集』はその歌集。
（注2）明恵＝華厳宗の復興者。
（注3）華厳宗＝奈良時代に栄えた宗派の一つ。
（注4）真言密教＝平安時代初期に空海が開いた真言宗の教え。
（注5）具足＝道具や所持品。
（注6）朗月＝明るく澄んだ月。
（注7）一寸＝約3センチメートル。

問1　本文中に、(1)仏教の教理を究めることをその生涯の目的とはしなかった。とあるが、それはなぜか。その理由の説明として最も適当なものを、次のアからエまでの中から一つ選べ。

ア　仏道修行について直接議論を交わした結果、西行は明恵の学識の深さには到底かなわないと悟ったから。

イ　仏道修行によって現世への思いを捨てることができたので、西行は教理を究める必要がなくなったから。

二〇一九年度　国立高等専門学校

【国語】（五〇分）〈満点：一〇〇点〉

一　次の(1)から(7)までの傍線部の漢字表記として適当なものを、それぞれアからエまでの中から一つずつ選べ。

(1) 大バンの週刊誌。
ア 番　イ 板　ウ 判　エ 班

(2) 受け入れ態セイを整える。
ア 制　イ 政　ウ 製　エ 勢

(3) 隣国とメイ約を結ぶ。
ア 明　イ 盟　ウ 命　エ 名

(4) 山中の秘キョウを訪ねる。
ア 境　イ 況　ウ 京　エ 興

(5) シ急、連絡をください。
ア 支　イ 至　ウ 始　エ 示

(6) 首相が条約にショ名する。
ア 暑　イ 著　ウ 諸　エ 署

(7) 営業成績が不シンに陥る。
ア 審　イ 伸　ウ 振　エ 信

二　次の文章を読んで、後の問いに答えよ。

(注1)西行《さいぎょう》（一一一八—九〇年）は出家し、三十年ほどにわたって高野山《こうやさん》に庵《いおり》を結んだが、(1)仏教の教理を究めることをその生涯の目的とはしなかった。むしろ、何よりもつねに歌を詠《よ》む人であったと言うことができる。

平安末期から鎌倉前期に出たすぐれた仏教者の一人に(注2)明恵《みょうえ》（一一七三—一二三二年）がいる。明恵は(注3)華厳宗《けごんしゅう》の僧であったが、(注4)真言《しんごん》密教にも深い理解を有しており、長く高野山で暮らした西行の宗教観とも通じるところがあった。同時に和歌にもすぐれ、『明恵上人《しょうにん》和歌集』を残している。あとでも触れるが、西行は晩年に京都・栂尾《とがのお》の明恵のもとを訪れ、和歌をめぐって議論を交わしている。

(2)明恵は歌人でもあったが、何より仏道修行と教学研究に努めた人であった。それは弟子の高信《こうしん》がまとめた『栂尾明恵上人遺訓』のなかの次の言葉からも知られる。「只《ただ》心を一にし、志を全《まっと》うして、徒《いたずら》に過《すご》す時節なく、仏道修行を励むより外《ほか》には、法師の役はなき事也《なり》。……凡《およそ》仏道修行には、何の(注5)具足《ぐそく》も要《い》らぬ也。松風に睡《ねむり》を覚《さま》し、(注6)朗月《ろうげつ》を友として、究め来《きた》り究め去るより外の事なし。」いたずらに時を過ごさず、ただ心を一つにして仏道修行に励み、仏陀《ぶっだ》の教えを究めつくすことが肝要であるというのである。

明恵は歌人である以前に、仏教者であり、仏道の修行に邁進《まいしん》した。それに対して西行は仏教者ではあったが、まず何より歌を詠《うた》うことに力を注いだ。なぜ西行は仏道の修行に専心しなかったのであろうか。おそらくそれは、出家ののちも西行を惹《ひ》きつけてやまないものがあったからであろう。『山家集』に次の歌がある。

A　花にそむ心のいかで残りけん捨てはててきと思ふ我身に

現世への思いはすっかり捨て去ったと思っているのに、そのわが身にどうして桜の花に染まるほどに執着する心が残っているのだろうか、という歌である。桜は西行にとって、おそらくこの世でもっとも美しいものであった。それにいかに西行が強く惹かれたかをこの歌がよく示している。

西行は桜の花の美しさの抵抗しがたい力をくり返し歌にした。次もその一つである。

B　(3)あくがるる心はさてもやまざくら散りなんのちや身に帰るべき

桜が咲いているあいだは、心が身からあこがれでてしまって、なんともとどめることができない、しかし散ってしまえば、わが身へと帰ってくるだろうか、という意味である。「あこがれる」という

2019年度／国立高等専門学校

英語解答

1 (1) ウ　(2) エ　(3) イ　(4) ウ
(5) ア

2 1 ウ　2 イ　3 ア　4 ア
5 エ

3 問1　1…ウ　2…イ　3…ウ　4…エ
5…ア　6…ウ
問2　イ，オ

4 1　3番目…エ　5番目…カ
2　3番目…ウ　5番目…オ
3　3番目…オ　5番目…カ
4　3番目…カ　5番目…イ
5　3番目…ア　5番目…カ

5 1 エ　2 イ　3 ウ　4 イ
5 ウ

6 問1　イ　問2　ア　問3　ウ
問4　ウ　問5　イ　問6　ア
問7　イ

1〔書き換え―適語選択〕

(1)「植物や動物は生きるために水が必要だ」≒「植物や動物は水なしで生きることはできない」　without は「～なしで」という意味の前置詞。cannot live without ～で「～なしには生きられない」。

(2)「この城は400年前に建てられた」≒「この城は現在，築400年である」　上の文は文の意味から‘be動詞＋過去分詞’の受け身形にする。主語の This castle「この城」は建物なので，build「～を建てる」の過去分詞 built が適切。下の文は four hundred years old とすれば「築400年」という意味になる。このように，‘数詞＋year(s) old’という表現は，人の年齢だけでなく，物についても使われる。

(3)「トムはとても力が強いのでその重い箱を運ぶことができる」≒「トムはその重い箱を運ぶことができるくらい十分に力が強い」　上の文は，‘so ～ that …’「とても～なので…」の形に，下の文は‘形容詞〔副詞〕＋enough to …’「…できるほど〔…するほど〕十分に～」の形にする。

(4)「私は料理が下手だ」≒「私は上手に料理をすることができない」　上の文の cook は名詞で，「コック，料理をする人」という意味。a poor cook で「料理が下手」という意味になる。下の文の cook は動詞で，「料理する」という意味。cook well で「上手に料理する」。

(5)「急がなければ，最終バスに乗り遅れるでしょう」≒「急ぎなさい。そうしないと最終バスに乗り遅れるでしょう」　上は If「もし～なら」を用いた文。下は‘命令文, or ～’「…しなさい。さもないと～」の形。この miss は「～に乗り遅れる」という意味。　*cf.*‘命令文, and ～’「…しなさい。そうすれば～」

2〔対話文完成―適文選択〕

1．A：すみません。市立図書館がどこにあるか教えていただけますか？／B：申し訳ありません。私はここを訪れたばかりなんです。／A：ああ，そうでしたか。他の人にきいてみます。//AはBに道を尋ねたが，Bはこの地に来たばかりでわからないと言っている。よって，他の人に尋ねることを告げるウが適切。

2．A：もしもし。ジョンと申します。タナカ先生はいらっしゃいますか？／B：申し訳ありませんが，今席を外しています。伝言をお受けしましょうか？／A：はい，お願いします。学校に遅れるとお伝えいただけますか？∥電話での対話。この後Aは「はい，お願いします」と言って伝言を伝えているので，Bは伝言を受けることを申し出たのだとわかる。 take a message「伝言を受ける」 leave a message「伝言を残す」

3．A：これは東京であなたに買ったTシャツよ。／B：ありがとう。東京のどこで買ったの？／A：原宿よ。そこに行ったことある？／B：一度だけ。通りでショッピングを楽しんだよ。∥次のBの「1度だけ」という返答から，現在完了の‘経験’用法で原宿に行ったことがあるかを尋ねるアが適切。

4．A：今度の日曜日に泳ぎに行く予定なんだ。一緒に行かない？／B：ありがとう，でも今週末は忙しいんだ。／A：それは残念。来週の土曜日はどう？／B：大丈夫だよ。弟も一緒に連れていっていい？／A：いいよ。∥この後でBはOK. と言い，弟を連れていきたいと言っている。つまり「行く」ことを了承したのだから，Aは別の日にちを提案したのだと考えられる。How about ～? は「～はどうですか」と‘提案・勧誘’を表す表現。

5．A：午後はリサの誕生日会をするのよ。手伝ってくれない？／B：いいよ，ママ。どうやって手伝ったらいいの？／A：テーブルにカップを並べてくれる？／B：わかった。いくつ必要？／A：6個お願いね。∥この後でAはSixと数を答えているので，テーブルに並べるべきカップの個数を尋ねたのだとわかる。cupは‘数えられる名詞’なのでHow manyで尋ねる。

3〔長文読解総合―伝記〕

≪全訳≫❶ロバート・ゴダードは，ロケットが月まで飛べると信じた最初のアメリカ人科学者の1人だった。ゴダードが生まれる以前は，ロケットは花火として使われたり，戦争の武器として使われたりするだけだった。たいていの科学者は，ロケットが宇宙への旅に利用されうるとは考えていなかった。❷ロバート・ゴダードは高校生のときに，ロケットを宇宙旅行に利用することを初めて考え始めた。1904年に高校を卒業すると，大学生のときに最初のロケットをつくった。それは飛ばなかったが，彼は挑戦し続けた。❸ゴダードは熱心に勉強し，大学の教師になった。ある日，彼は自分の考えについてのレポートを書いた。そのレポートで彼は，ロケットはいつか月へ行けると述べた。だが1920年，ニューヨークタイムズ紙でとある記事を読み，ショックを受けた。その記事には，ゴダードは間違っており，ロケットが宇宙へ飛んでいけることなどないと書かれていた。高校生でさえゴダードよりもっと宇宙に関して知っている，とも書かれていた。❹ゴダードは怒り，もっとよいロケットをつくるため，さらに一生懸命研究した。特別な燃料を使う新種のロケットをつくりたいと彼は考えた。ついに，1926年3月16日に，彼の新しいロケットは12メートルの高さを飛んだ。❺ゴダードが月まで飛べるロケットをつくることはなかったが，彼は多くの優れたアイデアを持っていた。彼は1945年に亡くなった。後に，科学者たちはより大きく，より優れたロケットをつくるのに彼のアイデアを用いた。1969年に最初の人間が月の上を歩いたとき，ニューヨークタイムズ紙はとうとう，ゴダードの考えは正しかったと書いた。

問1＜適語(句)選択＞1．ロケットが「使う」のではなく，「使われる」のだから，‘be動詞＋過去分詞’の受け身形が適切。 2．最初のロケットは失敗だったが，この後も彼はロケットの研究を続けている。keep ～ingで「～し続ける」。 3．ニューヨークタイムズ紙に書かれていた内容は，彼のロケットに対する考えを否定するものだったので，彼は「ショックを受けた」のである。

4．空所の少し後にthan「～よりも」があるので，比較級のmoreが入る。　5．空所を含む文は，空所の前までで文として成立しているので，空所以下は前の部分を修飾する節になる。よって，rocketを先行詞とする主格の関係代名詞となるthatが適切。　6．‘日付’を表す前置詞はon。

問2＜内容真偽＞ア．「ゴダードは高校生のとき，武器としての花火を勉強した」…×　そのような記述はない。　イ．「ゴダードは大学生のときに自分の最初のロケットをつくった」…○　第2段落第2文参照。　ウ．「ゴダードは大学卒業後，高校の教師になった」…×　第3段落第1文参照。高校ではなく大学の教師。　エ．「ゴダードは月まで飛ぶことができたロケットをつくった最初の人間だった」…×　第5段落第1文参照。彼のロケットは月へは行っていない。　オ．「あるアメリカの新聞は，ゴダードの死後，彼の考えは正しかったと書いた」…○　第5段落第2，最終文参照。

4〔対話文完成―整序結合〕

1．A：この寺はその美しい庭園で有名なんだ。／B：知ってるわ。壁に描かれた絵もすてきらしいわよ。∥まずIに続く動詞としてheardを置く。また最後がalso beautifulなので，その前にbe動詞のareを置き，このareに対応する主語を残りの語句でつくればよい。まず美しいものと考えられるthe picturesを置き，残りをpainted on the wallsとまとめてpicturesを後ろから修飾する(過去分詞の形容詞的用法)。　I heard the pictures painted on the walls are also beautiful.

2．A：毎日20分以上歩くことは健康にいいよ。／B：うん。僕は毎朝走ってるよ。∥語群に述語動詞となる語がないので，isが述語動詞だとわかる。よって組み立てるのは主語となる部分。Walkingを動名詞として使えば，残りはfor more than twenty minutesとまとまる。　Walking for more than twenty minutes every day is good for our health.

3．A：今日はとても寒いね。何か温かい飲み物をくれる？／B：わかったわ。ホットミルクはどう？∥Will you ～？は「～してくれませんか」と‘依頼’を表す表現。まず‘give＋人＋物’「〈人〉に〈物〉を与える」の形でgive me somethingとまとめる。語群から「何か温かい飲み物」という意味になるとわかるので，something hot to drinkとする。このように-thingの代名詞を形容詞とto不定詞の両方で修飾する場合は，‘-thing＋形容詞＋to不定詞’の語順になる。　Will you give me something hot to drink？

4．A：すみません。正午前に横浜に着くのはどの電車ですか？／B：2番線の次の電車ですよ。∥arrive at ～で「～に到着する」という意味なので，arrive at Yokohamaとまとまる。willは助動詞として動詞arriveの前に置く。残りはwhich trainとまとめ，疑問詞として文頭に置けばよい。　Which train will arrive at Yokohama before noon？

5．A：ここから市立美術館へはタクシーでどれくらいかかりますか？／B：10分くらいです。∥how long「どのくらい(長く)」を文頭に置き，後は一般動詞の疑問文の語順でdoes it takeと続け，最後にfromを置けばよい。　‘from ～ to …’「～から…まで」　How long does it take from here to the city museum by taxi？

5〔長文読解―内容一致―物語〕

≪全訳≫❶タカシは中学生だ。両親，姉と一緒に暮らしている。姉は大学生だ。マユミはタカシのクラスメイトである。彼の家の隣に住んでいる。マユミにも姉妹がいる。彼女は小学生だ。2組の家族は映画が大好きだ。❷ある金曜日の午後，タカシの家族は映画館に行った。4時30分に着いて，見る映画を選んだ。タカシと父親は，映画があと数分で始まる予定になっていたので，急いでチケットを買いに行った。彼らが席に着くと，映画はすぐに始まった。タカシの姉は別の映画を選び，母親もそれが好みだった。彼女たちはチケットを買い，映画が始まるまで30分ほど待った。一家は映画を楽しんだ後，一緒に帰宅した。❸翌朝，タカシはマユミに会い，父親と見た映画の話をした。彼女はそれを聞いてとてもわくわくし，その映画を見たいと思った。それで，父親に映画館に連れていってくれるように頼んだのだが，彼はその日は歯医者に行かなければならないのだと言った。そこで，彼らは翌日に映画に行くことにした。母親と妹が一緒に行きたいと言った。父親はインターネットで家族の分のチケット4枚を予約した。❹翌朝，マユミの家族は映画を見に行った。彼女たちはその映画をとても楽しんだ。その後，彼女たちは昼食を食べて買い物に行った。

1．「タカシの母親と姉が見た映画は(　　)だった」―エ．「Jack the Rabbit」　タカシ一家は4時30分に映画館に着いた。母親と姉は映画が始まるまで約30分待ったので，始まったのは5時頃。つまり，17時5分に始まるJack the Rabbitが当てはまる。

2．「タカシの家族は映画を見るのに(　　)使った」―イ．「5000円」　父親は大人で1800円，母親と姉は金曜日の女性の特別料金で1100円×2＝2200円，タカシは中学生で1000円。

3．「タカシは帰宅する前，母親と姉を約(　　)待った」―ウ．「20分」　タカシと父親が見た映画は，彼らが着いて数分後に始まったのだから，16時35分開始のThe Robot WarかThe World of Animalsのどちらか。いずれも終了は18時20分。母親と姉が見たJack the Rabbitは18時40分終了だから，その差は20分。

4．「マユミの家族は映画を見るのに(　　)使った」―イ．「4800円」　彼らが行ったのは金曜日の翌々日だから日曜日で，曜日の特別料金はないが，インターネット予約の特別料金がある。父親と母親は大人の特別料金で1500円×2＝3000円，マユミは中学生で1000円，妹は小学生で800円。

5．「マユミが見た映画は(　　)だった」―ウ．「The World of Animals」　マユミはタカシが見た映画の話を聞いて，それを見たいと思った。タカシが見たのはThe Robot WarかThe World of Animalsのどちらか。マユミ一家は映画の後に昼食を食べているので，9時35分からの上映があるThe World of Animalsが当てはまる。

6 〔長文読解総合―説明文〕

≪全訳≫❶およそ5000年前，エジプトの人々は小麦粉と水でパンをつくった。彼らは日光でパンを調理した。旅をするときはパンを持っていった。他にもパンをつくることを身につけた人々がいた。パンは多くの地で重要な食べ物となった。❷パンや他の食べ物を友人たちと分け合うのは古い伝統である。この伝統は「breaking bread」と言われる。「companion」という言葉(「friend」を表すもう1つの言葉)は私たちにこの伝統を教えてくれる。comは「with」の古い言葉で，panisは「bread」の古い言葉である。つまりcompanionとは「パンを持っている人」，すなわち友達のことなのだ。❸どの国でも，家族の食事は大事な伝統だ。だが今日では人々は忙しいことが多く，いつも家族と一緒に食べられるわけではない。昔，フランスでは一日のうちの重要な食事は昼食だった。しかし今日，多くの人はランチタイムが仕事中だったり学校にいたりする。だから現在では，2昼食は軽く，そして夕食を多くとる家庭が多い。彼らは午後8時頃食卓につき，1，2時間食べたりしゃべったりすることが多い。❹／→③しかしスペインでは，多くの店や会社が昼食のために休業する。／→②だから，家族は一緒に昼食をたっぷり食べることができるのだ。／→①それから，とても遅い時間，だいたい9時頃に軽い夕食を食べる。❺いくつかの国には，伝統的な軽食の時間がある。例えばイングランドでは，朝食と昼食の間に「イレブンジズ」という軽食を食べていた。今でも午前11時には仕事を中断して，パンかケーキと一緒にお茶を飲む人もいる。❻スペイン語で「11(eleven)」はオンセ(once)という。チリには，オンセという軽食がある。人々はパンや肉やケーキを食べる。紅茶やコーヒーを飲み，友達と会話をする。だがチリの人々は午前11時にはオンセを食べない。午後5時頃に食べるのだ。❼昔は，多くの家族が農場で働いていた。休日と収穫期には「ごちそう」を食べた。「ごちそう」とは，人々が家族や友達と食べるとても盛大な食事のことである。今日では，4農場で働く家族は少なくなっているが，アメリカやカナダには今でも伝統的な収穫期のごちそうが残っている。

問1＜英文解釈＞下線部の意味は「彼らは日光のもとでパンをつくった」。cookは「～を(加熱して)つくる」という意味。これと同様の内容となるのは，イ.「彼らはパンをつくるのに太陽のエネルギーを利用した」。

問2＜適語句選択＞companionという語は，withを意味するcomとbreadを意味するpanisからなる語なのだから，ア.「パンを持っている人」が適切。

問3＜適文選択＞前にSo「だから」があるので，空所には前で述べたことの結果となる内容が入る。多くの人が昼時は職場や学校にいる結果，多くの家族が，昼食を軽くして，夕食をたっぷり楽しむようになっているのである。

問4＜文整序＞②のSo「だから」に注目すると，③「スペインでは店や会社が昼食のために休業する」→②「だから，家族で昼食をたっぷり食べることができる」とつながる。①はその後の夕食についての内容なので，この後に置けばよい。第3段落では，多くの家庭では夕食がメインになることが書かれているが，それとは相反する内容になるので，最初にくる③にはhowever「しかしながら」がある。これを手がかりに組み立てることもできる。

問5＜適語句選択＞かつてイングランドにあった，午前11時頃に軽食を食べる習慣のイレブンジズについて述べられている部分。直前にstill「今でも」とあるので，今でも11時になると仕事を中断して軽食をとる人がいるという内容が続くとわかる。

問6＜適文選択＞農場で働く人たちが食べる，収穫期や休日のごちそうについて述べられている部分。直後の‘逆接’のbutに注目。この後，今でもその伝統が残っているという内容が続いているので，この内容と相反する内容の，農場で働く人が少なくなっているというアが適切。

問7＜内容真偽＞ア.「アメリカ合衆国の家族はもはや伝統的な収穫期のごちそうは食べない」…×　最終段落最終文参照。今でもその伝統は残っている。　イ.「家族の食事の伝統はどの国でも重要だ」…○　第3段落第1文参照。　ウ.「人々は長時間働くので，食事のための伝統的な時間を取っている」…×　長時間働くがゆえに，その時間がなかなか取れなくなっている。

数学解答

1 (1) ア…－　イ…7　ウ…1　エ…0
(2) 1
(3) カ…3　キ…1　ク…3　ケ…2
(4) コ…－　サ…3　シ…2
(5) ス…7　セ…3　ソ…2
(6) タ…4　チ…5　ツ…4
(7) テ…7　ト…5
(8) ナ…4　ニ…9

2 (1) ア…3　イ…6　ウ…3　エ…9
オ…0
(2) カ…1　キ…5　ク…5　ケ…2
コ…2　サ…4

3 (1) 3　(2) イ…2　ウ…1
(3) エ…－　オ…2　カ…7　キ…3
ク…7
(4) (i) ケ…8　コ…9
(ii) サ…3　シ…3

4 (1) ア…4　イ…5
(2) ウ…1　エ…0　(3) 9
(4) カ…2　キ…5　ク…8　(5) 3

1 〔独立小問集合題〕

(1)＜数の計算＞与式$=\frac{2}{3}\times\left(-\frac{9}{4}\right)+4\times\frac{1}{5}=-\frac{2\times9}{3\times4}+\frac{4\times1}{5}=-\frac{3}{2}+\frac{4}{5}=-\frac{15}{10}+\frac{8}{10}=-\frac{7}{10}$（$\frac{-7}{10}$と解答する）

(2)＜平方根の計算＞与式$=\frac{1}{\sqrt{75}}\times\frac{\sqrt{45}}{2}\div\frac{\sqrt{3}}{\sqrt{20}}=\frac{1}{\sqrt{75}}\times\frac{\sqrt{45}}{2}\times\frac{\sqrt{20}}{\sqrt{3}}=\frac{1\times\sqrt{45}\times\sqrt{20}}{\sqrt{75}\times2\times\sqrt{3}}=\frac{\sqrt{4}}{2}=\frac{2}{2}=1$

(3)＜二次方程式＞解の公式より，$x=\frac{-(-3)\pm\sqrt{(-3)^2-4\times1\times(-1)}}{2\times1}=\frac{3\pm\sqrt{13}}{2}$となる。

(4)＜関数―変化の割合＞yはxに反比例するので，比例定数をaとして，$y=\frac{a}{x}$と表せる。$x=2$のとき$y=9$だから，$9=\frac{a}{2}$より，$a=18$となり，反比例の式は$y=\frac{18}{x}$である。この反比例の式において，$x=6$のとき$y=\frac{18}{6}=3$だから，xの値が2から6まで増加するときの変化の割合は$\frac{3-9}{6-2}=-\frac{3}{2}$となる。（$\frac{-3}{2}$と解答する）

(5)＜確率―硬貨＞3枚の50円硬貨を50_{A}，50_{B}，50_{C}，2枚の100円硬貨を100_{A}，100_{B}とする。この5枚の硬貨を同時に投げるとき，それぞれ，表，裏の2通りの出方があるから，5枚の硬貨の表，裏の出方は全部で$2\times2\times2\times2\times2=32$(通り)ある。このうち，表が出た硬貨の合計金額が150円となるのは，50円硬貨3枚が表になるときか，50円硬貨と100円硬貨が1枚ずつ表になるときだから，表になる硬貨の組は，(50_{A}，50_{B}，50_{C})，(50_{A}，100_{A})，(50_{A}，100_{B})，(50_{B}，100_{A})，(50_{B}，100_{B})，(50_{C}，100_{A})，(50_{C}，100_{B})の7通りある。よって，求める確率は$\frac{7}{32}$である。

(6)＜資料の活用―平均値，中央値＞生徒10人が読んだ本の冊数の平均値は，$(1+0+2+10+8+6+1+5+9+3)\div10=45\div10=4.5$(冊)となる。また，生徒が10人なので，中央値(メジアン)は，読んだ本の冊数の小さい方から5番目と6番目の平均となる。読んだ本の冊数を小さい順に並べると，0，1，1，2，3，5，6，8，9，10となり，5番目が3冊，6番目が5冊だから，中央値は$\frac{3+5}{2}=4$(冊)である。

図1

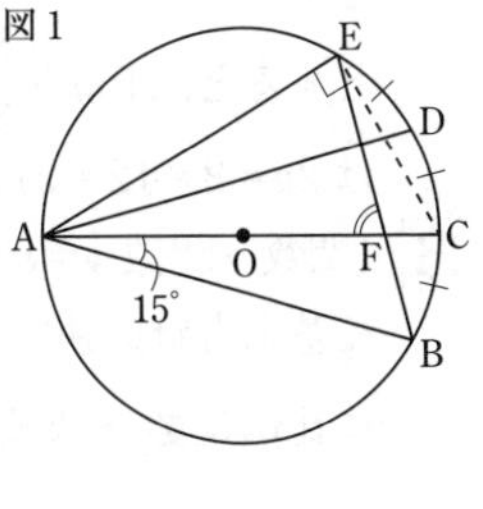

(7)＜図形―角度＞右図1で，点Cと点Eを結ぶ。線分ACが円Oの直径より，$\angle\mathrm{AEC}=90^\circ$であり，$\overset{\frown}{\mathrm{BC}}=\overset{\frown}{\mathrm{CD}}=\overset{\frown}{\mathrm{DE}}$より，$\overset{\frown}{\mathrm{CE}}=2\overset{\frown}{\mathrm{BC}}$だから，$\angle\mathrm{CAE}=2\angle\mathrm{BAC}=2\times15^\circ=30^\circ$である。よって，△ACEで，$\angle\mathrm{ECF}=180^\circ-\angle\mathrm{AEC}$

$-\angle CAE=180^\circ-90^\circ-30^\circ=60^\circ$である。また，$\overset{\frown}{BC}$に対する円周角より，$\angle FEC=\angle BAC=15^\circ$である。したがって，△EFCで内角と外角の関係より，$\angle AFE=\angle ECF+\angle FEC=60^\circ+15^\circ=75^\circ$となる。

(8)＜図形―長さの比＞右図2で，点Fを通り辺ADに平行な直線とBEの交点をHとすると，FH∥BCより，$\angle GFH=\angle GCB$であり，対頂角より，$\angle FGH=\angle CGB$だから，$\triangle FGH\backsim\triangle CGB$である。よって，FG：GC＝FH：CBとなる。$\angle ABE=\angle FBH$であり，AD∥FHより，$\angle BAE=\angle BFH$だから，$\triangle ABE\backsim\triangle FBH$となり，AE：FH＝AB：FB＝(1＋2)：2＝3：2となる。これより，$FH=\frac{2}{3}AE$である。また，AE：ED＝2：1，AD＝BCだから，$AE=\frac{2}{2+1}AD=\frac{2}{3}BC$であり，$FH=\frac{2}{3}\times\frac{2}{3}BC=\frac{4}{9}CB$となる。したがって，FH：CB＝$\frac{4}{9}$CB：CB＝4：9となるから，FG：GC＝4：9である。

図2

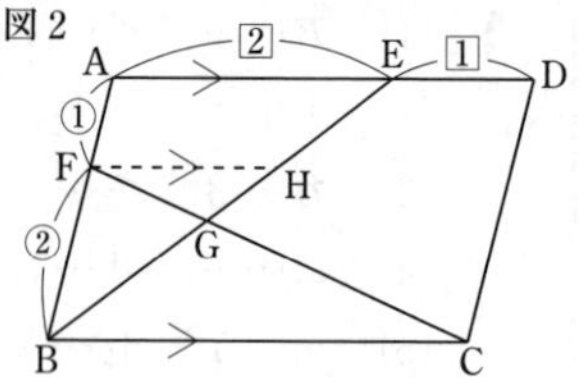

2〔特殊・新傾向問題―規則性〕

≪基本方針の決定≫(1)　一番外側の鉛筆の本数の増え方に着目する。また，一番外側の正六角形で，3辺が一番外側の辺となるものと2辺が一番外側の辺になるものを考える。

(1)＜鉛筆の本数，長さ＞一番外側の鉛筆の本数は，1周目が6本，2周目が12本であり，右図1より，3周目は18本となる。よって，12－6＝6，18－12＝6より，一番外側の鉛筆の本数は6本ずつ増えているので，4周目は18＋6＝24(本)，5周目は24＋6＝30(本)となり，6周目は30＋6＝36(本)となる。また，6周目の一番外側の正六角形のうち，3辺が一番外側の辺となるのは6個あり，残りの36－6＝30(個)は2辺が一番外側の辺となる。これより，一番外側の辺の本数は，3×6＋2×30＝78(本)だから，一番外側の辺の長さの合計は，5×78＝390(mm)である。

図1

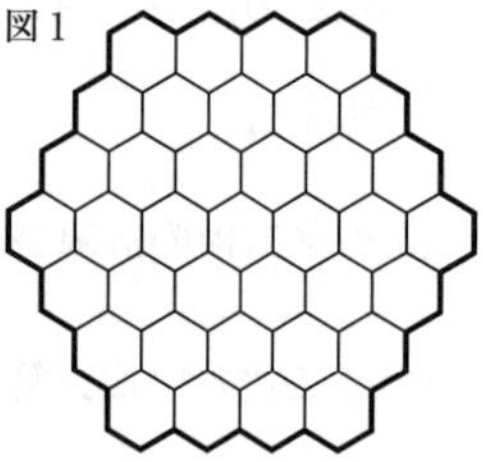

(2)＜長さ，鉛筆の本数＞右図2のように，8点A～Hを定める。正六角形ABCDEFは対角線AD，BE，CFで合同な正三角形6個に分けられるから，AD，BE，CFの交点をOとすると，AO＝OD＝AB＝5であり，AD＝5×2＝10となる。また，DG＝5である。さらに，点GからEHに垂線GIを引くと，$\angle GHI=60^\circ$より，△GHIは3辺の比が$1:2:\sqrt{3}$の直角三角形となるから，$IH=\frac{1}{2}GH=\frac{1}{2}\times5=\frac{5}{2}$である。

図2

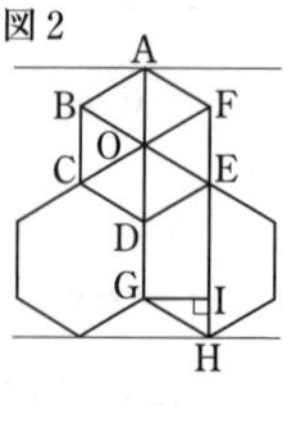

よって，2段の高さは，$AD+DG+IH=10+5+\frac{5}{2}=\frac{35}{2}$となる。次に，右図3のように，3点J，K，Lを定めると，JK＝5，KL＝10より，JL＝JK＋KL＝5＋10＝15だから，4段の高さは，$\frac{35}{2}+JL=\frac{35}{2}+15=\frac{65}{2}$となる。以下同様に考えると，6段，8段，10段，……の高さは，15mmずつ高くなるので，$2n$段の高さは，2段の高さより$15(n-1)$mm高くなり，$\frac{35}{2}+15(n-1)=15n+\frac{5}{2}$(mm)となる。$2n$段の高さが182.5mmになるとすると，$15n+\frac{5}{2}=182.5$が成り立ち，$15n=180$，$n=12$となるので，このとき，床に接する鉛筆は$2n=2\times12=24$(本)である。

図3

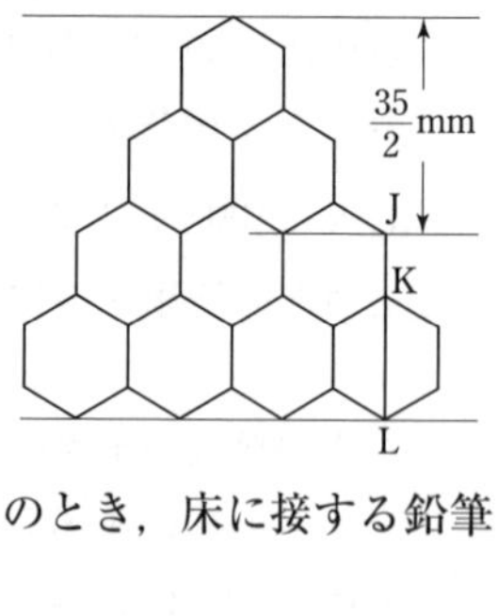

3〔関数―関数$y=ax^2$と直線〕

≪基本方針の決定≫(4)(i)　点Sが点Bと一致する。　(ii)　PS＝PQである。

(1)＜比例定数＞関数$y=ax^2$について，xの変域が$-\frac{1}{3}\leqq x\leqq1$のときの$y$の変域が$0\leqq y\leqq3$なので，$x$

の絶対値が最大の$x=1$のとき，yの値は最大の$y=3$となる。よって，$3=a\times1^2$より，$a=3$である。

(2)＜傾き，切片＞右図1で，(1)より，点A，点Bは放物線$y=3x^2$上にあり，x座標が，それぞれ，1，$-\frac{1}{3}$だから，$y=3\times1^2=3$，$y=3\times\left(-\frac{1}{3}\right)^2=\frac{1}{3}$より，A(1，3)，B$\left(-\frac{1}{3},\ \frac{1}{3}\right)$である。よって，直線$y=mx+n$の傾き$m$は$m=\left(3-\frac{1}{3}\right)\div\left\{1-\left(-\frac{1}{3}\right)\right\}=2$となり，直線の式は$y=2x+n$となる。点Aを通るから，$3=2\times1+n$より，$n=1$となる。

図1

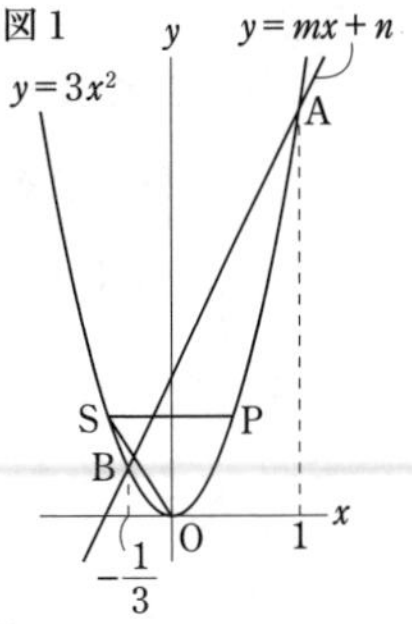

(3)＜座標＞右図1で，2点P，Sは放物線$y=3x^2$上にあり，PSがx軸に平行だから，2点P，Sはy軸について対称である。よって，点Pのx座標が$\frac{1}{2}$のとき，$y=3\times\left(\frac{1}{2}\right)^2=\frac{3}{4}$より，P$\left(\frac{1}{2},\ \frac{3}{4}\right)$だから，S$\left(-\frac{1}{2},\ \frac{3}{4}\right)$である。これより，直線OSの傾きは$\left(0-\frac{3}{4}\right)\div\left\{0-\left(-\frac{1}{2}\right)\right\}=-\frac{3}{2}$となるから，直線OSの式は$y=-\frac{3}{2}x$となる。したがって，(2)より直線ABの式は$y=2x+1$であり，直線OSの式は$y=-\frac{3}{2}x$だから，この2直線の交点の$x$座標は，$2x+1=-\frac{3}{2}x$，$\frac{7}{2}x=-1$，$x=-\frac{2}{7}$となり，$y$座標は，$y=-\frac{3}{2}\times\left(-\frac{2}{7}\right)=\frac{3}{7}$となるので，交点の座標は$\left(-\frac{2}{7},\ \frac{3}{7}\right)$である。$\left(x\text{座標は，}\frac{-2}{7}\text{と解答する}\right)$

(4)＜面積，$\boldsymbol{x}$座標＞(ⅰ)右図2で，四角形PQRSは長方形で，直線ABは点Qを通るので，四角形PQRSの面積が直線ABで2等分されるとき，直線ABは点Sも通る。点Sは放物線$y=3x^2$上にあるので，点Bと一致する。よって，S$\left(-\frac{1}{3},\ \frac{1}{3}\right)$である。2点P，Sは$y$軸について対称だから，P$\left(\frac{1}{3},\ \frac{1}{3}\right)$となり，$\text{PS}=\frac{1}{3}-\left(-\frac{1}{3}\right)=\frac{2}{3}$となる。また，PQは$y$軸に平行だから，点Qの$x$座標は$\frac{1}{3}$である。点Qは直線$y=2x+1$上にあるから，$y=2\times\frac{1}{3}+1=\frac{5}{3}$より，Q$\left(\frac{1}{3},\ \frac{5}{3}\right)$となり，$\text{PQ}=\frac{5}{3}-\frac{1}{3}=\frac{4}{3}$となる。したがって，四角形PQRSの面積は，$\text{PS}\times\text{PQ}=\frac{2}{3}\times\frac{4}{3}=\frac{8}{9}$である。　(ⅱ)右図3で，四角形PQRSは長方形だから，四角形PQRSが正方形になるとき，PS＝PQである。点Pのx座標をtとおくと，点Pは放物線$y=3x^2$上にあるから，$y=3t^2$となり，P$(t,\ 3t^2)$となる。2点P，Sはy軸について対称だから，S$(-t,\ 3t^2)$であり，$\text{PS}=t-(-t)=2t$と表せる。また，点Qは直線$y=2x+1$上にあり，x座標がtだから，$y=2t+1$より，Q$(t,\ 2t+1)$となり，$\text{PQ}=2t+1-3t^2$と表せる。よって，$2t=2t+1-3t^2$が成り立ち，$3t^2=1$，$t^2=\frac{1}{3}$，$t=\pm\frac{\sqrt{3}}{3}$となる。点Pは放物線$y=3x^2$上の原点Oと点Aの間を動くことより，$0\leqq t\leqq1$だから，$t=\frac{\sqrt{3}}{3}$であり，点Pのx座標は$\frac{\sqrt{3}}{3}$である。

図2

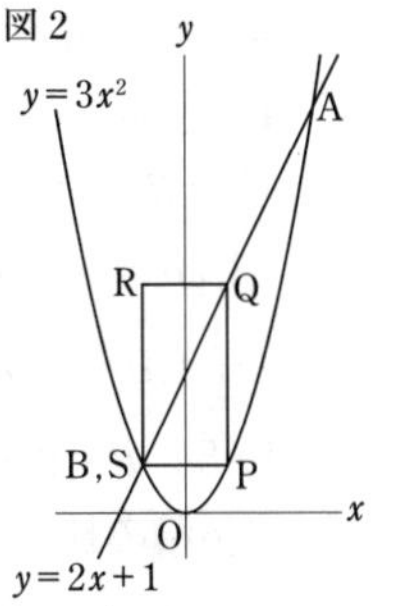

図3

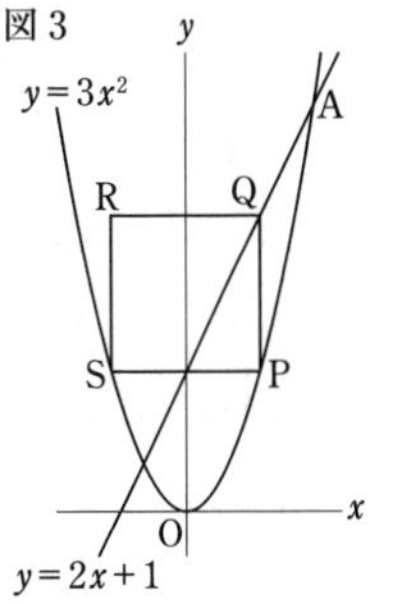

4 〔空間図形―円錐，球〕

≪基本方針の決定≫(3)　球Oの半径を文字でおき，三平方の定理を利用して方程式を立てる。
(4)　球O′の半径を文字でおき，三角形の相似を利用して方程式を立てる。

(1)＜長さ＞次ページの図1のように，7点B～Hを定め，円Bの半径を$x$cm，おうぎ形CDEの半径を$y$cmとする。円錐Aの展開図であるから，円Bの周の長さとおうぎ形CDEの$\overset{\frown}{\text{DE}}$の長さが等しいことより，$2\pi x=2\pi y\times\frac{240^\circ}{360^\circ}$が成り立ち，$x=y\times\frac{2}{3}$，$y=\frac{3}{2}x$となる。これより，$\mathrm{CG}=\frac{3}{2}x$と表せる。また，FHは対称の軸だから，FH⊥DEであり，$\angle\mathrm{DCE}=360^\circ-240^\circ=120^\circ$より，$\angle\mathrm{DCH}=\angle\mathrm{ECH}=\frac{1}{2}\angle\mathrm{DCE}=\frac{1}{2}\times120^\circ=60^\circ$となる。よって，△CDHは3辺の比が$1:2:\sqrt{3}$の直角三角形だから，$\mathrm{CH}=\frac{1}{2}\mathrm{CD}=\frac{1}{2}y=\frac{1}{2}\times\frac{3}{2}x=\frac{3}{4}x$となる。したがって，$\mathrm{FH}=\mathrm{BF}+\mathrm{BG}+\mathrm{CG}+\mathrm{CH}=x+x+\frac{3}{2}x+\frac{3}{4}x=\frac{17}{4}x$となる。$\mathrm{FH}=17\sqrt{5}$だから，$\frac{17}{4}x=17\sqrt{5}$が成り立ち，$x=4\sqrt{5}$となるので，円錐Aの底面の半径は$4\sqrt{5}$cmである。

図1

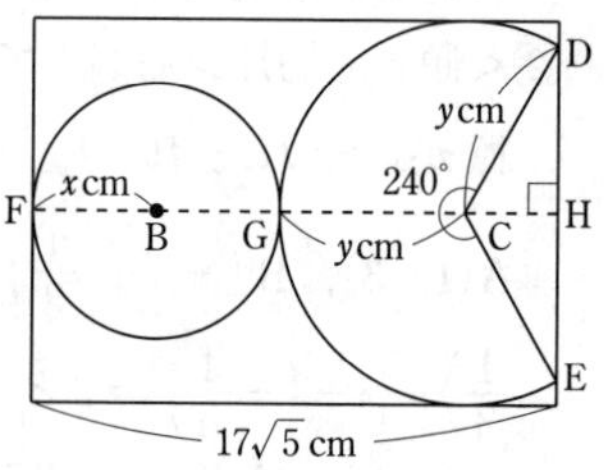

(2)＜長さ―三平方の定理＞(1)より，$\mathrm{CD}=y=\frac{3}{2}x=\frac{3}{2}\times4\sqrt{5}=6\sqrt{5}$である。右図2で，$\angle\mathrm{CBD}=90^\circ$だから，円錐Aの高さは，△CDBで三平方の定理より，$\mathrm{CB}=\sqrt{\mathrm{CD}^2-\mathrm{BD}^2}=\sqrt{(6\sqrt{5})^2-(4\sqrt{5})^2}=\sqrt{100}=10$(cm)となる。

図2

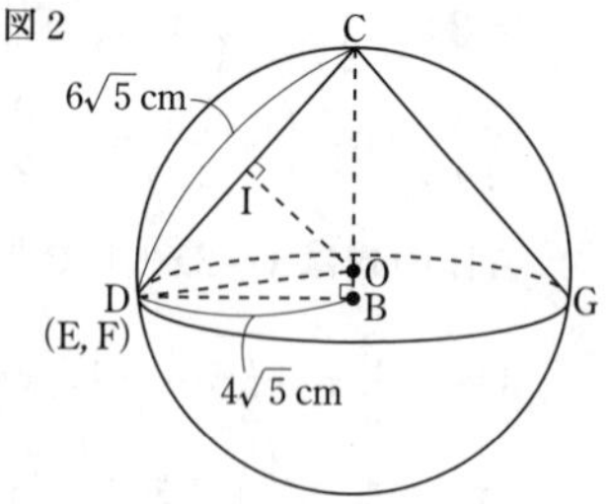

(3)＜長さ―三平方の定理＞$4\sqrt{5}<10$より，BD＜BCだから，球の中心Oは線分BC上にある。右図2で，$\mathrm{CO}=\mathrm{DO}=R$(cm)とすると，$\mathrm{OB}=\mathrm{CB}-\mathrm{CO}=10-R$となる。△ODBで三平方の定理より，$\mathrm{DO}^2=\mathrm{OB}^2+\mathrm{BD}^2$だから，$R^2=(10-R)^2+(4\sqrt{5})^2$が成り立ち，$R^2=100-20R+R^2+80$，$20R=180$，$R=9$となる。よって，球Oの半径は$\mathrm{CO}=9$(cm)である。

≪別解≫図2で，点OからCDに垂線OIを引くと，∠OCI＝∠DCB，∠CIO＝∠CBDより，△COI∽△CDBとなる。よって，CO：CD＝CI：CBである。点Iは線分CDの中点となるから，$\mathrm{CI}=\frac{1}{2}\mathrm{CD}=\frac{1}{2}\times6\sqrt{5}=3\sqrt{5}$である。したがって，$R:6\sqrt{5}=3\sqrt{5}:10$が成り立ち，$R\times10=6\sqrt{5}\times3\sqrt{5}$，$R=9$(cm)となる。

(4)＜体積の比＞右図3で，円錐Aは，底面の半径が$\mathrm{BD}=4\sqrt{5}$，高さが$\mathrm{CB}=10$だから，円錐Aの体積は，$V=\frac{1}{3}\times\pi\times(4\sqrt{5})^2\times10=\frac{800}{3}\pi$である。次に，球O′とCDの接点をJとする。$\angle\mathrm{CJO'}=90^\circ$より，$\angle\mathrm{CJO'}=\angle\mathrm{CBD}=90^\circ$であり，∠O′CJ＝∠DCBだから，△CO′J∽△CDBである。よって，O′J：DB＝CO′：CDとなる。O′B＝O′J＝rとすると，$\mathrm{CO'}=\mathrm{CB}-\mathrm{O'B}=10-r$だから，$r:4\sqrt{5}=(10-r):6\sqrt{5}$が成り立ち，$r\times6\sqrt{5}=4\sqrt{5}\times(10-r)$，$6\sqrt{5}r=40\sqrt{5}-4\sqrt{5}r$，$10\sqrt{5}r=40\sqrt{5}$，$r=4$となる。これより，球O′の半径は4cmだから，体積は，$W=\frac{4}{3}\pi\times4^3=\frac{256}{3}\pi$となる。したがって，求める体積比は，$V:W=\frac{800}{3}\pi:\frac{256}{3}\pi=25:8$となる。

図3

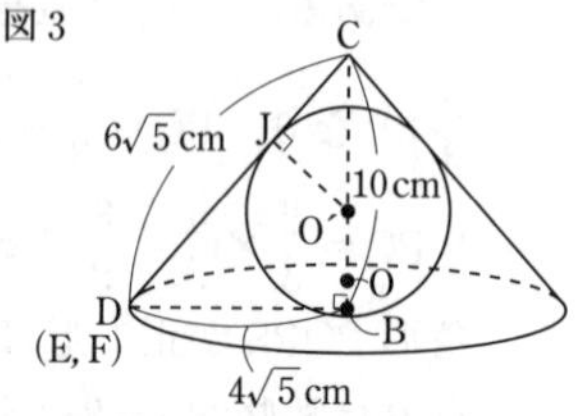

(5)＜長さ＞右上図3で，4点C，O′，O，Bは一直線上にあり，CO＝9より，$\mathrm{OB}=\mathrm{CB}-\mathrm{CO}=10-9=1$であり，O′B＝4だから，求める距離は，$\mathrm{OO'}=\mathrm{O'B}-\mathrm{OB}=4-1=3$(cm)である。

═読者へのメッセージ═

放物線は英語で「パラボラ(parabola)」といいます。そうです，パラボラアンテナの「パラボラ」です。パラボラアンテナは，放物線の形を利用してつくられています。

2019年度／国立高等専門学校

社会解答

1 問１　ウ　　問２　エ　　問３　イ
問４　ウ

2 問１　イ　　問２　ウ　　問３　イ

3 問１　ア　　問２　イ

4 問１　ア，オ　　問２　エ

5 問１　ウ　　問２　エ　　問３　ウ

6 問１　エ　　問２　ウ　　問３　ア
問４　イ

7 問１　イ　　問２　ア　　問３　エ
問４　イ

8 問１　エ　　問２　ア　　問３　カ

1〔世界地理―アジア州〕

問１＜アジア州の気候＞Ｃの都市はシャンハイで，温帯の温帯〔温暖〕湿潤気候に属する。季節風の影響を受けて夏の降水量が多く，年平均気温は17.1℃(1991年～2010年の平均値)，年降水量は1157.0mm(1981年～2010年の平均値)となっているが，これに当てはまるグラフ・説明文はない。なお，Ａの都市(リヤド)は乾燥帯の砂漠気候に属し，は.の雨温図と説明文②が，Ｂの都市(ウランバートル)は乾燥帯のステップ気候に属し，ろ.の雨温図と説明文④が，Ｄの都市(シンガポール)は熱帯雨林気候に属し，ほ.の雨温図と説明文①が，Ｅの都市(バンコク)は熱帯のサバナ気候に属し，い.の雨温図と説明文⑤が，Ｆの都市(ラサ)は温帯に属するが標高の高いチベット高原に位置し，に.の雨温図と説明文③が当てはまる。

問２＜アジア州の国々＞Ａの都市はサウジアラビアの首都リヤド，Ｂの都市はモンゴルの首都ウランバートル，Ｃの都市は中国のシャンハイ，Ｆの都市は中国のラサ，Ｄの都市はシンガポール，Ｅの都市はタイの首都バンコクである。

問３＜人口密度＞人口密度は，人口(人)÷面積(km^2)で求められる。表１から人口密度を概算すると，Ｍ(モンゴル)が約２人/km^2で最も低い。なお，各国の人口密度は，Ｌ(サウジアラビア)が約15人/km^2，Ｎ(中国)が約150人/km^2，Ｏ(シンガポール)が約7900人/km^2，Ｐ(タイ)が約130人/km^2となる。

問４＜CO_2排出量＞表２において，Ｗ～Ｚの数値はいずれも1990年から2014年にかけて２～４倍程度増加しているので，全て「解説」中の新興国に当たるとわかる。よって，表２中の2014年のCO_2排出量を，同年の１人当たりCO_2排出量で割って各国の人口を求めるとよい。ＷとＸはいずれも人口が10億人を超え，排出量のより多いＷに中国，Ｘにインドが当てはまる。人口が２億人を超えるＺにはインドネシアが当てはまる。残ったＹに韓国が当てはまる。

2〔地理―世界の資源大国，日本の工業地帯〕

問１＜鉱産資源の生産と貿易＞日本は鉄鉱石を，主にオーストラリアやブラジルから輸入している。なお，Ａは石炭，Ｃは天然ガス，Ｄは原油を表している。

問２＜一人あたりの国民総所得＞国民総所得〔GNI〕は，国内総生産〔GDP〕と同じように，その国の経済規模を表す指標である。近年，中国やインドでは急速に経済が発展しており，2014年の４か国の国民総所得は，中国，インド，オーストラリア，サウジアラビアの順となっているが，人口が10億人を超える中国とインドの一人あたりの国民総所得は小さく，人口が3000万人あまりのサウジアラビアや人口が2400万人ほどのオーストラリアの一人あたりの国民総所得は大きくなる。

問３＜日本の工業地帯＞1990年代前半まで日本最大の工業地域であった京浜工業地帯は，地価が高く新たな工業用地が得にくかったこと，これを原因とした内陸部へ工場の移転，一定の割合を占めていた新聞・出版業が2002年以降の統計に含まれていないことなどからその地位を下げ，製造品出荷額が図の中の工業地帯で最下位となった。一方，自動車を中心とする機械工業の製造品出荷額が多くの割合を占める中京工業地帯が，日本最大の工業地帯になった。

3〔地理—排他的経済水域，日本の水産業〕

問１＜各国の排他的経済水域や国土面積などの特色＞カナダは世界第２位，アメリカ合衆国は世界第３位の国土面積を持つが，アメリカ合衆国の人口が３億人を超えるのに対し，カナダは3600万人ほどで，人口密度が低い。また，直線的な海岸線を持つチリに比べて，島国であるニュージーランドは，国土面積のわりに排他的経済水域が大きくなる。

問２＜日本の水産業＞遠洋漁業は，1970年代前半には日本の水産業の中心であったが，1973年の石油危機〔オイルショック〕による燃料費の上昇や，1970年代に各国が排他的経済水域を設定するようになったことで大きく漁獲量を減らし，その後も減少傾向が続いている。なお，アは沖合漁業，ウは沿岸漁業，エは海面養殖業を表している。

4〔歴史—鎌倉時代～江戸時代〕

問１＜日本各地の歴史＞Ａは平泉(岩手県)で，この地を本拠地とした奥州藤原氏は北方の産物や砂金の貿易で栄えて東北地方を支配したが，1189年，源頼朝の軍勢に滅ぼされた(ア…×)。Ｅは戦国時代に南蛮貿易の拠点の１つとなった堺(大阪府)で，日本からは銀が輸出された(オ…×)。なお，Ｂは江戸，Ｃは平城京が置かれた奈良，Ｄは室町幕府が置かれた京都，Ｆは大宰府である。

問２＜室町時代の出来事＞Ｇは現在の沖縄県那覇市の位置で，琉球王国の都である首里が置かれていた。琉球王国は室町時代半ばの1429年に尚氏が沖縄島を統一して成立したが，江戸時代初めの1609年に薩摩藩によって征服された。この間の1489年，室町幕府第８代将軍の足利義政は，当時生まれた建築様式である書院造を取り入れた銀閣を建てた。なお，アは奈良時代，イは平安時代，ウは鎌倉時代の出来事である。

5〔歴史—江戸時代〕

問１＜江戸時代の交通と流通＞上方と呼ばれた大阪や京都を中心とした町人文化が栄えたのは，江戸時代前半の元禄期のことである。この時期には参勤交代などで交通量が増えたため，江戸と各地を結ぶ五街道が整備された。なお，アは室町時代，イは江戸時代後半，エは安土桃山時代の様子を説明している。

問２＜元禄文化＞史料１は，元禄文化を代表する浮世草子作家の井原西鶴が著した『日本永代蔵』の一節である。同じ頃，菱川師宣は図④の「見返り美人図」を描き，浮世絵を大成した。なお，図①は雪舟の水墨画「秋冬山水図」で室町時代，図②は葛飾北斎の浮世絵「富嶽三十六景　神奈川沖浪裏」で江戸時代後半，図③は狩野永徳の「唐獅子図屏風」で安土桃山時代の作品である。

問３＜江戸時代の蝦夷地＞史料２は工藤平助が1783年に著した『赤蝦夷風説考』の一節で，蝦夷地開発の必要性が述べられている。江戸時代初めの1604年，幕府は蝦夷地に進出していた松前氏にアイヌとの交易の独占権を与えた。なお，江戸時代初めの朱印船貿易によって，東南アジアに日本町がつくられた(ア…×)。豊臣秀吉の朝鮮出兵以来関係の途絶えていた朝鮮との国交は，対馬藩のなかだちによって江戸幕府成立後の1607年に回復した(イ…×)。江戸時代の佐渡島では金銀山の開発が進み，幕府の直轄地とされた(エ…×)。

6〔歴史—明治時代～昭和時代〕

問１＜ワイマール憲法＞年表中の「この国」はドイツを指す。第一次世界大戦末期の1918年，ドイツ革命が起こってドイツ帝国が崩壊し，ドイツ共和国が成立した。国民議会は1919年に民主的なワイマール憲法を制定し，この中で初めて生存権などの社会権を保障した。

問２＜ナチス＞年表中の「この国」はドイツで，首都ベルリンでは1936年にオリンピック大会が開かれ，記録映画が撮影された。この記録映画は，ナチス〔国家社会主義ドイツ労働者党〕を率いて1934年に総統となったヒトラーによって，国家の宣伝に利用された。なお，アは18世紀のプロイセン王国の様子，イは1871年，エは1945年(ドイツ分断)と1949年(新憲法制定)のドイツの様子を説明している。

問３＜大日本帝国憲法＞大日本帝国憲法の規定では，国家の統治権を持つ天皇に内閣総理大臣〔首相〕を任命する権限があった。しかし，大正時代末期の1924年，憲政会・立憲政友会・革新俱楽部という護憲三派が総選挙に勝利すると，第一党となった憲政会党首の加藤高明が内閣総理大臣に任命された。その後，昭和時代初期の1932年に五・一五事件で犬養毅首相が暗殺されるまで，衆議院第一党の党首が内閣総理大臣を務める政党政治の時代が続き，「憲政の常道」といわれた。なお，日本の内閣制度は，大日本帝国憲法の発布(1889年)や第一回衆議院議員選挙(1890年)より前の1885年に創設された(イ…×)。大日本帝国憲法では，陸海軍を指揮する統帥権を天皇が持っていた(ウ…×)。基本的人権を「侵すことのできない永久の権利」として保障しているのは日本国憲法で，大日本帝国憲法では国民の人権は「臣民の権利」とされ，法律の制限を受けた(エ…×)。

問４＜明治時代～大正時代の出来事＞史料②は五箇条の御誓文で，年表中のアの時期の1868年に出された。史料③は年表中のエの時期の1922年，全国水平社の創立大会で発表された水平社宣言の一部である。史料④は与謝野晶子が日露戦争の戦場にいる弟を思って詠んだ反戦詩「君死にたまふことなかれ」の一部で，年表中のウの時期の1904年に雑誌「明星」で発表された。

7 〔公民―選挙〕

問１＜選挙の原則＞普通選挙とは，性別や納税額などによって選挙権が制限されないことで，年齢による制限は認めている(ア…×)。直接選挙とは，有権者が代表を直接選出することをいう(ウ…×)。秘密選挙とは，誰に投票したかを他人に知られないように無記名投票を行うことをいう(エ…×)。

問２＜小選挙区制＞小選挙区制では，各選挙区で最も得票数が多かった候補者１名が当選となる。５つの選挙区の合計得票はＢ党が52万票で最も多いが，最も多くの議員が当選したのは１区，２区，５区の３つの選挙区で最も多くの票を獲得し，３人が当選したＡ党である(ア…○，エ…×)。なお，４区ではＣ党の候補者が当選している(イ…×)。当選した候補者以外への投票数である死票が最も多いのは，15万票の５区である(ウ…×)。

問３＜政党＞1955年以降，1983～86年の間を除き，自由民主党〔自民党〕が単独で政権を担った。これを55年体制と呼び，社会党が野党第一党となる1993年の細川内閣成立まで続いた。

問４＜政治参加＞地方公共団体が公的制度としてオンブズマン〔オンブズパーソン〕制度を採用している例はあるが，国の政治では採用されていない。

8 〔公民―社会保障制度〕

問１＜各国の社会保障制度＞表２で「国民負担率における租税負担率が比較的高い」とあるスウェーデンは，表１中で国民負担率と社会保障負担率の差，つまり租税負担率が最も大きいＣに当てはまる。「社会保障負担率が比較的高い」「フランスと同様の特徴が見られる」とあるドイツは，表１中でフランスに次いで社会保障負担率の高いＡに当てはまる。「国民負担率そのものはそれほど高くはない」とある日本は，表１中で２番目に国民負担率の低いＢに当てはまる。

問２＜年金制度＞積立方式では，自分や同世代が納めた年金保険料が自分たちに給付されるので，世代間での不公平感は生まれにくい。一方，賦課方式では世代間での不公平感が生まれやすくなる。

問３＜社会保障費の負担＞国や地方公共団体の負担の割合を大きくすると，社会保障費などの歳出が増え，財政赤字が増加することになる。一方，個人の負担の割合を大きくすると，個人が支払う税金や保険料が増加することになる。

理科解答

1 問1 1…ウ 2…エ 問2 ウ
問3 1…イ 2…イ

2 問1 1…オ 2…キ 3…ア 4…ク
問2 1…○ 2…× 3…× 4…×
5…× 6…○
問3 エ

3 問1 キ 問2 (A)…ウ (B)…ア
問3 1…ア，オ，カ
2 エンドウ…ウ
トウモロコシ…オ

4 問1 (1)…ア (2)…イ (3)…ウ
問2 エ
問3 (1)…ア (2)…ウ (3)…イ
(4)…エ
問4 ウ

5 問1 エ 問2 ア…0 イ…5
問3 ①…イ ②…ア
問4 ①…イ ②…ウ
問5 大小関係…ウ 理由…ア

6 問1 エ 問2 イ 問3 イ
問4 ウ，オ

7 問1 ア…× イ…× ウ…○
問2 エ 問3 ウ 問4 ウ
問5 オ

8 問1 ア…0 イ…4 問2 イ
問3 ア…5 イ…0
問4 ア…6 イ…0

1〔地球と宇宙〕

問1＜地球，月＞1．地球は太陽の光を反射して輝いて見える。よって，図1で，地球は上半分が輝いていることから，太陽は地球の真上近くの位置，つまり，撮影者の頭の真上近くにある。　2．1より，太陽は位置Aの真上近くにあるので，地球から月を見ても月の上半分が輝いて見える。図1では，地球の左端が北極なので，地球の北極から見た月の形は，左半分が輝く半月，つまり，ほぼ下弦の月である。

問2＜天体現象＞皆既月食は，月が地球の影の中に入ることで起こる現象である。地球の質量や回転運動の様子などが変わらなければ，月の動きや地球と月との距離なども現在と変わらないので，地球の直径が2倍になると，地球の影の直径も2倍になる。そのため，月が地球の影の中に入っている皆既月食の継続時間も長くなると予想される。

問3＜月の見え方＞1．皆既日食は太陽全体が月にかくされて起こる現象であり，金環日食は月にかくされた太陽のふちがわずかに見えて起こる現象である。どちらも太陽と月の見かけの大きさがほぼ等しいことを示している。　2．太陽が沈む頃，空高く頭の上近くに見える月は，西側半分が光る上弦の月である。なお，満月は，太陽が西に沈む頃に東から昇る。

2〔大地のつくりと変化，気象とその変化〕

問1＜岩石＞1．ア～クのうち，無色もしくは白色の無色鉱物は長石である。長石は，火山灰だけでなく，火成岩に共通に含まれている。　2．磁力を持つ鉱物は，磁鉄鉱である。磁鉄鉱は黒く，金属光沢を持つ。　3．生物の死がいが堆積した堆積岩で，クギで傷つけることができないほどかたいのは，チャートである。チャートは二酸化ケイ素を成分に持つ放散虫などの死がいが堆積してできた堆積岩である。　4．生物の死がいが堆積した堆積岩で，塩酸を加えると二酸化炭素を発生して溶けるのは石灰岩である。石灰岩は，炭酸カルシウムを成分に持つサンゴなどの死がいが堆積してできた堆積岩である。

問2＜正誤問題＞1…正しい。地球は，方位磁針のN極が指す北，つまり，北極の方がS極であり，反対側の南極の方にN極がある。磁力線の向きはN極からS極に向かう向きなので，地磁気の磁力線は南極付近から出て北極付近に向かっている。　２…誤り。れき，砂，泥のうち，れきは直径が２mm 以上で最も大きい粒で，重さが重いため早く沈む。よって，河口や海岸に近い所に堆積しやすい。　３…誤り。黒っぽい有色鉱物が多く含まれるマグマは，粘りけが弱く，穏やかな噴火をする場合が多い。なお，粘りけが強く，爆発的な噴火を起こしやすいマグマは，無色鉱物が多く含まれる。そのため，このマグマからできる火山灰や火成岩は白っぽいものが多い。　４…誤り。地層が堆積した当時の環境を知る手がかりとなる化石は，示相化石である。なお，示準化石は，地層が堆積した地質年代を知る手がかりとなる化石である。　５…誤り。偏西風は西から東に向かって吹く強い風である。　６…正しい。双眼実体顕微鏡は，肉眼で見る状態をそのまま拡大し，立体的に観察できる顕微鏡である。

問３＜海風＞陸は海よりも温まりやすく冷めやすい。そのため，夏の晴れた日中には，海より陸の温度が高くなり，陸上の空気の温度も高くなって軽くなり，上昇する。その結果，陸上の気圧は海上よりも低くなり，海から陸に向かって空気が流れ込み，風が吹く（海風）。一方，夜になると陸上の空気の方が先に冷えて海上の空気より重くなるため，陸上の気圧が高くなり，陸から海に向かって風が吹く（陸風）。

3〔植物の生活と種類〕

問１＜花のつくり＞エンドウは胚珠が子房に包まれている被子植物のなかまである。成熟すると子房は果実に，胚珠は種子になる。エンドウのさやは子房が果実となったものであり，子房は１個のめしべに１個ずつあるので，さやの数とめしべの数は等しい。

問２＜花のつくり＞(A)は，おしべが枯れたものである。よって，花が咲いているとき，先端に花粉の入った袋（やく）がついている。また，(B)は，めしべであった部分である。めしべの先端は，花粉がつきやすいように，しめっていたり，ブラシのように分かれていたりする。

問３＜植物の種類＞１．裸子植物は子房がないので果実はできないが，エンドウやトウモロコシは被子植物で子房があるので果実ができる。よって，果実ができるかできないかを調べることで，裸子植物と被子植物を分類することができる。また，双子葉類は，葉脈が網状脈であり，茎の断面では維管束が輪状に並んでいる。一方，単子葉類は，葉脈が平行脈であり，茎の断面では維管束がばらばらに散らばって分布している。したがって，葉脈の様子と茎の断面の維管束の分布を調べることで，双子葉類と単子葉類を分類することができる。　２．エンドウは被子植物の双子葉類なので，ア～カのうち，同じなかまなのはアサガオである。また，トウモロコシは被子植物の単子葉類なので，同じなかまなのはツユクサである。なお，マツは裸子植物，イヌワラビはシダ植物，ゼニゴケはコケ植物，シイタケは菌類のなかまである。

4〔自然と人間〕

問１＜生態ピラミッド＞まず，ポプラは植物であり，日光を利用して光合成を行い，自ら栄養分をつくり出す生産者なので，図のウに当てはまる。次に，オオカミとシカは，生産者である植物を直接的，間接的に食べるので，消費者である。オオカミは肉食動物，シカは草食動物であり，オオカミは大型の哺乳類であるシカを食べ，シカは植物のポプラを食べる。一般に，食べられるものの方が食べるものより数量が多いから，オオカミはア，シカはイに当てはまる。

問２＜生物どうしのつり合い＞オオカミ絶滅後は，シカを食べるオオカミがいなくなったので，シカの数は増加する。シカの数が増加すると，シカに食べられるポプラやヤナギの数は減少する。さらに，ポプラやヤナギが減少すると，ヤナギを食べるビーバーの数が減少することになる。

問３＜生物どうしのつり合い＞オオカミの数は，再導入される前は０で，再導入された1995年に導入された数だけ増加するので，アが当てはまる。また，オオカミ再導入後には，シカはオオカミに食べられるため，その数は減少する。よって，ウが当てはまる。オオカミ再導入後にシカの数が減少すると，シカに食べられる数が減ってヤナギの成木数は増加するので，イが当てはまる。さらに，ヤナギの数が増加すると，続いて，ヤナギを食べるビーバーの数も増加するため，エが当てはまる。

問４＜生物のつながり＞問３より，オオカミ導入後はシカの数が減少し，ヤナギやポプラなどの木が増えていくので，その密度は増加する。よって，誤りがあるのはウである。

5 〔化学変化と原子・分子〕

問１＜気体の発生＞炭酸水素ナトリウム($NaHCO_3$)に塩酸(HCl)を加えると，塩化ナトリウム($NaCl$)と水(H_2O)と二酸化炭素(CO_2)が生じる。よって，発生した気体の化学式はCO_2である。

問２＜質量保存の法則＞質量保存の法則より，反応前と反応後で，反応に関係する物質の質量の和は一定である。表１より，全体の質量が反応前は22.3gだったのが，反応後は21.8gになったのは，$22.3-21.8=0.5$(g)の二酸化炭素が発生し，空気中に出ていったためである。

問３＜質量保存の法則＞密閉容器内での反応なので，質量保存の法則より，反応前の装置全体の質量ａと反応後の装置全体の質量ｂは等しい($a=b$)。また，反応後にふたを開放すると，発生した二酸化炭素が空気中に出ていくため，ふた開放後の装置全体の質量ｃは反応後の装置全体の質量ｂより小さくなる($b>c$)。

問４＜質量保存の法則＞密閉容器内の反応なので，質量保存の法則より，装置全体の反応前の質量ｄと反応後の質量ｅは等しい($d=e$)。この実験では，はじめにフラスコ内にあった酸素は，スチールウールと化合したため，その量は減少している。よって，ピンチコックを開放すると，減少した酸素の分だけ外から空気が入るので，ピンチコック開放後の装置全体の質量ｆは反応後の装置全体の質量ｅより大きくなる($e<f$)。

問５＜金属の酸化＞この反応では，スチールウールは酸素と化合して酸化鉄になるので，反応後に生成した固体(酸化鉄)の質量はもとのスチールウールの質量より大きくなる(スチールウール＜反応後の固体)。

6 〔化学変化と原子・分子，化学変化とイオン〕

問１＜化学反応式＞この反応では，マグネシウム(Mg)が空気中に含まれる酸素(O_2)と化合して，酸化マグネシウム(MgO)ができた。化学反応式は，矢印の左側に反応前の物質の化学式を，右側に反応後の物質の化学式を書く。そして，矢印の左右で原子の種類と数が等しくなるように化学式の前に係数をつける。

問２＜化学電池＞亜鉛板と銅板，マグネシウム板と銅板のどちらの組み合わせでも，銅板の方が＋極となる。これらの電池では，亜鉛板やマグネシウム板から導線を通って銅板に移動した電子を塩酸中の水素イオンが受け取って水素原子となり，水素原子が２個結合して水素分子をつくり，気体として発生する。

問３＜化学電池＞銅板との組み合わせで－極となるマグネシウム板では，マグネシウム原子が電子を極板に残してマグネシウムイオンとなって水溶液中に溶ける。このとき，マグネシウム板に残された電子が導線を通って銅板側に移動し，電流が流れる。

問４＜電解質水溶液＞電池をつくることのできる液体は，電解質水溶液(水に溶けてイオンを生成する物質の水溶液)である。ア～オのうち，電解質水溶液は，食塩水とレモン汁である。

7 〔身近な物理現象，運動とエネルギー〕

問１＜物体の運動＞ア…誤り。木片が糸を引く力と糸が木片を引く力は，互いの物体に及ぼし合っている力であり，作用と反作用の関係にある。よって，つり合いの関係にある力ではない。　イ…誤り。図で，木片の速さがだんだん遅くなるのは，糸が木片を引く右向きの力の大きさよりも左向きの摩擦力の大きさの方が大きいためである。木片の速さがだんだん遅くなりやがて静止したときは，糸が木片を引く右向きの力と左向きの摩擦力の大きさが等しくなってつり合っている。　ウ…正しい。木片が一定の速さで進むのは，運動方向にはたらく力とその反対方向にはたらく力がつり合っているとき，つまり，〔右向きの木片を引く力の大きさ〕=〔左向きの摩擦力の大きさ〕のときである。

問２＜仕事＞このとき，摩擦力がする仕事の大きさは，〔仕事(J)〕=〔力の大きさ(N)〕×〔力の向きに移動した距離(m)〕で求められる。よって，摩擦力が0.20N，木片が移動した距離が50cm，つまり0.50mだから，摩擦力のする仕事は，0.20×0.50=0.10(J)である。

問３＜位置エネルギー＞位置エネルギーは，高い所にある物体が持つエネルギーで，基準面からの高さが高いほど大きい。この実験では，おもりは糸を通して木片を引きながら下降しているので，床からの高さはしだいに低くなり，おもりが持つ位置エネルギーはしだいに減少する。よって，グラフは右下がりになる。

問４＜位置エネルギー＞木片は水平面上を移動しているので，その位置エネルギーは一定で変化しない。また，はじめの木片の高さはおもりの高さより高い位置にあるので，木片の位置エネルギーの大きさは，はじめのおもりの位置エネルギーより大きい。よって，求めるグラフはウである。

問５＜力学的エネルギーの保存＞木片とおもりの力学的エネルギーの和は保存され，一定なので，おもりの位置エネルギーの減少分がおもりと木片の運動エネルギーに移り変わっている。つまり，〔おもりの位置エネルギーの減少分〕=〔おもりの運動エネルギーの増加分〕+〔木片の運動エネルギーの増加分〕が成り立つ。よって，求めるグラフは，木片の運動エネルギーの増加分の大きさが，おもりの位置エネルギーの減少分より少ないオである。

8〔身近な物理現象〕

問１＜浮力＞水中の物体にはたらく浮力の大きさは，〔浮力(N)〕=〔空気中での物体の重さ(N)〕−〔水中での物体の重さ(N)〕で求めることができる。図３より，Ａの空気中での重さは$x=0$(cm)のときにばねばかりが示した値で3.2Nである。また，$x=10.0$(cm)のときのＡの重さは2.8Nである。よって，求める浮力の大きさは，3.2−2.8=0.4(N)である。

問２＜浮力＞xが10.0cmより大きくなったとき，高さ10.0cmのＢは全体が水中に入っている。直方体全体が水中に入ると，浮力の大きさは変わらなくなるので，ばねばかりの示す値も一定となり，グラフはイのように横軸に平行となる。

問３＜浮力＞図５で，棒が水平になるのは，ＡとＢの水中での重さが等しくなるときである。図３より，Ａの水中での重さは，水面から直方体の下端までの長さが１cm増加するごとに0.4÷10=0.04(N)減少しているから，$x$cmでのＡの水中での重さは$3.2-0.04x$Nと表される。同様に，Ｂの水中での重さは，水面から直方体の下端までの長さが１cm増加するごとに1.2÷10=0.12(N)減少しているから，$x$cmでのＢの水中での重さは$3.6-0.12x$Nと表される。よって，ＡとＢの水中での重さが等しくなるとき，$3.2-0.04x=3.6-0.12x$が成り立つ。これを解いて，$x=5.0$(cm)である。

問４＜力のつり合い＞問３より，$x=5.0$(cm)のとき，棒が水平になるから，このとき，ＡとＢの水中での重さは，どちらも3.2−0.04×5.0=3.0(N)である。よって，ばねばかりには，3.0×2=6.0(N)の力がかかっているので，ばねばかりが示す値は6.0Nである。

国語解答

一 (1) ウ　(2) エ　(3) イ　(4) ア
(5) イ　(6) エ　(7) ウ

二 問1 エ　問2 イ　問3 イ
問4 ウ　問5 ア　問6 ウ
問7 ア

三 問1 エ
問2 a…ウ　b…オ　c…イ
問3 ア　問4 エ　問5 ア
問6 イ　問7 ウ

四 問1 (a)…エ　(b)…ウ　問2 イ
問3 エ　問4 ア　問5 ウ
問6 ウ　問7 ア

一〔漢字〕

(1)「大判」は，紙面などの寸法が普通より大きいこと。　(2)「態勢」は，物事に対する構えや状態のこと。　(3)「盟約」は，固く誓ってした約束。　(4)「秘境」は，外部の人がほとんど足を踏み入れていないため，まだ一般に状況などが知られていない地域のこと。　(5)「至急」は，非常に急ぐこと。　(6)「署名」は，文書などに自分の名前を書き記すこと。　(7)「不振」は，勢いが振るわないこと。

二〔論説文の読解―芸術・文学・言語学的分野―芸術〕出典；藤田正勝『日本文化をよむ』。

≪本文の概要≫西行は，桜の花の美しさの抵抗しがたい力を繰り返し歌にした。桜が咲いている間は，魂が身からあこがれ出てしまうような強大な浮力を，西行は感じたのである。詩人とは，普通の人よりも大きなイマジネイションの力を持ち，強い憧憬を抱いてその世界により深く浸ることのできる人，現実を離れ高く「浮かびあがる」ことのできる人だろう。西行の場合は，その浮力がきわめて強く，またそのあらがいがたい力を表現したいという衝迫も強かった。信仰の道を歩みながら，内から突き上げてくるものを言葉にせざるをえなかったのだろう。歌人上田三四二は，西行における心の浮力は強大で，重力に抗して人間の身を地上一寸に浮かび上がらせたと評した。我々は，欲望という大きな重力によってこの大地に引っ張られ，日々の生活の営みの中に埋没している。西行においてその重力を振り切って，一寸浮かび上がるのを可能にしたのは，「花月への“託心”」だったのである。

問1＜文章内容＞西行は，「桜が咲いているあいだは，心が身からあこがれでてしまって，なんともとどめることができない」ほど「桜の花の美しさの抵抗しがたい力」に引かれていた。その力を「表現したいという衝迫」が西行の中に生まれ，西行は，仏教者というより，天性の詩人だったのである。

問2＜文章内容＞明恵は，仏教者であると同時に歌人でもあったが，「いたずらに時を過ごさず，ただ心を一つにして仏道修行に励み，仏陀の教えを究めつくすことが肝要である」と考えていた。明恵は，歌人である前に「仏道の修行に邁進した」のである。

問3＜和歌の技法＞上の句は，どうして桜の花に染まるほどに執着する心が残っているのだろうか，という意味で，下の句は，現世への思いはすっかり捨て去ったと思っている我が身なのに，という意味である。どうして私はこんなにも桜の花に執着するのだろうか，という思いが，倒置法によって強く表現されている。

問4＜文章内容＞「あくがる」は，「魂が身から離れてしまうこと」を表す言葉であった。西行は，「桜が咲いているあいだは，心が身からあこがれでてしまって，なんともとどめることができない」

のであった。西行は，「桜に強大な浮力を感じ」て，その美しさの抵抗しがたい力を繰り返し歌によんだのである。

問５＜品詞＞「知られる」「収められて」「引っ張られ」の「れる(られる)」は，いずれも受け身の意味を表している。「考えられる」の「れる」は，可能の意味を表している。

問６＜文章内容＞詩人とは，「普通の人よりも大きなイマジネイションの力をもち，強い憧憬を抱いてその世界により深く浸ることのできる人，そして現実を離れ，高く『浮かびあがる』ことのできる人」である。西行の場合は，現実を離れようとする浮力がきわめて強く，またその抵抗しがたい力を「表現したいという衝迫」も強かった。西行は，「内から突きあげてくるものを言葉にせざるをえなかった」という点で，天性の詩人だったのである。

問７＜文章内容＞「われわれ」は，「欲望というとてつもなく大きな重力によってこの大地に引っ張られ，日々の生活の営みのなかに埋没している」のである。しかし，西行は，花月へのあこがれによって，重力に抗して人間の身を地上一寸に浮かばせ，その思いを作品に残したのである。

三〔論説文の読解―社会学的分野―現代社会〕出典；角幡唯介『新・冒険論』。

≪本文の概要≫人間の社会は，無限ともいえるさまざまな要素が複雑に錯そうし，大きな目に見えない総体としてのシステムとなって，我々の行動や思考を制御し，方向づけている。人間は，システムによって考え方が方向づけられ，それに沿って行動するように仕向けられているのである。大昔，小さな宗教的コスモスが至る所に散らばっていた時代なら，コスモスを出ればそこはもう冒険の対象となる混沌とした領域であった。現代は，グローバルにつながった高度情報化消費社会である。システムは，どんどん巨大化し，性質を変化させながら領域をじわじわ広げ，気づくと世界中が似たようなシステムに覆い尽くされている。世界中どこでも，予測可能な整然とした光景が広がっている。どこへ行ってもそこはシステムの内部であり，システムの外側がどこにあるのかさえわからないような同質的な世界が成立しつつある。画一的なシステムが地球上の空間領域をフラットに覆い尽くしてしまったから，現代は，冒険が難しい時代なのである。

問１＜四字熟語＞「森羅」は，限りなく並び連なるという意味，「万象」は，さまざまな形という意味。「森羅万象」は，宇宙に存在する数限りない全てのもの。

問２．ａ＜接続語＞気づかぬうちにシステムに方向づけられるということを，身近にあるモノを例に挙げると，携帯電話の普及時が格好のモデルケースとして考えられる。　ｂ＜表現＞携帯電話がなければ周囲の行動様式の変化についていけなくなって，抵抗を感じていた人もやむなく携帯電話を持つようになり，そのうち，「携帯無しでの社会生活は困難」になり，携帯電話があることが前提で社会全体が成り立っていく。　ｃ＜接続語＞小さな宗教的コスモスが至る所に散らばっていた時代なら，コスモスを出ればそこはもう冒険の対象となるような混沌とした領域でありえたが，グローバルにつながった高度情報化消費社会の成立を見た現代，未知で混沌としていた領域は，システム内部の整然とした世界に組み込まれてしまったのである。

問３＜文章内容＞政治，行政，司法といった「国家の仕組みはシステムの一部となって起動し，そこで暮らす国民の行動に一定の制約を設けて方向づけしようとする」のである。システムは，「われわれの行動や思考を制御し，方向づける無形の体系」であり，「われわれ」は，システムに沿って行動するように仕向けられているのである。

問４＜文章内容＞「システムはどんどん巨大になり，性質を変化させながら領域をじわじわ広げ」ていく。「うねうねと移ろいゆく性質を持っている」システムは，「時代が進むにつれて巨大化し，さらにいろいろな要素が重層的に錯綜して複雑化」するのである。

問５＜文章内容＞待ち合わせの様式の変化からもわかるように，「携帯というモノが登場し，その機能性にあわせて人間の行動や習慣や思考回路が同調し，それにともなって社会全体の機能自体も変わって」きたのである。携帯電話というモノが，「われわれの行動や思考を制御し，方向づける」システムとして機能するようになったのである。

問６＜文章内容＞「グローバルにつながった高度情報化消費社会の成立」により，「システムはどんどん巨大になり，性質を変化させながら領域をじわじわ広げ，気づくと世界中が似たようなシステムにおおいつくされている」のである。現代は，社会の外側の混沌とした領域は失われ，「世界中どこでも予測可能な整然とした光景が広がっている」のである。

問７＜文章内容＞「グローバルにつながった高度情報化消費社会の成立」により，「画一的なシステムが地球上の空間領域をフラットにおおいつくしてしまった」今，システムの外に出る冒険は，難しくなっているのである。

四〔小説の読解〕出典；瀧羽麻子『ありえないほどうるさいオルゴール店』。

問１＜語句＞(a)「もどかしい」は，思うようにならなくて，じれったいさま。気持ちを，言葉ではなく，音楽で表せたら，と香音はじれったく思うのである。　(b)「不意」は，思いがけないこと。南先生の声が思いがけなく耳元に響いて，香音は胸が苦しくなったのである。

問２＜文章内容＞コンクールの後，香音は，ほとんどピアノを弾いていなかった。香音は，どうしてもピアノの前に座ろうという気分になれなかったのである。自分の元気のない音を響かせることも，誰かに聴かせることも耐えられないと感じている香音は，ピアノを連想させるオルゴールから目をそらしたのだった。

問３＜文章内容＞香音は，耳の中でこだましている先生の声は気にしないようにして，笑顔をこしらえた。店員さんは，香音をしげしげと見つめ，「香音の胸の奥底で響いている音楽」にふさわしいオルゴールを探してあげよう，と考えたのである。

問４＜文章内容＞店員さんに出してもらったオルゴールの「バイエルの旋律」が香音の耳に染みとおり，香音は，「一刻も早く鍵盤にさわりたくてたまらなかった」のである。

問５＜心情＞香音が無断でレッスンを休んだことに対して，「お母さんは怒っているというよりも，途方に暮れたような顔つきになっていた」のである。お母さんは，「がんばって練習して，上手になって，お母さんや先生を喜ばせたい」と思うように香音を追い詰めていたことに気づき，「香音のやりたいようにやってほしい」と思っているのである。

問６＜文章内容＞「誰もが一位になれるわけじゃない」が，「でも，一位になるためだけに弾くわけでもない」と先生は香音に言った。優劣がつけられるのはやむをえないことではあるが，ピアノの演奏は，優劣だけが問題なのではなく，「いい音」で自分や「みんなを幸せにする」ものでもある。

問７＜表現＞コンクールで入賞できなかった香音は，どうしても，ピアノの前に座ろうという気分になれなかった。その香音がまたピアノを弾きたいという気持ちになるまでが，オルゴール店での店員さんとのやりとりや，香音の心によみがえる過去の出来事や，先生の声などを織り交ぜながら繊細に描かれている。

●要点チェック●　図形編―合同

◎図形の合同

合同……一方の図形を移動させて(ずらしたり《平行移動》，回したり《回転移動》，裏返したり《対称移動》して)，他方の図形に重ね合わせることのできるとき，この２つの図形は合同である。

・合同な図形の性質

1．対応する線分の長さは等しい。

2．対応する角の大きさは等しい。

・三角形の合同条件

２つの三角形は次のどれかが成り立つとき合同である。

1．３組の辺がそれぞれ等しい。

2．２組の辺とそのはさむ角がそれぞれ等しい。

3．１組の辺とその両端の角がそれぞれ等しい。

1.

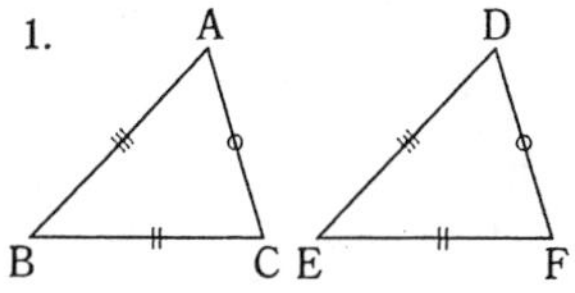

AB＝DE
BC＝EF
AC＝DF

2.

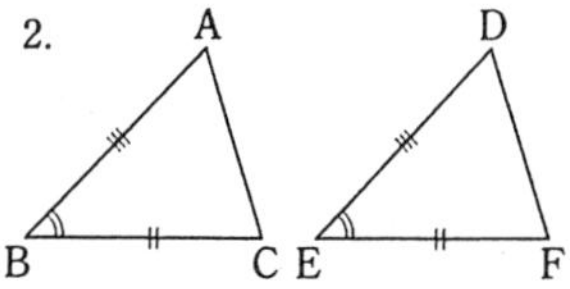

AB＝DE
BC＝EF
∠ABC＝∠DEF

3.

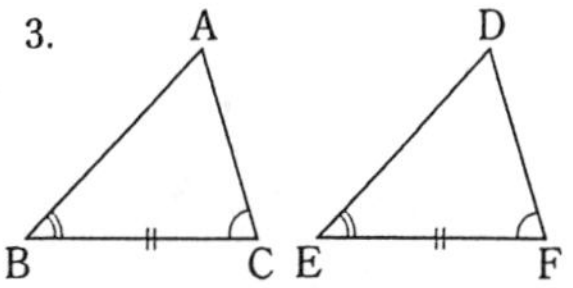

BC＝EF
∠ABC＝∠DEF
∠ACB＝∠DFE

・直角三角形の合同条件

２つの直角三角形は次のどちらかが成り立つとき合同である。

1．斜辺と１鋭角がそれぞれ等しい。

2．斜辺と他の１辺がそれぞれ等しい。

1.

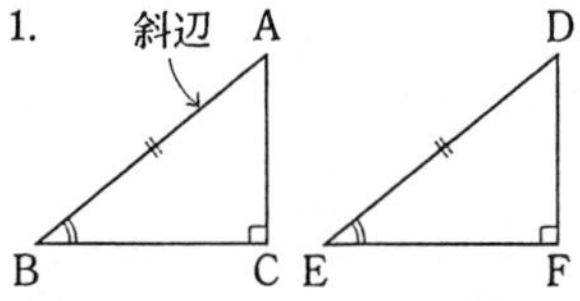

∠ACB＝∠DFE＝90°
AB＝DE
∠ABC＝∠DEF

2.

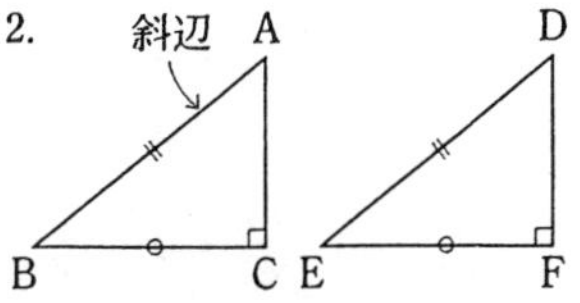

∠ACB＝∠DFE＝90°
AB＝DE
BC＝EF

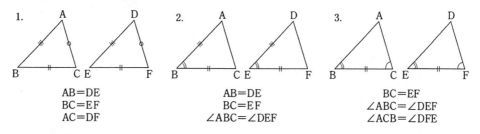

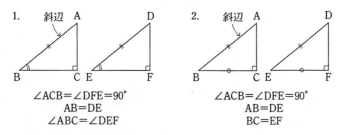

Memo

高校を受験する生徒とご父母のための…

2025 年度用

高校合格資料集

■首都圏有名書店にて今秋発売予定！

※表紙は昨年のものです。

内容目次

1. まず試験日はいつ？推薦ワクは？競争率は？
2. この学校のことはどこに行けば分かるの？
3. かけもち受験のテクニックは？
4. 合格するために大事なことが二つ！
5. もしもだよ！試験に落ちたらどうしよう？
6. 勉強しても成績があがらない
7. 最後の試験は面接だよ！

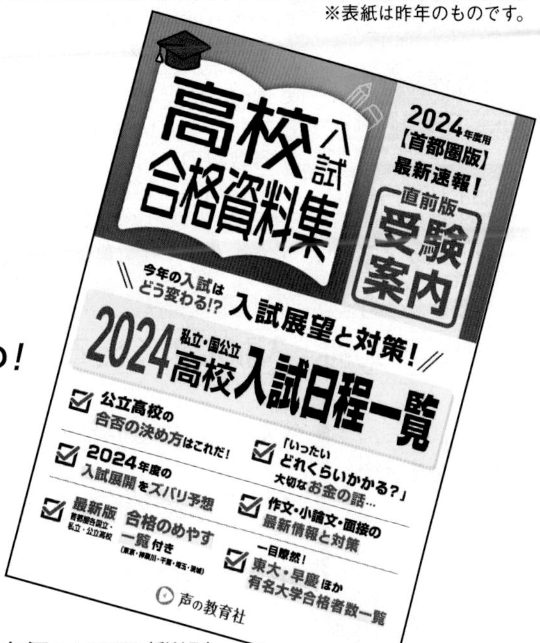

定価1430円（税込）

スーパー過去問の **解説執筆・解答作成スタッフ（在宅）募集！** ※募集要項の詳細は、10月に弊社ホームページ上に掲載します。

2025年度用

高校スーパー過去問

■編集人 声の教育社・編集部

■発行所 株式会社 声の教育社

〒162-0814 東京都新宿区新小川町8-15

☎03-5261-5061㈹ FAX03-5261-5062

https://www.koenokyoikusha.co.jp

公立高校過去問シリーズ

定価1100円(税込)

- ●東京都立高校
- ●神奈川県公立高校
- ●千葉県公立高校
- ●埼玉県公立高校
- ●茨城県公立高校
- ●栃木県公立高校
- ●群馬県公立高校

掲載全問に
わかりやすい解説つき
各教科の
出題傾向と対策

都立独自高校 公立高校過去問シリーズ

定価2090円(税込)

251 都立日比谷高校
252 都立西高校
253 都立八王子東高校
254 都立国立高校
255 都立戸山高校
256 都立国分寺高校
257 都立立川高校
258 都立新宿高校
259 都立青山高校

高校ベスト10シリーズ

出題形式別、入試によく出る順!!

定価990～1100円(税込)

ベスト10Neo **国語** 読解問題

ベスト10Neo **数学** 図形問題

英語 文法問題ベスト10

高校受験面接ブック

別冊がウリ!! 首都圏の各高校の面接内容

定価1320円(税込)

本体 質問回答例ベスト150
面接ワークシート
自己PR書の書き方とワークシート

別冊 首都圏の私国立高校などの面接方法、時間、質問具体例
推薦・一般入試の面接内容
主要校の面接会場のようす
(各校図示)

小冊子 試験場に持って行けるチェックBOOK
など面接対策がつまった1冊

図解でわかる!! 作文・小論文

定価1100円(税込)

本体 **合格作文の書き方**
(88P) ①7日間で仕上げる基礎編
②4日間で仕上げる応用編

別冊 首都圏の各高校の作文課題、制限時間、文字数の具体例調査
(52P) ①首都圏の作文課題2000例を代表的な15パターンに分類(書き易くするため)
②着眼点、キーワード、ポイントを各パターンごとにコメント
③推薦と一般入試の作文出題校と課題例を一挙公開!!
④首都圏公立高校4年間課題調査

公立の漢字

公立高校の試験によく出る漢字

定価748円(税込)

1 漢字は全都道府県で出題!!
2 公立の漢字の配点は高い!!
3 10年間の頻度をデータ化!!
4 最頻出漢字を5段階評価!!

声の教育社 〒162-0814 東京都新宿区新小川町8-15
TEL.03(5261)5061　FAX.03(5261)5062

国立高等専門学校

別冊解答用紙

丁寧に抜きとって、別冊としてご使用ください。

注意

- ○ 解答用紙は、収録の都合により縮小したものや、小社独自に作成したものもあります。
- ○ 学校配点は学校発表のもの、推定配点は小社で作成したものです。
- ○ 無断転載を禁じます。
- ○ 解答用紙を拡大コピーする場合、表示した拡大率に対応する用紙サイズは以下のとおりです。
  101%～102%＝B5　103%～118%＝A4　119%～144%＝B4　145%～167%＝A3
  (タイトルと配点表は含みません)

2024年度　国立高等専門学校

英語解答用紙

評点
/100

（注）この解答用紙は実物を縮小してあります。B４用紙に143%拡大コピーすると、ほぼ実物大で使用できます。（タイトルと配点表は含みません）

解　答　欄

1				
1	㋐	㋑	㋒	㋓
2	㋐	㋑	㋒	㋓
3	㋐	㋑	㋒	㋓
4	㋐	㋑	㋒	㋓
5	㋐	㋑	㋒	㋓

2				
1	㋐	㋑	㋒	㋓
2	㋐	㋑	㋒	㋓
3	㋐	㋑	㋒	㋓
4	㋐	㋑	㋒	㋓
5	㋐	㋑	㋒	㋓

3							
1	3番目	㋐	㋑	㋒	㋓	㋔	㋕
	5番目	㋐	㋑	㋒	㋓	㋔	㋕
2	3番目	㋐	㋑	㋒	㋓	㋔	㋕
	5番目	㋐	㋑	㋒	㋓	㋔	㋕
3	3番目	㋐	㋑	㋒	㋓	㋔	㋕
	5番目	㋐	㋑	㋒	㋓	㋔	㋕
4	3番目	㋐	㋑	㋒	㋓	㋔	㋕
	5番目	㋐	㋑	㋒	㋓	㋔	㋕
5	3番目	㋐	㋑	㋒	㋓	㋔	㋕
	5番目	㋐	㋑	㋒	㋓	㋔	㋕

4							
問1	（1）	㋐	㋑	㋒	㋓		
	（2）	㋐	㋑	㋒	㋓		
	（3）	㋐	㋑	㋒	㋓		
	（4）	㋐	㋑	㋒	㋓		
	（5）	㋐	㋑	㋒	㋓		
	（6）	㋐	㋑	㋒	㋓		
問2	（1）	㋐	㋑	㋒	㋓	㋔	㋕
	（2）	㋐	㋑	㋒	㋓	㋔	㋕

5						
A	問1		㋐	㋑	㋒	㋓
	問2	（1）	㋐	㋑	㋒	㋓
		（2）	㋐	㋑	㋒	㋓
B	問1		㋐	㋑	㋒	㋓
	問2		㋐	㋑	㋒	㋓

6			
問1	㋐	㋑	㋒
問2	㋐	㋑	㋒
問3	㋐	㋑	㋒
問4	㋐	㋑	㋒
問5	㋐	㋑	㋒
問6	㋐	㋑	㋒
問7	㋐	㋑	㋒

氏名を記入しなさい。

氏名	

受験番号の数字を記入し，受験番号と一致したマーク部分を塗りつぶしなさい。

受験番号							
百万位	十万位		万位	千位	百位	十位	一位
		－					
上の受験番号に一致させて下のマーク部分を塗りつぶしなさい。							
⓪	⓪		⓪	⓪	⓪	⓪	⓪
①	①		①	①	①	①	①
②	②		②	②	②	②	②
③	③		③	③	③	③	③
④	④		④	④	④	④	④
⑤	⑤		⑤	⑤	⑤	⑤	⑤
⑥	⑥		⑥	⑥	⑥	⑥	⑥
⑦	⑦		⑦	⑦	⑦	⑦	⑦
⑧	⑧		⑧	⑧	⑧	⑧	⑧
⑨	⑨		⑨	⑨	⑨	⑨	⑨

注意事項

1　解答には，必ず**HBの黒鉛筆**を使用し，「マーク部分塗りつぶしの見本」を参考に◯を塗りつぶすこと。

2　解答を訂正するときは，きれいに消して，消しくずを残さないこと。

3　指定された欄以外を塗りつぶしたり，文字を記入したりしないこと。

4　汚したり，折り曲げたりしないこと。

マーク部分塗りつぶしの見本					
良い例	悪い例				
●	レ点	棒	薄い	はみ出し	丸囲み

学校配点	
1　各２点×５ 2～6　各３点×30	
100点	計

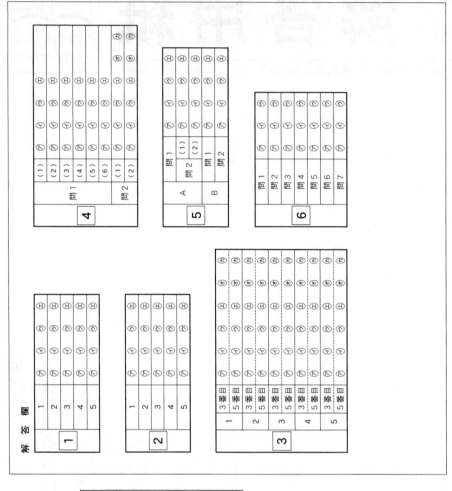

２０２４年度　国立高等専門学校

数学解答用紙　No. 1

評点
/100

氏名を記入しなさい。

氏名	

受験番号の数字を記入し，受験番号と一致したマーク部分を塗りつぶしなさい。

受験番号							
百万位	十万位		万位	千位	百位	十位	一位
		－					
上の受験番号に一致させて下のマーク部分を塗りつぶしなさい。							
⓪	⓪		⓪	⓪	⓪	⓪	⓪
①	①		①	①	①	①	①
②	②		②	②	②	②	②
③	③		③	③	③	③	③
④	④		④	④	④	④	④
⑤	⑤		⑤	⑤	⑤	⑤	⑤
⑥	⑥		⑥	⑥	⑥	⑥	⑥
⑦	⑦		⑦	⑦	⑦	⑦	⑦
⑧	⑧		⑧	⑧	⑧	⑧	⑧
⑨	⑨		⑨	⑨	⑨	⑨	⑨

注意事項

1　解答には，必ず**ＨＢの黒鉛筆**を使用し，「マーク部分塗りつぶしの見本」を参考に◯を塗りつぶすこと。

2　解答を訂正するときは，きれいに消して，消しくずを残さないこと。

3　求めた値に該当する符号や数値の箇所のマーク部分を塗りつぶすこと。具体的な解答方法は，問題用紙の注意事項を確認すること。

4　指定された欄以外を塗りつぶしたり，文字を記入したりしないこと。

5　汚したり，折り曲げたりしないこと。

マーク部分塗りつぶしの見本					
良い例	悪い例				
●	レ点	棒	薄い	はみ出し	丸囲み

解答欄

1	(1)	ア	⊖	⓪	①	②	③	④	⑤	⑥	⑦	⑧	⑨
	(2)	イ	⊖	⓪	①	②	③	④	⑤	⑥	⑦	⑧	⑨
		ウ	⊖	⓪	①	②	③	④	⑤	⑥	⑦	⑧	⑨
	(3)	エ	⊖	⓪	①	②	③	④	⑤	⑥	⑦	⑧	⑨
		オ	⊖	⓪	①	②	③	④	⑤	⑥	⑦	⑧	⑨
	(4)	カ	⊖	⓪	①	②	③	④	⑤	⑥	⑦	⑧	⑨
		キ	⊖	⓪	①	②	③	④	⑤	⑥	⑦	⑧	⑨
	(5)	ク	⊖	⓪	①	②	③	④	⑤	⑥	⑦	⑧	⑨
		ケ	⊖	⓪	①	②	③	④	⑤	⑥	⑦	⑧	⑨
	(6)	コ	⊖	⓪	①	②	③	④	⑤	⑥	⑦	⑧	⑨
		サ	⊖	⓪	①	②	③	④	⑤	⑥	⑦	⑧	⑨
	(7)	シ	⊖	⓪	①	②	③	④	⑤	⑥	⑦	⑧	⑨
		ス	⊖	⓪	①	②	③	④	⑤	⑥	⑦	⑧	⑨
		セ	⊖	⓪	①	②	③	④	⑤	⑥	⑦	⑧	⑨
	(8)	ソ	⊖	⓪	①	②	③	④	⑤	⑥	⑦	⑧	⑨
		タ	⊖	⓪	①	②	③	④	⑤	⑥	⑦	⑧	⑨

2	(1)	ア	⊖	⓪	①	②	③	④	⑤	⑥	⑦	⑧	⑨
		イ	⊖	⓪	①	②	③	④	⑤	⑥	⑦	⑧	⑨
		ウ	⊖	⓪	①	②	③	④	⑤	⑥	⑦	⑧	⑨
	(2)	エ	⊖	⓪	①	②	③	④	⑤	⑥	⑦	⑧	⑨
		オ	⊖	⓪	①	②	③	④	⑤	⑥	⑦	⑧	⑨
		カ	⊖	⓪	①	②	③	④	⑤	⑥	⑦	⑧	⑨
		キ	⊖	⓪	①	②	③	④	⑤	⑥	⑦	⑧	⑨
		ク	⊖	⓪	①	②	③	④	⑤	⑥	⑦	⑧	⑨
		ケ	⊖	⓪	①	②	③	④	⑤	⑥	⑦	⑧	⑨
	(3)	コ	⊖	⓪	①	②	③	④	⑤	⑥	⑦	⑧	⑨
		サ	⊖	⓪	①	②	③	④	⑤	⑥	⑦	⑧	⑨

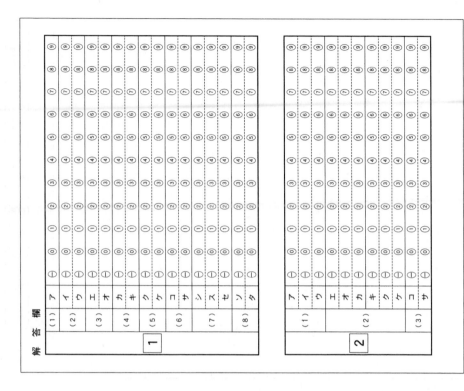

２０２４年度　国立高等専門学校

数学解答用紙　No. 2

解答欄

3	(1)	ア	⊖	0	1	2	3	4	5	6	7	8	9
	(2)	イ	a	b	c	d	e	f	g	h	i	j	k
		ウ	a	b	c	d	e	f	g	h	i	j	k
		エ	a	b	c	d	e	f	g	h	i	j	k
		オ	a	b	c	d	e	f	g	h	i	j	k
	(3)	カ	⊖	0	1	2	3	4	5	6	7	8	9
		キ	⊖	0	1	2	3	4	5	6	7	8	9
		ク	⊖	0	1	2	3	4	5	6	7	8	9
		ケ	⊖	0	1	2	3	4	5	6	7	8	9
	(4)	コ	⊖	0	1	2	3	4	5	6	7	8	9
		サ	⊖	0	1	2	3	4	5	6	7	8	9
		シ	⊖	0	1	2	3	4	5	6	7	8	9
		ス	⊖	0	1	2	3	4	5	6	7	8	9

4	(1)	ア	⊖	0	1	2	3	4	5	6	7	8	9
		イ	⊖	0	1	2	3	4	5	6	7	8	9
	(2)	ウ	⊖	0	1	2	3	4	5	6	7	8	9
		エ	⊖	0	1	2	3	4	5	6	7	8	9
	(3)	オ	⊖	0	1	2	3	4	5	6	7	8	9
		カ	⊖	0	1	2	3	4	5	6	7	8	9
		キ	⊖	0	1	2	3	4	5	6	7	8	9
		ク	⊖	0	1	2	3	4	5	6	7	8	9
		ケ	⊖	0	1	2	3	4	5	6	7	8	9
		コ	⊖	0	1	2	3	4	5	6	7	8	9
		サ	⊖	0	1	2	3	4	5	6	7	8	9
		シ	⊖	0	1	2	3	4	5	6	7	8	9
		ス	⊖	0	1	2	3	4	5	6	7	8	9

（注）この解答用紙は実物を縮小してあります。Ｂ４用紙に141％拡大コピーすると、ほぼ実物大で使用できます。（タイトルと配点表は含みません）

学校配点

1 各５点×８
2 (1) ６点　(2) 各４点×２　(3) ６点
3 (1) ４点　(2) 各１点×４　(3)、(4) 各４点×３
4 (1)、(2) 各１点×２　(3) オカ　１点　キ～ケ　各２点×３　コ　３点　サ、シス　各４点×２

計　100点

２０２４年度　国立高等専門学校

社会解答用紙

評点
/100

（注）この解答用紙は実物を縮小してあります。Ｂ４用紙に143%拡大コピーすると、ほぼ実物大で使用できます。（タイトルと配点表は含みません）

解　答　欄

1	問１	㋐ ㋑ ㋒ ㋓
	問２	㋐ ㋑ ㋒ ㋓
	問３	㋐ ㋑ ㋒ ㋓ ㋔ ㋕
	問４	㋐ ㋑ ㋒ ㋓
2	問１	㋐ ㋑ ㋒ ㋓ ㋔ ㋕
	問２	㋐ ㋑ ㋒ ㋓ ㋔ ㋕
	問３	㋐ ㋑ ㋒ ㋓
3	問１	㋐ ㋑ ㋒ ㋓ ㋔ ㋕
	問２	㋐ ㋑ ㋒ ㋓ ㋔ ㋕
4	問１	㋐ ㋑ ㋒ ㋓ ㋔ ㋕
	問２	㋐ ㋑ ㋒ ㋓ ㋔ ㋕ ㋖ ㋗ ㋘ ㋙
5	問１	㋐ ㋑ ㋒ ㋓ ㋔ ㋕
	問２	㋐ ㋑ ㋒ ㋓
	問３	㋐ ㋑ ㋒ ㋓
6	問１	㋐ ㋑ ㋒ ㋓
	問２	㋐ ㋑ ㋒ ㋓
	問３	㋐ ㋑ ㋒ ㋓
	問４	㋐ ㋑ ㋒ ㋓ ㋔ ㋕
7	問１	㋐ ㋑ ㋒ ㋓
	問２	㋐ ㋑ ㋒ ㋓
	問３	㋐ ㋑ ㋒ ㋓
	問４	㋐ ㋑ ㋒ ㋓
8	問１	㋐ ㋑ ㋒ ㋓
	問２	㋐ ㋑ ㋒ ㋓
	問３	㋐ ㋑ ㋒ ㋓ ㋔ ㋕

氏名を記入しなさい。

氏名	

受験番号の数字を記入し，受験番号と一致したマーク部分を塗りつぶしなさい。

受験番号							
百万位	十万位		万位	千位	百位	十位	一位
		－					

上の受験番号に一致させて下のマーク部分を塗りつぶしなさい。

百万位	十万位	万位	千位	百位	十位	一位
⓪	⓪	⓪	⓪	⓪	⓪	⓪
①	①	①	①	①	①	①
②	②	②	②	②	②	②
③	③	③	③	③	③	③
④	④	④	④	④	④	④
⑤	⑤	⑤	⑤	⑤	⑤	⑤
⑥	⑥	⑥	⑥	⑥	⑥	⑥
⑦	⑦	⑦	⑦	⑦	⑦	⑦
⑧	⑧	⑧	⑧	⑧	⑧	⑧
⑨	⑨	⑨	⑨	⑨	⑨	⑨

注意事項

1　解答には，必ず**HBの黒鉛筆**を使用し，「マーク部分塗りつぶしの見本」のとおりに◯を塗りつぶすこと。

2　解答を訂正するときは，きれいに消して，消しくずを残さないこと。

3　指定された欄以外を塗りつぶしたり，文字を記入したりしないこと。

4　汚したり，折り曲げたりしないこと。

マーク部分塗りつぶしの見本					
良い例	悪い例				
●	レ点	棒	薄い	はみ出し	丸囲み

学校配点	
1～8　各4点×25	
100点	計

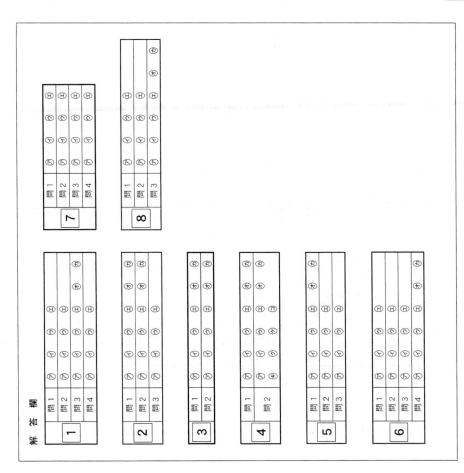

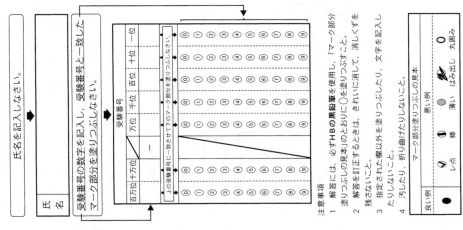

2024年度　国立高等専門学校

理科解答用紙 No. 1

評点
/100

氏名を記入しなさい。

氏名	

受験番号の数字を記入し，受験番号と一致したマーク部分を塗りつぶしなさい。

受験番号							
百万位	十万位		万位	千位	百位	十位	一位
		－					
上の受験番号に一致させて下のマーク部分を塗りつぶしなさい。							
⓪	⓪		⓪	⓪	⓪	⓪	⓪
①	①		①	①	①	①	①
②	②		②	②	②	②	②
③	③		③	③	③	③	③
④	④		④	④	④	④	④
⑤	⑤		⑤	⑤	⑤	⑤	⑤
⑥	⑥		⑥	⑥	⑥	⑥	⑥
⑦	⑦		⑦	⑦	⑦	⑦	⑦
⑧	⑧		⑧	⑧	⑧	⑧	⑧
⑨	⑨		⑨	⑨	⑨	⑨	⑨

注意事項

1　解答には，必ず**ＨＢの黒鉛筆**を使用し，「マーク部分塗りつぶしの見本」を参考に◯を塗りつぶすこと。

2　解答を訂正するときは，きれいに消して，消しくずを残さないこと。

3　数値を解答する場合の解答方法は，問題用紙の注意事項を確認すること。

4　指定された欄以外を塗りつぶしたり，文字を記入したりしないこと。

5　汚したり，折り曲げたりしないこと。

マーク部分塗りつぶしの見本					
良い例	悪い例				
●	レ点	棒	薄い	はみ出し	丸囲み

解　答　欄

1	問 1		㋐	㋑	㋒	㋓	㋔	㋕	㋖	㋗		
	問 2		㋐	㋑	㋒	㋓						
			㋐	㋑	㋒	㋓						
	問 3	ア	⓪	①	②	③	④	⑤	⑥	⑦	⑧	⑨
		イ	⓪	①	②	③	④	⑤	⑥	⑦	⑧	⑨
	問 4		㋐	㋑	㋒	㋓	㋔					
	問 5		㋐	㋑	㋒	㋓	㋔	㋕				
			㋐	㋑	㋒	㋓	㋔	㋕				
			㋐	㋑	㋒	㋓	㋔	㋕				
	問 6		㋐	㋑	㋒	㋓	㋔	㋕				
			㋐	㋑	㋒	㋓	㋔	㋕				
	問 7	1	㋐	㋑	㋒	㋓	㋔	㋕				
		2	㋐	㋑	㋒	㋓						
	問 8		㋐	㋑	㋒	㋓						

2	問 1	①		㋐	㋑	㋒	㋓	㋔	㋕	㋖			
		②		㋐	㋑	㋒	㋓	㋔	㋕	㋖			
		③		㋐	㋑	㋒	㋓	㋔	㋕	㋖			
	問 2	①		㋐	㋑	㋒	㋓	㋔	㋕	㋖			
		②		㋐	㋑	㋒	㋓	㋔	㋕	㋖			
		③		㋐	㋑	㋒	㋓	㋔	㋕	㋖			
	問 3	成分		㋐	㋑	㋒							
		ヘモグロビン		㋓	㋔								
	問 4	1	ア	⓪	①	②	③	④	⑤	⑥	⑦	⑧	⑨
			イ	⓪	①	②	③	④	⑤	⑥	⑦	⑧	⑨
			ウ	⓪	①	②	③	④	⑤	⑥	⑦	⑧	⑨
		2		㋐	㋑	㋒	㋓						

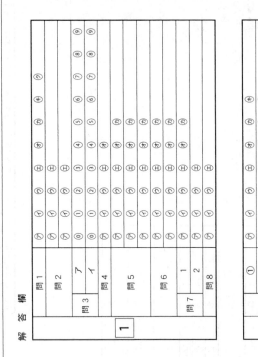

２０２４年度　国立高等専門学校

理科解答用紙　No. 2

解　答　欄

3

問1	(i)		㋐ ㋑
	(ii)		㋐ ㋑
	(iii)		㋐ ㋑
問2	①		㋐ ㋑ ㋒
	②		㋓ ㋔
	③		㋕ ㋖
問3	1		㋐ ㋑ ㋒
	2	ア	⓪ ① ② ③ ④ ⑤ ⑥ ⑦ ⑧ ⑨
		イ	⓪ ① ② ③ ④ ⑤ ⑥ ⑦ ⑧ ⑨
		ウ	⓪ ① ② ③ ④ ⑤ ⑥ ⑦ ⑧ ⑨
	3		㋐ ㋑ ㋒ ㋓ ㋔ ㋕ ㋖ ㋗

4

問1		㋐ ㋑ ㋒ ㋓ ㋔
問2	ア	⓪ ① ② ③ ④ ⑤ ⑥ ⑦ ⑧ ⑨
	イ	⓪ ① ② ③ ④ ⑤ ⑥ ⑦ ⑧ ⑨
問3		㋐ ㋑ ㋒ ㋓
問4	気体の色	㋐ ㋑
	密度	㋒ ㋓
	リトマス紙	㋔ ㋕ ㋖
問5	1	㋐ ㋑ ㋒ ㋓ ㋔
	2	㋐ ㋑ ㋒ ㋓

5

問1	(i)		◎ ⊗
	(ii)		◎ ⊗
	(iii)		◎ ⊗
問2	ア		⓪ ① ② ③ ④ ⑤ ⑥ ⑦ ⑧ ⑨
	イ		⓪ ① ② ③ ④ ⑤ ⑥ ⑦ ⑧ ⑨
	ウ		⓪ ① ② ③ ④ ⑤ ⑥ ⑦ ⑧ ⑨
問3	1		㋐ ㋑ ㋒ ㋓ ㋔ ㋕ ㋖
	2	ア	⓪ ① ② ③ ④ ⑤ ⑥ ⑦ ⑧ ⑨
		イ	⓪ ① ② ③ ④ ⑤ ⑥ ⑦ ⑧ ⑨
	3	ア	⓪ ① ② ③ ④ ⑤ ⑥ ⑦ ⑧ ⑨
		イ	⓪ ① ② ③ ④ ⑤ ⑥ ⑦ ⑧ ⑨
		ウ	⓪ ① ② ③ ④ ⑤ ⑥ ⑦ ⑧ ⑨
	4	ア	⓪ ① ② ③ ④ ⑤ ⑥ ⑦ ⑧ ⑨
		イ	⓪ ① ② ③ ④ ⑤ ⑥ ⑦ ⑧ ⑨
		ウ	⓪ ① ② ③ ④ ⑤ ⑥ ⑦ ⑧ ⑨

6

問1		㋐ ㋑ ㋒ ㋓
問2	1	㋐ ㋑ ㋒ ㋓
	2	㋐ ㋑ ㋒ ㋓
問3		㋐ ㋑ ㋒ ㋓
問4		㋐ ㋑ ㋒ ㋓
問5		㋐ ㋑ ㋒ ㋓ ㋔ ㋕
問6		㋐ ㋑ ㋒

（注）この解答用紙は実物を縮小してあります。Ｂ４用紙に141％拡大コピーすると、ほぼ実物大で使用できます。（タイトルと配点表は含みません）

学校配点

1 問1～問3 各2点×3　問4 3点　問5～問8 各2点×5
2 問1 3点　問2 ①・② 2点　③ 1点　問3、問4 各3点×3
3 問1、問2 各3点×2　問3 1、2 各3点×2　3 4点
4 問1 2点　問2 3点　問3 2点　問4 各1点×3　問5 各3点×2
5 問1 各1点×3　問2 2点　問3 1 2点　2～4 各3点×3
6 問1 3点　問2 1 3点　2 2点　問3 3点　問4 2点　問5 3点　問6 2点

計　100点

二〇二四年度　国立高等専門学校

国語解答用紙

評点
/100

解　答　欄

一					
問1	①	㋐	㋑	㋒	㋓
	②	㋐	㋑	㋒	㋓
	③	㋐	㋑	㋒	㋓
	④	㋐	㋑	㋒	㋓
問2		ⓐ	ⓑ	ⓒ	ⓓ
問3		㋐	㋑	㋒	㋓
問4		㋐	㋑	㋒	㋓
問5		㋐	㋑	㋒	㋓
問6		㋐	㋑	㋒	㋓
問7		㋐	㋑	㋒	㋓
問8		㋐	㋑	㋒	㋓

二					
問1	①	㋐	㋑	㋒	㋓
	②	㋐	㋑	㋒	㋓
	③	㋐	㋑	㋒	㋓
問2	(a)	㋐	㋑	㋒	㋓
	(b)	㋐	㋑	㋒	㋓
問3		㋐	㋑	㋒	㋓
問4		㋐	㋑	㋒	㋓
問5		㋐	㋑	㋒	㋓
問6		㋐	㋑	㋒	㋓
問7		㋐	㋑	㋒	㋓
問8		ⓐ	ⓑ	ⓒ	ⓓ
問9		㋐	㋑	㋒	㋓

三					
問1	(a)	㋐	㋑	㋒	㋓
	(b)	㋐	㋑	㋒	㋓
問2		㋐	㋑	㋒	㋓
問3		㋐	㋑	㋒	㋓
問4		㋐	㋑	㋒	㋓
問5		㋐	㋑	㋒	㋓
問6		㋐	㋑	㋒	㋓
問7		㋐	㋑	㋒	㋓

(注) この解答用紙は実物を縮小してあります。B４用紙に132%拡大コピーすると、ほぼ実物大で使用できます。(タイトルと配点表は含みません)

氏名を記入しなさい。

氏名	

受験番号の数字を記入し，受験番号と一致したマーク部分を塗りつぶしなさい。

受験番号							
百万位	十万位		万位	千位	百位	十位	一位
		－					

上の受験番号に一致させて下のマーク部分を塗りつぶしなさい。

百万位	十万位	万位	千位	百位	十位	一位
⓪	⓪	⓪	⓪	⓪	⓪	⓪
①	①	①	①	①	①	①
②	②	②	②	②	②	②
③	③	③	③	③	③	③
④	④	④	④	④	④	④
⑤	⑤	⑤	⑤	⑤	⑤	⑤
⑥	⑥	⑥	⑥	⑥	⑥	⑥
⑦	⑦	⑦	⑦	⑦	⑦	⑦
⑧	⑧	⑧	⑧	⑧	⑧	⑧
⑨	⑨	⑨	⑨	⑨	⑨	⑨

注意事項

1　解答には，必ず**HBの黒鉛筆**を使用し，「マーク部分塗りつぶしの見本」のとおりに◯を塗りつぶすこと。
2　解答を訂正するときは，きれいに消して，消しくずを残さないこと。
3　指定された欄以外を塗りつぶしたり，文字を記入したりしないこと。
4　汚したり，折り曲げたりしないこと。

マーク部分塗りつぶしの見本					
良い例	悪い例				
●	レ点	棒	薄い	はみ出し	丸囲み

学校配点

一　問1、問2　各2点×5　問3、問4　各3点×2　問5　4点
問6　5点　問7、問8　各4点×2
二　問1、問2　各2点×5　問3～問9　各4点×7
三　問1　各2点×2　問2～問6　各4点×5　問7　5点

100点	計

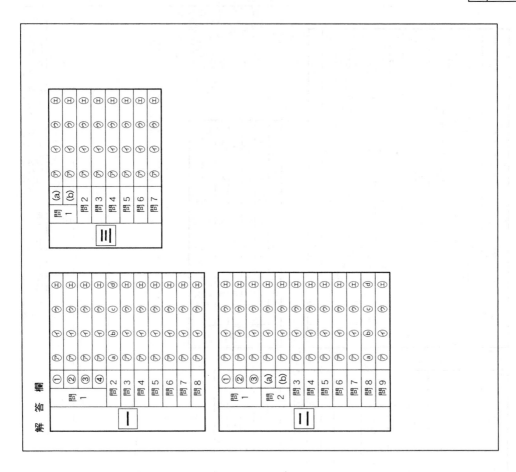

２０２３年度　国立高等専門学校

英語解答用紙

評点
／100

（注）この解答用紙は実物を縮小してあります。Ｂ４用紙に143％拡大コピーすると、ほぼ実物大で使用できます。（タイトルと配点表は含みません）

解答欄

1					
	1	㋐	㋑	㋒	㋓
	2	㋐	㋑	㋒	㋓
	3	㋐	㋑	㋒	㋓
	4	㋐	㋑	㋒	㋓
	5	㋐	㋑	㋒	㋓

2					
	1	㋐	㋑	㋒	㋓
	2	㋐	㋑	㋒	㋓
	3	㋐	㋑	㋒	㋓
	4	㋐	㋑	㋒	㋓
	5	㋐	㋑	㋒	㋓

3								
	問１	（１）	㋐	㋑	㋒	㋓		
		（２）	㋐	㋑	㋒	㋓		
		（３）	㋐	㋑	㋒	㋓		
		（４）	㋐	㋑	㋒	㋓		
		（５）	㋐	㋑	㋒	㋓		
		（６）	㋐	㋑	㋒	㋓		
	問２	（１）	㋐	㋑	㋒	㋓	㋔	㋕
		（２）	㋐	㋑	㋒	㋓	㋔	㋕

4								
	1	3番目	㋐	㋑	㋒	㋓	㋔	㋕
		5番目	㋐	㋑	㋒	㋓	㋔	㋕
	2	3番目	㋐	㋑	㋒	㋓	㋔	㋕
		5番目	㋐	㋑	㋒	㋓	㋔	㋕
	3	3番目	㋐	㋑	㋒	㋓	㋔	㋕
		5番目	㋐	㋑	㋒	㋓	㋔	㋕
	4	3番目	㋐	㋑	㋒	㋓	㋔	㋕
		5番目	㋐	㋑	㋒	㋓	㋔	㋕
	5	3番目	㋐	㋑	㋒	㋓	㋔	㋕
		5番目	㋐	㋑	㋒	㋓	㋔	㋕

5						
	問１	（１）	㋐	㋑	㋒	㋓
		（２）	㋐	㋑	㋒	㋓
		（３）	㋐	㋑	㋒	㋓
	問２		㋐	㋑	㋒	㋓
	問３		㋐	㋑	㋒	㋓

6				
	問１	㋐	㋑	㋒
	問２	㋐	㋑	㋒
	問３	㋐	㋑	㋒
	問４	㋐	㋑	㋒
	問５	㋐	㋑	㋒
	問６	㋐	㋑	㋒
	問７	㋐	㋑	㋒

氏名を記入しなさい。

氏名	

受験番号の数字を記入し，受験番号と一致したマーク部分を塗りつぶしなさい。

受験番号							
百万位	十万位		万位	千位	百位	十位	一位
		－					
上の受験番号に一致させて下のマーク部分を塗りつぶしなさい。							
⓪	⓪		⓪	⓪	⓪	⓪	⓪
①	①		①	①	①	①	①
②	②		②	②	②	②	②
③	③		③	③	③	③	③
④	④		④	④	④	④	④
⑤	⑤		⑤	⑤	⑤	⑤	⑤
⑥	⑥		⑥	⑥	⑥	⑥	⑥
⑦	⑦		⑦	⑦	⑦	⑦	⑦
⑧	⑧		⑧	⑧	⑧	⑧	⑧
⑨	⑨		⑨	⑨	⑨	⑨	⑨

注意事項

1　解答には，必ず**ＨＢの黒鉛筆**を使用し，「マーク部分塗りつぶしの見本」を参考に◯を塗りつぶすこと。

2　解答を訂正するときは，きれいに消して，消しくずを残さないこと。

3　指定された欄以外を塗りつぶしたり，文字を記入したりしないこと。

4　汚したり，折り曲げたりしないこと。

マーク部分塗りつぶしの見本					
良い例	悪い例				
●	レ点	棒	薄い	はみ出し	丸囲み

学校配点
1　各２点×５ 2～6　各３点×30
100点　計

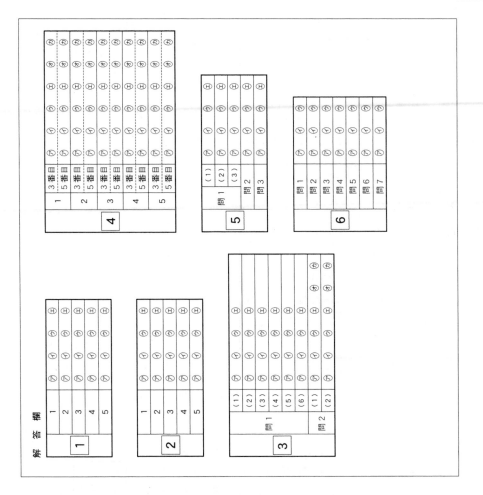

2023年度　国立高等専門学校

数学解答用紙　No. 1

評点
/100

氏名を記入しなさい。

氏名	

受験番号の数字を記入し，受験番号と一致したマーク部分を塗りつぶしなさい。

受験番号							
百万位	十万位		万位	千位	百位	十位	一位
		—					
上の受験番号に一致させて下のマーク部分を塗りつぶしなさい。							
⓪	⓪		⓪	⓪	⓪	⓪	⓪
①	①		①	①	①	①	①
②	②		②	②	②	②	②
③	③		③	③	③	③	③
④	④		④	④	④	④	④
⑤	⑤		⑤	⑤	⑤	⑤	⑤
⑥	⑥		⑥	⑥	⑥	⑥	⑥
⑦	⑦		⑦	⑦	⑦	⑦	⑦
⑧	⑧		⑧	⑧	⑧	⑧	⑧
⑨	⑨		⑨	⑨	⑨	⑨	⑨

注意事項

1　解答には，必ず**ＨＢの黒鉛筆**を使用し，「マーク部分塗りつぶしの見本」を参考に◯を塗りつぶすこと。
2　解答を訂正するときは，きれいに消して，消しくずを残さないこと。
3　求めた値に該当する符号や数値の箇所のマーク部分を塗りつぶすこと。具体的な解答方法は，問題用紙の注意事項を確認すること。
4　指定された欄以外を塗りつぶしたり，文字を記入したりしないこと。
5　汚したり，折り曲げたりしないこと。

マーク部分塗りつぶしの見本					
良い例	悪い例				
●	レ点	棒	薄い	はみ出し	丸囲み

解答欄

1	(1)	ア	⊖	⓪	①	②	③	④	⑤	⑥	⑦	⑧	⑨
	(2)	イ	⊖	⓪	①	②	③	④	⑤	⑥	⑦	⑧	⑨
		ウ	⊖	⓪	①	②	③	④	⑤	⑥	⑦	⑧	⑨
	(3)	エ	⊖	⓪	①	②	③	④	⑤	⑥	⑦	⑧	⑨
		オ	⊖	⓪	①	②	③	④	⑤	⑥	⑦	⑧	⑨
		カ	⊖	⓪	①	②	③	④	⑤	⑥	⑦	⑧	⑨
	(4)	キ	⊖	⓪	①	②	③	④	⑤	⑥	⑦	⑧	⑨
		ク	⊖	⓪	①	②	③	④	⑤	⑥	⑦	⑧	⑨
	(5)	ケ	⊖	⓪	①	②	③	④	⑤	⑥	⑦	⑧	⑨
		コ	⊖	⓪	①	②	③	④	⑤	⑥	⑦	⑧	⑨
		サ	⊖	⓪	①	②	③	④	⑤	⑥	⑦	⑧	⑨
		シ	⊖	⓪	①	②	③	④	⑤	⑥	⑦	⑧	⑨
	(6)	ス	⊖	⓪	①	②	③	④	⑤	⑥	⑦	⑧	⑨
		セ	⊖	⓪	①	②	③	④	⑤	⑥	⑦	⑧	⑨
		ソ	⊖	⓪	①	②	③	④	⑤	⑥	⑦	⑧	⑨
		タ	⊖	⓪	①	②	③	④	⑤	⑥	⑦	⑧	⑨
	(7)	チ	⊖	⓪	①	②	③	④	⑤	⑥	⑦	⑧	⑨
		ツ	⊖	⓪	①	②	③	④	⑤	⑥	⑦	⑧	⑨
	(8)	テ	⊖	⓪	①	②	③	④	⑤	⑥	⑦	⑧	⑨
		ト	⊖	⓪	①	②	③	④	⑤	⑥	⑦	⑧	⑨
		ナ	⊖	⓪	①	②	③	④	⑤	⑥	⑦	⑧	⑨

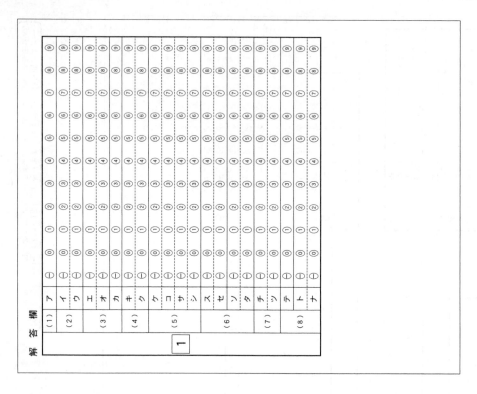

2023年度　国立高等専門学校

数学解答用紙　No. 2

解答欄

2

問		解答
(1)	ア	⊖ ⓪ ① ② ③ ④ ⑤ ⑥ ⑦ ⑧ ⑨
	イ	⊖ ⓪ ① ② ③ ④ ⑤ ⑥ ⑦ ⑧ ⑨
	ウ	⊖ ⓪ ① ② ③ ④ ⑤ ⑥ ⑦ ⑧ ⑨
	エ	⊖ ⓪ ① ② ③ ④ ⑤ ⑥ ⑦ ⑧ ⑨
(2)	オ	⊖ ⓪ ① ② ③ ④ ⑤ ⑥ ⑦ ⑧ ⑨
	カ	⊖ ⓪ ① ② ③ ④ ⑤ ⑥ ⑦ ⑧ ⑨
	キ	⊖ ⓪ ① ② ③ ④ ⑤ ⑥ ⑦ ⑧ ⑨
(3)	ク	⊖ ⓪ ① ② ③ ④ ⑤ ⑥ ⑦ ⑧ ⑨
	ケ	⊖ ⓪ ① ② ③ ④ ⑤ ⑥ ⑦ ⑧ ⑨
	コ	⊖ ⓪ ① ② ③ ④ ⑤ ⑥ ⑦ ⑧ ⑨
	サ	⊖ ⓪ ① ② ③ ④ ⑤ ⑥ ⑦ ⑧ ⑨
	シ	⊖ ⓪ ① ② ③ ④ ⑤ ⑥ ⑦ ⑧ ⑨

3

問		解答
(1)	ア	⊖ ⓪ ① ② ③ ④ ⑤ ⑥ ⑦ ⑧ ⑨
	イ	⊖ ⓪ ① ② ③ ④ ⑤ ⑥ ⑦ ⑧ ⑨
(2)	ウ	⊖ ⓪ ① ② ③ ④ ⑤ ⑥ ⑦ ⑧ ⑨
	エ	⊖ ⓪ ① ② ③ ④ ⑤ ⑥ ⑦ ⑧ ⑨
	オ	⊖ ⓪ ① ② ③ ④ ⑤ ⑥ ⑦ ⑧ ⑨
	カ	⊖ ⓪ ① ② ③ ④ ⑤ ⑥ ⑦ ⑧ ⑨
	キ	⊖ ⓪ ① ② ③ ④ ⑤ ⑥ ⑦ ⑧ ⑨
	ク	⊖ ⓪ ① ② ③ ④ ⑤ ⑥ ⑦ ⑧ ⑨

4

問		解答
(1)	ア	⊖ ⓪ ① ② ③ ④ ⑤ ⑥ ⑦ ⑧ ⑨
	イ	⊖ ⓪ ① ② ③ ④ ⑤ ⑥ ⑦ ⑧ ⑨
(2)	ウ	⊖ ⓪ ① ② ③ ④ ⑤ ⑥ ⑦ ⑧ ⑨
	エ	⊖ ⓪ ① ② ③ ④ ⑤ ⑥ ⑦ ⑧ ⑨
	オ	⊖ ⓪ ① ② ③ ④ ⑤ ⑥ ⑦ ⑧ ⑨
(3)	カ	⊖ ⓪ ① ② ③ ④ ⑤ ⑥ ⑦ ⑧ ⑨
	キ	⊖ ⓪ ① ② ③ ④ ⑤ ⑥ ⑦ ⑧ ⑨
(4)	ク	⊖ ⓪ ① ② ③ ④ ⑤ ⑥ ⑦ ⑧ ⑨
	ケ	⊖ ⓪ ① ② ③ ④ ⑤ ⑥ ⑦ ⑧ ⑨
	コ	⊖ ⓪ ① ② ③ ④ ⑤ ⑥ ⑦ ⑧ ⑨
	サ	⊖ ⓪ ① ② ③ ④ ⑤ ⑥ ⑦ ⑧ ⑨

(注)　この解答用紙は実物を縮小してあります。Ｂ４用紙に141％拡大コピーすると、ほぼ実物大で使用できます。（タイトルと配点表は含みません）

学校配点

1 (1)、(2) 各5点×2　(3) エオ　3点　カ　2点　(4)、(5) 各5点×2
(6) スセ　3点　ソタ　2点　(7) 5点　(8) テ　2点　トナ　3点
2 (1)、(2) 各3点×4　(3) 各4点×2
3 (1) 6点　(2) ウ～キ　各4点×2　ク　6点
4 各4点×5

計　100点

２０２３年度　国立高等専門学校

社会解答用紙

評点
/100

解　答　欄

1	問１	㋐	㋑	㋒	㋓		
	問２	㋐	㋑	㋒	㋓		
	問３	㋐	㋑	㋒	㋓	㋔	㋕
	問４	㋐	㋑	㋒	㋓		

2	問１	㋐	㋑	㋒	㋓
	問２	㋐	㋑	㋒	㋓
	問３	㋐	㋑	㋒	㋓

3	問１	㋐	㋑	㋒	㋓	㋔	㋕	㋖	㋗
	問２	㋐	㋑	㋒	㋓				

4	問１	㋐	㋑	㋒	㋓
	問２	㋐	㋑	㋒	㋓

5	問１	㋐	㋑	㋒	㋓
	問２	㋐	㋑	㋒	㋓
	問３	㋐	㋑	㋒	㋓

6	問１	㋐	㋑	㋒	㋓		
	問２	㋐	㋑	㋒	㋓		
	問３	㋐	㋑	㋒	㋓	㋔	㋕
	問４	㋐	㋑	㋒	㋓		

7	問１	㋐	㋑	㋒	㋓		
	問２	㋐	㋑	㋒	㋓	㋔	㋕
	問３	㋐	㋑	㋒	㋓	㋔	㋕

8	問１	㋐	㋑	㋒	㋓
	問２	㋐	㋑	㋒	㋓
	問３	㋐	㋑	㋒	㋓
	問４	㋐	㋑	㋒	㋓

（注）この解答用紙は実物を縮小してあります。Ｂ４用紙に141%拡大コピーすると、ほぼ実物大で使用できます。（タイトルと配点表は含みません）

氏名を記入しなさい。

氏名	

受験番号の数字を記入し，受験番号と一致したマーク部分を塗りつぶしなさい。

受験番号							
百万位	十万位		万位	千位	百位	十位	一位
		－					
上の受験番号に一致させて下のマーク部分を塗りつぶしなさい。							
⓪	⓪		⓪	⓪	⓪	⓪	⓪
①	①		①	①	①	①	①
②	②		②	②	②	②	②
③	③		③	③	③	③	③
④	④		④	④	④	④	④
⑤	⑤		⑤	⑤	⑤	⑤	⑤
⑥	⑥		⑥	⑥	⑥	⑥	⑥
⑦	⑦		⑦	⑦	⑦	⑦	⑦
⑧	⑧		⑧	⑧	⑧	⑧	⑧
⑨	⑨		⑨	⑨	⑨	⑨	⑨

注意事項

1　解答には，必ず**ＨＢの黒鉛筆**を使用し，「マーク部分塗りつぶしの見本」のとおりに◯を塗りつぶすこと。

2　解答を訂正するときは，きれいに消して，消しくずを残さないこと。

3　指定された欄以外を塗りつぶしたり，文字を記入したりしないこと。

4　汚したり，折り曲げたりしないこと。

マーク部分塗りつぶしの見本					
良い例	悪い例				
●	レ点	棒	薄い	はみ出し	丸囲み

学校配点	
1〜8　各４点×25	
100点	計

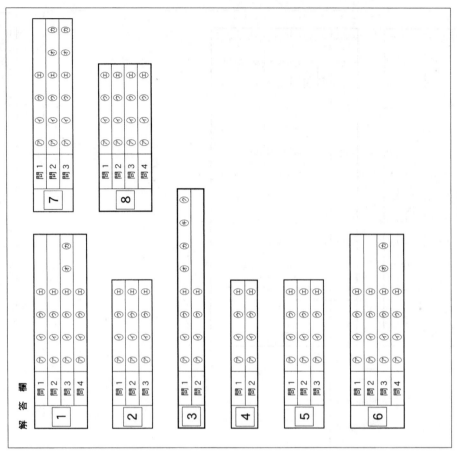

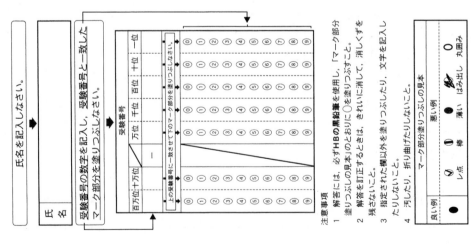

2023年度　国立高等専門学校

理科解答用紙　No. 1

評点
/100

解　答　欄

1	問 1	ア	⓪ ① ② ③ ④ ⑤ ⑥ ⑦ ⑧ ⑨
		イ	⓪ ① ② ③ ④ ⑤ ⑥ ⑦ ⑧ ⑨
	問 2		㋐ ㋑ ㋒ ㋓
	問 3		㋐ ㋑ ㋒ ㋓
			㋐ ㋑ ㋒ ㋓
	問 4		㋐ ㋑ ㋒ ㋓
	問 5		㋐ ㋑ ㋒ ㋓
	問 6		㋐ ㋑ ㋒ ㋓
	問 7		㋐ ㋑ ㋒ ㋓
	問 8	①	㋐ ㋑ ㋒ ㋓
		②	㋔ ㋕ ㋖ ㋗

2	問 1	㋐ ㋑ ㋒ ㋓ ㋔ ㋕
		㋐ ㋑ ㋒ ㋓ ㋔ ㋕
	問 2	㋐ ㋑ ㋒ ㋓ ㋔ ㋕
	問 3	㋐ ㋑ ㋒ ㋓
	問 4	㋐ ㋑ ㋒ ㋓ ㋔ ㋕ ㋖ ㋗

3	問 1	ア	⓪ ① ② ③ ④ ⑤ ⑥ ⑦ ⑧ ⑨
		イ	⓪ ① ② ③ ④ ⑤ ⑥ ⑦ ⑧ ⑨
		ウ	⓪ ① ② ③ ④ ⑤ ⑥ ⑦ ⑧ ⑨
	問 2		㋐ ㋑ ㋒ ㋓ ㋔ ㋕ ㋖ ㋗ ㋘
	問 3		㋐ ㋑ ㋒ ㋓ ㋔ ㋕ ㋖ ㋗ ㋘
	問 4		㋐ ㋑ ㋒ ㋓ ㋔ ㋕ ㋖ ㋗ ㋘
	問 5	ア	⓪ ① ② ③ ④ ⑤ ⑥ ⑦ ⑧ ⑨
		イ	⓪ ① ② ③ ④ ⑤ ⑥ ⑦ ⑧ ⑨
		ウ	⓪ ① ② ③ ④ ⑤ ⑥ ⑦ ⑧ ⑨
	問 6		㋐ ㋑ ㋒ ㋓

氏名を記入しなさい。

氏名	

受験番号の数字を記入し，受験番号と一致したマーク部分を塗りつぶしなさい。

受験番号							
百万位	十万位		万位	千位	百位	十位	一位
		−					
上の受験番号に一致させて下のマーク部分を塗りつぶしなさい。							
⓪	⓪		⓪	⓪	⓪	⓪	⓪
①	①		①	①	①	①	①
②	②		②	②	②	②	②
③	③		③	③	③	③	③
④	④		④	④	④	④	④
⑤	⑤		⑤	⑤	⑤	⑤	⑤
⑥	⑥		⑥	⑥	⑥	⑥	⑥
⑦	⑦		⑦	⑦	⑦	⑦	⑦
⑧	⑧		⑧	⑧	⑧	⑧	⑧
⑨	⑨		⑨	⑨	⑨	⑨	⑨

注意事項

1　解答には，必ず**ＨＢの黒鉛筆**を使用し，「マーク部分塗りつぶしの見本」を参考に◯を塗りつぶすこと。

2　解答を訂正するときは，きれいに消して，消しくずを残さないこと。

3　数値を解答する場合の解答方法は，問題用紙の注意事項を確認すること。

4　指定された欄以外を塗りつぶしたり，文字を記入したりしないこと。

5　汚したり，折り曲げたりしないこと。

マーク部分塗りつぶしの見本					
良い例	悪い例				
●	レ点	棒	薄い	はみ出し	丸囲み

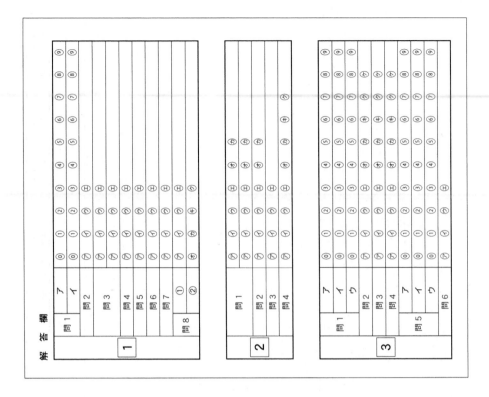

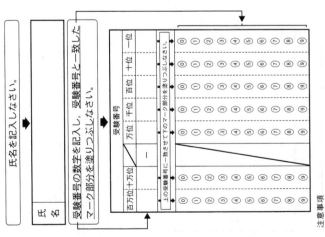

2023年度 国立高等専門学校

理科解答用紙 No. 2

解答欄

4	問1	①	㋐ ㋑ ㋒ ㋓ ㋔ ㋕ ㋖
		②	㋐ ㋑ ㋒ ㋓ ㋔ ㋕ ㋖
	問2	1	㋐ ㋑ ㋒ ㋓
		2 観測される時間帯	㋐ ㋑ ㋒
		2 月の形	㋓ ㋔ ㋕
	問3		㋐ ㋑ ㋒ ㋓

5	問1		㋐ ㋑ ㋒ ㋓ ㋔
	問2		㋐ ㋑ ㋒ ㋓ ㋔
	問3	1	㋐ ㋑ ㋒ ㋓ ㋔
		2	㋐ ㋑ ㋒ ㋓ ㋔
	問4		㋐ ㋑ ㋒ ㋓ ㋔

6	問1		㋐ ㋑ ㋒ ㋓
	問2		㋐ ㋑ ㋒ ㋓
			㋐ ㋑ ㋒ ㋓
	問3		㋐ ㋑ ㋒ ㋓ ㋔ ㋕ ㋖ ㋗
	問4		㋐ ㋑ ㋒ ㋓
	問5	ア	⓪ ① ② ③ ④ ⑤ ⑥ ⑦ ⑧ ⑨
		イ	⓪ ① ② ③ ④ ⑤ ⑥ ⑦ ⑧ ⑨
	問6	数値	㋐ ㋑ ㋒ ㋓ ㋔ ㋕ ㋖
		単位	㋗ ㋘ ㋙ ㋚ ㋛

(注) この解答用紙は実物を縮小してあります。Ｂ４用紙に141%拡大コピーすると、ほぼ実物大で使用できます。(タイトルと配点表は含みません)

学校配点

1 各2点×8
2 問1 各2点×2 問2 4点 問3 3点 問4 4点
3 問1 3点 問2～問4 各2点×3 問5、問6 各4点×2
4 各3点×5〔問1は各3点×2〕
5 問1、問2 各3点×2 問3 1 3点 2 4点 問4 4点
6 問1、問2 各3点×2 問3 4点 問4、問5 各3点×2 問6 4点

計	
100点	

二〇二三年度　国立高等専門学校

国語解答用紙

評点
/100

解答欄

一					
問1	①	㋐	㋑	㋒	㋓
	②	㋐	㋑	㋒	㋓
	③	㋐	㋑	㋒	㋓
	④	㋐	㋑	㋒	㋓
問2		ⓐ	ⓑ	ⓒ	ⓓ
問3		㋐	㋑	㋒	㋓
問4		㋐	㋑	㋒	㋓
問5		㋐	㋑	㋒	㋓
問6		㋐	㋑	㋒	㋓
問7		㋐	㋑	㋒	㋓

二					
問1	①	㋐	㋑	㋒	㋓
	②	㋐	㋑	㋒	㋓
	③	㋐	㋑	㋒	㋓
問2	(a)	㋐	㋑	㋒	㋓
	(b)	㋐	㋑	㋒	㋓
問3		㋐	㋑	㋒	㋓
問4	A	㋐	㋑	㋒	㋓
	B	㋐	㋑	㋒	㋓
	C	㋐	㋑	㋒	㋓
問5		㋐	㋑	㋒	㋓
問6		㋐	㋑	㋒	㋓
問7		㋐	㋑	㋒	㋓
問8		㋐	㋑	㋒	㋓

三					
問1	(a)	㋐	㋑	㋒	㋓
	(b)	㋐	㋑	㋒	㋓
問2		㋐	㋑	㋒	㋓
問3		㋐	㋑	㋒	㋓
問4		㋐	㋑	㋒	㋓
問5		㋐	㋑	㋒	㋓
問6		㋐	㋑	㋒	㋓
問7		㋐	㋑	㋒	㋓

（注）この解答用紙は実物を縮小してあります。Ｂ４用紙に132%拡大コピーすると、ほぼ実物大で使用できます。（タイトルと配点表は含みません）

氏名を記入しなさい。

氏名	

受験番号の数字を記入し，受験番号と一致したマーク部分を塗りつぶしなさい。

受験番号							
百万位	十万位		万位	千位	百位	十位	一位
		−					
上の受験番号に一致させて下のマーク部分を塗りつぶしなさい。							
⓪	⓪		⓪	⓪	⓪	⓪	⓪
①	①		①	①	①	①	①
②	②		②	②	②	②	②
③	③		③	③	③	③	③
④	④		④	④	④	④	④
⑤	⑤		⑤	⑤	⑤	⑤	⑤
⑥	⑥		⑥	⑥	⑥	⑥	⑥
⑦	⑦		⑦	⑦	⑦	⑦	⑦
⑧	⑧		⑧	⑧	⑧	⑧	⑧
⑨	⑨		⑨	⑨	⑨	⑨	⑨

注意事項

1　解答には，必ず**HBの黒鉛筆**を使用し，「マーク部分塗りつぶしの見本」のとおりに〇を塗りつぶすこと。

2　解答を訂正するときは，きれいに消して，消しくずを残さないこと。

3　指定された欄以外を塗りつぶしたり，文字を記入したりしないこと。

4　汚したり，折り曲げたりしないこと。

マーク部分塗りつぶしの見本					
良い例	悪い例				
●	レ点	棒	薄い	はみ出し	丸囲み

学校配点

一　問1、問2　各2点×5　問3～問7　各4点×5

二　問1、問2　各2点×5　問3　4点　問4　各3点×3

問5～問7　各4点×3　問8　5点

三　問1　各2点×2　問2　4点　問3　5点　問4～問6　各4点×3

問7　5点

100点	計

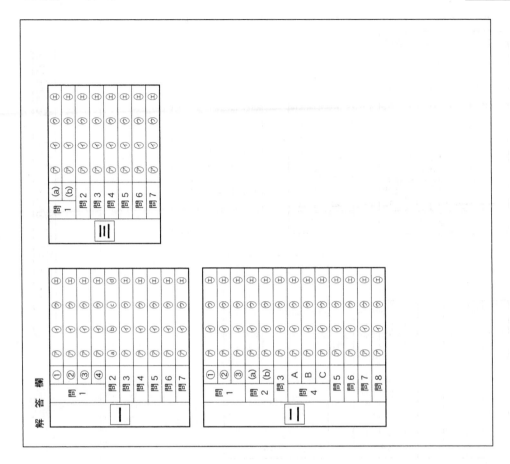

2022年度　国立高等専門学校

英語解答用紙

評点
/100

学校配点
1　各2点×5
2～6　各3点×30
100点　計

氏名を記入しなさい。

氏名	

受験番号の数字を記入し，受験番号と一致したマーク部分を塗りつぶしなさい。

受験番号							
百万位	十万位		万位	千位	百位	十位	一位
		－					
上の受験番号に一致させて下のマーク部分を塗りつぶしなさい。							
⓪	⓪		⓪	⓪	⓪	⓪	⓪
①	①		①	①	①	①	①
②	②		②	②	②	②	②
③	③		③	③	③	③	③
④	④		④	④	④	④	④
⑤	⑤		⑤	⑤	⑤	⑤	⑤
⑥	⑥		⑥	⑥	⑥	⑥	⑥
⑦	⑦		⑦	⑦	⑦	⑦	⑦
⑧	⑧		⑧	⑧	⑧	⑧	⑧
⑨	⑨		⑨	⑨	⑨	⑨	⑨

注意事項

1　解答には，必ず**HBの黒鉛筆**を使用し，「マーク部分塗りつぶしの見本」を参考に○を塗りつぶすこと。

2　解答を訂正するときは，きれいに消して，消しくずを残さないこと。

3　指定された欄以外を塗りつぶしたり，文字を記入したりしないこと。

4　汚したり，折り曲げたりしないこと。

マーク部分塗りつぶしの見本					
良い例	悪い例				
●	レ点	棒	薄い	はみ出し	丸囲み

解答欄

1					
	1	㋐	㋑	㋒	㋓
	2	㋐	㋑	㋒	㋓
	3	㋐	㋑	㋒	㋓
	4	㋐	㋑	㋒	㋓
	5	㋐	㋑	㋒	㋓

2					
	1	㋐	㋑	㋒	㋓
	2	㋐	㋑	㋒	㋓
	3	㋐	㋑	㋒	㋓
	4	㋐	㋑	㋒	㋓
	5	㋐	㋑	㋒	㋓

3								
問1	(1)	㋐	㋑	㋒	㋓		
	(2)	㋐	㋑	㋒	㋓		
	(3)	㋐	㋑	㋒	㋓		
	(4)	㋐	㋑	㋒	㋓		
	(5)	㋐	㋑	㋒	㋓		
	(6)	㋐	㋑	㋒	㋓		
問2	(1)	㋐	㋑	㋒	㋓	㋔	㋕
	(2)	㋐	㋑	㋒	㋓	㋔	㋕

4							
1	3番目	㋐	㋑	㋒	㋓	㋔	㋕
	5番目	㋐	㋑	㋒	㋓	㋔	㋕
2	3番目	㋐	㋑	㋒	㋓	㋔	㋕
	5番目	㋐	㋑	㋒	㋓	㋔	㋕
3	3番目	㋐	㋑	㋒	㋓	㋔	㋕
	5番目	㋐	㋑	㋒	㋓	㋔	㋕
4	3番目	㋐	㋑	㋒	㋓	㋔	㋕
	5番目	㋐	㋑	㋒	㋓	㋔	㋕
5	3番目	㋐	㋑	㋒	㋓	㋔	㋕
	5番目	㋐	㋑	㋒	㋓	㋔	㋕

5					
問1	(1)	㋐	㋑	㋒	㋓
	(2)	㋐	㋑	㋒	㋓
	(3)	㋐	㋑	㋒	㋓
問2	(1)	㋐	㋑	㋒	㋓
	(2)	㋐	㋑	㋒	㋓

6			
問1	㋐	㋑	㋒
問2	㋐	㋑	㋒
問3	㋐	㋑	㋒
問4	㋐	㋑	㋒
問5	㋐	㋑	㋒
問6	㋐	㋑	㋒
問7	㋐	㋑	㋒

(注)　この解答用紙は実物を縮小してあります。Ｂ４用紙に143%拡大コピーすると、ほぼ実物大で使用できます。(タイトルと配点表は含みません)

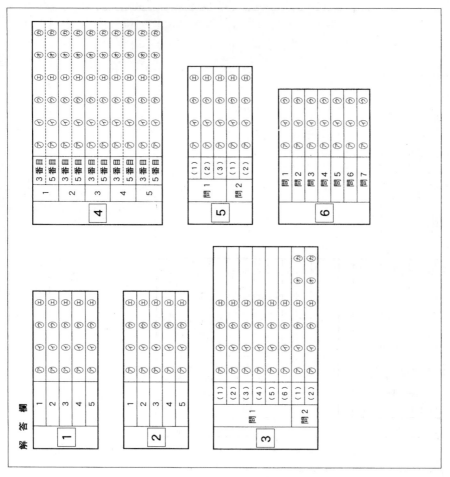

２０２２年度　国立高等専門学校

数学解答用紙　No. 1

評点
/100

氏名を記入しなさい。

氏名	

受験番号の数字を記入し，受験番号と一致したマーク部分を塗りつぶしなさい。

百万位	十万位		万位	千位	百位	十位	一位
		−					
上の受験番号に一致させて下のマーク部分を塗りつぶしなさい。							
⓪	⓪		⓪	⓪	⓪	⓪	⓪
①	①		①	①	①	①	①
②	②		②	②	②	②	②
③	③		③	③	③	③	③
④	④		④	④	④	④	④
⑤	⑤		⑤	⑤	⑤	⑤	⑤
⑥	⑥		⑥	⑥	⑥	⑥	⑥
⑦	⑦		⑦	⑦	⑦	⑦	⑦
⑧	⑧		⑧	⑧	⑧	⑧	⑧
⑨	⑨		⑨	⑨	⑨	⑨	⑨

注意事項

1　解答には，必ず**ＨＢの黒鉛筆**を使用し，「マーク部分塗りつぶしの見本」を参考に◯を塗りつぶすこと。

2　解答を訂正するときは，きれいに消して，消しくずを残さないこと。

3　求めた値に該当する符号や数値の箇所のマーク部分を塗りつぶすこと。具体的な解答方法は，問題用紙の注意事項を確認すること。

4　指定された欄以外を塗りつぶしたり，文字を記入したりしないこと。

5　汚したり，折り曲げたりしないこと。

マーク部分塗りつぶしの見本					
良い例	悪い例				
●	レ点	棒	薄い	はみ出し	丸囲み

解　答　欄

1	(1)	ア	⊖	⓪	①	②	③	④	⑤	⑥	⑦	⑧	⑨
	(2)	イ	⊖	⓪	①	②	③	④	⑤	⑥	⑦	⑧	⑨
		ウ	⊖	⓪	①	②	③	④	⑤	⑥	⑦	⑧	⑨
		エ	⊖	⓪	①	②	③	④	⑤	⑥	⑦	⑧	⑨
	(3)	オ	⊖	⓪	①	②	③	④	⑤	⑥	⑦	⑧	⑨
		カ	⊖	⓪	①	②	③	④	⑤	⑥	⑦	⑧	⑨
		キ	⊖	⓪	①	②	③	④	⑤	⑥	⑦	⑧	⑨
		ク	⊖	⓪	①	②	③	④	⑤	⑥	⑦	⑧	⑨
	(4)	ケ	⊖	⓪	①	②	③	④	⑤	⑥	⑦	⑧	⑨
		コ	⊖	⓪	①	②	③	④	⑤	⑥	⑦	⑧	⑨
	(5)	サ	⊖	⓪	①	②	③	④	⑤	⑥	⑦	⑧	⑨
		シ	⊖	⓪	①	②	③	④	⑤	⑥	⑦	⑧	⑨
	(6)	ス	⊖	⓪	①	②	③	④	⑤	⑥	⑦	⑧	⑨
		セ	⊖	⓪	①	②	③	④	⑤	⑥	⑦	⑧	⑨
	(7)	ソ	⊖	⓪	①	②	③	④	⑤	⑥	⑦	⑧	⑨
		タ	⊖	⓪	①	②	③	④	⑤	⑥	⑦	⑧	⑨
	(8)	チ	⊖	⓪	①	②	③	④	⑤	⑥	⑦	⑧	⑨
		ツ	⊖	⓪	①	②	③	④	⑤	⑥	⑦	⑧	⑨

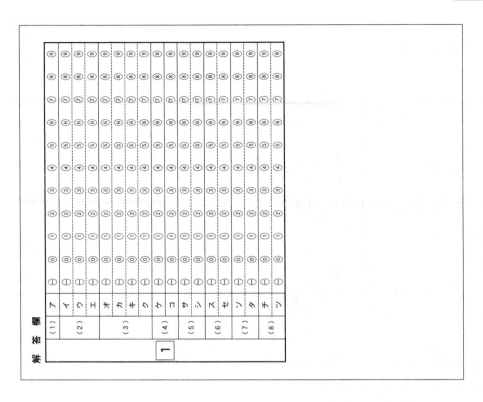

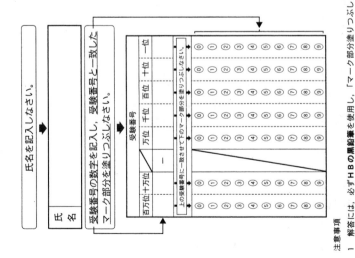

２０２２年度　国立高等専門学校

数学解答用紙　No. 2

解答欄

2	(1)	ア	⊖	0	1	2	3	4	5	6	7	8	9
		イ	⊖	0	1	2	3	4	5	6	7	8	9
	(2)	ウ	⊖	0	1	2	3	4	5	6	7	8	9
		エ	⊖	0	1	2	3	4	5	6	7	8	9
		オ	⊖	0	1	2	3	4	5	6	7	8	9
		カ	⊖	0	1	2	3	4	5	6	7	8	9
		キ	⊖	0	1	2	3	4	5	6	7	8	9
		ク	⊖	0	1	2	3	4	5	6	7	8	9
		ケ	⊖	0	1	2	3	4	5	6	7	8	9
	(3)	コ	⊖	0	1	2	3	4	5	6	7	8	9
		サ	⊖	0	1	2	3	4	5	6	7	8	9
		シ	⊖	0	1	2	3	4	5	6	7	8	9
	(4)	ス	⊖	0	1	2	3	4	5	6	7	8	9
		セ	⊖	0	1	2	3	4	5	6	7	8	9

3	(1)	ア	⊖	0	1	2	3	4	5	6	7	8	9
		イ	⊖	0	1	2	3	4	5	6	7	8	9
	(2)	ウ	⊖	0	1	2	3	4	5	6	7	8	9
		エ	⊖	0	1	2	3	4	5	6	7	8	9
		オ	⊖	0	1	2	3	4	5	6	7	8	9
	(3)	カ	⊖	0	1	2	3	4	5	6	7	8	9
		キ	⊖	0	1	2	3	4	5	6	7	8	9
		ク	⊖	0	1	2	3	4	5	6	7	8	9
		ケ	⊖	0	1	2	3	4	5	6	7	8	9
		コ	⊖	0	1	2	3	4	5	6	7	8	9
		サ	⊖	0	1	2	3	4	5	6	7	8	9

4	(1)	ア	⊖	0	1	2	3	4	5	6	7	8	9
		イ	⊖	0	1	2	3	4	5	6	7	8	9
		ウ	⊖	0	1	2	3	4	5	6	7	8	9
		エ	⊖	0	1	2	3	4	5	6	7	8	9
	(2)	オ	⊖	0	1	2	3	4	5	6	7	8	9
		カ	⊖	0	1	2	3	4	5	6	7	8	9
		キ	⊖	0	1	2	3	4	5	6	7	8	9
	(3)	ク	⊖	0	1	2	3	4	5	6	7	8	9
		ケ	⊖	0	1	2	3	4	5	6	7	8	9
		コ	⊖	0	1	2	3	4	5	6	7	8	9
	(4)	サ	⊖	0	1	2	3	4	5	6	7	8	9
		シ	⊖	0	1	2	3	4	5	6	7	8	9

(注)　この解答用紙は実物を縮小してあります。Ｂ４用紙に141％拡大コピーすると、ほぼ実物大で使用できます。（タイトルと配点表は含みません）

学校配点

1　(1)〜(3)　各5点×3　(4)　ケ　3点　コ　2点　(5)〜(8)　各5点×4

2　各4点×5

3　各5点×4

4　(1)　各3点×2　(2)　4点　(3)　各3点×2　(4)　4点

計　100点

2022年度 国立高等専門学校

社会解答用紙

評点
/100

学校配点	
1～8 各4点×25	
100点	計

氏名を記入しなさい。

氏名	

受験番号の数字を記入し，受験番号と一致したマーク部分を塗りつぶしなさい。

受験番号							
百万位	十万位		万位	千位	百位	十位	一位
		－					

上の受験番号に一致させて下のマーク部分を塗りつぶしなさい。

百万位	十万位		万位	千位	百位	十位	一位
⓪	⓪		⓪	⓪	⓪	⓪	⓪
①	①		①	①	①	①	①
②	②		②	②	②	②	②
③	③		③	③	③	③	③
④	④		④	④	④	④	④
⑤	⑤		⑤	⑤	⑤	⑤	⑤
⑥	⑥		⑥	⑥	⑥	⑥	⑥
⑦	⑦		⑦	⑦	⑦	⑦	⑦
⑧	⑧		⑧	⑧	⑧	⑧	⑧
⑨	⑨		⑨	⑨	⑨	⑨	⑨

注意事項

1　解答には，必ず**HBの黒鉛筆**を使用し，「マーク部分塗りつぶしの見本」のとおりに○を塗りつぶすこと。

2　解答を訂正するときは，きれいに消して，消しくずを残さないこと。

3　指定された欄以外を塗りつぶしたり，文字を記入したりしないこと。

4　汚したり，折り曲げたりしないこと。

マーク部分塗りつぶしの見本					
良い例	悪い例				
●	レ点	棒	薄い	はみ出し	丸囲み

解　答　欄

1	問1	㋐	㋑	㋒	㋓		
	問2	㋐	㋑	㋒	㋓		
	問3	㋐	㋑	㋒	㋓	㋔	㋕
	問4	㋐	㋑	㋒	㋓		
2	問1	㋐	㋑	㋒	㋓		
	問2	㋐	㋑	㋒	㋓	㋔	㋕
	問3	㋐	㋑	㋒	㋓		
3	問1	㋐	㋑	㋒	㋓		
	問2	㋐	㋑	㋒	㋓		
4	問1	㋐	㋑	㋒	㋓		
	問2	㋐	㋑	㋒	㋓		
5	問1	㋐	㋑	㋒	㋓		
	問2	㋐	㋑	㋒	㋓		
	問3	㋐	㋑	㋒	㋓	㋔	
6	問1	㋐	㋑	㋒	㋓		
	問2	㋐	㋑	㋒	㋓	㋔	㋕
	問3	㋐	㋑	㋒	㋓	㋔	㋕
	問4	㋐	㋑	㋒	㋓		
7	問1	㋐	㋑	㋒	㋓		
	問2	㋐	㋑	㋒	㋓	㋔	㋕
	問3	㋐	㋑	㋒	㋓		
	問4	㋐	㋑	㋒	㋓		
8	問1	㋐	㋑	㋒	㋓		
	問2	㋐	㋑	㋒	㋓		
	問3	㋐	㋑	㋒	㋓		

(注)　この解答用紙は実物を縮小してあります。Ｂ４用紙に141%拡大コピーすると、ほぼ実物大で使用できます。(タイトルと配点表は含みません)

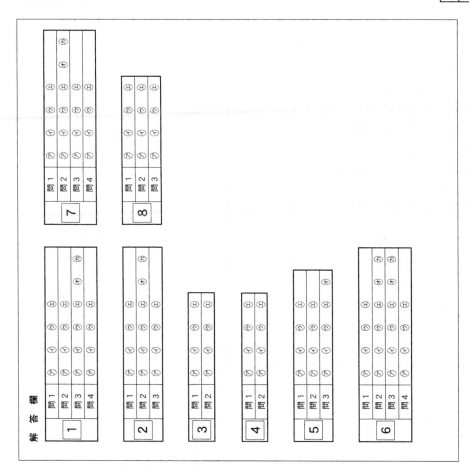

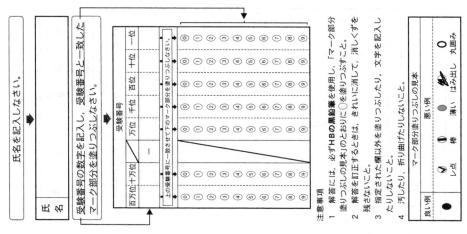

2022年度　国立高等専門学校

理科解答用紙　No. 1

評点
/100

解　答　欄

1	問 1	㋐ ㋑ ㋒ ㋓ ㋔
	問 2	㋐ ㋑ ㋒ ㋓ ㋔ ㋕ ㋖ ㋗
	問 3	㋐ ㋑ ㋒ ㋓ ㋔
	問 4	㋐ ㋑ ㋒ ㋓
	問 5	㋐ ㋑ ㋒ ㋓ ㋔ ㋕
	問 6	㋐ ㋑ ㋒ ㋓
	問 7	㋐ ㋑ ㋒ ㋓
	問 8	㋐ ㋑ ㋒ ㋓

2	問 1	1		㋐ ㋑ ㋒ ㋓ ㋔ ㋕
		2		㋐ ㋑ ㋒ ㋓ ㋔ ㋕ ㋖
				㋐ ㋑ ㋒ ㋓ ㋔ ㋕ ㋖
				㋐ ㋑ ㋒ ㋓ ㋔ ㋕ ㋖
		3	ア	⓪ ① ② ③ ④ ⑤ ⑥ ⑦ ⑧ ⑨
			イ	⓪ ① ② ③ ④ ⑤ ⑥ ⑦ ⑧ ⑨
			ウ	⓪ ① ② ③ ④ ⑤ ⑥ ⑦ ⑧ ⑨
	問 2			㋐ ㋑ ㋒ ㋓ ㋔
	問 3	塩酸A		㋐ ㋑ ㋒ ㋓ ㋔ ㋕
		塩酸B		㋐ ㋑ ㋒ ㋓ ㋔ ㋕

氏名を記入しなさい。

氏名	

受験番号の数字を記入し，受験番号と一致したマーク部分を塗りつぶしなさい。

受験番号							
百万位	十万位		万位	千位	百位	十位	一位
		–					
上の受験番号に一致させて下のマーク部分を塗りつぶしなさい。							
⓪	⓪		⓪	⓪	⓪	⓪	⓪
①	①		①	①	①	①	①
②	②		②	②	②	②	②
③	③		③	③	③	③	③
④	④		④	④	④	④	④
⑤	⑤		⑤	⑤	⑤	⑤	⑤
⑥	⑥		⑥	⑥	⑥	⑥	⑥
⑦	⑦		⑦	⑦	⑦	⑦	⑦
⑧	⑧		⑧	⑧	⑧	⑧	⑧
⑨	⑨		⑨	⑨	⑨	⑨	⑨

注意事項

1　解答には，必ず**ＨＢの黒鉛筆**を使用し，「マーク部分塗りつぶしの見本」を参考に◯を塗りつぶすこと。

2　解答を訂正するときは，きれいに消して，消しくずを残さないこと。

3　数値を解答する場合の解答方法は，問題用紙の注意事項を確認すること。

4　指定された欄以外を塗りつぶしたり，文字を記入したりしないこと。

5　汚したり，折り曲げたりしないこと。

マーク部分塗りつぶしの見本					
良い例	悪い例				
●	レ点	棒	薄い	はみ出し	丸囲み

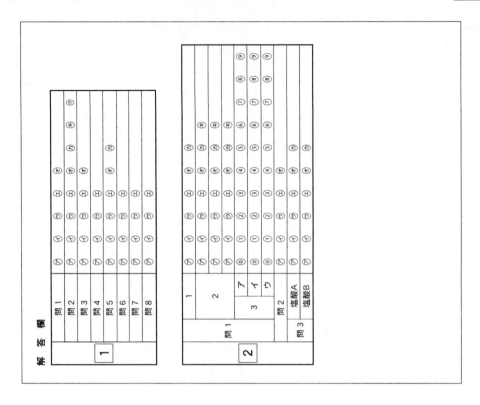

２０２２年度　国立高等専門学校

理科解答用紙　No. 2

解　答　欄

3

問1	ア		⓪ ① ② ③ ④ ⑤ ⑥ ⑦ ⑧ ⑨
	イ		⓪ ① ② ③ ④ ⑤ ⑥ ⑦ ⑧ ⑨
	ウ		⓪ ① ② ③ ④ ⑤ ⑥ ⑦ ⑧ ⑨
	エ		⓪ ① ② ③ ④ ⑤ ⑥ ⑦ ⑧ ⑨
	オ		⓪ ① ② ③ ④ ⑤ ⑥ ⑦ ⑧ ⑨
問2	1		① ②
	2	ア	⓪ ① ② ③ ④ ⑤ ⑥ ⑦ ⑧ ⑨
		イ	⓪ ① ② ③ ④ ⑤ ⑥ ⑦ ⑧ ⑨
		ウ	⓪ ① ② ③ ④ ⑤ ⑥ ⑦ ⑧ ⑨
	3	ア	⓪ ① ② ③ ④ ⑤ ⑥ ⑦ ⑧ ⑨
		イ	⓪ ① ② ③ ④ ⑤ ⑥ ⑦ ⑧ ⑨
	4		㋐ ㋑ ㋒ ㋓ ㋔ ㋕ ㋖ ㋗
	5		㋐ ㋑ ㋒

4

問1	1		㋐ ㋑ ㋒ ㋓
	2		㋐ ㋑ ㋒ ㋓ ㋔ ㋕
			㋐ ㋑ ㋒ ㋓ ㋔ ㋕
	3		㋐ ㋑ ㋒ ㋓
問2	1	Y	㋐ ㋑ ㋒ ㋓
		Z	㋐ ㋑ ㋒ ㋓
	2		㋐ ㋑ ㋒ ㋓
問3	(1)		㋐ ㋑ ㋒ ㋓ ㋔ ㋕
	(2)		㋐ ㋑ ㋒ ㋓ ㋔ ㋕

5

問1		㋐ ㋑ ㋒ ㋓
問2		㋐ ㋑ ㋒ ㋓ ㋔ ㋕ ㋖
		㋐ ㋑ ㋒ ㋓ ㋔ ㋕ ㋖
		㋐ ㋑ ㋒ ㋓ ㋔ ㋕ ㋖
問3		㋐ ㋑ ㋒ ㋓ ㋔
問4	1	㋐ ㋑ ㋒ ㋓ ㋔ ㋕ ㋖ ㋗
	2	㋐ ㋑ ㋒ ㋓ ㋔ ㋕
	3	㋐ ㋑ ㋒ ㋓ ㋔ ㋕ ㋖ ㋗

6

問1		㋐ ㋑ ㋒ ㋓
問2	①	◎ ⊗
	②	◎ ⊗
	③	◎ ⊗
	④	◎ ⊗
問3	ア	⓪ ① ② ③ ④ ⑤ ⑥ ⑦ ⑧ ⑨
	イ	⓪ ① ② ③ ④ ⑤ ⑥ ⑦ ⑧ ⑨
問4		㋐ ㋑ ㋒ ㋓
問5		㋐ ㋑ ㋒ ㋓ ㋔ ㋕
問6		㋐ ㋑ ㋒ ㋓
問7		㋐ ㋑ ㋒ ㋓ ㋔ ㋕
問8	①	㋐ ㋑ ㋒ ㋓ ㋔ ㋕ ㋖
	②	㋐ ㋑ ㋒ ㋓ ㋔ ㋕ ㋖

（注）この解答用紙は実物を縮小してあります。Ｂ４用紙に141％拡大コピーすると、ほぼ実物大で使用できます。（タイトルと配点表は含みません）

学校配点	
1 各2点×8　2 問1 1 3点 2 各1点×3 3 3点 問2 2点 問3 3点　3 問1 各3点×2 問2 1～3 各2点×3 4 3点 5 2点　4 問1 1 2点 2 各1点×2 3 2点 問2 1 2点 2 3点 問3 各3点×2　5 問1 2点 問2 各1点×3 問3 2点 問4 各3点×3　6 問1 2点 問2～問4 各3点×3 問5 2点 問6 3点 問7、問8 各2点×2	
100点	計

二〇二二年度　国立高等専門学校

国語解答用紙

評点
/100

解　答　欄

一		㋐	㋑	㋒	㋓
問1	①	㋐	㋑	㋒	㋓
	②	㋐	㋑	㋒	㋓
	③	㋐	㋑	㋒	㋓
	④	㋐	㋑	㋒	㋓
問2		ⓐ	ⓑ	ⓒ	ⓓ
問3		㋐	㋑	㋒	㋓
問4		㋐	㋑	㋒	㋓
問5		㋐	㋑	㋒	㋓
問6		㋐	㋑	㋒	㋓
問7		㋐	㋑	㋒	㋓

二		㋐	㋑	㋒	㋓
問1	①	㋐	㋑	㋒	㋓
	②	㋐	㋑	㋒	㋓
	③	㋐	㋑	㋒	㋓
問2	(a)	㋐	㋑	㋒	㋓
	(b)	㋐	㋑	㋒	㋓
問3		㋐	㋑	㋒	㋓
問4		㋐	㋑	㋒	㋓
問5		㋐	㋑	㋒	㋓
問6	A	㋐	㋑	㋒	
	B	㋐	㋑	㋒	
	C	㋐	㋑	㋒	
問7		㋐	㋑	㋒	㋓
問8		㋐	㋑	㋒	㋓

三		㋐	㋑	㋒	㋓
問1		㋐	㋑	㋒	㋓
問2	A	㋐	㋑	㋒	㋓
	B	㋐	㋑	㋒	㋓
	C	㋐	㋑	㋒	㋓
問3		㋐	㋑	㋒	㋓
問4		㋐	㋑	㋒	㋓
問5		㋐	㋑	㋒	㋓
問6		㋐	㋑	㋒	㋓
問7		㋐	㋑	㋒	㋓

（注）この解答用紙は実物を縮小してあります。Ｂ４用紙に130%拡大コピーすると、ほぼ実物大で使用できます。（タイトルと配点表は含みません）

氏名を記入しなさい。

氏名	

受験番号の数字を記入し，受験番号と一致したマーク部分を塗りつぶしなさい。

受験番号							
百万位	十万位		万位	千位	百位	十位	一位
		－					
上の受験番号に一致させて下のマーク部分を塗りつぶしなさい。							
⓪	⓪		⓪	⓪	⓪	⓪	⓪
①	①		①	①	①	①	①
②	②		②	②	②	②	②
③	③		③	③	③	③	③
④	④		④	④	④	④	④
⑤	⑤		⑤	⑤	⑤	⑤	⑤
⑥	⑥		⑥	⑥	⑥	⑥	⑥
⑦	⑦		⑦	⑦	⑦	⑦	⑦
⑧	⑧		⑧	⑧	⑧	⑧	⑧
⑨	⑨		⑨	⑨	⑨	⑨	⑨

注意事項

1　解答には，必ず**HBの黒鉛筆**を使用し，「マーク部分塗りつぶしの見本」のとおりに〇を塗りつぶすこと。

2　解答を訂正するときは，きれいに消して，消しくずを残さないこと。

3　指定された欄以外を塗りつぶしたり，文字を記入したりしないこと。

4　汚したり，折り曲げたりしないこと。

マーク部分塗りつぶしの見本					
良い例	悪い例				
●	レ点	棒	薄い	はみ出し	丸囲み

学校配点
一　問1、問2　各2点×5　問3～問7　各4点×5
二　問1、問2　各2点×5　問3～問5　各4点×3　問6　各3点×3　問7、問8　各4点×2
三　問1　2点　問2　各3点×3　問3～問7　各4点×5
計　100点

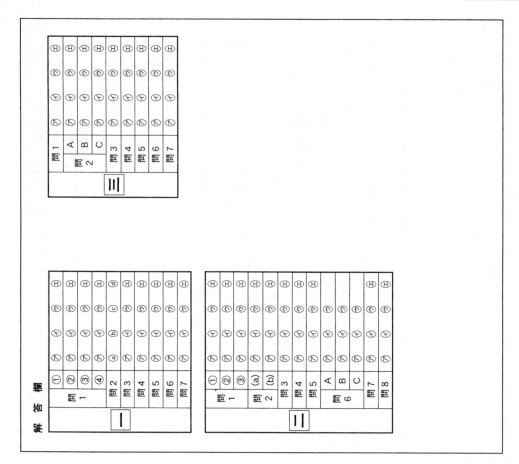

２０２１年度　国立高等専門学校

英語解答用紙

評点	/100

学校配点
1 各2点×5
2～6 各3点×30
100点　計

氏名を記入しなさい。

氏名	

受検番号を記入し，受検番号と一致《いっち》した
マーク部分を塗《ぬ》りつぶしなさい。

受検番号				
万位	千位	百位	十位	一位
⓪	⓪	⓪	⓪	⓪
①	①	①	①	①
②	②	②	②	②
③	③	③	③	③
④	④	④	④	④
⑤	⑤	⑤	⑤	⑤
⑥	⑥	⑥	⑥	⑥
⑦	⑦	⑦	⑦	⑦
⑧	⑧	⑧	⑧	⑧
⑨	⑨	⑨	⑨	⑨

注意事項《じこう》
1　解答には，必ず**HBの黒鉛筆**を使用し，「マーク部分塗りつぶしの見本」を参考に○を塗りつぶすこと。
2　解答を訂正するときは，きれいに消して，消しくずを残さないこと。
3　指定された欄《らん》以外を塗りつぶしたり，文字を記入したりしないこと。
4　汚したり，折り曲げたりしないこと。

マーク部分塗りつぶしの見本					
良い例	悪い例				
●	レ点	棒	薄い	はみ出し	丸囲み

解答欄

1				
1	㋐	㋑	㋒	㋓
2	㋐	㋑	㋒	㋓
3	㋐	㋑	㋒	㋓
4	㋐	㋑	㋒	㋓
5	㋐	㋑	㋒	㋓

2				
1	㋐	㋑	㋒	㋓
2	㋐	㋑	㋒	㋓
3	㋐	㋑	㋒	㋓
4	㋐	㋑	㋒	㋓
5	㋐	㋑	㋒	㋓

3							
問1	(1)	㋐	㋑	㋒	㋓		
	(2)	㋐	㋑	㋒	㋓		
	(3)	㋐	㋑	㋒	㋓		
	(4)	㋐	㋑	㋒	㋓		
	(5)	㋐	㋑	㋒	㋓		
	(6)	㋐	㋑	㋒	㋓		
問2	1	㋐	㋑	㋒	㋓	㋔	㋕
	2	㋐	㋑	㋒	㋓	㋔	㋕

4							
1	3番目	㋐	㋑	㋒	㋓	㋔	㋕
	5番目	㋐	㋑	㋒	㋓	㋔	㋕
2	3番目	㋐	㋑	㋒	㋓	㋔	㋕
	5番目	㋐	㋑	㋒	㋓	㋔	㋕
3	3番目	㋐	㋑	㋒	㋓	㋔	㋕
	5番目	㋐	㋑	㋒	㋓	㋔	㋕
4	3番目	㋐	㋑	㋒	㋓	㋔	㋕
	5番目	㋐	㋑	㋒	㋓	㋔	㋕
5	3番目	㋐	㋑	㋒	㋓	㋔	㋕
	5番目	㋐	㋑	㋒	㋓	㋔	㋕

5				
1	㋐	㋑	㋒	㋓
2	㋐	㋑	㋒	㋓
3	㋐	㋑	㋒	㋓
4	㋐	㋑	㋒	㋓
5	㋐	㋑	㋒	㋓

6			
問1	㋐	㋑	㋒
問2	㋐	㋑	㋒
問3	㋐	㋑	㋒
問4	㋐	㋑	㋒
問5	㋐	㋑	㋒
問6	㋐	㋑	㋒
問7	㋐	㋑	㋒

(注)この解答用紙は実物を縮小してあります。Ｂ４用紙に143％拡大コピーすると、ほぼ実物大で使用できます。（タイトルと配点表は含みません）

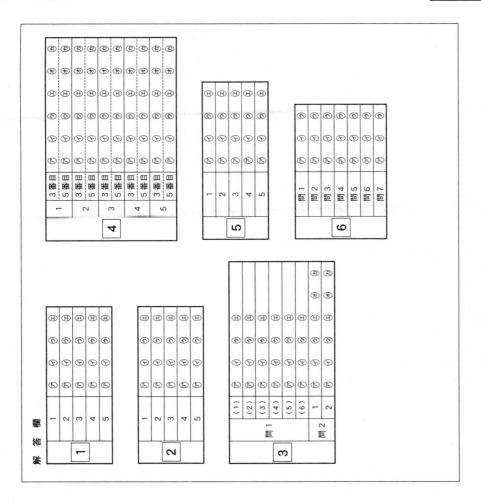

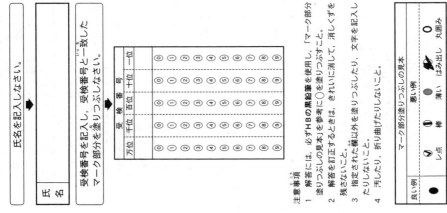

2021年度　国立高等専門学校

数学解答用紙　No. 1

評点
/100

解　答　欄

1	(1)	ア	⊖	⓪	①	②	③	④	⑤	⑥	⑦	⑧	⑨
		イ	⊖	⓪	①	②	③	④	⑤	⑥	⑦	⑧	⑨
	(2)	ウ	⊖	⓪	①	②	③	④	⑤	⑥	⑦	⑧	⑨
		エ	⊖	⓪	①	②	③	④	⑤	⑥	⑦	⑧	⑨
		オ	⊖	⓪	①	②	③	④	⑤	⑥	⑦	⑧	⑨
		カ	⊖	⓪	①	②	③	④	⑤	⑥	⑦	⑧	⑨
		キ	⊖	⓪	①	②	③	④	⑤	⑥	⑦	⑧	⑨
	(3)	ク	⊖	⓪	①	②	③	④	⑤	⑥	⑦	⑧	⑨
		ケ	⊖	⓪	①	②	③	④	⑤	⑥	⑦	⑧	⑨
	(4)	コ	⊖	⓪	①	②	③	④	⑤	⑥	⑦	⑧	⑨
		サ	⊖	⓪	①	②	③	④	⑤	⑥	⑦	⑧	⑨
		シ	⊖	⓪	①	②	③	④	⑤	⑥	⑦	⑧	⑨
	(5)	ス	⊖	⓪	①	②	③	④	⑤	⑥	⑦	⑧	⑨
		セ	⊖	⓪	①	②	③	④	⑤	⑥	⑦	⑧	⑨
	(6)	ソ	⊖	⓪	①	②	③	④	⑤	⑥	⑦	⑧	⑨
		タ	⊖	⓪	①	②	③	④	⑤	⑥	⑦	⑧	⑨
		チ	⊖	⓪	①	②	③	④	⑤	⑥	⑦	⑧	⑨
	(7)	ツ	⊖	⓪	①	②	③	④	⑤	⑥	⑦	⑧	⑨
		テ	⊖	⓪	①	②	③	④	⑤	⑥	⑦	⑧	⑨
		ト	⊖	⓪	①	②	③	④	⑤	⑥	⑦	⑧	⑨
	(8)	ナ	⊖	⓪	①	②	③	④	⑤	⑥	⑦	⑧	⑨

氏名を記入しなさい。

氏名	

受検番号を記入し，受検番号と一致《いっち》したマーク部分を塗《ぬ》りつぶしなさい。

受検番号				
万位	千位	百位	十位	一位
⓪	⓪	⓪	⓪	⓪
①	①	①	①	①
②	②	②	②	②
③	③	③	③	③
④	④	④	④	④
⑤	⑤	⑤	⑤	⑤
⑥	⑥	⑥	⑥	⑥
⑦	⑦	⑦	⑦	⑦
⑧	⑧	⑧	⑧	⑧
⑨	⑨	⑨	⑨	⑨

注意事項《じこう》

1　解答には，必ず**HBの黒鉛筆を**使用し，「マーク部分塗りつぶしの見本」を参考に◯を塗りつぶすこと。
2　解答を訂正《ていせい》するときは，きれいに消して，消しくずを残さないこと。
3　求めた値《あたい》に該当する符号や数値の箇所のマーク部分を塗りつぶすこと。具体的な解答方法は，問題用紙の注意事項を確認すること。
4　指定された欄《らん》以外を塗りつぶしたり，文字を記入したりしないこと。
5　汚したり，折り曲げたりしないこと。

マーク部分塗りつぶしの見本					
良い例	悪い例				
●	レ点	棒	薄い	はみ出し	丸囲み

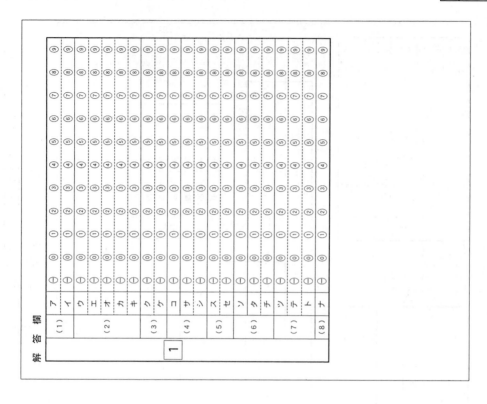

2021年度 国立高等専門学校

数学解答用紙 No. 2

解 答 欄

2													
	(1)	ア	⊖	⓪	①	②	③	④	⑤	⑥	⑦	⑧	⑨
		イ	⊖	⓪	①	②	③	④	⑤	⑥	⑦	⑧	⑨
		ウ	⊖	⓪	①	②	③	④	⑤	⑥	⑦	⑧	⑨
		エ	⊖	⓪	①	②	③	④	⑤	⑥	⑦	⑧	⑨
		オ	⊖	⓪	①	②	③	④	⑤	⑥	⑦	⑧	⑨
	(2)	カ	⊖	⓪	①	②	③	④	⑤	⑥	⑦	⑧	⑨
		キ	⊖	⓪	①	②	③	④	⑤	⑥	⑦	⑧	⑨
		ク	⊖	⓪	①	②	③	④	⑤	⑥	⑦	⑧	⑨
		ケ	⊖	⓪	①	②	③	④	⑤	⑥	⑦	⑧	⑨
		コ	⊖	⓪	①	②	③	④	⑤	⑥	⑦	⑧	⑨
	(3)	サ	⊖	⓪	①	②	③	④	⑤	⑥	⑦	⑧	⑨
		シ	⊖	⓪	①	②	③	④	⑤	⑥	⑦	⑧	⑨

3													
	(1)	ア	⊖	⓪	①	②	③	④	⑤	⑥	⑦	⑧	⑨
		イ	⊖	⓪	①	②	③	④	⑤	⑥	⑦	⑧	⑨
		ウ	⊖	⓪	①	②	③	④	⑤	⑥	⑦	⑧	⑨
		エ	⊖	⓪	①	②	③	④	⑤	⑥	⑦	⑧	⑨
		オ	⊖	⓪	①	②	③	④	⑤	⑥	⑦	⑧	⑨
		カ	⊖	⓪	①	②	③	④	⑤	⑥	⑦	⑧	⑨
		キ	⊖	⓪	①	②	③	④	⑤	⑥	⑦	⑧	⑨
		ク	⊖	⓪	①	②	③	④	⑤	⑥	⑦	⑧	⑨
		ケ	⊖	⓪	①	②	③	④	⑤	⑥	⑦	⑧	⑨
	(2)	コ	⊖	⓪	①	②	③	④	⑤	⑥	⑦	⑧	⑨
		サ	⊖	⓪	①	②	③	④	⑤	⑥	⑦	⑧	⑨
		シ	⊖	⓪	①	②	③	④	⑤	⑥	⑦	⑧	⑨
		ス	⊖	⓪	①	②	③	④	⑤	⑥	⑦	⑧	⑨
		セ	⊖	⓪	①	②	③	④	⑤	⑥	⑦	⑧	⑨
		ソ	⊖	⓪	①	②	③	④	⑤	⑥	⑦	⑧	⑨
		タ	⊖	⓪	①	②	③	④	⑤	⑥	⑦	⑧	⑨
		チ	⊖	⓪	①	②	③	④	⑤	⑥	⑦	⑧	⑨
		ツ	⊖	⓪	①	②	③	④	⑤	⑥	⑦	⑧	⑨
		テ	⊖	⓪	①	②	③	④	⑤	⑥	⑦	⑧	⑨
		ト	⊖	⓪	①	②	③	④	⑤	⑥	⑦	⑧	⑨

4													
	(1)	ア	⊖	⓪	①	②	③	④	⑤	⑥	⑦	⑧	⑨
		イ	⊖	⓪	①	②	③	④	⑤	⑥	⑦	⑧	⑨
	(2)	ウ	⊖	⓪	①	②	③	④	⑤	⑥	⑦	⑧	⑨
		エ	⊖	⓪	①	②	③	④	⑤	⑥	⑦	⑧	⑨
		オ	⊖	⓪	①	②	③	④	⑤	⑥	⑦	⑧	⑨
	(3)	カ	⊖	⓪	①	②	③	④	⑤	⑥	⑦	⑧	⑨
		キ	⊖	⓪	①	②	③	④	⑤	⑥	⑦	⑧	⑨
		ク	⊖	⓪	①	②	③	④	⑤	⑥	⑦	⑧	⑨
		ケ	⊖	⓪	①	②	③	④	⑤	⑥	⑦	⑧	⑨
	(4)	コ	⊖	⓪	①	②	③	④	⑤	⑥	⑦	⑧	⑨

(注) この解答用紙は実物を縮小してあります。B４用紙に139%拡大コピーすると、ほぼ実物大で使用できます。(タイトルと配点表は含みません)

学校配点

1 (1)～(3) 各5点×3 (4) コ 2点 サシ 3点 (5) 5点 (6) ソ 2点 タチ 3点 (7)、(8) 各5点×2
2 (1) 各2点×3〔イ・ウ、エ・オはそれぞれ完答〕 (2) カ～ケ 各2点×2 コ 4点 (3) 6点
3 (1) 各3点×3 (2) コ～ス 3点 セ～ト 各4点×2
4 (1)、(2) 各4点×2 (3) 各3点×2 (4) 6点

計	100点

2021年度　国立高等専門学校

社会解答用紙

評点
/100

解　答　欄

1					
	問 1	㋐	㋑	㋒	㋓
	問 2	㋐	㋑	㋒	㋓
	問 3	㋐	㋑	㋒	㋓
	問 4	㋐	㋑	㋒	㋓

2							
	問 1	㋐	㋑	㋒	㋓		
	問 2	㋐	㋑	㋒	㋓	㋔	㋕
	問 3	㋐	㋑	㋒	㋓	㋔	㋕

3							
	問 1	㋐	㋑	㋒	㋓	㋔	㋕
	問 2	㋐	㋑	㋒	㋓	㋔	㋕

4						
	問 1	㋐	㋑	㋒	㋓	
	問 2	㋐	㋑	㋒	㋓	
	問 3	㋐	㋑	㋒	㋓	㋔

5							
	問 1	㋐	㋑	㋒	㋓	㋔	
		㋐	㋑	㋒	㋓	㋔	
	問 2	㋐	㋑	㋒	㋓	㋔	㋕
		㋖	㋗				
	問 3	㋐	㋑	㋒	㋓		

6							
	問 1	㋐	㋑	㋒	㋓	㋔	㋕
	問 2	㋐	㋑	㋒	㋓		
	問 3	㋐	㋑	㋒	㋓		

7					
	問 1	㋐	㋑	㋒	㋓
	問 2	㋐	㋑	㋒	㋓
	問 3	㋐	㋑	㋒	㋓

8							
	問 1	㋐	㋑	㋒	㋓		
	問 2	㋐	㋑	㋒	㋓		
	問 3	㋐	㋑	㋒	㋓		
	問 4	㋐	㋑	㋒	㋓	㋔	㋕
		㋖	㋗				

（注）この解答用紙は実物を縮小してあります。Ｂ４用紙に141%拡大コピーすると、ほぼ実物大で使用できます。（タイトルと配点表は含みません）

氏名を記入しなさい。

氏名	

受検番号を記入し，受検番号と一致《いっち》したマーク部分を塗《ぬ》りつぶしなさい。

受検番号				
万位	千位	百位	十位	一位
⓪	⓪	⓪	⓪	⓪
①	①	①	①	①
②	②	②	②	②
③	③	③	③	③
④	④	④	④	④
⑤	⑤	⑤	⑤	⑤
⑥	⑥	⑥	⑥	⑥
⑦	⑦	⑦	⑦	⑦
⑧	⑧	⑧	⑧	⑧
⑨	⑨	⑨	⑨	⑨

注意事項《じこう》

1　解答には，必ず**HBの黒鉛筆**を使用し，「マーク部分塗りつぶしの見本」を参考に〇を塗りつぶすこと。
2　解答を訂正《ていせい》するときは，きれいに消して，消しくずを残さないこと。
3　一つの問題で複数のマーク部分を塗りつぶす場合の解答方法は，問題用紙の注意事項を確認すること。
4　指定された欄《らん》以外を塗りつぶしたり，文字を記入したりしないこと。
5　汚したり，折り曲げたりしないこと。

マーク部分塗りつぶしの見本					
良い例	悪い例				
●	レ点	棒	薄い	はみ出し	丸囲み

学校配点	
1～8　各4点×25〔5問1は完答〕	
100点	計

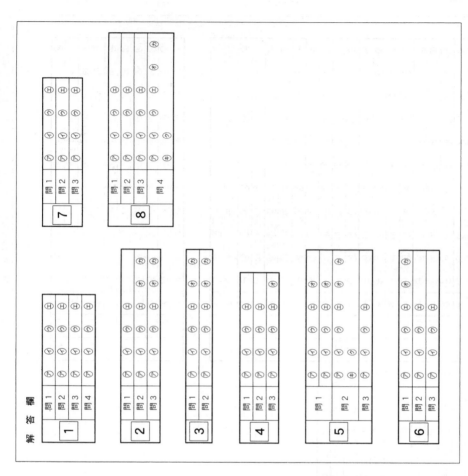

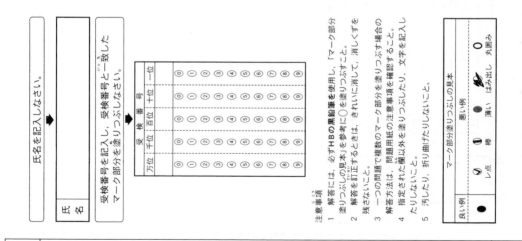

2021年度　国立高等専門学校

理科解答用紙　No. 1

評点
/100

氏名を記入しなさい。

氏名	

受検番号を記入し，受検番号と一致《いっち》したマーク部分を塗《ぬ》りつぶしなさい。

受検番号 万位	千位	百位	十位	一位
⓪	⓪	⓪	⓪	⓪
①	①	①	①	①
②	②	②	②	②
③	③	③	③	③
④	④	④	④	④
⑤	⑤	⑤	⑤	⑤
⑥	⑥	⑥	⑥	⑥
⑦	⑦	⑦	⑦	⑦
⑧	⑧	⑧	⑧	⑧
⑨	⑨	⑨	⑨	⑨

注意事項《じこう》

1　解答には，必ず**HBの黒鉛筆を**使用し，「マーク部分塗りつぶしの見本」を参考に◯を塗りつぶすこと。

2　解答を訂正《ていせい》するときは，きれいに消して，消しくずを残さないこと。

3　数値を解答する場合の解答方法は，問題用紙の注意事項を確認すること。

4　指定された欄《らん》以外を塗りつぶしたり，文字を記入したりしないこと。

5　汚したり，折り曲げたりしないこと。

マーク部分塗りつぶしの見本					
良い例	悪い例				
●	レ点	棒	薄い	はみ出し	丸囲み

解答欄

1		
	問1	㋐ ㋑ ㋒ ㋓ ㋔
		㋐ ㋑ ㋒ ㋓ ㋔
	問2	㋐ ㋑ ㋒ ㋓ ㋔ ㋕ ㋖ ㋗
	問3	㋐ ㋑ ㋒ ㋓

2			
	問1		㋐ ㋑ ㋒ ㋓
	問2	1	㋐ ㋑ ㋒ ㋓
		2	㋐ ㋑ ㋒ ㋓
	問3	1番目	ⓐ ⓑ ⓒ ⓓ ⓔ ⓕ ⓖ ⓗ
		2番目	ⓐ ⓑ ⓒ ⓓ ⓔ ⓕ ⓖ ⓗ
		3番目	ⓐ ⓑ ⓒ ⓓ ⓔ ⓕ ⓖ ⓗ
		4番目	ⓐ ⓑ ⓒ ⓓ ⓔ ⓕ ⓖ ⓗ
	問4		㋐ ㋑ ㋒ ㋓
	問5		㋐ ㋑ ㋒ ㋓ ㋔ ㋕
			㋐ ㋑ ㋒ ㋓ ㋔ ㋕
			㋐ ㋑ ㋒ ㋓ ㋔ ㋕

3			
	問1		㋐ ㋑ ㋒ ㋓ ㋔ ㋕
			㋐ ㋑ ㋒ ㋓ ㋔ ㋕
	問2	体積	㋐ ㋑ ㋒
		質量	㋐ ㋑ ㋒
	問3	ア	⓪ ① ② ③ ④ ⑤ ⑥ ⑦ ⑧ ⑨
		イ	⓪ ① ② ③ ④ ⑤ ⑥ ⑦ ⑧ ⑨
	問4		㋐ ㋑ ㋒ ㋓
	問5		㋐ ㋑ ㋒ ㋓ ㋔ ㋕
	問6		㋐ ㋑ ㋒ ㋓

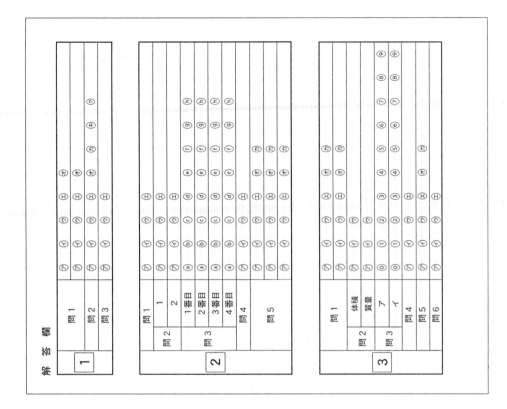

2021年度　国立高等専門学校

理科解答用紙　No. 2

解答欄

4					
	問1	㋐	㋑	㋒	㋓
	問2	㋐	㋑	㋒	
	問3	㋐	㋑	㋒	㋓
	問4	㋐	㋑	㋒	㋓
	問5	㋐	㋑	㋒	

5												
	問1	①	㋐	㋑	㋒	㋓	㋔	㋕	㋖	㋗	㋘	㋙
		②	㋐	㋑	㋒	㋓	㋔	㋕	㋖	㋗	㋘	㋙
		③	㋐	㋑	㋒	㋓	㋔	㋕	㋖	㋗	㋘	㋙
		④	㋐	㋑	㋒	㋓	㋔	㋕	㋖	㋗	㋘	㋙
	問2	ア	⓪	①	②	③	④	⑤	⑥	⑦	⑧	⑨
		イ	⓪	①	②	③	④	⑤	⑥	⑦	⑧	⑨
		ウ	⓪	①	②	③	④	⑤	⑥	⑦	⑧	⑨
	問3	ア	⓪	①	②	③	④	⑤	⑥	⑦	⑧	⑨
		イ	⓪	①	②	③	④	⑤	⑥	⑦	⑧	⑨
		ウ	⓪	①	②	③	④	⑤	⑥	⑦	⑧	⑨
		エ	⓪	①	②	③	④	⑤	⑥	⑦	⑧	⑨
		オ	⓪	①	②	③	④	⑤	⑥	⑦	⑧	⑨
	問4	ア	⓪	①	②	③	④	⑤	⑥	⑦	⑧	⑨
		イ	⓪	①	②	③	④	⑤	⑥	⑦	⑧	⑨
		ウ	⓪	①	②	③	④	⑤	⑥	⑦	⑧	⑨
		エ	⓪	①	②	③	④	⑤	⑥	⑦	⑧	⑨
		オ	⓪	①	②	③	④	⑤	⑥	⑦	⑧	⑨
		カ	⓪	①	②	③	④	⑤	⑥	⑦	⑧	⑨

6								
	問1		㋐	㋑	㋒	㋓	㋔	
	問2		㋐	㋑	㋒	㋓	㋔	㋕
	問3	1	㋐	㋑	㋒	㋓		
		2	㋐	㋑	㋒	㋓	㋔	
		3	㋐	㋑	㋒	㋓	㋔	
	問4		㋐	㋑	㋒	㋓		

7												
	問1	ア	⓪	①	②	③	④	⑤	⑥	⑦	⑧	⑨
		イ	⓪	①	②	③	④	⑤	⑥	⑦	⑧	⑨
		ウ	⓪	①	②	③	④	⑤	⑥	⑦	⑧	⑨
		エ	⓪	①	②	③	④	⑤	⑥	⑦	⑧	⑨
	問2		㋐	㋑	㋒	㋓	㋔	㋕	㋖	㋗	㋘	㋙
	問3		㋐	㋑	㋒	㋓	㋔					
	問4		㋐	㋑	㋒	㋓	㋔					
	問5		㋐	㋑	㋒	㋓	㋔	㋕	㋖	㋗	㋘	
	問6		㋐	㋑	㋒	㋓	㋔					
	問7	①	㋐	㋑	㋒	㋓	㋔	㋕	㋖	㋗	㋘	
		②	㋐	㋑	㋒	㋓	㋔	㋕	㋖	㋗	㋘	
		③	㋐	㋑	㋒	㋓	㋔	㋕	㋖	㋗	㋘	
		④	㋐	㋑	㋒	㋓	㋔	㋕	㋖	㋗	㋘	
		⑤	㋐	㋑	㋒	㋓	㋔	㋕	㋖	㋗	㋘	
		⑥	㋐	㋑	㋒	㋓	㋔	㋕	㋖	㋗	㋘	

（注）この解答用紙は実物を縮小してあります。Ｂ４用紙に135％拡大コピーすると、ほぼ実物大で使用できます。（タイトルと配点表は含みません）

学校配点

1、2 各3点×8〔1問1、2問2、問3、問5はそれぞれ完答〕
3 問1～問3 各3点×3　問4 2点　問5 3点　問6 2点
4 問1～問3 各2点×3　問4、問5 各3点×2　5 問1、問2 各2点×2
問3 (i) 2点 (ii) 1点 (iii) 2点　問4 各2点×3
6 問1、問2 各2点×2　問3 1 2点 2 3点 3 2点　問4 2点
7 問1～問3 各3点×3　問4 2点　問5～問7 各3点×3

100点	計

二〇二二年度　国立高等専門学校

国語解答用紙

評点
/100

解答欄

一					
	(1)	㋐	㋑	㋒	㋓
	(2)	㋐	㋑	㋒	㋓
	(3)	㋐	㋑	㋒	㋓
	(4)	㋐	㋑	㋒	㋓
	(5)	㋐	㋑	㋒	㋓
	(6)	㋐	㋑	㋒	㋓

二					
問1	A	㋐	㋑	㋒	㋓
	B	㋐	㋑	㋒	㋓
問2		㋐	㋑	㋒	㋓
問3		㋐	㋑	㋒	㋓
問4		㋐	㋑	㋒	㋓
問5		㋐	㋑	㋒	㋓
問6		㋐	㋑	㋒	㋓
問7		㋐	㋑	㋒	㋓
問8		㋐	㋑	㋒	㋓

三					
問1	a	㋐	㋑	㋒	㋓
	b	㋐	㋑	㋒	㋓
	c	㋐	㋑	㋒	㋓
問2		Ⓐ	Ⓑ	Ⓒ	Ⓓ
問3		㋐	㋑	㋒	㋓
問4		㋐	㋑	㋒	㋓
問5		㋐	㋑	㋒	㋓
問6		㋐	㋑	㋒	㋓
問7		㋐	㋑	㋒	㋓

四					
問1	A	㋐	㋑	㋒	㋓
	B	㋐	㋑	㋒	㋓
問2		㋐	㋑	㋒	㋓
問3		㋐	㋑	㋒	㋓
問4		㋐	㋑	㋒	㋓
問5		㋐	㋑	㋒	㋓
問6		㋐	㋑	㋒	㋓
問7		㋐	㋑	㋒	㋓

（注）この解答用紙は実物を縮小してあります。Ｂ４用紙に130%拡大コピーすると、ほぼ実物大で使用できます。（タイトルと配点表は含みません）

氏名を記入しなさい。

氏名	

受検番号を記入し，受検番号と一致《いっち》したマーク部分を塗《ぬ》りつぶしなさい。

受検番号				
万位	千位	百位	十位	一位
⓪	⓪	⓪	⓪	⓪
①	①	①	①	①
②	②	②	②	②
③	③	③	③	③
④	④	④	④	④
⑤	⑤	⑤	⑤	⑤
⑥	⑥	⑥	⑥	⑥
⑦	⑦	⑦	⑦	⑦
⑧	⑧	⑧	⑧	⑧
⑨	⑨	⑨	⑨	⑨

注意事項《じこう》

1　解答には，必ず**HBの黒鉛筆**を使用し，「マーク部分塗りつぶしの見本」のとおりに◯を塗りつぶすこと。
2　解答を訂正《ていせい》するときは，きれいに消して，消しくずを残さないこと。
3　指定された欄《らん》以外を塗りつぶしたり，文字を記入したりしないこと。
4　汚したり，折り曲げたりしないこと。

マーク部分塗りつぶしの見本					
良い例	悪い例				
●	レ点	棒	薄い	はみ出し	丸囲み

学校配点
一　各2点×6
二　問1　各2点×2　問2～問6　各4点×5　問7　3点　問8　4点
三　問1　各2点×3　問2　3点　問3～問7　各4点×5
四　問1　各2点×2　問2～問7　各4点×6
計　100点

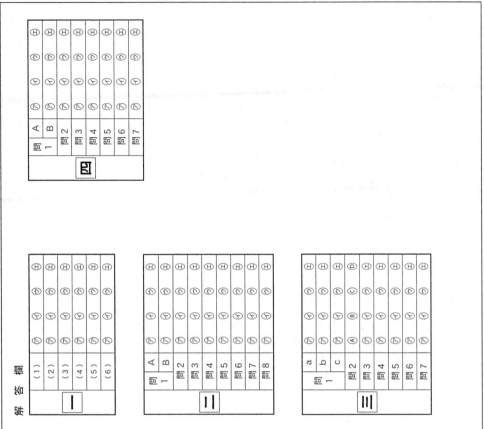

2020年度　国立高等専門学校

英語解答用紙

学校配点
1　各2点×5
2～6　各3点×30
100点　計

氏名を記入しなさい。

氏名	

受検番号を記入し，受検番号と一致したマーク部分を塗りつぶしなさい。

受検番号 万位	千位	百位	十位	一位
⓪	⓪	⓪	⓪	⓪
①	①	①	①	①
②	②	②	②	②
③	③	③	③	③
④	④	④	④	④
⑤	⑤	⑤	⑤	⑤
⑥	⑥	⑥	⑥	⑥
⑦	⑦	⑦	⑦	⑦
⑧	⑧	⑧	⑧	⑧
⑨	⑨	⑨	⑨	⑨

注意事項

1　解答には，必ずHBの**黒鉛筆**を使用し，「マーク部分塗りつぶしの見本」を参考に○を塗りつぶすこと。
2　解答を訂正するときは，きれいに消して，消しくずを残さないこと。
3　指定された欄以外を塗りつぶしたり，文字を記入したりしないこと。
4　汚したり，折り曲げたりしないこと。

マーク部分塗りつぶしの見本					
良い例	悪い例				
●	レ点	棒	薄い	はみ出し	丸囲み

解答欄

1				
1	㋐	㋑	㋒	㋓
2	㋐	㋑	㋒	㋓
3	㋐	㋑	㋒	㋓
4	㋐	㋑	㋒	㋓
5	㋐	㋑	㋒	㋓

2				
1	㋐	㋑	㋒	㋓
2	㋐	㋑	㋒	㋓
3	㋐	㋑	㋒	㋓
4	㋐	㋑	㋒	㋓
5	㋐	㋑	㋒	㋓

3						
問1	(1)	㋐	㋑	㋒	㋓	
	(2)	㋐	㋑	㋒	㋓	
	(3)	㋐	㋑	㋒	㋓	
	(4)	㋐	㋑	㋒	㋓	
	(5)	㋐	㋑	㋒	㋓	
	(6)	㋐	㋑	㋒	㋓	
問2		㋐	㋑	㋒	㋓	㋔

4							
1	3番目	㋐	㋑	㋒	㋓	㋔	㋕
	5番目	㋐	㋑	㋒	㋓	㋔	㋕
2	3番目	㋐	㋑	㋒	㋓	㋔	㋕
	5番目	㋐	㋑	㋒	㋓	㋔	㋕
3	3番目	㋐	㋑	㋒	㋓	㋔	㋕
	5番目	㋐	㋑	㋒	㋓	㋔	㋕
4	3番目	㋐	㋑	㋒	㋓	㋔	㋕
	5番目	㋐	㋑	㋒	㋓	㋔	㋕
5	3番目	㋐	㋑	㋒	㋓	㋔	㋕
	5番目	㋐	㋑	㋒	㋓	㋔	㋕
6	3番目	㋐	㋑	㋒	㋓	㋔	㋕
	5番目	㋐	㋑	㋒	㋓	㋔	㋕

5				
1	㋐	㋑	㋒	㋓
2	㋐	㋑	㋒	㋓
3	㋐	㋑	㋒	㋓
4	㋐	㋑	㋒	㋓
5	㋐	㋑	㋒	㋓

6			
問1	㋐	㋑	㋒
問2	㋐	㋑	㋒
問3	㋐	㋑	㋒
問4	㋐	㋑	㋒
問5	㋐	㋑	㋒
問6	㋐	㋑	㋒
問7	㋐	㋑	㋒

評点
／100

(注) この解答用紙は実物を縮小してあります。Ｂ４用紙に143%拡大コピーすると、ほぼ実物大で使用できます。(タイトルと配点表は含みません)

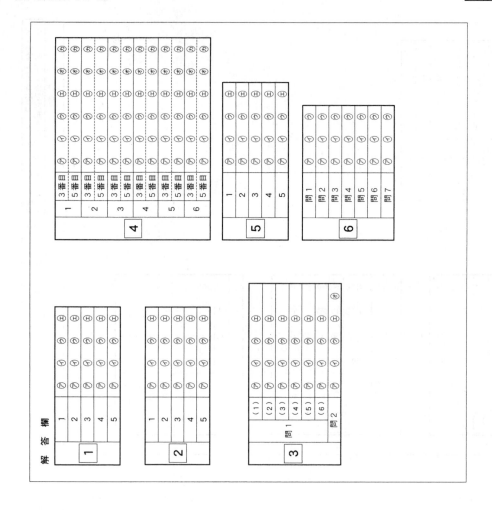

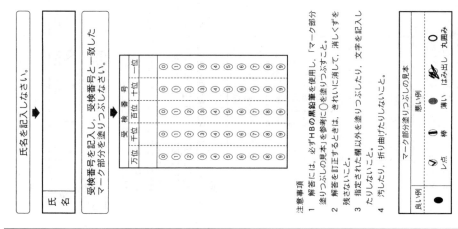

2020年度　国立高等専門学校

数学解答用紙　No. 1

評点
/100

解答欄

1	(1)	ア	⊖	⓪	①	②	③	④	⑤	⑥	⑦	⑧	⑨
		イ	⊖	⓪	①	②	③	④	⑤	⑥	⑦	⑧	⑨
		ウ	⊖	⓪	①	②	③	④	⑤	⑥	⑦	⑧	⑨
	(2)	エ	⊖	⓪	①	②	③	④	⑤	⑥	⑦	⑧	⑨
		オ	⊖	⓪	①	②	③	④	⑤	⑥	⑦	⑧	⑨
	(3)	カ	⊖	⓪	①	②	③	④	⑤	⑥	⑦	⑧	⑨
		キ	⊖	⓪	①	②	③	④	⑤	⑥	⑦	⑧	⑨
	(4)	ク	⊖	⓪	①	②	③	④	⑤	⑥	⑦	⑧	⑨
		ケ	⊖	⓪	①	②	③	④	⑤	⑥	⑦	⑧	⑨
	(5)	コ	⊖	⓪	①	②	③	④	⑤	⑥	⑦	⑧	⑨
		サ	⊖	⓪	①	②	③	④	⑤	⑥	⑦	⑧	⑨
		シ	⊖	⓪	①	②	③	④	⑤	⑥	⑦	⑧	⑨
	(6)	ス	ⓐ	ⓑ	ⓒ	ⓓ	ⓔ	ⓕ					
	(7)	セ	⊖	⓪	①	②	③	④	⑤	⑥	⑦	⑧	⑨
		ソ	⊖	⓪	①	②	③	④	⑤	⑥	⑦	⑧	⑨
	(8)	タ	⊖	⓪	①	②	③	④	⑤	⑥	⑦	⑧	⑨
		チ	⊖	⓪	①	②	③	④	⑤	⑥	⑦	⑧	⑨

氏名を記入しなさい。

氏名	

受検番号を記入し，受検番号と一致したマーク部分を塗りつぶしなさい。

受検番号				
万位	千位	百位	十位	一位
⓪	⓪	⓪	⓪	⓪
①	①	①	①	①
②	②	②	②	②
③	③	③	③	③
④	④	④	④	④
⑤	⑤	⑤	⑤	⑤
⑥	⑥	⑥	⑥	⑥
⑦	⑦	⑦	⑦	⑦
⑧	⑧	⑧	⑧	⑧
⑨	⑨	⑨	⑨	⑨

注意事項

1　解答には，必ず**HBの黒鉛筆を**使用し，「マーク部分塗りつぶしの見本」を参考に◯を塗りつぶすこと。
2　解答を訂正するときは，きれいに消して，消しくずを残さないこと。
3　求めた値に該当する符号や数値の箇所のマーク部分を塗りつぶすこと。具体的な解答方法は，問題用紙の注意事項を確認すること。
4　指定された欄以外を塗りつぶしたり，文字を記入したりしないこと。
5　汚したり，折り曲げたりしないこと。

マーク部分塗りつぶしの見本					
良い例	悪い例				
●	レ点	棒	薄い	はみ出し	丸囲み

２０２０年度　国立高等専門学校

数学解答用紙　No.２

解答欄

2													
2	(1)	ア	⊖	⓪	①	②	③	④	⑤	⑥	⑦	⑧	⑨
		イ	⊖	⓪	①	②	③	④	⑤	⑥	⑦	⑧	⑨
		ウ	⊖	⓪	①	②	③	④	⑤	⑥	⑦	⑧	⑨
		エ	⊖	⓪	①	②	③	④	⑤	⑥	⑦	⑧	⑨
		オ	⊖	⓪	①	②	③	④	⑤	⑥	⑦	⑧	⑨
		カ	⊖	⓪	①	②	③	④	⑤	⑥	⑦	⑧	⑨
		キ	⊖	⓪	①	②	③	④	⑤	⑥	⑦	⑧	⑨
	(2)	ク	⊖	⓪	①	②	③	④	⑤	⑥	⑦	⑧	⑨
		ケ	⊖	⓪	①	②	③	④	⑤	⑥	⑦	⑧	⑨
	(3)	コ	⊖	⓪	①	②	③	④	⑤	⑥	⑦	⑧	⑨
		サ	⊖	⓪	①	②	③	④	⑤	⑥	⑦	⑧	⑨
	(4)	シ	⊖	⓪	①	②	③	④	⑤	⑥	⑦	⑧	⑨
		ス	⊖	⓪	①	②	③	④	⑤	⑥	⑦	⑧	⑨

3	(1)	ア	⊖	⓪	①	②	③	④	⑤	⑥	⑦	⑧	⑨
		イ	⊖	⓪	①	②	③	④	⑤	⑥	⑦	⑧	⑨
		ウ	⊖	⓪	①	②	③	④	⑤	⑥	⑦	⑧	⑨
		エ	⊖	⓪	①	②	③	④	⑤	⑥	⑦	⑧	⑨
		オ	⊖	⓪	①	②	③	④	⑤	⑥	⑦	⑧	⑨
		カ	⊖	⓪	①	②	③	④	⑤	⑥	⑦	⑧	⑨
	(2)	キ	⊖	⓪	①	②	③	④	⑤	⑥	⑦	⑧	⑨
		ク	⊖	⓪	①	②	③	④	⑤	⑥	⑦	⑧	⑨
	(3)	ケ	⊖	⓪	①	②	③	④	⑤	⑥	⑦	⑧	⑨
		コ	⊖	⓪	①	②	③	④	⑤	⑥	⑦	⑧	⑨
		サ	⊖	⓪	①	②	③	④	⑤	⑥	⑦	⑧	⑨

4	(1)	ア	⊖	⓪	①	②	③	④	⑤	⑥	⑦	⑧	⑨
		イ	⊖	⓪	①	②	③	④	⑤	⑥	⑦	⑧	⑨
	(2)	ウ	⊖	⓪	①	②	③	④	⑤	⑥	⑦	⑧	⑨
		エ	⊖	⓪	①	②	③	④	⑤	⑥	⑦	⑧	⑨
		オ	⊖	⓪	①	②	③	④	⑤	⑥	⑦	⑧	⑨
		カ	⊖	⓪	①	②	③	④	⑤	⑥	⑦	⑧	⑨
	(3)	キ	⊖	⓪	①	②	③	④	⑤	⑥	⑦	⑧	⑨
		ク	⊖	⓪	①	②	③	④	⑤	⑥	⑦	⑧	⑨
		ケ	⊖	⓪	①	②	③	④	⑤	⑥	⑦	⑧	⑨

（注）この解答用紙は実物を縮小してあります。Ｂ４用紙に139％拡大コピーすると、ほぼ実物大で使用できます。（タイトルと配点表は含みません）

学校配点

1 (1) 5点 (2) エ 2点 オ 3点 (3)～(8) 各5点×6

2 (1) 各3点×2 (2) 4点 (3)、(4) 各5点×2

3 (1) ア、イウ 各3点×2 エ～カ 2点 (2)、(3) 各3点×4

4 各5点×4

100点	計

２０２０年度　国立高等専門学校

社会解答用紙

評点 ／100

解答欄

1	問1	ア	イ	ウ	エ	オ	カ		
	問2	ア	イ	ウ	エ				
	問3	ア	イ	ウ	エ	オ	カ	キ	
	問4	ア	イ	ウ	エ				
2	問1	ア	イ	ウ	エ				
	問2	ア	イ	ウ	エ				
	問3	ア	イ	ウ	エ	オ	カ		
3	問1	ア	イ	ウ	エ				
	問2	ア	イ	ウ	エ				
4	問1	ア	イ	ウ	エ	オ	カ	キ	ク
	問2	ア	イ	ウ	エ				
5	問1	ア	イ	ウ	エ				
	問2	ア	イ	ウ	エ				
	問3	ア	イ	ウ	エ				
6	問1	ア	イ	ウ	エ				
	問2 ①	ア	イ	ウ	エ				
	問2 ②	ア	イ	ウ	エ				
	問3	ア	イ	ウ	エ	オ	カ		
	問4	ア	イ	ウ	エ				
7	問1	ア	イ	ウ	エ	オ	カ	キ	
	問2	ア	イ	ウ	エ				
	問3	ア	イ	ウ	エ				
8	問1	ア	イ	ウ	エ				
	問2	ア	イ	ウ	エ				
	問3	ア	イ	ウ	エ				
	問4	ア	イ	ウ	エ				

（注）この解答用紙は実物を縮小してあります。Ｂ４用紙に137%拡大コピーすると、ほぼ実物大で使用できます。（タイトルと配点表は含みません）

氏名を記入しなさい。

氏名	

受検番号を記入し，受検番号と一致したマーク部分を塗りつぶしなさい。

受検番号				
万位	千位	百位	十位	一位
0	0	0	0	0
1	1	1	1	1
2	2	2	2	2
3	3	3	3	3
4	4	4	4	4
5	5	5	5	5
6	6	6	6	6
7	7	7	7	7
8	8	8	8	8
9	9	9	9	9

注意事項

1　解答には，必ず**HBの黒鉛筆を**使用し，「マーク部分塗りつぶしの見本」を参考に◯を塗りつぶすこと。
2　解答を訂正するときは，きれいに消して，消しくずを残さないこと。
3　指定された欄以外を塗りつぶしたり，文字を記入したりしないこと。
4　汚したり，折り曲げたりしないこと。

マーク部分塗りつぶしの見本					
良い例	悪い例				
●	レ点	棒	薄い	はみ出し	丸囲み

学校配点

1～5　各4点×14
6　問1　4点　問2　各2点×2　問3、問4　各4点×2
7、8　各4点×7

100点	計

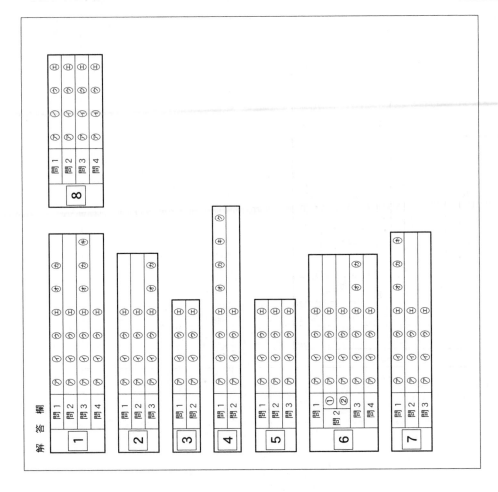

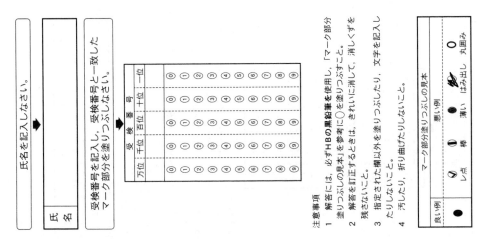

2020年度 国立高等専門学校

理科解答用紙 No. 1

評点	/100

解答欄

1	問1	1		㋐	㋑	㋒	㋓	㋔
		2		㋐	㋑	㋒	㋓	㋔
	問2	1		㋐	㋑	㋒	㋓	㋔
				㋐	㋑	㋒	㋓	㋔
		2	①	◎	⊗			
			②	◎	⊗			
			③	◎	⊗			
			④	◎	⊗			

2	問1		㋐	㋑	㋒	㋓	㋔	㋕		
			㋐	㋑	㋒	㋓	㋔	㋕		
	問2	(1)	㋐	㋑	㋒	㋓				
		(2)	㋐	㋑	㋒	㋓				
	問3	1	㋐	㋑	㋒	㋓	㋔	㋕	㋖	㋗
		2	㋐	㋑	㋒	㋓	㋔	㋕	㋖	㋗
		3	㋐	㋑	㋒	㋓	㋔	㋕	㋖	㋗

氏名を記入しなさい。

氏名	

受検番号を記入し，受検番号と一致したマーク部分を塗りつぶしなさい。

受検番号				
万位	千位	百位	十位	一位
⓪	⓪	⓪	⓪	⓪
①	①	①	①	①
②	②	②	②	②
③	③	③	③	③
④	④	④	④	④
⑤	⑤	⑤	⑤	⑤
⑥	⑥	⑥	⑥	⑥
⑦	⑦	⑦	⑦	⑦
⑧	⑧	⑧	⑧	⑧
⑨	⑨	⑨	⑨	⑨

注意事項

1　解答には，必ず**HBの黒鉛筆を**使用し，「マーク部分塗りつぶしの見本」を参考に◯を塗りつぶすこと。
2　解答を訂正するときは，きれいに消して，消しくずを残さないこと。
3　数値を解答する場合の解答方法は，問題用紙の注意事項を確認すること。
4　指定された欄以外を塗りつぶしたり，文字を記入したりしないこと。
5　汚したり，折り曲げたりしないこと。

マーク部分塗りつぶしの見本					
良い例	悪い例				
●	レ点	棒	薄い	はみ出し	丸囲み

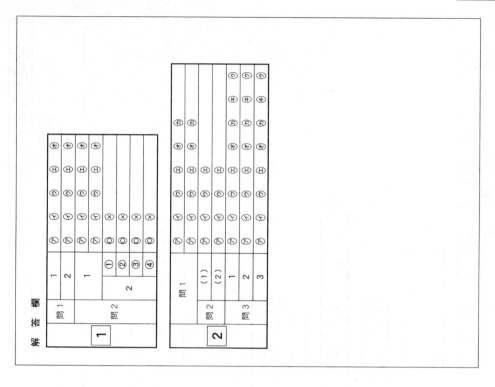

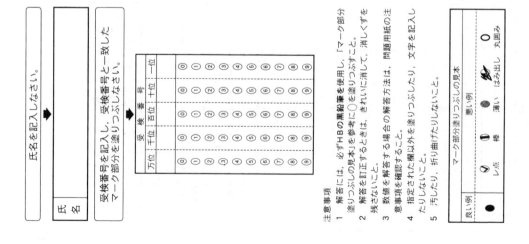

２０２０年度　国立高等専門学校

理科解答用紙　No. 2

解　答　欄

3	問1	①	㋐	㋑	㋒	㋓	㋔	㋕	㋖	㋗
		②	㋐	㋑	㋒	㋓	㋔	㋕	㋖	㋗
		③	㋐	㋑	㋒	㋓	㋔	㋕	㋖	㋗
		④	㋐	㋑	㋒	㋓	㋔	㋕	㋖	㋗
		⑤	㋐	㋑	㋒	㋓	㋔	㋕	㋖	㋗
		⑥	㋐	㋑	㋒	㋓	㋔	㋕	㋖	㋗
	問2	①	㋐	㋑	㋒	㋓	㋔	㋕		
		②	㋐	㋑	㋒	㋓	㋔	㋕		
		③	㋐	㋑	㋒	㋓	㋔	㋕		
	問3		㋐	㋑	㋒	㋓				
	問4	(1)	㋐	㋑	㋒	㋓	㋔			
		(2)	㋐	㋑	㋒	㋓	㋔			
		(3)	㋐	㋑	㋒	㋓	㋔	㋕		
		(4)	㋐	㋑	㋒	㋓	㋔	㋕		
		(5)	㋐	㋑	㋒	㋓	㋔	㋕		

4	問1	ア	①	②	③	④	⑤	⑥	⑦	⑧	⑨	⓪
		イ	①	②	③	④	⑤	⑥	⑦	⑧	⑨	⓪
	問2		①	②	③	④	⑤	⑥	⑦	⑧	⑨	
	問3	ア	①	②	③	④	⑤	⑥	⑦	⑧	⑨	⓪
		イ	①	②	③	④	⑤	⑥	⑦	⑧	⑨	⓪
	問4		㋐	㋑	㋒	㋓	㋔	㋕				

5	問1		㋐	㋑	㋒	㋓	㋔	
	問2		㋐	㋑	㋒	㋓	㋔	
	問3		㋐	㋑	㋒	㋓	㋔	㋕
	問4	①	㋐	㋑	㋒	㋓	㋔	㋕
		②	㋐	㋑	㋒	㋓	㋔	㋕
		③	㋐	㋑	㋒	㋓	㋔	㋕

6	問1	(1)	㋐	㋑	㋒	㋓	㋔					
		(2)	㋐	㋑	㋒	㋓	㋔					
	問2	(a)	①	②	③	④	⑤	⑥	⑦	⑧	⑨	
		(b)	①	②	③	④	⑤	⑥	⑦	⑧	⑨	
		(c)	①	②	③	④	⑤	⑥	⑦	⑧	⑨	
	問3		㋐	㋑	㋒	㋓	㋔					
			㋐	㋑	㋒	㋓	㋔					
			㋐	㋑	㋒	㋓	㋔					
	問4	ア	①	②	③	④	⑤	⑥	⑦	⑧	⑨	⓪
		イ	①	②	③	④	⑤	⑥	⑦	⑧	⑨	⓪
		ウ	①	②	③	④	⑤	⑥	⑦	⑧	⑨	⓪
	問5	ア	①	②	③	④	⑤	⑥	⑦	⑧	⑨	⓪
		イ	①	②	③	④	⑤	⑥	⑦	⑧	⑨	⓪
		ウ	①	②	③	④	⑤	⑥	⑦	⑧	⑨	⓪

7	問1	(1)	㋐	㋑	㋒	㋓	㋔	㋕		
			㋖	㋗	㋘	㋙	㋚	㋛		
		(2)	㋐	㋑	㋒	㋓	㋔	㋕		
			㋖	㋗	㋘	㋙	㋚	㋛		
		(3)	㋐	㋑	㋒	㋓	㋔	㋕		
			㋖	㋗	㋘	㋙	㋚	㋛		
		(4)	㋐	㋑	㋒	㋓	㋔	㋕		
			㋖	㋗	㋘	㋙	㋚	㋛		
	問2	名称	㋐	㋑	㋒					
		特徴	㋓	㋔	㋕					
	問3		㋐	㋑	㋒	㋓				
	問4	1	㋐	㋑	㋒	㋓				
		2	㋐	㋑	㋒	㋓	㋔	㋕	㋖	㋗

（注）この解答用紙は実物を縮小してあります。Ｂ４用紙に135%拡大コピーすると、ほぼ実物大で使用できます。（タイトルと配点表は含みません）

学校配点

1 問1　各4点×2　問2　1　3点　2　4点　2 問1、問2　各3点×2　問3　各2点×3　3 問1　各2点×2〔①～③、④～⑥はそれぞれ完答〕　問2　各1点×3　問3　2点　問4　(1)、(2)　各1点×2　(3)～(5)　各2点×3　4 各3点×4　5 問1、問2　各2点×2　問3　4点　問4　各2点×3　6 問1　2点　問2～問5　各3点×4　7 各2点×8〔問2は完答〕

計	100点

二〇二〇年度　国立高等専門学校

国語解答用紙

評点 /100

（注）この解答用紙は実物を縮小してあります。B４用紙に130%拡大コピーすると、ほぼ実物大で使用できます。（タイトルと配点表は含みません）

解　答　欄

一					
(1)	㋐	㋑	㋒	㋓	
(2)	㋐	㋑	㋒	㋓	
(3)	㋐	㋑	㋒	㋓	
(4)	㋐	㋑	㋒	㋓	
(5)	㋐	㋑	㋒	㋓	
(6)	㋐	㋑	㋒	㋓	

二					
問1	㋐	㋑	㋒	㋓	
問2	㋐	㋑	㋒	㋓	
問3	㋐	㋑	㋒	㋓	
問4	㋐	㋑	㋒	㋓	
問5	㋐	㋑	㋒	㋓	
問6	㋐	㋑	㋒	㋓	㋔
	㋐	㋑	㋒	㋓	㋔
問7	㋐	㋑	㋒	㋓	

三						
問1		㋐	㋑	㋒	㋓	㋔
問2		㋐	㋑	㋒	㋓	
問3	a	㋐	㋑	㋒	㋓	
	b	㋐	㋑	㋒	㋓	
	c	㋐	㋑	㋒	㋓	
問4		㋐	㋑	㋒	㋓	
問5		㋐	㋑	㋒	㋓	
問6		㋐	㋑	㋒	㋓	
問7		㋐	㋑	㋒	㋓	
問8		㋐	㋑	㋒	㋓	

四					
問1	(a)	㋐	㋑	㋒	㋓
	(b)	㋐	㋑	㋒	㋓
問2		㋐	㋑	㋒	㋓
問3		㋐	㋑	㋒	㋓
問4		㋐	㋑	㋒	㋓
問5		㋐	㋑	㋒	㋓
問6		㋐	㋑	㋒	㋓
問7		㋐	㋑	㋒	㋓

氏名を記入しなさい。

氏名	

受検番号を記入し，受検番号と一致したマーク部分を塗りつぶしなさい。

受検番号				
万位	千位	百位	十位	一位
⓪	⓪	⓪	⓪	⓪
①	①	①	①	①
②	②	②	②	②
③	③	③	③	③
④	④	④	④	④
⑤	⑤	⑤	⑤	⑤
⑥	⑥	⑥	⑥	⑥
⑦	⑦	⑦	⑦	⑦
⑧	⑧	⑧	⑧	⑧
⑨	⑨	⑨	⑨	⑨

注意事項

1　解答には，必ず**HBの黒鉛筆を**使用し，「マーク部分塗りつぶしの見本」のとおりに〇を塗りつぶすこと。
2　解答を訂正するときは，きれいに消して，消しくずを残さないこと。
3　指定された欄以外を塗りつぶしたり，文字を記入したりしないこと。
4　汚したり，折り曲げたりしないこと。

マーク部分塗りつぶしの見本					
良い例	悪い例				
●	レ点	棒	薄い	はみ出し	丸囲み

学校配点

一　各2点×6
二　問1　3点　問2　4点　問3　3点　問4、問5　各4点×2　問6、問7　各3点×3
三　問1　2点　問2　3点　問3　各2点×3　問4～問8　各4点×5
四　問1　各3点×2　問2～問7　各4点×6

計　100点

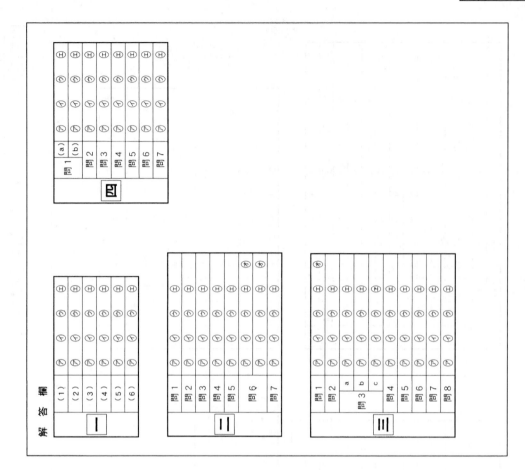

２０１９年度　国立高等専門学校

英語解答用紙

評点
／100

学校配点

1　各2点×5

2～6　各3点×30

100点	計

氏名を記入しなさい。

氏名	

受検番号を記入し，受検番号と一致したマーク部分を塗りつぶしなさい。

受検番号				
万位	千位	百位	十位	一位
⓪	⓪	⓪	⓪	⓪
①	①	①	①	①
②	②	②	②	②
③	③	③	③	③
④	④	④	④	④
⑤	⑤	⑤	⑤	⑤
⑥	⑥	⑥	⑥	⑥
⑦	⑦	⑦	⑦	⑦
⑧	⑧	⑧	⑧	⑧
⑨	⑨	⑨	⑨	⑨

注意事項

1　解答には，必ず**HBの黒鉛筆**を使用し，「マーク部分塗りつぶしの見本」のとおりに⬭を塗りつぶすこと。

2　解答を訂正するときは，きれいに消して，消しくずを残さないこと。

3　指定された欄以外を塗りつぶしたり，文字を記入したりしないこと。

4　汚したり，折り曲げたりしないこと。

マーク部分塗りつぶしの見本					
良い例	悪い例				
●	レ点	棒	薄い	はみ出し	丸囲み

解答欄

1					
	(1)	㋐	㋑	㋒	㋓
	(2)	㋐	㋑	㋒	㋓
	(3)	㋐	㋑	㋒	㋓
	(4)	㋐	㋑	㋒	㋓
	(5)	㋐	㋑	㋒	㋓

2					
	1	㋐	㋑	㋒	㋓
	2	㋐	㋑	㋒	㋓
	3	㋐	㋑	㋒	㋓
	4	㋐	㋑	㋒	㋓
	5	㋐	㋑	㋒	㋓

3							
	問1	(1)	㋐	㋑	㋒	㋓	
		(2)	㋐	㋑	㋒	㋓	
		(3)	㋐	㋑	㋒	㋓	
		(4)	㋐	㋑	㋒	㋓	
		(5)	㋐	㋑	㋒	㋓	
		(6)	㋐	㋑	㋒	㋓	
	問2		㋐	㋑	㋒	㋓	㋔
			㋐	㋑	㋒	㋓	㋔

4								
	1	3番目	㋐	㋑	㋒	㋓	㋔	㋕
		5番目	㋐	㋑	㋒	㋓	㋔	㋕
	2	3番目	㋐	㋑	㋒	㋓	㋔	㋕
		5番目	㋐	㋑	㋒	㋓	㋔	㋕
	3	3番目	㋐	㋑	㋒	㋓	㋔	㋕
		5番目	㋐	㋑	㋒	㋓	㋔	㋕
	4	3番目	㋐	㋑	㋒	㋓	㋔	㋕
		5番目	㋐	㋑	㋒	㋓	㋔	㋕
	5	3番目	㋐	㋑	㋒	㋓	㋔	㋕
		5番目	㋐	㋑	㋒	㋓	㋔	㋕

5					
	1	㋐	㋑	㋒	㋓
	2	㋐	㋑	㋒	㋓
	3	㋐	㋑	㋒	㋓
	4	㋐	㋑	㋒	㋓
	5	㋐	㋑	㋒	㋓

6				
	問1	㋐	㋑	㋒
	問2	㋐	㋑	㋒
	問3	㋐	㋑	㋒
	問4	㋐	㋑	㋒
	問5	㋐	㋑	㋒
	問6	㋐	㋑	㋒
	問7	㋐	㋑	㋒

（注）この解答用紙は実物を縮小してあります。Ｂ４用紙に143%拡大コピーすると、ほぼ実物大で使用できます。（タイトルと配点表は含みません）

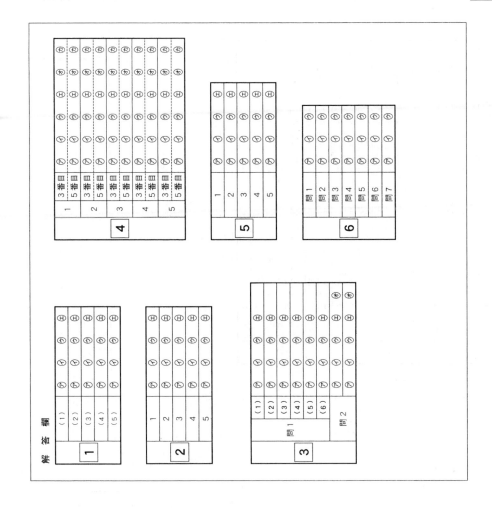

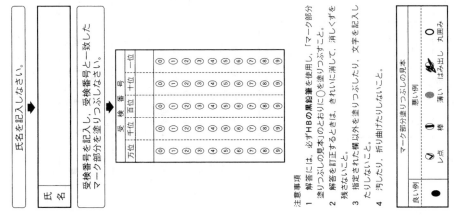

2019年度　国立高等専門学校

数学解答用紙　No. 1

評点	/100

解　答　欄

大問	小問	記号											
1	(1)	ア	⊖	⓪	①	②	③	④	⑤	⑥	⑦	⑧	⑨
		イ	⊖	⓪	①	②	③	④	⑤	⑥	⑦	⑧	⑨
		ウ	⊖	⓪	①	②	③	④	⑤	⑥	⑦	⑧	⑨
		エ	⊖	⓪	①	②	③	④	⑤	⑥	⑦	⑧	⑨
	(2)	オ	⊖	⓪	①	②	③	④	⑤	⑥	⑦	⑧	⑨
	(3)	カ	⊖	⓪	①	②	③	④	⑤	⑥	⑦	⑧	⑨
		キ	⊖	⓪	①	②	③	④	⑤	⑥	⑦	⑧	⑨
		ク	⊖	⓪	①	②	③	④	⑤	⑥	⑦	⑧	⑨
		ケ	⊖	⓪	①	②	③	④	⑤	⑥	⑦	⑧	⑨
	(4)	コ	⊖	⓪	①	②	③	④	⑤	⑥	⑦	⑧	⑨
		サ	⊖	⓪	①	②	③	④	⑤	⑥	⑦	⑧	⑨
		シ	⊖	⓪	①	②	③	④	⑤	⑥	⑦	⑧	⑨
	(5)	ス	⊖	⓪	①	②	③	④	⑤	⑥	⑦	⑧	⑨
		セ	⊖	⓪	①	②	③	④	⑤	⑥	⑦	⑧	⑨
		ソ	⊖	⓪	①	②	③	④	⑤	⑥	⑦	⑧	⑨
	(6)	タ	⊖	⓪	①	②	③	④	⑤	⑥	⑦	⑧	⑨
		チ	⊖	⓪	①	②	③	④	⑤	⑥	⑦	⑧	⑨
		ツ	⊖	⓪	①	②	③	④	⑤	⑥	⑦	⑧	⑨
	(7)	テ	⊖	⓪	①	②	③	④	⑤	⑥	⑦	⑧	⑨
		ト	⊖	⓪	①	②	③	④	⑤	⑥	⑦	⑧	⑨
	(8)	ナ	⊖	⓪	①	②	③	④	⑤	⑥	⑦	⑧	⑨
		ニ	⊖	⓪	①	②	③	④	⑤	⑥	⑦	⑧	⑨

氏名を記入しなさい。

氏名	

受検番号を記入し，受検番号と一致したマーク部分を塗りつぶしなさい。

受検番号				
万位	千位	百位	十位	一位
⓪	⓪	⓪	⓪	⓪
①	①	①	①	①
②	②	②	②	②
③	③	③	③	③
④	④	④	④	④
⑤	⑤	⑤	⑤	⑤
⑥	⑥	⑥	⑥	⑥
⑦	⑦	⑦	⑦	⑦
⑧	⑧	⑧	⑧	⑧
⑨	⑨	⑨	⑨	⑨

注意事項

1　解答には，必ず**HBの黒鉛筆を**使用し，「マーク部分塗りつぶしの見本」のとおりに○を塗りつぶすこと。
2　解答を訂正するときは，きれいに消して，消しくずを残さないこと。
3　求めた値に該当する符号や数値の箇所のマーク部分を塗りつぶすこと。具体的な解答方法は，問題用紙の注意事項を確認すること。
4　指定された欄以外を塗りつぶしたり，文字を記入したりしないこと。
5　汚したり，折り曲げたりしないこと。

マーク部分塗りつぶしの見本					
良い例	悪い例				
●	レ点	棒	薄い	はみ出し	丸囲み

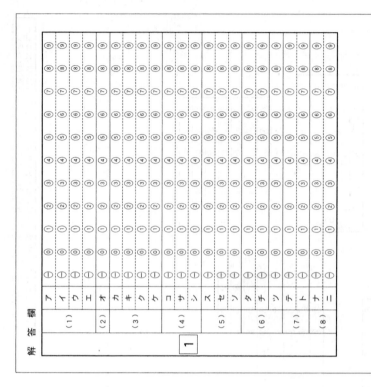

2019年度　国立高等専門学校

数学解答用紙　No. 2

解答欄

2	(1)	ア	⊖	⓪	①	②	③	④	⑤	⑥	⑦	⑧	⑨
		イ	⊖	⓪	①	②	③	④	⑤	⑥	⑦	⑧	⑨
		ウ	⊖	⓪	①	②	③	④	⑤	⑥	⑦	⑧	⑨
		エ	⊖	⓪	①	②	③	④	⑤	⑥	⑦	⑧	⑨
		オ	⊖	⓪	①	②	③	④	⑤	⑥	⑦	⑧	⑨
	(2)	カ	⊖	⓪	①	②	③	④	⑤	⑥	⑦	⑧	⑨
		キ	⊖	⓪	①	②	③	④	⑤	⑥	⑦	⑧	⑨
		ク	⊖	⓪	①	②	③	④	⑤	⑥	⑦	⑧	⑨
		ケ	⊖	⓪	①	②	③	④	⑤	⑥	⑦	⑧	⑨
		コ	⊖	⓪	①	②	③	④	⑤	⑥	⑦	⑧	⑨
		サ	⊖	⓪	①	②	③	④	⑤	⑥	⑦	⑧	⑨

3	(1)	ア	⊖	⓪	①	②	③	④	⑤	⑥	⑦	⑧	⑨
	(2)	イ	⊖	⓪	①	②	③	④	⑤	⑥	⑦	⑧	⑨
		ウ	⊖	⓪	①	②	③	④	⑤	⑥	⑦	⑧	⑨
	(3)	エ	⊖	⓪	①	②	③	④	⑤	⑥	⑦	⑧	⑨
		オ	⊖	⓪	①	②	③	④	⑤	⑥	⑦	⑧	⑨
		カ	⊖	⓪	①	②	③	④	⑤	⑥	⑦	⑧	⑨
		キ	⊖	⓪	①	②	③	④	⑤	⑥	⑦	⑧	⑨
		ク	⊖	⓪	①	②	③	④	⑤	⑥	⑦	⑧	⑨
	(4) (i)	ケ	⊖	⓪	①	②	③	④	⑤	⑥	⑦	⑧	⑨
		コ	⊖	⓪	①	②	③	④	⑤	⑥	⑦	⑧	⑨
	(4) (ii)	サ	⊖	⓪	①	②	③	④	⑤	⑥	⑦	⑧	⑨
		シ	⊖	⓪	①	②	③	④	⑤	⑥	⑦	⑧	⑨

4	(1)	ア	⊖	⓪	①	②	③	④	⑤	⑥	⑦	⑧	⑨
		イ	⊖	⓪	①	②	③	④	⑤	⑥	⑦	⑧	⑨
	(2)	ウ	⊖	⓪	①	②	③	④	⑤	⑥	⑦	⑧	⑨
		エ	⊖	⓪	①	②	③	④	⑤	⑥	⑦	⑧	⑨
	(3)	オ	⊖	⓪	①	②	③	④	⑤	⑥	⑦	⑧	⑨
	(4)	カ	⊖	⓪	①	②	③	④	⑤	⑥	⑦	⑧	⑨
		キ	⊖	⓪	①	②	③	④	⑤	⑥	⑦	⑧	⑨
		ク	⊖	⓪	①	②	③	④	⑤	⑥	⑦	⑧	⑨
	(5)	ケ	⊖	⓪	①	②	③	④	⑤	⑥	⑦	⑧	⑨

（注）この解答用紙は実物を縮小してあります。Ｂ４用紙に139%拡大コピーすると、ほぼ実物大で使用できます。（タイトルと配点表は含みません）

学校配点

1 (1)～(5) 各5点×5　(6) タチ 3点　ツ 2点　(7)、(8) 各5点×2
2 各5点×4
3 (1) 3点　(2) 各2点×2　(3) 4点　(4) (i) 4点　(ii) 5点
4 各4点×5

計	100点

２０１９年度　国立高等専門学校

社会解答用紙

評点
／100

解答欄

1							
問1	㋐	㋑	㋒	㋓	㋔	㋕
問2	㋐	㋑	㋒	㋓	㋔	㋕
問3	㋐	㋑	㋒	㋓	㋔	
問4	㋐	㋑	㋒	㋓		

2						
問1	㋐	㋑	㋒	㋓		
問2	㋐	㋑	㋒	㋓		
問3	㋐	㋑	㋒	㋓	㋔	㋕

3				
問1	㋐	㋑	㋒	㋓
問2	㋐	㋑	㋒	㋓

4						
問1	㋐	㋑	㋒	㋓	㋔	㋕
	㋐	㋑	㋒	㋓	㋔	㋕
問2	㋐	㋑	㋒	㋓		

5								
問1	㋐	㋑	㋒	㋓				
問2	㋐	㋑	㋒	㋓	㋔	㋕	㋖	㋗
問3	㋐	㋑	㋒	㋓				

6				
問1	㋐	㋑	㋒	㋓
問2	㋐	㋑	㋒	㋓
問3	㋐	㋑	㋒	㋓
問4	㋐	㋑	㋒	㋓

7				
問1	㋐	㋑	㋒	㋓
問2	㋐	㋑	㋒	㋓
問3	㋐	㋑	㋒	㋓
問4	㋐	㋑	㋒	㋓

8						
問1	㋐	㋑	㋒	㋓	㋔	㋕
問2	㋐	㋑	㋒	㋓		
問3	㋐	㋑	㋒	㋓	㋔	㋕

（注）この解答用紙は実物を縮小してあります。Ｂ４用紙に137%拡大コピーすると、ほぼ実物大で使用できます。（タイトルと配点表は含みません）

氏名を記入しなさい。

氏名	

受検番号を記入し，受検番号と一致したマーク部分を塗りつぶしなさい。

受検番号				
万位	千位	百位	十位	一位
⓪	⓪	⓪	⓪	⓪
①	①	①	①	①
②	②	②	②	②
③	③	③	③	③
④	④	④	④	④
⑤	⑤	⑤	⑤	⑤
⑥	⑥	⑥	⑥	⑥
⑦	⑦	⑦	⑦	⑦
⑧	⑧	⑧	⑧	⑧
⑨	⑨	⑨	⑨	⑨

注意事項

1　解答には，必ず**ＨＢの黒鉛筆を**使用し，「マーク部分塗りつぶしの見本」のとおりに○を塗りつぶすこと。

2　解答を訂正するときは，きれいに消して，消しくずを残さないこと。

3　一つの問題で複数のマーク部分を塗りつぶす場合の解答方法は，問題用紙の注意事項を確認すること。

4　指定された欄以外を塗りつぶしたり，文字を記入したりしないこと。

5　汚したり，折り曲げたりしないこと。

マーク部分塗りつぶしの見本					
良い例	悪い例				
●	レ点	棒	薄い	はみ出し	丸囲み

学校配点	
1〜3 各4点×9 4 問1 各2点×2　問2 4点 5〜8 各4点×14	
100点	計

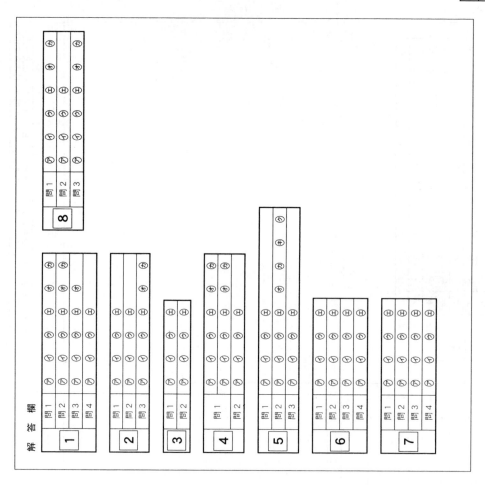

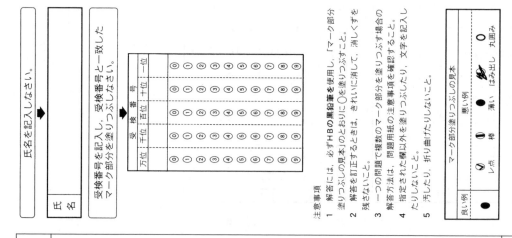

２０１９年度　国立高等専門学校

理科解答用紙　No. 1

評点
/100

解　答　欄

1	問 1	1	㋐	㋑	㋒	㋓	㋔	㋕		
		2	㋐	㋑	㋒	㋓				
	問 2		㋐	㋑	㋒	㋓	㋔			
	問 3	1	㋐	㋑	㋒					
		2	㋐	㋑	㋒	㋓				

2	問 1	1	㋐	㋑	㋒	㋓	㋔	㋕	㋖	㋗
		2	㋐	㋑	㋒	㋓	㋔	㋕	㋖	㋗
		3	㋐	㋑	㋒	㋓	㋔	㋕	㋖	㋗
		4	㋐	㋑	㋒	㋓	㋔	㋕	㋖	㋗
	問 2	1	◎	⊗						
		2	◎	⊗						
		3	◎	⊗						
		4	◎	⊗						
		5	◎	⊗						
		6	◎	⊗						
	問 3		㋐	㋑	㋒	㋓	㋔	㋕		

3	問 1			㋐	㋑	㋒	㋓	㋔	㋕	㋖	㋗	㋘
	問 2	A		㋐	㋑	㋒	㋓	㋔				
		B		㋐	㋑	㋒	㋓	㋔				
	問 3	1		㋐	㋑	㋒	㋓	㋔	㋕			
				㋐	㋑	㋒	㋓	㋔	㋕			
				㋐	㋑	㋒	㋓	㋔	㋕			
		2	エンドウ	㋐	㋑	㋒	㋓	㋔	㋕			
			トウモロコシ	㋐	㋑	㋒	㋓	㋔	㋕			

氏名を記入しなさい。

氏名	

受検番号を記入し，受検番号と一致したマーク部分を塗りつぶしなさい。

受検番号				
万位	千位	百位	十位	一位
⓪	⓪	⓪	⓪	⓪
①	①	①	①	①
②	②	②	②	②
③	③	③	③	③
④	④	④	④	④
⑤	⑤	⑤	⑤	⑤
⑥	⑥	⑥	⑥	⑥
⑦	⑦	⑦	⑦	⑦
⑧	⑧	⑧	⑧	⑧
⑨	⑨	⑨	⑨	⑨

注意事項

1　解答には，必ず**HBの黒鉛筆を**使用し，「マーク部分塗りつぶしの見本」のとおりに◯を塗りつぶすこと。

2　解答を訂正するときは，きれいに消して，消しくずを残さないこと。

3　数値を解答する場合の解答方法は，問題用紙の注意事項を確認すること。

4　指定された欄以外を塗りつぶしたり，文字を記入したりしないこと。

5　汚したり，折り曲げたりしないこと。

マーク部分塗りつぶしの見本					
良い例	悪い例				
●	レ点	棒	薄い	はみ出し	丸囲み

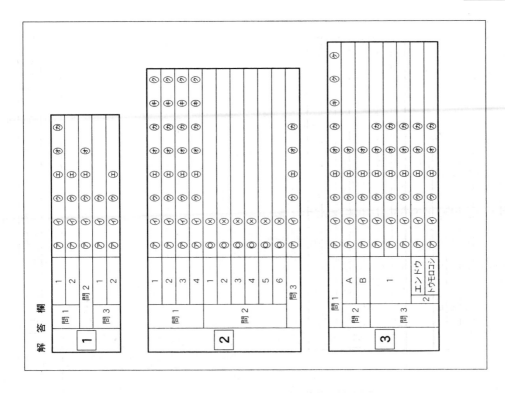

2019年度　国立高等専門学校

理科解答用紙　No.2

解答欄

4	問1	(1)	㋐ ㋑ ㋒
		(2)	㋐ ㋑ ㋒
		(3)	㋐ ㋑ ㋒
	問2		㋐ ㋑ ㋒ ㋓ ㋔ ㋕ ㋖ ㋗
	問3	(1)	㋐ ㋑ ㋒ ㋓
		(2)	㋐ ㋑ ㋒ ㋓
		(3)	㋐ ㋑ ㋒ ㋓
		(4)	㋐ ㋑ ㋒ ㋓
	問4		㋐ ㋑ ㋒ ㋓

5	問1		㋐ ㋑ ㋒ ㋓ ㋔ ㋕
	問2	ア	⓪ ① ② ③ ④ ⑤ ⑥ ⑦ ⑧ ⑨
		イ	⓪ ① ② ③ ④ ⑤ ⑥ ⑦ ⑧ ⑨
	問3	①	㋐ ㋑ ㋒
		②	㋐ ㋑ ㋒
	問4	①	㋐ ㋑ ㋒
		②	㋐ ㋑ ㋒
	問5	大小関係	㋐ ㋑ ㋒
		理由	㋐ ㋑ ㋒ ㋓

6	問1	㋐ ㋑ ㋒ ㋓ ㋔ ㋕
	問2	㋐ ㋑ ㋒ ㋓ ㋔ ㋕
	問3	㋐ ㋑ ㋒ ㋓
	問4	㋐ ㋑ ㋒ ㋓ ㋔
		㋐ ㋑ ㋒ ㋓ ㋔

7	問1	ア	〇 ×
		イ	〇 ×
		ウ	〇 ×
	問2		㋐ ㋑ ㋒ ㋓ ㋔ ㋕
	問3		㋐ ㋑ ㋒ ㋓ ㋔
	問4		㋐ ㋑ ㋒ ㋓ ㋔
	問5		㋐ ㋑ ㋒ ㋓ ㋔

8	問1	ア	⓪ ① ② ③ ④ ⑤ ⑥ ⑦ ⑧ ⑨
		イ	⓪ ① ② ③ ④ ⑤ ⑥ ⑦ ⑧ ⑨
	問2		㋐ ㋑ ㋒ ㋓ ㋔
	問3	ア	⓪ ① ② ③ ④ ⑤ ⑥ ⑦ ⑧ ⑨
		イ	⓪ ① ② ③ ④ ⑤ ⑥ ⑦ ⑧ ⑨
	問4	ア	⓪ ① ② ③ ④ ⑤ ⑥ ⑦ ⑧ ⑨
		イ	⓪ ① ② ③ ④ ⑤ ⑥ ⑦ ⑧ ⑨

(注)　この解答用紙は実物を縮小してあります。B４用紙に135%拡大コピーすると、ほぼ実物大で使用できます。(タイトルと配点表は含みません)

学校配点

1 問1　1　2点　2　3点　問2　3点　問3　各2点×2

2 問1、問2　各1点×10　問3　2点

3、4 各3点×8〔3問3は各3点×2〕

5 問1、問2　各2点×2　問3～問5　各3点×3　6 各3点×4

7 問1　各1点×3　問2～問5　各3点×4　8 各3点×4

100点	計

二〇一九年度　国立高等専門学校

国語解答用紙

評点
/100

解答欄

一				
(1)	ア	イ	ウ	エ
(2)	ア	イ	ウ	エ
(3)	ア	イ	ウ	エ
(4)	ア	イ	ウ	エ
(5)	ア	イ	ウ	エ
(6)	ア	イ	ウ	エ
(7)	ア	イ	ウ	エ

二				
問1	ア	イ	ウ	エ
問2	ア	イ	ウ	エ
問3	ア	イ	ウ	エ
問4	ア	イ	ウ	エ
問5	ア	イ	ウ	エ
問6	ア	イ	ウ	エ
問7	ア	イ	ウ	エ

三						
問1		ア	イ	ウ	エ	
問2	a	ア	イ	ウ	エ	オ
	b	ア	イ	ウ	エ	オ
	c	ア	イ	ウ	エ	オ
問3		ア	イ	ウ	エ	
問4		ア	イ	ウ	エ	
問5		ア	イ	ウ	エ	
問6		ア	イ	ウ	エ	
問7		ア	イ	ウ	エ	

四					
問1	(a)	ア	イ	ウ	エ
	(b)	ア	イ	ウ	エ
問2		ア	イ	ウ	エ
問3		ア	イ	ウ	エ
問4		ア	イ	ウ	エ
問5		ア	イ	ウ	エ
問6		ア	イ	ウ	エ
問7		ア	イ	ウ	エ

(注) この解答用紙は実物を縮小してあります。Ｂ４用紙に128%拡大コピーすると、ほぼ実物大で使用できます。(タイトルと配点表は含みません)

氏名を記入しなさい。

氏名	

受検番号を記入し，受検番号と一致したマーク部分を塗りつぶしなさい。

受検番号				
万位	千位	百位	十位	一位
0	0	0	0	0
1	1	1	1	1
2	2	2	2	2
3	3	3	3	3
4	4	4	4	4
5	5	5	5	5
6	6	6	6	6
7	7	7	7	7
8	8	8	8	8
9	9	9	9	9

注意事項

1　解答には，必ず**HBの黒鉛筆**を使用し，「マーク部分塗りつぶしの見本」のとおりに○を塗りつぶすこと。
2　解答を訂正するときは，きれいに消して，消しくずを残さないこと。
3　指定された欄以外を塗りつぶしたり，文字を記入したりしないこと。
4　汚したり，折り曲げたりしないこと。

マーク部分塗りつぶしの見本					
良い例	悪い例				
●	レ点	棒	薄い	はみ出し	丸囲み

学校配点

一　各2点×7
二　問1、問2　各4点×2　問3　2点　問4　4点　問5　2点
問6、問7　各4点×2
三　問1、問2　各3点×4　問3～問7　各4点×5
四　問1　各3点×2　問2～問7　各4点×6

100点	計

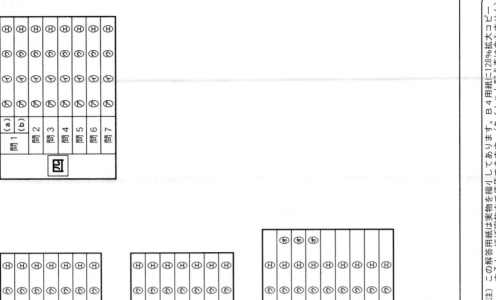

Memo